Konstantin Hermann / Mike Schmeitzner / Swen Steinberg (Hrsg.)

Der gespaltene Freistaat

Neue Perspektiven auf die sächsische Geschichte 1918 bis 1933

Konstantin Hermann / Mike Schmeitzner / Swen Steinberg (Hrsg.)

Der gespaltene Freistaat

Neue Perspektiven auf die sächsische Geschichte 1918 bis 1933

Sächsische Landeszentrale
für politische Bildung

Konstantin Hermann / Mike Schmeitzner / Swen Steinberg (Hrsg.)
Der gespaltene Freistaat. Neue Perspektiven auf die sächsische Geschichte 1918 bis 1933
1. Auflage, Leipzig/Dresden 2019.

Gestaltung/Satz: UFER Verlagsherstellung, Leipzig
Druck: Grafisches Centrum Cuno GmbH & Co. KG, Calbe

Umschlagbild: Wahlkampf in Sachsen 1930, Quelle: SLUB

Eine Publikation der Sächsischen Landeszentrale für politische Bildung. Diese Publikation ist nicht zum Verkauf bestimmt und wird für Zwecke der politischen Bildung im Freistaat Sachsen kostenlos abgegeben. Sie stellt keine Meinungsäußerung der Sächsischen Landeszentrale für politische Bildung dar. Für den Inhalt sind die Herausgeber verantwortlich.
Die Buchhandelsausgabe dieses Titels erschien im Leipziger Universitätsverlag GmbH mit der ISBN 978-3-96023-255-1.

Sächsische Landeszentrale für politische Bildung
Schützenhofstraße 36
01129 Dresden
www.slpb.de
publikationen@slpb.smk.sachsen.de

Inhalt

Wirtschaft und Soziales

Zerrissene Moderne

Religion und Minderheiten

Grenzgänge: Geist und Geographie

Der Aufstieg des Nationalsozialismus

Einleitung

Gespaltenes Sachsen?

Perspektiven auf den Freistaat in der Weimarer Republik[1]

Swen Steinberg

Das Jahr 1918 markierte mit dem des Endes des Ersten Weltkriegs und der Revolution fraglos eine der zentralen Zäsuren des 20. Jahrhunderts, die im Jahr 2018 vielfältig erinnert wurde. Ebenso stand das Jahr 1918 für den Beginn einer demokratischen Geschichte, die das Leben der Menschen in Sachsen in den folgenden 15 Jahren maßgeblich bestimmen sollte. Von eben jener zweiten Perspektive ließen sich die Herausgeber und die Autoren dieses Buches leiten, das allerdings kein ‚vollständiges Bild' im Sinne einer Monographie bzw. keine chronologische Erzählung eines deutschen Teilstaats zwischen 1918 und 1933 anbietet. Vielmehr ist dieser Band eine problemorientierte Auswahl neuester Forschungsergebnisse über Sachsen in der Weimarer Republik. Dabei wird – im Anschluss an den 2000 erschienenen Überblick von Claus-Christian Szejnmann[2] – einerseits die Geschichte der Weimarer Republik in Sachsen in ihrer ganzen Breite erfasst. Andererseits wird diese Geschichte mit Blick auf Einzelphänomene aus Politik, Gesellschaft und Wirtschaft erschlossen bzw. durch Ergebnisse jüngerer Forschung präsentiert, die bislang häufig lediglich von einer kleinen Fachwelt wahrgenommen wurden. Der Anspruch aller Beiträge ist es deswegen auch, eben jenen Mehrwert der neuen Perspektive oder des Themas allgemein deutlich zu machen und die Ergebnisse interregional vergleichend einzuordnen. Zudem wird Sachsen in der Weimarer Republik keineswegs auf die Zeit zwischen 1918 und 1933 beschränkt. Vielmehr

1 Ich danke meinen Mitherausgebern Mike Schmeitzner und Konstantin Hermann für wichtige Anregungen und Diskussionen sowie Werner Rellecke für die Redaktion dieses Textes.

2 Vgl. Claus-Christian W. Szejnmann, Vom Traum zum Alptraum. Sachsen in der Weimarer Republik, Dresden 2000. Die in diesem Beitrag angeführte Literatur erhebt keinen Anspruch auf eine vollständige Bestandsaufnahme seit 2000, nicht zuletzt mit Blick auf die Breite der auf lokaler und regionaler Ebene entstandenen Veröffentlichungen wäre eine solche Zusammenstellung an dieser Stelle auch nicht möglich bzw. nicht nötig. Zur weiteren und vertiefenden Beschäftigung mit Sachsen in der Weimarer Republik sei an dieser Stelle vor allem auch auf das Literaturverzeichnis im Anhang des Bandes verwiesen.

werden mit diesem Buch in der Geschichte liegende Grundlagen Weimars in Sachsen ebenso aufgezeigt wie mit der Machtübernahme der Nationalsozialisten verbundene Kontinuitäten und Brüche. Dieser Band ist deshalb zweierlei: Er ist eine Bestandsaufnahme und eine Einladung zur weiteren Auseinandersetzung mit der Geschichte Sachsens in der Zwischenkriegszeit zugleich.

Wenn sich die Herausgeber mit dem Bild der Spaltung für eine auch bereits an anderer Stelle verwendete Beschreibung des Freistaats entschieden haben,[3] so ist dies nicht zuletzt von der bereits erwähnten Forschung beeinflusst. Denn Sachsen wies infolge der Industrialisierung nicht nur eine spezifische Wirtschafts- und Sozialstruktur auf, die sich in einem vergleichsweise hohen Anteil an Erwerbsarbeit sowie an klein- und mittelständischen Betrieben zeigte. Vielmehr erwuchs hieraus auch eine politische Gemengelage, die das Königreich zuerst zur „Wiege der Arbeiterbewegung" machte.[4] Infolge des Fehlens einer starken dritten politischen Kraft, wie sie etwa in Preußen mit dem katholischen Zentrum zu finden war, prallten gerade in Sachsen – ebenso aber auch anderswo in Mitteldeutschland – nach 1918 die politischen Lager besonders deutlich aufeinander.[5] Im Fokus der Forschung seit der deutschen Wiedervereinigung lagen wohl gerade deswegen eben diese Lager, wurde doch einerseits beispielsweise die in Sachsen fraglos besonders intensiv ausgebildete Arbeiterkulturbewegung[6] mit der vergleichsweise starken Sozialdemokratie[7] oder die für das Verständnis der poli-

3 Vgl. Clemens Vollnhals, Der gespaltene Freistaat: Der Aufstieg der NSDAP in Sachsen, in: ders. (Hrsg.), Sachsen in der NS-Zeit, Leipzig 2002, S. 9–40.

4 Vgl. Helga Grebing/Hans Mommsen/Karsten Rudolph (Hrsg.), Demokratie und Emanzipation zwischen Saale und Elbe. Beiträge zur Geschichte der sozialdemokratischen Arbeiterbewegung bis 1933, Essen 1993; Karsten Rudolph, Die sächsische Sozialdemokratie vom Kaiserreich zur Republik 1871–1933, Weimar/Köln/Wien 1995; Michael Rudloff/Thomas Adam, unter Mitarbeit von Jürgen Schlimper, Leipzig – Wiege der deutschen Sozialdemokratie, Berlin 1996; Wolfgang Schröder, Leipzig – Wiege der deutschen Arbeiterbewegung. Wurzeln und Werden des Arbeiterbildungsvereins 1848/49 bis 1878/81, Berlin 2010; Mike Schmeitzner/Swen Steinberg, Zwischen sozialer Bewegung und politischer Partei. Die sächsische Sozialdemokratie im 19. und 20. Jahrhundert, in: Für Fortschritt und Gerechtigkeit. Eine Chronik der SPD, Berlin 2013, S. 97–126; James Retallack, Red Saxony. Election Battles and the Spectre of Democracy in Germany, 1860–1918, New York 2017.

5 Vgl. Vollnhals, Freistaat; Benjamin Lapp, Revolution from the Right. Politics, Class, and the Rise of Nazism in Saxony, 1919–1933, Boston 1997; Claus-Christian W. Szejnmann, Nazism in Central Germany. The Brownshirts in „Red" Saxony, New York 1999.

6 Vgl. Frank Heidenreich, Arbeiterkulturbewegung und Sozialdemokratie in Sachsen vor 1933, Köln/Weimar/Wien 1995; Thomas Adam, Arbeitermilieu und Arbeiterbewegung in Leipzig 1871–1933, Köln/Weimar/Wien 1999.

7 Vgl. Rudolph, Sozialdemokratie; Retallack, Saxony; Mike Schmeitzner/Michael Rudloff, Geschichte der Sozialdemokratie im Sächsischen Landtag. Darstellung und Dokumentation 1877–1997, Dresden 1997; Mike Schmeitzner, Alfred Fellisch 1884–1973. Eine politische Biographie, Köln/Weimar/Wien 2000; Karlheinz Schaller, „Radikalismus aus Verzweiflung." Geschichte der Chemnitzer Arbeiterschaft vom Ersten Weltkrieg bis zur Inflation (1914 bis 1923), Bielefeld 2003; Johannes Frackowiak, Soziale Demokratie als Ideal. Die Verfassungsdiskussionen in Sachsen nach 1918 und 1945, Köln/Weimar/Wien 2005; Mike Schmeitzner/Andreas Wagner (Hrsg.), Von Macht und Ohnmacht. Sächsische Ministerpräsidenten im Zeitalter der Extreme 1919–1952, Beucha/Dresden 2006; Swen Steinberg/Mike Schmeitzner, Arbeiterkultur in Sachsen: Milieu, Infrastruktur und

tischen Kultur zentrale Wahlrechtsbewegung vor dem Ersten Weltkrieg untersucht.[8] Andererseits befasste sich die Forschung mit den Grundlagen des Antisemitismus und der völkischen Bewegung[9] – und damit mit den Grundlagen der nationalsozialistischen Machtübernahme, die ihrerseits ebenso im Fokus der Forschung stand.[10] So wichtig diese zentralen Erkenntnisse nicht zuletzt für eine Erweiterung unseres Verständnisses für die notwendigen Grundlagen demokratischer Systeme in regionaler Perspektive waren, so blieben dagegen für die sächsische Gesellschaft der Weimarer Zeit wichtige Aspekte wie Alter, Religion, Arbeit, Hygiene oder Geschlecht eher unbearbeitet. Oder anders formuliert: In die Mitte und damit zwischen die teils extrem weit auseinander liegenden politischen Pole der sächsischen Gesellschaft der Zwischenkriegszeit tastet sich die Forschung eigentlich erst jüngst vor. Und sie wird damit auch einen Beitrag zur Beantwortung der Frage leisten, die diesen auf den Aspekt des Getrennten fokussierte Beitrag überschreibt: Wie gespalten also war die sächsische Gesellschaft zwischen 1918 und 1933 – wo war sie es besonders tief und verhärtet, wo war das nicht der Fall?

Der große Vorzug des vorliegenden Buches ist, diese beiden Linien zu vereinen, stammen die Beiträge doch von Wissenschaftlern unterschiedlicher Generationen: Während die einen die Möglichkeit wahrnahmen, für diese Publikation langjährige Forschung nochmals zu überdenken bzw. mit neuen Erkenntnissen zu präsentieren, beruhen nicht wenige Beiträge auf jüngsten Ergebnissen bzw. auf gerade abgeschlossenen Projekten zur sächsischen Geschichte. Auf diese Weise wollten die Herausgeber sicherstellen, dass nicht längst Bekanntes einfach wiederholt wird, sondern dass dieses Buch tatsächlich den aktuellen Stand und neue Perspektiven auf Sachsen in der Weimarer Republik bietet.

Medien in der Weimarer Republik, in: Wolfgang Hesse/Holger Starke (Hrsg.), Arbeiter | Kultur | Geschichte. Arbeiterfotografie der Weimarer Republik, Leipzig 2017, S. 21–60.

8 Vgl. Simone Lässig, Wahlrechtskampf und Wahlreform in Sachsen (1895–1909), Köln/Weimar/Wien 1996.

9 Vgl. Matthias Piefel, Antisemitismus und völkische Bewegung im Königreich Sachsen 1879–1914, Göttingen 2004; Ephraim-Carlebach-Stiftung/Sächsische Landeszentrale für politische Bildung (Hrsg.), Antisemitismus in Sachsen im 19. und 20. Jahrhundert, Dresden 2004; Walter Schmitz/Clemens Vollnhals (Hrsg.), Völkische Bewegung, Konservative Revolution, Nationalsozialismus. Aspekte einer politisierten Kultur, Dresden 2005; Gerald Kolditz, Der Alldeutsche Verband in Dresden. Antitschechische Aktivitäten zwischen 1895 und 1914, in: Rainer Aurig/Steffen Herzog/Simone Lässig (Hrsg.), Landesgeschichte in Sachsen. Tradition und Innovation, Dresden 1997, S. 235–248.

10 Vgl. Clemens Vollnhals (Hrsg.), Sachsen in der NS-Zeit, Leipzig 2002; Andreas Wagner, „Machtergreifung" in Sachsen. NSDAP und staatliche Verwaltung 1930–1935, Köln 2004; Günther Heydemann/Jan Erik Schulte/Francesca Weil (Hrsg.), Sachsen und der Nationalsozialismus, Göttingen 2014.

Gespaltenes Sachsen?

Dass der sehr harte und auf den ersten Blick fast plakativ wirkende Begriff der Spaltung diesen Band überschreibt, beruht auf einem sehr viele Beiträge einenden Befund: Sachsen, wo im November 1918 wie in anderen deutschen Teilstaaten die Revolution die Monarchie beendete und ein demokratischer Weg eingeschlagen wurde, ging keineswegs geeint aus dem Ersten Weltkrieg. Die Auswirkungen dieses Krieges werden in einem einführenden Beitrag von Kristin Gläser beschrieben; Konstantin Hermann zeigt zudem den teils schwierigen Weg auf, den sächsische Kriegsheimkehrer in die Gesellschaft finden mussten. Aufbauend auf diesen Belastungen mit ihren mittel- und langfristigen Auswirkungen und den von James Retallack eingangs skizzierten Vorprägungen – „rotes Königreich" versus Musterland der Reaktion – untersucht Mike Schmeitzner in seinem Beitrag die komplizierten und verschlungenen Wege der Bildung des Freistaats Sachsen im Ergebnis der Revolution von 1918/19. So wird deutlich, dass nicht nur die von James Retallack beschriebene Spaltung zwischen Bürgertum und Proletariat die Konsolidierung der Demokratie beeinträchtigte, sondern auch ein in sich gespaltenes proletarisches Lager: Von der SPD spaltete sich 1917 eine Unabhängige SPD ab, die in Leipzig ihr Zentrum hatte und die dann als Ausgangspunkt für die Gründung der KPD auch Einfluss auf den Verlauf der Revolution sowie die ihr folgenden, in Sachsen sehr unruhigen vier Jahre nahm. Denn mit der Regierungsbeteiligung der Kommunisten 1923 war nicht allein nur für bürgerliche, liberale oder konservative Wähler eine rote Linie überschritten, sondern auch für einen Teil der Mitglieder der SPD – aus dem einstigen „roten Königreich" sollte kein „Sowjetsachsen" werden, das war die Ansicht nicht weniger Zeitgenossen. Das Bild dieser ersten Jahre Weimars in Sachsen wirkt fraglos unübersichtlich, zumindest was die politischen Auseinandersetzungen anbetrifft. Zugleich waren es für viele Menschen im jungen Freistaat Jahre des Übergangs in eine neue Normalität und heraus aus einer auch wirtschaftlich prekären Zeit – Sachsen war mit einer vergleichsweise hohen Sockelarbeitslosigkeit aus dem Krieg gekommen –, die ebenfalls 1923 mit der Inflation ihren Kulminationspunkt fand.[11] Der Beitrag von Janosch Pastewka weist allerdings, aller Spaltung zum Trotz, auch noch in eine andere Richtung bzw. auf gleichzeitig verlaufende Prozesse: nämlich die Versuche insbesondere liberaler Politiker, eben jene politische Spaltung im Sächsischen Landtag zu überwinden bzw. diesen als einen „Ort der Verständigung" zu nutzen. Wobei, wie Lutz Vogel skizziert, gerade auch das sächsische Parlament selbst eine zusätzliche Fragmentierung erlebte, als 1919 die ersten weiblichen Abgeordneten an den Sitzungen teilnehmen konnten – und fortan gegen ihre Ausgrenzung bzw. um Anerkennung kämpften und vor allem die Sozialpolitik im Freistaat entscheidend gestalteten. Auch der Beitrag von Michael Kunze und Frank Schale ist in jenen Kontext ein-

11 Vgl. Petra Weber, Gescheiterte Sozialpartnerschaft – Gefährdete Republik? Industrielle Beziehungen, Arbeitskämpfe und der Sozialstaat. Deutschland und Frankreich im Vergleich (1918–1933/39), München 2010, S. 186 f.

zuordnen, stellen diese doch an der Universität Leipzig entwickelte politikdidaktische Konzepte und ihre Vordenker vor – und damit eine Gruppe, die eine Vorstellung von der Rolle der Staatsbürger in der noch jungen Demokratie entwickelten. Dabei erscheint besonders bemerkenswert, dass sich einer dieser Vordenker, nämlich Sigmund Neumann, Anfang der 1930er Jahre mit der Frage beschäftigte, wie man – gerade im bildungspolitischen Raum – mit Vertretern der extremen NSDAP umgehen solle.

Freilich blieben die Gegensätze im linken politischen Lager auch nach der gewaltsamen und unter Einsatz der Reichswehr beendeten Episode des „linksrepublikanischen Projektes" (Karsten Rudolph) von 1923 erhalten. Denn insbesondere zwischen Kommunisten und Sozialdemokraten verschärfte sich der Ton spätestens ab 1927/28, was in Sachsen wie anderswo in eine Trennung auch der Vorfeldorganisationen mündete: Zumeist gründeten ausgeschlossene Mitglieder eigene gewerkschaftliche Gruppen oder Freizeitorganisationen, man turnte nicht mehr zusammen oder bildete sich nicht mehr gemeinsam weiter. Das einst und vor dem Ersten Weltkrieg fest von der ‚Wiege bis zur Urne' gefügte Milieu, es erodierte vor allem in Sachsen allerorten. Gleichzeitig waren, wie Gerhard Lindemann zeigt, diese beiden Gruppen dennoch programmatisch weiterhin geeint – etwa in antikirchlichen Positionen, mit denen sich wohl vor allem die Sozialdemokraten den Zugang zu entscheidenden sächsischen Wählergruppen verbauten. Insbesondere für die sächsischen Protestanten war dabei die Zeit nach 1918 mit einem Selbstfindungsprozess verbunden – die Selbstfindung in einem Land, in dem es keine Staatskirche mehr gab, in dem in den ersten Jahren gar kirchenfeindliche Parteien die Regierung stellten und in dem sich die Landeskirche in einem schwierigen Prozess selbst ansatzweise „neu" erfand und demokratisierte, dabei aber anfällig wurde bzw. blieb für konservativ-völkische Positionen. Darüber hinaus kam aber auch in Sachsen mit der NSDAP eine spätestens 1929 ernstzunehmende politische Kraft hinzu, die gezielt auf die Verschärfung der Gegensätze in der von der Weltwirtschaftskrise getroffenen Gesellschaft setzte und sich in einer neuen Qualität des Mittels der politischen Gewalt bediente. Clemens Vollnhals zeichnet diese Entwicklung in seinem Beitrag nach, in dem er zugleich auf deren Vorgeschichte und die Grundlagen der völkischen Bewegung in Sachsen eingeht. Auch André Postert befasst sich mit dem aufkommenden Nationalsozialismus in Sachsen und mit der Frage, was gerade junge Menschen an dessen Ideologie faszinierte. Es ist dies eine Frage, die – jenseits der Generationenproblematik – hinsichtlich Sachsens schon vor einigen Jahren zu einer Debatte unter Parteienforschern geführt hat; nämlich zu der Frage, wie ausgerechnet in (Südwest-)Sachsen mit seiner langen, mit regelrechten Ikonen wie August Bebel oder Wilhelm Liebknecht verbundenen Arbeiterbewegungstradition den Nationalsozialisten der Einbruch in eben diese Wählermilieus gelingen konnte?[12] Um einen besseren Überblick über politische Entwicklungen wie diese zu

12 Vgl. Franz Walter/Tobias Dürr/Klaus Schmidtke (Hrsg.), Die SPD in Sachsen und Thüringen zwischen Hochburg und Diaspora. Untersuchungen auf lokaler Ebene vom Kaiserreich bis zur Gegenwart, Bonn 1993.

geben, wurden im Anhang dieses Bandes Tabellen mit den Ergebnissen der Land- und Reichstagswahlen sowie der Wahlen zum Reichspräsidenten angefügt.

Die Neujustierung des Verhältnisses zwischen Kirche und Staat bzw. die bereits angesprochene Religion, die selbstverständlich innerhalb der jeweiligen Gemeinden mehr einenden denn spaltenden Charakter hatte, deutet auf Grenzen und Abgrenzungen innerhalb der sächsischen Gesellschaft, mit denen auch die von Clemens Heitmann untersuchten Sorben oder die von Gunda Ulbricht und Daniel Ristau analysierten Juden konfrontiert waren: Begriffe wie Anerkennung, Gleichberechtigung oder Selbstbehauptung waren hier keine Phrasen, sondern ganz wesentliche Werte – nicht zuletzt auch für das eigene Selbstverständnis. Einer ganz realen und ab 1918 auch nationalstaatlich neu definierten Grenze geht zudem Jana Piňosová nach, die den in der jüngeren Vergangenheit in seinen Wechselverhältnissen immer systematischer untersuchten sächsisch-böhmischen Grenzraum in der Zeit der Weimarer Republik vorstellt.[13] Denn im Süden des Freistaats waren ab 1918 die Veränderungen nicht minder gravierend, entstand doch mit der Tschechoslowakei ein neuer Staat – und mit ihm die Notwendigkeit der Neuordnung des Grenzregimes, das vor allem den Alltag der im unmittelbaren Grenzraum und im „kleinen Grenzverkehr" lebenden Menschen beeinflusste. Der Frage, inwieweit sich die oben knapp beschriebene politische und wirtschaftliche Gemengelage innerhalb kleinerer Gemeinwesen im Sachsen der Weimarer Republik abbildeten, gehen darüber hinaus auch Hans-Georg Lippert und Sönke Friedreich nach, wobei ihr Zugang je ein anderer ist: Während ersterer den auch über Sachsen hinausgehend ungewöhnlichen Fall der Stadtplanung von Freital als ein sozialistisches Projekt beschreibt, konzentriert sich letzterer mehr auf Aspekte der Wirtschafts- und Sozialgeschichte Plauens – und damit jener sächsischen Kommune, die im Gefolge einer sehr einseitigen (Textil-)Industrialisierung den massivsten Bevölkerungszuwachs erlebte und die nicht zuletzt deswegen auch besonders anfällig war für Krisenerscheinungen, die sich in diesem Fall bis 1933 durchzogen. Es war eben kein Zufall, dass die Spaltung der Stadtgesellschaft und die Härte der Krise zuerst eine linksradikale Episode (Max Hoelz) und wenige Jahre darauf die Ausformung einer nationalsozialistischen Hochburg zeitigte. Noch stärker auf das Feld der Wirtschaft orientiert ist zudem der Beitrag von Marco Swiniartzki, der die sächsische Gewerkschaftsbewegung in der Weimarer Republik vorstellt und dessen Befunde sich ebenfalls in das Muster von Einheit und Spaltung

13 Vgl. Projektseite „Aufbruch zu Demokratie und Nationalstaatlichkeit im Dreiländereck Deutschland – Polen – Tschechoslowakei nach dem ‚Großen Krieg' (1918–1923)" des Hannah-Arendt-Instituts für Totalitarismusforschung, Koordination: Steffen Kailitz, Online unter http://www.hait.tu-dresden.de/ext/forschung-details.asp?ma=76 [eingesehen am 19.12.2018]; Caitlin E. Murdock, Changing Places. Society, Culture, and Territory in the Saxon-Bohemian Borderlands, 1870–1946, Ann Abour 2010; Kathrin Lehnert: Die Un-Ordnung der Grenze. Mobiler Alltag zwischen Sachsen und Böhmen und die Produktion von Migration im 19. Jahrhundert. Leipzig 2017; Swen Steinberg, Grenz-Netzwerke, Grenz-Arbeit, Grenz-Exil: Der deutsch-tschechoslowakische Grenzraum als politischer Ort, 1920–1938, in: Hermann Gätje/Sikander Singh (Hrsg.), Grenze als Erfahrung und Diskurs, Tübingen 2018, S. 175–192.

einordnen lassen. Schließlich wurden auch die sächsischen Gewerkschaften lange Zeit als regelrecht mit den Parteien – insbesondere der SPD – verschmolzen eingeordnet und galten bisweilen lediglich als eine von vielen Vorfeldorganisationen. Zum anderen erlebten vor allem die Verbände der Metallarbeiter und der Textilarbeiter – zwei auch nach 1918 zentrale Branchen der sächsischen Wirtschaft – nach dem Ersten Weltkrieg einen massiven Mitgliederzuwachs, der aber ab 1923/24 ebenso heftig wieder einbrach und der auf einen in Sachsen eben in der Weimarer Republik aufklaffenden Generationenbruch innerhalb der Arbeiterschaft zurückzuführen ist.

Die Heranwachsenden werden im vorliegenden Band – neben dem Beitrag von André Postert – in drei weiteren Beiträgen betrachtet. Andreas Reichel zeigt auf, wie sich in Sachsen Anfang der 1920er Jahre die reformorientierte Schulpolitik definierte und welche Barrieren etwa auf der Ebene der Schulverwaltungen dabei zu überwinden waren – Barrieren, die nicht zuletzt weltanschaulicher Natur gewesen sind und den Aspekt der Spaltung erneut andeuten. Einem anderen, in der Zeit der Weimarer Republik auch in Sachsen immer mehr an Bedeutung gewinnenden Thema widmet sich zudem der Beitrag von Nadine Kulbe, die sozialhygienische Diskurse der sächsischen Lebensreformbewegung mit Blick auf die „Generation Mangel" des Ersten Weltkriegs vorstellt. Und mit eben jenem übergeordneten Thema wird auf eine herausgehobene Stellung Sachsens etwa im Hygienediskurs verwiesen, deren Ausweis die Internationale Hygiene-Ausstellung 1930/31 in Dresden und die dortige Museumsgründung waren. Kinder und Jugendliche sind ebenfalls Gegenstand des Artikels von Justus H. Ulbricht, der sich mit den Angehörigen der sächsischen Jugendwanderbewegung – und damit gleichfalls mit Aspekten der Lebensreform in Sachsen – befasst. Wobei auch dieser Artikel soziale und vor allem politische Aspekte von Jugendkultur anspricht, die über die Zäsur von 1933 und die nationalsozialistische Übernahme von Macht und gesellschaftlicher Hoheit hinausweisen.

Perspektiven auf den ersten sächsischen Freistaat

Die in diesem Band vorgenommene Bestandaufnahme zu Sachsen in der Weimarer Republik soll an dieser Stelle noch durch Perspektiven erweitert werden, die zukünftig stärkere Aufmerksamkeit verdienen: um unser Bild vom Freistaat und seinen gesellschaftlichen wie politischen und sozialen Spaltungen zu schärfen – oder diese gegebenenfalls gar zu relativieren. Bleibt man beim nachgerade klassischen Feld der Politikgeschichte, so können insbesondere die linken Parteien mit ihren später gegründeten paramilitärischen Verbänden (Reichsbanner Schwarz-Rot-Gold, Rotfrontkämpferbund) als vergleichsweise gut untersucht gelten,[14] jüngst erfuhren auch die liberalen Parteien

14 Vgl. Heidenreich, Arbeiterkulturbewegung; Carsten Voigt, Kampfbünde der Arbeiterbewegung. Das Reichsbanner Schwarz-Rot-Gold und der Rote Frontkämpferbund in Sachsen 1924–1933, Köln 2009.

wieder mehr Aufmerksamkeit.[15] Ein weithin offenes Feld besteht allerdings nach wie vor bei den konservativen Parteien und Verbänden – allen voran bei der sächsischen DNVP und dem Stahlhelm, ebenso aber auch bei kleineren Parteien wie der Mittelstandspartei oder dem Landvolk. Letztere verweist zugleich auf die politische Kultur und das Wahlverhalten in dörflich-landwirtschaftlich geprägten Regionen wie auch in den für Sachsen typischen Industriedörfern, über die bislang kaum etwas bekannt ist.[16] Gleiches gilt für gerade dort aktive Vereinigungen wie die landwirtschaftlichen Hausfrauenvereine und andere konservative Initiativen bzw. Gegenmodelle, mit denen auf die Veränderungen in der Gesellschaft reagiert wurde. Dies schließt nicht zuletzt wirtschaftliche und soziale Aspekte ein – etwa, welche Strategien des ‚Obenbleibens' der sächsische Landadel auf dem Weg in die Moderne bzw. nach 1918 fand und wie erfolgreich diese waren.[17] Freilich befand sich auch der Adel nicht zuletzt durch den Verlust der Standesvorteile in einer Krise, oftmals weniger wirtschaftlich als mental. Und dies ließ manchen Adligen nach links oder rechts gehen: Zumindest in Einzelbiografien sind besonders exponierte sächsische Vertreter behandelt, wie beispielsweise die beiden Kommunisten Arnold Vieth von Golßenau, der als Schriftsteller unter dem Pseudonym Ludwig Renn bekannt wurde, oder der sich ebenfalls schriftstellerisch betätigende Konrad von Holleuffer-Kypke.[18] Zu dieser Elitenforschung gehörten zudem das gehobene Bürgertum und die Beamtenschaft, die sich vom Träger des monarchischen zu dem des parlamentarischen Staates wandelte bzw. wandeln musste. Welchen Einfluss aber hatten diese bürgerlichen Eliten auf die hier aufgeworfenen Perspektiven auf den „gespaltenen Freistaat"? Wo einten sie auf der lokalen und regionalen Ebene, warum taten sie das und warum nicht? Eine Untersuchung dieser hier nur angerissenen Themen würde nicht nur dazu beitragen, die mentale Landkarte Sachsens in der Weimarer Republik besser zu erschließen bzw. ein klareres Bild von der politischen Kultur jener 15 Jahre zu erhalten. Vielmehr hätte die damit verbundene vergleichende Perspektive den Vorteil, lokale Forschung auch von Laien anzuregen bzw. mit einzubeziehen.

Zu den genannten politischen Parteien ist immer auch das politische Umfeld mitzudenken, zu dem vor allem die Bereiche Medien und politische Öffentlichkeit zu zäh-

---

15 Vgl. Michael Rudloff, Von den Nationalliberalen zur Deutschen Volkspartei. Der Umbruch im sächsischen Parteiensystem im Spiegel der Korrespondenz des Kriebsteiner Unternehmers Dr. Konrad Niethammer, in: Manfred Hettling (Hrsg.), Figuren und Strukturen. Historische Essays für Hartmut Zwahr zum 65. Geburtstag, München 2002, S. 699–735; Karl Heinrich Pohl, Gustav Stresemann. Biographie eines Grenzgängers, Göttingen 2015; Janosch Pastewka, Koalitionen statt Klassenkampf. Der sächsische Landtag in der Weimarer Republik 1918–1933, Ostfildern 2018.

16 Vgl. Swen Steinberg, Industriedörfer. Konstitution und Forschungsperspektiven einer modernen Siedlungsform, in: Volkskunde in Sachsen 30 (2018), S. 69–90.

17 Vgl. Martina Schattkowsky (Hrsg.), Adlige Lebenswelten in Sachsen. Kommentierte Bild- und Schriftquellen, Köln/Weimar/Wien 2013.

18 Vgl. Matthias Stresow, Ludwig Renn in Dresden, Dresden 2004; Lars-Arne Dannenberg/Matthias Donath (Hrsg.), Lebensbilder des sächsischen Adels, 3 Bde., Bernstadt a.d. Eigen 2014–2018.

len sind. Zwar liegen punktuell zu einigen sächsischen Großstädten und zu einzelnen Zeitungen der politisch linken Parteien Untersuchungen vor.[19] Den Publikationen der NSDAP und hier im Besonderen der Tageszeitung „Freiheitskampf" widmet sich seit einiger Zeit ein Projekt des Hannah-Arendt-Institutes für Totalitarismusforschung.[20] Bis auf erste Untersuchungen zur Großstadtpresse in Dresden und Leipzig ist bislang aber kaum etwas über die – rein quantitativ weitaus bedeutendere – bürgerliche Presse im Sachsen der Weimarer Republik bekannt.[21] Wobei sich dieser Befund auch auf das gesamte Bürgertum in all seinen Schichtungen erweitern lässt, überhaupt liegen hier lediglich für die Großstädte Untersuchungen vor.[22] Diese topografisch punktuellen Befunde lassen bislang kaum einfache Verallgemeinerungen für das Bürgertum in ganz Sachsen zu. Über das Wahlverhalten, bürgerliche Kulturen und ggf. Gegen-Kulturen oder den Umgang mit den Krisenerscheinungen der Weimarer Republik in Sachsen wissen wir aber noch wenig,[23] so beispielsweise über den Wandel im Umgang mit Erinnerung in Form von Denkmälern.[24] Bei den genannten Medien und der Presse sind auch die dazugehörigen oder im bürgerlichen Umfeld agierenden Verlage zu berücksichtigen. Dies ist eng verbunden mit Aspekten der Massenkultur allgemein – etwa Film und Kino, populäre Musik, Literatur, Fotografie oder Freizeitverhalten[25] – sowie ganz speziell mit der Mittel-

19 Vgl. Steinberg/Schmeitzner, Arbeiterkultur; Heidenreich, Arbeiterkulturbewegung; Jürgen Schlimper (Hrsg.), „Natürlich – die Tauchaer Straße!" Beiträge zur Geschichte der „Leipziger Volkszeitung", Leipzig 1997; Swen Steinberg, „Karl Herschowitz kehrt heim." Der sozialdemokratische Schriftsteller-Journalist Edgar Hahnewald zwischen sächsischer Identität und der Heimat im Exil. Mit einer kritischen Edition, Berlin 2016.

20 Vgl. Projektseite „Datenbank zur Dresdner Tageszeitung ‚Der Freiheitskampf'" des Hannah-Arendt-Instituts für Totalitarismusforschung, Koordination: Thomas Widera, Online unter http://www.hait.tu-dresden.de/ext/forschung-details.asp?ma=76 [eingesehen am 19.12.2018]; Markus Fischer, Neue Perspektiven auf die sächsische NS-Presse. Das NSDAP-Organ „Der Freiheitskampf" als historische Quelle, in: Neues Archiv für sächsische Geschichte 84 (2013), S. 275–294; Stephan Dehn, Die Propaganda der sächsischen NSDAP im „Expansions-Jahr" 1931. Eine Massenpartei mit Massenreichweite?, in: Günther Heydemann/Jan Erik Schulte/Francesca Weil (Hrsg.), Sachsen und der Nationalsozialismus, Göttingen 2014, S. 77–90.

21 Vgl. Michael Meyen, Leipzigs bürgerliche Presse in der Weimarer Republik: Wechselbeziehungen zwischen gesellschaftlichem Wandel und Zeitungsentwicklung, Schkeuditz 1996; Ralf Krüger: Presse unter Druck. Differenzierte Berichterstattung trotz nationalsozialistischer Presselenkungsmaßnahmen. Die liberalen „Dresdner Neueste Nachrichten" und das NSDAP-Organ „Der Freiheitskampf" im Vergleich, in: Reiner Pommerin (Hrsg.), Dresden unterm Hakenkreuz, Köln/Weimar 1998, S. 43–66.

22 Vgl. Michael Schäfer, Bürgertum in der Krise. Städtische Mittelklassen in Edinburgh und Leipzig 1890 bis 1930, Göttingen 2003.

23 Vgl. Sönke Friedreich, Der Weg zur Großstadt. Stadtentwicklung, bürgerliche Öffentlichkeit und symbolische Repräsentation in Plauen (1880–1933), Leipzig 2017.

24 Vgl. Projektseite „Umstrittene Memoriale. Das ‚Zeitalter des Denkmals' in Sachsen, 1871–1933" des Instituts für Sächsische Geschichte und Volkskunde, Bearbeiter: Sönke Friedreich, Online unter https://www.isgv.de/projekte/volkskunde/umstrittene-memoriale [eingesehen am 19.12.2018].

25 Vgl. Projektseite „1918 als Achsenjahr der Massenkultur: Kino, Filmindustrie und Filmkunstdiskurse in Dresden vor und nach 1918" des Instituts für Sächsische Geschichte und Volkskunde, Projektleitung: Winfried Müller, Online unter https://www.isgv.de/projekte/gemeinsame-projekte/id-1918-als-achsenjahr-der-massenkultur-kino-filmindustrie-und-filmkunstdiskurse-in-dresden-vor-und [eingesehen am 19.12.2018]; Wolfgang Hesse, (Hrsg.), Die Eroberung der beobachtenden Maschinen. Zur Arbeiterfotografie der Weimarer Republik, Leipzig 2012; ders., Körper und Zeichen. Arbeiterfotografien aus Dohna, Heidenau und Johanngeorgenstadt

deutschen Radio AG auch für das aufkommende Radio als ein neues Medium, das sich in diesem Fall bzw. in Sachsen nicht ohne weiteres einer politischen Richtung zuordnen lässt. Deutet dies bereits auf die überregionale Ebene und die Wahrnehmung der betreffenden Printprodukte hin, so besteht zugleich im linken politischen Lager vor allem zu jenen Organisationen und Institutionen weiterer Forschungsbedarf, deren Bedeutung ebenso über Sachsen hinausging: in Chemnitz bestand beispielsweise die Bundesschule des Arbeitersamariter-Bundes, über die fast nichts bekannt ist;[26] mit dem Arbeiter-Bildungsinstitut und der Bundesschule des Arbeiter-Turn- und Sportbundes sowie den dort angesiedelten Freidenkervereinigungen kam auch Leipzig eine solche reichsweite Bedeutung zu, die im Kontext der international organisierten Arbeiterbewegung zudem über die deutschen Grenzen hinausging.[27] Solchen Vernetzungen – seien sie nun interregional oder transnational – sollte ebenfalls verstärktes Augenmerk gelten, hier insbesondere in dem teils überaus fluiden sächsisch-böhmischen Grenzraum im Süden und verbunden mit Fragen etwa zur Bedeutung von Wirtschaftskontakten oder Tourismus.[28]

Abgesehen von einer umfassenden Untersuchung zu den Debatten um Rauchschäden und einigen wenigen Beiträgen zur Gewässerbelastung[29] sind die umweltgeschichtlichen Aspekte Sachsens in der Weimarer Republik bislang kaum untersucht – und damit in einer Phase, in der die sächsische Wirtschaft zwar von zahlreichen Krisen erfasst wurde und zugleich ihre Struktur änderte, in der diese aber sehr wohl in spezifischen Branchen auch weiter wuchs. Diese umweltgeschichtlichen Perspektiven sind im Sachsen der 1920er Jahre zudem engzuführen mit der Wissenschaftsgeschichte und hier etwa den Forschungen an der Forstakademie Tharandt und der Bergakademie Freiberg. Zudem schließt diese Perspektive natürlich auch die sächsische Wirtschaftsgeschichte ein,[30] zu der zwar in den vergangenen Jahren Aspekte wie Konsum,[31] Familienunterneh-

---

1932/33. Dresden 2013; Katja Margarethe Mieth/Justus H. Ulbricht/Elvira Werner (Hrsg.), „Vom fröhlichen Wandern". Sächsische Jugendbewegung im Zeitalter der Extreme 1900–1945, Dresden 2015; Wolfgang Hesse/Holger Starke (Hrsg.), Arbeiter | Kultur | Geschichte. Arbeiterfotografie der Weimarer Republik, Leipzig 2017.

26 Vgl. Christian Hermann, Frei hilf! Samariter in Dresden: Zur Geschichte der Arbeiter-Samariter-Kolonne Dresden (1901–1933), Leipzig 1999.

27 Vgl. Heidenreich, Arbeiterkulturbewegung.

28 Vgl. Caitlin Murdock, Tourist Landscapes and Regional Identities in Saxony, 1878–1938, in: Central European History 40 (2007) 4, S. 589–622; Sönke Friedreich, Die Entstehung des Heimatgedankens aus der Mobilität. Das historische Beispiel des sächsischen Erzgebirges, in: Manfred Seifert (Hrsg.), Zwischen Emotion und Kalkül. „Heimat" als Argument im Prozess der Moderne, Leipzig 2010, S. 87–101.

29 Vgl. Mathias Mutz, Wasserkriege an der Mulde. Die Wassernutzung der sächsischen Papierindustrie in der Zwischenkriegszeit, in: Wiebke Bebermeier/Anna-Sarah Hennig/ders. (Hrsg.), Vom Wasser. Umweltgeschichtliche Perspektiven auf Konflikte, Risiken und Nutzungsformen, Siegburg 2008, S. 49–81; Martin Bemmann, Beschädigte Vegetation und sterbender Wald. Zur Entstehung eines Umweltproblems in Deutschland 1893–1970, Göttingen 2012; Norman Pohl/Mathias Deutsch, Umweltgeschichte Sachsens. Texte und Materialien, Leipzig 2013.

30 Vgl. Rainer Karlsch/Michael Schäfer, Wirtschaftsgeschichte Sachsens im Industriezeitalter, Leipzig 2006.

31 Vgl. Manuel Schramm, Konsum und regionale Identität in Sachsen 1880–2000. Die Regionalisierung von Konsumgütern im Spannungsfeld von Nationalisierung und Globalisierung, Stuttgart 2003.

men[32] oder Fragen nach spezifischen Unternehmenskulturen neu erschlossen wurden,[33] auch erfuhr die Geschichte der gewerkschaftlichen Interessenvertretung und der industriellen Arbeitsbeziehungen wieder das Interesse der Forschung.[34] Wichtige Sektoren wie die sächsische Textilindustrie[35] oder das Wechselverhältnis von Leitbranchen und einzelnen Städten, wie dies in Dresden etwa die Genussmittelindustrie war (Zigaretten, Schokolade), harren aber noch immer der detaillierten Bearbeitung, die bei letzterem Beispiel zwangsläufig auch postkoloniale Perspektiven einschließt.[36] Diese Wirtschaftsgeschichte ist dabei ebenfalls als eng verbunden zu sehen mit Aspekten der Bildung und Ausbildung etwa an Fachschulen oder Formen der industrienahen Forschung, für die allenfalls erste Erkenntnisse vorliegen.[37] Auch in einer langfristigen Perspektive – und hier etwa mit Blick auf Kooperationen im Ersten Weltkrieg und nach der Verkündung des Vierjahrplans 1936 – sind sie bislang kaum bzw. nur für einzelne Wissenschaftler untersucht.[38] Diese Bestandsaufnahme gestaltet sich für die Geisteswissenschaften und hier vor allem für die Universität Leipzig übrigens deutlich anders, wo beispielsweise über das in den 1920er Jahren weit über Sachsen und Deutschland hinaus bedeutsame Fach der Universalgeschichte bereits eingehende Befunde veröffentlicht wurden.[39] Auch für die sich in der Weimarer Zeit professionalisierende Landesgeschichte liegen inzwischen

32 Vgl. Michael Schäfer, Familienunternehmen und Unternehmerfamilien. Zur Sozial- und Wirtschaftsgeschichte der sächsischen Unternehmer 1859–1940, München 2007.

33 Vgl. Swen Steinberg, Unternehmenskultur im Industriedorf. Die Papierfabriken Kübler & Niethammer in Sachsen (1856–1956), Leipzig 2015.

34 Vgl. Swen Steinberg, Rolf Maaß: Die Sterkamps. Biografie und Autobiografie eines sächsischen Gewerkschaftsfunktionärs, 1920 bis 1933, Dresden 2009; Marco Swiniartzki, Der Deutsche Metallarbeiter-Verband 1891–1933. Eine Gewerkschaft im Spannungsfeld zwischen Arbeitern, Betrieb und Politik, Köln/Weimar/Wien 2017; Michael Schäfer/Swen Steinberg/Veronique Töpel (Hrsg.), Industrielle Arbeitsbeziehungen in Mitteldeutschland: Zwischen Klassenkampf, Sozialpartnerschaft und Betriebsgemeinschaft, Leipzig 2018.

35 Vgl. Katja Margarethe Mieth/Marina Palm (Hrsg.), Möwe, Hirsch und Sandmännchen. Facetten der Textilproduktion in und um Hohenstein-Ernstthal, Dresden 2016.

36 Vgl. Maike Fabian/Sirko Möge/Katja Wünsche, Lever mit Schokolade. Wie sich der Dresdner Geschmack entwickelte, in: Rolf Lindner/Johannes Moser (Hrsg.), Dresden. Ethnografische Erkundungen einer Residenz, Leipzig 2006, S. 177–205; Holger Starke, Vom Lever zum Schokoriegel. Dresdens Entwicklung zur Stadt der Schokolade im Industriezeitalter (1800–1990), in: Erika Eschebach/ders. (Hrsg.), Schokoladenstadt Dresden. Süßigkeiten aus Elbflorenz, Dresden 2013, S. 45–73; Swen Steinberg, Mohammed aus Sachsen. Die Vermarktung von ‚orientalischer Fremdheit', Regionalität, Nationalismus und Ideologie in der Dresdner Zigarettenindustrie (1860–1960), in: Frank Jacob/Gerrit Dworok (Hrsg.), Tabak und Gesellschaft. Vom braunen Gold zum sozialen Stigma, Baden-Baden 2015, S. 183–212.

37 Vgl. Rainer Pommerin, 175 Jahre TU Dresden, Bd. 1: Geschichte der TU Dresden 1828–2003. Köln/Weimar/Wien, 2003, S. 130–165; Geschichte der Universität Leipzig, Bd. 3: Das zwanzigste Jahrhundert 1909–2009, Leipzig 2010.

38 Vgl. Uwe Fraunholz/Hagen Schönrich, Ein Bauingenieur in militärischen Diensten: Willy Gehler im Ersten und Zweiten Weltkrieg, in: Manfred Curbach/Oliver Steinbock/Thomas Hänseroth (Hrsg.), Willy Gehler – Versuch einer Einordnung, Dresden 2018, S. 78–92.

39 Vgl. Matthias Middell, Weltgeschichtsschreibung im Zeitalter der Verfachlichung und Professionalisierung. Das Leipziger Institut für Kultur- und Universalgeschichte 1890–1990, 3 Bde., Leipzig 2005.

Untersuchungen vor,[40] wenngleich das für die Zeit des Nationalsozialismus wie die SBZ/DDR deutlich eingehender untersuchte Feld der – hier natürlich auch instrumentalisierten – Heimatbewegung eine deutliche Lücke in der Weimarer Republik und auch in der Zeit vor 1918 aufweist.[41] Wie, wo und mit welchen sozialen, wirtschaftlichen oder politischen Folgen sächsische Landesidentität oder Heimatgefühl zwischen 1918 und 1933 verhandelt, erstritten, abgelehnt oder gelebt wurde, darüber wissen wir ebenfalls bislang kaum etwas.[42]

Vier weitere Felder seien abschließend noch benannt: Zwar sind zum einen Aspekte der Migrationsgeschichte Sachsens in der Weimarer Republik erst jüngst wieder in den Fokus geraten,[43] auch existieren Untersuchungen vor allem zur jüdischen Emigration.[44] Ganz allgemeine Prozesse wie Zu- oder Abwanderung sind aber bislang kaum untersucht worden – weder mit Blick auf die Binnenmigration, noch auf das Verhältnis zwischen Stadt und Land, noch hinsichtlich der Zu- und Abwanderung aus oder nach nicht-sächsischen Territorien. Ein ähnlicher Befund ergibt sich zum zweiten für die Militärgeschichte, die auch im Sachsen der Weimarer Republik teils kaum von der sozialen und politischen Geschichte zu trennen ist – mit Blick auf Einwohnerwehren etwa, hinsichtlich der Verbreitung und Verwendung von Waffen sowie generell der Frage von Gewalt und Emotion in den Auseinandersetzungen auf der Straße.[45] Zum Dritten ist die Geschlechtergeschichte Sachsens in der Weimarer Republik bislang kaum untersucht, was etwa hinsichtlich der im Ersten Weltkrieg überall im Deutschen Reich gestiege-

40 Vgl. Wieland Held (Hrsg.), Rudolf Kötzschke und das Seminar für Landesgeschichte und Siedlungskunde an der Universität Leipzig. Heimstatt sächsischer Landeskunde, Beucha 1999; Enno Bünz, Landesgeschichte in Sachsen – Traditionen und Perspektiven, in: Denkströme. Journal der Sächsischen Akademie der Wissenschaften, 6 (2011), S. 61–83; ders. (Hrsg.), 100 Jahre Landesgeschichte (1906–2006), Leipzig 2012.

41 Vgl. Thomas Schaarschmidt, Regionalkultur und Diktatur. Sächsische Heimatbewegung und Heimat-Propaganda im Dritten Reich und in der SBZ/DDR, Köln 2004.

42 Vgl. Swen Steinberg, Heimatschutz in der Region. Akteure, Handlungsfelder und Konflikte am Beispiel der sächsischen Amtshauptmannschaft Döbeln (1900–1930), in: Blätter für deutsche Landesgeschichte 151 (2015), S. 123–148; Antje Reppe, Die Integration industriellen Fortschritts in lokale Heimatinszenierungen. Zur Präsenz städtischer Industrie in den frühen Heimatfesten der mitteldeutschen Industrieregion, in: Volkskunde in Sachsen 30 (2018), S. 55–67.

43 Vgl. Sönke Friedreich, Ganz fremde Männer. Böhmische Hausierer in Dresden und Chemnitz in der ersten Hälfte des 19. Jahrhunderts, in: Jahrbuch für deutsche und osteuropäische Volkskunde 50 (2008), S. 135–155; ders., Fremd bleiben. Perspektiven auf Nahmobilität und Pendelmigration zwischen Böhmen und Dresden im 18. und 19. Jahrhundert, in: Jahrbuch für Europäische Ethnologie 3 (2009) 4, S. 149–164; Katrin Lehnert/Lutz Vogel (Hrsg.), Kleinräumige Mobilität und Grenzwahrnehmung im 19. Jahrhundert, Dresden 2010; ders., Aufnehmen oder abweisen? Kleinräumige Migration und Einbürgerungspraxis in der sächsischen Oberlausitz 1815–1871, Leipzig 2014; Martin Munke/Miloš Řezník/Katja Rosenbaum (Hrsg.), Migration und Grenzraum im historischen Wandel: Böhmen, Sachsen, mitteleuropäischer Kontext, Leipzig/Berlin 2014; Enno Bünz/Winfried Müller/Martina Schattkowsky/Ira Spieker (Hrsg.), Sachsen: Weltoffen! Mobilität – Fremdheit – Toleranz, Dresden 2016.

44 Vgl. Solvejg Höppner, „Ostjude ist jeder, der nach mir kommt …". Jüdische Einwanderer in Sachsen im Kaiserreich und in der Weimarer Republik, in: Werner Bramke/Ulrich Heß (Hrsg.), Wirtschaft und Gesellschaft in Sachsen im 20. Jahrhundert, Leipzig 1998.

45 Vgl. Voigt, Kampfbünde; Joachim C. Häberlein, Vertrauen und Politik im Alltag. Die Arbeiterbewegung in Leipzig und Lyon im Moment der Krise 1929–1933/38, Göttingen/Bristol 2013.

nen Frauenarbeit überrascht. In Sachsen, davon ist mit Blick auf die industrielle Entwicklung auszugehen, dürfte dieser Anteil vergleichsweise höher gewesen sein. Was aber passierte mit jener Gruppe, als die Männer aus dem Feld und an die Arbeitsplätze zurückkamen? Welche politischen, sozialen und emanzipatorischen Folgen hatte dies – und welche gerade nicht? Viertens schließlich ist das Feld der Religion und der Kirchengeschichte zu nennen, denn letztere ist für Sachsen in der Zeit des Nationalsozialismus durchaus erforscht.[46] Für die Zeit der Weimarer Republik gilt dies allerdings nicht, weder in theologischer Hinsicht noch mit Blick auf das soziale und kulturelle Leben in den katholischen, evangelischen wie teils auch den jüdischen Gemeinden.

Die hier aufgezeigten Perspektiven machen deutlich, dass eine Auseinandersetzung mit dem „gespaltenen Freistaat" auch in den Jahren 2018/19 nicht als abgeschlossen gelten kann, in denen dieses Buch entstand. Zugleich unterstreichen sie den eingangs formulierten Anspruch, die Debatte über die Grundlagen und die Realitäten in der ersten sächsischen Demokratie nicht auf das Ende des Ersten Weltkriegs oder die Revolution zu beschränken: Diese Auseinandersetzung sollte auch in den kommenden 15 Jahren weiterhin gesucht und offen geführt werden. Denn wie schwer Freiheit, Demokratie oder Menschenrechte erkämpft werden müssen und erhalten werden können – und wie schnell sie wieder verloren gehen –, eben das zeigen gerade jene 15 Jahre sächsischer Geschichte von 1918 bis 1933. Und das, was ihnen folgte.

* * *

Im Namen der Herausgeber sei an dieser Stelle den Direktoren des Instituts für Sächsische Geschichte und Volkskunde und des Hannah-Arendt-Instituts für Totalitarismusforschung, Prof. Dr. Winfried Müller und Prof. Dr. Thomas Lindenberger, für die Unterstützung dieses Buchvorhabens gedankt – von derzeitigen oder ehemaligen Mitarbeitern beider Institute wie auch aus dem Sorbischen Institut in Bautzen stammen zahlreiche Beiträge in diesem Band. Linda Fleck sei für die Zusammenstellung der Tabellen im Anhang gedankt. Ein ganz besonderer Dank der Herausgeber gilt Werner Rellecke, der dieses Buchprojekt initiierte und es für die Sächsische Landeszentrale für politische Bildung – wie immer sehr professionell – betreut hat. Auch der Landeszentrale selbst mit ihrem Direktor Dr. Roland Löffler sei an dieser Stelle für die Unterstützung der Publikation gedankt, der auf diese Weise ein breites Publikum ermöglicht wird. Dank gebührt schließlich auch dem Leipziger Universitätsverlag und hier vor allem Dr. Gerald Diesener für die abschließende Bearbeitung und Drucklegung dieser Veröffentlichung.

46 Vgl. Kurt Meier, Der evangelische Kirchenkampf, 3 Bde., Halle 1976–1984; Mandy Rabe, Zwischen den Fronten. Die „Mitte" als kirchenpolitische Gruppierung in Sachsen während der Zeit des Nationalsozialismus, Leipzig 2017; Konstantin Hermann/Gerhard Lindemann (Hrsg.), Zwischen Christuskreuz und Hakenkreuz. Biografien von Theologen der evangelisch-lutherischen Landeskirche Sachsens im Nationalsozialismus, Göttingen 2017.

Vorprägungen

„Rotes Königreich“ oder Hort des Konservatismus?

Sachsen im späten Kaiserreich

James Retallack

Die jüngste Forschung zur sächsischen Geschichte zwischen 1890 und 1918 hat viele bisherige Annahmen über den politischen Wandel in Frage gestellt, ohne diese jedoch vollständig zu widerlegen.[1] In diesem Beitrag werden drei miteinander verbundene Themen betrachtet, die ältere und neuere Einschätzungen der gespaltenen politischen Kultur Sachsens im späten Kaiserreich aufnehmen und je neu hinterfragen. Kann man *erstens* in diesen drei Jahrzehnten immer noch von einer fundamentalen Polarisierung zwischen dem sozialistischen und dem antisozialistischen Lager sprechen? Welche Entwicklungen verweisen *zweitens* auf Kontinuitäten oder Diskontinuitäten über die historische Zäsur des Novembers 1918? Und ist Sachsens politische Kultur *drittens* am besten durch ihre Einzigartigkeit, ihre typische Eigenart oder durch etwas ganz anderes zu verstehen und zu charakterisieren?

„Wahlrechtsraub“ und Wahlrechtskampf

Unter der Führung von Friedrich Ferdinand von Beust in den Jahren 1849 bis 1866 war die politische Kultur Sachsens dem Liberalismus wenig verbunden. Erst nach dem Deutschen Krieg 1866, als sich Sachsen und Österreich zusammen auf der Verliererseite fanden, begann im Königreich eine kurze liberale Ära. Der Landtag reformierte sich 1868 gewissermaßen selbst, indem das allgemeine Wahlrecht für Männer eingeführt wurde – oder präziser, für Männer die jährlich mindestens drei Mark Steuern entrichteten. Trotz

1 Dieser Beitrag wurde von Swen Steinberg übersetzt und beruht auf James Retallack, Red Saxony: Election Battles and the Spectre of Democracy in Germany, 1860–1918, Oxford 2017. Eine deutsche Übersetzung ist in Vorbereitung. Hingewiesen sei an dieser Stelle auch auf die Online-Bibliographie sowie weiteres statistisches Material, die zu finden sind unter http://redsaxony.utoronto.ca (zuletzt eingesehen am 19.12.2018).

dieses relativ liberalen Wahlrechts wandte sich die sächsische Regierung aber bereits in den späten 1870er Jahren – und damit noch vor Bismarck auf Reichsebene – vom Liberalismus ab. Die konservative Vorherrschaft in der zweiten Kammer des Sächsischen Landtags konsolidierte sich in den 1880er Jahren. Demgegenüber wurden jährlich mehr einkommensschwache Sachsen wahlberechtigt, die Wahlbeteiligung stieg ebenfalls schnell an. Die SPD-Fraktion im Landtag wuchs von fünf Mitgliedern im Jahr 1887 auf 15 im Frühjahr 1896. Im gleichen Zeitraum verzeichnete die sächsische SPD bei den Reichstagswahlen und in einigen Städten – vor allem in Leipzig – ständige Zuwächse. Im November 1895 führten diese Entwicklungen dazu, dass Konservative sowie National- und Linksliberale um die Zukunft ihrer parlamentarischen Macht fürchteten, die sie bislang in Wahlkämpfen und im Parlament in einem sogenannten Kartell abgesichert hatten. Deswegen forderten sie die Regierung auf, eine Wahlrechtsreform vorzubereiten, die eine künftige „Flut" von SPD-Abgeordneten in die zweite Kammer verhindern sollte. Forciert vom de facto Vorsitzenden der Konservativen Partei, dem Geheimen Hofrat Dr. Paul Mehnert, wurde fluchtartig ein neues Dreiklassenwahlrecht durch den Landtag gebracht und am 28. März 1896 in Kraft gesetzt. Das neue Gesetz – zeitgenössisch als „Wahlrechtsraub" bezeichnet – machte dabei Schlagzeilen im ganzen Reich: Im Dezember 1896 etwa bezeichnete das in Berlin erscheinende sozialdemokratische Zentralorgan „Vorwärts" Sachsen als das „Probierland der Reaktion". Da ein Drittel der sächsischen Landtagsabgeordneten alle zwei Jahre zur Wahl stand, schieden die 15 SPD-Abgeordneten nach und nach aus dem Parlament aus, 1901 war keiner mehr übrig.

Bald richtete sich die nationale Aufmerksamkeit wieder auf Sachsen. Die Reichstagswahlen im Juni 1903 führten in 22 von 23 sächsischen Wahlkreisen zu sozialistischen Siegen, wobei die SPD-Kandidaten 59 % der Stimmen erhielten. Der Beiname „Rotes Sachsen" bzw. „Rotes Königreich" wurde über Nacht geboren. Der darin aufscheinende extreme Gegensatz zwischen Sozialdemokraten und Konservativen stürzte die sächsische Politik in eine sechs Jahre dauernde Krise. Im Dezember 1905 gingen Arbeiter auf die Straßen von Leipzig, Dresden und anderen Städten, um die Reform des Dreiklassenwahlgesetzes zu fordern. Die Staatsgewalt in Gestalt der Polizei reagierte darauf, teils auch unter Anwendung von Gewalt. Reichskanzler Bernhard von Bülow in Berlin und Mehnert in Dresden zwangen den sächsischen Regierungschef, keine Zugeständnisse zu machen – und die SPD-Führung trat zurück. Die sogenannten „Ordnungsparteien" – maßgeblich Konservative und Nationalliberale – revanchierten sich dann bei den Reichstagswahlen im Januar 1907 regelrecht: Infolge einer chauvinistischen Regierungskampagne, die sich auf koloniale und antisozialistische Themen konzentrierte, reduzierten sich die sächsischen SPD-Sitze im Reichstag von 22 auf acht, die mit weniger als 49 % der Stimmen gewonnen wurden.

Abb. 1: Wahlrechtsdemonstration am Thomasring (heute Dittrichring) in Leipzig am 1. November 1903

In den nächsten zwei Jahren erarbeiteten die „Ordnungsparteien" ein neues Wahlrecht für den sächsischen Landtag, das sie als Instrument verstanden, um den durch das massive Wachstum der SPD verursachten Druck abzubauen. Denn deren Mitgliederzahl war von etwa 30.000 im Jahr 1902 auf fast 150.000 im Jahr 1912 angestiegen; dem Konservativen Verein in Sachsen gehörten zu dem Zeitpunkt dagegen nur ungefähr 20.000 Mitglieder an. Dieses Wahlrecht, das im Januar 1909 verabschiedet und im Oktober 1909 „getestet" wurde, ergänzte die einfache Stimme eines Wählers um bis zu drei Zusatzstimmen, die nach Einkommen, Grundbesitz und Alter vergeben wurden. Obwohl gerechter als das Dreiklassenwahlrecht der Jahre 1896 bis 1909, benachteiligte dieses Pluralwahlrecht die sozialdemokratischen Kandidaten noch immer massiv. Bei den Landtagswahlen im Oktober 1909 unterstützten rund 54 % der Wähler sozialistische Kandidaten. Da die überwiegende Mehrheit von ihnen aber nur eine einfache Stimme hatte, erzielten SPD-Kandidaten nur etwa 39 % der gesamten Stimmenzahl. Nicht mehr als 25 von 91 Sitzen im neuen Landtag konnten von ihnen besetzt werden. Zwar stabilisierte sich in den Jahren von 1909 bis 1918 die politische Lage in Sachsen wieder: massive Konfrontationen wie in der Zeit von 1903 bis 1909 blieben nun aus. Zudem wurde der Landtag nur alle sechs Jahre gewählt, was ebenfalls zur Beruhigung beitrug. Die sächsischen Gegner der Sozialdemokraten und Sozialisten allerdings machten keinen Frieden mit den neuen Gegebenheiten: Die „Demokratie", so deren Ansicht, „beflecke" nun sowohl den sächsischen Landtag als auch den deutschen Reichstag.

Als im August 1914 der Erste Weltkrieg ausbrach, verschoben die Abgeordneten des Landtags die für 1915 geplanten Wahlen auf die Zeit nach dem Krieg. Das Thema Wahlrecht freilich war damit keineswegs vom Tisch: In den Jahren 1917 und 1918 forderten die Mehrheitssozialisten und die Unabhängigen Sozialisten vielmehr wiederholt die Einführung des allgemeinen Wahlrechts für den Landtag. Die Regierung argumentierte dabei, die Reform in Dresden könne nicht den Entwicklungen in Berlin und im Reichstag vorgreifen. Der Hintergrund war freilich ein anderer. Denn die sächsische Regierung und die nichtsozialistischen Parteien stimmten darin überein, dass kein neues Landtagswahlrecht erlassen werden könne, welches eine Mehrheit der „Roten" im Parlament ermögliche. Diese Lähmung des politischen Reformprozesses setzte sich bis in die letzten drei Kriegswochen fort, als ein nationalliberaler Abgeordneter Leiter des Gesamtministeriums wurde. Zu dieser Zeit drängten die „in der Wolle gefärbten" Konservativen – darunter auch Paul Mehnert – in den Staatsrat und andere Regierungsämter.

Dieser kurze Abriss der politischen Entwicklung Sachsens von 1890 bis 1918 scheint *erstens* darauf hinzudeuten, dass die Polarisierung zwischen Sozialdemokraten und ihren Gegnern Vorrang vor jeder anderen politischen Entwicklung hatte und nie aufgelöst wurde. Der antidemokratische Ballast aus der Bismarckzeit wurde dabei durch sächsische Bürger verstärkt, die weitergehende Reformen als Bedrohung und nicht als Chance ansahen. *Zweitens* war Sachsens politische Kultur nach dieser Interpretation zu unmodern, um im 20. Jahrhundert zu überleben. Für einen flüchtigen Moment – im Jahr 1903 – sahen Sozialisten und Demokraten das „Rote Sachsen" als die beste aller möglichen Varianten; aber für Millionen anderer Sachsen war genau das ein regelrechtes Horror-Szenario.[2] *Drittens* erscheint es wenig zielführend, an diese Geschichte Sachsens andere regionale, nationale oder internationale Maßstäbe anzulegen: In einer Zeit, die von der „Fundamentaldemokratisierung der Gesellschaft" (Karl Mannheim)[3] geprägt war, waren die Sachsen untypischerweise entschlossen, eine rationale wie „moderne" Antwort auf neue Herausforderungen abzulehnen. Wenn in anderen deutschen Regionen also bereits „Demokratie praktiziert wurde"[4], fielen die Sachsen durch diesen Test – und dies auf durchaus spektakuläre Weise.

Homogenität? Der regionale und der lokale Blick

Ungeachtet der Tatsache, dass Sachsens politische Kultur von einem fundamentalen Gegensatz zwischen Befürwortern und Gegnern eines autoritären Staatsverständnisses geprägt war, gibt es viele Gründe, weder die Sozialdemokraten noch ihre Gegner als homogene Gruppen darzustellen. Dies spiegelt sich vor allem in der Geschichtsschrei-

---

2 Dr. Walter Koch, der letzte Innenminister Sachsens vor der Novemberrevolution 1918, schrieb: „Die Devise der oberen Verwaltungsbeamten Sachsens war: Haltung und Tradition. [...] Sie betrachteten sich nicht als das Differentialgetriebe, sondern als Bremse am Wagen der Epoche." Sächsisches Hauptstaatsarchiv Dresden, Nachlass Dr. Walter Koch, Erinnerungen (maschinenschriftl. MS) „Wie ich die Menschen und die Dinge sah", Bd. 1, S. 160–167.

3 Karl Mannheim, Man and Society in an Age of Reconstruction (ursprüngl. dt. 1935), New York 1967, S. 44.

4 Margaret Lavinia Anderson, Lehrjahre der Demokratie. Wahlen und politische Kultur im Deutschen Kaiserreich, Stuttgart 2009.

bung zum Deutschen Kaiserreich in den letzten 30 Jahren, die sich immer mehr von „optimistischen" oder „pessimistischen" Bewertungen des Kaiserreichs wie auch von der Idee entfernte, dass Agrarier und Industrielle als „Bündnis der Eliten" alle Reformbemühungen in Richtung liberale Demokratie blockiert hätten.

David Blackbourn etwa merkte schon vor langer Zeit an, wenn man über den autoritären Staat im Singular spreche, sei man bereits auf der falschen Fährte.[5] Neuere Forschungen haben erhebliche Meinungsverschiedenheiten zwischen den sächsischen Monarchen und dem Hof, zwischen den Leitern des Gesamtministeriums und ihren Kollegen, zwischen den mittleren und unteren Beamten (Kreis- und Amtshauptmänner) und der örtlichen Polizei sowie zwischen Stadtverordneten, Stadträten und Oberbürgermeistern bzw. Bürgermeistern herausgearbeitet. Vor allem ein Blick auf die letzte Gruppe zeigt dabei, wie wenig „verallgemeinerbar" das Königreich Sachsen war: Die städtische Politik in Dresden wurde beispielsweise von einer lockeren Koalition aus Konservativen, Antisemiten und Mittelständlern beherrscht, während Leipzig lange Zeit die Bastion der (national-)liberalen Stadtparlamentarier und Verwalter gewesen ist.[6] Auch innerhalb der Parteien selbst und im Landtag wurde die politische Polarisierung durch die divergierenden Ansichten von Politikern unterlaufen, die in der ersten und der zweiten Kammer saßen, ebenso von „Hinterbänklern" in den Fraktionen und natürlich auch von den Parteimitgliedern selbst. Auf der sozialdemokratischen Seite konnte unter den „Hardlinern" in Leipzig Unterstützung für eine radikale Politik und möglicherweise gar für gewalttätiges Handeln gefunden werden, was in den ruhigeren Ecken des Königreichs abgelehnt wurde. Die Nationalliberalen in Dresden waren schüchterner als die Leipziger, während umgekehrt die Konservativen in der Landeshauptstadt zu den extremen Formen des Antisozialismus und Antisemitismus neigten.

Das Fehlen einer katholischen Zentrumspartei im protestantischen Sachsen wird zu Recht als ein wichtiger Faktor für die Gestaltung der Wahlkonstellationen und Parlamentskoalitionen angeführt, der die politisch links stehenden Kräfte in Sachsen stärker in Konflikt mit anderen Parteien brachte als in anderen Teilen des Reichs. Die dauerhafte Schwäche der linksliberalen Parteien in Sachsen hatte eine ähnliche Wirkung, erreichte aber nicht dieselbe Schärfe. Gleiches gilt für die antisemitischen Parteien in Sachsen, die 1893 mit über 90.000 Reichstagsstimmen – fast 16 % – den Höhepunkt ihres Einflusses erreichten und sechs Abgeordnete nach Berlin schickten. Im Laufe der Zeit, besonders aber nach 1903, wurden linke Liberale und Antisemiten zwar immer mehr von den „staatserhaltenden Parteien" überstrahlt. Dennoch versuchten eine oder

---

5 David Blackbourn, Populists and Patricians. Essays in Modern German History, London 1987, S. 13–16; vgl. ders./James Retallack, Introduction, in: dies. (Hrsg.), Localism, Landscape, and the Ambiguities of Place, Toronto 2007, S. 3–35.

6 Siehe James Retallack, Mapping the Red Threat: The Politics of Exclusion in Leipzig before 1914, in: Central European History 49, H. 3/4 (2016), S. 341–82.

beide Parteien bei nahezu jeder Wahl Sitze vom sächsischen Kartell zu „stehlen", weswegen sie sowohl von Staatsministern als auch von den Führern der Konservativen bzw. der Nationalliberalen Partei angegriffen wurden, die sozialistische Gefahr nicht zu erkennen bzw. nicht entschieden genug zu bekämpfen.

Die Tatsache, dass die sächsische Fortschrittspartei einen Großteil ihrer Unterstützung vom neuen Mittelstand erhielt und die Antisemiten ihren Rückhalt beim alten Mittelstand hatte, weist auf zwei verwandte Punkte hin: Sie erschwert die Vorstellung einer polarisierten politischen Kultur und zeigt zugleich die Unzulänglichkeit vor allem älterer Modelle, die von Politikwissenschaftlern, Soziologen und Historikern verwendet wurden, um die Entwicklung des deutschen Parteiensystems zwischen 1860 und 1930 zu erklären. Weder die von Stein Rokkan beschriebenen politischen „Spaltungen" (cleavages) noch die von M. Rainer Lepsius postulierten sozioökonomischen „Milieus" noch das von Karl Rohe aufgestellte Modell der politischen „Lager" beschreiben die konfuse und oft wechselnde Orientierung der politischen Parteien in Deutschland und Sachsen angemessen, ebenso wenig die sozialen, wirtschaftlichen oder kulturellen Lebenslagen und Orientierungen ihrer Mitglieder.[7] Historiker betonen dagegen heute die „Grauzonen" inmitten der sächsischen politischen Landschaft und die feinen Schichtungen von Reichtum, Status und Einfluss in den mittleren Bereichen der sozialen Skala – vom Mittelstand bis zum Bildungs-, Beamten- und Wirtschaftsbürgertum. Und eben in diesen Zonen sollte in Zukunft viel stärker nach politischen Konflikten in der politischen Kultur des Königreichs gesucht werden. Zudem war die SPD nicht die einzige Partei, deren wahlbezogenes Schicksal sich durch den Eintritt oder den Verlust von „Mitläufern" dramatisch verändern konnte: Als die sächsischen Konservativen klagten, die „unzuverlässigen" Antisemiten hätten 1893 sechs Sitze von ihnen „gestohlen", war dies nur einer von vielen Vorwürfen unter den Parteien, die darauf abzielten, neue Anhänger inmitten der sozialen und politischen Spektren zu rekrutieren.

Die zeitgenössische Rede vom „Roten Schreckgespenst" verflüchtigte sich oft unter dem Einfluss momentaner Krisen, kalkulierender Berechnung und nicht zuletzt des persönlichen Ehrgeizes. Lokale Eliten konnten sich dafür entscheiden, den politischen Gegner in einer Konfliktlage zum Verbündeten zu machen, sich ihm aber in einem anderen Zusammenhang als Partner verweigern. Nicht selten verfolgten sie allerdings unklar definierte Ziele, verfügten nur über begrenzte Ressourcen und brachen oft auch den Kampf ab, bevor sie ihr eigentliches Ziel erreichten. All das lässt sich allerdings nur dann herausarbeiten, wenn die antisozialistischen Absichten der Eliten zusammen mit

---

7 Stein Rokkan, Citizens, Elections, Parties. Approaches to the Comparative Study of the Processes of Development. Oslo 1970; ders., State Formation, Nation-Building, and Mass Politics in Europe, hrsg. von Peter Flora/ Stein Kuhnle/Derek W. Urwin, Oxford 1999; M. Rainer Lepsius, Demokratie in Deutschland. Soziologisch-historische Konstellationanalysen. Ausgewählte Aufsätze, Göttingen 1993; Karl Rohe, Wahlen und Wählertraditionen in Deutschland. Kulturelle Grundlagen deutscher Parteien und Parteiensysteme im 19. und 20. Jahrhundert, Frankfurt a. M. 1992.

Abb. 2: „Nee, meine kuteste Borussia, schaffe dir ja nich so ä neien Wahldopp an, ich habe von meinen de Masern gekriecht.“

der tatsächlichen Umsetzung ihrer Pläne – insbesondere auf lokaler und regionaler Ebene – betrachtet werden. James J. Sheehan schrieb einmal, dass „ein großer Teil der politischen Aktivitäten, die auf nationaler Ebene stattfinden, darauf abzielt, Probleme zu vereinfachen, Ausrichtungen zu klären, die Politik auf eine Reihe binärer Entscheidungen zu reduzieren. […] Aber […] in der Welt der lokalen Politik sind die Entscheidungen oft fließender, Allianzen unsicherer, Kombinationen komplexer.“[8] Aus diesem Grund

8 James J. Sheehan, What Is German History? Reflections on the Role of the Nation in German History and Historiography, in: Journal of Modern History 53 (1981), S. 21 f.

muss sich der Historiker besonders bemühen, die politischen Entscheidungen so zu sehen, wie die Zeitgenossen sie sahen: Nicht als klare Alternativen, sondern als vielfältige und teils auch verworrene Optionen; nicht als nationale Politik im Kleinen, sondern als Reflexion eigenständiger Regeln und Traditionen. Aus dieser Perspektive erscheint die antisozialistische Kampagne im kaiserlichen Deutschland nicht als eine Art große Strategie, die vor der Schlacht entwickelt wurde, sondern als taktische Kriegsführung, die man ständig an veränderte Umstände anpasst: Jenseits des Blicks „von der Höhe des Feldherrenhügels" sieht der Beobachter in den Schützengräben verwirrt agierende Soldaten, die vorrücken, um flüchtige Gelegenheiten zu nutzen, und sich angesichts der schlechten Führung durch den Generalstab oder die logistischen Einschränkungen zurückzuziehen.

Außerhalb der Sozialdemokratie machten diese Generäle – Parteiführer und Staatsminister – zunehmend das allgemeine Wahlrecht des Reichstags für jene unvorhersehbaren („amerikanischen") Zustände verantwortlich. Deswegen wurden ungerechte Wahlrechtsregelungen für den Landtag oder die Stadtverordnetenkollegien eingeführt bzw. beibehalten: Verzweifelt versuchte man damit die „zersetzenden" Folgen der modernen Massenpolitik in den Parlamenten der Länder und Kommunen einzudämmen. Dieses Phänomen fand sich keineswegs nur in Sachsen, dort aber war es besonders ausgeprägt. Die antisozialistischen Wahlrechtsgesetze waren ausdrücklich darauf ausgerichtet, die „Hegemonie" einer Partei – der SPD – über die sächsischen Parlamente zu verhindern. Dies war natürlich ein Scheinargument, denn die „Ordnungsparteien" wollten die Sozialdemokraten immer weit unter der Schwelle einer einfachen Mehrheit halten. Als in den Jahren 1908/09 ein neues Pluralwahlrecht für den Landtag diskutiert wurde, stellte der Direktor des Königlich-Sächsischen Statistischen Landesamtes akribische Berechnungen an, die sicherstellen sollten, dass die Sozialdemokraten bei den nächsten Wahlen nicht mehr als 15 von 91 Landtagssitzen gewinnen würden. Nachdem dann – aufgrund von Fehleinschätzungen darüber, wie viele Arbeiter in Sachsen zusätzliche Stimmen erhalten würden – 25 SPD-Abgeordnete gewählt wurden, kam es zu monatelangen Auseinandersetzungen unter den Beamten des Landesamtes und gegenseitigen Vorwürfen zwischen den „Ordnungsparteien". Diese Auseinandersetzungen fanden ihre Fortsetzung, als sich die Sozialdemokraten von ihrem Rückschlag im Jahr 1907 erholten und bei den Reichstagswahlen im Januar 1912 in Sachsen 55 % der Stimmen erhielten bzw. 19 der 23 sächsischen Reichstagssitze gewannen. Doch was passierte nicht? Zu keinem Zeitpunkt zeigte sich die sächsische Regierung bereit, nach diesem Votum der Wähler zu agieren – einer der zentralen Grundsätze der Demokratie. Zusammenfassend ließe sich hier deswegen formulieren, dass die Charakterisierung der politischen Kultur Sachsens als „polarisiert" nur der erste Schritt ist, um ihre grundlegende Natur und ihre Dynamik zu verstehen.

Kontinuität oder Diskontinuität?

Die Frage nach Kontinuität oder Diskontinuität kann hier kürzer behandelt werden, obwohl sie in letzter Zeit ebenfalls wieder zu Diskussionen geführt hat. Wie Thomas Nipperdey in seiner Kritik an Hans-Ulrich Wehlers 1973 erschienenem Kaiserreich-Buch herausarbeitete, gab es viele Kontinuitäten.[9] Wehler postulierte dabei die „klassische“ Variante der Sonderwegs-These, die von den gescheiterten bürgerlichen Revolutionen von 1848/49 bis zur nationalsozialistischen Machtergreifung von 1933 einen geradlinigen Weg zeichnete. David Blackbourn und Geoff Eley haben Nipperdeys Gedanken wiederholt: Die Frage nach der Kontinuität laute nicht, *ob* von Kontinuitäten auszugehen sei, sondern von *welchen*?[10] Der Ausgangspunkt eines angeblichen sächsischen Sonderwegs *scheint* unumstritten zu sein. Das Auftreten einer Arbeiterbewegung in den 1860er Jahren kann dabei historisch als besonders bedeutsam angesehen werden, weil die Liberalen weder die deutsche Verfassung noch das nationale Parlament geprägt hatten – oder zumindest noch nicht. Dies war jedoch keine sächsische Besonderheit. Wie Lothar Schücking schon 1908 erläuterte, war die Situation in Preußen nicht viel anders.[11] Wenn man einen Endpunkt wählt für bestimmte angenommene Kontinuitäten, neigt man zwangsläufig dazu, bestimmte Schlüsse zu ziehen – etwa über die Geschwindigkeit des politischen Wandels oder die Möglichkeiten, dass Entwicklungen anders hätten verlaufen können. Thesen darüber, wie gut die Deutschen „Demokratie praktizierten“, erhalten oder verlieren ihre Aussagekraft für die sächsische Geschichte – je nachdem, welche realen oder angenommenen End- oder Wendepunkte gewählt werden. Nach der Wahlrechtsreform und den Landtagswahlen von 1909 wurde die sächsische Politik nicht demokratischer, sondern ruhiger; sie war nun eher geprägt von einem „leisen Murren“, nicht aber von lautstarker Empörung; auch war sie geprägt von weiterhin bestehenden Blockaden gegen ministerielle Verantwortung, gerechte Wahlen und gute Regierungsführung. Im Sommer 1914 änderten sich diese Rahmenbedingungen dann dramatisch, als Ausgrenzungspraktiken und staatlich exekutierte Schikanen gegen die Arbeiterbewegung im Interesse des „Burgfriedens“ und eines erfolgreichen Kriegseintritts auf Eis gelegt werden mussten. Die Diskontinuitäten über das Jahr 1914 hinaus sind gerade mit Blick auf diese Zäsur unbestreitbar und lassen sich kaum herunterspielen.

---

9 Thomas Nipperdey, Wehlers „Kaiserreich“. Eine kritische Auseinandersetzung, in: ders., Gesellschaft, Kultur, Theorie. Gesammelte Aufsätze zur neueren Geschichte, Göttingen 1976, S. 360–389; Hans-Ulrich Wehler, Das Deutsche Kaiserreich 1871–1918, 7. Aufl., Göttingen 1994 (ursprüngl. 1973). Vgl. neuerdings Jürgen Kocka, Looking Back on the Sonderweg, in: Central European History 51, H. 1 (2018), S. 137–142.

10 David Blackbourn/Geoff Eley, The Peculiarities of German History. Bourgeois Politics in Nineteenth-Century Germany, Oxford 1984, S. 22.

11 Lothar Engelbert Schücking, Die Reaktion in der inneren Verwaltung Preussens, Berlin-Schöneberg 1908, S. 16. Wir würden liberaler sein können, wenn wir keine Sozialdemokratie hätten.

Spätestens 1918 hatten der sächsische Staat und die ihn unterstützenden „Ordnungsparteien" ihre Regierungsfähigkeit völlig eingebüßt und ihre Legitimität in den Augen der Massen verloren – und zwar so sehr, daß es geradezu unsinnig erscheint, Ähnlichkeiten zwischen den *Praktiken* von Regierung, Verwaltung und parlamentarischer Vertretung vor und nach dem 9. November 1918 zu suchen. Selbst die Existenz von antisozialistischen, antiliberalen und antisemitischen Denkgewohnheiten in Teilen des sächsischen Bürgertums, die vor und nach der Novemberrevolution deutlich zu Tage traten, sahen im monarchischen Staat und in der Republik sehr unterschiedlich aus. Als die Sozialdemokraten in Dresden an die Macht kamen, lag der „Traum" der nationalsozialistischen „Volksgemeinschaft" immer noch weit hinter dem Horizont – jenseits der Friedensabkommen 1918/19, der Hyperinflation 1923, der Großen Depression ab 1929 und den Wahldurchbrüchen der Nationalsozialisten ab 1930.

Anstatt zu behaupten, dass die Sachsen bereits vor 1918 erfolgreich „Demokratie praktizierten" oder dass die Weimarer Republik hierauf ein robustes demokratisches System aufbauen konnte, sollten Historiker anderswo nach Kontinuitäten suchen. Vor langer Zeit prägte Shulamit Volkov den Begriff des „kulturellen Codes" – um zu erklären, wie der Antisemitismus radikale, gemäßigte und andere Teile des konservativen Milieus im Kaiserreich durchdrang und miteinander verband.[12] Historiker können dieses Konzept aufgreifen und damit die politische Kultur Sachsens von 1860 bis 1918 neu beschreiben. Denn vom Anfang bis zum Ende dieser Ära haben die Gegner der Demokratie ihr Möglichstes getan, assoziative Verhältnisse zwischen der Demokratie und dem Sozialismus, der Demokratie und dem Liberalismus sowie der Demokratie und den Juden herzustellen bzw. zu konstruieren. Die Polarisierung der sächsischen politischen Kultur zwang den autoritären Staat und die „Ordnungsparteien", entweder eine Legitimationskrise nach der anderen zu überwinden, oder – wie Mitte der 1890er Jahre – eine solche Krise sogar zu schaffen, um der „Partei der blutigen Revolution" einen Schlag zu versetzen bevor es zu spät war. Mit unberechenbaren Konsequenzen kämpften politische Gruppen, die für reformerische oder reaktionäre Politik eintraten, um die Oberhand. Die letztgenannte Gruppe schützte damit auch ihre eigenen Vorstellungen von einem kulturell definierten „Deutschtum". Und gerade in diesem Zusammenhang hat die wachsende Macht des radikalen Antisemitismus und des radikalen Nationalismus seit den 1890er Jahren Sachsen zu einem Zentrum des „Feldzugs" gegen „Freiheit, Gleichheit und Brüderlichkeit" gemacht.

Als mächtige Gruppen im sächsischen Bürgertum begannen, die Demokratie als etwas „nicht-deutsches" anzusehen, trugen sie auch dazu bei, dass sich der Respekt vor den Prinzipien politischer Gleichberechtigung verringerte. Später, in den Händen von rücksichtsloseren Politikern, konnte dieser kulturelle Code gegen jeden, der im Rassenstaat

12 Shulamit Volkov, Antisemitism as a Cultural Code. Reflections on the History and Historiography of Antisemitism in Imperial Germany, in: Leo Baeck Institute Yearbook 23 (1978), S. 25–45.

als Außenseiter galt, angewendet werden. Den Nazis gelang – zumindest teilweise – das, wo andere deutsche Antidemokraten „versagt" hatten. Der Erfolg ihrer antimarxistischen und antikommunistischen Rhetorik, die die unversöhnliche Kluft zwischen einem „roten" und einem „braunen" Deutschland heraufbeschwor, kann dabei auch vor dem Hintergrund der antisozialistischen Rhetorik der Konservativen vor 1918 analysiert werden. Denn führende Staatsmänner waren auch im Kaiserreich oft nicht in der Lage oder nicht gewillt, die Grauzone zwischen den gegensätzlichen politischen Gruppen zu besetzen bzw. überhaupt zu erkennen. Ihr Handlungsspielraum schrumpfte deswegen, und sie suchten Krisen durch Appelle an die politischen Extreme zu lösen – und nicht an die Mitte.

Sachsens gespaltene politische Kultur war nicht typisch für die deutschen Bundesstaaten, geschweige denn für das Deutsche Reich. Dennoch war sie auch nicht einzigartig. Die geschichtlichen Rahmenbedingungen spielten dabei eine wichtige Rolle, ebenso die Geographie. Der Fall Sachsen ist dabei vor allem deswegen aufschlussreich, weil er nicht in die Nord-Süd- oder Ost-West-Paradigmen der deutschen Geschichtsschreibung passt. Immer wieder lassen sich in der historischen Überlieferung deutliche Warnungen von Antidemokraten in Sachsen finden, dass die Bereitschaft süddeutscher Parteien und Regierungen, die SPD als legitimen Partner im politischen Tagesgeschäft oder gar in der Regierung zu akzeptieren, eine existenzielle Bedrohung darstelle. Nach jahrzehntelangem Druck ihres nördlichen Nachbarn, eine charakteristische sächsische „Laxheit" abzuwerfen und sich den preußischen Autoritätstraditionen anzupassen, sahen viele Sachsen ihr Königreich als ein entscheidendes Bollwerk gegen den liberalen und demokratischen Druck, der von Baden, Württemberg und Bayern ausging und in ihren Augen das ganze Reich bedrohte. Die sächsischen Konservativen signalisierten deswegen nach Berlin, dass ihr Königreich eine besondere Mission habe: Wenn man in Sachsen der Sozialdemokratie Zugeständnisse mache, würden Preußen und das übrige Reich den Preis dafür bezahlen.

Die bürgerliche Herkunft und der Habitus von Paul Mehnert und den meisten seiner konservativen Kollegen legen einen weiteren Grund nahe, warum der „Fall Sachsen" unsere Aufmerksamkeit verdient. Im Vergleich zu den meisten anderen regionalen Flügeln ihrer Partei waren die Konservativen in Sachsen – und besonders ihre Abgeordneten in der zweiten Kammer des Landtags – viel bürgerlicher und weniger aristokratisch, viel städtischer und weniger ländlich, viel besser in die Industrie integriert und weniger den agrarischen Interessen verpflichtet. Daher bietet der Fall Sachsen den Historikern auch die Möglichkeit, mit Blick auf die weitere Entwicklung im 20. Jahrhundert das bürgerliche Gesicht der deutschen Obrigkeit offenzulegen. Auf der einen Seite zeigt sich dabei, was Blackbourn und Eley über das deutsche Bürgertum herausgearbeitet haben – nämlich, dass Historiker niemals davon hätten ausgehen sollen, dass es sich der Verwirklichung liberaler demokratischer Ideale zuwendet.[13]

---

13 Blackbourn/Eley, Peculiarities of German History. (wie FN 10).

Auf der anderen Seite *erweitert* dies ein zweites Axiom des Post-Sonderwegs-Paradigmas: Anstatt die bürgerliche Hegemonie nur in den sozialen, wirtschaftlichen und kulturellen Bereichen zu verorten, können Historiker anhand des sächsischen Beispiels nachweisen, dass das deutsche Bürgertum auch im politischen Bereich wesentlich mehr Einfluss hatte, als lange angenommen.[14]

Von der sächsischen Entwicklung auf das übrige Reich zu schließen ist natürlich schwierig – und auch nicht das grundsätzliche Ziel dieses Beitrags. Sachsens untypische wirtschaftliche und soziale Entwicklung ist dabei unbestreitbar. Dennoch bleiben wichtige Fragen offen: Über die auffällige Bedeutung der Wahlrechtskämpfe im Königreich, über die „ungewöhnliche Temperatur" der Reichstags- und Landtagswahlen und die sich ständig verändernden Push- und Pull-Beziehungen zwischen den verschiedenen, mit den Konservativen verbundenen politischen Gruppierungen – also kleinere Parteien, wirtschaftliche und nationalistische Interessengruppen sowie Vereine und Verbände. Dass Sachsen innerhalb kurzer Zeit dreimal (1868, 1896, 1909) sein Landtagswahlrecht völlig umgestaltete, spiegelt die Tatsache wider, dass fundamentale Fragen der Gerechtigkeit während des gesamten Kaiserreichs ungelöst blieben. Eine direkte Parallelität zu den (wahl-)politischen Herausforderungen, die Politiker in der Weimarer Republik – vor allem zwischen 1928 und 1933 – nicht klar ergreifen bzw. lösen konnten, ist allerdings nicht gegeben. Dennoch, gerade in letzterer Ära musste die politische Taktik des umfassenden Angriffs auf den Marxismus nicht von Grund auf neu erfunden werden. Vielmehr war sie schon vor den 1920er Jahren als Alternative zu „ungeliebten" demokratischen Strukturen und Praktiken konzipiert und erprobt worden.

„Rotes Königreich" oder Hort des Konservatismus?

Wenn Sachsen im späten Kaiserreich in der Tat ein „Hort" des Konservatismus war, so war es ein Hort in mehr als nur einem Sinn. Die Beschreibung als „Zuflucht" oder „Unterschlupf" ist dabei nicht ganz zutreffend, da sie impliziert, dass Sachsen eine Art politisches „Rückstaubecken" war – ein Ort, an den sich die Konservativen des Reiches zurückziehen konnten (oder sich bereits zurückgezogen hatten). Diese Perspektive würde die sächsische politische Kultur tendenziell als „unmodern" charakterisieren, was schlicht falsch ist. Die Sozialdemokraten beschwerten sich zwar darüber, dass der sächsische Landtag in den 1880er Jahren – trotz seines relativ liberalen Wahlrechts nach 1868 – „vorsintflutlich" gewesen sei und dass die Abgeordneten der anderen Parteien die „lächerlichsten" Vorstellungen davon gehabt hätten, was die Sozialdemokraten

14 Das sind die zentralen Argumente in Retallack, Red Saxony.

Abb. 3: „Es müssen noch mehr Schutzleute herauf. Die Luder sind noch nicht weich gedrückt."

tatsächlich wollten.[15] Doch nach dem Schock von zwei weiteren Wahlrechtsreformen in den Jahren 1896 und 1909 sowie den jahrzehntelangen Schikanen zweifelten die

15 August Bebel, Aus meinem Leben, Berlin/Ost 1961, S. 784. „Freilich, uns gegenüber bildete die Kammer mit ein paar Ausnahmen eine einzige reaktionäre Masse. [...] Einen sehr erheblichen Bruchteil der Kammer bildeten die ländlichen Abgeordneten, deren politischer Blick über die Grenzen ihres Wahlkreises kaum hinausreichte, Leute, die von dem Wollen der Sozialdemokratie die lächerlichsten Vorstellungen hatten. Ihnen schlossen sich an eine Anzahl Bürgermeister der kleinen Städte, die in einem spießbürgerlichen Milieu lebten und danach dachten. [...] In einer solchen Kammer zu sitzen, war mir nicht einen Tag ein Genuß [...]." Bebel berichtet hier über die Auseinandersetzungen in der zweiten Kammer des sächsischen Landtags in den Jahren 1881/82.

Sozialdemokraten nicht mehr daran, dass ihre Gegner die Kunst der Sachpolitik erlernt und die Möglichkeiten, die die moderne Massenpolitik den antisozialistischen Parteien bot, – wenn auch widerwillig – angenommen hatten. Die Charakterisierung als „Bollwerk" oder „Festung" erscheint deswegen passender: Mit jedem Sieg gegen Sozialisten, Liberale oder Juden konnten Paul Mehnert und seine Kollegen mit Bravour behaupten, sie hätten die „Fackel des Konservatismus" erfolgreich hochgehalten – gegen alle Widrigkeiten, selbst im industrialisiertesten und urbanisiertesten Bundesstaat des Deutschen Kaiserreiches.

Zudem kann ein Hort auch ein Nährboden sein, und in diesem Sinn scheint Sachsens politische Entwicklung vor allem auf die spätere deutsche Geschichte zu verweisen. Weil jede politische Partei in Sachsen neben den Sozialdemokraten bei der Verteidigung des autoritären Prinzips gegen die Demokratie jedwede Form der Zusammenarbeit erleichtert hat, hat Sachsen einen fruchtbaren Boden für das geschaffen, was George Mosse einst die „ineinandergreifende Verflechtung der Rechten" nannte.[16] Seit den 1880er Jahren entstanden auf diesem Nährboden einige der radikalsten nationalistischen Gruppen Deutschlands: rassistische Antisemiten, Alldeutsche, Handlungsgehilfen, Mittelständler, Studentenverbindungen und Antifeministen. Theodor Fritsch, von den Nationalsozialisten als einer der Pioniere ihrer Bewegung angesehen, zählt zu den Prominentesten unter jenen, die einen „Kniff" bzw. eine „Masche" für politischen Erfolg suchten – eine Taktik, durch die eine kleine Randgruppe oder ein konspirativer Bund in eine Bewegung umgewandelt wird. Nach 1900 schloss sich Fritsch mit Mehnert und anderen sächsischen Konservativen zusammen und führte bald die mächtige Sächsische Mittelstandsvereinigung. Seine Aktivitäten für die Verbreitung des Rasseantisemitismus und den chauvinistischen Nationalismus setzten sich unter dem Deckmantel der konservativen Mittelstandspolitik bis zum Ersten Weltkrieg und dann in anderen Formen bis in die 1930er Jahre fort.

In diesen kurzen Bemerkungen habe ich versucht, darauf hinzudeuten, dass der Grad der politischen Polarisierung in Sachsen vor 1918 nicht überbewertet werden kann, dass Kontinuitäten über die Novemberrevolution nicht unhinterfragt bleiben dürfen und dass Sachsen sowohl ein Brennspiegel als auch ein Mikroskop ist, mit dem man gesamtdeutsche Entwicklungen neu entdecken, betrachten und wissenschaftlich hinterfragen kann. Die jahrzehntelangen Machtkämpfe zwischen den sächsischen Sozialdemokraten und ihren Gegnern hielten bis weit in das 20. Jahrhundert hinein an. Der Antisozialismus war aber nur ein Element einer größeren Kampagne, um die Demokratie abzuwehren. In einem Königreich mit einer schwachen liberalen Prägung und mit weit weniger Juden als im nationalen Durchschnitt war ein antisozialistischer „Kreuz-

16 „Interlocking directorate of the Right", zitiert nach Richard S. Levy, Liebermann von Sonnenberg, Max, in ders. (Hrsg.), Antisemitism. A Historical Encyclopedia of Prejudice and Persecution, Bd. 2, Santa Barbara 2005, S. 422.

zug“ die stärkste Waffe in den Händen der bürgerlichen Konservativen. Vor 1914 glaubten diese Konservativen – nicht ohne Grund –, dass sie immer noch die besten Karten in der Hand hatten, um sich im Spiel der modernen Massenpolitik zu behaupten. Und sie hätten das vermutlich für mehrere Jahre auch tun können.

Das Königreich Sachsen im Ersten Weltkrieg

Kristin Gläser

Mit der Kriegserklärung Österreich-Ungarns an Serbien am 28. Juli 1914 sowie den deutschen Kriegserklärungen an Russland am 1. August und Frankreich am 3. August 1914 begann der Erste Weltkrieg. Auf diese Entwicklungen hatte Sachsen keinen Einfluss, denn Außenpolitik war Reichssache. Entsprechend der Rechtsauffassung und Treue gegenüber dem Reich und dem Kaiser war das Königreich zur Gefolgschaft verpflichtet.[1]

Innenpolitik

„,Wenn es doch erst einmal zu einer Entscheidung kommen würde!' Die Spannung war unerträglich. Wir alle hatten gedacht, daß die Ereignisse sich noch viel mehr überstürzen würden, als es ohnehin geschah. Wir alle dachten, es müßte spätestens am Montag, den 27. Juli, der Mobilmachungsbefehl kommen. Als er endlich am 2. August kam, wirkte er wie eine Erlösung."[2] Im Sinne eines „Augusterlebnisses" konnte sicher nicht von einer allgemeinen Kriegsbegeisterung in der Bevölkerung gesprochen werden. Einige öffentlichkeitswirksame Kundgebungen, vor allem aus dem Bildungsbürgertum und jugendlichen Verbünden heraus, die die Kriegsbegeisterung der breiten Masse veranschaulichen sollten, konnten indes nicht darüber hinwegtäuschen, dass mancher Sachse unsicher in die Zukunft blickte.[3]

---

1 Vgl. Maria Görlitz, Parlamentarismus in Sachsen. Königtum und Volksvertretung im 19. und frühen 20. Jahrhundert, Münster 2011, S. 143.

2 Beobachtungen des Arztes Dr. Martin Weiser aus Dresden. Zitiert in: Johann Edmund Hottenroth (Hrsg.), Sachsen in großer Zeit. Gemeinverständliche sächsische Kriegsgeschichte und vaterländisches Gedenkwerk des Weltkrieges in Wort und Bild, Bd. 1, Leipzig 1920, S. 338. Siehe Kristin Lesch: Sachsen im Ersten Weltkrieg, Dresden 2016, hrsg. von Frank-Lothar Kroll und Dirk Reitz.

3 Die angeblich 1914 allgemein vorhandene Kriegsbegeisterung wurde von der neueren Forschung relativiert. Vgl. dazu u. a. Jeffrey Verhey, Der Geist von 1914 und die Erfindung der Volksgemeinschaft, Hamburg 2000 sowie Herfried Münkler, Der große Krieg. Die Welt 1914–1918, Bamberg 2014, S. 222–229.

Dass die Entscheidung zum Krieg letztlich das Ende einer ganzen Epoche einläuten und den Untergang der Wettiner Monarchie nach sich ziehen würde, ahnten bei Kriegsausbruch nur wenige Menschen. Nachdem die großen Antikriegsdemonstrationen, auf denen Ende Juli 1914 in Chemnitz 8 000, in Dresden 35 000 und in Leipzig gar 100 000 Arbeiter für den Frieden eintraten,[4] abgeklungen waren, rückten die Sachsen zu Kriegsbeginn zunächst enger zusammen und stellten für kurze Zeit die Standesgegensätze hintan. Der „Burgfrieden“[5] zwischen den unterschiedlichen Parteien und Interessengruppen bestimmte den Spätsommer 1914 im Königreich.

Der politische Gestaltungsspielraum des sächsischen Innen- und Außenministers[6] Graf Vitzthum von Eckstädt (1863–1944) und der anderen Minister, auch jener von König Friedrich August III. (1865–1932) wurde jedoch seit dem 31. Juli 1914 beträchtlich eingeschränkt. An diesem Tag verkündete Kaiser Wilhelm II. (1859–1941) dem deutschen Volk den Zustand drohender Kriegsgefahr.[7] Infolge der Verhängung des Kriegs- bzw. Belagerungszustands ging die gesamte vollziehende Gewalt in Sachsen an zwei Militärbefehlshaber über, den stellvertretenden kommandierenden General des Leipziger XIX. (2. Königlich-Sächsischen) Armeekorps, General z. D. Georg Hermann von Schweinitz (1851–1928), und den stellvertretenden kommandierenden General des Dresdner XII. (1. Königlich-Sächsischen) Armeekorps, General z. D. Georg Hermann von Broizem (1850–1918), der nach seinem Tod durch General Leo Götz von Olenhusen (1855–1942) ersetzt wurde.[8] In dieser Position lenkten sie die Innen- und Wirtschaftspolitik in Sachsen während der kommenden 52 Kriegsmonate.[9]

Die Generale übten ihre Funktion indes weit weniger autoritär und umfassend aus, als sie nach dem Belagerungszustandsgesetz befugt gewesen wären. Trotz ihrer Bindung an das Reich behielten sie stets die spezifischen politischen und ökonomischen

4 Sachsen bildete eine Hochburg der Antikriegsdemonstrationen in der letzten Vorkriegswoche. Vgl. dazu Peter Mertens, Ein ungleiches ‚Triumvirat'. Grundzüge sächsischer Innen- und Wirtschaftspolitik im Ersten Weltkrieg, in: Konstantin Hermann/Matthias Rogg (Hrsg.), Sachsen im Ersten Weltkrieg. Politik und Gesellschaft eines deutschen Mittelstaates 1914 bis 1918, Leipzig 2018, S. 28; Wolfgang Kruse, Krieg und nationale Integration. Eine Neuinterpretation des sozialdemokratischen Burgfriedensschlusses 1914/15, Essen 1994, S. 31 ff. sowie Walter Fellmann, Sachsens letzter König Friedrich August III., Berlin, Leipzig 1992, S. 160.

5 Der Burgfrieden bestimmte von Kriegsbeginn bis ca. 1916/17 das politische Geschehen im Deutschen Reich und in den einzelnen Bundesstaaten. Dieser bedeutete das Zurückstellen der innenpolitischen Konflikte und wirtschaftlichen Auseinandersetzungen zwischen den Parteien, Gewerkschaften und anderen Gruppen im Interesse des militärischen Sieges. Vgl. Peter Mertens, Das „Rote Königreich“ im Belagerungszustand. Sächsische Innenpolitik unter militärischer Ägide während des Ersten Weltkriegs, in: Das „Rote Königreich“ und sein Monarch, Dresdner Hefte 80 (2004), S. 74.

6 Auch wenn die Außenpolitik Sache des Reichs war, war ein Minister des Äußeren bis 1920 Mitglied des sächsischen Kabinetts.

7 Vgl. Peter Mertens, Zivil-militärische Zusammenarbeit während des Ersten Weltkriegs. Die „Nebenregierungen“ der Militärbefehlshaber im Königreich Sachsen, Leipzig 2004, S. 129.

8 Vgl. Peter Mertens, Georg Hermann von Schweinitz, Georg Hermann von Broizem und Leo Götz von Olenhusen. In: http://saebi.isgv.de/biografie/(14.3.14).

9 Vgl. Mertens, „Rotes Königreich“ im Belagerungszustand, S. 74–77.

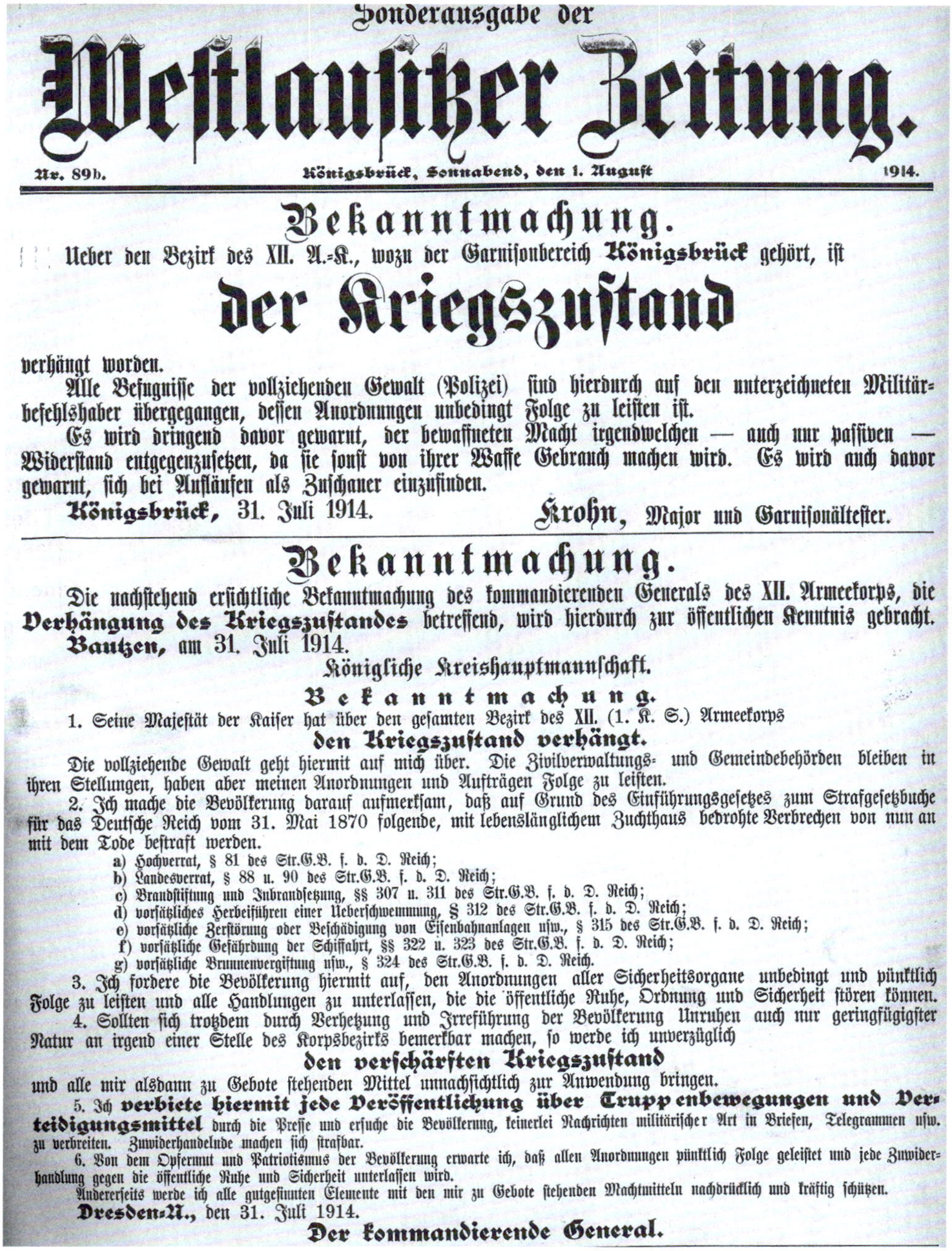

Sonderausgabe der

Westlausitzer Zeitung.

Nr. 89b. Königsbrück, Sonnabend, den 1. August 1914.

Bekanntmachung.

Ueber den Bezirk des XII. A.=K., wozu der Garnisonbereich **Königsbrück** gehört, ist

der Kriegszustand

verhängt worden.

Alle Befugnisse der vollziehenden Gewalt (Polizei) sind hierdurch auf den unterzeichneten Militärbefehlshaber übergegangen, dessen Anordnungen unbedingt Folge zu leisten ist.

Es wird dringend davor gewarnt, der bewaffneten Macht irgendwelchen — auch nur passiven — Widerstand entgegenzusetzen, da sie sonst von ihrer Waffe Gebrauch machen wird. Es wird auch davor gewarnt, sich bei Aufläufen als Zuschauer einzufinden.

Königsbrück, 31. Juli 1914. **Krohn**, Major und Garnisonältester.

Bekanntmachung.

Die nachstehend ersichtliche Bekanntmachung des kommandierenden Generals des XII. Armeekorps, die **Verhängung des Kriegszustandes** betreffend, wird hierdurch zur öffentlichen Kenntnis gebracht.

Bautzen, am 31. Juli 1914.

Königliche Kreishauptmannschaft.

Bekanntmachung.

1. Seine Majestät der Kaiser hat über den gesamten Bezirk des XII. (1. K. S.) Armeekorps

den Kriegszustand verhängt.

Die vollziehende Gewalt geht hiermit auf mich über. Die Zivilverwaltungs= und Gemeindebehörden bleiben in ihren Stellungen, haben aber meinen Anordnungen und Aufträgen Folge zu leisten.

2. Ich mache die Bevölkerung darauf aufmerksam, daß auf Grund des Einführungsgesetzes zum Strafgesetzbuche für das Deutsche Reich vom 31. Mai 1870 folgende, mit lebenslänglichem Zuchthaus bedrohte Verbrechen von nun an mit dem Tode bestraft werden.

a) Hochverrat, § 81 des Str.G.B. f. d. D. Reich;
b) Landesverrat, § 88 u. 90 des Str.G.B. f. d. D. Reich;
c) Brandstiftung und Inbrandsetzung, §§ 307 u. 311 des Str.G.B. f. d. D. Reich;
d) vorsätzliches Herbeiführen einer Ueberschwemmung, § 312 des Str.G.B. f. d. D. Reich;
e) vorsätzliche Zerstörung oder Beschädigung von Eisenbahnanlagen usw., § 315 des Str.G.B. f. d. D. Reich;
f) vorsätzliche Gefährdung der Schiffahrt, §§ 322 u. 323 des Str.G.B. f. d. D. Reich;
g) vorsätzliche Brunnenvergiftung usw., § 324 des Str.G.B. f. d. D. Reich.

3. Ich fordere die Bevölkerung hiermit auf, den Anordnungen aller Sicherheitsorgane unbedingt und pünktlich Folge zu leisten und alle Handlungen zu unterlassen, die die öffentliche Ruhe, Ordnung und Sicherheit stören können.

4. Sollten sich trotzdem durch Verhetzung und Irreführung der Bevölkerung Unruhen auch nur geringfügigster Natur an irgend einer Stelle des Korpsbezirks bemerkbar machen, so werde ich unverzüglich

den verschärften Kriegszustand

und alle mir alsdann zu Gebote stehenden Mittel unnachsichtlich zur Anwendung bringen.

5. Ich **verbiete hiermit jede Veröffentlichung über Truppenbewegungen und Verteidigungsmittel** durch die Presse und ersuche die Bevölkerung, keinerlei Nachrichten militärischer Art in Briefen, Telegrammen usw. zu verbreiten. Zuwiderhandelnde machen sich strafbar.

6. Von dem Opfermut und Patriotismus der Bevölkerung erwarte ich, daß allen Anordnungen pünktlich Folge geleistet und jede Zuwiderhandlung gegen die öffentliche Ruhe und Sicherheit unterlassen wird.

Andererseits werde ich alle gutgesinnten Elemente mit den mir zu Gebote stehenden Machtmitteln nachdrücklich und kräftig schützen.

Dresden=N., den 31. Juli 1914.

Der kommandierende General.

Abb. 1: Bekanntmachung über die Verhängung des Kriegszustands für den Bezirk des XII. (1. Königlich-Sächsischen) Armeekorps vom 1. August 1914

Interessen ihrer sächsischen Korpsbezirke im Auge. Anfangs waren sie nicht in der Lage, neben ihrem militärischen Auftrag die stetig steigende Zahl an zivilen Angelegenheiten zu bewältigen, wie bspw. die Aufrechterhaltung von Ruhe und Ordnung. Dies führte bald nach Kriegsausbruch zu Absprachen mit dem sächsischen Innenministerium. Dementsprechend verblieben umfangreiche Befugnisse bei den zivilen Behörden. Machtpolitisch konstituierte sich daraus ein Triumvirat aus dem sächsischen Innenminister und den beiden Militärbefehlshabern, dem sich selbst König Friedrich August III. zu fügen hatte.[10]

Von Beginn an waren Schweinitz und Broizem darauf bedacht, alle relevanten politischen und sozialen Gruppen in den Burgfrieden einzubeziehen, um den gesellschaftlichen Zusammenhalt unter den zunehmend schwieriger werdenden Bedingungen des Kriegs gewährleisten zu können. Dabei gestaltete sich insbesondere das Verhältnis zur Arbeiterschaft problematisch. Aufgrund der komplizierten innenpolitischen Bedingungen im „Roten Königreich“ nahmen sie gegenüber der SPD (Sozialdemokratische Partei Deutschlands) und den Gewerkschaften eine moderate Haltung ein und setzten auf Deeskalation anstatt auf Konfrontation. Auf diese Weise konnten die Generale die öffentliche Ruhe erhalten.[11] Unbeeindruckt von den marginalen politischen Zugeständnissen sowie der Kooperation zwischen den stellvertretenden kommandierenden Generalen, der Regierung, den gemäßigten Sozialdemokraten und Gewerkschaftsführern lehnten die radikalen Linken und die neu gegründete linkspazifistische USPD (Unabhängige Sozialdemokratische Partei Deutschlands), die vorwiegend innerhalb der Arbeiterschaft im Raum Leipzig ihre Anhängerschaft fand, den Burgfrieden kompromisslos ab. Die Militärbefehlshaber wollten die Konfrontation mit diesen Gruppen zur Wahrung der inneren Sicherheit unter allen Umständen vermeiden und isolierten dieses Unruhepotential systematisch. Durch den Kriegszustand rechtlich dazu ermächtigt, ließen die staatlichen Behörden führende radikale Partei- und Gewerkschaftsführer verhaften und verfügten Erscheinungsverbote oder eine Vorzensur für die wichtigsten Presseorgane der Linken, wie bspw. die „Leipziger Volkszeitung“[12]. Die umfangreichen Restriktionen machten die USPD in den letzten beiden Kriegsjahren zeitweilig führungslos und schalteten sie als politischen Akteur bis kurz vor der Novemberrevolution 1918 aus. Obgleich sich das Hauptaugenmerk der staatlichen Maßnahmen gegen die linken Organisationen richtete, gingen die stellvertretenden kommandierenden Generale bei Störungen des Burgfriedens ebenso gegen die radikale Rechte vor. Sie verhängten Verbote

10 Vgl. Mertens, „Rotes Königreich“ im Belagerungszustand, S. 75, 77.

11 Vgl. ebd., S. 77 f.

12 Zur Leipziger Volkszeitung vgl. Armin Greim/Hans Meergans, Sechzig Jahre Leipziger Volkszeitung (1894–1954), Leipzig 1954 und O. A., Leipziger Volkszeitung, in: http://www.madsack.de/portfolio/tageszeitungen/leipziger-volkszeitung.html (21.6.14).

für öffentliche Veranstaltungen der 1917 gegründeten Vaterlandspartei und zensierten antisemitische Publikationen.[13]

Zusammenfassend betrachtet, teilten sich die Militärbefehlshaber und die zivilen Regierungsstellen die administrativen Aufgaben. Die stellvertretenden kommandierenden Generale übertrugen den dem Ministerium des Innern untergeordneten Behörden vor allem Exekutivaufgaben. Gleichfalls verblieben einige zentrale Bereiche für den Erfolg der Burgfriedenspolitik von vornherein in der Hand von Vitzthum von Eckstädt und weiteren Ministern.[14] Der sächsische Landtag, bestehend aus der Ersten und Zweiten Kammer, blieb während des Krieges in seiner Zusammensetzung bestehen, da Neuwahlen auf die Friedenszeit verschoben wurden. Die letzte Wahl zur Zweiten Kammer hatte 1909 stattgefunden, aus der die Sozialdemokraten nach den Nationalliberalen und vor den Konservativen als zweitstärkste Kraft hervorgegangen waren. Obwohl in der Folgezeit erste Ansätze einer politischen Streitkultur und parlamentarischen Konfliktaustragung sichtbar wurden, unterblieben dringend erforderliche Reformen zur Änderung der politischen Zustände, die durch die Beschneidung der Rechte der Ersten Kammer und die Einführung des allgemeinen, gleichen, direkten und geheimen Wahlrechts zur Zweiten Kammer zuvorderst die Sozialdemokratie und die Arbeiterschaft stärker hätten integrieren müssen. Erst im Herbst 1918, unter dem Druck der drohenden Niederlage des Deutschen Reichs im Ersten Weltkrieg, war die Regierung zur Änderung der Verfassung, die seit 1831 weitgehend unverändert in Kraft war, bereit, um den drohenden Zusammenbruch der Monarchie zu verhindern. Der Umsturz kam dennoch, der Sturm der Novemberrevolution bereitete dem Königreich ein plötzliches Ende.[15]

Die Rolle des sächsischen Königs im Ersten Weltkrieg

König Friedrich August III. hatte seit seiner Jugend eine ungebrochene Affinität zum Militärischen, die auch das freundschaftliche Verhältnis zu Kaiser Wilhelm II. erklärte. Vor diesem Hintergrund überraschte es umso mehr, dass der sächsische König zu Kriegsbeginn 1914 als einziger der vier deutschen Könige nicht den formellen Oberbefehl über seine Armee übernahm, da er die Auffassung vertrat, als regierender Landesherr nicht gleichzeitig in der Position eines verantwortungsvollen Befehlshabers

13 Vgl. Mertens, „Rotes Königreich" im Belagerungszustand, S. 78 ff.

14 Vgl. ebd., S. 80 f.

15 Vgl. Karl-Heinz Blaschke, Landstände, Landtag, Volksvertretung. 700 Jahre politische Mitbestimmung im Lande Sachsen sowie Simone Lässig, Parlamentarismus zwischen Tradition und Moderne. Der sächsische Landtag zwischen 1833 und 1918, beide Artikel in: Karl-Heinz Blaschke (Hrsg.), 700 Jahre politische Mitbestimmung in Sachsen. Begleitheft zur Ausstellung aus Anlaß der Eröffnung der Neubauten des Sächsischen Landtags im Bürgerfoyer des Elbflügels, Dresden 1994, S. 14 und S. 40. Auch: Josef Matzerath (Hrsg.): Aspekte sächsischer Landtagsgeschichte. Varianten der Moderne 1868 bis 1952, Dresden 2003.

Abb. 2: König Friedrich August III. zu Besuch bei sächsischen Truppen an der Westfront 1915/16

dienen zu können. Zum Oberbefehlshaber über die sächsische Armee wurde der frühere sächsische Kriegsminister Max Freiherr von Hausen (1846–1922) ernannt.[16]

Friedrich August III. stand zu Kriegsbeginn pflichtbewusst an der Seite des Deutschen Kaisers und des Reichs. In Folge der deutschen Generalmobilmachung am 1. August 1914 mobilisierte er die sächsischen Soldaten für den Kriegseinsatz. Dem Kaiser telegrafierte er am Tag darauf: „Es drängt mich, Dir zu sagen, dass meine Sachsen Dir kriegsbereit zujubeln."[17] Persönlich verabschiedete der König am 7. August 1914 auf dem Dresdner Hauptbahnhof den Stab und die Befehlshaber der sächsischen Armee an die Front.[18]

Fast täglich kam Friedrich August III. mit seinen Ministern zur Beratung im Residenzschloss in Dresden zusammen. Der König war stets über die aktuelle Lage an der Front informiert. Da sein Interesse in erster Linie den sächsischen Soldaten galt, versuchte er mittels Reisen zu den Kriegsschauplätzen, Lazarettbesuchen und Inspektionsfahrten einerseits die Moral der sächsischen Soldaten unmittelbar zu stärken und

16 Vgl. Frank-Lothar Kroll, Friedrich August III. 1904–1918, in: Ders. (Hrsg.), Die Herrscher Sachsens. Markgrafen, Kurfürsten, Könige 1089–1918, München 2004, S. 314 f.

17 Zitiert nach: Fellmann, Sachsens letzter König, S. 160.

18 Vgl. ebd., S. 162.

andererseits sich selbst ein Bild von der Situation vor Ort zu machen.[19] Dennoch wirken diese Bemühungen, wie neueste Forschungen belegen, angesichts seiner Ferne von der eigentlichen Regierungspolitik und seiner schleichenden Entmachtung, realitätsfern. Dies kann ebenso für die Bestrebungen des Königs gelten, territorialen Zuwachs durch die Krone Litauens als Kriegsgewinn zu erhalten – damit stand Friedrich August III. den anderen Bundesfürsten allerdings nicht nach.[20]

Ebenso wie über das Kampfgeschehen war der Monarch über die Lage im Königreich, d. h. an der Heimatfront, unterrichtet. Hier stellte er eine seiner Villen, das Palais Kapherr an der Parkstraße in Dresden, für Verwundete zur Verfügung. Auch den anderen sächsischen Lazaretten stattete er – wie andere Angehörige des Königshauses – häufig Besuche ab.[21] Als sich im Verlauf des Ersten Weltkriegs die Lage der Deutschen an der Front zusehends verschlechterte und dazu die Kriegsmoral in der Heimat abnahm, stand Friedrich August III. bis zuletzt fest an der Seite von Kaiser Wilhelm II., auch wenn einige Mitglieder des sächsischen Königshofs und -hauses im Verborgenen den Sinn einer fortgesetzten Kriegsführung in Frage stellten.

Kriegswirtschaft

Die Anpassung der Wirtschaft an die Erfordernisse des Krieges löste zunächst wie überall im Deutschen Reich auch in Sachsen eine Entlassungswelle aus.[22] Die erste Umstellung auf die Kriegswirtschaft dauerte bis Ende 1914. Bis dahin hatte sich der Geschäftsverkehr in gewisser Weise wieder normalisiert, die zivile und insbesondere die militärische Nachfrage stiegen an, so dass die Arbeitslosenquote gegen Null ging. In der Folge machte sich ein zunehmender Arbeitskräftemangel bemerkbar, da einerseits die Rüstungsindustrie ihre Produktion kontinuierlich ausweitete und anderseits immer mehr Männer im arbeitsfähigen Alter zum Kampfeinsatz an die Front geschickt wurden. Verantwortlich für die Umsetzung der reichsweiten Richtlinien für die Kriegswirtschaft waren die stellvertretenden kommandierenden Generale, die jedoch nur insoweit in das Wirtschaftsgeschehen eingriffen, wie ihnen dies von der Reichsführung gewährt wurde.[23]

---

19 Vgl. Frank-Lothar Kroll, Sachsens letzter König Friedrich August III., in: Das „Rote Königreich" und sein Monarch. Dresdner Hefte 80 (2004), S. 89. Auch: Iris Kretschmann/André Thieme, „Macht euern Dreck alleene". Der letzte sächsische König, seine Schlösser und die Revolution 1918, Dresden 2018.

20 Reiner Pommerin, Sachsens Kriegsziele im Ersten Weltkrieg, in: Hermann/Rogg (Hrsg.), Sachsen im Ersten Weltkrieg, S. 62–84.

21 Vgl. Fellmann, Sachsens letzter König, S. 172–174.

22 Vgl. dazu Rainer Karlsch, Sachsens Wirtschaft im Ersten Weltkrieg, in: Rainer Karlsch/Michael Schäfer, Wirtschaftsgeschichte Sachsens im Industriezeitalter, Dresden/Leipzig 2006, S. 138.

23 Vgl. Peter Mertens, Die Wirtschaft in Sachsen 1914–1918. Probleme einer regionalen Industriewirtschaft im ersten (fast) totalen Krieg, in: Neues Archiv für sächsische Geschichte, 74./75. Band (2003/2004), Neustadt an der Aisch 2004, S. 282, 292 sowie Karlsch, Sachsens Wirtschaft im Ersten Weltkrieg, S. 138 f.

Im Laufe des Jahres 1915 machten sich erstmals eine Unterversorgung sowie der Arbeitskräftemangel in der Landwirtschaft bemerkbar. Diese Umstände erschwerten die Produktionsbedingungen und minderten die Produktivität. Die staatlichen Behörden reagierten darauf mit ersten Rationierungsmaßnahmen bei Lebensmitteln. Die systematische staatliche Nahrungsmittelbewirtschaftung begann dennoch erst im Mai 1916. Diese verlief indes nicht so reibungslos wie geplant, so dass die Versorgung der Bevölkerung in der Heimat bis zum Kriegsende äußerst problematisch blieb. Den dramatischen Höhepunkt bildete hierbei der Kohlrübenwinter 1916/17. Die allgemeine Unterernährung verringerte wiederum die Arbeitskraft in den Fabriken. Neben der Lebensmittelversorgung stellten die ungenügenden Kohlelieferungen das größte Problem für die sächsische Wirtschaft dar. Angesichts dieser prekären Entwicklungen konnte die Versorgung der Bevölkerung und der Kriegsindustrie nur mit Hilfe von Zwangsrationierung anderer Wirtschaftszweige gesichert werden.[24]

Nachdem sich Mitte des Jahres 1916 die militärische Lage zuspitzte, die sozialen Spannungen zunahmen und die Rüstungsproduktion nicht im erforderlichen Umfang wuchs, verschärfte die Reichsleitung die Zwangsbewirtschaftung durch die Verkündung des Hindenburgprogramms und den Erlass des Hilfsdienstgesetzes.[25] Zur Umsetzung dieser Maßnahmen wurden am 1. November 1916 das Kriegsamt als neue Zentralbehörde sowie Kriegsamtstellen bei allen stellvertretenden Generalkommandos, dementsprechend auch in Dresden und Leipzig, gebildet. Um Rohstoffe und Transporte zu sparen und Arbeitskräfte für die Kriegsindustrie freizusetzen, weiteten diese systematisch die bereits seit 1915 praktizierte Schließung bzw. Zusammenführung von sekundären Betrieben aus. Diese Bestimmungen trafen in Sachsen vorwiegend Kleinbetriebe und Fabriken der Textilindustrie und machten die Mehrzahl der ca. 280 000 Textilarbeiter arbeitslos. In gleicher Weise wie die Textilindustrie hatten die auf den Export orientierten Maschinenbauunternehmen und das metallverarbeitende Gewerbe nicht nur mit fehlenden Absatzmärkten, sondern auch mit Rohstoffmangel zu kämpfen. Allerdings war der Armeebedarf an Rüstungserzeugnissen gerade aus dieser Branche sehr groß, weshalb für die Herstellung von Granaten sogar neue Werke – wie zum Beispiel die Munitionsanstalt in Zeithain – eingerichtet werden mussten.[26]

Das Hilfsdienstgesetz sorgte auf dem Arbeitsmarkt indes für einen Dauerkonflikt zwischen der Kriegswirtschaft und den Erfordernissen des Heers. So stieg die Zahl der zur Armee Einberufenen bis zum Frühjahr 1918 auf nahezu 250 000. Von diesen Regelungen waren zunehmend Frauen betroffen, denn die Kriegsamtstellen versuchten

24 Vgl. Fellmann, Sachsens letzter König, S. 174 f. sowie Karlsch, Sachsens Wirtschaft im Ersten Weltkrieg, S. 140.

25 Vgl. Gesetz über den vaterländischen Hilfsdienst vom 5. Dezember 1916 (Reichsgesetzblatt 1916 S. 1333–1339).

26 Vgl. Fellmann, Sachsens letzter König, S. 174 f. sowie Karlsch, Sachsens Wirtschaft im Ersten Weltkrieg, S. 141 f.

Abb. 3: Chemnitzer Frauen im Straßenbahndienst während des Ersten Weltkriegs

verstärkt Arbeiterinnen für die Rüstungsproduktion, aber auch für die Landwirtschaft zu gewinnen. Es gelang ihnen zwar, weibliche Arbeitskräfte aus den Friedens- in die Kriegsindustrien abzuzweigen. Auch meldeten sich mehr als 10 000 arbeitslos gewordene Textilarbeiterinnen freiwillig zum Einsatz in ostpreußischen Landwirtschaftsbetrieben. Doch bis dato nicht berufstätige Frauen konnten nur vereinzelt angestellt werden.[27] Zugleich führte diese zumindest für die Zeit des Ersten Weltkriegs bestehende Emanzipation der Frauen im Arbeitsleben zur Etablierung sozialpolitischer Infrastrukturen, um die vermehrt berufstätigen Frauen zu entlasten. Finanziert durch Spenden von Industriellen oder von gemeinnützigen Vereinen entstanden in den sächsischen Industriestätten Mütterberatungsstellen, Kindergärten und Tagesheime. Im Ganzen erfüllte das Hilfsdienstgesetz seinen Zweck, das Potential an Arbeitskräften vollständig auszuschöpfen, nur bedingt. Der allgemeine Produktions- und Leistungsrückgang in den sächsischen Betrieben konnte nicht abgewendet werden.

Am geringsten betrafen die wirtschaftlichen Auswirkungen des Kriegs in Sachsen den Agrarsektor. Die Zahl der landwirtschaftlichen Betriebe blieb nahezu konstant. Einerseits hatte in diesem Bereich der Konzentrationsprozess schon vor 1914 einge-

27 Vgl. dazu Mertens, Die Wirtschaft in Sachsen 1914–1918, S. 310, 321 sowie Karlsch, Sachsens Wirtschaft im Ersten Weltkrieg, S. 142 f.

setzt, andererseits konnten die fehlenden männlichen Arbeitskräfte durch die Mitarbeit aller Familienmitglieder ersetzt werden. Dennoch sanken die effektive Anbaufläche und die Produktion während des Kriegs beträchtlich. Trotz ihrer hohen Produktivitätsrate waren die sächsischen Landwirte nicht im Stande, die Bevölkerung ausreichend mit agrarischen Erzeugnissen zu versorgen. Im Bergbau konnten die Beschäftigtenzahlen nach anfänglichen Rückgängen zwar über das Vorkriegsniveau ausgeweitet werden, die Arbeitsleistungen pro Kopf sanken jedoch in den letzten beiden Kriegsjahren stark ab. Die sächsische Kohleindustrie war nicht in der Lage, den Bedarf im Königreich zu decken, so dass dieses maßgeblich von Kohlelieferungen aus Schlesien und dem Ruhrgebiet abhängig war. Ebenso musste ein Großteil der für die wirtschaftliche Produktion notwendigen Rohstoffe in das an Bodenschätzen arme Sachsen eingeführt werden.[28]

Doch es gab auch Branchen, die sich über den Krieg hinweg gut behaupten konnten. Dazu zählten das traditionell starke Handwerk sowie Teile des tertiären Sektors, in erster Linie der Großhandel, das Bank- und Kreditwesen. Ein starkes Wachstum verzeichneten die Stahl- und Gießereiwerke, die von der Rüstungsproduktion profitierten, sowie die Papier- und Druckindustrie. Trotz dieser vereinzelten Positiveffekte musste fast jede dritte sächsische Fabrik geschlossen bzw. stillgelegt werden. Betroffen waren davon vornehmlich die zu den gemischten oder Friedensindustrien gehörenden Klein- und Mittelbetriebe, die mit ihrer hohen Produktdifferenzierung nicht die von der Kriegswirtschaft geforderte Massenfertigung weniger Güter umsetzen konnten. In der Textilbranche, der bis 1914 eine herausragende Position in der sächsischen Wirtschaft zukam, stellten, zumindest vorläufig, sogar drei Viertel aller Fabriken ihre Produktion ein. Die Entwicklung des sekundären Sektors war höchst unterschiedlich und hing in hohem Maß davon ab, inwiefern einzelne Unternehmen Rüstungsaufträge erhielten. Folglich verzeichneten die Kriegsindustrien einen prägnanten Beschäftigtenzuwachs. Zum bedeutendsten Standort der Rüstungsindustrie entwickelte sich Leipzig, doch auch in Chemnitz und im Ballungsraum Dresden arbeitete eine Reihe von Maschinenbauunternehmen für den Heeresbedarf.[29] Trotzdem ging die Zahl der Arbeiter in der Industrie und im Gewerbe mit 23 Prozent in Sachsen stärker zurück als in den anderen Teilen des Deutschen Reichs (durchschnittlich 8 Prozent), da die Kriegsproduktion und der Maschinenbau nicht den Absturz der Textilbranche ausgleichen konnten.[30]

28 Vgl. Mertens, Die Wirtschaft in Sachsen 1914–1918, S. 286, 289 f.; Werner Bramke, Sachsens Industrie(-gesellschaft) vom Ersten Weltkrieg bis zum Ende der Weimarer Republik, in: Werner Bramke/Ulrich Heß (Hrsg.), Wirtschaft und Gesellschaft in Sachsen im 20. Jahrhundert, Leipzig 1998, S. 36 sowie Karlsch, Sachsens Wirtschaft im Ersten Weltkrieg, S. 144 f.

29 Vgl. Karlsch, Sachsens Wirtschaft im Ersten Weltkrieg, S. 146–148; Mertens, Die Wirtschaft in Sachsen 1914–1918, S. 297 f., 303 sowie Gert Schirok, Die Königlich Sächsische Armee im 1. Weltkrieg und ihre Überlieferung im Hauptstaatsarchiv Dresden – ein Überblick, in: Mitteilungen des Vereins für sächsische Landesgeschichte e. V., Neue Folge, 6. Jg. (2008) Dresden, S. 14.

30 Vgl. Karlsch, Sachsens Wirtschaft im Ersten Weltkrieg, S. 147 f. sowie Mertens, Die Wirtschaft in Sachsen 1914–1918, S. 294 ff., 304 ff.

Insgesamt ist zu konstatieren, dass das zwar hochindustrielle, aber an Rohstoffen arme und vorrangig auf den Export orientierte Sachsen während des Ersten Weltkriegs den Zusammenbruch ganzer Wirtschaftszweige, die höchste Arbeitslosigkeit im Reich sowie die dadurch bedingte Abwanderung eines Teils der Bevölkerung zu verkraften hatte und die Wirtschaft infolgedessen starken strukturellen Veränderungen unterlag. Für die Wandlungen im Branchengefüge lassen sich mehrere Ursachen finden. Einerseits fehlte es den sächsischen Behörden bei der Anpassung der Wirtschaft an die Bedürfnisse des Kriegs an Initiative und Durchsetzungswillen. Dazu zögerten die Unternehmer im Königreich zu lange, ihre Produktion auf Heeresbedarf umzustellen. Andererseits bewirkte der Fortgang von Arbeitern in das rheinisch-westfälische Industriegebiet und den Großraum Berlin, wo das Lohnniveau bedeutend höher war, einen Fachkräftemangel, und auch der Ersatz von männlichen durch weibliche Arbeitskräfte und Kriegsgefangene erwies sich als problematisch. Die Anpassung der Wirtschaft an die Bedürfnisse des Kriegs führte zu einem Konzentrationsprozess in der sächsischen Industrie, der auf Grund der Schließung vieler kleiner Unternehmen oder deren Einbeziehung in die Kartellbildung durch die Zwangsbewirtschaftung stattfand. Weniger Betriebe beschäftigten fortan mehr Arbeiter. Gleichwohl machten sich Veränderungen in der regionalen Gliederung der Wirtschaft bemerkbar. Der Wirtschaftsraum Dresden gewann an Bedeutung hinzu, während die vormals von der Textilindustrie geprägte Kreishauptmannschaft Zwickau am stärksten an wirtschaftlicher Relevanz verlor. Der durch den Ersten Weltkrieg bedingte Strukturwandel weist darauf hin, dass die sächsische Wirtschaft ihre zuvor oft gezeigte Anpassungsfähigkeit größtenteils verloren hatte.[31]

Soziale Krisenherde

In ähnlicher Art und Weise wie in den meisten Regionen Deutschlands ergriff die Bevölkerung auch in Sachsen eine schnelle Ernüchterung, da der Krieg tief in alle Bereiche des gesellschaftlichen und persönlichen Lebens eingriff, anders als es die Älteren aus 1870/71 noch kannten. Über die Länge des Kriegs zeichneten sich zunehmend Probleme bei der Versorgung mit Nahrungsmitteln ab. Die Auswirkungen der britischen Seeblockade und des Wirtschaftskriegs gegen die Mittelmächte trafen Sachsen besonders stark – zumal die Situation in dem stark industrialisierten Land kritischer war als in den agrarisch geprägten Gebieten des Reichs und Lebensmittel hier stärker kontingentiert werden mussten. Sachsen war unter den großen Bundesstaaten derjenige mit dem niedrigsten Selbstversorgeranteil und der höchsten Zahl an Versorgungsberechtig-

31 Vgl. Fellmann, Sachsens letzter König, S. 175; Karlsch, Sachsens Wirtschaft im Ersten Weltkrieg, S. 148 ff. sowie Mertens, Die Wirtschaft in Sachsen 1914–1918, S. 277 f., 295 ff., 321.

ten.[32] Infolge der schlechten Lebensmittelversorgung zeigten sich rasch Mangelerscheinungen, und der Gesundheitszustand der Bevölkerung verschlechterte sich zusehends. Anhaltende Kürzungen bei der Zuteilung der Nahrungsmittel und Verteuerungen sowie das Defizit an Heiz- und Brennstoffen führten schließlich zu Protesten in der Bevölkerung. Daraufhin kam es zu Lebensmittelunruhen und Plünderungen in Chemnitz im Oktober 1915[33], in Leipzig im Mai 1916 sowie im Zwickau-Oelsnitzer Kohlerevier im Juni 1916. Im November 1916 forderten auf einer Demonstration in Dresden 8000 Bürger, hauptsächlich Frauen, eine Verbesserung der Ernährungslage und einen baldigen Frieden.

Die Frauen machten dem Unmut über ihre Situation Luft, denn sie waren es, die an der Heimatfront über die Dauer des Kriegs die gesellschaftliche Verantwortung übernommen hatten, durch den Ausfall des Hauptversorgers die Kinder allein ernähren und erziehen mussten und für das benötigte Einkommen in der Metall- und Rüstungsindustrie schufteten.[34] Um die öffentliche Sicherheit im Land wieder herzustellen, griffen die stellvertretenden kommandierenden Generale ein. Viele der Opponenten wurden festgenommen, einige anschließend zu Zuchthaus oder Gefängnis verurteilt. Andererseits versuchte die Regierung durch Brotzulagen und die Einrichtung von Volksküchen der schlechten Stimmung im Volk entgegenzuwirken und die Lage zu stabilisieren.[35]

Mit Ausnahme der Aprilstreiks 1917 in Leipzig[36] kam es aufgrund der angespannten Lage bis September 1918 zu keinen größeren Protestaktionen, doch machte besonders die Arbeiterschaft ihrer Unzufriedenheit in zahlreichen kleinen Ausständen Luft. Die Arbeitnehmer forderten höhere Löhne, gerechtere Arbeitsbedingungen und eine bessere Versorgung mit Lebensmitteln, aber nur selten mehr politische Rechte. Um eine Eskalation dieser Proteste zu verhindern, versuchten die stellvertretenden kommandierenden Generale mit Hilfe ihrer Mitarbeiter zwischen der Betriebsführung und der Belegschaft zu schlichten. Dieses Einmischen von Militärbehörden in die Arbeitgeber-Arbeitnehmer-Beziehungen stellte ein Novum dar und bildete den Ausgangspunkt der institutionalisierten, bis in die Gegenwart reichenden Staatsinterventionen auf dem Arbeitsmarkt.[37]

---

32 Vgl. Karlsch, Sachsens Wirtschaft im Ersten Weltkrieg, S. 140; Mertens, Die Wirtschaft in Sachsen 1914–1918, S. 286 sowie Fellmann, Sachsens letzter König, S. 175.

33 Vgl. dazu Karlsch, Sachsens Wirtschaft im Ersten Weltkrieg, S. 143.

34 Vgl. dazu den Audiobeitrag von Sabine Frank, Unglück in der Rüstungsfabrik Plauen vom 26.6.2014. Abrufbar unter: http://www.mdr.de/mdr-figaro/journal/audio886048.html (26.6.14) und Schirok, Die Königlich Sächsische Armee im 1. Weltkrieg, S. 18.

35 Vgl. Fellmann, Sachsens letzter König, S. 175; Karl Czok (Hrsg.), Geschichte Sachsens, Weimar 1989, S. 424 ff. sowie Karlsch, Sachsens Wirtschaft im Ersten Weltkrieg, S. 144.

36 Vgl. Karlsch, Sachsens Wirtschaft im Ersten Weltkrieg, S. 144.

37 Vgl. Mertens, „Rotes Königreich" im Belagerungszustand, S. 78.

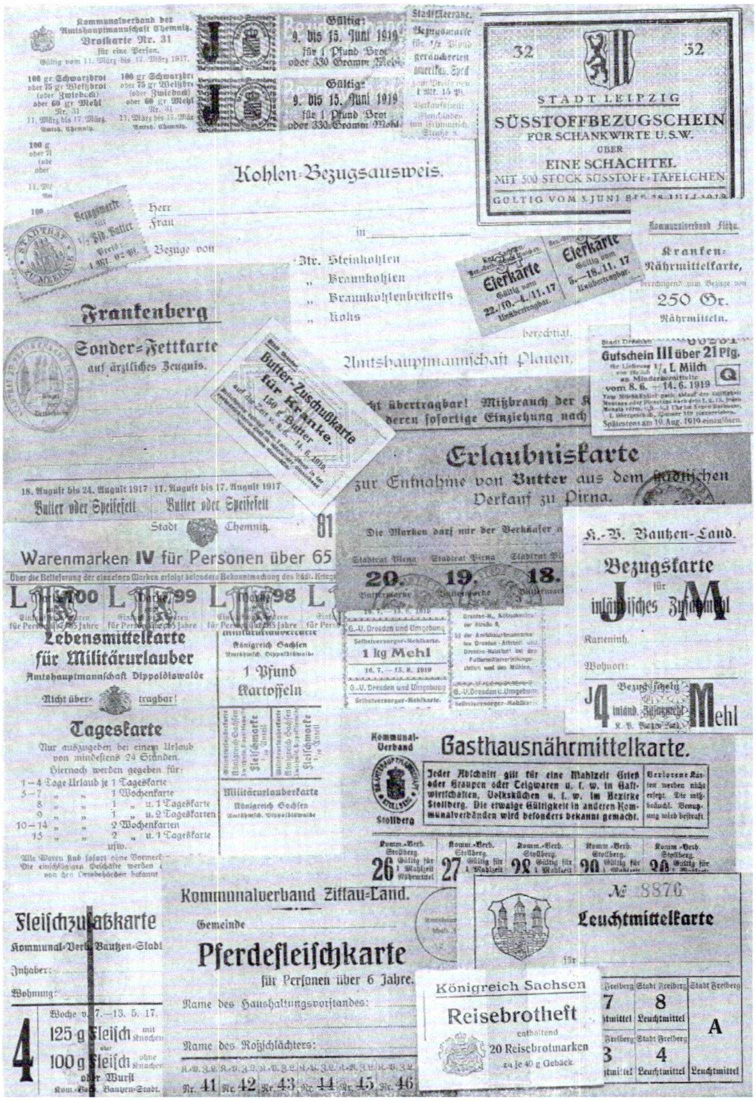

Abb. 4: Lebensmittelkarten sächsischer Städte

Im Ganzen gelang es den verantwortlichen militärischen und zivilen Instanzen durch geschicktes Handeln über die Dauer des Kriegs weitgehend Ruhe und Ordnung zu wahren. Mit kleinen Zugeständnissen bei den Löhnen und Arbeitsbedingungen sowie der Lebensmittelzuteilung und insgesamt bis zum Zusammenbruch der Frühjahrsoffensive bis Mitte Juli 1918 gaben sich viele noch der Hoffnung auf einen militärischen Sieg und der daraus resultierenden Verbesserung der Lebenssituation hin, zumal mit den besetzten Gebieten im Osten landwirtschaftlich starke Regionen unter deutscher Verwaltung waren.[38] Die Ernüchterung im November 1918 war daher groß. Sachsen hatte knapp 230 000 gefallene bzw. vermisste Soldaten zu beklagen. Dem Kriegstod vieler junger Männer folgte ein starker Geburtenrückgang und -ausfall. Dies verschob wiederum die Alterszusammensetzung der Bevölkerung erheblich, indem der Anteil alter Menschen deutlich stieg. Dieses Phänomen gab es zwar im ganzen Reich, in Sachsen war es jedoch mit einer regelrechten demografischen Trendwende verbunden. Seine Sonderstellung als Region mit dem schnellsten Bevölkerungswachstum büßte das Land jetzt ein. Die Ab- und Auswanderung von einer nicht unbedeutenden Anzahl an Einwohnern verstärkte diese Entwicklung.[39]

Die sächsische Armee an der Front

Am 1. August 1914 ordnete Kaiser Wilhelm II. die Generalmobilmachung aller deutschen Truppen an. Diesem Befehl wurde auch in Sachsen Folge geleistet. Der Transport der Truppen an die Fronten im Osten und Westen hatte absoluten Vorrang vor allen zivilen Bedürfnissen. Bereits mit der Verhängung des Kriegsrechts nach Artikel 68 der Reichsverfassung von 1871 durch den deutschen Kaiser am 31. Juli 1914 wurde der militärische Einfluss der deutschen Monarchen, auch der von König Friedrich August III., stark eingeschränkt. Verfassungsgemäß ging alle Befehlsgewalt auf den Kaiser als Obersten Kriegsherrn über. Im Großen Hauptquartier war Sachsen neben Bayern und Württemberg mit einem Bevollmächtigten vertreten, der indes nur zur Aufgabe hatte, die Wünsche der Obersten Heeresleitung in Personalfragen und andere Anliegen an seine Regierung zu übermitteln und über die Kriegslage zu informieren.[40]

In den Ersten Weltkrieg zog Deutschland mit neun Armeen, die zusammen das Reichsheer stellten. Der Schlieffenplan diente dabei als Grundlage der strategisch-operativen Konzeptionen.[41] Am 4. August 1914 überschritten deutsche Truppen ohne Kriegserklärung die belgische Grenze, was einen Bruch des Völkerrechts bedeutete und Großbritannien dazu veranlasste, Deutschland den Krieg zu erklären. Beteiligt am deutschen Einmarsch in Belgien war zugleich die 3. (Königlich Sächsische) Armee unter

---

38 Vgl. Mertens, Die Wirtschaft in Sachsen 1914–1918, S. 288; Mertens, „Rotes Königreich" im Belagerungszustand, S. 81; Karlsch, Sachsens Wirtschaft im Ersten Weltkrieg, S. 144 sowie Fellmann, Sachsens letzter König, S. 184.

39 Vgl. Karlsch, Sachsens Wirtschaft im Ersten Weltkrieg, S. 150.

40 Vgl. Mertens, „Rotes Königreich" im Belagerungszustand, S. 77 sowie Schirok, Die Königlich Sächsische Armee im 1. Weltkrieg, S. 11.

41 Benannt nach dem Generalstabschef Graf Alfred von Schlieffen (1833–1913) aus den Jahren 1904/05 sah dieser für den Fall eines Zweifrontenkriegs gegen Frankreich und Russland die Defensive im Osten vor, um Frankreich rasch zu schlagen, bevor Russland seine Truppen aufmarschieren lassen konnte. Vgl. dazu Gerhard P. Groß u. a. (Hrsg.), Der Schlieffenplan. Analysen und Dokumente, Paderborn 2006 sowie Gerhard Ritter, Der Schlieffenplan. Kritik eines Mythos, München 1956.

Abb. 5: Vormarsch der deutschen 1. bis 5. Armee in Nordfrankreich im August 1914

ihrem Oberbefehlshaber Generaloberst Max Freiherr von Hausen, die etwa 290 000 Mann umfasste und sich in dreieinhalb Armeekorps (XI., XII. und XIX., XII. Reservekorps), sechs Infanterie-Divisionen, zwei Reserve-Divisionen und eine Landwehrbrigade aufgliederte.[42]

---

42 Vgl. Gert Schirok, Die Königlich Sächsische Armee am Vorabend des Ersten Weltkrieges – ein Überblick, in: Mitteilungen des Vereins für sächsische Landesgeschichte e. V. Neue Folge, 3. Jg. (2005), Dresden, S. 21 sowie Schirok, Die Königlich Sächsische Armee im 1. Weltkrieg, S. 11 f.

Generaloberst Max von Hausen erhielt nach der verlorenen Schlacht an der Marne die Abberufung als Oberbefehlshaber der 3. (Königlich Sächsischen) Armee.[43] Die 3. Armee wurde neu formiert und unter ihrem neuen Oberbefehlshaber, dem preußischen General der Kavallerie Karl von Einem (1853–1934), in wechselnder Zusammensetzung an der Westfront eingesetzt. Dies bedeutete, dass ein Großteil der ehemals zu dieser Armee gehörenden Truppen auf Frontabschnitte verteilt und anderen deutschen Armeen unterstellt wurde. Im Grunde verblieb nur das XII. (Königlich Sächsische) Reservekorps mit der 23. und 24. Reserve-Division in der 3. Armee, die mit Verbänden anderer Kontingente aufgefüllt wurde. Fortan existierte keine rein sächsische Armee mehr und die ohnehin beschränkte Autonomie des sächsischen Militärs erlosch ganz. Erst Anfang 1918 wurde mit Hans von Kirchbach (1849–1928) wieder ein Sachse Oberbefehlshaber einer Armeeabteilung.[44]

An der Westfront kämpften die sächsischen Truppen gegen Belgier, Franzosen, Briten, Kanadier, Australier und Verbündete aus den Kolonien der Alliierten, seit 1918 auch gegen US-Amerikaner. An der Ostfront gegen Russland und an der Balkanfront gegen Serbien und Rumänien fanden sächsische Soldaten dagegen nicht in geschlossenen Großverbänden Verwendung. Auf diese Weise mussten auch sächsische Offiziere, Unteroffiziere und Mannschaften unter Teilnahme an allen bedeutenden Feldzügen und Schlachten im Ersten Weltkrieg ihren Blutzoll entrichten. Aber auch an positiven Ereignissen wirkten Truppen aus Sachsen mit, wie bspw. am Weihnachtsfrieden in Flandern 1914 oder an den Soldatenverbrüderungen an der Ostfront 1917.[45] Während des gesamten Kriegs stellte das Königreich – einschließlich der in der Militärverwaltung und im Hilfsdienst Tätigen sowie der nicht mehr an der Front eingesetzten Rekruten – knapp 1,1 Millionen Soldaten. An den Kampfhandlungen nahmen 750 000 Mann teil, wovon 125 874 fielen, 18 000 vermisst und 334 000 verwundet wurden und 42 000 in Gefangenschaft gerieten.[46]

43 Vgl. Fellmann, Sachsens letzter König, S. 164 f.

44 Vgl. dazu Peter Mertens, Rudolph Bodo Hans von Kirchbach. In: http://saebi.isgv.de/biografie/Hans_von_Kirchbach_%281849-1928%29 (14.4.14); Fellmann, Sachsens letzter König, S. 165 f.; Görlitz, Parlamentarismus in Sachsen, S. 143 sowie Schirok, Die Königlich Sächsische Armee im 1. Weltkrieg, S. 13.

45 Vgl. Schirok, Die Königlich Sächsische Armee im 1. Weltkrieg, S. 15.

46 Zahlen nach Statistisches Jahrbuch 1918/20, 44. Ausgabe, Januar 1921, S. 74 und Fellmann, Sachsens letzter König, S. 166 f. sowie Johann Edmund Hottenroth (Hrsg.), Sachsen in großer Zeit. Gemeinverständliche sächsische Kriegsgeschichte und vaterländisches Gedenkwerk des Weltkrieges in Wort und Bild. Bd. 3, Leipzig 1920, S. 240.

Grundlagen des Politischen

Revolution und Republik

Die Bildung des Freistaates Sachsen 1918/19 bis 1923

Mike Schmeitzner

Formal gesehen mündete der revolutionäre Aufbruch vom Spätherbst 1918 in die Bildung des Freistaates Sachsen im Frühjahr 1919. Doch mit der Etablierung neuer Wahlverfahren und politischer Institutionen war der Transformationsprozess noch keineswegs abgeschlossen. Die im Februar 1919 gewählte sächsische Volkskammer – wie die erste Volksvertretung hieß – erarbeitete nach dem „Vorläufigen Grundgesetz für den Freistaat Sachsen" bis Herbst 1920 die sächsische Verfassung. Von einer Konsolidierung der Demokratie konnte jedoch auch in den Folgejahren keine Rede sein: Die sozialökonomischen Konsequenzen der Kriegsniederlage und die politische Spaltung Sachsens verursachten im Spätherbst 1923 mit der Reichsexekution gegen den Freistaat sogar eine verfassungsrechtliche Ausnahmesituation. Für 48 Stunden existierte statt einer sächsischen Regierung ein von der Reichsregierung eingesetzter Reichskommissar. Wenige Tage zuvor hatten Tausende Reichswehrsoldaten das Land besetzt. Beide Vorgänge führten einerseits zu einer weiteren Vertiefung der politischen Spaltung, andererseits aber auch zu einer prekären Konsolidierung, die nur zum Teil aus politischer Einsicht resultierte. Insofern spannte sich der Bogen des Neubeginns weit über das Ende der Monarchie und die Verabschiedung einer neuen Landesverfassung hinaus. Dass es zu dieser prekären Entwicklung kam, hatte freilich auch mit Vorbelastungen zu tun, die bis weit in die Zeit vor 1918 hineinragten.[1]

---

1 Vgl. Karsten Rudolph, Die sächsische Sozialdemokratie vom Kaiserreich zur Republik 1871–1933, Weimar/Köln/Wien 1995; Simone Lässig, Wahlrechtskampf und Wahlreform in Sachsen (1895–1909), Köln/Weimar/Wien 1996; James Retallack (Hrsg.), Sachsen in Deutschland. Politik, Kultur und Gesellschaft 1830–1918, Bielefeld 2000; Johannes Frackowiak, Soziale Demokratie als Ideal. Die Verfassungsdiskussionen in Sachsen nach 1918 und 1945, Köln/Weimar/Wien 2005; Mike Schmeitzner/Andreas Wagner (Hrsg.), Von Macht und Ohnmacht. Sächsische Ministerpräsidenten im Zeitalter der Extreme 1919–1952, Beucha/Dresden 2006; Mike Schmeitzner, Alfred Fellisch 1884–1973. Eine politische Biographie, Köln/Weimar/Wien 2000; Mike Schmeitzner, 1918 – Revolution und Freistaat. Sachsens Weg in die Republik, in: Reinhardt Eigenwill (Hrsg.), Zäsuren

In Sachsen war der Widerspruch zwischen dem hohen Grad der Industrialisierung samt einer mächtig angewachsenen Arbeiterschaft und deren geringer Partizipationsmöglichkeit besonders offenkundig. Die mangelnde Integration der (sozialistisch) orientierten Arbeiterbewegung in ein System, das obrigkeitsstaatlich verfasst war, hatte letztlich in der Spätphase des Weltkriegs tiefgreifende Auswirkungen, als nämlich dieses monarchische System in eine existentielle Krise geriet. Der im Zeichen der ,Vaterlandsverteidigung' notdürftig hergestellte ,Burgfrieden' zwischen Sozialdemokratie und Gewerkschaften und den konservativ-liberalen Regierungskräften schien 1917/18 weitgehend aufgebraucht. Hoffnungen der Sozialdemokratie auf entscheidende politische Reformen scheiterten am konservativen Widerstand. Die „völlige politische Gleichberechtigung aller Staatsbürger in Staat und Gemeinde", die der SPD-Vorsitzende im Sächsischen Landtag, Julius Fräßdorf, so hoffnungsvoll im November 1914 propagiert hatte, blieb „bis Kriegsende ein Wunschtraum".[2] Mehr noch als dieser Reformstau beeinflusste die sich verschärfende Kriegssituation die (negative) Stimmung in den unteren sozialen Schichten. Hunderttausende Tote und Vermisste und eine immer katastrophalere Versorgungslage ließen ab Sommer 1918 endgültig die Stimmung kippen. Dass demgegenüber die konservative Regierung und das Königshaus konkrete Überlegungen anstellten, in dem von deutschen Truppen besetzten Litauen die Königskrone für Sachsen zu erwerben, zeugte von einiger Hybris.[3]

Die Doppelrevolution in Russland und der Friedensschluss von Brest-Litowsk (März 1918) forcierten einen Stimmungswandel, der auch für die Sozialdemokratie nicht ohne Folgen blieb: Bereits im Frühjahr 1917 hatten sich der linkspazifistische Teil und durch den Weltkrieg weiter radikalisierte linke Gruppen von der SPD abgespalten. Dieser Teil der Linken formierte sich unter dem Dach der „Unabhängigen Sozialdemokratischen Partei Deutschlands" (USPD), darunter auch die kleine radikale „Spartakusgruppe", die eine Art Sonderstatus für sich beanspruchte. Die neue Partei verfügte vor allem in Leipzig über eine ihrer stärksten Hochburgen reichsweit und stand bald in scharfer Konkurrenz zur Mehrheitssozialdemokratischen Partei Deutschlands (MSPD), die immer noch auf ein Reformbündnis mit den Liberalen hoffte.[4]

---

sächsischer Geschichte, Beucha 2010, S. 182–207; James Retallack, Red Saxony. Election Battles and the Spectre of Democracy in Germany, 1860–1918, New York 2017.

2 Peter Mertens, Ein ungleiches ,Triumvirat'. Grundzüge sächsischer Innen- und Wirtschaftspolitik im Ersten Weltkrieg, in: Konstantin Hermann/Matthias Rogg (Hrsg.), Sachsen im Ersten Weltkrieg. Politik und Gesellschaft eines deutschen Mittelstaates 1914 bis 1918, Stuttgart 2018, S. 28–61, hier S. 60.

3 Vgl. Reiner Pommerin, Sachsens Kriegsziele im Ersten Weltkrieg, in: ebd., S. 62–83, hier S. 72–83; Lothar Machtan, Die Abdankung. Wie Deutschlands gekrönte Häupter aus der Geschichte fielen, Berlin 2008, S. 87–90; Sebastian Rab, „Um den Thron von Litauen". Die sächsische Kriegszielpolitik während des Ersten Weltkriegs im Spiegel der zeitgenössischen Presseberichterstattung, Dresden 2017 (Masterarbeit im Studiengang Geschichte an der TU Dresden).

4 Zur Spaltung der SPD vgl. an neuerer Literatur: Uli Schöler/Thilo Scholle (Hrsg.), Weltkrieg – Spaltung – Revolution. Sozialdemokratie 1916–1922, Bonn 2018; Andreas Braune/Mario Hesselbarth/Stefan Müller

Der Beginn der Revolution

In Folge der sich abzeichnenden Kriegsniederlage und auf Druck des amerikanischen Präsidenten Woodrow Wilson kam es im Oktober 1918 zu einer Parlamentarisierung auf Reichsebene, nämlich zur verfassungsrechtlichen Bindung der Regierung an das Vertrauen des Parlaments, was Liberale und Sozialdemokraten schon jahrelang gefordert hatten. Bislang war die Ernennung und Entlassung der Regierung in die alleinige Kompetenz des Monarchen gefallen. Doch diese Verfassungsänderungen vermochten die Entwicklung nicht mehr aufzuhalten. Die von oben verordneten Reformen waren von der konservativen Seite nicht gewollt und von der linken Seite nicht erkämpft worden. Überdies war die Macht der alten Eliten in Militär, Wirtschaft und Bürokratie unangetastet geblieben. Die Kriegsniederlage und die von oben oktroyierten Reformen sollten sich allerdings als Wasser auf die Mühlen der radikaleren Teile der Arbeiterbewegung erweisen, die von einem „Verständigungsfrieden", der Weiterexistenz einer moderateren Monarchie und der alten Eliten nach diesem „Völkermord"[5] nichts mehr wissen wollten. Ihre Vertreter orientierten sich zumindest teilweise am sowjetrussischen Beispiel, wo es Parlamente seit Anfang 1918 nicht mehr gab, dafür aber sogenannte „Sowjets", also Arbeiter- und Soldaten-Räte (ASR), die auf neue und unverbrauchte Weise direkte Demokratie von unten auf zu praktizieren schienen. Dass diese ASR seit Übernahme der Macht durch die Bolschewiki unter Lenin im Spätherbst 1917 immer stärker von der Ton angebenden Kommunistischen Partei domestiziert wurden, erkannten nur wenige von ihnen, z. B. Rosa Luxemburg.[6]

Der Pirnaer Reichstagsabgeordnete Otto Rühle, der kurze Zeit später ebenfalls auf die Kraft der ASR und weniger auf die Macht der (kommunistischen) Partei orientierte, gab für einen Teil der radikalen Kräfte den Kurs vor, als er in einer Reichstagsrede am 25. Oktober 1918 den revolutionären Bruch mit dem Bestehenden forderte: Für die arbeitende Klasse gebe es „keinen Verständigungsfrieden auf der Grundlage des Kapitalismus"; sie fordere einen „Machtfrieden in dem Sinne, dass ihr Todfeind, diese Bourgeoisie, überwältigt, die bürgerlich-kapitalistische Regierung gestürzt, der Militarismus zertrümmert wird und das revolutionäre Proletariat der bürgerlichen Gesellschaft nach ihrer Niederwerfung und Überwindung den sozialistischen Frieden diktiert". Die „so genannte Demokratie und den Parlamentarismus" lehnte Rühle an; er rief die „Arbeiterschaft, insbesondere die deutsche Arbeiterschaft, auf, diesen Sozialismus zu erkämpfen mit der Waffe der Revolution". Die Zeit zum Handeln sei gekommen. Rühle forderte also

---

(Hrsg.), Die USPD zwischen Sozialdemokratie und Kommunismus 1917–1922. Neue Wege zu Frieden, Demokratie und Sozialismus, Stuttgart 2018.

5 Hermann Fleißner, Die siegreiche Revolution, in: Dresdner Volkszeitung (fortan: DVZ) vom 11.11.1918.

6 Gemeint ist Luxemburgs Text „Zur russischen Revolution", der im Frühherbst 1918 geschrieben, aber erst 1921 veröffentlicht wurde. Zur Diskussion des Textes vgl. Jörn Schütrumpf (Hrsg.), Diktatur statt Sozialismus. Die Russische Revolution und die deutsche Linke 1917/18, Berlin 2017, S. 11–61.

nichts weniger als eine soziale Revolution, die Ablehnung der parlamentarischen Demokratie „von Hindenburgs Gnaden" und die sofortige Abdankung des Kaisers.[7]

Mit einem solch weitgehenden Anspruch stand Rühle aber auch Ende Oktober 1918 recht allein. Die kleineren linksradikalen Gruppen wie die „Spartakusgruppe" Rosa Luxemburgs und Karl Liebknechts oder die späteren sogenannten „Internationalen Kommunisten Deutschlands" (IKD) eines Otto Rühle waren viel zu schwach, um einen solchen revolutionären Umsturz herbeiführen zu können. Und sie waren – anders als die Bolschewiki – auch machtpolitisch hiervon weit entfernt, da sie zwar radikale Umwälzungen (wie eben Rühle) durchsetzen wollten, aber nicht automatisch mit dem Monopolanspruch der eigenen „Partei" verbanden. Die größte Partei der Arbeiterbewegung, die MSPD, setzte hingegen immer noch auf langsame Reformschritte im System. Ende Oktober 1918 traten Vertreter dieser Partei in die umgebildete Reichsregierung ein. Auch in Sachsen beteiligte sich die MSPD mit zwei Vertretern am reanimierten Staatsrat und an einer Landesregierung, die erstmals von einem Nationalliberalen – dem Juristen Rudolf Heinze – geführt und um weitere liberale Mitglieder ergänzt wurde. In die königliche Regierung entsandte die MSPD den 2. Vizepräsidenten der Zweiten Kammer, Julius Fräßdorf, und den Vorsitzenden des Chemnitzer Gewerkschaftskartells Max Heldt, der ebenfalls Mitglied der Zweiten Kammer war. An die Spitze der Reformbewegung setzte sich die Partei jedoch nicht, obwohl in Sachsen die alte Regierung bereits Mitte Oktober unumwunden von einer Staatskrise ausging,[8] und – anders als auf Reichsebene – die

Abb. 1: Otto Rühle (1874–1943), Publizist, Pädagoge, Politiker. 1918/19 war Rühle einer der Führer der Internationalen Kommunisten Deutschlands und zeitweilig Ko-Vorsitzender des vereinigten revolutionären ASR Dresden

7 Verhandlungen des Deutschen Reichstags, 196. Sitzung vom 25.10.1918, S. 6270.

8 Vgl. Sächsisches Staatsarchiv Dresden (fortan: SächsHStAD), 10736 Ministerium des Innern, Nr. 11074, Bericht des Ministerialdirektors Geheimer Rat Walter Koch vom 14.10.1918, Bl. 51. Koch sprach sogar von einer „Revolution", in der man sich bereits befinde.

Demokratisierung des Wahlrechts und die Parlamentarisierung nur angekündigt, aber nicht verwirklicht wurde.[9]

Mehr Reformeifer zeigte da die USPD, die am 1. November 1918 in der Zweiten Kammer des Landtags durch Hermann Fleißner eine Überwindung der Monarchie, die Beseitigung der berufsständig geprägten Ersten Kammer des Landtags und des Belagerungszustandes für notwendig erachtete. Fleißner wollte zu „wirklich parlamentarischen und demokratischen Taten" schreiten und betrachtete die neuen MSPD-Vertreter in der Regierung als bloße „sozialistische Konzessionsschulzen". Doch zeigte gerade Fleißners Rede und die darauf entbrennende Debatte, das der USPD-Vertreter kein reiner Verfechter des Parlamentarismus war. Als nämlich der MSPD-Vertreter Heinrich Lange am russischen Beispiel – mit Verweis auf die Beseitigung des kompletten Parlamentarismus – vor einer Diktatur von links warnte, konterte Fleißner mit der nur halbherzigen Aussage: „Ob die Diktatur [des Proletariats] durch das Wahlrecht kommt oder ob sie auf andre Art herbeigeführt wird, das ist doch wirklich ganz gleichgültig."[10]

Dass diese Frage keine rein akademische Frage mehr war, zeigte der weitere Verlauf der ersten Novemberwoche: Der erzwungenen Reform von oben folgte nun der revolutionäre Flächenbrand von unten. Der revolutionäre Funken entzündete sich bei einfachen Angehörigen der deutschen Hochseeflotte, die von der Flottenleitung für ein sinnloses Selbstmordunternehmen gegen England geopfert werden sollten. Kriegsmüdigkeit und Befehlsverweigerung gepaart mit einem Schusswaffeneinsatz gegen die Meuterer mündeten in einem ersten Soldatenrat in Kiel und dem Fanal für Deutschland. Bereits am 7. November rief der Münchner USPD-Führer Kurt Eisner vor Soldaten und Arbeitern den „Freistaat Bayern" aus, womit fast von einem Tag auf den anderen eine der ältesten deutschen Monarchien zusammenbrach. Andere deutsche Staaten folgten bald, auch Sachsen. Hier hatte sich am 6. November in Großenhain der erste sächsische Soldatenrat gebildet, als ca. 3000 Angehörige der dortigen Fliegerkaserne dem norddeutschen Vorbild folgten. Zwei Tage später forderte der Großenhainer Soldatenrat mit einer per Flugzeug gestreuten Flugblattaktion über Dresden zu einer ähnlichen Entwicklung auf.[11]

Bevor es am Abend des 8. November in Dresden tatsächlich zu Unruhen mit meuternden Soldaten und revoltierenden Arbeitern kam und in einem längeren Prozess sich die Macht vom Generalkommando auf einen ersten provisorischen Arbeiter- und Soldatenrat verlagerte, waren in Leipzig und Chemnitz längst Tatsachen geschaffen worden: In Leipzig hatten Soldaten schon um die Mittagszeit des 8. November die Rebellion in

9 In seiner Regierungserklärung vom 5.11.1918 wollte sich Heinze noch nicht einmal auf ein demokratisches Wahlrecht im Rahmen von allgemeinen, freien und gleichen Wahlen für Sachsen festlegen. Vgl. Rudolph, Die sächsische Sozialdemokratie, S. 163.

10 Mitteilungen über die Verhandlungen des ordentlichen Landtags im Königreiche Sachsen während der Jahre 1917–1918, Zweite Kammer, Dritter Band, Dresden 1918, 69. Sitzung vom 1.11.1918, S. 2168–2177.

11 Vgl. Rudolph, Die sächsische Sozialdemokratie, S. 169; Schmeitzner, 1918, S. 187.

Gang gesetzt. Gemeinsam mit der besonders starken USPD und ihres einflussreichen Führers, des Reichstagsabgeordneten Richard Lipinski, wurde in nur kurzer Zeit das bislang mächtige Generalkommando zur Kapitulation gezwungen. Ein gleichzeitig ausgerufener Generalstreik machte den Umsturz unumkehrbar. Am Beispiel Leipzig zeigte sich geradezu idealtypisch, wie rebellierende kriegsmüde Soldaten instinktiv den Kontakt zu einer als linkspazifistisch bekannten Partei (USPD) suchten, um ihre Interessen durchzusetzen. Dass sie dabei einen Mann wie Lipinski schnell als Führer anerkannten, ist wohl damit zu erklären, dass dieser kurze Zeit vorher als Befürworter einer raschen Kriegsbeendigung in Haft gesessen hatte. In Leipzig konstituierte sich die USPD-Führung sogar selbst als provisorischer Arbeiter- und Soldatenrat; am nächsten Tag – den 9. November – kam es zur Bildung eines „Großen Rates der Arbeiter- und Soldatenräte", der aus 33 Mitgliedern bestand. Die USPD hatte auch hier den entscheidenden Einfluss, und sie profitierte von einer Volksfeststimmung, die viele Menschen, die das nahe Kriegsende herbeisehnten, auf Straßen und Plätze trieb.[12] Allerdings wurde die in Leipzig wesentlich kleinere MSPD von der wesentlich mächtigeren USPD aus den Gremien des ASR rigoros ausgeschlossen.[13] Dass es in Städten wie Leipzig so schnell zur Schaffung von „Arbeiter- und Soldatenräten" kam, lag übrigens nicht nur in der Vorbildwirkung der russischen „Sowjets" begründet, sondern auch in den 1917 erstmals bei großen Streiks auftauchenden deutschen Arbeiterräten.[14]

In Chemnitz gestaltete sich die Machtverteilung zwischen den einzelnen sozialistischen Parteien und in den Revolutionsgremien ausgewogener, was ebenfalls als Ergebnis länger zurückliegender Entwicklungen zu betrachten ist: Als Protest gegen die stark sozialpatriotisch eingestellte Führung der Chemnitzer SPD um Gustav Noske und Ernst Heilmann hatte sich hier früh eine oppositionelle Gruppe um Fritz Heckert und Heinrich Brandler gebildet, die auch einigen gewerkschaftlichen Einfluss besaß. Dass die MSPD in den späten Abendstunden des 8. November dennoch für kurze Zeit die Soldatenerhebung dominieren konnte, lag vor allem in ihrem jungen Landtagsabgeordneten Alfred Fellisch begründet, der bereits in der Landtagsdebatte vom 1. November

---

12 Vgl. ebd.; Michael Rudloff/Thomas Adam unter Mitarbeit von Jürgen Schlimper, Leipzig – Wiege der deutschen Sozialdemokratie, Berlin 1996, S. 111–115; Ulrich von Hehl, Novemberrevolution und Kapp-Putsch. Geburtswehen der Weimarer Republik in Leipzig 1918 bis 1920, in: Ulrich Brieler/Rainer Eckert (Hrsg.), Unruhiges Leipzig. Beiträge zu einer Geschichte des Ungehorsams in Leipzig, Leipzig 2016, S. 306–332, hier S. 308 f.; Manfred Hötzel/Karsten Rudolph, Richard Lipinski (1867–1936). Demokratischer Sozialist und Organisator politischer Macht. In: Helga Grebing/Hans Mommsen/Karsten Rudolph (Hrsg.), Demokratie und Emanzipation zwischen Saale und Elbe. Beiträge zur Geschichte der sozialdemokratischen Arbeiterbewegung bis 1933, Essen 1993, S. 237–262, hier S. 248. Das Organ der USPD berichtete von „Freude" und „Jubel", die mehr als 100 000 zusammenströmende Menschen erfasst hätten. Eine Siegesfeier der Revolution, in: Leipziger Volkszeitung (fortan: LVZ) vom 11.11.1918.

13 Vgl. Gegen den Leipziger Terror, in: DVZ vom 18.11.1918; vgl. auch Eberhard Kolb, Die Arbeiterräte in der deutschen Innenpolitik 1918–1919, Frankfurt am Main 1978 (Taschenbuchausgabe), S. 93 und 95.

14 Vgl. Jürgen Kocka, Klassengesellschaft im Krieg. Deutsche Sozialgeschichte 1914–1918, 2. Auflage, Göttingen 1978, S. 48.

signalisiert hatte, dass er über die Forderungen der eigenen Fraktion hinauszugehen bereit war – die Existenz der Monarchie war schon damals für ihn nicht mehr in Stein gemeißelt. Fellisch setzte sich an die Spitze der Soldatenerhebung und bekannte sich zur „deutschen Republik". Auf das frühere Führungsduo Noske/Heilmann, das nunmehr in Berlin Politik gestaltete, musste er nicht mehr Rücksicht nehmen. Nach ihm bekannten sich USPD-Vertreter zur „sozialistischen deutschen Republik" – einen Tag später, am 9. November, riefen Philipp Scheidemann (MSPD) auch in Berlin zuerst die „deutsche Republik" und wenig später Karl Liebknecht (USPD) die „sozialistische deutsche Republik" aus. Trotz der Differenz und der Tatsache, dass die linksradikale Spartakusgruppe die hiesige USPD dominierte, verständigten sich beide Parteien auf ein gemeinsames Vorgehen: In den 30 Mitglieder zählenden provisorischen ASR entsandten SPD und USPD jeweils zehn Vertreter; weitere zehn Vertreter kamen aus den Chemnitzer Militäreinheiten. Auch die drei Vorsitzenden wurden paritätisch bestimmt. Innerhalb eines Tages übernahm der ASR die Kontrolle in der Stadt.[15]

In der Residenz des Königreiches – in Dresden – nahm sich dagegen die Lage um den 8. und 9. November weit komplizierter aus: Das tagelange Ringen zwischen gemäßigter MSPD, Otto Rühles kleiner Gruppe der Linksradikalen, der späteren „Internationalen Kommunisten Deutschlands" (IKD), und der von Hermann Fleißner geführten USPD offenbarte den tiefen Riss, der bereits vor dem Krieg, vor allem aber nach 1914 in der örtlichen Arbeiterbewegung entstanden war.[16] Die Gründung eines gemeinsamen ASR zog sich mindestens zwei Tage hin. Anders als in Chemnitz hatte es die MSPD in Dresden versäumt, sich an die Spitze der Bewegung zu setzen; ihre älteren Führer wie Wilhelm Buck, Georg Gradnauer oder Julius Fräßdorf waren – z. T. als königliche Minister – bereits zu sehr im überkommenen Reformwerk eingebunden, als dass sie den Ernst der Lage begriffen hätten. Buck und Fräßdorf, die am 8. November „beruhigend" auf die Demonstranten einwirken wollten, wurden sogar misshandelt und zeitweilig gefesselt.[17] Erst am Vormittag des 9. November versuchte die MSPD mit der Gründung eines provisorischen Arbeiterrates, in der ihre älteren Führer dominierten, das Heft des Handelns in die Hand zu nehmen. Dieses Gremium wurde Stunden später um revolutionäre Soldaten erweitert und als Arbeiter- und Soldatenrat bezeichnet.[18] Konkurrenz

---

15 Vgl. Schmeitzner, Alfred Fellisch, S. 87–112; Karlheinz Schaller, „Radikalisierung aus Verzweiflung". Geschichte der Chemnitzer Arbeiterschaft vom Ersten Weltkrieg bis zur Inflation (1914–1923), Bielefeld 2003, S. 87–124.

16 Einen intimen Einblick in das tiefe politische und menschliche Zerwürfnis zwischen Rühle und Fleißner einerseits und Gradnauer anderseits gibt der USPD-Funktionär Ernst Lorenz. Vor allem Rühle und Gradnauer hatten sich im innerparteilichen Konflikt als „Verleumder" und „Volksverräter" beschimpft. Ernst Lorenz, Fünf Jahre Dresdner USP, Dresden 1921, S. 8.

17 Vgl. Rudolph, Sozialdemokratie, S. 172.

18 Vgl. Mike Schmeitzner, Dresden in der Novemberrevolution, in: Geschichte der Stadt Dresden. Band 3. Von der Reichsgründung bis zur Gegenwart, hrsg. von Holger Starke unter Mitwirkung von Uwe John, Stuttgart 2006, S. 252–259, hier S. 253.

An das sächsische Volk!

Der König ist seines Thrones entsetzt. Die Dynastie Wettin hat aufgehört zu existieren.

Die Erste Kammer ist aufgelöst. Auch die Zweite Kammer besteht nicht mehr. Die Staatsministerien, die im Einverständnis mit dem Vereinigten revolutionären Arbeiter- und Soldatenrat die Geschäfte provisorisch weiterführen, haben sofort Neuwahlen auf der Grundlage des allgemeinen, gleichen, geheimen und direkten Wahlrechts für Männer und Frauen auszuschreiben.

Es lebe die soziale Republik Sachsen!

Der vereinigte revolutionäre Arbeiter- und Soldatenrat Groß-Dresden.

Abb. 2: „An das sächsische Volk!“: Proklamation des Dresdner ASR vom 10. November 1918

erwuchs der MSPD-Gründung aber nicht so sehr von dem in der Nacht zuvor konstituierten provisorischen Soldaten- und Arbeiterrat, in dem Soldaten und Offiziere dominierten,[19] sondern von den linksradikalen Kräften um Otto Rühle und der in Dresden deutlich schwächeren USPD: Der von ihnen gebildete „revolutionäre ASR“ agierte erfolgreicher als das mehrheitssozialistische Pendant – denn dieser Rat übernahm noch in den Nachmittagsstunden des 9. November die tatsächliche Kontrolle über die maß-

19 Laut USPD handelte es sich bei dieser Gründung um eine „Irreführung“ der Massen, da dieser Rat vom Generalkommando sogar mit begründet worden sei; Vorsitzender war ein Hauptmann Thierig, der Rat selbst sei jedoch „nicht in Funktion getreten“. Die Revolution in Dresden, in: LVZ vom 11.11.1918.

geblichen Verwaltungen der Stadt und des Königreiches.[20] Zwischenzeitlich ließ der Rat sogar das DVZ-Verlagsgebäude der MSPD am Wettiner Platz besetzen.[21]

Erst in der Nacht vom 9. auf den 10. November einigten sich die linken Kräfte auf die Bildung eines „vereinigten revolutionären Arbeiter- und Soldatenrates". Dass diese Einigung zustande kam, lag in der Einheitsstimmung der Massen und dem Zurückweichen der Mehrheitssozialisten begründet: Die Vertreter der MSPD mussten sowohl die Durchsetzung der Parität als auch die Ausschaltung ihrer bekanntesten Führer akzeptieren, die wegen ihrer „Burgfriedenspolitik" von Seiten der USPD und der Linksradikalen als „kompromittiert" betrachtet wurden.[22] Stattdessen rückte für die MSPD der etwas jüngere Gewerkschafter Albert Schwarz, der Bevollmächtigte des Deutschen Metallarbeiter-Verbandes (DMV) für Dresden, in die erste Reihe. Für einen Kompromiss mit der ungeliebten Konkurrenz hatte wohl vor allem Hermann Fleißner, der frühere Vorsitzende des SPD-Bezirks Dresden-Ostsachsen, geworben, der von einer Kundgebung außerhalb der Stadt erst am späten Abend des 9. November zurückgekehrt war.[23]

Am Vormittag des 10. November – praktischerweise ein Sonntag – verkündete Fleißner dann auf einer großen Kundgebung die Ergebnisse der Verhandlungen. Tausende Anhänger hatten sich dazu im steinernen Gebäude des Zirkus Sarrasani eingefunden, das sich nicht nur als Veranstaltungsort für Zirkusspiele, sondern seit einiger Zeit auch als politischer Veranstaltungsort etabliert hatte; unter der Zirkuskuppel – und das war das Entscheidende – fanden bis zu 6000 Menschen Platz.[24] Fleißner also verkündete hier die Bildung des neuen ASR mit den gleichberechtigten Vorsitzenden Otto Rühle und Albert Schwarz und eine „Proklamation an das sächsische Volk", den der ASR soeben beschlossen hatte. In dem Text war zuerst von der Beseitigung der Monarchie und der Abschaffung der Ersten und Zweiten Kammer des Landtags die Rede. Weiterhin hieß es, dass die Staatsministerien „im Einverständnis" mit dem ASR die „Geschäfte provisorisch weiterführen" und „sofort Neuwahlen nach dem demokratischen Wahl-

---

20 Vgl. Schmeitzner, 1918, S. 188 f.; Rudolph, Die sächsische Sozialdemokratie, S. 173 f.; Lorenz, Fünf Jahre USP in Dresden, S. 48.

21 Mit der zeitweiligen Besetzung durch Soldaten des revolutionären ASR war auch der Versuch einer Kontrolle des „politischen Teils der Dresdner Volkszeitung" verbunden gewesen. Die Tatsache, dass der USPD-Funktionär Hermann Fleißner in den ersten Tagen der Revolution im Organ der MSPD veröffentlichen konnte, lag hierin begründet. Lorenz, ebd., S. 47 f. Einen direkten Sturm auf das Druckereigebäude, wie ihn Linksradikale erstrebten, verhinderten letztlich auf Vermittlung bedachte USPD-Funktionäre. Vgl. Der Verlauf der Bewegung in Dresden, in: Der Kommunist. Flugzeitung der Internationalen Kommunisten Deutschlands, Dresden, im November 1918, Nr. 2. Die nicht genau datierte Ausgabe stammt von Ende November 1918.

22 In den Augen der USPD galten vor allem Georg Gradnauer, Wilhelm Buck, Julius Fräßdorf und Hermann Kahmann als „kompromittiert". Lorenz, Fünf Jahre USP in Dresden, S. 49.

23 Die im Dresdner Volkshaus am Schützenplatz betriebenen Einigungsverhandlungen dauerten tatsächlich bis in die „frühen Morgenstunden". Ebd.

24 Laut liberaler Dresdner Neuesten Nachrichten (fortan: DNN) war der Zirkusbau tatsächlich „bis auf den letzten Platz gefüllt". Die Vorgänge in Dresden, in: DNN vom 12.11.1918. Die konservativen Dresdner Nachrichten (fortan: DN) berichteten demgegenüber, dass der Zirkus „gut, aber nicht voll gefüllt gewesen sei". Die Lage in Dresden, in: DN vom 11.11.1918.

recht ausschreiben" sollen. Gedacht war dabei an die Wahl einer sächsischen Nationalversammlung nach dem Frauen- und Männerwahlrecht[25] als den „maßgeblichen Faktor" künftiger Politik.[26] Die Proklamation, die am Sonntagnachmittag auch in der Innenstadt als Flugblatt verteilt wurde, endete euphorisch: „Es lebe die soziale Republik Sachsen."[27] Wie man sieht, war die inhaltliche Handschrift der MSPD gerade hier deutlich zu erkennen. Hinter ihrem Schlachtruf von der parlamentarischen Demokratie vermochten sich Liberale und Konservative, die ein Weitertreiben der Revolution nach sowjetrussischem Beispiel fürchteten, sofort zu versammeln.[28] Und doch trug der Text auch Kompromisscharakter: Man war sich einig in der Ablehnung des alten Systems und in der prinzipiellen Bejahung einer parlamentarischen Demokratie, doch ließ man die königliche Regierung vorerst weiter amtieren, da man sich (noch) nicht auf eine Revolutionsregierung einigen konnte. Dass Rühles Richtung die Propagierung einer parlamentarischen Demokratie überhaupt akzeptiert hatte, obwohl sie eigentlich eine Räterepublik anstrebte, erstaunt; doch diese Zurückhaltung hielt nur eine Woche vor. Nicht ohne Einfluss dürfte hier Fleißners deutliche Absage an den Bolschewismus geblieben sein.[29] Vermutlich waren Rühle und seine Anhänger aber auch beeindruckt von einer Bewegung, die sich doch nicht so sehr als „Klassenrevolution des Proletariats" erwies, „sondern [als] eine Volksbewegung zur Herbeiführung des Friedens" – getragen auch von bürgerlichen Schichten.[30]

Nach der Kundgebung im Zirkus Sarrasani zogen Tausende Revolutionsanhänger zum Schloss. Mehrere von ihnen erklommen das Georgentor und zogen hier statt der früher aufgepflanzten Königsflagge die rote Fahne auf. Für die sozialdemokratische „Dresdner Volkszeitung" war dies ein „historischer Moment",[31] für die liberalen „Dresdner Neueste Nachrichten" Ausdruck des „Umsturzes".[32] Im Königlich Sächsischen Hofjournal hinterließen die Revolutionäre einen letzten Eintrag: „Am heutigen Tage wurde auf dem bisherigen ‚königlichen Schloss' das Panier der Freiheit, Gleichheit u. Brüder-

25 Die Vorgänge in Dresden, in: DNN vom 12.11.1918.

26 Die Lage in Dresden, in: DN vom 11.11.1918.

27 Eine Proklamation an das sächsische Volk, in: DVZ vom 11.11.1918.

28 Der Landesausschuss der Fortschrittlichen Volkspartei, die wenig später in der linksliberalen DDP aufging, legte sich zur selben Zeit auf die schnellstmögliche Wahl einer Nationalversammlung, auf eine „wahre Demokratie", die „Freiheit der Presse" und den „Schutz des Eigentums" fest; die jetzige Lage berge hingegen die „Gefahr bolschewistischer Zustände in sich". Die Lage in Dresden, in: DN vom 11.11.1918.

29 In seiner Rede hatte Fleißner Bezug nehmend auf ein Flugblatt erklärt, dass die „revolutionäre Bewegung in Deutschland [...] nichts mit Bolschewismus zu tun" habe. Die Vorgänge in Dresden, in: DNN vom 12.11.1918. Otto Kühn von der MSPD, der im Zirkus unmittelbar nach Fleißner sprach, erklärte mit Blick auf den ASR und die Proklamation, „beide Parteien" hätten „Konzessionen gemacht". Die Lage in Dresden, in: DN vom 11.11.1918.

30 So die bemerkenswerte Analyse der Dresdner Linksradikalen selbst. Der Verlauf der Bewegung in Dresden, in: Der Kommunist, im November 1918.

31 Die rote Fahne auf dem Schlosse, in: DVZ vom 11.11.1918.

32 Die Vorgänge in Dresden, in: DNN vom 12.11.1918.

Abb. 3: Hier wurde am 10. November 1918 die Republik Sachsen ausgerufen: Der Zirkus Sarrasani. Im Hintergrund die Dreikönigskirche in der Dresdner Neustadt

lichkeit gehisst. Es war Mittag 12.45 Uhr."[33] Das Aufziehen der roten Fahne wurde – laut DNN – von der „harrenden Menge mit dem Rufe ‚Es lebe die Republik!'" begrüßt. Die Zeitung rühmte überdies die „mustergültige" Aufrechterhaltung der öffentlichen Ordnung – trotz der Kundgebungen und der „erregten Gemüter".[34] Diese Bewertung erscheint auch deswegen bemerkenswert, weil nicht wenigen Offizieren von rebellierenden Soldaten die Kokarden und Schulterstücke von der Uniform gerissen worden waren – dies durfte wohl als Ausdruck einer Anti-Offiziersrevolte verstanden werden.[35]

Das Ende der Monarchie

Nun bildete die Ausrufung der Republik nur die eine Seite der Medaille, die andere Seite aber das Verhalten von Monarch und Königshaus. Wollten sie sich in ihr Schicksal fügen oder den Kampf um die Krone und die Staatsform aufnehmen? Würde Friedrich

33 Zit. nach: Walter Fellmann, Sachsens letzter König Friedrich August III., Leipzig 1992, S. 194.

34 Die Vorgänge in Dresden, in: DNN vom 12.11.1918.

35 Die Dresdner Linksradikalen sprachen enttäuscht von einer „Militärrevolte". Der Verlauf der Bewegung in Dresden, in: Der Kommunist, im November 1918.

August III. von Sachsen dem Beispiel des preußischen Königs und deutschen Kaisers Wilhelm II. folgen, der bereits am 9. November zum Thronverzicht gezwungen worden war?[36] Eine Richtung hatte Friedrich August III. schon am 8. November abends vorgegeben, als er in seiner letzten Kabinettssitzung „ausdrücklich jede Gewaltanwendung ablehnte". Er wolle – so der König – den „eben beendeten Krieg nicht auf der Schlossstraße fortsetzen". Königstreuen Offizieren untersagte er, auf Revolutionäre zu schießen.[37] Noch am Abend des 8. November, als aufständische Soldaten in Dresden die Straßen beherrschten, flüchtete der Monarch und alleinerziehende Vater von sechs Kindern in einem Auto in Richtung Moritzburg – mit an seiner Seite seine 18-jährige Tochter Margarete und Mitglieder der königlichen Entourage. Im „großen, kalten und leeren Moritzburger Schloß angelangt",[38] hoffte die königliche Familie noch auf den Erhalt der Monarchie auch mit Hilfe von führenden Männern der MSPD. In ihr Tagebuch schrieb die gleichermaßen aparte wie intelligente Prinzessin Margarete am 8. November spätabends: „Morgen kommt ein entscheidungsvoller Tag. Die Sache steht auf Messersschneide – ob Monarchie oder Republik."[39] Am Morgen des 9. November wollte sie noch immer nicht die Hoffnung aufgeben: „Wir hoffen sehr auf die große Versammlung, die die beiden sozialdemokratischen Portefeuilleminister auf dem Theaterplatz diesen Nachmittag veranstalten, um dem Volke einen Soldatenrat für ganz Sachsen vorzuschlagen, der natürlich in Händen der Regierung ist."[40]

Bekanntermaßen vermochten sich die MSPD-Politiker nicht durchzusetzen und die Bewegung zu kanalisieren. Die älteren unter ihnen, die Jahrzehnte ihres Lebens in der Monarchie sozialisiert worden waren, hätten sich wohl auch mit einer parlamentarischen Monarchie abgefunden, in der der König über keine wirkliche Macht mehr verfügte. Doch diese Alternative hatte die Monarchie mit dem so lange unaufgelösten Reformstau im Land und der verheerenden Kriegsniederlage selbst verspielt. Die Flucht des Königs, seiner ältesten Tochter und seiner engsten Mitarbeiter ging indes weiter und erlebte mit der Station auf Schloss Guteborn im preußischen Teil der Oberlausitz noch einmal einen historischen Höhepunkt: Am 13. November verzichtete Friedrich August III. dort auf den sächsischen Thron, wozu ihm der immer noch amtierende Kabinettschef Rudolf Heinze in einer persönlichen Unterredung geraten hatte. Ob der Monarch in diesem Zusammenhang den ihm zugeschriebenen berühmten Ausspruch „Macht Euren Dreck alleene!" tatsächlich äußerte, ist unklar, doch trauten ihm dies viele Sach-

36 Vgl. Lothar Machtan, Kaisersturz. Vom Scheitern im Herzen der Macht, Darmstadt 2018.

37 Mehr August als Friedrich, in: DVZ vom 22.11.1918, vgl. auch André Thieme, Vom Königreich zur Republik – Sachsen und die Revolution von 1918, in: Iris Kretschmann/André Thieme (Hrsg.), „Macht euren Dreck alleene!" Der letzte sächsische König, seine Schlösser und die Revolution 1918, Dresden 2018, S. 10–29, hier S. 23.

38 Mathias Donath (Hrsg.), Zwei Wochen im November. Tagebucheinträge zur Abdankung des letzten sächsischen Königs, in: ebd., S. 131–145, hier S. 134.

39 Ebd., S. 135.

40 Ebd., S. 136. Die Prinzessin bezeichnete die Minister Fräßdorf und Heldt irrtümlich als „Portefeuilleminister", doch waren sie nur Minister ohne Geschäftsbereich, d. h. ohne eigenes Ressort.

sen offenbar zu. Es wäre nicht die letzte der so reichlichen Anekdoten gewesen, für die Friedrich August III. bekannt war.[41] Am 15. November endete die Flucht des Ex-Monarchen in Sibyllenort bei Breslau, wo er über einen „Wohnsitz mit Grundbesitz verfügte",[42] besser gesagt: um ein schon bislang als „Sommerresidenz und Jagdschloss" genutztes[43] „hochherrschaftliches" Anwesen, das mit seinen 23.000 Hektar Landbesitz ein „fürstliches Leben" garantierte.[44]

Es war dies also eine pragmatische und materiell bestimmte Entscheidung gewesen, die nichts mit der merkwürdig anmutenden Überlegung zu tun hatte, eine „Flucht aus Sachsen" allein deswegen vorgenommen zu haben, um nicht so zu enden wie der letzte russische Zar und dessen Familie, nämlich als Opfer eines Erschießungskommandos der linksradikalen Bolschewiki.[45] Doch war – so ist zu fragen – Schlesien nicht zu dieser Zeit ein Teil Preußens gewesen, wo ganz ähnliche revolutionäre Zustände herrschten wie in Sachsen und fast überall in Deutschland? Die Gefahrenlage für die royale Familie mochte man hier wie dort vielleicht als zeitweilig prekär erachten, mit der Situation in Sowjetrussland war sie jedoch nicht vergleichbar. Ganz im Gegenteil fanden sich in Deutschland sogar Revolutionäre, die im Spätherbst 1918 eine Kaiserin per Zug ins holländische Exil begleiteten, damit sie dort beruhigt in der Nähe ihres Gatten weilen konnte.[46] In Sybillenort erfreute sich der sächsische Ex-Monarch wiederum gleich nach seiner Ankunft des besonderen Schutzes des mehrheitssozialistisch geprägten Soldatenrates von Schlesien.[47] In Dresden zeigten sich die Revolutionäre nach dem Thronverzicht des Königs ähnlich großmütig: Statt eines Erschießungskommandos schickte ausgerechnet ein

41 Nur wenige Tage nach der Abdankung kolportierte das Dresdner Organ der MSPD die Aussage mit dem bezeichnenden Kommentar: „Bei jedem andren würden wir das für eine nachträglich erfundene Fabel, für einen Treppenwitz halten. Aber wer den klugen Friedrich August gekannt hat, wird glauben, daß diese Geschichte den Vorzug der Wahrheit hat." Wir sind, so fügte das Blatt hinzu, „überzeugt, daß das sächsische Volk sich seinen ‚Dreck' ganz gut ‚alleene' machen wird." Mehr August als Friedrich, in: DVZ vom 22.11.1918; vgl. auch Matthias Donath, Die Abdankung des letzten sächsischen Königs, in: Kretschmann/Thieme (Hrsg.), „Macht euren Dreck alleene!", S. 108–129, hier S. 125 f.

42 Ebd., S. 128.

43 Fellmann, Sachsens letzter König, S. 196.

44 Machtan, Die Abdankung, S. 312.

45 Diese Überlegungen ventilierten Iris Kretschmann/Götz Krüger, Besuche nach dem Untergang – Sibyllenort gestern und heute, in: Kretschmann/Thieme (Hrsg.), „Macht euren Dreck alleene", S. 195–223, hier S. 208. Sie polemisieren in diesem Zusammenhang gegen Machtan, Abdankung, S. 312, der die royale Fluchtgruppe als „Reisegruppe" bezeichnete und deren Flucht als „törichte Ausreißversuche". Ebd., S. 310.

46 Bernd Braun/Joachim Eichler (Hrsg.), Arbeiterführer, Parlamentarier, Parteiveteran. Die Tagebücher des Sozialdemokraten Hermann Molkenbuhr 1905 bis 1927, München 2000, S. 333 f. (Tagebucheintrag vom 27. bis 29. November 1918).

47 Friedrich August III. hatte selbst den Schutz des Soldatenrates von Schlesien angerufen, dem der Zentralausschuss dieses Gremiums unter Leitung von Fritz Voigt (MSPD) prompt gewährte. Der Zentralausschuss hielt es für seine „vornehmste Pflicht, die persönliche Freiheit eines jeden Einzelnen zu garantieren", also auch des Ex-Monarchen. Das in Breslau erscheinende Organ der MSPD sorgte für die sofortige Veröffentlichung dieser Entscheidung, was den Schutz der royalen Familie zweifellos erhöhte. Vgl. Als Privatmann, in: Volkswacht für Schlesien vom 16.11.1918.

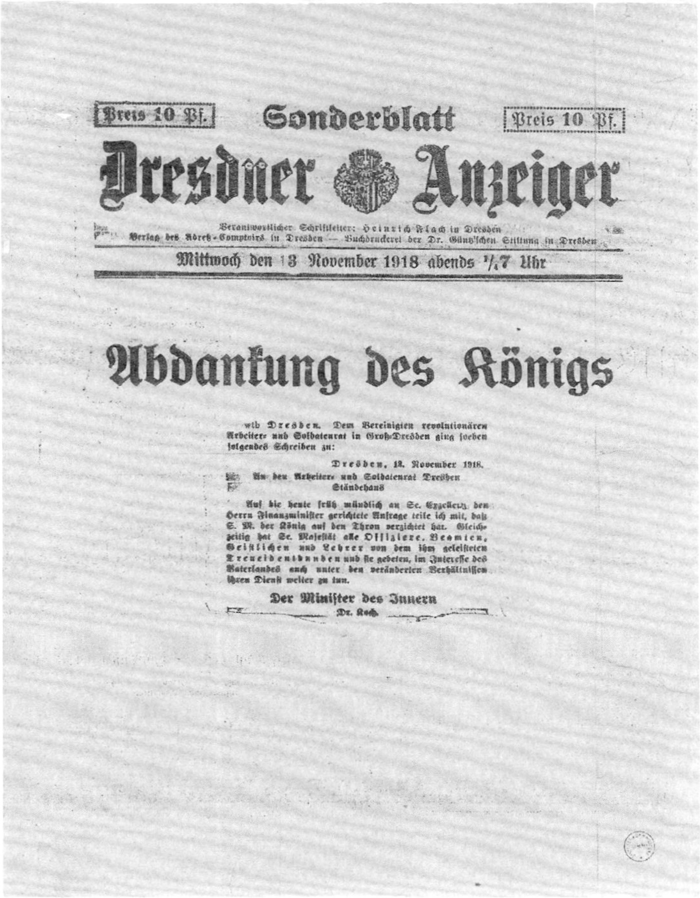

Preis 10 Pf. Sonderblatt Preis 10 Pf.

Dresdner Anzeiger

Verantwortlicher Schriftleiter: Heinrich Flach in Dresden
Verlag des Adreß-Comptoirs in Dresden — Buchdruckerei der Dr. Günz'schen Stiftung in Dresden

Mittwoch den 13 November 1918 abends 1/4 7 Uhr

Abdankung des Königs

wtb Dresden. Dem Vereinigten revolutionären Arbeiter- und Soldatenrat in Groß-Dresden ging soeben folgendes Schreiben zu:

Dresden, 13. November 1918.

An den Arbeiter- und Soldatenrat Dresden
Ständehaus

Auf die heute früh mündlich an Se. Exzellenz den Herrn Finanzminister gerichtete Anfrage teile ich mit, daß S. M. der König auf den Thron verzichtet hat. Gleichzeitig hat Se. Majestät alle Offiziere, Beamten, Geistlichen und Lehrer von dem ihm geleisteten Treueid entbunden und sie gebeten, im Interesse des Vaterlandes auch unter den veränderten Verhältnissen ihren Dienst weiter zu tun.

Der Minister des Innern
Dr. Koch.

Abb. 4: Sonderblatt des „Dresdner Anzeiger" vom 13. November 1918: Abdankung des Königs

USPD-Minister dem Ex-Monarchen um die Jahreswende 1918/19 200 Flaschen sächsischen Wein nach Sibyllenort – Friedrich August hatte um 400 Flaschen Wein aus der Schlosskelterei gebeten.[48]

In Dresden waren die Revolutionäre indes beruhigt, als Friedrich August III. am 13. November auf die Krone verzichtete und in seiner Erklärung gleichzeitig die auf ihn vereidigten Beamten bat, „im Interesse des Vaterlandes auch unter den veränderten Verhältnissen ihren Dienst weiter zu tun".[49] Doch dies traf nicht auf alle Institutionen

48 Vgl. Fellmann, Sachsens letzter König, S. 196.

49 [Emil] N.[itzsche], Abdankung des Königs, in: DVZ vom 14.12.1918. In seinem Leitartikel thematisierte Nitzsche den Umstand, dass der König nur für sich auf die Krone verzichtet habe, nicht aber für weitere Mitglieder

zu: Ab dem 1. Dezember 1918 flossen keine Haushaltsmittel mehr für die königliche Ordenskanzlei und das königliche Hausministerium; beide Institutionen lösten sich auf.[50] Obwohl die „Schar der Hofbeamten [...] die Köpfe hängen" ließ, erschien aber auch deren Weiterbeschäftigung im Staatsdienst nicht völlig ausgeschlossen zu sein.[51] Die Abdankung des Königs stieß dagegen selbst in der sozialdemokratischen und liberalen Presse auf ein eher differenziertes Echo: In der DVZ wurde zwar eingangs auf die „kaum noch notwendige Formalität" des Thronverzichts verwiesen. Doch lobte man auch dort die mit der Erklärung verbundene Aufhebung des Treueids, die ein geregeltes Fortexistieren des Staatsapparates beförderte. Auch über die Person des Ex-Monarchen wurde nicht komplett der Stab gebrochen. Er persönlich sei nicht verantwortlich gewesen für die „zahlreichen Ungerechtigkeiten an der organisierten Arbeiterschaft", sondern die konservative Kamarilla, die das Land tatsächlich regierte. An der „Tafelrunde" habe er sich wohler gefühlt „als im Ministerrat". Unter anderen Umständen wäre aus ihm vielleicht ein „biederer Handwerkmeister" geworden, der „auch Angemessenes" hätte leisten können.[52] Seine volkstümliche und eigentlich bürgerliche Seite würdigte stärker noch die DNN, die ihn von der Person eines Wilhelm II. abzugrenzen versuchte. Friedrich August III. habe „keine Neigung zur Überschätzung seiner Stellung und seiner Machtbefugnisse" gehabt. Ihm seien „so starke bürgerliche Züge" zu eigen gewesen, „wie keinem anderen Monarchen in einem der deutschen Bundesstaaten". Von dem „Machthunger der führenden Konservativen" – davon war die DNN ähnlich überzeugt wie die DVZ – „lag ihm nicht ein Gran im Blute". Der vormalige Monarch sei ein „einfacher, in seinem Wirkungsbereich begrenzter, pflichttreuer Mensch" gewesen.[53]

Gewiss waren auch seine intellektuellen Möglichkeiten begrenzt gewesen. Und zweifellos hatte er dem „Machthunger" der konservativen Hardliner nichts entgegenzusetzen gehabt und auch nichts entgegensetzen wollen. Seine Ambitionen auf eine weitere europäische Krone, nämlich diejenige Litauens, warfen im Frühjahr 1918 zudem einen Schatten auf den sonst unprätentiösen Monarchen, der nun einmal kein Mann der politischen und kulturellen Moderne war. Doch hat ihn die etwas hemdsärmelige, häufig auch launige Volkstümlichkeit – anders als die meisten anderen der 1918 davongejagten Monarchen – bis heute einen Platz im kollektiven Gedächtnis bewahrt.[54] All das mit „Niveaulosigkeit" allein erklären zu wollen, wird seiner Person kaum gerecht.[55] Und mit

---

seiner Familie. Dadurch, dass der Dresdner ASR die komplette Monarchie für beseitigt erklärt habe, sei dieses Manko aber zu verschmerzen.

50 Vgl. Fellmann, Sachsens letzter König, S. 196.

51 Vom früheren sächs. Königshofe, in: Zwickauer Tageblatt vom 12.12.1918.

52 [Emil] N.[itsche], Abdankung des Königs, in: DVZ vom 14.12.1918.

53 Die Abdankung des Königs Friedrich August, in: DNN vom 15.11.1918.

54 Schon 1932 schrieb der Chefredakteur der DVZ, Robert Grötzsch: „In allen spielt seine trockene, bürgerliche, unheroische, vom sächsischen Dialekt stark überwucherte Lebensauffassung eine sympathische Rolle." R[obert] Gr.[ötzsch], Der letzte Sachsenkönig, in: DVZ vom 19.2.1932.

55 So Machtan, Abdankung, S. 312.

Blick auf den Ex-Monarchen und aus Anlass seines Todes 1932 verwies der Chefredakteur der DVZ, Robert Grötzsch, noch auf ein ganz anderes Beurteilungskriterium: „Das Lob darf man ihm zugestehen: Wäre Wilhelm II. so harmlos und zurückhaltend gewesen wie dieser Friedrich August, so wäre Deutschland viel Unheil erspart geblieben."[56]

Für den gestürzten Monarchen und das „Haus Wettin" fiel der Abschied von der Krone und der Macht nicht allzu schwer: Zwar hatte die neue Revolutionsregierung bereits in der dritten Novemberwoche 1918 „alle Besitztümer des vormaligen Königs" und seiner Angehörigen in Sachsen beschlagnahmen lassen.[57] Doch stellte eben diese Revolutionsregierung schon Anfang Dezember 1918 eine „besondere Vereinbarung" mit dem Ex-Monarchen in Aussicht.[58] Wohl auch unter dem Eindruck erster juristischer Anfechtungen aus Sibyllenort lenkte die Nachfolgeregierung schon im Mai 1919 ein und überließ dem Ex-Monarchen das „unzweifelhafte Privateigentum" seiner Familie – drei Güter und neun Villen. 1924 einigten sich schließlich Landesregierung und „Haus Wettin" auf einen Vertrag, der der Familie des gestürzten Monarchen unter anderem das Schloss Moritzburg, eine einmalige Abfindung in Höhe von 300.000 Goldmark, eine Reihe von Kunstwerken, die Sekundogenitur-Renten und Jagdrechte in Sachsen zusicherte. Bei dem zwei Jahre später stattfindenden Volksentscheid zur entschädigungslosen Enteignung der vormaligen Fürsten stimmten in Sachsen immerhin 47 Prozent der abstimmenden Bürger gegen die Abfindung, in Dresden mehr als 50 Prozent und in Leipzig fast 63 Prozent.[59]

Die Revolutionsregierung und ihr Programm

Im Gegensatz zur Reichsebene, wo bereits am 10. November MSPD und USPD einen paritätisch besetzten „Rat der Volksbeauftragten" gebildet hatten, der den im Amt belassenen bürgerlichen Staatssekretären vorgeschaltet war, dauerte die revolutionäre Regierungsbildung in Sachsen bis zum 15. November. Nachdem zu Anfang ein erster „schwächlicher" Vorstoß unter Schwarz und Rühle gescheitert war,[60] konnten sich die Spitzen von MSPD und USPD auch am 11. November nicht einigen – der von der MSPD in Vorschlag gebrachte „Beirat" zur immer noch existierenden Regierung Heinze wurde von den USPD-Vertretern als unzulänglich abgelehnt. Immerhin trafen sich am 14. November Beauftragte der ASR aus Dresden, Chemnitz und Leipzig, um einen ge-

56 R[obert] Gr.[ötzsch], Der letzte Sachsenkönig, in: DVZ vom 19.2.1932.

57 Fellmann, Sachsens letzter König, S. 200.

58 Stadtarchiv Chemnitz, Akten des Rats der Stadt Chemnitz, III, VIIa, Nr. 794, Rede des Volksbeauftragten für das Ministerium des Innern, Lipinski, gehalten in der Tagung des provisorischen Landesrats der Arbeiter- und Soldatenräte Sachsens in Dresden am 3. Dezember 1918, S. 10.

59 Vgl. Fellmann, Sachsens letzter König, S. 202–211.

60 So Rudolph, Sozialdemokratie, S. 175.

meinsamen Aufruf an das sächsische Volk zu veröffentlichen. Unterzeichner waren vier Politiker der USPD (Richard Lipinski, Friedrich Seger, Friedrich Geyer, Hermann Fleißner), drei Politiker der MSPD (Alfred Fellisch, Albert Schwarz, Gustav Neuring) und drei Kommunisten (Otto Rühle, Fritz Heckert, Oskar Melzer).[61] Anders als die Dresdner „Proklamation" vom 10. November erinnerte der Aufruf an Rühles Reichstagsrede, und tatsächlich hatte Rühle den Text auch redigiert.[62] Statt einer „sozialen Republik" wurde nun die „sozialistische Republik" gefordert, wozu die kapitalistische Produktion vergesellschaftet, Grund und Boden enteignet und die Warenproduktion in eine sozialistische umgewandelt werden sollte. Die Revolution müsse fortgesetzt und gesteigert werden „bis zur völligen Überwindung der bürgerlichen Klasse", Ziel sei die „absolute Herrschaft des Willens der Arbeiterklasse".[63]

Abb. 5: Hermann Fleißner (1865–1939), Publizist und Politiker. Fleißner rief am 10. November 1918 die Republik Sachsen aus. 1920 bis 1924 war er Volksbildungsminister von Sachsen.

Dies alles klang nach einer radikalen und vor allem lang andauernden Diktatur des Proletariats, wobei noch nicht einmal klar war, ob diese Art der Herrschaft parlamentarisch verfasst oder von ASR getragen werden sollte. Im Unterschied zur Dresdner „Proklamation" fehlten hier jegliche Festlegungen. Die DVZ kritisierte daher das Bekenntnis zur „absoluten Herrschaft des Willens der Arbeiterklasse" als „Ansicht der Bolschewiki" und wollte die Diktatur des Proletariats nur als „Übergangsstadium" – als momentane Herrschaft der ASR – bis zur Wahl eines Parlaments gelten lassen.[64] Ganz in diesem Sinne wandte sich auch die „Chemnitzer Volksstimme" (CV) der MSPD in ihrem Leitartikel „Bolschewismus oder Kindereien?" gegen die „Aufrichtung einer neuen, womöglich noch viel brutaleren Klassenherrschaft

61 Während Rühle nie der USPD angehörte und Mitte November 1918 eine Gruppe der IKD in Dresden gründete, zählten Heckert und Melzer zu diesem Zeitpunkt noch formal zur USPD; allerdings gründeten sie nur wenige Wochen später die KPD in Chemnitz.

62 Vgl. Rudolph, Sozialdemokratie, S. 176.

63 Zit. nach Walter Fabian, Klassenkampf um Sachsen. Ein Stück Geschichte, Löbau 1930, S. 31.

64 [Emil] N.[itsche], Einheit im Handeln, in: DVZ vom 15.11.1918.

der Proletariermassen über das Bürgertum".[65] Die Dresdner MSPD-Vertreter distanzierten sich indes vom eigenen Aufruf, den sie vermutlich gar nicht mit verfasst hatten.[66] Als auf Druck der USPD am 15. November endlich eine sächsische Revolutionsregierung zustande kam, verloren die radikalen Kräfte rasch an Boden, ja mehr noch: sie schalteten sich selbst aus. Rühle und Heckert verzichteten auf bereits vorgesehene Regierungsposten[67] und einen Tag später legte Rühle sein Amt als Ko-Vorsitzender des Dresdner ASR nieder. Er unterstellte MSPD und USPD, ein „groß angelegtes [...] Täuschungsmanöver" der gegenrevolutionären Kräfte zur Rettung der vom „Untergang" bedrohten „kapitalistischen Gesellschaft" zu unterstützen.[68] Sein gescheiterter Solidaritätsantrag für Sowjetrussland dürfte hierfür wohl den Ausschlag gegeben haben.[69]

Bei dem so zustande gekommenen sächsischen „Rat der Volksbeauftragten" handelte es sich um eine paritätische Revolutionsregierung aus MSPD und USPD, die hinsichtlich des Begriffs und des Prinzips der Parität dem Berliner Beispiel folgte. Vertreter der USPD übernahmen die Ressorts Inneres und Äußeres (Richard Lipinski), Militärwesen[70] (Hermann Fleißner) und Finanzen (Friedrich Geyer), während sich die Vertreter der MSPD mit den Ressorts Kultus (Wilhelm Buck), Justiz (Georg Gradnauer) sowie Arbeit und Wirtschaft (Albert Schwarz) begnügen mussten. An dieser Kabinettsliste erschienen zwei Dinge bemerkenswert: Erstens nahm nicht Hermann Fleißner von der Dresdner USPD, sondern der Leipziger USPD-Führer Richard Lipinski im „Rat der Volksbeauftragten" eine Schlüsselrolle ein, er führte hier den Vorsitz; dies mag mit Lipinskis einflussreicher Position im USPD-Landesverband zu tun gehabt haben.[71] Zweitens durfte die Tatsache, dass die USPD-Vertreter die bedeutenderen Ressorts besetzt hatten, auf die anfangs stärkere revolutionäre Aktivität der USPD zurückzuführen sein; die MSPD – und insbesondere ihre Dresdner Formation – hatte zu lange in einer abwartenden Haltung verharrt. Immerhin erhielten jetzt mit Buck und Gradnauer zwei ihrer älteren Führer die „Chance der politischen Rekonvaleszenz".[72] Für den etwas jüngeren Gewerkschafter Schwarz war dies der Sprung von der Lokalpolitik in Dresden in die

65 Hermann Kranold, Bolschewismus oder Kindereien?, in: Chemnitzer Volksstimme vom 15.11.1918; Gegen den Bolschewismus, in: DVZ vom 16.11.1918.

66 Vgl. [Emil] N.[itsche], Einheit im Handeln, in: DVZ vom 15.11.1918.

67 Einen Tag vor der Regierungsbildung hatte das amtliche Organ des Chemnitzer ASR noch berichtet, dass Heckert „sächsischer Kriegsminister" werde und er deshalb sein Amt als Ko-Vorsitzender des Chemnitzer ASR an Hermann Kranold abgebe. Mitteilungsblatt des Arbeiter- und Soldatenrats im Industriebezirk Chemnitz, Nr. 4 vom 14.11.1918.

68 Zit. nach: Fabian, Klassenkampf, S. 29; vgl. auch Robert Grötzsch, Auszug der Kommunisten, in: DVZ vom 18.11.1918.

69 In zwei Artikeln ihrer Zeitung bekundeten die Dresdner Linksradikalen, dass die am 13.11.1918 im Dresdener ASR von USPD und MSPD verweigerte „Solidaritätserklärung mit dem russischen Bolschewismus" zum Bruch geführt habe. Der Verlauf der Bewegung in Dresden, in: Der Kommunist, im November 1918; Klarheit, in: ebd.

70 Die Bezeichnung „Ministerium für Militärwesen" statt Kriegsministerium datiert seit dem. Vgl. Die neue Regierung, in: DVZ vom 16.11.1918; Unerfüllbare Wünsche, in: DVZ vom 17.12.1918.

71 Vgl. Hötzel/Rudolph, Richard Lipinski, S. 237–262.

72 Schmeitzner, 1918, S. 191.

Landespolitik.[73] Er erhielt die Chance, mit der Übernahme des Arbeits- und Wirtschaftsressorts ein neu gebildetes Ministerium zu organisieren.[74] Keine Berücksichtigung fanden die beiden königlich-sächsischen Parlamentsminister der MSPD, Max Heldt und Julius Fräßdorf, die erst seit kurzem amtierten.

Nur einen Tag nach der Regierungsbildung, am 16. November, veröffentlichte der „Rat der Volksbeauftragten" eine bemerkenswerte „Bekanntmachung", die demonstrierte, dass die neue Regierung nicht gewillt war, sich von den etablierten ASR Kompetenzen streitig machen zu lassen. Im Gegenteil pochte sie auf die ungehinderte und störungsfreie Fortexistenz der nachgeordneten Behörden, die allein von den „zuständigen Ministerien [...] bindende Verfügungen" erhalten würden. „Örtliche Arbeiter- und Soldatenräte" hätten „keine Befugnis, den Behörden Befehle zu erteilen, die mit den Verordnungen der vorgesetzten Dienstbehörden in Widerspruch" stünden. Die ASR sollten sich bis auf Weiteres auf eine „Kontrolle" der einzelnen Verwaltungsbehörden beschränken. Ziel sei die „unbedingte Fernhaltung jeder Störung der öffentlichen Ordnung und Sicherheit". Im Übrigen gelte die politische Gewissensfreiheit für alle Beamten.[75] Mit dieser „Bekanntmachung" hatte die neue linke Regierung die unbedingte Funktionsfähigkeit des überkommenen Staatsapparates über größere Einflussversuche der ASR gestellt. Diese Linie verteidigte Lipinski mit harter Hand auch gegen eigene Genossen in den örtlichen ASR.[76] Erst als sich der Einfluss der USPD in der Regierung verringerte und ihre Vertreter die Regierung verließen, mochte sie sich nur noch ungern an diesen Beschluss erinnern.

Das Regierungsprogramm vom 18. November konnte wenigstens tendenziell als „Magna Charta des demokratischen Sachsen"[77] mit linker Handschrift gelten. Auch wenn dieses Programm – so wie das vom 14. November – keine Aussagen über einen künftigen Parlamentarismus traf,[78] und gerade in diesem Punkt deutlich hinter der Dresdner Proklamation vom 10. November zurückblieb,[79] waren doch eine stärkere

73 Anders als Schwarz, der Jahrgang 1876 war, gehörten die anderen Ratsmitglieder den Jahrgängen vor 1869 an, Geyer gar dem Jahrgang 1853.

74 Das Ressort entstand aus vormaligen Abteilungen des Innenministeriums und dem aus nur einer Abteilung bestehenden Arbeitsministerium. Vgl. Rudolph, Sozialdemokratie, S. 191.

75 Stadtarchiv Chemnitz, Akten des Rats der Stadt Chemnitz, III, VIIa, Nr. 794, Bekanntmachung des Gesamtministeriums über Fortführung der Geschäfte vom 16.11.1918, unpag.

76 Vgl. etwa Werner Bramke/Silvio Reisinger, Leipzig in der Revolution von 1918/19, Leipzig 2009, S. 73; Keine Eingriffe in die Verwaltung, in: DVZ vom 16.11.1918.

77 So das Urteil von Claus-Christian W. Szejnmann, Vom Traum zum Alptraum. Sachsen in der Weimarer Republik, Dresden 2000, S. 19.

78 Zur Kritik an der auch hier fehlenden parlamentarischen Perspektive vgl. Emil Nitzsche, Was die neue Regierung Sachsens will, in: DVZ vom 19.11.1918.

79 Schon Zeitgenossen fiel auf, dass in diesem Punkt das Regierungsprogramm ein „Kompromißwerk" war, das „ernsthafte Meinungsverschiedenen" überdeckte. Eduard Bernstein, Die deutsche Revolution von 1918/19. Geschichte der Entstehung und ersten Arbeitsperiode der deutschen Republik, hrsg. und eingeleitet von Heinrich August Winkler und annotiert von Teresa Löwe, Bonn 1998 [Erstausgabe 1921], S. 97.

Mäßigung und eine demokratische Tendenz deutlich feststellbar. Als zentrale Aufgabe erklärte die neue Regierung, „das Land über die großen Schwierigkeiten der gegenwärtigen Lage hinauszuführen, die demokratischen Errungenschaften sicherzustellen und wirtschaftliche Umgestaltungen nach sozialistischen Grundsätzen zu verwirklichen". Der Anspruch, eine „demokratisch-sozialistische Entwicklung" anzubahnen, betraf alle Gebiete des gesellschaftlichen Lebens, wobei dem Bürgertum staatsbürgerliche Rechte nicht vorenthalten werden sollten: Presse-, Vereins- und Versammlungsfreiheit wurden garantiert. Die großen Gemeinsamkeiten der beiden regierenden sozialdemokratischen Parteien bestanden mit Blick auf eine Wiedereinführung der Arbeiterschutzbestimmungen für gewerbliche Arbeiter, die bei Beginn des Krieges aufgehoben worden waren, eine Etablierung des Achtstundentages, die Trennung von Kirche und Staat, die Einführung einer Einheitsschule, die Modernisierung und Demokratisierung der Rechtspflege, die Durchführung der „vollen Selbstverwaltung" in den einzelnen Gemeinden und eine Amnestie „vornehmlich für Personen, die aus Notlage sich gegen Gesetze oder Kriegsverordnungen vergangen haben".[80]

Mehrere Programmpunkte – wie die Bestimmungen über den Arbeiterschutz und die Arbeitszeiten – ließen sich schnell einlösen, zumal sich die sächsische Revolutionsregierung im Großen und Ganzen mit dem Programm des Berliner „Rates der Volksbeauftragten" im Einklang wusste. Zügig ging das Dresdner Kabinett an die Umsetzung der Amnestie und die Beseitigung von Hemmnissen der kommunalen Selbstverwaltung auf dem flachen Land. Noch Ende November 1918 erließ das Kabinett zudem eine Verordnung über Neuwahlen in allen sächsischen Gemeinden nach demokratischem Wahlrecht, die bis spätestens 9. Februar 1919 abgehalten werden sollten.[81] Mit ihrem Versuch, die Trennung von Kirche und Staat schnell durchzusetzen und den Einfluss der Kirche aus weiten Teilen der Gesellschaft zurückzudrängen, stieß die Regierung jedoch auf Widerstand der Betroffenen und des Reichsgesetzgebers.[82] Ähnlich verhielt es sich auch im Falle der sozialdemokratischen Forderung nach einer Einheitsschule, die nicht durchgesetzt werden konnte. Die im Programm erwähnte „Sicherstellung der Volksernährung"[83] blieb wie schon im Krieg ein Problem allerersten Ranges, da die Kriegsgegner auch nach Abschluss des Waffenstillstandes vom 11. November 1918 ihre Hungerblockade gegen Deutschland aufrechterhielten. So versuchten die bisherigen Kriegswirtschaftsämter in den Kommunen im Zusammenspiel mit den Ernährungskommissaren der ASR die prekäre Versorgungslage mit immer neuen und findigen Lösungen in den Griff zu bekommen.[84]

---

80 Zit. nach: Fabian, Klassenkampf, S. 32–34.

81 Vgl. Schmeitzner, 1918, S. 192.

82 Vgl. hierzu ausführlich den Beitrag von Gerhard Lindemann in diesem Band.

83 Zit. nach Fabian, Klassenkampf, S. 33.

84 Mit Blick auf Chemnitz und den dort wirkenden Ernährungskommissar Alfred Fellisch (MSPD) vgl. Schmeitzner, Alfred Fellisch, S. 105–112.

Vor dem Hintergrund der Versorgungskrise, der allumfassenden Kriegsniederlage mit noch ausstehenden Reparationen und Demobilisierungen, des offenkundigen Mangels an probaten Sozialisierungskonzeptionen und eines „Anti-Chaos-Reflexes" in hoch entwickelten Industriegesellschaften[85] schreckten die Revolutionsregierungen in Berlin und Dresden vor größeren Eingriffen in Wirtschaft und Verwaltung zurück. Selbst die geforderte „Vergesellschaftung der dazu geeigneten kapitalistischen Unternehmungen in Landwirtschaft, Industrie, Handel und Verkehr"[86] unterblieb fast völlig. Allerdings beschritt Sachsen nach 1919 mit der Etablierung eines staatseigenen Unternehmens, der „Aktiengesellschaft Sächsische Werke", einen eigenen Weg. Kontinuität bestimmte auch die Verwaltungsrealität im Land: Zwar wurde den ASR laut Regierungsprogramm die Aufgabe zugewiesen, als „Träger der revolutionären Bewegung [...] die sozialistische Volksregierung zu schützen und zu kontrollieren",[87] doch übten sie in den einzelnen Kommunen häufig kaum mehr als eine Kontrollfunktion aus. Doch das war ja – wie schon gesehen – von der Regierung auch so gewollt. Selbst linke Radikale wie Fritz Heckert in Chemnitz wollten den eingespielten Verwaltungsapparat nicht mit größeren Eingriffen gefährden. Der ASR – so Heckert – „wünsche die ungestörte Fortführung der Geschäfte der Stadtverwaltung durch die jetzigen Vorstände und Beamten". Nur im Falle der „politischen Polizei" wurde härter durchgegriffen.[88] Ungeachtet dessen kam es in den großen sächsischen Kommunen zu unterschiedlich starken Einflussversuchen durch die jeweiligen ASR: Wurden etwa in Leipzig und Chemnitz die nach altem Klassenwahlrecht gewählten Stadtverordnetenversammlungen von den Räten für aufgelöst erklärt, konnte in Dresden das Kommunalparlament ungestört weiter tagen. In Chemnitz übernahm der MSPD-Politiker Hermann Kranold das neu geschaffene Amt eines „Stadtpräsidenten", um so den amtierenden rechtsliberalen Oberbürgermeister besser kontrollieren zu können.[89]

Ungeachtet von vereinzelten Übergriffen in Leipzig blieb die versprochene Presse-, Vereins- und Versammlungsfreiheit gewahrt, was vor allem für das Bürgertum und die bürgerlichen Parteien von essentieller Bedeutung war.[90] Liberale oder konservative Zeitungen und Parteien sowie die neu gegründeten Bürgerräte konnten sich frei entfalten.

85 Vgl. Richard Löwenthal, Die deutsche Sozialdemokratie in Weimar und heute. Zur Problematik der „versäumten demokratischen Revolution". In: Ders., Sozialismus und aktive Demokratie. Essays zu ihren Voraussetzungen in Deutschland, Frankfurt am Main 1974, S. 97–115, hier S. 102 ff.

86 Zit. nach: Fabian, Klassenkampf, S. 34.

87 Ebd., S. 33.

88 Stadtarchiv Chemnitz, Akten des Rats der Stadt Chemnitz, III, VIIa, Nr. 794, Protokoll der Besprechung zwischen den Spitzen des ASR und der Stadtverwaltung Chemnitz am 9.11.1918, unpag. Heckert trug als Ko-Vorsitzender des ASR und Verhandlungsführer u. a. diese auch von ihm gebilligte Forderung vor. Die politische Polizei wurde aufgrund der zurückliegenden Erfahrungen aus dem Polizeiamt herausgelöst und dem ASR direkt unterstellt. Ebd.

89 Vgl. Schaller, „Radikalisierung", S. 116 f.

90 Ein Gewaltstreich der Leipziger Unabhängigen, in: Leipziger Tageblatt vom 10.12.1918; Der Terror in Leipzig, in: Leipziger Neueste Nachrichten (fortan: LNN) vom 11.12.1918.

Der Unterschied zu Sowjetrussland lag auf der Hand: Dort waren fast unmittelbar nach der Oktoberrevolution 1917 zuerst die bürgerlichen Parteien, deren Organisationen und Zeitungen verboten worden, kurz danach hatten die neuen Machthaber auch die Sozialdemokraten (Menschewiki) unterdrückt.[91] Ein ähnliches Vorgehen lehnten MSPD und der gemäßigte Teil der USPD ab. Allerdings verweigerten beide Arbeiterparteien dem Bürgertum und seinen Bürgerräten eine Beteiligung an den Revolutionsorganen. Vor diesem Hintergrund setzten die liberalen und konservativen Parteien all ihre Hoffnungen auf den vor allem von der MSPD in Aussicht gestellten Parlamentarismus, wohl wissend, dass die Bolschewiki im Januar 1918 die gerade erst gewählte russische Nationalversammlung, in der sie über keine Mehrheit verfügten, auseinandergejagt hatten.[92]

Über eine der wichtigsten Fragen gingen jedoch die Vorstellungen von MSPD und USPD seit November 1918 weit auseinander – nämlich über die Frage, ob denn in Zukunft überhaupt noch ein sächsischer Staat notwendig sei. Gewiss war mit der Bildung einer sächsischen Revolutionsregierung eine Art Vorentscheidung gefallen, doch war damit die Frage nicht endgültig entschieden. Im Regierungsprogramm vom 18. November hatte es etwas gewunden geheißen, dass die „neue sächsische Regierung [...] die Beseitigung der veralteten bundesstaatlichen Verfassung und die Einordnung Sachsens in die einheitliche großdeutsche Volksrepublik“ unter Einschluss Deutsch-Österreichs anstrebe. Den „einzelnen Teilgebieten des neuen Groß-Deutschlands“ solle „weitgehende Selbstverwaltung und Schutz der Kulturinteressen gesichert werden“.[93] Dies konnte eine Fortexistenz des sächsischen Staates bedeuten, aber auch ebenso eine stärkere „Verreichlichung“ mit kompletter territorialer Neuordnung. Vier Tage nach dem Aufruf der sächsischen ASR vom 14. November war zumindest die darin enthaltene Formulierung, wonach der „sächsischen Republik [...] die besondere Aufgabe“ zufalle, die „Liquidation des sächsischen Staates“ zugunsten einer „einheitlichen sozialistischen Reichsrepublik“ herbeizuführen, vom Tisch.[94] Hermann Fleißner (USPD) hielt es freilich für ausgeschlossen, dass im neuen Reich „zwei Dutzend selbständige Staatsverwaltungen aufrecht“ erhalten werden, man benötige eine komplette Neugestaltung mit „stärkerer Zentralisierung“.[95] Auch Richard Lipinski (USPD) wollte mit der „Kleinstaaterei in Deutschland“ aufräumen, da doch der Sozialismus „Zentralisation“ und nicht „Dezentralisation“ benötige.[96] Dagegen plädierte der bisherige Landtagsabgeordnete und DVZ-Redakteur Emil Nitzsche (MSPD) vor allem aus pragmatischen Gründen für

91 Vgl. etwa Orlando Figes, Hundert Jahre Revolution. Russland und das 20. Jahrhundert, München 2015, S. 110–131.

92 Vgl. ebd., S. 123 f.

93 Zit. nach Fabian, Klassenkampf, S. 32 f.

94 Zit. nach ebd., S. 31.

95 Hermann Fleißner, Die siegreiche Revolution, in: DVZ vom 11.11.1918.

96 Stadtarchiv Chemnitz, Akten des Rats der Stadt Chemnitz, III, VIIa, Nr. 794, Rede des Volksbeauftragten für das Ministerium des Innern, Lipinski, gehalten in der Tagung des provisorischen Landesrats der Arbeiter- und Soldatenräte Sachsens in Dresden am 3. Dezember 1918, S. 8.

den Fortbestand Sachsens. Man würde nämlich – so Nitzsche – die Schwierigkeiten „ins Ungemessene" steigern, wenn man „mitten in den sonstigen Nöten [...] auch noch den bundesstaatlichen Charakter des Reiches ändern wolle". Überdies gab Nitzsche zu bedenken, dass „Sachsens Volk" eine etwaige Neugestaltung auch billigen müsste. Spätestens im Dezember setzte sich seine Vorstellung durch – nicht zuletzt auch vor dem Hintergrund der dann anstehenden Einberufung eines sächsischen Parlaments. Nitzsche selbst hatte ja bereits in seiner kritischen Auseinandersetzung mit dem Regierungsprogramm den Hinweis auf eine „sächsische Volksvertretung [...] schmerzlich" vermisst[97] und damit auch berechtigter bürgerlicher Kritik am revolutionären Schaukelkurs Rechnung getragen.[98]

Räteherrschaft oder parlamentarische Demokratie?

Nitzsches Initiative und Gradnauers Credo, dass die ASR „sobald als möglich geordnete Vertretungen des gesamten Volkes" herbeizuführen hätten,[99] rückten diese zentrale Frage früh in den Mittelpunkt der politischen Auseinandersetzungen. Strittig war dabei nicht so sehr die Abhaltung von allgemeinen und demokratischen Wahlen in den sächsischen Kommunen. Sie wurden von der Revolutionsregierung schon am 28. November deklariert,[100] um das alte, die kleinen Angestellten und Arbeiter benachteiligende Wahlrecht nach Berufsklassen abzulösen.[101] Vor dem Hintergrund, dass noch nicht einmal in allen sächsischen Städten ASR bestanden (nämlich in 124 von 144),[102] das Land aber bis zu 3000 Gemeinden hatte, konnte ein anderes Wahlreglement hier gar nicht in Frage kommen – erst recht nicht eine Beschränkung von Wahlen auf nur eine soziale (Arbei-

---

97 Emil Nitzsche, Was die neue Regierung Sachsens will, in: DVZ vom 19.11.1918.

98 Schon Mitte November 1918 hatten etwa die Dresdner Nachrichten über das zwischenzeitliche Fallenlassen der Forderung nach einem sächsischen Parlament berichtet, das in der Dresdner Proklamation versprochen worden war. Vgl. Die Einberufung einer sächsischen Nationalversammlung, in: DN vom 14.11.1918.

99 Georg Gradnauer, In großer Stunde, in: DVZ vom 12.11.1918.

100 Vgl. Bekanntmachung des Gesamtministeriums über die Wahlen von Stadtverordneten und Gemeindevertretern vom 28.11.1918, in: Sächsisches Gesetzblatt vom Jahre 1919, S. 4. Den Beschluss über das neue Gemeindewahlrecht und die anstehenden Gemeindewahlen hatte das Kabinett sogar schon am 23.11.1918 gefasst, musste aber am 28.11. insofern „nachbessern", als die in der ersten Bekanntmachung genannte Frist für Neuwahlen bis 31.12.1918 nicht zu halten war. Die Wahlen sollten jetzt bis zum 9.2.1919 abgehalten werden. Vgl. Neues Gemeindewahlrecht für Sachsen, in: DVZ vom 24.11.1918, und Das unmögliche Gemeindewahlrecht, in: DVZ vom 29.11.1918.

101 Zum überkommenen Wahlrecht in den sächsischen Gemeinden vgl. Gunda Ulbricht, Kommunale Vertretung und Verwaltung, in: Geschichte der Stadt Dresden. Band 3. Von der Reichsgründung bis zur Gegenwart, hrsg. von Holger Starke unter Mitwirkung von Uwe John, Stuttgart 2006, S. 40–50, hier S. 48 f.

102 Vgl. dazu die materialreiche Studie von Bernd Rüdiger, Revolutionäre Kommunalpolitik und Kommunalpolitik in der Revolution. Zur Rolle der Arbeiter- und Soldatenräte in den Städten Sachsens während der Novemberrevolution bis zum 1. Reichsrätekongresse, in: Jahrbuch für Regionalgeschichte, Band 7, Weimar 1979, S. 121–185, hier S. 124 und S. 175–180 (Tabelle).

ter-)Klasse. So sahen es jedenfalls übereinstimmend die Regierungsparteien MSPD und USPD, während die Dresdner Linksradikalen ein allgemeines und gleiches Wahlrecht auch auf kommunaler Ebene ablehnten: „Hiermit" – so formulierte das Rühle-Organ „Der Kommunist" – „schaffen die Schergen des Kapitalismus, die Gradnauer und Fleißner dem Bürgertum Organe, mit denen es die A.- und S.-Räte erwürgen kann".[103]

Noch deutlich strittiger als die kommunale Ebene erwies sich jetzt die Frage der künftigen politischen Vertretungskörperschaft auf Landes- und Reichsebene. Hier geriet die Auseinandersetzung um eine Dominanz der Räte oder Parlamente zum entscheidenden Konflikt auch innerhalb der sächsischen Linken. Für die große Mehrheit der MSPD-Vertreter stellten die Räte nur eine Übergangserscheinung dar, die recht bald den in allgemeinen Wahlen zu wählenden Parlamenten Platz machen sollten. Der MSPD ging es auch weiterhin um eine Demokratisierung und Parlamentarisierung, nicht aber um die Einführung eines neuen Klassenwahlrechts mit umgekehrten Vorzeichen – diesmal nur für Arbeiter. Für Sachsen rechnete die Partei nach Einführung eines demokratischen Wahlrechts ohnehin mit einer ebenso großen Mehrheit wie bei den traditionell nach demokratischem Wahlrecht abgehaltenen Reichstagswahlen, bei denen die SPD schon 1903 60 Prozent der Stimmen und 22 von 23 Wahlkreisen in Sachsen gewonnen hatte. Demgegenüber tat sich die wesentlich heterogenere USPD schwer, eine klare Linie zu finden: Der gemäßigte Flügel plädierte für eine verfassungsrechtliche Synthese aus Parlament und Räten, wobei man sich von einer Hinausschiebung von Parlamentswahlen und der Institutionalisierung der Räte die sukzessive Befreiung aus der „ökonomischen Knechtschaft" des Kapitalismus versprach.[104] Für den stärker werdenden linken Flügel der USPD und die organisatorisch noch nicht gefestigten Kommunisten konnte es dagegen nur darum gehen, den „bürgerlichen" Parlamentarismus durch ein Rätesystem zu ersetzen. Auf dieser Seite des Spektrums wollte man es erst gar nicht auf den Versuch ankommen lassen, dass in Folge eines möglichen Wahlsiegs bürgerlicher Parteien bei Parlamentswahlen die ökonomische Macht des Bürgertums unangetastet blieb. Nur Arbeiterräte als (sozialistische) Klassenorgane schienen ihnen die Gewähr zu bieten, das Bürgertum politisch *und* ökonomisch auszuschalten.[105]

Innerhalb der Revolutionsregierung hatten nur die beiden ersten Positionen eine deutliche Relevanz, während im Großraum Leipzig ein erheblicher Teil der USPD und besonders ihr linker Flügel zur dritten Position neigten. Gegen den Hauptvertreter der

103 Gegenrevolutionäre Tätigkeit der sächsischen Regierung (Fleißner-Gradnauer), in: Der Kommunist, Nr. 4 vom 3.12.1918.

104 Stadtarchiv Chemnitz, Akten des Rats der Stadt Chemnitz, III, VIIa, Nr. 794, Rede des Volksbeauftragten für das Ministerium des Innern, Lipinski, gehalten in der Tagung des provisorischen Landesrats der Arbeiter- und Soldatenräte Sachsens in Dresden am 3. Dezember 1918, S. 7.

105 Vgl. Kommunistenversammlung im Zirkus, in: DVZ vom 29.11.1918. Die DVZ berichtete in ihrem Artikel über eine Versammlung der Dresdner IKD, in der Otto Rühle eine programmatische Rede hielt. Vgl. außerdem die Grundsätzliche Erklärung der Internationalen Kommunisten Deutschlands, Verein Groß-Dresden, in: Der Kommunist, Nr. 4 vom 3.12.1918.

Abb. 6: Richard Lipinski (1867–1936), Publizist und Politiker. 1918/19 hatte er den Vorsitz des „Rates der Volksbeauftragten" inne. 1920 bis 1923 war er Innenminister von Sachsen.

gemäßigten USPD im Kabinett, Lipinski, profilierte sich vor allem der langjährige Dresdner Reichstagsabgeordnete und promovierte Staatsrechtler Gradnauer, der Volksbeauftragte der MSPD. Unübersehbar wurde die Kluft zwischen den Protagonisten auf der am 25. November 1918 in Berlin stattfindenden Reichskonferenz, auf der Vertreter der provisorischen Reichsregierung mit Vertretern der Länder zusammenkamen. Während hier Lipinski äußerte, dass man den Termin für eine Nationalversammlung so „lange zurückstellen" müsse, bis dafür die Vorbedingungen gegeben seien, nämlich der durch Räte zu organisierende „Weg zum Sozialismus" als unumstößliche Tatsache, argumentierte Gradnauer genau umgekehrt: Er legte sich auf die schnellstmögliche Abhaltung von Parlamentswahlen fest und zeigte sich davon überzeugt, dass sie „so ausfallen werden, dass der Demokratie und dem Sozialismus der Weg gebahnt werde".[106] Für diese Überzeugung ließ er sich auch in der dritten Dezemberwoche 1918 auf einer Veranstaltung der kleinen Leipziger MSPD von zahlreich erschienenen USPD-Anhängern niederschreien und verhöhnen.[107]

Ab Ende November 1918 erhielt die MSPD bei erstmals stattfindenden Wahlen zu den bislang provisorisch berufenen ASR in Dresden, Chemnitz und Plauen eine klare Legitimation für ihren Kurs; in Leipzig und Zwickau hatten USPD-Vertreter (Neu-)Wahlen zu den ASR verhindert.[108] Erstmals wurde bei der Dresdner Wahl zum ASR am 24. November das Frauenwahlrecht eingeführt. Und erstmals erhielten Frauen mit

106 Protokoll der Reichskonferenz vom 25.11.1918 in Berlin, in: Die Regierung der Volksbeauftragten 1918/19. Erster Teil, eingeleitet von Erich Matthias, bearbeitet von Susanne Miller unter Mitwirkung von Heinrich Potthoff, Düsseldorf 1969, S. 167 und 192 f.

107 Vgl. Oeffentliche Versammlung des Sozialdemokratischen Vereins, in: Freie Presse Leipzig vom 23.12.1918; Ein Fiasko der Leipziger Abhängigen, in: LVZ vom 23.12.1918. Selbst Friedrich Seger, der gemäßigte Vorsitzende der Leipziger USPD, hatte laut Freie Presse der MSPD alle Mühe, den linksradikalen Teil der eingeströmten USPD-Anhängerschaft wenigstens zeitweise unter Kontrolle zu bekommen.

108 Vgl. Stellungnahme der Leipziger Parteigenossen, in: DVZ vom 3.12.1918; Unabhängige Wahlscheu, in: DVZ vom 17.12.1918.

ihrer Wahl in den ASR auch die Chance der aktiven politischen Partizipation. Für die Dresdnerin Ernestine Lutze (MSPD) bedeutete die Wahl in den ASR sogar eine wichtige Ausgangsposition für ihre spätere Wahl in die deutsche Nationalversammlung. Dass die MSPD bei diesen Wahlen derart gut abschnitt, hatte aber nicht etwa mit einer besonders drastischen Limitierung der Wahlberechtigten zu tun, sondern im Gegenteil mit der Ausweitung dieses Kreises auch auf Angestellte und Beamte. Dies lag ganz auf der Linie der MSPD, die ja ohnehin das allgemeine Wahlrecht – und kein Klassenwahlrecht – favorisierte.[109] Das überragende Wahlergebnis für die MSPD in Dresden und Chemnitz war aber auch dem bereits erwähnten „Anti-Chaos-Reflex" in der Bevölkerung geschuldet, die nur begrenzte Umwälzungen für nötig erachtete. Überdies mochte sich in beiden Fällen (Dresden, Chemnitz) die traditionelle Stärke der MSPD und die Existenz von auflagenstarken mehrheitssozialistischen Zeitungen (DVZ, CV) als günstig erwiesen haben.[110] Die Unterstützung der jeweiligen Gewerkschaftskartelle hatte diesen Wahlerfolg wohl gleichfalls befördert. Mit Blick auf den „Anti-Chaos-Reflex" in der Bevölkerung und den großen Kreis der Wahlberechtigten hatten aber auch die politischen Aussagen der Mehrheitssozialisten Wirkung erzielt: So ihre Forderungen nach der raschen Wahl

109 Laut Rudolph, Sozialdemokratie, S. 192, habe etwa die Dresdner MSPD bei den ASR-Wahlen das Wahlrecht „lediglich den über 20jährigen zugestanden […], die vor dem 9. November 1918 in eine der beiden sozialdemokratischen Parteien eingetreten und nicht erwerbslos waren sowie über ein Jahreseinkommen von unter 5800 Mark verfügten", und damit „endlich die ersehnte Machtübernahme" sichergestellt. Doch besagt die von Rudolph angegebene Quelle etwas anderes: Im dort abgedruckten Wahlreglement ist die Rede von der Wahlberechtigung und Wählbarkeit von allen über 20 Jahre alten, gegen Lohn und Gehalt beschäftigten Personen beiderlei Geschlechts. Bei den gegen Gehalt Beschäftigten, nämlich den Staats-, Gemeinde- und Privatangestellten, galt die Gehaltgrenze von 5000 Mark. „Außerdem" waren „noch" alle über 20 Jahre alten Personen wahlberechtigt, die vor dem 9. November Mitglied einer sozialdemokratischen Partei gewesen waren. Bekanntmachung des Vereinigten revolutionären Arbeiter- und Soldatenrates, In: DVZ vom 19.11.1918. Mit anderen Worten: Neben der Arbeiterschaft als Ganzem konnten noch Angestellte und Beamte bis zu 5000 Mark Jahresgehalt und überdies sozialdemokratische Mitglieder wählen, die nicht in die o. g. Kategorien fielen, weil sie vielleicht ein höheres Einkommen bezogen. Vgl. auch Die Wahl des ASR, in DVZ vom 23.11.1918. Die abgegebenen Stimmen – 117 566 für die MSPD und 8440 für die USPD – machten deutlich, dass weit mehr als nur Arbeiter abgestimmt hatten. Indem die MSPD den Kreis der Wahlberechtigten auf Angestellte und kleine Beamte ausgedehnt hatte, hatte sie die Wahlchancen der USPD gemindert; dass die USPD ein vermeintliches Protestpotential (Erwerbslose, „Novembersozialisten") nicht rekrutieren konnte, fiel demgegenüber kaum ins Gewicht. Die Ausweitung des Wahlrechts monierte denn auch der Linkssozialist Fabian, Klassenkampf, S. 42, und später die DDR-Geschichtsschreibung. Vgl. Horst Dörrer, An der Schwelle einer neuen Epoche. Die Kämpfe der Novemberrevolution 1918 und zur Schaffung der Kommunistischen Partei Deutschlands in Dresden und in Ostsachsen, Dresden 1978, S. 18. Der ASR Chemnitz, der sich aus Vertretern der MSPD und (linken) USPD zusammensetzte, weitete dieses Reglement sogar noch aus: Die Gehaltsgrenze wurde hier auf 7500 Mark festgelegt, auch Erwerbslose durften wählen. Das Ergebnis der Wahlen vom 9.12.1918 (78 379 Stimmen für die MSPD, 6552 für die linke USPD) sprach für sich. Vgl. Die Wahl für den Chemnitzer A.-u.S.-Rat erfolgt am 9. Dezember. Wahlordnung, in: Mitteilungsblatt des Arbeiter- und Soldatenrats im Industriebezirk Chemnitz, Nr. 17 vom 30.11.1918; vgl. auch Schaller, „Radikalisierung", S. 122.

110 Zur Stärke und Entwicklung der linken Presse vor 1933 in Sachsen vgl. Mike Schmeitzner/Swen Steinberg, Arbeiterkultur in Sachsen. Milieu, Infrastruktur und Medien in der Weimarer Republik, in: Wolfgang Hesse/Holger Starke (Hrsg.), Arbeiter – Kultur – Geschichte. Arbeiterfotografie im Museum, Leipzig 2017, S. 97–136, hier S. 114–124.

einer Nationalversammlung und einer nur schrittweisen Sozialisierung der Wirtschaft, aber eben auch die Verdächtigung der gesamten linken Konkurrenz (vor allem der USPD) eines allzu plakativen „Bolschewismus".[111]

Auf der Basis dieser Wahlerfolge konnten Sachsens Mehrheitssozialisten die USPD-Vertreter in der Parlamentsfrage nun vor sich her treiben.[112] Im Landes-ASR dominierten sie bis Ende Dezember 1918 die politische Entscheidungsfindung. Vor diesem Hintergrund beschloss die paritätisch zusammengesetzte Revolutionsregierung am 27. Dezember, „Wahlen für die Nationalversammlung für Sachsen am 2. Februar 1919 stattfinden zu lassen".[113] In der Verordnung hieß es einleitend:

„§ 1. Als vorläufige Vertretung des gesamten Volkes der Republik Sachsen wird eine Volkskammer gebildet, die aus 96 Abgeordneten besteht.

§ 2. (1) Die Mitglieder der Volkskammer werden in allgemeinen, unmittelbaren und geheimen Wahlen nach den Grundsätzen der Verhältniswahl gewählt. (2) Jeder Wähler hat eine Stimme.

§ 3. (1) Wahlberechtigt sind alle deutschen Männer und Frauen, die am Wahltag das 20. Lebensjahr vollendet haben und in Sachsen wohnen [...]."[114]

Diese Entscheidung bedeutete den politischen Durchbruch zur parlamentarischen Demokratie in Sachsen: Statt des bisherigen nicht-demokratischen königlichen Zweikammer-Systems nach Männerwahlrecht oder eines im Herbst 1918 diskutierten Klassenwahlrechts auf Basis der ASR konnten nun alle Männer und Frauen auf gleichberechtigter und demokratischer Grundlage eine Vertretung für alle sozialen Schichten der Bevölkerung wählen. Versuche der MSPD, auf einer Konferenz des Landes-ASR den Wahltermin auf den 19. Januar vorzuverlegen und so mit dem Wahltermin zur deutschen Nationalversammlung zu verbinden,[115] trafen hier auf den erbitterten Widerstand der USPD, die endgültig im Kabinett den MSPD-Vorstoß zurückwies.[116]

Vor allem dieser Konflikt zeigte, dass die Gemeinsamkeiten zwischen MSPD und USPD langsam aufgebraucht waren. Nicht ganz zu Unrecht monierte die USPD, dass sie

---

111 Vgl. etwa den Wahlaufruf der Dresdner MSPD und des Gewerkschaftskartells „Männer und Frauen des Volkes!", in: DVZ vom 22.11.1918. Der Dresdner USPD-Funktionär Lorenz, Fünf Jahre USP, S. 51, beklagte (angebliche) Fälschungen und die „beispiellose Skrupellosigkeit" von Seiten der „Rechtssozialisten", vor allem aber monierte er, dass die USPD-Vertreter im Wahlkampf als „bluttriefende ‚Bolschewisten' verschrien" worden seien.

112 Vgl. Fabian, Klassenkampf, S. 38.

113 SächsHStAD, Ministerium des Innern, Nr. 5520, Teilabschrift des Kabinettsprotokolls vom 27.12.1918, Bl. 17.

114 Ebd., Verordnung über die Wahlen zur Volkskammer der Republik Sachsen (Landeswahlgesetz) vom 27.12.1918, Bl. 31; vgl. auch Sächsische Staatszeitung vom 28.12.1918.

115 Der mehrheitssozialistisch dominierte Reichsrätekongress hatte Mitte Dezember 1918 die Einberufung einer deutschen Nationalversammlung für den 19.1.1919 beschlossen; der sächsische Landes-ASR beschloss eine Zusammenführung der Termine am 27.12.1918. Vgl. Sächsische Landeskonferenz der A.- und S.-Räte, in: Chemnitzer Volksstimme vom 28.12.1918.

116 Die Ablehnung erfolgte mit Stimmengleichheit. Vgl. SächsHStAD, Ministerium des Innern, Nr. 5520, Abschrift des Kabinettsprotokolls vom 28.12.1918, Bl. 18.

von ihrer erstarkenden „Schwesterpartei“ aus der Regierung „herausgedrängt“ werden sollte. Freilich erwies sich die politische Argumentation der USPD-Vertreter vor allem als machttaktisch bestimmt: Sie rekurrierten nämlich darauf, dass die „politische Macht“ in der „Hand der örtlichen A.- und S.-Räte“ liegen müsse und erklärten weiterhin, dass „wir [...] uns dort, wo wir die Macht haben, uns diese Macht [nicht] aus der Hand winden“ lassen; der – inzwischen von der MSPD dominierte – Landes-ASR könne nur mit „Zustimmung“ der örtlichen Räte Entscheidungen treffen. Das aber führte dazu, dass die USPD Beschlüsse der obersten ASR-Instanz – dem Landes-ASR – nicht anerkannte, wenn er sich denn gegen USPD-Vorstellungen wandte.[117] Nur drei Wochen später, am 17. Januar 1919, verließen die USPD-Volksbeauftragten dann doch die Regierung: Vordergründig protestierten sie damit gegen den blutigen Zwischenfall vor dem Gebäude der DVZ am Wettiner Platz in Dresden, als aufgeputschte linke Demonstranten mit Schusswaffengebrauch vor dem Eindringen ins Gebäude abgehalten wurden. Mehrere Menschen waren dabei ums Leben gekommen.[118] So sehr dieses Ereignis auch an die „Blutweihnacht“ in Berlin erinnerte, in deren Zuge die USPD-Volksbeauftragten die Regierung verlassen hatten, so sehr spielte im Hintergrund die entscheidende Rolle, dass die sächsischen USPD-Volksbeauftragten kaum noch über eine Machtbasis im Land verfügten und in ihrer Hochburg Leipzig unter den Druck des dort erstarkenden linken Flügels der Partei gerieten, der sich jeglicher Kooperation mit der MSPD verweigerte.[119]

Mit dem Rückzug der USPD-Vertreter ging der sächsische „Rat der Volksbeauftragten“ komplett in die Hände der MSPD über. Ähnlich wie auf Reichsebene rückten jetzt MSPD-Vertreter in eine Regierung nach, in der nun Georg Gradnauer, der die Ressorts des Inneren und des Äußeren übernahm, auch den Vorsitz führte. Der DVZ-Redakteur Emil Nitzsche erhielt das Finanzressort, der langjährige Gewerkschaftsführer und Ko-Vorsitzender des Dresdner Arbeiter- und Soldatenrates Gustav Neuring das Militärressort, während dem Chemnitzer Arbeiteranwalt Rudolf Harnisch das Justizressort anvertraut wurde. Aus dem gerade erst neu gebildeten Arbeits- und Wirt-

---

117 Sächsische Landeskonferenz der A.- und S.-Räte, in: Chemnitzer Volksstimme vom 28.12.1918. Alle Zitate stammen aus der „Erklärung der Unabhängigen“.

118 Fabian, Klassenkampf, S. 45, machte dafür einerseits das „sehr demagogische Referat“ von Otto Rühle verantwortlich, der zuvor auf einer Versammlung der Linksradikalen die Massen aufgeputscht habe; andererseits rügte er die „übergroße Nervosität“ der militärischen Schutzmannschaften, die das DVZ-Gebäude bewachten. Das jetzt als Organ der Dresdner KPD (vorher: IKD) firmierende Blatt „Der Kommunist“ strich dagegen die alleinige Verantwortung der MSPD für das Blutbad heraus: Das Dresdner Massengemetzel, in: Der Kommunist, Nr. 7 vom 19.1.1919.

119 Während Jesko Vogel, Der sozialdemokratische Parteibezirk Leipzig in der Weimarer Republik: Sachsens demokratische Tradition, Teil 1, Hamburg 2006, S. 124, wohl zu Recht die innerparteilichen Machtverschiebungen in der Leipziger USPD in den Mittelpunkt stellt, nennt Rudolph, Sozialdemokratie, S. 200–203, den Umgang mit dem Dresdner Blutbad als entscheidenden Grund.

schaftsressort wurde ein neu zu organisierendes Wirtschaftsressort ausgegründet,[120] das Albert Schwarz als Leiter übernahm, während der Chemnitzer Gewerkschaftsführer Max Heldt, der schon einmal kurzzeitig königlich-sächsischer Minister gewesen war, zum Leiter des Arbeitsressorts avancierte. Wilhelm Buck blieb Volksbeauftragter für Kultus. Vier der sechs Volksbeauftragten stammten demnach aus Dresden, zwei aus Chemnitz; Leipzig – ein Schwachpunkt der sächsischen MSPD – war mit keinem Vertreter im Rat präsent.

Anders als auf Reichsebene erzielten beide sozialdemokratische Parteien in Sachsen bei den Wahlen zur Nationalversammlung (19.1.) und zum Landesparlament, der sächsischen Volkskammer (2.2.), eine absolute Mehrheit der Stimmen und Mandate. Für beide Parteien bestand – wenn sie denn wollten – somit kein Zwang, mit bürgerlichen Parteien eine Koalition einzugehen. MSPD und USPD hatten bei den Wahlen zur Nationalversammlung zusammen 60,1 Prozent auf sich vereinigen können, bei den Volkskammerwahlen dann 57,9 Prozent, wobei die Ergebnisse für die MSPD, die in dieser Zeit die alleinige Regierungsverantwortung trug, leicht rückläufig waren.[121] Den Hauptanteil am Wahlerfolg trug die MSPD mit 46 bzw. 42 Prozent, die in Dresden mit ihrem Listenführer Georg Gradnauer und in Chemnitz mit ihrem Listenführer Gustav Noske[122] am 19. Januar sogar die absolute Mehrheit zu erringen vermochte. Dieser Erfolg hatte sich bereits bei den ASR-Wahlen in Dresden, Chemnitz und Plauen abgezeichnet. Im Gefolge der sächsischen Volkskammerwahlen verfügte die MSPD über 42 von 96 Sitzen, die USPD kam dank ihres guten Ergebnisses in Leipzig auf 15 Sitze. 57 Sozialdemokraten standen also 39 Abgeordnete bürgerlicher Parteien gegenüber. Stärkste Kraft im bürgerlichen Spektrum wurde die Ende 1918 erst neu gegründete linksliberale Deutsche Demokratische Partei (DDP), die auf 22 Mandate kam, gefolgt von der gleichfalls neu konstituierten konservativen Deutschnationalen Volkspartei (DNVP) mit 13 Sitzen und der ebenfalls neu entstandenen rechtsliberalen Deutschen Volkspartei (DVP) mit vier Mandaten.[123] Der Erfolg der DDP im bürgerlichen Lager hatte gewiss mit der durch Reformstau und Krieg verursachten Delegitimierung der Konservativen und Rechtsliberalen zu tun. Den Abschluss des Wahlreigens bildeten Gemeindewahlen, die am 9. Februar 1919 stattfanden und im Ergebnis die relative Dominanz des linken Lagers bestätigten.[124] Frauen hatten zum ersten Mal

120 Das Arbeits- und Wirtschaftsressort musste dafür Abteilungen, die ursprünglich beim Innenbereich ressortiert hatten, an das neue Wirtschaftsressort abtreten. Vgl. Rudolph, Sozialdemokratie, S. 202.

121 Vgl. Fabian, Klassenkampf, S. 48.

122 Noske, der seit 1906 Reichstagsabgeordneter für Chemnitz gewesen war, trat ungeachtet seiner Berliner Präsenz als Volksbeauftragter für Militärwesen Anfang 1919 noch einmal in Chemnitz als MSPD-Spitzenkandidat für die Nationalversammlung an.

123 Vgl. Jürgen Falter/Thomas Lindenberger/Siegfried Schumann, Wahlen und Abstimmungen in der Weimarer Republik. Materialien zum Wahlverhalten, München 1986, S. 108. Vgl. auch die Tabellen im Anhang dieses Bandes.

124 Im Gegensatz zu den neu gewählten Stadtverordnetenversammlungen blieben die Stadträte und Oberbürgermeister und Bürgermeister im Amt, da diese nicht direkt, sondern von den städtischen Parlamenten

an Parlamentswahlen teilgenommen, waren aber in den Parlamenten deutlich unterrepräsentiert.[125]

Freistaat im Deutschen Reich: Verfassungen, Koalitionen, Kompetenzen

Unmittelbar nach den Volkskammerwahlen ging der sächsische „Rat der Volksbeauftragten" daran, ein „Vorläufiges Grundgesetz für den Freistaat Sachsen" zu erarbeiten. Wegen der Arbeiten am Entwurf einer Reichsverfassung, von der eine Neuverteilung der Kompetenzen zwischen Reich und Ländern zu erwarten war, wurden Bestrebungen in Richtung einer vollwertigen Landesverfassung zurückgestellt. Gradnauer, der zugleich führendes Regierungsmitglied Sachsens und Mitglied der deutschen Nationalversammlung war, wies auf diese Überlegung hin, als er erklärte, er halte es für „verfrüht, im gegenwärtigen Zeitpunkt die sächsische Verfassung endgültig feststellen zu wollen, denn der künftige Verfassungsbau unseres Staates ist abhängig von der Reichsverfassung".[126] Das sahen die meisten anderen Gliedstaaten des Deutschen Reiches ganz ähnlich. Am 19. Februar 1919, und damit sechs Tage vor Eröffnung der sächsischen Volkskammer, veröffentlichten maßgebliche Zeitungen des Landes den Entwurf des „Vorläufigen Grundgesetzes", der die Wirkungsweise und das Zusammenspiel der neuen politischen Institutionen von Grund auf regeln sollte. Auffällig daran war neben der Tatsache, dass vor dem Hintergrund des „Gesetzes über die vorläufige Reichsgewalt" der Begriff des „Freistaates" auch in Sachsen eingeführt wurde,[127] das in Aussicht gestellte dreigliedrige Institutionengefüge. Nach dem Willen der mehrheitssozialistischen Regierung sollten sich die Volkskammer, ein Staatspräsident und das Gesamtministerium (Regierung) die Macht teilen.

---

gewählt wurden. Dennoch war es bemerkenswert, dass es keinerlei Versuche gab, die Amtsperioden der vor dem Herbst 1918 gewählten Stadtoberhäupter ebenso enden zu lassen wie die bisherigen, nach nicht-demokratischem Wahlrecht gewählten Stadtparlamente. Zur Entwicklung des Wahlrechts auf kommunaler Ebene und aus Dresdner Sicht für die Zeit nach 1918 vgl. Gunda Ulbricht, Kommunalpolitik und Stadtverwaltung, in: Geschichte der Stadt Dresden, S. 273–281. Zu den neu erlassenen Gesetzen vgl. Die Gemeindeordnung der Republik Sachsen mit den einschlägigen Gesetzen behördlicher Organisationen. Nach dem Stande vom Juli 1919. Wortlaut mit Anmerkungen von Richard Lipinski, Leipzig 1919.

125 In die Sächsische Volkskammer waren nur drei Frauen (von 96 Abgeordneten) gewählt worden. Vgl. dazu den Beitrag von Lutz Vogel in diesem Band.

126 Sächsische Volkskammer (fortan: SVK), Verhandlungen, 2. Sitzung vom 26.2.1919, S. 14 f.

127 Dieses Gesetz hatte die Nationalversammlung am 10.2.1919 angenommen und darin den Begriff des Freistaates für die deutschen Länder eingeführt, der bei Ausbruch der Revolution nur in Bayern Verwendung gefunden hatte. In der dritten Lieferung des regierungsamtlichen Gesetz- und Verordnungsblatts vom 24.2.1919 lautete die offizielle sächsische Bezeichnung noch „Republik", erst mit der vierten Lieferung vom 7.3.1919 (also nach der Grundgesetzverabschiedung vom 28.2.) dann „Freistaat". Zur Erläuterung des Begriffs „Freistaat" in historischer Dimension vgl. Schmeitzner, 1918, S. 197 f.

Anknüpfend an das Landeswahlgesetz vom 27. Dezember 1918 setzten die Abschnitte über die Volkskammer und die Gesamtregierung die „Verankerung des demokratischen Prinzips" als verfassungsrechtliches Novum durch: Die nach allgemeinen, gleichen und geheimen Wahlen gewählte Volkskammer wurde mit der „Ausübung der gesetzgebenden Gewalt und der Überwachung der Durchführung der Gesetze betraut".[128] Zum „ersten Mal in der sächsischen Geschichte" bedurften die Mitglieder der Regierung des Vertrauens der Volkskammer.[129] Damit war das parlamentarische Regierungssystem verfassungsrechtlich verankert. Während dem Ministerpräsidenten als Vorsitzendem des Gesamtministeriums das operative Regierungsgeschäft übertragen wurde, hatte der Staatspräsident, der von einer absoluten Stimmenmehrheit der Volkskammer gewählt werden sollte, den sächsischen Staat „nach außen" zu vertreten; des Weiteren stand ihm die Ernennung des Ministerpräsidenten und der Minister sowie der Beamten und das Gnadenrecht zu. Als weitergehend erwies sich das ihm zugeordnete Recht, innerhalb eines Monats die Volksabstimmung über ein von der Volkskammer beschlossenes Gesetz anzuordnen und im Falle einer Ablehnung des Gesetzes die Volkskammer aufzulösen.[130] Im Gegensatz dazu war das Recht der Volksinitiative im Entwurf nicht verankert.

Mit der vorgesehenen Implementierung eines Staatspräsidenten beschritt die sächsische Regierung einen singulären Weg, da eine ähnliche Institution nur im Anfang Februar 1919 verabschiedeten „Gesetz über die vorläufige Reichsgewalt", nicht aber in den anderen bislang vorliegenden provisorischen Länderverfassungen vorgesehen war; dass die Regierungschefs in zwei süddeutschen Ländern als „Staatspräsidenten" bezeichnet wurden, änderte daran nichts.[131] Augenscheinlich ging diese Konstruktion auf den Staatsrechtler Gradnauer zurück, der bereits in seiner Dissertation über Mirabeau ganz ähnliche Vorstellungen entwickelt hatte.[132] Doch mit diesen Überlegungen erhielt Gradnauer nur den Beifall der konservativen und nationalliberalen Fraktionen der Volkskammer, denen ein Präsident als Gegengewicht zur linken Parlamentsmehrheit hochwillkommen erschien.[133] Gradnauers Argument, der Präsident sei doch ein „ruhender Pol" und von „großer Bedeutung für die Stetigkeit [...] der Politik eines Landes",[134] konterte ausgerechnet der MSPD-Fraktions- und Landesvorsitzende Karl Sindermann mit dem Einwand, hier werde die demokratische Grundlage „wieder verwischt"; er

128 Frackowiak, Verfassungsdiskussionen, S. 40.

129 Ebd., S. 41.

130 Das vorläufige Grundgesetz des Freistaates Sachsen, in: LNN vom 19.2.1919.

131 Vgl. Frackowiak, Verfassungsdiskussionen, S. 37 f.

132 Vgl. Mike Schmeitzner, Georg Gradnauer – Der Begründer des Freistaates (1918–1920). In: Mike Schmeitzner/Andreas Wagner (Hrsg.), Von Macht und Ohnmacht. Sächsische Ministerpräsidenten im Zeitalter der Extreme 1919–1952, Beucha 2006, S. 52–88, hier 69 f.

133 Vgl. SVK, Verhandlungen, 2. Sitzung vom 26.2.1919, S. 30 f.

134 Ebd., S. 17.

wolle auf jeden Fall den „Schatten einer Autokratie“ vermeiden.[135] Für Hermann Fleißner von der USPD verhieß der Präsidentenpassus schlicht ein „Königtum in veränderter Auflage“.[136] Letztlich brachten die Fraktionen von MSPD, USPD und DDP den Präsidentenpassus gemeinsam zu Fall. Damit hatte sich die schon laufende „Präsidentensuche in Sachsen“ erledigt;[137] der bereits in der Presse genannte Julius Fräßdorf (MSPD) wurde zum Volkskammerpräsidenten gewählt.

Abb. 7: Georg Gradnauer (1866–1946), Publizist und Politiker. 1918/19 war er Volksbeauftragter und 1919/20 erster sächsischer Ministerpräsident, 1921 Reichsinnenminister.

Das am 28. Februar 1919 verabschiedete „vorläufige Grundgesetz“ kannte demnach nur mehr die Volkskammer als Parlament und ein Gesamtministerium einschließlich eines mit absoluter Volkskammermehrheit gewählten Ministerpräsidenten, denen die ursprünglich zugedachten Rechte des Präsidenten zugeordnet wurden. Die Anordnung der Volksabstimmung fiel in die Kompetenz des Gesamtministeriums; das Recht der Volksinitiative war auch in der Beschlussvorlage nicht vorgesehen. Da sich die USPD mit ihren Vorstellungen nach einem Kontroll- und Einspruchsrecht für Arbeiter- und Soldatenräte nicht durchsetzen konnte, stimmte sie im Plenum gegen den endgültigen Entwurf. Auch die DNVP verweigerte sich der Vorlage, die ihr jetzt zu demokratisch erschien. Mit den Stimmen von MSPD, DDP und DVP wurde die Parlamentarisierung und Demokratisierung des Landes auf eine verfassungsrechtliche Basis gestellt.[138] Gradnauers Diktum, die Sachsen seien nunmehr „frei und gleichberechtigt“, traf zu. Die durch Dreiklassen- und Pluralwahlrecht von 1896 und 1909 strukturell geschaffene „einseitige konservative Vorherrschaft“ im „Arbeiterland“ Sachsen gehörte der Vergangenheit an.[139] Im Gegensatz zur Reichsebene

---

135 Ebd., S. 24.

136 Ebd., S. 27.

137 An vorderster Spekulationsfront beteiligte sich die Leipziger Presse, die auch nicht davor zurückschreckte, vermeintliche körperliche Defizite von Kandidaten zu thematisieren. Vgl. Präsidentensuche in Sachsen, in: LNN vom 21.2.1919.

138 Vgl. SVK, Verhandlungen, 3. Sitzung vom 28.2.1919, S. 62.

139 SVK, Verhandlungen, 1. Sitzung vom 25.2.1919, S. 2.

handelte es sich bei dem Prozess der Herausbildung einer parlamentarischen Demokratie in Sachsen um das „tatsächliche Ergebnis der Revolution".[140]

Die demokratische Stärke der sächsischen Linken zeigte sich unterdessen in der von den beiden sozialdemokratischen Fraktionen verabschiedeten „Kundgebung", die sich verfassungsrechtlich zwar außerhalb des Grundgesetztextes bewegte, diesen aber bewusst flankieren sollte. Darin hieß es, „die Volkskammer erklärt, dass die Politik Sachsens nach folgenden Grundsätzen zu führen ist: Sachsen ist ein *demokratisch-sozialistischer Freistaat* im Rahmen des Deutschen Reiches. Die Sozialisierung der Wirtschaft ist nach dem Stande der Entwicklung herbeizuführen."[141] Gerade diese „Kundgebung" machte deutlich, dass sich die Wege und Methoden von MSPD und USPD zwar unterschieden, ihr wirtschaftssozialistisches Ziel aber dasselbe war.

Dass diese Beigabe zum Grundgesetz auf den erbitterten Widerstand der drei bürgerlichen Fraktionen stieß, versteht sich von selbst. Bemerkenswert bleibt, was Vertreter dieses Spektrums in und außerhalb des Parlaments am Grundgesetz vermissten. Erich Brandenburg, Professor für Geschichte an der Leipziger Universität und langjähriger Landesvorsitzender der Nationalliberalen, hatte nach Veröffentlichung des Entwurfs gefordert, einen Staatspräsidenten nach US-amerikanischem Vorbild zu etablieren – vom Volk gewählt und in seiner Person die „Einheit und Selbständigkeit der Exekutivgewalt" verkörpernd. Darüber hinaus forderte der Historiker und Politiker die Schaffung einer zweiten berufsständischen Kammer als ein weiteres Gegengewicht zur „einzigen allmächtigen Versammlung".[142] Die nationalliberalen „Leipziger Neuesten Nachrichten" (LNN) wollten wiederum das Instrument der Volksabstimmung nicht nur der Regierung überlassen, sondern diese „Einseitigkeit" mit der Einführung der Volksinitiative „im Interesse der Durchführung wahrhaft demokratischer Grundsätze [...] beseitigen".[143] In derselben Zeitung hatte sich Brandenburg auch für die Aufnahme der „persönlichen Freiheitsrechte", vor allem der Meinungs- und Pressefreiheit, stark gemacht,[144] die zudem ein DNVP-Abgeordneter mit der Gründung eines sächsischen Staatsgerichtshofes absichern lassen wollte.[145]

All diese Forderungen zielten in Richtung eines „wirksamen Schutzes gegen die Tyrannis einer zufälligen Kammermehrheit",[146] die Liberale und Konservative von links vermuteten. Was lag da näher, als der möglichen demokratischen Parlaments-"Tyran-

---

140 Schmeitzner, 1918, S. 200.

141 Bekanntmachung eines Beschlusses der Volkskammer vom 28.2.1919, in: Gesetz- und Verordnungsblatt für den Freistaat Sachsen vom Jahre 1919, S. 41; vgl. SVK, Verhandlungen, 3. Sitzung vom 28.2.1919, S. 62 f.

142 Erich Brandenburg, Die vorläufige Sächsische Verfassung, in: LNN vom 24.2.1919. Zu Brandenburgs „Anklängen" an die US-amerikanische Verfassung und das US-amerikanische Regierungssystem vgl. Cathrin Friedrich, Erich Brandenburg – Historiker zwischen Wissenschaft und Politik, Leipzig 1998, S. 194 f.

143 Die sächsische Notverfassung, in: LNN vom 20.2.1919.

144 Erich Brandenburg, Die vorläufige Sächsische Verfassung, in: LNN vom 24.2.1919.

145 Vgl. SVK, Verhandlungen, 2. Sitzung vom 26.2.1919, S. 30.

146 Erich Brandenburg, Die vorläufige Sächsische Verfassung, in: LNN vom 24.2.1919.

nis“ eine starke Gewaltenteilung gegenüberzustellen, die einen Schutz der Persönlichkeits- und Eigentumsrechte sicherstellen konnte?

Die Furcht des sächsischen Bürgertums vor einer Linksregierung als Ergebnis der absoluten Mehrheit von MSPD und USPD sollte sich vorerst als unbegründet erweisen: Versuche der MSPD, entweder mit der USPD und der DDP oder aber allein mit der USPD zu regieren,[147] scheiterten an der ablehnenden Haltung der USPD, die selbst mit diesen Teilen des Bürgertums nicht koalieren wollte und auf einer verfassungsrechtlichen Anerkennung der ASR bestand. Nachdem die Mehrheit der MSPD-Fraktion aber auch Gradnauers Wunsch, eine Koalition aus MSPD und DDP zu bilden, zurückwies, blieb vorerst nur die Möglichkeit der Minderheitsregierung. Am 14. März 1919 wurde Gradnauer von 49 der 91 anwesenden Abgeordneten zum Ministerpräsidenten gewählt. Neben der eigenen Fraktion hatten ihm die vier Mitglieder der DVP und drei DNVP-Abgeordnete ihre Stimme gegeben. Die übrigen DNVP-Mitglieder und die Fraktionen von USPD und DDP übten Stimmenthaltung. Womöglich konnten die Demokraten „den Schmerz über die entgangenen Ministersitze nicht verwinden, während die Rechtsparteien in kluger Wahrnehmung der bürgerlichen Interessen vor allem die rasche Bildung einer geordneten Regierungsgewalt wünschten und zu diesem Zwecke die gerade ausreichende Zahl von Abgeordneten für den Sozialdemokraten stimmen ließen“.[148] Für die LNN war dieser „erste Schritt auf dem Wege des Parlamentarismus [...] kein besonders erquickliches Schauspiel“. Die „Dankesworte des Gewählten“ hätten ein „wenig gequält“ geklungen; dass er die Wahl „trotzdem annahm“, bewertete das Leipziger Blatt als „realpolitisches Erfordernis“.[149]

Die mehrheitssozialistische Minderheitsregierung, die der Dresdner Otto Uhlig (MSPD) als neuer Innenminister komplettierte, existierte nur ein halbes Jahr. Dann gelang es Gradnauer, die Widerstände in der eigenen Fraktion und Partei gegen eine Koalition mit den Linksliberalen zu überwinden. Anders als Teile seiner eigenen Partei beurteilte er das Bündnis mit der DDP als historischen Brückenschlag zwischen demokratischer Arbeiterschaft und demokratischem Bürgertum. Ein ums andere Mal hatte er sich in der Volkskammer gegen jegliche Diktaturbestrebungen gewandt und damit weitere Sympathiepunkte auf der liberalen Seite gesammelt. Nachdem erneute Gespräche mit der USPD gescheitert waren, vermochte Gradnauer im Oktober 1919 eine sozialliberale Koalition zu bilden. Zwei DDP-Minister rückten in die Regierung ein – als Finanzminister der Mittelstandspolitiker Emil Nitzsche, der schon einmal, nämlich Anfang November 1918, königlich-sächsischer Minister gewesen war (ab April 1920 folgte ihm Peter Reinhold) und als Kultusminister der anerkannte Schulexperte Richard Seyfert. Vor allem Seyfert lobte bald die vertrauensbildende Arbeit in der Koalition und

147 Fabian, Klassenkampf, S. 53 f.

148 Ebd., S. 55 f.

149 Dr. Gradnauer sächsischer Ministerpräsident, in: LNN vom 15.3.1919.

in besonderer Weise das „sehr angenehme" Verhältnis zum Regierungschef. Er rechnete persönlich mit einem „langen Bestand der Koalition" und mit „guten Früchten für das Sachsenland".[150]

Bis zur Bildung der Koalition hatte sich das neue Kompetenzverhältnis zwischen Land (Sachsen) und Reich herauskristallisiert. Als bindend erwies sich hier die am 11. August 1919 verabschiedete Reichsverfassung, die Deutschland als unitarischen Bundesstaat festschrieb. Anders als das untergegangene Kaiserreich, ein fürstlicher Bundesstaat mit einer Reihe von zentralen Einrichtungen, bündelte die neue Republik deutlich mehr Kompetenzen auf der zentralen Ebene – nämlich auf den Gebieten der auswärtigen Politik, des Militärs und des Verkehrswesens.[151] In der Konsequenz verfügte der Freistaat Sachsen künftig über kein eigenes Militärministerium und keine eigenen Staatseisenbahnen mehr; letztere gingen in der neuen Deutschen Reichsbahn auf.[152] Ein eigenes sächsisches Außenministerium blieb zwar bestehen, war aber künftig dem Bereich des Ministerpräsidenten zugeordnet, der das Amt mit verwaltete. In den Folgejahren wurden sämtliche sächsische Gesandtschaften abgewickelt, nur die Gesandtschaft in Berlin blieb als Scharnierstelle zum neu geschaffenen Reichsrat als Vertretung der Länder bestehen. Hier allerdings wuchsen der Gesandtschaft gerade unter dem Blickwinkel der wirtschaftlichen Interessenvertretung bald neue Aufgaben zu.[153] In Dresden schuf sich der Ministerpräsident mit der Konstituierung einer Staatskanzlei mehr als nur eine Nachfolgeinstitution zur untergegangenen Kabinetts- und Ordenskanzlei: Die neue Institution hatte künftig die Geschäfte für den Regierungschef und das Gesamtministerium zu führen und den Verkehr mit der Volkskammer und den Ministerien zu vermitteln sowie die Verfassungs-, Wahl- und Presseangelegenheiten zu bearbeiten; mit der „Sächsischen Staatszeitung" und der neuen „Nachrichtenstelle" vermochte sie zudem die eigene Öffentlichkeitsarbeit bedeutend zu erweitern.[154]

Bemerkenswert ist, dass der sächsische Ministerpräsident Gradnauer diese Neuordnung der Kompetenzen nicht nur einfach mit begleitete, sondern als ein „selbstbewusster Föderalist"[155] sogar im Sinne Sachsens mit gestaltete. Gemeinsam mit den

---

150 Politisches Archiv des Auswärtigen Amtes (fortan: PA AA), R 3285 Sachsen, Nr. 56, Bd. 2, Aktennotiz des preußischen Gesandten in Dresden, Walter Reinhardt, über ein Gespräch mit Richard Seyfert vom 25.10.1919.

151 Vgl. Frackowiak, Verfassungsdiskussionen, S. 30.

152 Vgl. Karl Stieler, Reichseisenbahnen, in: Politisches Handwörterbuch, hrsg. von Paul Herre, 2. Bd., Leipzig 1923, S. 433.

153 Die Gesandtschaft beim Reich in Berlin war insofern „neu", als die Institution bis Ende 1918 als Gesandtschaft beim Königreich Preußen akkreditiert gewesen war. Vgl. dazu und zur Entwicklung der sächsischen Gesandtschaft beim Reich Fred J. Heidemann, Sachsens Vertretungen. Von den Kurfürstlich-Sächsischen Gesandtschaften zur Vertretung des Freistaates Sachsen beim Bund, Dresden 2008, S. 43–57.

154 Vgl. Schmeitzner/Wagner, Ministerpräsident und Staatskanzlei in Freistaat, Gau und Land, S. 29 f.

155 Klaus Schönhoven, Georg Gradnauer, in: Biographisches Lexikon zur Weimarer Republik, hrsg. von Wolfgang Benz und Hermann Graml, München 1988, S. 109.

süddeutschen Ländern, aber auch in eigenen Expertisen machte er sich gegen eine zu starke Beschneidung des Föderalismus und für „zureichende Einnahmequellen“ im Steuersektor stark.[156] Ebenfalls im Frühjahr 1919 versuchte er die damals für möglich gehaltene territoriale Neuordnung Preußens und der thüringischen Staaten dahingehend zu nutzen, dem Freistaat Sachsen mehrere der 1815 verlorengegangenen Gebiete wieder einzuverleiben; zumindest mit Sachsen-Altenburg, das schließlich 1920 im neu gegründeten Thüringen aufging, wurden erste Gespräche geführt.[157] Auch wenn diese Art der territorialen Neuordnung scheiterte, so erwies sich der Regierungschef in der Föderalismusfrage geradezu als das personifizierte Gegenbild zu Teilen der eigenen Partei und Fraktion, die in diesem Punkt immer noch der USPD zuneigten. Wenn also Karl Sindermann – und Hermann Fleißner sowieso – selbst noch im Frühjahr 1919 die Selbständigkeit Sachsens als einen „vorübergehenden provisorischen Zustand“ auf dem Weg zur deutschen Einheitsrepublik betrachteten,[158] mag man ihnen und anderen (ehemaligen) Revolutionären vorhalten können, mit „einer wie auch immer gearteten sächsischen Identität nichts an[zu]fangen“ gewusst zu haben.[159] Doch trifft diese Beurteilung mit Blick auf Gradnauer gerade nicht zu.[160]

Im Gefolge der Reichsverfassung gingen nun auch sächsische Regierung und Volkskammer daran, das bisherige „vorläufige Grundgesetz“ in eine vollwertige Landesverfassung umzuwandeln. Die seit Oktober 1919 bestehende sozialliberale Koalition erwies sich dabei „als günstig für die Bereitschaft zum Kompromiss bei deren Gestaltung“.[161] Dennoch sollte es bis Oktober 1920 dauern, ehe der sächsische Verfassungsentwurf im Parlament eine immerhin einstimmige Annahme fand. Allerdings war die neue Verfassung nach Meinung des Leipziger Staatsrechtslehrers Willibald Apelt „nicht mehr als ein Organisationsstatut des neuen Freistaates“ Sachsen, die sich „bewußt in allen Stücken, auch in der Terminologie, eng an die Reichsverfassung“ anschloss und „mehr als die Verfassungen der meisten übrigen deutschen Länder“ darauf verzichtete, „Bestimmungen der Reichsverfassung zu wiederholen“.[162] Tatsächlich verzichtete die schmal gehaltene sächsische Verfassung – anders als etwa diejenige des Freistaates Baden – auf einen Grundrechtekatalog und einen Staatsgerichtshof, die bereits Teil der

156 Schreiben Gradnauers an den Präsidenten der Deutschen Nationalverfassung vom 16.4.1919. Zitiert nach: Frackowiak, Verfassungsdiskussionen, S. 29.

157 Beate Häupel, Die Gründung des Landes Thüringen. Staatsbildung und Reformpolitik 1918–1923, Weimar 1995, S. 81 und 84.

158 SVK, Verhandlungen, 2. Sitzung vom 26.2.1919, S. 24.

159 So die Kritik von Christoph Jestaedt in Drehwald/Jestaedt, Sachsen als Verfassungsstaat, S. 46.

160 Innerhalb der Regierung tendierten die Minister Emil Nitzsche und Rudolf Harnisch (beide MSPD) zu Gradnauers Position.

161 Frackowiak, Verfassungsdiskussionen, S. 78.

162 Willibald Apelt, Sachsen. Freistaat und Land des Deutschen Reichs, in: Politisches Handwörterbuch, hrsg. von Paul Herre, 2. Bd., Leipzig 1923, S. 528–533, hier S. 530 (Abschnitt: Verfassung).

Reichsverfassung waren.[163] Im Kern schloss die sächsische Verfassung sehr stark an das bislang bestehende Grundgesetz an, was die Kompetenzen des Gesetzgebers (Landtag) und des Gesamtministeriums (Regierung) betraf. Sachsen war und blieb eine parlamentarische Demokratie – mit einer Einschränkung: Die Anordnung der Volksabstimmung, die bislang nur in die Kompetenz der Regierung fiel, dehnten die Verfassungsväter- und mütter jetzt auch auf das Volk an sich aus. Nunmehr existierte das Recht der Volksinitiative, d. h., ein Teil der stimmberechtigten Bevölkerung konnte einen Volksentscheid initiieren. Neben der parlamentarischen war dadurch auch die Chance der direkten Demokratie eröffnet worden. Der Staatshaushaltsplan, Abgabengesetze und Besoldungsordnungen blieben davon jedoch ausgenommen.[164]

Eine konsolidierte Demokratie? Neue Spaltungen und das Menetekel von 1923

Mit der Grundlegung einer neuen parlamentarischen Demokratie, der Bildung einer sozialliberalen Regierung und der einstimmigen Annahme der sächsischen Verfassung am 25. Oktober 1920 durch alle Parlamentsfraktionen – diesmal also auch der USPD und der DNVP – durfte der entscheidende Teil des Transformationsprozesses als abgeschlossen gelten. Der Systemwechsel von der konstitutionellen Monarchie hin zur parlamentarischen Demokratie war vollzogen. Eine Konsolidierung der Demokratie, in der „die Politik an Berechenbarkeit gewinnt und sich an zumindest institutionell abgesicherten demokratischen Normen orientieren kann",[165] schien möglich. Dass dieser Eindruck täuschte, lag zum einen an den beiden scharf voneinander geschiedenen politischen Lagern in Sachsen: Das bürgerlich-protestantische und das proletarisch-sozialistische Lager verkörperten zwei unterschiedliche Welten – in Vereinen und Organisationen milieugebunden bis hin zur Freizeitkultur und zur Beerdigung.[166] Da

---

163 In Baden blieb die sehr früh – nämlich im März 1919 – verabschiedete Verfassung auch nach Verabschiedung der Reichsverfassung in Kraft; Grundrechte und ein Staatsgerichtshof inklusive. In Württemberg hatte die erste „Verfassungsurkunde" vom Mai 1919 ebenfalls noch Grundrechte und Staatsgerichtshof vorgesehen, in der revidierten Verfassung vom September 1919 entfielen dagegen die Grundrechte (eben weil diese jetzt Teil der Reichsverfassung waren).

164 Vgl. Die Verfassung des Freistaates Sachsen vom 1. November 1920, in: Drehwald/Jestaedt, Sachsen als Verfassungsstaat, S. 155.

165 Zum politikwissenschaftlich konnotierten Transformationsbegriff, der drei Phasen beinhaltet (Ende der Autokratie, Institutionalisierung der Demokratie und Konsolidierung der Demokratie), vgl. mit Blick auf 1918/19 Alexander Gallus, Deutsche Revolution 1918/19: die Etablierung der Weimarer Republik, in: Ders. (Hrsg.), Deutsche Zäsuren. Systemwechsel seit 1806, Köln/Weimar/Wien 2006, S. 133–163, hier S. 137 f. Gallus orientiert sich seinerseits am Modell von Wolfgang Merkel.

166 Vgl. etwa Thomas Adam, Arbeitermilieu und Arbeiterbewegung in Leipzig 1871–1933, Köln/Weimar/Wien 1999; Frank Heidenreich, Arbeiterkulturbewegung und Sozialdemokratie in Sachsen vor 1933, Köln/Weimar/Wien 1995.

das politische Lager des Katholizismus in Sachsen wie in Mitteldeutschland fast komplett fehlte, existierte auch keine relevante katholische Zentrumspartei, die etwa in Preußen oder auf Reichsebene zwischen den anderen beiden Lagern und Parteien hätte vermitteln können. Die sozialliberale Regierung Gradnauer bildete daher einen zeitweiligen historischen Brückenschlag, der vom besonderen Vertrauen der Akteure abhing und immer auch prekär blieb. Doch waren – zum anderen – beide Gradnauer-Regierungen auch mit enormen sozialökonomischen Problemen und Herausforderungen konfrontiert, die eine Konsolidierung beeinträchtigten.

Wie die Regierungen im Reich und in anderen deutschen Ländern musste auch die sächsische Regierung seit Spätherbst 1918 die verheerenden Konsequenzen des verlorenen Krieges schultern, den die alten Eliten befördert oder aber in Kauf genommen hatten. Die Demobilisierung der Armee, die drückende Hungerblockade der Alliierten, eine vorübergehend rasch ansteigende Arbeitslosigkeit, verbunden mit strukturellen Problemen der sächsischen Industrie etwa im Vogtland wirkten mit der komplizierten Versorgungslage nicht gerade förderlich bei der dauerhaften Integration von weiten Teilen der Bevölkerung in das neue demokratische System. Wie schwierig sich etwa die Versorgungslage Anfang 1919 ausnahm, verdeutlichte der sächsisch-bayerische Konflikt: Bayern wollte erst dann seinen Verpflichtungen wieder nachkommen, Sachsen mit Lebensmitteln zu versorgen, wenn umgekehrt auch „Sachsen seine Kohlelieferungen im vollen Umfang wieder aufnehme" – und zwar in Richtung Bayern.[167] Nach der Abtretung der preußischen Agrar-Provinz Posen an den neuen polnischen Staat drohte damit zumindest zeitweise ein weiteres deutsches Versorgungsgebiet für Sachsen auszufallen. So war es nicht verwunderlich, dass im März 1919 die Ernährungsverhältnisse in Teilen Sachsen als „andauernd ungenügend" bezeichnet wurden; es herrsche „Unterernährung".[168]

Dass die sächsische Regierung die prekäre Ernährungslage wie auch die großen Streiks vom Februar/März 1919 einigermaßen in den Griff bekam, lag auch in der umsichtigen und zupackenden Art des Arbeits- und Wirtschaftsministers Albert Schwarz begründet, der sich in jenen Monaten immer wieder als Krisenmanager bewährte. Ob bei Verhandlungen mit bayerischen Arbeiterdeputierten in Dresden, als Sachverständiger der deutschen Friedensdelegation in Versailles oder als Schlichter in Kohlegruben bei Zwickau und bei Streikenden in Borna und Leipzig – der frühere Metallarbeiter und Gewerkschafter war meist dort zur Stelle, wo die Regierung erheblich unter Druck geriet. Während der großen Streiks im Leipziger Raum Ende Februar und Anfang März 1919 vermochte sich Schwarz endgültig als Schlichter zu profilieren – zwischen einer linken USPD, die den Wunsch eines Teils der Arbeiterschaft nach

167 SächsHStAD, SMdI, Nr. 17561, Sächsische Gesandtschaft in München an Sächsisches Ministerium des Auswärtigen in Dresden vom 9.1.1919, Bl. 1903–105.

168 Ebd., Oberbürgermeister Plauen an Sächsisches Innenministerium vom 18.3.1919, Bl. 135.

sofortiger Sozialisierung[169] von Betrieben, höheren Löhnen und der Anerkennung von Betriebsräten zur Machtprobe mit der Regierung nutzte, und einem selbstbewussten Bürgertum, das dem Streik von links einen Bürgerstreik entgegensetzte, der das Alltagsleben in der Messestadt endgültig lahmlegte. Dass die zugespitzte Lage nicht im Bürgerkrieg mündete, war auch der robusten Verhandlungstaktik des Ministers geschuldet, der die Konfliktparteien zum Einlenken bewegte.[170] Die Konfrontation der beiden großen politischen Lager endete mit einem Patt, wobei die Leipziger Machtbastion der USPD zwar erschüttert, aber nicht komplett gefährdet worden war.[171]

Allerdings mussten Schwarz und die Regierung dabei auch Zugeständnisse machen, die sie nicht ohne Weiteres einhalten konnten. Im Falle einer Anerkennung der Betriebsräte als Mitbestimmungsorgane der Arbeiterschaft wurden im Frühjahr 1919 Realitäten von unten geschaffen, die von der Reichsregierung nur noch legalisiert werden konnten. Anfang 1920 fügte der Reichsgesetzgeber mit dem Artikel 165 nachträglich den Mitbestimmungsparagraphen in die Reichsverfassung ein. Damit hatte zumindest ein Teil der 1918 spontan entstandenen Rätebewegung in die gesetzlich verbriefte Realität des Landes Eingang gefunden.[172] Im Falle einer Sozialisierung von Privatunternehmen sah die Realität schon anders aus: Hier hatte Schwarz streikenden Arbeitern in Borna die Zusicherung gegeben, dass die Regierung „die Sozialisierung mit eiserner Energie durchführen" werde – wenn auch „nur Schritt für Schritt".[173] Doch hatte die sächsische Regierung wenige Tage vor diesem 28. Februar 1919 eine „Sondersozialisierung" abgelehnt, was sich vor allem gegen den unrealistischen Plan einer Vollsozialisierung richtete, der ausgerechnet in den Reihen der Chemnitzer MSPD auf große Sympathie stieß. Der Urheber des Plans, der Ökonom Otto Neurath, hatte Ende 1918 vom mehrheitssozialistisch geprägten Landes-ASR den Auftrag erhalten, einen sächsischen Sozialisierungsvorschlag zu erarbeiten. Statt sich auf Neuraths zentralistisch angelegtes Planwirtschaftsmodell festzulegen,[174] akzeptierte die Landesregierung schnell die

---

169 Der damals sehr gebräuchliche Begriff beinhaltete eine Enteignung von (großen) privaten Wirtschaftsunternehmen zu Gunsten der Gemeinschaft, die entweder als Staat, als Kommune oder Genossenschaft in Erscheinung treten konnte.

170 Vgl. Werner Bramke/Silvio Reisinger, Leipzig in der Revolution von 1918/19, Leipzig 2009, S. 125; Rudolph, Sozialdemokratie, S. 218; von Hehl, Novemberrevolution und Kapp-Putsch, S. 315–319.

171 In der Stadt konnte sich die USPD, vor allem ihr linker Flügel, der den ASR beherrschte, immer noch auf eine eigene Sicherheitswehr stützen.

172 Für die Rätediskussion von 1918/20 auch weiterhin wegweisend: Ernst Fraenkel, Rätemythos und soziale Selbstbestimmung. Ein Beitrag zur Verfassungsgeschichte der deutschen Revolution, in: Ders., Deutschland und die westlichen Demokratien, 9. erweiterte Auflage, Baden-Baden 2011, S. 114–150. Zum Artikel 165 als Teil des verfassungsrechtlichen Sozialprogramms vgl. Michael Stolleis, Die soziale Programmatik der Weimarer Reichsverfassung, in: Horst Dreier/Christian Waldhoff (Hrsg.), Das Wagnis der Demokratie. Eine Anatomie der Weimarer Reichsverfassung, München 2018, S. 195–218, hier 213–216.

173 SächsHStAD, SMdI, Nr. 17561, Bericht Bareuther-Nitze, Amtshauptmannschaft Borna, „Der Generalstreik in Borna", vom 28.2.1919, Bl. 122.

174 Vgl. Günther Sandner, Otto Neurath. Eine politische Biographie, Wien 2014, S. 109–121; Rudolph, Sozialdemokratie, S. 215 f.

Gesetzgebungskompetenz des Reichs in der Sozialisierungsfrage. Gegenüber der Öffentlichkeit erklärte die Dresdner Regierung, nunmehr „im Einvernehmen und in Übereinstimmung mit der Reichsregierung" zu handeln, die nur für eine Sozialisierung „reife" Unternehmen im Bergbau favorisierte.[175] Überlegungen, zur „Verstaatlichung der Kohlenwerke" eine eigene Vorlage einzubringen, stellte die Landesregierung Anfang Mai 1919 in einer Sitzung endgültig zurück – und zwar mit „Rücksicht auf das Vorgehen des Reichs und auf den Inhalt der Friedensbedingungen".[176]

Entsprechende Bemühungen des Reichs verliefen aber 1919 wie 1920 im Sande. Mit der noch im April 1919 gegründeten „Landesstelle für Gemeinwirtschaft" sollten jedoch mittels „sorgfältiger und eingehender Untersuchungen" mögliche Sozialisierungsschritte vorbereitet werden.[177] Das einzig greifbare Ergebnis auf mittlere Sicht war die Gründung der „Aktiengesellschaft Sächsische Werke" (ASW), die als Staatskonzern im Montan- und Energiebereich tätig wurde und durchaus effizient wirtschaftete.[178] Ein Großteil der Arbeiterschaft hatte aber – ausweislich der Beschlüsse des Reichsrätekongresses vom Dezember 1918 – für etwas mehr Sozialismus im Wirtschaftsleben plädiert.[179] Als enttäuschend für die eigene Anhängerschaft erwies sich überdies die Personalpolitik der Landesregierung: Bis auf den Wechsel an der Spitze der Leipziger Kreishauptmannschaft verzichtete das Kabinett auf ein Revirement in den Leitungsebenen der weiteren vier Kreis- und der 28 Amtshauptmannschaften sowie in den Führungspositionen der Ministerien. Hier setzte Gradnauer zu stark auf Kontinuität, weil er dem alten Beamtenapparat „Außenseiter" nicht zumuten zu können glaubte und in solchem Fall „Verbitterung" befürchtete.[180]

Im Militärbereich favorisierte das Kabinett – so ähnlich wie auf Reichsebene – bald schon die Politik der harten Hand. Bereits im März 1919 schickte Militärminister Neuring Dresdner Truppen Richtung Pirna, um den mit Otto Rühle sympathisierenden ASR auszuschalten. Der Mord an Neuring geriet dann selbst zum endgültigen Wendepunkt der Militärpolitik: Der Minister war am 12. April 1919 von Kriegsinvaliden, die gegen eine Kürzung ihrer Bezüge demonstrierten, aus dem Amtssitz gezerrt und gelyncht worden. Zwar hatten sich an dieser Aktion auch Kommunisten beteiligt, die Neurings Politik bekämpften, doch folgte daraus kein kommunistischer „Putschplan", wie die DVZ

175 Keine Sondersozialisierung in Sachsen, in: DNN vom 21.2.1919.

176 SächsHStAD, Sächsische Staatskanzlei, Nr. 190, Gesamtministerial-Beschlüsse 1919–1933, Protokoll der Sitzung des Gesamtministeriums vom 9.5.1919.

177 Entwurf einer Verordnung über die Errichtung einer Landesstelle für Gemeinwirtschaft vom 5.4.1919, in: Volkskammer-Akten aus dem Jahre 1919, Vorlage 5.

178 Die Gründung der ASW wurde während der Ministerpräsidentschaft Fellisch Ende 1923 auf den Weg gebracht. Auch dafür hatte die „Landesstelle für Gemeinwirtschaft" die Vorarbeiten geleistet. Vgl. Schmeitzner, Alfred Fellisch, S. 321–323.

179 Vgl. Volker Ullrich, Die Revolution von 1918/19, München 2009, S. 59.

180 SächsHStAD, Staatskanzlei, Nr. 112, Ministerpräsident Georg Gradnauer an den preußischen Innenminister Wolfgang Heine vom 24.12.1919.

sogleich behauptete.[181] Vielmehr dürfte es sich hier um eine emotionale Kurzschlussreaktion von Invaliden gehandelt haben: Die im Amtssitz stationierten Schutzmannschaften hatten in die einströmende Menge Blendgranaten geworfen, wobei die Invaliden annahmen, sie würden mit scharfen Granaten attackiert.[182] Blinde Wut, die Brutalisierung im Krieg und soziale Verbitterung hatten wohl in diesem Fall den Ausschlag gegeben. Das Kabinett verhängte umgehend den Belagerungszustand über Dresden und das Territorium des Freistaates und drängte die Reichsregierung zur Bereitstellung von Truppen, um nun auch die vermeintliche „Räterepublik Leipzig" zu eliminieren, in der inzwischen die Vertreter des linken Flügels der USPD den Ton angaben. Die Weigerung des von der USPD-Linken beherrschten Leipziger ASR, den Belagerungszustand in Leipzig durchzusetzen, bot der Regierung die dafür nötige Handhabe. In der ersten Maihälfte 1919 besetzten Truppen des Generals Georg Maercker die Stadt, in der gewaltsamer Widerstand allerdings nirgends aufflackerte.[183]

Die Politik der Regierung Gradnauer, verfassungsmäßige Zustände mit militärischen Mitteln sicherzustellen, schien zwar nicht alternativlos, doch generell geboten. Allerdings begab sich die Regierung damit in die Hände einer Truppe und eines späteren Wehrkreisbefehlshabers, die – wenn überhaupt – nur bedingt an der Seite der jungen Republik standen. Statt Militär gegen innere Gegner aufzubieten hätte der Einsatz von (reformierten) Polizeieinheiten näher gelegen.[184] So konnte es nicht verwundern, dass sich zumindest vorübergehend die Spaltung im linken Lager vertiefte, und selbst Teile der MSPD nach links abdrifteten, als im August 1919 ein weiterer Militäreinsatz in Chemnitz zu blutigen Zusammenstößen führte.[185] Auf welch tönernen republikanischen Füßen die eigene Truppe stand, musste die Landesregierung zu Beginn des Kapp-Lüttwitz-Putsches im März 1920 erleben. Der Wehrkreisbefehlshaber, General Maercker,

---

181 Vgl. Der spartakistische Putschplan, in: DVZ vom 14.4.1919. Bereits anlässlich des linksradikalen Überfalls auf das DVZ-Gebäude am 10.1.1919 hatte das Blatt am 11.1. auf der Titelseite behauptet: „Ein Bolschewistenputsch in Dresden". Spätere Autoren, die die sich zumindest randständig mit diesem Ereignis beschäftigten, sprachen gar von einem „Aufstand der Kommunisten gegen das Ministerium Gradnauer", bei dem die Ermordung Neurings zur Ouvertüre geraten sei. Ernst Rudolf Huber (Hrsg.), Dokumente zur deutschen Verfassungsgeschichte, Band 3: Dokumente der Novemberrevolution und der Weimarer Republik 1918–1933, Berlin/Köln/Mainz 1966, S. S. 107 f. Im Anschluss daran Jestaedt, Sachsen als Verfassungsstaat, S. 47. Während eine umfassende wissenschaftliche Analyse des Ereignisses noch aussteht, liegen mehrere publizistische Wortmeldungen vor, besonders: Henner Kotte, Ministermord unter der Augustusbrücke. Der Tod von Gustav Neuring in Dresden, Dresden 2017. Eine knappe Analyse zum Ereignis und zur juristischen Klärung liefert Rudolph, Sozialdemokratie, S. 224 f.

182 Dass dieser „Irrtum" eine „verhängnisvolle Rolle" gespielt habe, äußerte übrigens auch die DVZ. Der spartakistische Putschplan, in: DVZ vom 14.4.1919.

183 Über die Notwendigkeit einer Besetzung der Stadt gehen die Meinungen weit auseinander: Vgl. Bramke/Reisinger, Leipzig in der Revolution, S. 131–149, und von Hehl, Novemberrevolution und Kapp-Putsch, S. 313–321.

184 Zur Problematisierung überzogener Gewalt von Regierungsseite vgl. Mark Jones, Am Anfang war Gewalt. Die deutsche Revolution 1918/19 und der Beginn der Weimarer Republik, Berlin 2017.

185 Die Tragödie von Chemnitz hat Schaller, „Radikalisierung durch Verzweiflung", S. 143–161, detailliert untersucht und beschrieben.

Frauen und Mädchen!

In schwerer Zeit tritt das sächsische Volk am

14. November

an die Wahlurne, um zu bestimmen, in welche Hände die Geschicke Sachsens in künftiger Zeit gelegt werden sollen.

Spürt ihr nicht als Mütter und Hausfrauen in erster Linie das Elend und die Not?

Viele von euch haben am 6. Juni den Versprechungen der **bürgerlichen Parteien** und **Unabhängigen Partei** Glauben geschenkt und diesen ihre Stimme gegeben.

Groß war die Enttäuschung, die ihr erleben mußtet!

Die Unabhängige Partei zog mit einer 81 Mann starken Fraktion in den Reichstag ein. Ein großer Teil von euch war freudig bewegt. Glaubtet ihr doch, daß durch tatkräftige Mitarbeit der Unabhängigen Partei andre Verhältnisse eintreten würden.

Welch große Enttäuschung!

Schmollend stellten sie sich beiseite! Verweigerten jede praktische Mitarbeit! Alle Macht lieferten sie **der bürgerlichen Gesellschaft freiwillig aus!**

Wortbrüchig sind sie ihren Wählermassen gegenüber geworden.

Was haben die bürgerlichen Parteien mit ihren Versprechungen getan?

Elenden Verrat haben sie geübt!

Sie haben billige und genügende Lebensmittel versprochen, aber statt dessen

die Zwangswirtschaft aufgehoben

und dadurch dem Lebensmittelwucher Tor und Tür geöffnet.

Habt ihr mehr Fleisch in euren Töpfen? Nein!

Bekommen könnt ihr soviel ihr haben wollt, aber zu für euch unerschwinglichen Preisen.

Denkt an die hohen Kartoffelpreise!

Soll das so weiter gehen? Nein und abermals nein!

Frauen und **Mädchen!** Euch ist das Recht gegeben, mitzubestimmen, wer die Geschicke des Landes leiten soll. Die

Sozialdemokratische Partei

hat jederzeit die Interessen der Minderbemittelten vertreten! Durch Treibereien der **überradikalen Maulhelden** und falschen Versprechungen der **reaktionären bürgerlichen Parteien,** haben sich viele von euch irre machen lassen und ihre Stimmen diesen

Wortbrechern

gegeben. Dadurch war es der Sozialdemokratischen Partei nicht möglich, die Mehrheit im Parlament zu erhalten.

Das muß anders werden!

Laßt euch nicht von Verärgerung und Verstimmung leiten.

Denkt an eure Kinder! Sie schreien nach Brot!

Eure Männer sind zum großen Teil arbeitslos oder arbeiten verkürzt! Sie können die Mittel zur notwendigen Ernährung nicht aufbringen. Die **bürgerlichen Parteien** haben nur ein

Hohnlächeln für eure Not!

Unabhängige Partei und **Kommunisten** lehnen **jede** praktische Mitarbeit ab.

Sie haben nur Phrasen für euch übrig!

Davon werdet ihr nicht satt! Hier gilt es zu handeln!

Die Sozialdemokratische Partei ist es gewesen, die euch das Wahlrecht gegeben hat. Sie ist es, die jederzeit für eure Gleichberechtigung eingetreten ist und eintreten wird. Sie ist es auch, die durch praktische Arbeit bewiesen hat, im Interesse der Minderbemittelten zu handeln. Nur sie allein ist in der Lage, die Interessen der minderbemittelten Volkskreise zu vertreten und ganz besonders

die Interessen der Frauen und Mädchen!

Darum, Frauen und Mädchen! Am 14. November darf keine Stimme von euch verlorengehen!

Wenn es euch ernst ist, mitzuhelfen an dem Aufbau und der Schaffung geordneter Verhältnisse, dann könnt ihr eure Stimme nur **der Sozialdemokratischen Partei** geben.

Liste:

Karl Sindermann · Albert Schwarz · Eva Büttner

Sorgt für eine sozialdemokratische Mehrheit im sächsischen Landtag!

Druck von Kaden & Comp., Dresden-A., Wettinerplatz 10/11.

Abb. 8: „Frauen und Mädchen". Handzettel der MSPD für die Landtagswahlen vom 14. November 1920 und seine Truppen erklärten sich für „neutral", was dazu führte, dass die gerade aus Berlin geflüchtete Reichsregierung und der Reichspräsident Friedrich Ebert Dresden in Richtung Stuttgart wieder verlassen mussten, war doch ihre Sicherheit nicht mehr gewährleistet. Blutige Auseinandersetzungen zwischen Militäreinheiten und Zeitfreiwilligenverbänden einerseits und demonstrierenden Arbeitern andererseits kosteten in Dresden und Leipzig mehr als 200 Menschen das Leben. Auch angesichts dieser Entwicklungen und seines angeschlagenen Gesundheitszustandes trat Ministerpräsident Gradnauer vom Amt zurück.[186] Wilhelm Buck führte die sozialliberale Koalition bis zu den ersten Landtagswahlen weiter.[187]

Im Ergebnis beinhalteten diese Wahlen einen deutlichen Rechtsruck. Beide Regierungsparteien verloren kräftig – die MSPD kam nur noch auf 28 statt auf 42 Prozent und die DDP sackte von 23 auf acht Prozent ab. Gewinner waren die rechtsliberale DVP mit 19 Prozent und die konservative DNVP mit 21 Prozent. Die KPD, die noch 1919 alle Wahlen boykottiert hatte, kam nach Verschmelzung mit dem linken Flügel der USPD auf neun Prozent.[188] Diese Ergebnisse lagen im Trend der 1920 im Reich wie in den Ländern abgehaltenen Wahlen. Überall wurden die zumeist gemeinsam regierenden Mehrheitssozialdemokraten und Linksliberalen für die folgenreichen Konsequenzen eines Weltkrieges verantwortlich gemacht, den sie selbst kaum zu verantworten hatten. Daneben spielten aber auch Enttäuschungen über ausgebliebene Reformen auf den Gebieten der Sozialisierung und Militärpolitik eine erhebliche Rolle. In Sachsen hatten sich die politischen Lager im neuen Landtag deutlich verschoben: Das nunmehr aus drei Parteien bestehende linke Lager lag nur noch äußerst knapp vor dem aus vier Parteien bestehendem bürgerlichen Lager. 49 Abgeordneten der Linksparteien standen 47 Abgeordnete des bürgerlichen Spektrums gegenüber. Die Regierung hatte ihre Mehrheit verloren.[189]

Statt sich für eine Koalition mit der DDP und der DVP zu entscheiden, bildeten MSPD und USPD eine Minderheitsregierung, die von der KPD toleriert wurde. Eine Regierung der Großen Koalition war am Linksruck innerhalb der MSPD gescheitert, eine Regierung unter Einschluss der USPD, der DDP und der Ein-Mann-„Fraktion" des katholischen Zentrums an der Ablehnung der USPD. Die neue linke Minderheitsregierung durfte im Reich als Novum gelten.[190] Sie wurde vom kräftig erstarkenden bürgerlichen Lager sogleich als Kampfansage bewertet und vertiefte die ohnehin bestehende Spaltung zwischen den beiden politischen Lagern im Freistaat, die seit 1919 mit Hilfe der

---

186 Vgl. Schmeitzner, Gradnauer, S. 78.

187 Ab dieser Wahl trug die Volkskammer wieder die Bezeichnung Landtag.

188 Da die Landtagswahl nach dem Spaltungsparteitag der USPD stattgefunden hatte, waren beide Linksaußen-Parteien (KPD und linke USPD) mit getrennten Listen angetreten; im Landtag bildeten beide Parteien dann eine gemeinsame VKPD-Fraktion. Der Vereinigungsparteitag von linker USPD und KPD erfolgte ebenfalls im Spätherbst 1920.

189 Falter/Lindenberger/Schumann (Hrsg.), Wahlen und Abstimmungen, S. 108.

190 Im Freistaat Braunschweig existierte seit Sommer 1920 eine Koalition aus MSPD und USPD, die aber nicht auf die Tolerierung durch die KPD angewiesen war.

sozialliberalen Regierung nur partiell überbrückt worden war. Problematisch erschien vor allem der Umstand, dass bei der Wahl des alten und neuen Ministerpräsidenten Buck (MSPD) Ende 1920 die KPD-Fraktion zum „Sturz der Verfassung […] mit allen uns zu Gebote stehenden Mitteln" aufrief, obwohl sie Buck selbst mit ins Amt wählte.[191] Die Inanspruchnahme einer offen verfassungsfeindlichen Partei durch die beiden sozialdemokratischen Fraktionen rief in allen bürgerlichen Fraktionen heftige Reaktionen hervor, während konservative Zeitungen Sachsen bereits „im Machtbereich Lenins" und die Regierungsparteien als „willenlose Werkzeuge der Bolschewisten" betrachteten. Es drohe die „Sabotierung der Demokratie", die Diktatur des Proletariats und die „Herrschaft der Straße und des Pöbels".[192]

Von daher war es nicht verwunderlich, dass die bürgerliche Opposition den Sturz der Regierung als Nahziel verfolgte. Steilvorlagen erhielt sie dadurch, dass zumindest einzelne Abgeordnete der USPD sich noch im Frühjahr 1921 im Parlament zur Diktatur des Proletariats bekannten und fast zur selben Zeit der Tolerierungspartner KPD in Mitteldeutschland einen gewaltsamen Aufstand entfachte, der allerdings von einem auf dem Boden der Verfassung stehenden Innenminister Lipinski (USPD) mit polizeilichen Mitteln eingedämmt wurde.[193] Dass die in dieser turbulenten Lage ums Überleben kämpfende Regierung nicht auseinanderbrach, lag aber auch in der aggressiven Haltung der bürgerlichen Gegenseite begründet, die etwa in der „Ostjuden-Frage" führende Regierungsmitglieder mit persönlichen Diffamierungen und antisemitischen Unterstellungen überzog.[194] Aber auch die KPD verschaffte der Regierung eine Atempause, in dem sie zwischen einer antidemokratischen Offensivtaktik und Einheitsfrontbekenntnissen hin und her schwankte und sich so als politischen Faktor zeitweise selbst ausschaltete. Dennoch war die Halbwertzeit der Minderheitsregierung gering: Schon im Herbst 1922 stürzte sie über eine konzertierte Aktion von KPD und DNVP. Da die wiedervereinigte SPD jedoch dasselbe Ergebnis wie MSPD und USPD erzielte und alle anderen Parteien bei ihren vormaligen Ergebnissen verharrten, erlebte die abgewählte Minderheitsregierung eine Neuauflage.[195]

So paradox sich manche dieser Regierungsbildungen auch ausnahmen, so instabil die Linksregierungen von Wilhelm Buck (1920–1923) und Erich Zeigner (1923) im Einzelfall auch waren, so kann ihre Regierungsarbeit doch als produktiv bezeichnet werden. Dennoch – oder gerade deshalb – fällt das Urteil der Geschichte kontrovers aus: Karsten Rudolph prägte für die Regierungszeit von 1920 bis 1923 den Begriff des

191 Landtagsakten (fortan: LTA), Verhandlungen, 3. Sitzung vom 9.12.1920, S. 14.

192 So äußerte sich etwa die Allgemeine Zeitung Chemnitz am 7.12.1920.

193 Zur Diktatur-Rede des USPD-Abgeordneten Karl Schnirch im Plenum des Landtags vgl. LTA, Verhandlungen, 43. Sitzung vom 7.4.1921, S. 1358.

194 Vgl. Mike Schmeitzner, „Wühler", „Schieber" und „Putschisten". Bolschewismusfurcht und „Ostjudengefahr" in Sachsen 1921. Eine Landtagsdebatte als Lehrstück, in: ZfG, 66 (2018), Heft 9, S. 734–755.

195 Kurz vor der Landtagswahl vom 5.11.1922 hatten sich MSPD und gemäßigte Rest-USPD vereinigt.

„linksrepublikanischen Projektes", und zog dafür die Modernisierung der Polizei, die Humanisierung des Rechtspflege, die durchgreifenden Personalrevirements in der Verwaltung, die Bildungs- und Arbeitsmarktreformen und nicht zuletzt die große Gemeindereform als Belege heran.[196] Ähnlich urteilte jüngst Karl Heinrich Pohl, der vor allem das direkte Bündnis zwischen KPD und SPD im Jahre 1923 als „vorwärtsweisendes sächsisches Experiment" beschrieb. Dieses „sozialistische Experiment" habe die „Demokratie in Weimar stabilisieren, die Revolution von 1918/19 weitertreiben und vor allem Staat und (linke) Arbeiterschaft miteinander versöhnen" wollen.[197] Demgegenüber äußerte Franz Walter, dass die Demokratie in Sachsen aus dem „linksrepublikanischen Projekt [...] keineswegs gestärkt" hervorgegangen sei. Walters Kritik zielte vor allem auf die „aggressive antikirchliche Strategie" der sächsischen SPD, die für sich den Anspruch erhoben habe, mit ihrem „lebensweltlich-kulturellem Verbandsmilieu" zumindest ansatzweise zu einer „freidenkerisch-sozialistischen Gegenkirche" aufzusteigen. Dieser Kirchenkampf sei „gleichsam Treibstoff" der sächsischen SPD-Politik gewesen, die – gestützt auf einen Teil der Volksschullehrerschaft – mit entsprechenden gesetzlichen Bestimmungen das „heterogene Bürgertum eng zusammenwachsen" ließ und möglichen „republikanischen Bündnissen der SPD in Richtung liberaler Mitte jede Grundlage" entzogen habe. Gerade diese Politik habe die „aggressiv antisozialistische Homogenisierung und Rechtsverschiebung im sächsischen Bürgertum" verstärkt.[198]

In der Tat hatte die Kulturkampfpolitik der sächsischen SPD seit Ende 1918 – vor allem aber unter der Ägide des Volksbildungsministers Hermann Fleißner (1920–1924) – weite Teile des Bürgertums verprellt und zu einer umfassenden Gegenmobilisierung überhaupt erst motiviert.[199] Zudem ist richtig, dass die mit Unterstützung der KPD geschaffenen Linksregierungen die Spaltung zwischen den beiden großen Lagern in Sachsen vertiefte. Andererseits haben wichtige Regierungsprojekte wie etwa die Bildungsreformen tatsächlich zur stärkeren Integration der (linken) Arbeiterschaft in die junge Republik beigetragen.[200] Deutlich infrage zu stellen ist jedoch das Argument einer Stärkung der Demokratie durch das direkte Bündnis mit einer kommunistischen Partei, die zwischen parlamentarischer Mitarbeit und offener Ablehnung des Verfassungsstaates schwankte und als Sektion der in Moskau beheimateten Kommunistischen Internationale (KI) kaum Herr der eigenen Beschlüsse war. Im konkreten Fall waren die Regierungsergebnisse wichtige Wegemarken etwa einer kommunalen Demokratisierung (so im Falle der Gemeindereform von 1923), doch sollte von einer politischen Überhöhung und Romantisierung dieser „Ära" abgesehen werden. Weitsichtige SPD-

196 Rudolph, Sozialdemokratie, 270–414.

197 Karl Heinrich Pohl, Gustav Stresemann. Biografie eines Grenzgängers, Göttingen 2015, S. 233.

198 Franz Walter, Das „rote Sachsen". Der gebrochene Mythos, in: Ders./Felix Butzlaff (Hrsg.), Mythen, Ikonen, Märtyrer. Sozialdemokratische Geschichten, Berlin 2013, S. 105–117, hier S. 110 f.

199 Vgl. den Beitrag von Gerhard Lindemann über die evangelisch-lutherische Landeskirche in diesem Band.

200 Vgl. hierzu den Beitrag von Andreas Reichel in diesem Band.

Politiker wie Wilhelm Buck, Albert Schwarz oder Richard Lipinski haben bereits damals darauf hingewiesen.[201]

Das Ende dieser „Ära" war gewiss nicht „die größte Blamage einer sächsischen Regierung",[202] aber doch in dieser Form sehr wohl vermeidbar gewesen. Als im Krisenjahr 1923 die KPD erneut den Sturz der Regierung Buck-Lipinski provozierte, folgte daraus keine Regierungserweiterung in Richtung liberaler Mitte, sondern ein umso festeres Bündnis mit der KPD. Im Gegensatz zu den Führungsgremien der SPD hatte sich eine sozialdemokratische Delegiertenmehrheit im eigenen sozialistischen Lager verschanzt. Trotz harter Kritik etwa von Seiten Lipinskis[203] fand sich die neue Regierung unter Erich Zeigner jetzt auch zum Aufbau gemeinsamer „proletarischer Hundertschaften" mit der KPD bereit.[204] Als schließlich Anfang Oktober 1923 kommunistische Minister in das Kabinett einrückten, hatte die gesellschaftliche Spaltung Sachsens eine neue Dimension erreicht. Mochte Zeigner das neue Kabinett auch als „Regierung der republikanischen und proletarischen Verteidigung"[205] preisen, und zu Recht die geheime Aufrüstung der („Schwarzen") Reichswehr öffentlich anprangern – für weite Kreise des Bürgertums war er nur mehr ein Landesverräter, der angesichts des westalliierten Einmarschs in das Ruhrgebiet dem eigenen Land in den Rücken fiel;[206] und für eben diese Kreise des Bürgertums firmierte der links regierte Freistaat jetzt nur noch als „Sowjetsachsen".[207]

Wie weit die politische Spaltung bereits fortgeschritten war, zeigte die Einlassung der DDP-Landtagsfraktion, nur mehr die Reichsregierung als „verfassungsmäßiges und verfassungssicheres" Exekutivorgan anzuerkennen.[208] Der Ruf nach einem Einschreiten des Reiches war nicht neu, wurde aber immer lauter. Dass sich Reichspräsident Friedrich Ebert (SPD) und Reichskanzler Gustav Stresemann (DVP) grundsätzlich zu einem solchen Eingreifen bereitfanden, hatte auch mit der komplizierten Lage im Reich zu tun: Der Besetzung des Ruhrgebietes durch französische und belgische Truppen Anfang 1923 war eine separatistische Bewegung im Rheinland gefolgt. Und in der „Ordnungszelle" Bayern sammelten sich nationalistische und rechtsradikale Kräfte zum

201 Vgl. etwa die deutliche Kritik an Zeigner und der KPD von Richard Lipinski, Der Kampf um die politische Macht in Sachsen, Leipzig 1926, S. 58–67.

202 So die Kritik von Jestaedt, Sachsen als Verfassungsstaat, S. 51.

203 Vgl. Richard Lipinski, Gemeinsamer Selbstschutz?, in: Vorwärts vom 20.6.1923. In diesem Leitartikel warnte der SPD-Bezirksvorsitzende von Leipzig und mehrjährige Innenminister eindringlich vor einer zu großen Nähe seiner eigenen Partei zur KPD, die eben keine Stärkung der Demokratie und der Republik, sondern eine Diktatur nach sowjetischem Vorbild erstrebe. Wolle sich die SPD noch stärker an die KPD binden, beginge sie politischen „Selbstmord".

204 Zu den innerparteilichen Verhältnissen in der SPD Sachsen vgl. Schmeitzner, Alfred Fellisch, S. 227–244.

205 LTA, Verhandlungen, 57. Sitzung vom 12.10.1923, S. 1578.

206 Vgl. Mike Schmeitzner, Erich Zeigner. Der Linkssozialist und die Einheitsfront (1923), in: Ders./Wagner (Hrsg.), Sächsische Ministerpräsidenten, S. 125–158, hier S. 136.

207 Walter, Das „rote Sachsen", S. 111; Mike Schmeitzner, Das rote Königreich, in: Matthias Donath/André Thieme (Hrsg.), Sächsische Mythen. Menschen, Orte, Ereignisse, Leipzig 2011, S. 233–243, hier S. 238 f.

208 LTA, Verhandlungen, 60. Sitzung vom 18.10.1923, S. 1677.

Abb. 9: Oktober 1923: Reichswehrsoldaten patrouillieren im Stadtzentrum von Freiberg (in der Bildmitte: das Rathaus).

Schlag gegen eine vermeintlich lasche Reichsregierung der Großen Koalition – die links regierten Länder Sachsen und Thüringen boten mit ihrer KPD-Regierungsbeteiligung den Rechtsradikalen dabei eine ideale propagandistische Angriffsfläche. Gerade weil sich die Reichsregierung bereits außerstande sah, direkt gegen die bayerische „Ordnungszelle" vorzugehen, schien ihr ein Eingreifen in Sachsen und Thüringen nahe liegender, um so einem rechten Umsturz von Bayern aus die Spitze zu nehmen.[209] Mit seinem Aufruf zur Bewaffnung des Proletariats lieferte ihr der kommunistische sächsische Finanzminister dann dazu auch den Anlass, wobei die Doppelstrategie der KPD, mit Hilfe Moskaus eine „Deutsche Oktoberrevolution" zu initiieren, und dabei auf Regierungspositionen in den Ländern zurückzugreifen, etwa gleichzeitig bekannt wurde.[210] Reichsregierung und Reichspräsident schickten Tausende Reichswehrsoldaten, die das Land besetzten. Blutige Zusammenstöße mit Demonstranten und Verhaftungen linker Funktionäre waren – wie etwa in Freiberg – die Folge.[211]

---

209 Vgl. Pohl, Gustav Stresemann, S. 239 f.; Walter Mühlhausen, Friedrich Ebert, Bonn 2018, S. 121 f.

210 Vgl. Schmeitzner, Erich Zeigner, S. 139–143. Zur Planung des „Deutschen Oktobers" vgl. die umfassende Dokumentation von Bernhard H. Bayerlein/Leonid G. Babicenko/Fridrich I. Firsow/Aleksandr Ju. Vatlin (Hrsg.), Deutscher Oktober 1923. Ein Revolutionsplan und sein Scheitern, Berlin 2003; Otto Wenzel, 1923. Die gescheiterte Deutsche Oktoberrevolution, Münster 2004.

211 Vgl. etwa: Im besetzten Sachsen. Wie die Reichswehr Ordnung schafft. Bisherige Ergebnisse: 34 Tote, 110 bis 130 Verwundete, in: DVZ vom 17.11.1923. Die Zeitung wurde daraufhin vom Wehrkreisbefehlshaber, der

Obwohl sich das Territorium des Freistaats bereits unter militärischer Kontrolle befand, verhing Reichspräsident Ebert Ende Oktober 1923 zudem die Reichsexekution gegen Sachsen und ließ die Regierung Zeigner amtsentheben. Der sächsische Premier hatte zuvor das Ultimatum von Kanzler Stresemann, die kommunistischen Minister zu entlassen, abgelehnt. Eberts Vorgehen, vor allem seine leichtfertig ausgestellte „carte blanche" für den Kanzler eskalierte in Sachsen die Lage weiter: Statt das nahende Auseinanderbrechen der sächsischen Regierung einfach abzuwarten oder aber Stresemann wenigstens mit einer eindeutigen Vollmacht nur auf die Absetzung der KPD-Minister festzulegen, gab er dem Kanzler freie Hand, die komplette Landesregierung, also auch den sozialdemokratischen Premier und die Minister abzusetzen. Die von Ebert nicht konditionierte Vollmacht[212] eröffnete Stresemann die Chance, eine eigene Agenda zu verfolgen, die in der Einsetzung eines Reichskommissars für Sachsen gipfelte, bei dem es sich auch noch um den letzten königlichen Kabinettschef Rudolf Heinze (DVP) handelte.[213] Eine größere Brüskierung für die linke sächsische Arbeiterschaft hätte es kaum geben können. Doch auch im Reich blieb der harte Einsatz gegen Sachsen nicht folgenlos: Wegen Eberts Vorgehen und der Ungleichbehandlung Bayerns zerbrach die Regierung der Großen Koalition.

In Sachsen wurde der „Hass zwischen der Arbeiterbewegung und dem Bürgertum" im Jahre 1923 „sozusagen in die [...] Landschaft einzementiert", wie Claus-Christian W. Szejnmann formulierte.[214] Und in der Tat standen sich beide großen Lager nie schroffer gegenüber als Ende Oktober 1923. Vom Zustand einer konsolidierten Demokratie war Sachsen weit entfernt, zumal der Reichskommissar am 29. Oktober 1923 auch noch eine Beamtenregierung bildete. Die Ausschaltung der SPD als führender Regierungspartei gelang Stresemann und Heinze jedoch auf Dauer nicht: Das Reichskommissariat hielt nur 48 Stunden vor, dann hatte der Landtag, der sich in dieser Situation nicht einfach ausschalten lassen wollte, mit Alfred Fellisch (SPD) einen neuen Ministerpräsidenten gewählt – und zwar mit Unterstützung der DDP-Fraktion sowie mehreren auf Schadensbegrenzung bedachten Reichspolitikern von SPD und DDP.[215]

Die zaghafte Wiederannäherung von Teilen der beiden großen politischen Lager lag zum einen im politischen Pragmatismus und dem hier obwaltenden Landesverfassungspatriotismus begründet, waren doch einflussreiche Politiker der SPD und der Liberalen an verfassungsmäßigen Zuständen im Land statt an einer (unbegrenzten) Weiterexis-

---

aufgrund des bereits vorher verhängten Ausnahmezustandes über besondere Vollmachten verfügte, auf zehn Tage verboten. Dazu und zum Ausmaß der Verhaftungen und Presseverbote vgl. Schmeitzner, Alfred Fellisch, S. 288–306.

212 Zur Kritik an diesem Vorgehen vgl. jüngst auch Mühlhausen, Friedrich Ebert, S. 121.

213 Zu Stresemanns Agenda, die sich wesentlich aus seinen wirtschaftspolitischen Verbindungen nach Sachsen und dem Drängen des Verbandes Sächsischer Industrieller (VSI) speiste, vgl. Pohl, Gustav Stresemann, S. 239 f.

214 Szejnmann, Vom Traum zum Alptraum, S. 46.

215 Vgl. Schmeitzner, Alfred Fellisch, S. 244–263.

tenz des Berliner Reichskommissariats interessiert. Zum anderen erwies sich in dieser Situation der Landtag als zentraler Ort der Verständigung: Langjährige, erfahrene Parlamentarier beider Seiten, die seit den Jahren des Königreiches auf ein enges Vertrauensverhältnis zurückblicken konnten, ermöglichten in den entscheidenden Stunden den Kompromiss.[216] Als schließlich im Januar 1924 die Mehrheit der SPD-Fraktion mit Max Heldt (SPD) an der Spitze eine Große Koalition mit der DDP und der DVP einging, eröffnete sie eine Phase, die sich vielleicht noch am ehesten als prekäre Konsolidierung kennzeichnen lässt – prekär deshalb, weil Heldt zwar der Mehrheit seiner eigenen Landtagsfraktion sicher sein konnte, nicht aber der Mehrheit der sozialdemokratischen Landespartei, die noch über Jahre hinweg auf die linke Chimäre einer „proletarischen Mehrheit" mit der KPD fixiert blieb. Die jüngere linkssozialistische SPD-Führung in Sachsen, die 1923 die alte Führung verdrängt hatte, erblickte in der KPD viel eher den kleinen missratenen, aber noch erziehungsfähigen Bruder aus demselben sozialistischen Arbeiterlager, als eine Partei, die mit ihrem bewaffneten Aufstand in Hamburg am 23. Oktober 1923 den „Beweis ihres militanten antidemokratischen Charakters" erbracht hatte.[217] Unterstützung erhielt die Fraktionsmehrheit dagegen vom Berliner Parteivorstand und aus den sächsischen Gewerkschaften. Die (Wieder-)Annäherung zwischen den beiden großen politischen Lagern in Sachsen vertiefte also wiederum die Spaltung im sozialistischen Lager, was reichsweit singulär war.

Fazit

Zieht man eine Bilanz von Revolution und Freistaatbildung in Sachsen und betrachtet den Transformationsprozess bis mindestens 1923, dann fallen allgemeingültige Ergebnisse und sächsische Eigentümlichkeiten auf: Wie auf Reichsebene gelang auch in Sachsen der Systemwechsel von der konstitutionellen Monarchie zur parlamentarischen Demokratie unter den schwierigen Bedingungen der Kriegsniederlage, selbst wenn sich hier die MSPD nicht sofort an die Spitze der Reformbewegung stellte. Dennoch erwies sich in dieser Phase die MSPD als die wichtigste und stärkste Kraft bei der Institutionalisierung einer parlamentarischen Demokratie. Ihr erster demokratisch gewählter Ministerpräsident, der aus dem jüdischen Bildungsbürgertum hervorgegangene Georg Gradnauer, trat hier sowohl als Vorreiter der Demokratisierung als auch als Motor einer nachhaltigen Föderalisierung in Erscheinung. Weiter links stehende Kreise wie die USPD und die Linksradikalen mussten dagegen in dieser Phase schmerzhaft begreifen, dass sich große Teile der Bevölkerung und auch der Arbeiterschaft gegen zu weit

216 Vgl. Janosch Pastewka, Koalitionen statt Klassenkampf. Der sächsische Landtag in der Weimarer Republik 1918–1933, Ostfildern 2018. Vgl. auch den Beitrag von Janosch Pastewka in diesem Band.
217 Mühlhausen, Friedrich Ebert, S. 121.

gehende Umwälzungen und eine Dominanz der Räte wandten. Dieser Befund schließt aber nicht aus, dass der gemäßigte Teil der USPD und insbesondere ihre Führer Hermann Fleißner und Richard Lipinski einen wichtigen Beitrag für einen geordneten und weitestgehend friedlichen Systemwechsel leisteten und wohl tatsächlich größere Handlungsspielräume für eine zeitnahe Militär- und Verwaltungsreform gegeben waren. Ungeachtet dessen kann die Gründung des Freistaates Sachsen im Februar 1919 samt Einführung des demokratischen Wahlrechts für Frauen und Männer, einer Parlamentsdemokratie sowie neuer verfassungsrechtlicher Grundlagen und politischen Institutionen als Meilenstein der politischen Modernisierung gelten. Die Konsolidierung der neuen Demokratie sollte sich dagegen als deutlich komplizierter erweisen: Sozialökonomische Herausforderungen einerseits und die immer härter werdenden Auseinandersetzungen zwischen den beiden großen politischen Lagern andererseits verhinderten bis 1923 diese Konsolidierung. Erst die im Januar 1924 zustande gekommene Regierung der großen Koalition vermochte in bescheidener Weise stabilisierend zu wirken. Die Spaltung der Regierungspartei SPD beförderte im Ergebnis allerdings nur eine prekäre Konsolidierung. Perspektivisch vermochten die Nationalsozialisten von den tiefen Lagergräben zu profitieren. Ihr Versprechen, mit Hilfe einer „Volksgemeinschaft“ diese Gräben zu überwinden, zielte letzten Endes auf die Errichtung einer völkischen Diktatur.

Der Landtag als Ort der Verständigung

Janosch Pastewka

Ein Blick hinter die Kulissen

Am Morgen des 21. Januar 1926 ließ sich Landtagspräsident Max Winkler von seiner Briesnitzer Wohnung in Richtung Dresdner Schlossplatz fahren.[1] Es war ein kalter, bedeckter Wintertag und es mag leicht geschneit haben, als die Karosse vor dem Ständehaus zwischen dem Hauptportal und dem Reiterstandbild König Alberts zum stehen kam.[2] Winkler nahm seinen Zylinder, grüßte das Wachpersonal, ging die wenigen Stufen am Fuße des aufwändig gestalteten Mittelrisalits hinauf und betrat die kirchenschiffartige Eingangshalle des Landtagsgebäudes.[3] Er, Max Winkler, Sohn eines Tagelöhners und Eisenbahnunterbeamten aus dem bayrischen Hof, gelernter Weber und Sozialdemokrat, war, mit knapp 50 Jahren, der Herr im Haus. Erst in der neuen, der „Weimarer" Republik war so etwas möglich geworden. Dem Landtagspräsidenten oblag nicht allein die Leitung der Sitzungen des Plenums. Er war auch oberster Repräsentant des gesamten Landtags und zusammen mit dem Landtagsdirektor Kopf der Verwaltung.[4]

1 Zur Person Max Winkler siehe: Josef Matzerath, Aspekte sächsischer Landtagsgeschichte. Präsidenten und Abgeordnete von 1833 bis 1952, Dresden 2001, S. 141. Für seinen Wohnort 1926, Weistropper Str. 11 I, siehe Adreßbuch für Dresden und Vororte, 1926, S. 718, online verfügbar unter <https://adressbuecher.sachsendigital.de> (17.7.18). Dem Landtagspräsident stand kein eigenes Auto zur Verfügung, er konnte aber für dienstliche Zwecke einen Wagen kommen lassen, der aus der Landtagskasse finanziert wurde. Siehe Martin Schumacher, Parlamentspraxis in der Weimarer Republik. Die Tagungsberichte der Vereinigung der deutschen Parlamentsdirektoren 1925–1933, Düsseldorf 1974, S. 228.

2 Die Witterungsnachrichten für den 21. Januar 1926 in: Dresdner Neueste Nachrichten (DNN) Nr. 18 vom 22. Januar 1926, S. 9.

3 Die Fassade, das Hauptportal und der Eingangsbereich des Ständehauses sind heute noch erhalten und können besichtigt werden. Zur Baubeschreibung des Ständehauses siehe ausführlich: Andreas Denk/Josef Matzerath, Die drei Dresdner Parlamente. Die Sächsischen Landtage und ihre Bauten: Indikatoren für die Entwicklung von der ständischen zur pluralisierten Gesellschaft, Wolfratshausen 2000, S. 138–151.

4 Zur Rechtsstellung des Landtagspräsidenten siehe Artikel 10 bis 12 der Verfassung des Freistaates Sachsen vom 1. November 1920. Siehe auch Arthur Rudolph, Die Arbeit des Landtags, in: Jahrbuch Sachsen (1930), S. 16.

Winkler stieg in den scherzhaft „Blitz“ genannten Aufzug[5] und begab sich in sein beheiztes Büro auf der nordwestlichen Ecke im 2. Obergeschoss. Früher hatte hier der Präsident der Ersten Kammer residiert. Nun stand ihm dieses Dienstzimmer zu. Von seinem Büro aus hatte er einen guten Blick über den Schlossplatz, auf die Hofkirche und das Georgentor, auf dem vor etwas mehr als sieben Jahren die rote Fahne der Revolution gehisst worden war.[6] Auf der anderen Elbseite fiel sein Blick auf die wuchtigen Ministerialgebäude und die Staatskanzlei. Das Landtagsgebäude, mitten in der Dresdner Altstadt gelegen, war das kleinste der Repräsentationsbauten, obwohl es inzwischen die verfassungsrechtlich wichtigste Institution im Freistaat beherbergte.[7] Das Ständehaus war zu diesem Zeitpunkt erst zwanzig Jahre alt. 1907 hatte es der Architekt Paul Wallot, der auch das Reichstagsgebäude in Berlin entworfen hatte, an die beiden Präsidenten der Ersten und Zweiten Kammer der königlichen „Ständeversammlung“ übergeben. Max Winkler war 1909 einer der ersten Sozialdemokraten gewesen, die das neue Gebäude als Abgeordnete betreten durften.[8] Fassadenarchitektur und Innenausstattung entsprachen dem Zeitgeist der Jahrhundertwende mit modernen Anklängen. Die Möbel in Winklers Amtszimmer stammten aus den „Deutschen Werkstätten“ in Hellerau. Wilhelm Kreis und Richard Riemerschmidt hatten sie entworfen und in dunklem Eichenholz für die Kammerpräsidenten fertigen lassen.[9] Gestern noch hatte Winkler in diesem Raum eine Delegation aller Landtagsfraktionen – mit Ausnahme der kommunistischen – empfangen. Anlass war die Übergabe eines von Robert Sterl angefertigten Portraits des letzten Präsidenten der Zweiten Kammer, Paul Vogel. Vogel war sogar persönlich anwesend gewesen und Winkler hatte es als „Ehrung für sich selbst“ empfunden, dass er nun ein Bildnis seines „Lehrmeisters“ in seinem Arbeitszimmer verwahren dürfe.[10] Ohne Frage war der neue Landtag nach der Novemberrevolution in völlig neuer Zusammensetzung zusammengetreten. Aber Winklers freundliche Worte machen deutlich: Das von der Deutschen Volkspartei beauftragte Bild war nur ein Beispiel von vielen für die zahlreichen Kontinuitäten zwischen der Zweiten Kammer des königlichen Landtags und dem neuen Parlament des Freistaates.

---

5 So Landtagsdirektor Arthur Rudolph. Siehe SächsHStAD, Bestand 10693 – Landtag 1919–1933, Nr. 3703, pag. 89.

6 Paul Merker, Vom Schloßturm wehte die rote Fahne. Wie die Arbeiter und Soldaten in Dresden die Monarchie beseitigten, in: Jahrbuch 1988 zur Geschichte Dresdens (1987) 24.

7 Zur Einordnung des Ständehauses in das Gesamtensemble Schlossplatz und zur Baugeschichte siehe Denk/Matzerath, Die drei Dresdner Parlamente, S. 133 f.

8 Hermann Goldstein war beim Umzug des Landtags in das neue Ständehaus 1907 der einzige sozialdemokratische Abgeordnete gewesen. Vgl. Elvira Döscher/Wolfgang Schröder, Sächsische Parlamentarier 1869–1918. Die Abgeordneten der II. Kammer des Königreichs Sachsen im Spiegel historischer Photographien: ein biographisches Handbuch, Düsseldorf 2001, S. 378 f. 1909, nach Einführung des Pluralwahlrechts, waren dann bereits 25 Sozialdemokraten im Landtag vertreten, unter ihnen Max Winkler.

9 Zur Innenausstattung siehe Denk/Matzerath, Die drei Dresdner Parlamente, S. 142 f.

10 Ehrung für Präsident Dr. Vogel. In: Dresdner Anzeiger Nr. 34 vom 21. Januar 1926. Das Gemälde befindet sich heute in den Staatlichen Kunstsammlungen Dresden, Galerie Neue Meister, Gal.-Nr. 3274.

5613

Verhandlungen des Sächsischen Landtages

(A) **163. Sitzung.**

Donnerstag, den 21. Januar 1926.

	Seite
Eingänge Nr. 2018—2027	5613 B
Erste Beratung über die **Vorlage Nr. 201,** den Entwurf eines Gesetzes über den **Staatshaushalt auf das Rechnungsjahr 1926** und die Entwürfe des **ordentlichen und des außerordentlichen Staatshaushaltplans** für dasselbe Jahr betreffend	5614 A
Dr. Reinhold, Finanzminister	5614 B
Ansprache des Präsidenten an den Finanzminister Dr. Reinhold bei seinem Ausscheiden aus der Regierung und seiner Übernahme des Amtes des Reichsfinanzministers	5626 D
Tagesordnung der nächsten Sitzung	5627 A
Antrag der Kommunistischen Fraktion auf Mitberatung des Antrages Böttcher u. Gen. auf Auflösung des Landtags (Drucksache Nr. 1649)	5627 A
Lieberasch (Komm.)	5627 A

Am Ministertische:

(B) Ministerpräsident Heldt, Minister Max Müller, Hermann Müller, Dr. Reinhold, Bünger und Elsner, Ministerialdirektoren Dr. Hedrich, Dr. Just, Lorey und Dr. Schulze, Ministerialräte Dr. Knüpfer, Bareuther-Nitze, Johnson, Dr. Hörig, Kirsch, Dr. Krug, Dr. Leyser, Dr. Lehmann und Köpcke, Oberregierungsräte Hartung, Heink, Weidauer und Dr. Ortel, Regierungsräte Dr. Hartmann, Dr. Spangenberg und Schubert, Berghauptmann Borchers und Landforstmeister Roth.

Anwesend 89 Abgeordnete.

Präsident Winkler eröffnet die Sitzung 11 Uhr 13 Minuten vormittags.

Präsident: Die Sitzung ist eröffnet.

Eingänge:

(Nr. 2018.) Kurze Anfrage des Abg. Beck, den Schadenersatz der beim Prischwitzer Automobilunglück verletzten Personen betreffend.

Beschluß: Zur ersten Beratung auf eine Tagesordnung.

(Nr. 2019.) Antrag zum mündlichen Bericht des Rechtsausschusses über den Antrag des Abg. Schreiber und Gen., betreffend die Bekämpfung der Spargelschädlinge, Drucksache Nr. 1598. (C)

(Nr. 2020.) Desgleichen über die Anträge der Abgg. Schmidt, Mitschke, Röllig und Gen.,

a) betreffend die Ausstellung von Wandergewerbescheinen, (Drucksache Nr. 1596),

b) wegen schärferer Überwachung des Gewerbebetriebes im Umherziehen (Drucksache Nr. 1597)

sowie über die hierzu vorliegenden Eingaben.

(Nr. 2021.) Antrag zum mündlichen Bericht des Rechtsausschusses über den Antrag des Abg. Renner u. Gen., betreffend Ausschreitungen bei einer Versammlung der Nationalsozialisten in Chemnitz, Drucksache Nr. 1583.

(Nr. 2022.) Desgleichen über den in der 162. Vollsitzung des Landtags vom 19. Januar 1926 eingebrachten — nicht gedruckten — Entschließungsantrag des Abg. Arzt u. Gen., betreffend die Ausdehnung der Begnadigungen auf Vergehen, die mit der wirtschaftlichen und politischen Erregung des Jahres 1923 zusammenhängen.

Beschluß zu Nr. 2019 bis 2022: Zur zweiten Beratung auf eine Tagesordnung.

(Nr. 2023.) Anzeige des Rechtsausschusses über das Gesuch Nr. 2234 (Prüf.-Aussch.) der Stadt Chemnitz um Genehmigung zur Einrichtung von Klassen des (D) 9. und 10. Schuljahrs in der Volksschule.

(Nr. 2024.) Anzeige des Haushaltausschusses B über die Eingabe Nr. 2006 (Prüf.-Aussch.) des Internationalen Möbeltransportverbands Berlin der Deutschen Möbeltransport-Gesellschaft, e. V. Cassel, und der Zentralstelle des deutschen Möbeltransports (E. V.), Berlin SW 11.

Beschluß zu Nr. 2023 und 2024: Sind gedruckt und verteilt.

(Nr. 2025.) Antrag zum mündlichen Bericht des Haushaltausschusses B über den Antrag der Abgg. Schiffmann, Ulbrich, Anders Röllig u. Gen., betreffend vierteljährliche Gehaltsvorauszahlung an Beamte und Lehrer, Drucksache Nr. 1506.

Beschluß: Zur Beratung auf eine Tagesordnung.

(Nr. 2026.) Anzeige des Haushaltausschusses A über:

1. das Gesuch Nr. 2215 (Prüf.-Aussch.) des Finanzausschusses der Gemeinde Röthigen um Gewährung von Geldmitteln zur Behebung ihrer Wohnungsnot;
2. die Eingabe Nr. 2349 (Prüf.-Aussch.) der Granitwerke Friedrich und Opitz, Neukirch (Lausitz) u. Gen., betreffend die schwierige Lage in der Steinindustrie;

(4. Abonnement) 814

Abb. 1: Titelseite des Verhandlungsprotokolls vom 21. Januar 1926

Für heute waren keine Repräsentationstermine angesetzt. Stattdessen stand die Etatrede des Finanzministers auf der Tagesordnung. Winkler traf sich zunächst, wie vor jeder Plenarsitzung, im Nebenzimmer mit seinen Kollegen aus dem Landtagsvorstand, um die Sitzung vorzubereiten.[11] Im Raum saßen in dunklen Anzügen mehrere Herren mit völlig unterschiedlichen Biographien. Neben dem Präsidenten sein Stellvertreter, der Deutschnationale Dr. August Eckardt, ein Bergdirektor außer Dienst, der einmal ein Amtsnachfolger Winklers werden würde.[12] Ebenfalls anwesend waren der zweite Stellvertreter, Dr. jur. Johannes Hübschmann, Oberbürgermeister der Stadt Chemnitz.[13] Zum Vorstand gehörten weiterhin die Schriftführer Arthur Lieberasch, gelernter Schlosser, Kommunist und Gewerkschafter aus Leipzig[14], sowie Max Mucker, linker Sozialdemokrat aus der Konsumvereinsbewegung, Inhaber eines Tabak- und Zeitschriftenladens in Wurzen und inzwischen ein erfahrener Parlamentarier.[15] Am Tisch saß auch Landtagsdirektor Arthur Rudolph. Dieser war, so wie ein Großteil der Landtagsverwaltung, unter dem „Buerodirektor" Hofrat Artur Krauß noch vor der Revolution in den Landtagsdienst eingetreten und kurzerhand übernommen worden.[16]

Diese illustre Runde hatte an diesem Tag allerdings nicht viel zu beraten, denn außer der Etatrede stand kein Tagesordnungspunkt an. Die Generaldebatte über den Haushalt sollte erst eine Woche später beginnen. Vor der Plenarsitzung war noch etwas Zeit für Besprechungen. Auf den Wandelgängen fanden sich nun die Abgeordneten ein, nahmen in den Korbsesseln Platz, rauchten, sprachen miteinander.[17] Gegen elf Uhr begab sich auch Winkler in den Ostflügel des Gebäudes wo sich der Große Sitzungssaal, der Saal der ehemaligen Zweiten Kammer, befand. Der Raum, in den der Landtagspräsident jetzt kam, war derselbe, den er 1909 als einfacher Abgeordneter betreten hatte. Nichts hatte sich verändert. Auch hier dominierte das dunkle Holz der kunstvollen Wandvertäfelungen, die bis zu den Tribünen reichten. Darüber war der Saal in hellen Farben gestrichen und mit Wappen ausgeschmückt. Von der Glasdecke fiel mattes Oberlicht in den Saal, trotzdem musste er zusätzlich künstlich beleuchtet werden. Immerhin war er, für die Zeit recht modern, mit Fernwärme beheizt. Über dem Präsidium befand sich das Gemälde „Saxonia im Krönungsornat" von Hermann Prell, darüber das große

11 Vorbereitungen zu den Sitzungen. Sächsisches Staatsarchiv – Hauptstaatsarchiv Dresden (fortan: SächsHStAD), Bestand 10693 – Volkskammer/Landtag des Freistaates Sachsen 1919 – 1933, Nr. 776.

12 Zu August Eckardt: Siehe Matzerath, Aspekte sächsischer Landtagsgeschichte, S. 146 f.

13 Barbara Hillen, Hübschmann, Hermann Max Johannes (Hans), in: Sächsische Biografie, hrsg. vom Institut für Sächsische Geschichte und Volkskunde e. V., Online-Ausgabe: <http://www.isgv.de/saebi/> (19.7.2018)

14 Lieberasch, Arthur, in: Hermann Weber/Andreas Herbst (Hrsg.), Deutsche Kommunisten. Biographisches Handbuch 1918 bis 1945, Berlin 2008, S. 549 f.

15 Zu Hermann Max Mucker ist wenig bekannt; siehe bisher nur: [kein Autor], Das Porträt: Max Mucker, in: Der Rundblick. Kulturspiegel der Kreise Wurzen, Oschatz und Grimma 2 (1955) 9, S. 168–169.; Jesko Vogel, Der sozialdemokratische Parteibezirk Leipzig in der Weimarer Republik. Sachsens demokratische Tradition, Hamburg 2006. Hier insb. S. 369.

16 Zur Person Arthur Rudolph siehe Janosch Pastewka, Koalitionen statt Klassenkampf. Der sächsische Landtag 1918–1933, Ostfildern 2018, S. 66.

17 Zur Ausstattung des Landtages in der Weimarer Republik siehe [Arthur Rudolph, Landtagsdirektor]: Unter meiner Direktion geschaffene Neuerungen. 5 Seiten, maschinengeschrieben, datiert vom 31. März 1934. SächsHStAD, Bestand 10693 – Landtag 1919–1933, Direktorialakten Nr. 3737.

Staatswappen des Königreichs Sachsen mit Zierrat, Krone und dem Wahlspruch der Wettiner „Providentiae memor“ – der Vorsehung eingedenk.[18] Die Vorsehung hatte es in den letzten Jahren nicht allzu gut gemeint mit dem sächsischen Königshaus. Im Landtag spielte sie keine Rolle mehr. Seit seiner Abdankung war die Regierung nicht mehr dem König, sondern dem Volk, repräsentiert durch die Abgeordneten, verantwortlich. Eigentlich hätte also das Wahlvolk, der Demos, über dem Präsidenten symbolisch repräsentiert werden müssen.[19] Doch hatte niemand daran gedacht, die Krone aus dem Landtag zu entfernen. Auch Winkler, nach Julius Fräßdorf bereits der zweite Sozialdemokrat im Präsidentenamt, unternahm keine Anstalten, an der symbolischen Ausstattung des Plenarsaals oder des gesamten Landtagsgebäudes etwas zu ändern.[20] Neben dem Präsidentenstuhl befanden sich die Plätze für seine Stellvertreter. Daneben rechts und links die Regierungsbank. Auf dieser hatten inzwischen der Ministerpräsident, mehrere Minister sowie hohe Beamte Platz genommen. Vor der Regierungsbank und dem Landtagsvorstand saßen die Abgeordneten in einem geviertelten Halbkreis in drei konzentrischen Reihen. Im Mittelpunkt des Kreises befand sich das Rednerpult.[21] Vor dem Redner saßen, durch eine geschwungene hölzerne Balustrade abgetrennt, bis zu vier Stenographinnen und Stenographen und warteten auf den Beginn der Rede, die sie dann Wort für Wort protokollierten. Vor ihnen befand sich der ‚Tisch des Hauses‘, eine etwa zwei Quadratmeter große Ablagefläche für Akten, Zeitungen oder sonstige Dokumente, die während der Verhandlungen wichtig waren und im wahrsten Sinne „auf den Tisch“ kamen. Die Tische und Klappsitze der Abgeordneten waren aus gebeiztem Eichenholz gefertigt und mit schlichten ledernen Sitzflächen ausgestattet.

Noch liefen die Abgeordneten durcheinander, sprachen möglicherweise bereits über die Haushaltszahlen, die wenige Tage zuvor an die Presse gelangt waren, noch bevor sie den Landtag erreicht hatten.[22] Dann erklang der langanhaltende Ton einer elektrischen Hupe: Das Zeichen zum Sitzungsbeginn.[23] Langsam suchten die Parlamentarier, darunter sieben Frauen, ihre Plätze. Die Abgeordneten saßen nach Fraktionen getrennt, auch wenn aufgrund der starren Tische mitunter Abgeordnete fremder Parteien in einer Reihe, dabei jedoch durch den Gang von ihren Parteigenossen getrennt

18 Abbildungen des Gemäldes wie auch des Plenarsaals insgesamt finden sich bei Denk/Matzerath, Die drei Dresdner Parlamente, S. 139 und 141.

19 Zur Frage der Krone im Parlament siehe Philip Manow, Im Schatten des Königs. Die politische Anatomie demokratischer Repräsentation, Frankfurt am Main 2008. Im heutigen Sächsischen Landtag befindet sich über dem Präsidium der Grundriss einer Sachsenkarte aus Metall, auf der durch Löcher die Bevölkerungsverteilung Sachsens angedeutet wird.

20 Siehe Pastewka, Koalitionen statt Klassenkampf, S. 85.

21 Eine Anordnung des festen Mobiliars und eine Sitzordnung hat sich erhalten im SächHStAD, Bestand 10693 – Landtag/Volkskammer Nr. 3737. Für eine Reproduktion siehe Pastewka, Koalitionen statt Klassenkampf, S. 333.

22 Verhandlungen des Sächsischen Landtages, 2. Wahlperiode. Sechster Band, Nr. 150–178, Dresden 1926, S. 5542.

23 Rudolph, Die Arbeit des Landtags, S. 17.

saßen. Die Fraktionen selbst räumlich voneinander zu trennen, daran hatte man 1907 noch nicht gedacht. Von Winkler aus gesehen im rechten Block saßen die Abgeordneten der Deutschnationalen Volkspartei (DNVP). Die Nachfolger der ehemaligen Konservativen Partei waren auch jetzt noch Monarchisten, die der Republik kritisch bis feindselig gegenüberstanden. Viele von ihnen hegten zudem antisemitisches Gedankengut. Ihre Wählerschaft rekrutierte sich aus Angestellten und Beamten, aber vor allem aus Landwirten und Gutsbesitzern.[24] Links von ihnen saßen die Abgeordneten der Deutschen Volkspartei (DVP), ganz vorne der Abgeordnete Bernhard Blüher, gleichzeitig auch Oberbürgermeister von Dresden. Die DVP war ebenfalls unter Beamten und Juristen beliebt, vor allem aber bei Industrie und Handwerk.[25] Den Rest des Blocks nahm die Deutsche Demokratische Partei (DDP) ein. Die Linksliberalen rekrutierten sich vor allem aus Lehrern und Juristen. Unterstützt wurden sie zudem von Angestellten, Kaufleuten, Künstlern und Intellektuellen. Die DDP war auch die einzige „bürgerliche", also nicht-sozialistische Partei, in der Juden hoffen konnten, ihre politische Heimat zu finden.[26] Jenseits des Mittelgangs saß Max Winklers eigene Fraktion, die Sozialdemokratische Partei Deutschlands (SPD). Sie war die größte Fraktion, doch seit sie sich über die Beteiligung an der Regierungskoalition zerstritten hatte, stimmte die Mehrheit in der Regel für, die Minderheit gegen die Regierung.[27] Gegenwärtig, im Januar 1926, gab es Bestrebungen, den „Sachsenkonflikt" der SPD endlich zu lösen, indem man die Mehrheit wieder auf die Linie der Partei, und damit gegen die Regierung einstimmen wollte.[28] Doch die Angesprochenen hatten kein Interesse an einer solchen Disziplinierung. Auch Winkler selbst hielt es für ratsam, dem SPD-Ministerpräsidenten Max Heldt weiterhin das Vertrauen des Landtages zu sichern. Am übernächsten Wochenende war dazu ein Landesparteitag anberaumt. Bis dahin war noch nichts entschieden.

---

24 Zur DNVP siehe unter anderem Maik Ohnezeit, Zwischen „schärfster Opposition" und dem „Willen zur Macht". Die Deutsch-Nationale Volkspartei (DNVP) in der Weimarer Republik 1918–1928, Düsseldorf 2011.

25 Zur Volkspartei siehe Ludwig Richter, Die Deutsche Volkspartei 1918–1933, Düsseldorf 2002. Zur sächsischen Volkspartei Michael Rudloff, Von den Nationalliberalen zur Deutschen Volkspartei, in: Hartmut Zwahr/Manfred Hettling/Uwe Schirmer/Susanne Schötz/Christoph Volkmar (Hrsg.), Figuren und Strukturen. Historische Essays für Hartmut Zwahr zum 65. Geburtstag, München 2002.

26 Zur DDP siehe unter anderem Werner Schneider, Die Deutsche Demokratische Partei in der Weimarer Republik. 1924–1930, München 1978. Zur sächsischen DDP bisher nur Thomas Widra, Die Geschichte des sächsischen Liberalismus und der Freien Demokratischen Partei. 150 Jahre liberale Parteien in Sachsen, Dresden 2016, S. 101–123. Zu den Parlamentariern mit jüdischen Wurzeln gehörten zum Beispiel die Abgeordnete Julie Salinger (DDP) oder der Abgeordnete Max Sachs (SPD). Es sei an dieser Stelle nicht verschwiegen, dass Antisemitismus auch in DDP-Kreisen mitunter vorkam, allerdings zumeist subtil und in weit geringerem Maße als bei den Parteien aus dem rechten Spektrum.

27 Zur sächsischen SPD siehe unter anderem Mike Schmeitzner/Michael Rudloff, Geschichte der Sozialdemokratie im Sächsischen Landtag. Darstellung und Dokumentation 1877–1997, Dresden 1997; Karsten Rudolph, Die sächsische Sozialdemokratie vom Kaiserreich zur Republik (1871–1923), Köln 1995.

28 Zum Sachsenkonflikt siehe Stephan Voßen, Der „Sachsenkonflikt", in: Helga Grebing/Hans Mommsen/Karsten Rudolph (Hrsg.), Demokratie und Emanzipation zwischen Saale und Elbe. Beiträge zur Geschichte der sozialdemokratischen Arbeiterbewegung bis 1933, Essen 1993.

Abb. 2: Max Winkler, um 1926

Ganz links schließlich saßen die Mitglieder der Kommunistischen Partei (KPD).[29] Mit ihnen hatte der Landtagspräsident, wie auch schon sein Vorgänger, seine liebe Mühe. Immer wieder störten die Kommunisten die Verhandlungen durch Zwischenrufe oder unangemessene Ausdrücke. Oftmals bezogen sie auch die Tribünenbesucher mit ein, die ihnen zumindest zum Teil gewogen waren. Applaus oder andere Beifallsbekundungen von den Zuschauern waren jedoch strengstens verboten.

Inzwischen hatten 89 Abgeordnete und die Mitglieder der Regierung ihre Plätze gefunden. Der Saal war damit gut gefüllt, auch wenn nicht alle der insgesamt 96 Abgeordneten vor Ort waren. Nun setzte auch Winkler sich auf den ihm zugewiesenen Stuhl. Dies war eine wichtige Geste, denn sollte er den Platz vorzeitig verlassen und seinen Hut nehmen, war die Sitzung automatisch unterbrochen; so wollten es Tradition und Geschäftsordnung. Mit einem kräftigen Hammerschlag eröffnete der Präsident um 11:13 Uhr die 163. Sitzung der zweiten Wahlperiode.

Eine neue Perspektive

So oder ähnlich mag sich der Alltag im sächsischen Landtag der Weimarer Republik abgespielt haben. Wir wissen nur wenig darüber.[30] In den meisten Darstellungen erscheint der Landtag lediglich als Bühne, auf der politische Konflikte ausgetragen wurden, von denen uns die Verhandlungsprotokolle berichten. Das ist grundsätzlich nicht falsch, denn eine solche Bühne bot das Parlament durchaus. Der Landtag aber war mehr als das. Er war ein politischer Zentralort, ein Ort der Verständigung, ein Raum,

29 Zur sächsischen KPD siehe Norman Laporte, The German Communist Party in Saxony, 1924–1933. Factionalism, fratricide, and political failure, Bern 2003. Aus marxistisch-leninistischer Sichtweise: Horst Stoschek/Erich Zeidler, Zum Kampf der KPD im sächsischen Landtag gegen Militarismus und Faschismus in der Weimarer Republik 1976.

30 Zum parlamentarischen Alltag siehe vor allem Kapitel II in: Pastewka, Koalitionen statt Klassenkampf.

in dem sich Vertreter ganz unterschiedlicher Parteien, Interessen, Weltanschauungen und Ideologien trafen, in dem sie kommunizierten und soziale Beziehungen aufbauten.[31] Dieses Aufeinandertreffen lief nicht zügellos und chaotisch ab, sondern nach zum Teil alt hergebrachten festen Regeln und Ritualen.[32] Dadurch entstand eine ganz eigene Atmosphäre, die den Landtag zu einem besonderen Ort im durch politische und soziale Konflikte gespalteten Freistaat der Zwischenkriegszeit machte.

In einem solchen Raum war es möglich, trotz aller politischen Gegnerschaft zur Verständigung zu kommen, selbst wenn dies bedeutete, dass sich Parteien, die im Denken der Zeit zum „marxistischen" oder zum „bürgerlichen" Lager gezählt wurden, näher kommen mussten. Eine Koalition zwischen Parteien der Mitte links und rechts der Lagergrenze zustande zu bringen war in Anbetracht der Wahlergebnisse in Sachsen nicht nur eine theoretische Option, sondern eine notwendige Bedingung für eine stabile Landesregierung.

Das lag neben den äußerst knappen Wahlergebnissen bis 1929 vor allem an der KPD, die sich bereits seit 1920 offen verfassungsfeindlich zeigte.[33] In der zeitgenössischen Darstellung und auch in der DDR-Geschichtsschreibung wurde sie mit der SPD gemeinsam zu einem „linken" oder „sozialistischen" Lager vereint, das bis zu diesem Zeitpunkt eine Mehrheit im Landtag gehabt hätte.[34] Was rechnerisch möglich und von vielen Zeitgenossen tatsächlich erhofft und angestrebt war, erwies sich in der Praxis jedoch immer wieder als aussichtslos und führte Sachsen im Oktober 1923 in eine veritable Staatskrise.[35] Auf der anderen Seite verfügte das so genannte „bürgerliche" Lager – also alle Parteien rechts der Sozialdemokratie ohne die Nationalsozialisten – nie über ausreichend viele Mandate, um den Ministerpräsidenten zu stellen. Minderheitsregierungen boten in Anbetracht der ohnehin prekären Lage keine belastbare Grundlage. Eine stabile Mehrheit, die auf dem Boden der Weimarer Verfassung und der Landesverfassung stand, war also nur als Koalition der Mitte denkbar. Was aber wahlarithme-

---

31 Zum Konzept des Zentralortes mit Bezug zur sächsischen Landtagsgeschichte siehe Josef Matzerath, Landtage als gesellschaftliche Zentralorte, in: Sächsischer Landtag (Hrsg.), Dresdner Gesprächskreise im Ständehaus. Graduiertenkolleg „Geschichte Sächsischer Landtage", Dresden 2016.

32 Die Argumentation schließt sich an an die Ergebnisse bei Thomas Mergel, Parlamentarische Kultur in der Weimarer Republik. Politische Kommunikation, symbolische Politik und Öffentlichkeit im Reichstag, Düsseldorf 2002.

33 Siehe hierzu neben der in Fn. 30 erwähnten Literatur auch die Dokumentensammlung in Bernhard H. Bayerlein (Hrsg.), Deutscher Oktober 1923. Ein Revolutionsplan und sein Scheitern, Berlin 2003.

34 Tendenzen hierzu bei Rudolph, Die sächsische Sozialdemokratie vom Kaiserreich zur Republik (1871–1923), aber auch bei populärwissenschaftlichen Darstellungen wie Hans Vorländer/Claudia Creutzburg, Das „linke Lager" im Sächsischen Landtag, in: Landtagskurier (2010) 1. Ähnlich auch Reiner Groß, Geschichte Sachsens, Leipzig 2007.

35 Siehe hierzu unter anderem Karsten Rudolph, Linke Republikaner als streitbare Demokraten – Gedanken zur mitteldeutschen Geschichte, in: Bernhard H. Bayerlein (Hrsg.), Deutscher Oktober 1923. Ein Revolutionsplan und sein Scheitern, Berlin 2003.; Mike Schmeitzner, Einheitsfront oder Große Koalition?, in: Josef Matzerath (Hrsg.), Aspekte sächsischer Landtagsgeschichte. Varianten der Moderne 1868 bis 1952, Dresden 2003. Siehe auch den kurzen Literaturbericht in Pastewka, Koalitionen statt Klassenkampf, S. 202, Fn 969.

tische Notwendigkeit war, ließ sich in der Praxis ebenfalls nur sehr schwer durchsetzen, denn die Widerstände in den Parteien, Fraktionen, den parteinahen Zeitungen und nicht zuletzt im Wahlvolk gegen diese politische Konstellation waren immens. Ohne den Austausch im Landtag wären sie wohl nie zustande gekommen.

Die genannte These vom Parlament als Ort der Verständigung soll im Folgenden überprüft und anhand einiger Beispiele plausibel gemacht werden. Die Atmosphäre im Gebäude, die im einleitenden Bericht aus dem Alltag des Landtags bereits ein wenig eingefangen werden konnte, spielte dabei eine wichtige Rolle. Einige weitere Elemente kommen noch hinzu, insbesondere wenn danach zu fragen ist, welche Rolle der Landtag als Institution in der Koalitionsfrage spielte.[36] Zur Prüfung der These gehört schließlich auch, einzuschätzen, wie weit sie trägt und wo ihre Grenzen liegen. Ziel ist es, im Nachdenken über den Landesparlamentarismus in Sachsen einen neuen Impuls zu setzen. Dabei soll die Landtagsgeschichte nicht vom Ende her gedacht werden.[37] Der Nieder- bzw. Untergang des demokratischen Parlamentarismus war weder allein aus sich selbst begründet, noch wäre er durch den Landtag selbst zu verhindern gewesen. Eine Konzentration auf die Frage nach dem Scheitern des Parlaments wäre daher nicht nur relativ fruchtlos, sondern würde verhindern, dass der Kern der Argumentation deutlich hervortritt: Der Landtag als Ort der Verständigung inmitten einer hart umkämpften politischen Umwelt.

Ein Raum für Verständigung im gespaltenen Freistaat

Der Landtag, so wie er sich aus den überlieferten Quellen rekonstruieren lässt, stellt sich als durchaus ambivalente Institution dar. Auf der einen Seite war er ein modernes, demokratisches, wenn auch in seinen inhaltlichen Kompetenzen stark limitiertes Landesparlament.[38] Die DDP erklärte ihren Wählern die neue Position des Landtages 1920 so:

36 Als Institution wird hier im Sinne Karl-Siegbert Rehbergs als eine komplexe symbolische Ordnung begriffen. Siehe Karl-Siegbert Rehberg, Institutionen als symbolische Ordnungen, in: Karl-Siegbert Rehberg/Hans Vorländer (Hrsg.), Symbolische Ordnungen. Beiträge zu einer soziologischen Theorie der Institutionen, Baden-Baden 2014.

37 Siehe hierzu unter anderem: Alexander Gallus, Auf dem Weg zur Reaktualisierung durch Historisierung, in: Michael Dreyer/Andreas Braune (Hrsg.), Weimar als Herausforderung. Die Weimarer Republik und die Demokratie im 21. Jahrhundert, Stuttgart 2016; Tim B. Müller, Nach dem Ersten Weltkrieg. Lebensversuche moderner Demokratien, Hamburg 2014.

38 Zum Landesparlamentarismus in der Weimarer Republik siehe Anke John, Der Weimarer Bundesstaat. Perspektiven einer föderalen Ordnung (1918–1933), Köln 2012. Zeitgenössisch Wilhelm v. Blume, Volksvertretung in den Ländern, in: Gerhard Anschütz (Hrsg.), Handbuch der Politik. Bd. 3 – Die politische Erneuerung, Berlin, Leipzig 1921. Zu den Kompetenzen des sächsischen Landtages siehe Rudolph, Die Arbeit des Landtags, S. 20.

> „Viele sehen die wesentliche Veränderung in unserem Sachsenlande darin, daß wir keinen König mehr haben, das ist falsch! Politisch betrachtet ist die Hauptänderung die, daß wir ein demokratisches Staatswesen geworden sind. Früher berief der König die Minister und sie blieben so lange im Amte, als sie sein Vertrauen besaßen. Heute wählt der Landtag den Ministerpräsidenten und der beruft die übrigen Minister im Einvernehmen mit dem Landtage. Der Landtag ist die Grundlage der Regierung."[39]

Der Landtag war nach der Novemberrevolution nominell also auf die zentrale Position innerhalb des politischen Systems des Freistaats vorgerückt.[40] Sein Präsident, als Repräsentant des Landtags als Ganzes, durfte sich damit als die erste Person im Freistaat betrachten.[41] Dass ihm für die nötigen Repräsentationsaufgaben dabei nur ein sehr geringes Budget zur Verfügung gestellt wurde, gibt bereits einen Hinweis darauf, dass diese de jure zentrale Stellung nicht ausreichend anerkannt wurde.[42]

Auf der anderen Seite war der Landtag stark in den Traditionen des Zweikammerparlaments verhaftet. Das Verwaltungs-Personal wurde übernommen, die Uniformen der Landtagsaufwärter blieben die gleichen, ebenso verließ man sich bei der Gestaltung der Landtagsprotokolle auf Altbewährtes.[43] Verzichtet wurde lediglich auf monarchische Insignien. Aus pragmatischen Gründen übernahm man auch die Geschäftsordnung der Zweiten Kammer, um sie dann Schritt für Schritt dem neuen demokratischen Parlamentarismus anzupassen.[44] Das Gebäude, so wie es eingangs beschrieben wurde, blieb nahezu unverändert. Architektur und Symbolsprache signalisierten weiterhin: Hier finden sich die „getreuen Stände" des Königs zusammen, zum Wohle Saxonias, der Schutzpatronin der Sachsen.[45] Dieser Widerspruch zwischen Raumsymbolik und Funktion schien die Abgeordneten aber so wenig zu stören, dass es, wie erwähnt, keine ernsthaften

---

39 Flugblatt der Deutschen Demokratischen Partei in Sachsen. Eigenes Archiv des Verfassers. Siehe auch den Beitrag von Mike Schmeitzner in diesem Band.

40 Vgl. vor allem Artikel 5 der Verfassung des Freistaates Sachsen vom 1. November 1920: „Der Landtag beschließt die Gesetze, wählt den Ministerpräsidenten und überwacht die Politik und Verwaltung des Staates." Siehe auch den Kommentar von Konrad Woelker, Die Verfassung des Freistaates Sachsen, Leipzig 1921. Hier vor allem S. 119.

41 Rudolph, Die Arbeit des Landtags, S. 16.

42 Autofahrten wurden ihm, wie erwähnt, erstattet. Ansonsten hatte er lediglich 250 Reichsmark im Monat für repräsentative Zwecke zur Verfügung, heute etwa 2.500 Euro. Für größere Veranstaltungen war das zu wenig, wie Landtagsdirektor Rudolph gegenüber Kollegen bestätigte. Siehe Schumacher, Parlamentspraxis in der Weimarer Republik, S. 75.

43 Siehe Bestand 10693 – Landtag 1919–1933, Archivariat Nr. 7.4 – Personalangelegenheiten der Kammern, der Volkskammer und des Landtages. Zu den Uniformen siehe SächsHStAD, Bestand 10693 – Landtag 1919–1933, Nr. 3755, pag. 1.

44 Vgl. Otto Ziller, Die Geschäftsordnung des sächsischen Landtags, Leipzig 1930.

45 Die „Saxonia" war im Bildprogramm des Landtages gleich drei Mal prominent vertreten: Am Ende des Eingangsbereichs als Glasbild, wie erwähnt über dem Präsidentenstuhl und als – heute noch sichtbare – goldene Turmfigur.

Unternehmungen gab, etwas daran zu ändern.[46] Vielleicht war ein anderer Aspekt bedeutsamer: Der nahezu unverändert gebliebene Landtag bot jenen Abgeordneten, die ihn bereits aus der Zeit vor der Revolution kannten, und das waren rund vierzig Prozent von ihnen[47], einen Vertrauensraum, dessen Funktionsweise und Prozesse sie kannten.[48]

Dieser eher sozial als geometrisch definierte Raum begann im Grunde schon außerhalb des Gebäudes, z. B. auf dem Weg zum Landtag im Zugabteil: Hier traf man sich, fraktionsübergreifend, um über die aktuelle Politik und damit natürlich auch über Koalitionsfragen zu sprechen.[49]

Ein Detail aus dem geschilderten Tagesablauf des Präsidenten Max Winkler gibt Auskunft über einen weiteren wichtigen Aspekt: Die Abgeordneten mussten zunächst das Wachpersonal passieren. Der Landtag war ein speziell geschützter Raum. Zunächst sicherten Polizeikräfte, Militär oder Freikorps das Ständehaus, später wurden Einlass- und Ausweiskontrollen durchgeführt.[50] Auf einer höheren Ebene war das Parlament durch das Recht bzw. die Verfassung geschützt. Die Parlamentarier genossen Immunität, d. h. sie konnten für ihre Aussagen im Landtag juristisch nicht zur Verantwortung gezogen werden.[51] Das Landtagsgebäude umgab eine Bannmeile, im Gebäude übte der Landtagspräsident das Hausrecht aus.[52] All dies verschaffte dem Landtag den Anschein des Erhabenen, des „Hohen Hauses".[53]

Der Landtag bot Räume nicht nur für die Parlamentsdebatte im engeren Sinne, sondern für das Arbeiten, Repräsentieren und Erholen gleichermaßen. Zu den Arbeitsräumen gehörten Fraktionszimmer, die Säle der Ausschüsse, die Arbeits- und Leseräume der Landtagsbibliothek, die Büros der Landtagsverwaltung und die Arbeitskabinen

---

46 Das Konzept der Raumsymbolik geht davon aus, dass gerade die (Innen-)Architektur eines Gebäudes Präsenz und Dauer der sich darin konstituierenden Institution symbolisiert; siehe Markus Dauss/Karl-Siegbert Rehberg, Gebaute Raumsymbolik, in: Heike Delitz/Joachim Fischer (Hrsg.), Die Architektur der Gesellschaft. Theorien für die Architektursoziologie, Bielefeld 2009. Zur Frage der Tilgung monarchischer Symbole siehe Pastewka, Koalitionen statt Klassenkampf, S. 85 f.

47 38 der 96 Abgeordneten der Volkskammer, also 40 Prozent, hatten bereits ein Mandat in der Zweiten Kammer inne. Zwei Weitere in der Ersten Kammer. Dabei lag der Anteil bei den Mittelparteien SPD und DDP bei fast der Hälfte, bei USPD und DNVP war er weit geringer. Eigene Auszählung nach Döscher/Schröder, Sächsische Parlamentarier 1869–1918.

48 Zum „Raum" in den Geschichtswissenschaften siehe einführend Susanne Rau, Räume. Konzepte, Wahrnehmungen, Nutzungen, Frankfurt am Main [u. a.] 2013.

49 Dies belegen Aufzeichnungen des Abgeordneten Richard Seyfert. Siehe SächsHStAD, Bestand 12785 – NL Richard Seyfert, Nr. 943 – Tagesnotizen 1921–25, pag. 22.

50 Pastewka, Koalitionen statt Klassenkampf, S. 46.

51 Vgl. Artikel 36 bis 38 der Verfassung des Deutschen Reiches (Weimarer Reichsverfassung). Vgl. dazu den Kommentar bei Gerhard Anschütz, Die Verfassung des Deutschen Reichs. Vom 11. August 1919; ein Kommentar für Wissenschaft und Praxis in 4. Bearb., Aalen 1933, S. 229.

52 Zur Bannmeile siehe: Verordnung über den befriedeten Bannkreis des Volkskammergebäudes vom 8. Juni 1920, Sächsisches Gesetzblatt 1920, Nr. 65, S. 230. Zum Hausrecht siehe Verfassung des Freistaats Sachsen vom 14. November 1920, Art. 12.

53 Siehe hierzu für den Reichstag Mergel, Parlamentarische Kultur in der Weimarer Republik, S. 149.

und Besprechungszimmer der akkreditierten Journalisten.[54] Gleichzeitig Arbeits- und Repräsentationsraum war der Plenarsaal. Ausschließlich repräsentativen Charakter hatten der oben kurz beschriebene – auch heute noch zugängliche – Eingangsbereich sowie das Conversationszimmer im 2. Obergeschoss. Von großer Bedeutung für den Landtag als Ort der Verständigung waren schließlich die Räume der Erholung, insbesondere der Erfrischungsraum auf der Nordseite mit Blick Richtung Elbe, in dem während der Tagungen des Landtags kalte und warme Speisen sowie Getränke gereicht wurden. Auch Duschen und Ruhesofas mit Decke waren vorhanden, falls die Sitzungen länger dauern sollten.[55]

Das Wichtigste für den Landtag als geschütztem und vertrautem Raum waren jedoch die festen Strukturen, in die die Abgeordneten eingebunden waren und die den politischen Streit in geordnete Bahnen lenken sollten. Diese Strukturen waren zum einen rechtlich verfasst und zum Beispiel in der Geschäftsordnung dargelegt, zum anderen waren es Traditionen und Rituale, die gar nicht oder nur in groben Zügen schriftlich abgefasst waren und von Parlamentariergeneration zu Parlamentariergeneration weitergegeben wurden.[56]

Zu diesen Strukturen gehörte das feste Zeitraster, innerhalb dessen die Plenartagungen, Ausschusssitzungen usw. stattfanden. Durch eine strikte Organisation bewältigte der Landtag weit mehr Material als seine Vorgänger. Doch nicht selten gingen die Sitzungen bis tief in die Nacht.[57] Struktur im Plenum gaben weiterhin die konsequent eingehaltene Tagesordnung, die Sitzordnung nach Parteien bzw. Fraktionen, die verschiedenen Abstimmungsmodi sowie die Redeordnung. Der Landtagsvorstand entschied, gemäß der Geschäftsordnung, wer wann wie lange und zu welchem Thema reden durfte.[58] Dabei kam auch die Opposition ausführlich zu Wort. Den Berichterstattern aus den Ausschüssen wurden Mitberichterstatter zur Seite gestellt, die die Minderheitsmeinung im Ausschuss referieren sollten.[59] Zwar wurde die Redeordnung mitunter gestört durch übermäßig langes Reden, unpassende Zurufe, Beleidigungen usw. Diese Störungen führten jedoch nur ganz selten zum Abbruch der Verhandlungen, sondern wurden, ebenfalls

54 Eine Raumaufteilung nach Fraktionen findet sich im SächsHStAD, Bestand 10693 – Landtag 1919–1933, Nr. 3737 Direktorialakten, Bl. 6–10.

55 [Arthur Rudolph, Landtagsdirektor]: Unter meiner Direktion geschaffene Neuerungen. 5 Seiten, maschinengeschrieben, datiert vom 31. März 1934. SächsHStAD, Bestand 10693 – Landtag 1919–1933, Nr. 3737 Direktorialakten, Bl. 1.

56 Zu den wesentlichsten dieser Traditionen gehörte die parlamentarische Sprache. Thomas Mergel hat für den Reichstag mehrere dieser Sprachen zu kategorisieren versucht. So hat er anhand der Ausdrucksweise der Abgeordneten die Sprache der Exekutive, die Sprache des Staatsmannes, die Sprache der Moral, „existentielle Sprachen“, sowie die seltenen Sprachen der „Erfahrung“, der „Maschine“ und der „Interessen“ ausgemacht. Vgl. Mergel, Parlamentarische Kultur in der Weimarer Republik, S. 270–294.

57 Pastewka, Koalitionen statt Klassenkampf, S. 88 f.

58 Vgl. Geschäftsordnung des sächsischen Landtages vom 3. März 1921, Abschnitt IV.3.

59 Vgl. § 39 (1) der Geschäftsordnung des sächsischen Landtages vom 3. März 1921.

auf Basis der Geschäftsordnung, geahndet.[60] Danach beruhigten sich die Gemüter rasch und es konnte zum nächsten Tagesordnungspunkt übergegangen werden. So gilt für diese Störungen das, was für viele Ausnahmen im Ablauf des parlamentarischen Alltags galt: Sie bestätigten die Regel.[61]

Dank dieser Strukturen war es dem Landtag über weite Strecken möglich, seine Aufgaben zu erfüllen, auch wenn zumeist mehr Unrühmliches als Lobenswertes nach außen drang.[62] Der Landtagsdirektor Arthur Rudolph schrieb 1930:

> „Viele beurteilen die Tätigkeit des Landtags nur nach dem Verlauf und den Ergebnissen der öffentlichen Sitzungen. Daß es in diesen bei der politischen Zerrissenheit unseres Volkes oft recht heiß hergeht, daß manchmal recht unparlamentarische Ausdrücke fallen, ist vielleicht mit ein Grund, daß die Tätigkeit des Landtags nicht immer gerecht beurteilt wird."[63]

Die „Leipziger Neuesten Nachrichten" gaben bereits 1929 zu bedenken:

> „Oft gescholten und nie bewundert, hat der Sächsische Landtag eine wirkliche Popularität nicht zu erringen vermocht, obwohl er nicht selten im Mittelpunkt heftiger politischer Kämpfe stand [...]. Die Bedeutung der Tätigkeit des Landtages wird ohne Zweifel allgemein unterschätzt [...]."[64]

In diesen Urteilen klingen bereits Defizite an, auf die noch zurückzukommen sein wird. Dennoch zeigen sie, dass es im Landtag so etwas wie Normalität gab, auch wenn es in den Plenardebatten, vor allem gegen Ende der 1920er Jahre, oft „heiß herging", wie Landtagsdirektor Rudolph schrieb.

Fokussiert man auf die Akteure, dann lässt sich feststellen, dass der insgesamt mäßigende Einfluss der Regeln und Rituale das Handeln der Parlamentarier in ihm bestimmte. Je länger sie ein Mandat ausübten, desto stärker war dieser Effekt.[65] Insbesondere gilt dies für Abgeordnete, die auch schon vor dem Krieg in Parlamenten wie

60 Zu den Störungen im Parlamentsalltag siehe Pastewka, Koalitionen statt Klassenkampf, S. 107–111.

61 Vgl. hierzu die theoretischen Überlegungen des Soziologen Bernhard Giesen. Ihm zufolge sind Störungen und Krisen keine „Gefährdungen der sozialen Ordnung, sondern unverzichtbare Bestandteile dieser Ordnung". Bernhard Giesen, Zwischenlagen. Das Außerordentliche als Grund der sozialen Wirklichkeit, Weilerswist 2010, S. 9.

62 Eine Öffentlichkeitsarbeit des Landtages in der Weimarer Republik war kaum vorhanden. Erst im Jahre 1932 gab es ein Gespräch zwischen dem Landtagspräsidenten und Vertretern der Presse, in dem diese über zahlreiche Unannehmlichkeiten in der Zusammenarbeit berichteten. Verändert wurde bis 1933 nichts mehr. Das Gespräch zwischen Landtagspräsident Eckardt und Vertretern der sächsischen Presse ist dokumentiert im SächsHStAD, Bestand 10693 – Landtag 1919–1933, Nr. 3716, ohne pag.

63 Rudolph, Die Arbeit des Landtags, S. 15.

64 Das Gesicht des neuen Landtages, in: Neue Leipziger Zeitung, Nr. 181 vom 30. Juni 1929. NSt. 179.

65 Pastewka, Koalitionen statt Klassenkampf, S. 126–131.

Reichs- oder Landtag gesessen hatten. Somit war auch das Lebensalter von Bedeutung. Insbesondere die vor 1869 geborene „Wilhelminische Generation" zeigte sich einer Verständigung aufgeschlossen.[66] Jüngere Abgeordnete, die eher der Frontkämpfergeneration zuzurechnen sind, und die weniger Zeit im Parlament verbracht hatten, gaben sich auch weit weniger versöhnlich.

Der Landtag war also ein besonders geschützter politisch-sozialer Raum und es ist sicher kein Zufall, dass die Reichsregierung, die im März 1920 während des Kapp-Lüttwitz-Putsches nach Dresden floh sich im Ständehaus zu ersten Beratungen traf,[67] oder dass sich der Landtag während der Reichsexekution 1923 erfolgreich gegen die geplante Ausschaltung durch den Reichskommissar Rudolf Heinze wehren konnte.[68] Immer wieder bot der Landtag zudem einzelnen Protagonisten den Raum und die Gelegenheit, Vertrauen aufzubauen und damit lagerübergreifende Koalitionen anzubahnen.[69] So wurde etwa die erste sozialliberale Koalition in Sachsen im Juli 1919 im Landtagsplenum vorbereitet, wie die Plenarprotokolle berichten.[70] Die Verhandlungen über eine Koalition wurden unter Leitung des SPD-Landesvorsitzenden Karl Sindermann zusammen mit dem Ministerpräsidenten Georg Gradnauer sowie dem Fraktionsvorsitzenden Robert Wirth auf Seiten der Sozialdemokraten sowie den beiden Fraktionsvorsitzenden der Demokraten, Emil Nitzschke und Oskar Günther, den ganzen Sommer über im Landtagsgebäude geführt. Widerstand gegen ein solches Bündnis formierte sich vor allem außerhalb des Parlaments. Offensichtlich war es von großem Vorteil, dass sich alle genannten Protagonisten bereits aus dem alten Landtag oder dem Reichstag kannten. Die Zusammenarbeit zwischen Regierung und Mehrheitsfraktionen war so gut, dass auch nach den Wahlen von 1920, die für beide Parteien verheerend ausgingen, eine Fortsetzung unter Einschluss der DVP diskutiert wurde.[71] Das war freilich mit der Mehrheit der SPD-Parteibasis nicht zu machen. Das Vertrauen, das im Landtag aufgebaut worden war, überstand die Jahre 1920 bis 1922, in denen eine von der KPD tolerierte

66 Zum bereits Ende der 1920er Jahre entwickelten Konzept der politischen Generation siehe grundlegend: Karl Mannheim/Kurt H. Wolff (Hrsg.), Wissenssoziologie, Berlin/Neuwied 1964, S. 509–565. Zu den politischen Generationen in der Weimarer Republik siehe Detlev J. Peukert, Die Weimarer Republik. Krisenjahre der Klassischen Moderne, Frankfurt am Main 2009 [1987], S. 16–31 sowie S. 91–100.

67 So jedenfalls Richard Seyfert in seinen Erinnerungen. Siehe SächsHStAD, Bestand 12785 – NL Richard Seyfert, Nr. 947 Diarium, pag. 1920 l.

68 Vgl. Schmeitzner, Einheitsfront oder Große Koalition?; Pastewka, Koalitionen statt Klassenkampf, S. 219.

69 Zum Begriff des Vertrauens siehe u. a. Martin Hartmann/Claus Offe (Hrsg.), Vertrauen. Die Grundlage des sozialen Zusammenhalts, Frankfurt, New York 2001; Ute Frevert, Vertrauensfragen. Eine Obsession der Moderne, München 2013.

70 Siehe die Sitzung vom 4. Juli 1919: Verhandlungen der Sächsischen Volkskammer im Jahre 1919, Zweiter Band, Nr. 24–58, Dresden 1919, S. 1776–1796.

71 Siehe der der DVP nahe stehende „Dresdner Anzeiger" Nr. 547 vom 15. November 1920. Vgl. auch Rudolph, Die sächsische Sozialdemokratie vom Kaiserreich zur Republik (1871–1923), S. 277 f. sowie Mike Schmeitzner, Alfred Fellisch 1884–1973. Eine politische Biographie, Köln 2000, S. 182.

Abb. 3: Sitzung der Volkskammer am 8. April 1919. Am Rednerpult: Anna Geyer (USPD). Max Winkler oben im Präsidium, 1. v. r.

MSPD/USPD-Minderheitsregierung das Land führte. Der erwähnte Robert Wirth und der ebenfalls bereits als Minister involvierte Richard Seyfert waren folglich die Protagonisten der bereits Anfang 1923 angestrebten großen Koalition. Die beiden erfahrenen Parlamentarier trafen sich, wie die Tagebücher Seyferts verraten, entspannt bei Zigarre und einer Flasche Wein, um Strategien zu entwickeln, wie die SPD aus dem Bannkreis der Kommunisten gelöst und wieder zu einer tragfähigen Koalition der Mitte bewegt werden könne.[72] Der ehemalige Nationalliberale Seyfert stellte dabei das Bindeglied zu der inzwischen erstarkten Volkspartei her. Im Frühjahr 1923 scheiterten die beiden Fraktionsvorsitzenden noch, aber im Spätherbst, nach der Reichsexekution, setzten sie wichtige Impulse für die Tolerierung der SPD-Minderheitsregierung, die schließlich zur großen Koalition führte – auch wenn nur ein Teil der SPD-Fraktion sich endgültig überzeugen ließ, das Bündnis zu unterstützen.

Die große Koalition, die im Januar 1926, als Max Winkler die Haushaltsdebatte eröffnete, bereits zwei Jahre existierte, konnte nur bestehen, weil deren Akteure im Landtag immer wieder zueinander fanden. Einer der Protagonisten dieser Koalition, der Sozialdemokrat Karl Bethke, der für seine Position von seiner Partei oft gescholten wurde, legte 1926 dar, wie wichtig die persönlichen Beziehungen gerade mit Bezug auf

72 SächsHStAD, Bestand 12785 – NL Richard Seyfert, Nr. 942 – Tagesnotizen 1921–24, pag. 20/21. Siehe auch Pastewka, Koalitionen statt Klassenkampf, S. 202–212.

die Koalition waren und warnte davor, diese fahrlässig zu zerstören. Für ihn kam der Vertrauensbruch einer Diskreditierung des Parlamentarismus gleich. Er argumentierte:

> „Glauben Sie mir, in der politischen Auffassung [zur Steuergesetzgebung, J.P.] sind die Herren um Blüher [DVP-Fraktionsvorsitzender] und Dehne [DDP-Abgeordneter und Finanzminister] sicher meine Gegner, deren Vorschläge ich stets kritisch entgegennehme. Aber eins sage ich Ihnen: wenn schon Gegner gezwungen werden, sich an einen Tisch zu setzen, um auseinanderstrebende Kräfte zu vereinen, wie es in einer Koalition notwendig ist, dann spielt die persönliche Achtung des einen vor dem anderen, die Hochachtung vor der Person, vor der Reinheit des Charakters mit eine entscheidende Rolle, solche differierende Punkte zu erledigen. Und da muß ich sagen, wenn ich eine Koalition auf Treu und Glauben eingehe, die aufgebaut ist auf dem Glauben an die Persönlichkeit, die mir als politischer Gegner gegenüber steht, dann kann ich eine solche Koalition nicht mit verlogenen Mitteln hinterhältig lösen, sonst diskreditiere ich den ganzen Parlamentarismus und meine Partei für die ganze Zukunft. [...] Dieses Imponderabile des Vertrauens von Person zu Person, das so vieles möglich macht, dieses wertvolle Band ist dann lange Zeit und vielleicht für alle Zeit zerrissen."[73]

Die Kehrseite der Verständigung

Bethkes Äußerungen richteten sich vor allem an die Basis der sächsischen Sozialdemokraten, für die marxistischer Klassenkampf und große Koalition nicht vereinbar schienen. Der Konflikt innerhalb der Sozialdemokratie steht dabei nur exemplarisch für die Nachteile, die ein Parlament als Ort der Verständigung mit sich bringt: Der oben beschriebene Effekt der Gemeinsinnsstiftung und Vertrauensbildung innerhalb des Parlaments entfernte die Abgeordneten von ihren Parteien und Wählern. Das galt für die Demokraten, die 1920 eine schwere Schlappe hinnehmen mussten, nachdem sie sich mit der Sozialdemokratie geeinigt hatten,[74] das galt aber auch für einzelne Mitglieder der Deutschen Volkspartei, insbesondere als diese Anfang der 1930er Jahre begann, sich deutlicher von den Nationalsozialisten zu distanzieren, als ihre Parteibasis dies tat. Der wichtigste Vertreter der Fraktion, Bernhard Blüher, musste über diesen Konflikt seinen Hut nehmen.[75] Selbst die Kommunisten, so könnte man vermuten, waren von diesem Effekt betroffen, denn auch die Vertreter der „gemäßigten" KPD-Opposition in Sachsen, Paul Böttcher und Robert Siewert, waren langjährige Parlamentarier gewesen.

---

73 Alte Sozialdemokratische Partei (Hrsg.), Protokoll des 1. Parteitages der Alten Sozialdemokratischen Partei Sachsens. 6. Juni 1926, Dresden 1926, S. 31.

74 Siehe die Wahlergebnisse im Anhang.

75 Dazu im Detail Pastewka, Koalitionen statt Klassenkampf, S. 275.

Die Parteien wiederum, die die Gefahr sahen, dass sich ihre Abgeordneten von der Parteilinie entfernten, reagierten mit der Einschränkung des freien Mandats. Sie versuchten mit dem Mittel der Fraktionsdisziplin, ihre Abgeordneten auf Linie zu bringen. Der parteilinke Sozialdemokrat Georg Graupe stellte bereits 1924 fest, die sozialdemokratischen Abgeordneten seien nicht mehr als das „Vollzugsorgan der arbeitenden Schichten“[76], und damit an die Entschlüsse des Parteitages direkt gebunden. Aber auch aus der DVP sind Versuche dokumentiert, nach denen Parteiinstanzen versucht hatten, parlamentarische Entscheidungen zu erpressen bzw. im Nachhinein zu sanktionieren.[77] Dem Demokraten Julius Dehne war aus eben diesem Grunde im Oktober 1930 der Geduldsfaden gerissen, nachdem der letzte Versuch, eine große Koalition zu schmieden, gescheitert war. Er appellierte an die Parteien in der Mitte des Plenums:

> „Ich wende mich an alle, [...] die guten Willens sind in allen Parteien dieses Hauses: Bäumen Sie sich doch endlich auf gegen diesen Fraktionszwang, gegen diesen Terror, der sie zu Sklaven der Parteiherrschgelüste macht, und treten Sie zusammen zu einer Gemeinschaft derer, die ehrlich und ernstlich für das Volk arbeiten wollen. (Sehr gut! b.d. Dem.) Was haben Sie schließlich zu verlieren? Ein Landtagsmandat! Ich meine, das ist, weiß Gott, der Güter höchstes nicht [...]“[78]

Dehnes Ausführungen geben einen Hinweis auf einen weiteren kritischen Aspekt: Der Landtag als ein Ort der Verständigung wurde durch die Parlamentarismusvorstellungen der älteren Parlamentarier begünstigt, die sich durch die unveränderte Symbolik darin bestärkt fühlen durften. Die Abgeordneten der ersten Jahre waren in einem System aufgewachsen, in dem der Landtag als Ganzes der königlichen Regierung gegenüberstand. Diesem alten Dualismus waren viele Abgeordnete, auch Vertreter der großen Koalition, sehr viel näher als dem neuen Dualismus, bei dem die Trennlinie zwischen Parlamentsmehrheit und Regierung auf der einen Seite und loyaler Opposition auf der anderen verlief. Stattdessen begründeten sie die Pflicht zur Koalition mit dem Konzept der „Volksgemeinschaft“, die im Landtag beispielhaft repräsentiert werden sollte.[79] Der

---

76 Der Landesparteitag, in: „Dresdner Volkszeitung“ Nr. 6 vom 8. Januar 1924, Zitat S. 3.

77 Brief Bernhard Blüher an Niethammer vom 28. November *1930*. In: SWA Bestand U47 Kübler und Niethammer, Nr. 1477, 2. Demnach versuchte der DVP-Landesvorstand im November 1930 die Fraktion zu einer Kooperation mit den Nazis zu bewegen. Als Blüher dies verhinderte, wurde er von der Partei zum Rücktritt aufgefordert.

78 Verhandlungen des Sächsischen Landtages, 5. Wahlperiode. Erster Band, Nr. 1–34, Dresden 1931, S. 203A.

79 Zum Problem des Begriffes „Volksgemeinschaft“ und seiner Bedeutung in der Weimarer Republik siehe unter anderem Michael Wildt, Volksgemeinschaft und Führererwartung in der Weimarer Republik, in: Ute Daniel/Thomas Welskopp/Wolfram Pyta (Hrsg.), Politische Kultur und Medienwirklichkeiten in den 1920er Jahren, München 2010.; Wolfgang Hardtwig, Volksgemeinschaft im Übergang, in: Detlef Lehnert/Peter Brandt (Hrsg.), Gemeinschaftsdenken in Europa. Das Gesellschaftskonzept „Volksheim“ im Vergleich 1900 – 1938, Köln 2013.; Marcus Llanque, Der Weimarer Linksliberalismus und das Problem politischer Verbindlichkeit, in: Anselm Doering-Manteuffel/Jörn Leonhard (Hrsg.), Liberalismus im 20. Jahrhundert, Stuttgart 2015. Siehe auch Jörn

Begriff hatte zu diesem Zeitpunkt zwar noch keine rassisch motivierte, exkludierende Konnotation, gleichwohl war er eine Fiktion. Das Verharren in alten Mustern ging so weit, dass ab 1930 ein „unpolitisches" Beamtenkabinett wohlwollend aufgenommen wurde, das letztlich dem monarchischen System näher war als dem demokratischen.[80] Das war der große Nachteil der symbolisch tradierten Kontinuitätsfiktion.

Was dem sächsischen Landtag in der Weimarer Republik letztendlich also fehlte war eine Vorstellung davon, wie ein Parlament *gleichzeitig* den vorhandenen Parteienpluralismus als legitim und notwendig anerkennen und dennoch zu einem gemeinschaftlichen Miteinander finden konnte. Ein solches Leitbild zu etablieren und zu festigen ist dem sächsischen Landtag nicht dauerhaft gelungen.

Wendepunkt 1926

Als Max Winkler zum Jahresbeginn 1926 die Haushaltsdebatte im Landtag eröffnete, wusste niemand, dass sich dieses Ereignis genau in der Mitte jener Epoche abspielte, die kurze Zeit später bereits etwas abfällig die „Weimarer Republik" genannt werden würde.[81] Der Landtag hatte sich zu diesem Zeitpunkt etabliert. Ein wenig scheint es, als sei dieses Jahr, nach den Wirren der Anfangszeit und vor der Katastrophe, die schließlich folgte, ein „Jahr am Rand der Zeit" gewesen, wie es der deutsch-amerikanische Romanist Hans Ulrich Gumbrecht einmal formuliert hat.[82] Doch war in der Gegenwart des Jahres 1926 viel von dem, was noch kommen sollte und was dem Landtag am Ende zum Verhängnis werden würde, bereits angelegt. Zwingend war die dann einsetzende Entwicklung hingegen nicht.

Der Staatshaushalt, den der Finanzminister Peter Reinhold an jenem 21. Januar vorstellte, war der letzte, den die große Koalition einbrachte. Im Juni trennte sich die SPD-Mehrheitsfraktion endgültig von der Mutterpartei und gründete eine eigene, die Alte Sozialdemokratische Partei (ASPS). Bei den Wahlen im Oktober verlor sie alle bis auf vier ihrer ursprünglich 23 Mandate. Die verbliebenen vier Abgeordneten stützten eine Regierung, die bis zur konservativ-antisemitischen und in Teilen verfassungsfeindlichen DNVP reichte. Es fällt schwer, in diesem Falle von einer „großen" Koalition zu sprechen, da die SPD nicht beteiligt war, ja sich sogar in schärfster Gegnerschaft zu ihr

Retterath, „Was ist das Volk?". Volks- und Gemeinschaftskonzepte der politischen Mitte in Deutschland 1917–1924, Berlin/Boston 2016.

80 Hierzu im Detail Pastewka, Koalitionen statt Klassenkampf, S. 261 f.

81 Eine frühe Erwähnung der Umschreibung des Deutschen Reiches als „Weimarer Republik" findet sich am 15. Mai 1927 in den Verhandlungen des Sächsischen Landtages, 3. Wahlperiode. Erster Band, Nr. 1–34, Dresden 1927, S. 1140D. Der kommunistische Abgeordnete Arthur Lieberasch spricht hier von den „Machtmitteln des kapitalistischen Staates der Weimarer Republik".

82 Hans U. Gumbrecht, 1926. Ein Jahr am Rand der Zeit, Frankfurt am Main 2001.

befand. Ohnehin geriet die ASPS schnell in völkisch-nationalistisches Fahrwasser. Ihre Protagonisten kehrten erst wieder zur SPD zurück, als es längst zu spät war.[83] Die Wahlen von 1926 brachten aber noch mehr weitreichende Veränderungen mit sich. Zum einen begann hier die Zersplitterung des „bürgerlichen" Lagers mit dem Einzug von Klientel- und Kleinstparteien.[84] Zum anderen gelang erstmals der Einzug der Nationalsozialisten.[85] Verhielten sich ihre Vertreter ab 1926 noch verhältnismäßig ruhig, begann die auf fünf, später auf 14 Abgeordnete angewachsene Fraktion bis 1933 die Arbeit des Landtages und seine parlamentarische Kultur planmäßig zu unterwandern. In Anbetracht der Gefahr, die von den Hitlerleuten ausging, bildete sich Anfang der 1930er Jahre noch so etwas wie eine stille Koalition, die von der Sozialdemokratie bis weit in die Rechtsparteien reichte und deren Ziel es war, die destruktiven Umtriebe der Nationalsozialisten zu vereiteln. Immerhin konnte so verhindert werden, dass nach 1930 noch einmal gewählt werden musste.[86] Schließlich griffen die Nazis zur Gewalt, um ihren Willen durchzusetzen. Am 9. März überfiel eine Abordnung der SA das Parlamentsgebäude, machte Jagd auf einzelne Abgeordnete und prügelte die SPD-Fraktion förmlich aus dem Landtag.[87]

Max Winkler war zu dieser Zeit kein politischer Akteur mehr. Als Mitglied der ASPS wurde er Ende 1926 nicht mehr in den Landtag gewählt und kehrte in seinen Beruf als Tarifamtsleiter zurück. Er lebte mit seiner Tochter[88] zurückgezogen in Dresden-Briesnitz, wurde 1933 entlassen[89] und starb dort am 15. November 1946.[90]

---

83 Zum Schicksal der Partei siehe unter anderem Christopher Hausmann, Die „Alte Sozialdemokratische Partei" 1926–1932, in: Helga Grebing/Hans Mommsen/Karsten Rudolph (Hrsg.), Demokratie und Emanzipation zwischen Saale und Elbe. Beiträge zur Geschichte der sozialdemokratischen Arbeiterbewegung bis 1933, Essen 1993.; Benjamin Lapp, A ‚National' Socialism: The Old Socialist Party of Saxony, 1926–32, in: Journal of Contemporary History 30 (1995) 2. Siehe auch Karsten Rudolph, „Alte" und „neue" Sozialdemokraten in Sachsen, in: Mitteilungsblatt des Instituts für soziale Bewegungen (2011) 45.

84 Siehe hierzu Benjamin Lapp, Revolution from the right. Politics, class, and the rise of Nazism in Saxony, 1919–1933, Atlantic Highlands 1997. Sowie Pastewka, Koalitionen statt Klassenkampf, S. 73–78.

85 Zur NSDAP siehe unter anderem Clemens Vollnhals, Der gespaltene Freistaat, in: Clemens Vollnhals (Hrsg.), Sachsen in der NS-Zeit, Leipzig 2002.

86 Siehe hierzu Pastewka, Koalitionen statt Klassenkampf, S. 271–286.

87 Janosch Pastewka, „Ein erschütternder Anblick" – Der Überfall auf den sächsischen Landtag am 9. März 1933, in: Landtagskurier (2015) 5. Siehe auch Reiner Groß, Frühjahr 1933 – die letzten Wochen des Sächsischen Landtags, in: Jahresspiegel (1993)

88 Siehe Eintrag Freiherrlich von Fletchersche Aufbauschule und Deutsche Oberschule Dresden-Neustadt – 1. Jahresbericht – Ostern 1927.

89 Über Winklers weiteren Lebensweg ist wenig bekannt. Anhand historischer Dresdner Adressbücher lässt sich belegen, dass Winkler ab 1934 mit der Berufsbezeichnung „Gewerksch.-Sekr. a. D." und ab 1936 als „o[hne].B[eschäftigung]." geführt wird. Siehe u. a. < http://digital.slub-dresden.de/werkansicht/dlf/75028/1395/0/> (25.7.2018) Winkler im Haus „Auf dem Eigen 17".

90 Stadtarchiv Dresden, 6.4.25 Standesamt/Urkundenstelle, 19.4.2–16 Standesamt Dresden 3, Registernummer 3626/1946. Ich danke Marco Iwanzeck für die freundliche Auskunft.

Fazit

Der sächsische Landtag war in der Weimarer Republik ein Ort der Verständigung. Hier bildeten sich Vertrauensräume, in denen sich politische Gegner näher kommen konnten, als irgendwo sonst. Mehr noch: Die Sitzungen des Plenums und der Ausschüsse gehörten zu den wenigen Anlässen, zu denen sich Abgeordnete völlig unterschiedlicher Parteien und Weltanschauungen trafen und öffentlich oder hinter verschlossenen Türen austauschten. Je länger die Akteure sich im Parlament aufhielten, desto größer war der Effekt der Vertrauensbildung. Die Parlamentarier waren gezwungen, einander zuzuhören, Kompromisse zu finden und sich zu verständigen. Im Landtag konnte, sollte und durfte verhandelt werden. Diese Verhandlungen liefen, von Ausnahmen abgesehen, nicht chaotisch oder nach dem Recht des Stärkeren bzw. Lautesten ab, sondern in geordneter Weise, auf Basis teilweise lange zurückreichender Traditionen und in fest eingeübten Ritualen. Diese Verhaltensweisen waren Teil einer tradierten parlamentarischen Kultur. So war der sächsische Landtag als ein Ort der offenen pluralistischen Deliberation möglicherweise demokratischer als die Gesellschaft der Weimarer Republik um ihn herum.

Der Aufbau von Vertrauen, das Signalisieren von Anschlussstellen, waren von großer Bedeutung für die Koalitionsbildung in Sachsen. Sie waren so wichtig, weil nur ein Bündnis aus Sozialdemokraten und liberalen Parteien über die Lagergrenzen hinweg die notwendige Bedingung einer rechnerischen Mehrheit mit einem klaren Bekenntnis zur Verfassung verband.

Der Widerspruch jedoch zwischen Innen und Außen, zwischen geordnetem Ringen um Kompromisse und dem Willen zum Ausgleich im Parlament und der feindseligen, teilweise zügellosen und gewalttätigen Konfrontation außerhalb, brachte den Landtag immer wieder an die Grenze seiner Leistungsfähigkeit. Die Art und Weise, wie ein modernes Parlament in einer repräsentativen Demokratie funktionieren muss, wurde von vielen Akteuren bereits verstanden, aber zu wenig erklärt und zu selten positiv konnotiert. Andererseits waren die Parlamentarismusvorstellungen insgesamt noch zu sehr dem alten System verhaftet, in dem ein vermeintlich homogener Landtag der (königlichen) Regierung entgegenstand. Nach 1930 fiel man auf dieses Modell zurück. Zu groß war bei den einzelnen Parteien und ihrer Wählerschaft der Wille, die sächsische Landespolitik alleine zu dominieren und die politischen Gegner notfalls mit Gewalt niederzuringen. Die Wahlergebnisse machten den auf einen politischen Ausgleich bedachten Akteuren immer wieder einen Strich durch die Rechnung. Nach jeder Wahl mussten sie sich neu finden, bis am Ende keine Mehrheit mehr zustande kam. Dennoch: Die Geschichte des sächsischen Landtages ist ein wichtiger Teil der Demokratiegeschichte Sachsens. Als Orte der Verständigung sind Parlamente eine wichtige Stütze der Demokratie. Sie bedürfen aber eines breiten Rückhalts in der Bevölkerung, ohne den sie den Gefahren der Agitation ausgeliefert sind.

„... und wir Frauen werden immer rufen und immer wieder unsere Forderungen stellen."

Parlamentarische Arbeitsfelder der ersten weiblichen Landesabgeordneten in Sachsen

Lutz Vogel

Drei Tage im Winter 1919 – der 2. und der 25. Februar sowie der 4. März – sind als bedeutsame Daten der sächsischen Geschichte weitgehend vergessen. Und doch stellen diese drei Tage wichtige Wegmarken der demokratischen Entwicklung des Landes dar, markieren sie doch Ereignisse der formalen rechtlichen Gleichstellung und damit der erstmaligen politischen Partizipation von Frauen, die zu dieser Zeit die Mehrheit der Bevölkerung im jungen Freistaat bildeten.

Am 2. Februar 1919 durften Frauen erstmals das aktive wie passive Wahlrecht bei den Wahlen zum sächsischen Landesparlament ausüben. Die am 27. Dezember 1918 erlassene „Verordnung über die Wahlen zur Volkskammer der Republik Sachsen (Landeswahlgesetz)" legte in § 3 Abs. 1 fest: „Wahlberechtigt sind alle deutschen Männer und Frauen, die am Wahltag das 20. Lebensjahr vollendet haben und in Sachsen wohnen; Personen des Soldatenstandes sind berechtigt, an der Wahl teilzunehmen."[1] Da neben den Frauen auch die unter 25-jährigen Männer sowie Angehörige der Reichswehr das Wahlrecht erhielten, vergrößerte sich die Zahl der Wahlberechtigten deutlich. Während zur sächsischen Landtagswahl 1909 rund 773 000 und zu den Reichstagswahlen 1912 etwa 1,05 Millionen Personen wählen durften, waren 1919 fast 2,9 Millionen sächsische Bürgerinnen und Bürger wahlberechtigt – fast viermal so viele wie zur Landtagswahl 1909.[2]

1 Gesetz- und Verordnungsblatt für die Republik Sachsen (fortan: GVBl Sachsen) vom Jahre 1918, Dresden 1918, S. 408–410.

2 Vgl. Emil Zeichart, Die Wahlen vom 19. Januar und 2. Februar 1919 und vom 6. Juni und 14. November 1920, in: Zeitschrift des Sächsischen Statistischen Landesamtes 66/67 (1920/21), S. 328–442, hier S. 330. Zur Differenz zwischen Landtagswahl 1909 und Reichstagswahl 1912 vgl. Simone Lässig, Wahlrechtskampf und Wahlreform in Sachsen 1895–1909, Köln/Weimar/Wien 1996.

Am 25. Februar 1919 konstituierte sich die nach dem neuen Wahlrecht zusammengesetzte Sächsische „Volkskammer",[3] wobei erstmals in der sächsischen Geschichte auch Frauen zu den Abgeordneten zählten: Anna Geyer (1893–1971) für die Unabhängigen Sozialdemokraten (USPD), Julie Salinger (1863–1942) für die liberale DDP und Helene Wagner (1870–1945) für die Mehrheitssozialdemokraten (MSPD) – drei Frauen unter insgesamt 96 Abgeordneten. Aufgrund des mit dem Landtagswahlgesetz in Anlehnung an das Reichstagswahlgesetz[4] eingeführten Verhältniswahlrechts bestimmte allein die Platzierung der Kandidatinnen und Kandidaten auf den von den Parteien einzureichenden Listen, wie groß ihre Chance auf den Einzug ins Landesparlament war.[5]

Am 4. März 1919 schließlich hielt die Mehrheitssozialdemokratin Helene Wagner als erste Frau im Sächsischen Landtag eine Rede.[6] Sie sprach in der fünften Sitzung des noch als Volkskammer bezeichneten Parlaments in einer Debatte über die englische Seeblockade und die Versorgung Sachsens mit Lebensmitteln und eröffnete mit den Worten: „Meine Herren und Damen! Wenn ich das Wort ergreife, so aus dem Grunde, um wenigstens in einer ganz geringen Weise zum Ausdruck zu bringen, wie die Hausfrauen und Mütter Sachsens zu leiden haben."[7] Zum gleichen Tagesordnungspunkt sprach am selben Tag auch die DDP-Abgeordnete Julie Salinger, die zu Beginn die geringe Anzahl an Parlamentarierinnen kritisierte: „Ich bedaure, daß die Zahl der Frauen in diesem Hause so gering ist, denn sonst hätten auch wir uns hier, wie die Frauen in der Nationalversammlung über alle Parteiunterschiede hinweg, zu einem einmütigen Protest gegen die Blockade zusammengefunden."[8]

Diese Ereignisse stellen den Anfang der nur 14 Jahre währenden politischen Mitwirkung von Frauen im politischen System Sachsens dar, ehe sie durch die nationalsozialistische „Machtergreifung" wieder vollständig aus dem Bereich des Politischen zurückgedrängt, als Politikerinnen zum Teil verfolgt und umgebracht wurden. Über die ersten weiblichen Abgeordneten, ihre Biografien und ihr parlamentarisches Wirken ist bislang aber nur wenig bekannt. Dieser Beitrag gibt einen Überblick über die bisherige Forschung, zu den insgesamt 19 sächsischen Landesparlamentarierinnen jener Zeit und über ihr parlamentarisches Wirken.

---

3 Wie z. B. in Hessen auch wurde der erste sächsische Landtag nach der Novemberrevolution „Volkskammer" genannt. Vgl. Landeswahlgesetz, § 1, in: GVBl Sachsen 1918, S. 408. Zur Genese der Bezeichnung vgl. Janosch Pastewka, Koalitionen statt Klassenkampf. Der sächsische Landtag in der Weimarer Republik (1918–1933), Diss., TU Dresden 2017, S. 162 mit Anm. 745.

4 Vgl. Landeswahlgesetz, § 7, in: GVBl Sachsen 1918, S. 409.

5 Der Freistaat war in die drei Wahlbezirke Dresden-Bautzen (35 Mandate), Leipzig (24) und Chemnitz-Zwickau (37) aufgeteilt, in denen die angetretenen Parteien Listen einzureichen hatten, die Grundlage für die Verteilung der Parlamentssitze waren. Vgl. Zeichart, Wahlen, S. 328 f. Zu den Landtagskandidatinnen in Sachsen in der Weimarer Republik vgl. Lutz Vogel, Weitgehend chancenlos. Landtagskandidatinnen in Sachsen 1919–1933, in: Hedwig Richter/Kerstin Wolff (Hrsg.), Frauenwahlrecht. Demokratisierung der Demokratie in Deutschland und Europa, Hamburg 2018, S. 249–269.

6 Vgl. Die Frauen in der Volkskammer, in: Dresdner Volkszeitung, Nr. 53 vom 5.3.1919.

7 Verhandlungen der Sächsischen Volkskammer (fortan: VdSV) im Jahre 1919, Bd. 1, Dresden 1919, S. 142.

8 Ebd., S. 153.

Forschungsstand

Zu Politikerinnen in der Zeit der Weimarer Republik ist in den vergangenen zwei Jahrzehnten eine große Zahl an Studien mit unterschiedlichen Ausrichtungen zu den politischen Parteien, zur Nationalversammlung und dem Reichstag wie auch zu den Landesparlamenten erschienen.[9] Nach einer ersten größeren Forschungskonjunktur in den 1970er und 1980er Jahren[10] haben diese Untersuchungen ein inzwischen recht detailliertes Bild über die politische Partizipation von Frauen auch in der Weimarer Republik geschaffen.

Sachsen nimmt – was diesen geschlechterhistorischen Teil der Weimarer Republik anbelangt – inzwischen fast eine Ausnahmestellung ein: Sowohl das Thema der politischen Partizipation von Frauen als auch die Beschäftigung mit dem Sächsischen Landtag in diesen Jahren ist lange Zeit nur sehr randständig untersucht worden – abgesehen von zahlreichen glorifizierenden Beschreibungen insbesondere der kommunistischen Abgeordneten als antifaschistische Widerstandskämpferinnen zu DDR-Zeiten.[11] In ein größeres öffentliches Blickfeld sind die weiblichen Abgeordneten erstmals im Jahr 2006 gerückt, als sich ihnen eine Ausstellung im Sächsischen Landtag widmete.[12] Zu einigen Parlamentarierinnen liegen zumindest kürzere biografische Beiträge vor.[13]

---

9 Vgl. z. B. Heide-Marie Lauterer, Parlamentarierinnen in Deutschland 1918/19–1949, Königstein im Taunus 2002; Kyra T. Inachin, Parlamentarierinnen. Landespolitikerinnen in Mecklenburg und Pommern 1918 bis heute, Kückenhagen 2005; „Jetzt endlich können die Frauen Abgeordnete werden!" Thüringer Parlamentarierinnen und ihre Politik, hrsg. vom Thüringer Landtag, Weimar 2003; Elke Stolze, Die weiblichen „Herren Abgeordneten". Politikerinnen der Region Sachsen-Anhalt 1918–1945, Halle an der Saale 2007; Kirsten Heinsohn, Konservative Parteien in Deutschland 1912 bis 1933. Demokratisierung und Partizipation in geschlechterhistorischer Perspektive, Düsseldorf 2010.

10 Vgl. z. B. Barbara Greven-Aschoff, Die bürgerliche Frauenbewegung in Deutschland 1894–1933, Göttingen 1981; Christl Wickert, Unsere Erwählten. Sozialdemokratische Frauen im deutschen Reichstag und Preußischen Landtag 1919–1933, 2 Bde., Göttingen 1986; Ingrid Langer, Zwölf vergessene Frauen, Die weiblichen Abgeordneten im Parlament des Volksstaates Hessen. Ihre politische Arbeit – ihr Alltag – ihr Leben, Frankfurt am Main 1989.

11 Vgl. z. B. Sie kämpften und starben für kommendes Recht. Kurze Lebensbeschreibung Dresdner Arbeiterfunktionäre und Widerstandskämpfer II, Dresden 1963, S. 43–45 (Helene Glatzer); Eva Barsch, Grete Groh-Kummerlöw, in: Heinz Deutschland/Ernst Egon Lange (Hrsg.), Wegbereiter. 32 Porträtskizzen, Berlin 1987, S. 197–208; Lieselotte Thoms-Heinrich, Lebenslauf mit Lücken. Olga Körner, in: Sigrid Jacobeit/dies., Kreuzweg Ravensbrück. Lebensbilder antifaschistischer Widerstandskämpferinnen, Leipzig ^{2}1989, S. 97–110; Revolutionäre Kämpfer. Biographische Skizzen, hrsg. von der Kommission zur Erforschung der Geschichte der örtlichen Arbeiterbewegung bei der Bezirksleitung Karl-Marx-Stadt der SED, Band 5, Karl-Marx-Stadt 1985, S. 44–47 (Margarete Nischwitz).

12 „Jetzt, nachdem die Frau auch in der Politik eine Stimme hat ..." – Parlamentarierinnen im Sächsischen Landtag 1919–1933, Sächsischer Landtag, Dresden, 26.4.2006 bis 29.6.2006. Eine Begleitpublikation dazu ist nicht erschienen; die Ausstellungstafeln befinden sich heute im Bestand des Frauenstadtarchivs Dresden.

13 Vgl. Ingrid Kirsch, Julie Salinger – eine der ersten Frauen im Länderparlament Sachsens, in: Caroline, Berta, Gret und die anderen. Frauen und Frauenbewegung in Dresden (Dresdner Hefte. Beiträge zur Kulturgeschichte, Bd. 62), Dresden 2000, S. 85–88; Lutz Vogel, Parlamentsarbeit einer „Novizin". Julie Salinger im Sächsischen Landtag 1919–1922, in: Medaon. Das Magazin für Jüdisches Leben in Forschung und Bildung 1/2007, http://www.medaon.de/pdf/M-Vogel-1-2007.pdf (2.5.2018); Ders., Salinger, Julie, in: Sächsische Biografie (2007),

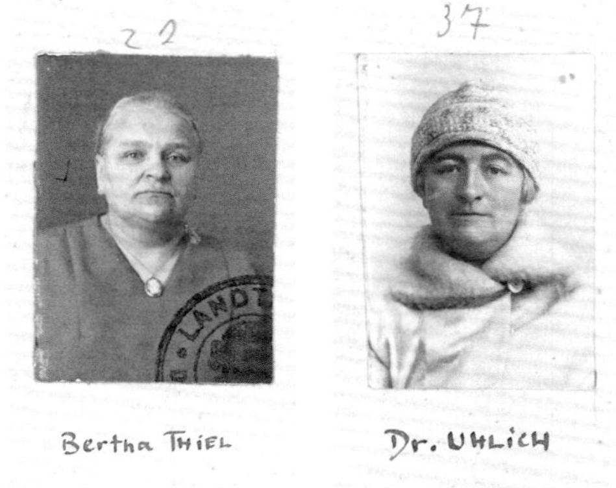

Abb. 1: Die Landtagsabgeordneten Doris Hertwig-Bünger, Julie Salinger, Elise Thümmel, Mily Bültmann, Olga Körner, Margarete Nischwitz, Martha Schilling, Martha Schlag, Bertha Thiel und Else Ulich-Beil

Eine Gesamtdarstellung des parlamentarischen Wirkens der ersten weiblichen Abgeordneten des Sächsischen Landtages existiert bislang jedoch nur in Form einer ungedruckten Magisterarbeit.[14] Zur Geschichte des Sächsischen Landtags in der Weimarer Zeit liegt seit kurzem eine Dissertation vor, die im Rahmen des Dresdner Graduiertenkollegs „Geschichte der sächsischen Landtage" entstanden ist.[15] In seiner instruktiven Studie leistet Janosch Pastewka wahrlich Grundlagenarbeit, indem er – mit dem Fokus auf die Koalitionsbildung im Parlament – auch erstmals die institutionellen Strukturen, die parlamentarischen Gepflogenheiten, die formellen und informellen Kommunikationswege, mithin die spezifische Funktionsweise dieses Landtags in der Weimarer Zeit ausleuchtet. Dass trotzdem noch viel zu tun ist, zeigt allein die Tatsache, dass zu rund jedem sechsten Abgeordneten der Zeit zwischen 1919 und 1933 nicht einmal grundlegende Angaben wie die Lebensdaten vorhanden sind.[16] Für eine Fortsetzung des 2001 herausgegebenen Bandes zu den Abgeordneten der Zweiten Kammer des Sächsischen Landtages zwischen 1869 und 1918,[17] welcher über die reine Auflistung bzw. Zusammenstellung hinausgeht,[18] scheint es noch ein langer Weg.

Personen

Von insgesamt 200 Kandidatinnen errangen in der Zeit der Weimarer Republik 19 Frauen ein Mandat im sächsischen Landesparlament. Über die gesamte Zeit waren Frauen im Sächsischen Landtag vertreten, ihr Anteil war jedoch – wie in anderen Landesparlamenten und dem Reichstag[19] – äußerst gering: Zwischen 2,1 % (Oktober 1919 bis März

---

http://saebi.isgv.de/biografie/Julie_Salinger_(1863–1942) (2.5.2018); Lennart Kranz, Bültmann, Mily (eigentl. Johanne Emilie), in: Sächsische Biografie (2017), http://saebi.isgv.de/biografie/Mily_B%C3%BCltmann_(1862–1952) (2.5.2018); Agata Schindler, Büttner, Eva, in: Sächsische Biografie (2005), http://saebi.isgv.de/biografie/Eva_B%C3%BCttner_(1886–1969) (2.5.2018); Lutz Vogel, Glatzer, Helene (Lene), in: Sächsische Biografie (2004), http://saebi.isgv.de/biografie/Helene_Glatzer_(1902–1935) (2.5.2018); Ders., Groh-Kummerlöw, Margarete Gertrud (Grete), in: Sächsische Biografie (2004), http://saebi.isgv.de/biografie/Margarete_Gertrud_Groh-Kummerl%C3%B6w_(1909–1980) (2.5.2018).

14 Vgl. Lutz Vogel, Leben und Wirken der ersten Parlamentarierinnen im Sächsischen Landtag der Weimarer Republik (1919–1933), Magisterarbeit, Dresden 2006.

15 Vgl. Pastewka, Koalitionen. Ich danke dem Autor für die Möglichkeit, die noch unveröffentlichte Arbeit zur Kenntnis nehmen zu dürfen. Vgl. auch den Beitrag von Janosch Pastewka in diesem Band.

16 Ebd., S. 124.

17 Vgl. Elvira Döscher/Wolfgang Schröder, Sächsische Parlamentarier 1869–1918. Die Abgeordneten der II. Kammer des Königreichs Sachsen im Spiegel historischer Photographien. Ein biographisches Handbuch, Düsseldorf 2001.

18 Vgl. Josef Matzerath/Uwe Ulrich Jäschke, Aspekte sächsischer Landtagsgeschichte. Die Mitglieder der Wahlbezirke der sächsischen Landtage (1833–1952) Teil II: 1919–1952. Dresden 2011.

19 Im Volksstaat Hessen schwankte der Frauenanteil zwischen 4,3 % und 8,6 %, wobei der Höchststand über eine relativ lange Zeit, von 1924 bis 1931, gehalten wurde. Im Thüringer Landtag wurden zwischen 1,6 und 7,1 % der Mandate von Frauen vertreten, im Preußischen Landtag schwankte der Anteil zwischen 5,0 und 9,3 %. Vgl. Langer, Zwölf vergessene Frauen, S. XVII; Heike Stange, Dokumentation, in: „Jetzt endlich können die Frauen

1920) und 7,3 % (März bis November 1922, Januar 1923 bis Oktober 1926, Juni bis November 1930) der stets 96 Mandate wurden von weiblichen Abgeordneten bekleidet. Zu einer starken Abnahme von Frauenmandaten ab dem Ende der 1920er Jahre, wie sie zum Beispiel für den Reichstag zu konstatieren ist und die als „Remaskulinisierung"[20] des Weimarer Parlamentarismus apostrophiert wurde, kam es in Sachsen allerdings nicht. Dies ist insbesondere mit einer Offensive der KPD Ende der 1920er Jahre zu erklären, bei der vor allem junge Frauen auf aussichtsreiche vordere Listenplätze gesetzt wurden.[21]

Die weiblichen Abgeordneten vertraten fünf Parteien, wobei die Sozialdemokratie in ihren unterschiedlichen Richtungen (MSPD, USPD und die Rechtsabspaltung Alte Sozialdemokratische Partei/ASP) – wie im Reichstag und in anderen deutschen Landesparlamenten auch – sowohl die Mehrzahl der weiblichen Abgeordneten wie auch als einzige Partei durchgängig von 1919 bis 1933 Frauenmandate stellte. Neun der insgesamt 19 Parlamentarierinnen repräsentierten die SPD, einschließlich die bis 1922 bestehende USPD beziehungsweise im Jahr 1926 die ASP im Landtag. Mit Helene Wagner und Anna Geyer vertraten zwei der drei ersten Abgeordneten die Sozialdemokratie. Nach den ersten Landtagswahlen 1920 kamen Eva Büttner (1886–1969, MSPD/ASP) und Elise Thümmel (1885–1976, USPD/SPD) hinzu. In der zweiten Wahlperiode wurde Martha Schilling (1887–1928) ins Landesparlament gewählt, im Januar 1925 trat Martha Schlag (1875–1956) – begleitet von einer großen medialen Kontroverse[22] – von der KPD zur SPD über. Nach dem Unfalltod von Martha Schilling im Dezember 1928[23] rückte für einige Monate Ida Bauer (1886–1967) nach, ehe Berta Thiel (1874–1961) bei den folgenden Wahlen den zweiten Platz der Verstorbenen auf der Leipziger SPD-Liste übernahm und die Partei bis 1933 im Landtag vertrat. Martha Seifert (1896–1963) aus Pirna kam nach der von den Nationalsozialisten herbeigeführten „Neubildung" des Landesparlaments im April 1933 in den Landtag, konnte ihr Mandat jedoch nicht mehr ausüben.

Die sächsische KPD vergab erstmals zu den Landtagswahlen im Mai 1929 aussichtsreiche Listenplätze an Frauen. Zuvor war nur Martha Schlag als Nachrückerin im

Abgeordnete werden!" Thüringer Parlamentarierinnen und ihre Politik, hrsg. vom Thüringer Landtag, Weimar 2003, S. 205–251, hier S. 248; Wickert, Unsere Erwählten, Bd. 2, S. 112.

20 Vgl. Kirsten Heinsohn, Ambivalente Entwicklungen. 150 Jahre Frauenbewegung, Politik und Parteien, in: Ariadne 67/68 (2015), S. 40–48; dies., Parteien und Politik in Deutschland. Ein Vorschlag zur historischen Periodisierung aus geschlechterhistorischer Sicht, in: Gabriele Metzler/Dirk Schumann (Hrsg.), Geschlechter(un)ordnung und Politik in der Weimarer Republik, Bonn 2016, S. 279–298.

21 Die Zahl der weiblichen KPD-Reichstagsabgeordneten stieg nach der Reichstagswahl vom September 1930 von drei auf zwölf. Mit Ausnahme der 73-jährigen Alterspräsidentin Clara Zetkin waren diese Parlamentarierinnen allesamt zwischen 1887 und 1902 geboren worden. Vgl. Wickert, Unsere Erwählten, Bd. 1, S. 197.

22 Vgl. Sächsisches Staatsarchiv – Hauptstaatsarchiv Dresden (fortan: HStAD), 10702 Staatskanzlei, Nachrichtenstelle, Nr. 345, Bl. 311–345.

23 Vgl. den Nachruf auf Martha Schilling im Sächsischen Landtag, in: VdSL 1926–1929, Bd. 4, S. 3598; sowie Tödlicher Unfall einer Landtagsabgeordneten, in: Sächsische Staatszeitung, Nr. 287 vom 10.12.1928.

Januar 1923 in den Landtag gekommen. Mit Helene Glatzer (1902–1935) und Margarete Nischwitz (1891–1979) bei den Landtagswahlen 1929 sowie mit Margarete Groh (1909–1980) – der zu dieser Zeit jüngsten Parlamentarierin Deutschlands –, Olga Körner (1887–1969) und Martha Kühne (1888–1961) kamen die meisten weiblichen Abgeordneten der KPD erst zu dieser Zeit in den Landtag.

Mit Julie Salinger (1863–1942) und Else Ulich-Beil (1886–1965) vertraten zwei Frauen die DDP, für die DNVP saßen langjährig Mily Bültmann (1862–1952), mit der 1930 die letzte konservative Parlamentarierin den Landtag verließ, sowie für einige Monate Magdalene Focke (geb. 1864) im Landesparlament.

Doris Hertwig-Bünger (1882–1968) errang als einzige Frau ein Mandat auf den Listen der Deutschen Volkspartei.[24] Die katholische Deutsche Zentrumspartei, die eine nicht unbedeutende Zahl weiblicher Reichstagsabgeordneter stellte, spielte ob der konfessionellen Struktur Sachsens keine Rolle und entsandte lediglich in den 1920 gewählten Landtag einen männlichen Abgeordneten.

Im Gegensatz zu anderen Landesparlamenten – zum Beispiel in Thüringen und Hessen – sowie zum Reichstag gab es in Sachsen keine weibliche Abgeordnete, die die gesamten 14 Jahre der Weimarer Republik durchgehend ein Parlamentsmandat bekleidete.[25] Die Zugehörigkeit zum Landtagsparlament der 19 weiblichen Abgeordneten erstreckt sich von wenigen Monaten[26] bis zu maximal zwölfeinhalb Jahren.[27]

Vier weibliche Abgeordnete vertraten unterschiedliche Parteien im Landtag: Martha Schlag, zunächst Abgeordnete der KPD im Sächsischen Landtag, wechselte im Februar

24 Hertwig-Bünger war seit 1925 mit dem späteren sächsischen Ministerpräsidenten Wilhelm Bünger (1870–1937) verheiratet. Ihre ältere Schwester Katharina (1878–1953) war ab 1928 Abgeordnete des Preußischen Landtages für die DNVP – eine familiäre Konstellation, die es so wohl nur selten gegeben hat. Vgl. Stolze, Die weiblichen „Herren Abgeordneten", S. 76 f.

25 Im Reichstag gab es fünf Parlamentarierinnen, die durchgängig von 1919 bis 1933 ein Mandat innehatten, im Volksstaat Hessen war die Zentrumsabgeordnete Elisabeth Hattemer die gesamten 14 Jahre Mitglied des Landtages, im Thüringer Landtag, der 1920 das erste Mal gewählt wurde, die Sozialdemokratin Emma Sachse. Vgl. Elisabeth Prégardier/Anne Mohr, Politik als Aufgabe. Engagement christlicher Frauen in der Weimarer Republik. Annweiler/Essen 1990, S. 149; Ingrid Langer, Zwölf vergessene Frauen, S. 166–221; Heike Stange, Die parlamentarische Arbeit von Frauen in Thüringen und ihre politischen Biographien, in: „Jetzt endlich können die Frauen Abgeordnete werden!" Thüringer Parlamentarierinnen und ihre Politik, hrsg. vom Thüringer Landtag, Weimar 2003, S. 47–88, hier S. 50–56; Timo Leimbach, Landtag von Thüringen 1919/20–1933, Düsseldorf 2016, S. 150.

26 Olga Körner (KPD) legte ihr 1930 errungenes Landtagsmandat bereits nach vier Monaten nieder, weil sie in den Reichstag gewählt wurde. Ida Bauer (SPD) rückte im Januar 1929 in den Landtag nach, der im Mai 1929 bereits wieder aufgelöst wurde und Anna Geyer (USPD) legte ihr bei den Volkskammerwahlen 1919 errungenes Mandat im September desselben Jahres nieder, da sie ihrem Ehemann Curt Geyer (1891–1967) nach Berlin folgte. Martha Seifert erhielt ihr Mandat im Zuge der Neubildung des Sächsischen Landtages 1933, nahm aber an keiner der insgesamt nur drei Sitzungen des Landtages teil.

27 Die weiblichen Abgeordneten mit den längsten Mandatszeiten waren Elise Thümmel (USPD/SPD, November 1920 bis Juni 1933), Martha Schlag (KPD/SPD, Januar 1923 bis Juni 1933) sowie Mily Bültmann (DNVP, November 1920 bis Juni 1930). Dagegen gab es sechs männliche Parlamentarier, die von 1919 bis 1933 im Landtag saßen. Vgl. Pastewka, Koalitionen, S. 128.

1925 zur SPD. Elise Thümmel war 1920 für die USPD in den Sächsischen Landtag eingezogen; nach der Wiedervereinigung der Sozialdemokratie war sie bis 1933 für die SPD im Landtag. Zwei weibliche Abgeordnete schlossen sich im Verlauf des sogenannten Sachsenstreites im April 1926 der Rechtsabspaltung ASP an: Helene Wagner, ab 1919 Mitglied des Landtages, und Eva Büttner, ab 1920 Abgeordnete, errangen danach für die zunehmend bedeutungslose ASP aber kein Mandat mehr.

Die biografische Herkunft der weiblichen Abgeordneten ist so heterogen wie die Parteien, die sie im Parlament vertreten haben. Die Sozialdemokratinnen und Kommunistinnen, oftmals als „Hausfrauen" in den Kandidatenlisten geführt,[28] waren mehrheitlich (Heim-)Arbeiterinnen,[29] oftmals in der Textilindustrie.[30] Meist stammten sie aus vielköpfigen Arbeiterfamilien und waren schon im Kindesalter zur Erwerbsarbeit gezwungen[31] bzw. als Dienstmädchen tätig gewesen.[32] Weiterführende Bildung konnten sie nur selten genießen; und wenn, dann zumeist nur in Zusammenhang mit ihren politischen Aktivitäten.[33] Eine Ausnahme bildet hier die Sozialdemokratin Eva Büttner, die aus der Familie eines Zigarettenfabrikanten stammte, ein Studium am Dresdner Konservatorium mit dem Lehrerexamen abschloss und von 1912 bis 1926 als Kulturkritikerin für die sozialdemokratische „Dresdner Volkszeitung" tätig war.[34] Auf der bürgerlichen Seite standen mit Doris Hertwig-Bünger und Else Ulich-Beil zwei promovierte Philolo-

---

28 Zur Problematik dieser Angabe vgl. Vogel, Weitgehend chancenlos, S. 264 f. In den den Landtagsprotokollen in der Regel vorgeschalteten Übersichten über die Abgeordneten wurde bei den Frauen bis Mitte der 1920er Jahre zumeist auf eine Berufsangabe verzichtet. Vgl. z. B. VdSV 1919–1920, Bd. 1, S. IX f.

29 Vgl. z. B. die Aussage der früheren Heimarbeiterin Helene Wagner (SPD) vom 26. Mai 1919: „Wenn ich das Wort ergreife, so tue ich das aus dem einfachen Grunde, um Ihnen einmal zu zeigen, wie eine Heimarbeiterin über Heimarbeit denkt und wie sie sie empfunden hat, wenn sie unter so elenden Verhältnissen hat arbeiten müssen." VdSV 1919–1920, Bd. 2, S. 1229.

30 Ausnahmen hiervon stellen dar: Anna Geyer, Tochter eines Bildhauers, die als Sekretärin arbeitete, Helene Glatzer, die eine Ausbildung an der Handelsschule in Coswig absolvierte und als Kontoristin tätig war, sowie Martha Kühne, die als Stenotypistin bei mehreren Rechtsanwälten in Leipzig arbeitete.

31 So hatten Margarete Groh und Elise Thümmel jeweils acht Geschwister, von Helene Glatzer und Margarete Nischwitz ist überliefert, dass sie – jeweils nach dem frühen Tod ihres (Stief-)Vaters – früh zum Einkommen der Familie beitragen mussten.

32 Als Dienstmädchen waren Olga Körner, Martha Schlag sowie Elise Thümmel tätig.

33 Ida Bauer besuchte z. B. einen viermonatigen Frauenkurs an der (sozialdemokratisch geprägten) Heimvolkshochschule Tinz bei Gera. Vgl. Landesarchiv Thüringen – Staatsarchiv Greiz, 3–33–2200 Heimvolkshochschule Tinz (1919–1933), Nr. 110; zur Heimvolkshochschule Tinz vgl. Ines Lange, Auf der Suche nach dem „Neuen Menschen". Die Heimvolkshochschule Tinz und die Geraer Gemeinschaftsschule, in: Stromauf. Das moderne Gera zwischen 1900 und 1930, Gera 2005, S. 121–126.

34 Vgl. Schindler, Büttner. Über Parteigrenzen hinweg hatte die Publizistik eine große Bedeutung für die Vermittlung der politischen Inhalte. Nahezu alle weiblichen Abgeordneten schrieben – teils regelmäßig, teils nur in den Wahlkämpfen – in den jeweiligen Parteiorganen. Vgl. exemplarisch: Mily Bültmann [DNVP], Der Versailler Vertrag und die Kriegsschuldlüge, in: Sächsischer Volksbote, Nr. 25 vom 23.6.1929; Helene Glatzer [KPD], Schutz von Mutter und Kind, in: Arbeiterstimme, Nr. 107 vom 10.5.1929; Doris Hertwig [DVP], Die Frauen und die Politik. Betrachtungen zur bevorstehenden Landtagswahl, in: Sachsenstimme, Nr. 20 vom 2.11.1922; Martha Schlag [SPD], Frauenfragen und sächsischer Landtag. Ein Wort an die Wählerinnen, in: Kampf. Wahl-Beilage der Volksstimme, Nr. 103 vom 4.5.1929.

ginnen.[35] Magdalene Focke war als Lehrerin tätig, für Mily Bültmann und Julie Salinger ist keine Erwerbstätigkeit nachweisbar. Letztere wirkte jedoch lange Zeit ehrenamtlich im Rechtsschutz für Frauen sowie in der Jüdischen Gemeinde in Dresden, in der sich auch Eva Büttner engagierte.

Was die weiblichen Abgeordneten eint, ist die ihnen von männlicher Seite zugewiesene Nachrangigkeit in der Bedeutung im Betrieb des Sächsischen Landtages der Weimarer Zeit. In den 14 Jahren der Weimarer Republik gab es keine weibliche Spitzenkandidatin zu den Landtagswahlen, keine Fraktionsvorsitzende und – anders als zum Beispiel im Reichstag oder im Thüringer Landtag – auch keine Ausschussvorsitzende.[36] Die höchsten parlamentarischen Ämter, die die weiblichen Abgeordneten ausübten, waren – auf Ebene der Fraktionen – das Amt der stellvertretenden Fraktionsvorsitzenden durch Margarete Nischwitz 1930/31,[37] das der Fraktionsgeschäftsführerin durch Else Ulich-Beil von 1926 bis 1929,[38] das der Schriftführerin der Fraktion durch Doris Hertwig-Bünger 1922[39] und das der Fraktionskassiererin durch Anna Geyer 1919.[40] Im Parlament bekleideten weibliche Abgeordnete höchstens das Amt der Schriftführerin in einem Ausschuss.[41] Elise Thümmel gehörte zudem von November 1931 bis zur Auflösung des Landtages 1933 als eine von sechs Schriftführern dem Landtagspräsidium und damit auch dem sogenannten Zwischenausschuss an.[42]

35 Doris Hertwig promovierte 1908 – gegen zum Teil heftigen Widerstand aus der Professorenschaft – als erste Frau an der Philosophischen Fakultät der Philipps-Universität Marburg; Else Ulich-Beil erwarb ihren Doktortitel 1915 an der Universität Leipzig. Vgl. Universitätsarchiv Marburg, 307 d Philosophische Fakultät, Nr. 191 I; Doris Hertwig, Der Einfluß von Chaucers „Canterbury Tales" auf die englische Literatur, Marburg 1908; Else Beil, Zur Entwicklung des Begriffs der Weltliteratur, Leipzig 1915.

36 Vgl. Lauterer, Parlamentarierinnen, S. 120, Anm. 197; Wickert, Unsere Erwählten, Bd. 2, S. 70; Leimbach, Landtag von Thüringen, S. 151. Auch die Position der stellvertretenden Vorsitzenden erhielten sächsische Landesparlamentarierinnen nicht. Ein Sozialausschuss, in dem die Frauen eine größere Rolle hätten spielen können, wurde im Sächsischen Landtag nicht eingerichtet. Vgl. Pastewka, Koalitionen, S. 75 mit Anm. 323.

37 Vgl. HStA Dresden, 10693 Landtag 1919–1933, Nr. 3726.

38 Vgl. VdSL 1930–1933, S. IV.

39 Vgl. VdSL 1922–1926, Bd. 1, S. IV.

40 Vgl. VdSV 1919–1920, Bd. 1, S. XII.

41 Zu Schriftführerinnen wurden gewählt: Doris Hertwig (1920, Prüfungsausschuss, 2. Schriftführerin), Julie Salinger (1920, Prüfungsausschuss, 3. Schriftführerin), Eva Büttner (1922, Haushaltsausschuss A, 1. Schriftführerin), Bertha Thiel (1929, Prüfungsausschuss, 1. Schriftführerin), Margarete Nischwitz (1929, Haushaltsausschuss A, 4. Schriftführerin) und Olga Körner (1930; Haushaltsausschuss A, 4. Schriftführerin).

42 Vgl. VdSL 1930–1933, S. 2502 und S. 3975.

Politische Themenfelder

Anders als zum Beispiel im Volksstaat Hessen, wo die weiblichen Abgeordneten in der Eröffnungsansprache der dortigen Volkskammer 1919 bis auf die Anrede gar keine Erwähnung fanden,[43] ging der sächsische Volksbeauftragte Georg Gradnauer (1866–1946) in seiner Eröffnungsrede der Sächsischen Volkskammer am 25. Februar 1919 explizit auf die nun ermöglichte politische Mitwirkung von Frauen ein. Er skizzierte dabei zugleich auch die Themenfelder, auf denen die weiblichen Abgeordneten – ihrer vermeintlich „natürlichen" Rolle entsprechend – mitwirken sollten und tradierte damit Positionen, die schon in den Debatten über die Einführung des Frauenwahlrechtes im Kaiserreich[44] bezogen worden waren: „Vom Gesamtministerium beauftragt, heiße ich die erschienenen Mitglieder der Volkskammer herzlich willkommen. Insbesondere begrüße ich auch die hier anwesenden Frauen, die früher von der Volksvertretung ausgeschlossen waren und jetzt zum ersten Male an dieser Stätte erscheinen, um mitzuwirken an den Aufgaben der Gesetzgebung zum Wohle der Gesamtheit. [...] Auf allen Gebieten des ökonomischen, kulturellen und geistigen Lebens muß Neues aufgebaut werden. Es sei nur an die Fülle der Aufgaben auf dem Gebiete der Wohnungsfürsorge und der Wohlfahrtspflege kurz erinnert, Gebiete, auf denen gerade auch für die Frauen eine besonders eifrige Mitarbeit ermöglicht wird."[45]

Gradnauer bezog sich dabei natürlich auch auf die Erfahrungen, die die weiblichen Abgeordneten aus ihrer vorparlamentarischen Arbeit einbrachten. Wie bei männlichen Abgeordneten prägten die vorherige Berufstätigkeit sowie das gesellschaftliche Engagement der weiblichen Parlamentarierinnen die Arbeit im Landtag: Die lange als Heimarbeiterin tätige Helene Wagner ging in einer Debatte im Mai 1919 dezidiert auf

---

43 Langer, Zwölf vergessene Frauen, S. XV.

44 Vgl. z. B. die Wahlrechtsdebatte vom 5.3.1912, in der der nationalliberale Abgeordnete der Zweiten Kammer und spätere DDP-Finanzminister Emil Nitzschke (1870–1921) anmerkte: „Aber zunächst sind wir der Meinung, daß es in dem Staatswesen am besten bestellt ist, in dem die Männer für gute Gesetze und die Frauen für gute Sitten sorgen." Mitteilungen der Verhandlungen des ordentlichen Landtages im Königreiche Sachsen während der Jahre 1911–1912. Zweite Kammer, Bd. 3, Dresden 1912, S. 2057–2090.

45 VdSV 1919, Bd. 1, S. 1 und S. 5. Der Sozialdemokrat Gradnauer enthielt sich dabei einer Wertung über das „weibliche Wesen", auf die der DVP-Landtagsabgeordnete und Chemnitzer Oberbürgermeister Johannes Hübschmann (1867–1930) bei der Eröffnungsansprache der Chemnitzer Stadtverordnetenversammlung am 23.1.1919 nicht verzichten mochte: „Aber nachdem zum ersten Male die landesgesetzlichen Schranken gefallen sind, haben die Frauen als vollberechtigte Gemeindevertreterinnen, um hier mit zu raten und mit zu taten, Einzug in diesem Saale halten dürfen, und wenn auch in der Hauptsache hier wohl Erörterungen gepflogen werden, bei denen der kühl und nüchtern abwägende Verstand der Männer den Ausschlag geben wird, so bietet doch eine so große Gemeindeverwaltung insbesondere in sozialer Hinsicht viele Aufgaben dar, bei denen die besondere weibliche Eigenart, das besondere warmherzige Empfinden der Frau Raum zur Betätigung gewinnen, und gewiß wird das Goethewort aus Tasso hier oft Anwendung finden: Willst du genau erfahren, was sich ziemt, so frage nur bei edlen Frauen an." Amtliche Mitteilungen aus den öffentlichen Sitzungen der Stadtverordneten zu Chemnitz vom Jahre 1919 Chemnitz [1920], S. 1.

die Lebensverhältnisse von Frauen in der Hausindustrie ein.[46] Und Julie Salinger bezog in ihre Argumentation bei einer Debatte um die Abschaffung des „Gesetzes über die Bestrafung der fleischlichen Vergehen vom 8. Februar 1834" im Januar 1921 ihre Erfahrungen in der Arbeit im Dresdner Rechtsschutzverein für Frauen und Mädchen ein, den sie von 1913 bis 1931 geleitet hat.[47] Eva Büttner, zuvor Kunstkritikerin bei der Dresdner Volkszeitung, exponierte sich insbesondere im Bereich der Kulturpolitik, die promovierte Lehrerin Doris Hertwig-Bünger beschäftigte sich intensiv mit Bildungs- und Wissenschaftspolitik sowie mit Beamtenrecht.[48] Da diese Erfahrungen aber vornehmlich im sozialpolitischen Gebiet gesammelt worden waren, wurde dies auch zum wichtigsten Betätigungsfeld der Parlamentsarbeit der weiblichen Abgeordneten – quer durch alle Parteien. Die Positionen, die sie in diesen Debatten vertraten, unterschieden sich gleichwohl zum Teil fundamental – beispielsweise in Debatten über Reformen im Hebammenwesen, über die Einführung der unentgeltlichen Geburtshilfe und natürlich bei den Diskussionen um den Schwangerschaftsabbruch. Hierbei plädierten die sozialdemokratischen und kommunistischen Abgeordneten unter anderem für die Verbeamtung der Hebammen,[49] wogegen sich Doris Hertwig (DVP) und Mily Bültmann (DNVP) vehement wehrten.[50] Beteiligten sich Kommunistinnen an diesen Debatten, lenkten diese – nicht anders als ihre männlichen Fraktionsgenossen – oft den Blick auf die Zustände in der Sowjetunion.[51] Ähnlich gelagert waren die Konfliktlinien bei Diskussionen um die Neugestaltung der Ausbildung in der Krankenpflege: Während insbesondere die Deutschnationale Mily Bültmann die konfessionelle Gebundenheit dieses Berufsstandes zu

46 Vgl. VdSV 1919–1920, Bd. 2, S. 1229.

47 Julie Salinger (DDP) am 19.1.1921: „Aber [...] wer in der sozialen Arbeit steht, wie ich es seit über 20 Jahren tue, der weiß, wie ich es durch die Rechtsschutzarbeit für Frauen kennen gelernt habe, aus Erfahrung, daß durch diese Verordnung niemand anders als die wirtschaftlich Schwachen getroffen werden [...]." VdSL 1920–1922, Bd. 1, S. 449.

48 Hertwig-Bünger war mit Else Ulich-Beil die einzige weibliche Abgeordnete, die sich auf diesem Themenfeld äußerte, das von der Ausbildung der Volksschullehrer über Schulspeisung, Lernmittelfreiheit, (höhere) Mädchenbildung, die Stellung der verheirateten Lehrerin und dem Religionsunterricht bis zur finanziellen Ausstattung der Forstakademie Tharandt und der Universität Leipzig reichte. Da sie zugleich die einzige Frau ihrer Fraktion war, beschäftigte sie sich auch umfassend mit sozialpolitischen Fragestellungen. Mit insgesamt 79 Wortmeldungen während ihrer sechsjährigen Abgeordnetentätigkeit war sie zudem die aktivste Rednerin im Plenum.

49 Helene Wagner am 27.1.1921: „Wir verlangen, daß die Hebamme angestellt wird, daß der Hebamme nicht nur ein Existenzminimum gewährleistet wird, sondern daß sie freigemacht wird von alledem, was sie in der Ausübung ihrer schweren Pflicht behindert, und da ist mir die Fixierung eines Existenzminimums noch nicht genügend." VdSL 1920–1922, Bd. 1, S. 642.

50 Vgl. z. B. Doris Hertwig am 27.1.1921: „Ich möchte bei dieser Gelegenheit auch sagen, daß wir uns dem Gedanken einer Sozialisierung des Hebammenwesens ablehnend verhalten. Die Tüchtigkeit kann auch hier nur durch freien Wettbewerb gefördert werden." Ebd., S. 644.

51 Z. B. in einer Debatte über die staatlichen Frauenkliniken in Sachsen am 25.6.1931, wo die KPD-Abgeordnete Kühne am Ende ihres Redebeitrages ausführte: „Sehen wir nun einmal hinüber nach Rußland! Rußland sorgt anders für seine Frauen und Kinder. In Rußland sind Heime für werdende Mütter, in Rußland sind Heime für Wöchnerinnen geschaffen worden, wo sich hinterher Mutter und Kind noch erholen können, in Rußland wird für die Mütter anders gesorgt. Da werden natürlich auch die Frauen und Mädchen nicht so leicht in die Lage kommen, ihre Leibesfrucht abzuschaffen. (Bravo! b. d. Komm.)" VdSL 1930–1933, Bd. 2, S. 1852.

schützen versuchte,[52] wollten die Vertreterinnen der Arbeiterparteien hier möglichst alle religiösen Bezüge beseitigen.[53] Was es in Sachsen – im Gegensatz zum Reichstag – kaum gab, ist eine fraktionsübergreifende Zusammenarbeit der weiblichen Abgeordneten in Form von gemeinsamen Anträgen oder Anfragen.[54]

Betrachtet man die Beteiligung der weiblichen Abgeordneten an den Haushaltsberatungen, konturieren sich die persönlichen Schwerpunkte der Parlamentarierinnen ebenso heraus wie das politische Spektrum, das sie im Landtag vertraten. Die mit Abstand meisten Wortmeldungen der Parlamentarierinnen – ob als Berichterstatterin des jeweiligen Ausschusses oder durch einen Debattenbeitrag – galten dem Bereich der Sozial- und Gesundheitspolitik. So traten weibliche Abgeordnete als Berichterstatterinnen über mehrere Jahre hinweg bei den Beratungen über die Haushaltskapitel „Medizinalwesen“ bzw. „Medizinalpolizei“,[55] „Landesgesundheitsamt“, „Frauenkliniken“ oder „Anstalten der öffentlichen Gesundheitspflege“ in Erscheinung. Im Bereich der Wohlfahrtspflege, in dem 1925 in Sachsen mit dem „Wohlfahrtspflegegesetz“ ein wegweisendes gesetzliches Instrument der Sozialfürsorge geschaffen wurde,[56] wirkte insbesondere die Demokratin Else Ulich-Beil, die von 1920 bis 1924 zudem als Regierungsrätin im sächsischen Innenministerium mit expliziter Zuständigkeit für den Bereich der Wohlfahrtspflege zuständig war. Eva Büttner vertrat die Ausschussberatungen zu den Haushaltskapiteln „Kunstzwecke im Allgemeinen“ und „Sammlungen für Kunst und Wissenschaft“ durchgehend von 1921 bis zu ihrem Ausscheiden aus dem Landtag 1926, hinzu kamen die Kapitel zum Landes- beziehungsweise Staatstheater in den Jahren 1922 und 1924 bis 1926.

Die relative Nachrangigkeit der weiblichen Abgeordneten lässt sich auch daran ablesen, dass sich Helene Wagner im Dezember 1920 als einzige Parlamentarierin –

52 Else Ulich-Beil (DDP) entgegnete am 24.6.1927 in einer Debatte des Haushaltsausschusses A Mily Bültmann (DNVP): „Ich will die Leistungen der Inneren Mission auf dem Gebiete der Fürsorgeerziehung nicht herabsetzen, aber so, wie Frau Bültmann die Dinge geschildert hat, liegen die Verhältnisse auch nicht. Ich habe vor etwa 3 Jahren in meiner amtlichen Stellung einmal an einer Prüfung der Erzieher in Moritzburg teilgenommen. Da war der Eindruck der, dass 75 % des Prüfungsstoffes und der Prüfungszeit katechetischer und religiöser Natur waren, und die 25 %, die für das Soziale und Erzieherische übrig bleiben, waren zudem auch noch nicht auf der Höhe der Einstellung und Problematik, möchte ich sagen, wie das notwendig ist. Ich mache der Anstalt daraus keinen Vorwurf [...]. Aber zu sagen, die Anstalten der Inneren Mission wären weiter als die staatlichen, das lässt sich sicherlich nicht vertreten.“ HStAD, 10693 Landtag 1919–1933, Nr. 2163, up.

53 Vgl. z. B. Elise Thümmel am 25.6.1931: „Es mußte im Ausschuß kritisiert werden, daß in der neuen Klinik in Zwickau, trotzdem an den Anstalten allgemein große Raumnot herrscht, man es noch für nötig gehalten hat, einen großen Taufsaal einzurichten.“ VdSL 1930–1933, Bd. 2, S. 1834.

54 Nur einen solchen Fall gab es: Julie Salinger (DDP) und Doris Hertwig (DVP) brachten im Juli 1921 gemeinsam eine Anfrage ein, in der sie von der Regierung eine Stellungnahme zum Jugendschutz erhalten wollten. Vgl. Landtags-Akten aus den Jahren 1920 und 1921. Berichte usw. Nr. 1 bis 396, Dresden [1921], Nr. 359.

55 Hier z. B. mit Auseinandersetzungen über Sinn und Nutzen der eingesetzten Mittel für das Dresdner Hygiene-Museum, in: VdSL 1929–1930, Bd. 1, S. 106 f. Vgl. zu diesem Thema auch den Beitrag von Nadine Kulbe im vorliegenden Band.

56 Zur Bedeutung des sächsischen Wohlfahrtspflegegesetzes vgl. Marcus Gräser, Der blockierte Wohlfahrtsstaat. Unterschichtjugend und Jugendfürsorge in der Weimarer Republik, Göttingen 1995, S. 136 f.

und damit überhaupt nur ein einziges Mal in der Zeit der Weimarer Republik – an der Aussprache einer Regierungserklärung beteiligt hat: als letzte Rednerin einer über zwei Tage dauernden Aussprache, wobei sie dezidiert „Frauenforderungen" aufstellte.[57] Bei ‚großen' Grundsatzdebatten wie beispielsweise den zahlreichen Anträgen zur Auflösung des Landtages oder bei Diskussionen um Koalitionsbildungen sprachen ausschließlich Männer. Zudem lässt sich eine sukzessive Abnahme der Beteiligung der weiblichen Abgeordneten an den Plenardebatten feststellen. Wenngleich die Zahl der von Frauen bekleideten Mandate nicht so stark wie im Reichstag abnahm, verringerte sich ihre „Sichtbarkeit" durch das seltenere Auftreten im Plenum deutlich. Gab es im Kalenderjahr 1921 in 85 Plenarsitzungen insgesamt 60 Redebeiträge von Frauen, waren es zwischen 1929 und 1933 nur noch 50 in insgesamt 160 Plenarsitzungen. Hier findet die bereits erwähnte These der „Remaskulinisierung" der Politik durch die zunehmende Polarisierung sowie allgemein durch eine Verrohung auch der parlamentarischen Kultur auch für Sachsen Bestätigung – zentral waren hier der Einzug der NSDAP in den Landtag sowie das Erstarken der sich nun dem Kampf gegen den „Sozialfaschismus" und damit der SPD verschreibenden Kommunisten.

Dass die parlamentarische Betätigung der Frauen innerhalb wie außerhalb des Parlaments nicht auf ungeteilte Zustimmung stieß, lässt sich über den gesamten Verlauf der Weimarer Zeit beobachten. So verweigerte sich beispielsweise der DNVP-Abgeordnete Otto Kretschmar überwiegend der höflichen Anrede des weiblichen Teils der Abgeordneten mit „Damen" und verwandte stattdessen konsequent „Frauen".[58] Eva Büttner wurde mehrfach wegen ihrer Rolle als Berichterstatterin kulturpolitischer Haushaltskapitel[59] und auch ob ihrer Verteidigung des Dramas „Hinkemann" von Ernst

57 Helene Wagner am 17.12.1920: „Wir wissen auch, daß die Frauen nur vollständig frei sein werden unter einer sozialistischen Wirtschaftsweise. Wir wissen, daß das von heute auf morgen nicht möglich ist, und wir Frauen werden immer rufen und immer wieder unsere Forderungen stellen, und wir Frauen in Sachsen, wenigstens wir proletarischen Frauen in Sachsen – das weiß ich bestimmt – haben die feste Zuversicht zu der Regierung, die wir bekommen haben, [...]." VdSL 1920–1922, Bd. 1, S. 183–187, hier S. 187.

58 Vgl. exemplarisch VdSL 1922–1926, Bd. 5, S. 4346. Vgl. hierzu auch den Fall des Abgeordneten der Nationalversammlung Wilhelm Kahl (1849–1932; DVP), der am 20.2.1919 seinen Beitrag zu einer Plenardebatte bewusst mit „Meine Herren!" eröffnete, um daraufhin zu erklären, dass er „ausdrücklich nur die Herren in der Versammlung" anzusprechen gedenke. Verhandlungen der verfassunggebenden Deutschen Nationalversammlung, Bd. 326, Berlin 1920, S. 216.

59 Ihr Ehemann Paul Büttner (1870–1943) war 1924 zum künstlerischen Direktor des Dresdner Konservatoriums berufen worden, eine Institution, die in ihrem Aufgabenbereich als kulturpolitische Haushaltsberichterstatterin fiel und von der sie im Plenum positiv gehandelt hatte. Vgl. VdSL 1922–1926, Bd. 3, S. 3169–3171 (Rede von Mily Bültmann/DNVP). Auch sonst stand Eva Büttner – als einzige weibliche Abgeordnete – mehrfach im Zentrum von Auseinandersetzungen im Plenum, zumeist angegriffen vonseiten der Kommunisten und gerichtet auf ihre „bürgerliche" Herkunft. Robert Siewert (1887–1973) erklärte z. B. im Februar 1925: „Die Frau Eva Büttner ist wahrscheinlich der illegitime Polizeipräsident von Dresden (Heiterkeit) [...]" (VdSL 1922–1926, Bd. 4, S. 3822); Arthur Lieberasch (1881–1967) höhnte im Oktober 1926: „Eine Frau aus dem Volke wie die Frau Eva Büttner weiß nicht, wie es einem Erwerbslosen und seiner Frau zumute ist; Sie haben nie das Elend gesehen, wenn Sie in eine Arbeiterwohnung gehen müssen, so raffen Sie die Röcke zusammen, damit sie nicht mit den

Toller (1893–1939)[60] insbesondere vonseiten der DVP und der DNVP angegriffen – und zwar nicht nur wegen ihrer parteipolitischen Orientierung, sondern explizit auch wegen ihres Geschlechts. 1922 hieß es im Parteiorgan der sächsischen DVP beispielsweise: „Aus dem kleinen Damenstrauß, der von der stachlichten [sic!] Männerwelt umrahmt wird, ragt besonders eine hervor, nämlich Frau Eva Büttner. Ich liebe sie ganz besonders, diese – allerdings etwas sehr reife – Rose, vor allen mehr oder weniger blütenfrischen Vertretern ihres Geschlechts."[61] Und zu den Haushaltsverhandlungen 1924 schrieb dasselbe Blatt: „Ihr Stamm hatte das Kriegsbeil ausgegraben, und so trat Frau Eva mit dem Tomahawk in der Hand, mit Kriegsfarben bemalt und mit schön geordneter Skalplocke in die Arena, um gegen die jetzige Kunst an den sächsischen Staatstheatern und für eine eigene Kunst den Zweikampf zu wagen."[62] Elise Thümmel wiederum berichtete in einer Plenardebatte am 25. Juni 1931 von der in den Ausschussberatungen geäußerten Haltung des DVP-Abgeordneten Hermann Voigt über die Frauenarbeit im Allgemeinen: „Und wenn er bei der Frage der Frauenarbeit erklärt: Die Frau gehört ins Haus, das ist ihre naturgegebene Bestimmung, so wollen wir das wieder haben! so muß ich das wirklich als eine oberflächliche Betrachtung der Zeitprobleme ansehen."[63] Bereits im Jahr zuvor – am 30. September 1930 – erhielt die Kommunistin Margarete Nischwitz vonseiten der NSDAP-Fraktion einen Zwischenruf, der in dieselbe Richtung zielte: Nischwitz war auf das nationalsozialistische Frauenbild eingegangen[64] und hatte kritisiert, dass sich unter den 107 Reichstagsabgeordneten der NSDAP keine einzige Frau befände. Darauf reagierten die Nationalsozialisten mit dem Zwischenruf: „Sie sollen beim Kochtopf bleiben!".[65] Nur zweieinhalb Jahre später wurde dies gewissermaßen Realität – die politische Partizipation von Frauen endete, nicht nur in Sachsen.

Proleten in Berührung kommen." VdSL 1922–1926; Bd. 7, S. 6923; Richard Schmincke (1875–1939; alle drei von der KPD) warf ihr im März 1927 Korruption vor (VdSL 1926–1929, Bd. 1, S. 534).

60 Eva Büttner in einer Debatte zum dem Stück vom 24.1.1924, gerichtet an die rechte Seite des Hauses: „Wir alle haben schon viele Drohbriefe gekriegt, weil man glaubte, daß wir dann unsere Tätigkeit, die uns Lebensberuf ist, unterlassen würden. (Zuruf bei den Kommunisten: Sie haben keine bekommen! – Gegenruf: Das war vielleicht ein Liebesbrief!) Soll ich Ihnen welche mitbringen? Leider ist der Drohbrief von Ihrer Seite gekommen. (Zuruf: Da hat wohl einer einen Heiratsantrag gemacht! – Heiterkeit.)" VdSL 1922–1926, Bd. 5, S. 2339.

61 Haruspex, Was mir in der sozialistischen Landtagsfraktion angenehm auffiel, in: Sachsenstimme, Nr. 20 vom 2.11.1922.

62 O.A., Frau Eva auf dem Kriegspfade, in: Sachsenstimme, Nr. 22 vom 27.7.1924.

63 VdSL 1930–1933, Bd. 2, S. 1859.

64 „... daß die Nationalsozialisten ihre feindliche Rolle den Arbeiterfrauen gegenüber zu Ende spielen dergestalt, daß sie grundsätzlich gegen die Gleichberechtigung, gegen die politische und gesellschaftliche Gleichberechtigung der Frauen sind." VdSL 1930–1933, Bd. 1, S. 181.

65 Ebd.

Erinnerungen

Die ersten 19 Frauen, die auf Landesebene in Sachsens Parlamentarismus mitgewirkt haben, sind heute weitgehend vergessen. Was die Erinnerungen an sie anlangt, so spaltet sich dies für die Zeit nach 1945 in kommunistische sowie sozialdemokratische Politikerinnen, von denen einige in der SBZ bzw. DDR nochmals politisch tätig waren[66] und zum Teil hohe staatliche Auszeichnungen erhielten,[67] sowie in die weiblichen Abgeordneten der bürgerlichen Parteien, die völlig in Vergessenheit gerieten.[68] Im legitimationsstiftenden Sinn der marxistisch-leninistischen Geschichtswissenschaft erhielten in der DDR-Zeit vor allem die Frauen Aufmerksamkeit, die sich als „antifaschistische Widerstandskämpferinnen“[69] darstellen ließen oder am „sozialistischen Neuaufbau“[70] mitwirkten. Alle anderen wurden nicht thematisiert. Politisch entrechtet wurden mit der NS-„Machtergreifung“ gleichwohl alle Frauen – ganz gleich, ob sie zuvor ein Parlamentsmandat ausgeübt hatten oder nicht. Insbesondere die Kommunistinnen und die Sozialdemokratinnen wurden verfolgt und inhaftiert, zwei der ersten Parlamentarierinnen Sachsens verloren in der NS-Zeit ihr Leben. Während aber an die Kommunistin Helene Glatzer, die 1935 im Polizeigefängnis Halle/Saale ermordet wurde, vielfach erinnert wurde, rückte die jüdische Demokratin Julie Salinger erst in den letzten Jahren wieder etwas stärker ins Bewusstsein: 1942 war sie im Konzentrationslager Theresienstadt ermordet worden.[71] Die jüdische Sozialdemokratin Eva Büttner überlebte den Zweiten Weltkrieg in einem Versteck auf einem Schloss in der Oberlausitz. Anna Geyer flüchtete 1933 in die Tschechoslowakei und 1937 nach Frankreich, von wo aus sie 1940 über Portugal in die USA emigrierte, wo sie 1973 verstarb. Martha Seifert floh gemeinsam mit ihrem Mann 1938 über die Tschechoslowakei nach Stockholm, wo sie bis zu ihrem Tod 1963 lebte, vermutlich ohne nochmals in ihrer Heimat gewesen zu sein. Verhaftet und teilweise in Konzentrationslagern interniert wurden die Kommunistinnen

---

66 Olga Körner und Elise Thümmel gehörten dem Sächsischen Landtag von Oktober 1946 bis zu seiner Auflösung im August 1952 an. Margarete Groh-Kummerlöw war von Oktober 1946 bis Dezember 1949 ebenfalls Mitglied des Sächsischen Landtags, von 1949 bis 1971 gehörte sie der DDR-Volkskammer an, deren Vizepräsidentin sie zwischen 1954 und 1963 war.

67 So erhielten z. B. Olga Körner (1962) und Margarete Nischwitz (1976) den Vaterländischen Verdienstorden in Gold. Vgl. Sächsische Zeitung vom 7.7.1962; Revolutionäre Kämpfer, Bd. 5, S. 44–47.

68 So war der Lebensweg (samt der Lebensdaten) der DNVP-Abgeordneten Mily Bültmann jenseits ihrer parlamentarischen Aktivitäten bis 2017 fast völlig unbekannt. Vgl. Kranz, Bültmann.

69 Vgl. z. B. die in Anm. 11 aufgeführten Titel.

70 Vgl. z. B. Barsch, Groh-Kummerlöw.

71 Im November 2012 wurde in der Dresdner Südvorstadt ein Stolperstein an der letzten freiwillig gewählten Wohnstätte Salingers verlegt, seit 2016 ist ein Weg in der Dresdner Neustadt nach Salinger benannt.

Margarete Groh,[72] Olga Körner,[73] Martha Kühne[74] und Margarete Nischwitz[75] sowie die Sozialdemokratin Elise Thümmel.[76] Else Ulich-Beil wurde 1933 unter Anwendung des Berufsbeamtengesetzes aus ihrem Posten als Leiterin der Sozialen Frauenschule in Dresden-Hellerau gedrängt und de facto mit Berufsverbot belegt, das erst während des Krieges gelockert wurde, als sie das vermeintlich „unpolitische" Fach Latein wieder unterrichten durfte.[77] Über viele andere ist dafür weit weniger bekannt: Doris Hertwig-Bünger, die 1937 in die NSDAP eingetreten war, verstarb 1968 in Radebeul; Helene Wagners Lebensweg zwischen ihrem Ausscheiden aus dem Landtag 1926 und ihrem Tod 1945 ist ebenso unbekannt wie der von Ida Bauer (gestorben 1967), Bertha Thiel (gestorben 1961) oder der von Magdalene Focke (Sterbedatum unbekannt). Es wäre zu wünschen, dass das hundertste Jubiläum der Novemberrevolution Anlass zur weiteren Erforschung der Geschichte des sächsischen Landesparlamentarismus in der Zeit der Weimarer Republik sowie seiner Protagonisten – und Protagonistinnen – gibt.

72 Groh wurde 1933/34 in „Schutzhaft" genommen; im August 1944 wegen Hoch- und Landesverrats angeklagt und bis April 1945 inhaftiert.

73 Körner wurde 1934 wegen „Vorbereitung zum Hochverrat" verurteilt; nach der Entlassung im September 1935 stand sie unter ständiger Polizeiaufsicht und war 1939 bis 1945 im Konzentrationslager Ravensbrück inhaftiert.

74 Kühne emigrierte im Juni 1933 in die Sowjetunion, wurde 1938 aus der KPD ausgeschlossen und zur Rückkehr nach Deutschland gezwungen. Sie war von 1942 bis 1945 im Konzentrationslager Ravensbrück.

75 Nischwitz stand unter Polizeiaufsicht und wurde mehrfach kurzzeitig inhaftiert, wenngleich sie sich nicht am Widerstand beteiligte.

76 Thümmel wurde im Juli 1933 in „Schutzhaft" genommen und nach dem gescheiterten Attentat vom 20. Juli 1944 ins Konzentrationslager Ravensbrück verbracht, wo sie bis Kriegsende blieb.

77 Else Ulich-Beil verfasste als einzige sächsische Parlamentarierin eine Autobiografie: Else Ulich-Beil, Ich ging meinen Weg, Berlin 1961.

Kultur, Organisation und Sachlichkeit

Politikdidaktische Konzepte nichtmarxistischer Intellektueller in Leipzig

Michael Kunze / Frank Schale

Einleitung

Die Weimarer Republik wurde lange Zeit von ihrem Ende her gedeutet: Die Rede von der „Republik ohne Republikaner"[1], das Problem der Krise und des „Machtverfalls in der Demokratie"[2] sowie die Frage nach dem antidemokratischen Denken[3] mochten aufgrund ihres politischen Scheiterns evident erscheinen. Sie belasteten jedoch die historische Forschung mit einer finalistischen Prämisse. Texte und Handlungen wurden mit Blick auf spätere Ereignisse und Positionen der Akteure gedeutet. In den letzten Jahren rückte die geschichts- und politikwissenschaftliche Forschung, vielfach in Detailstudien, von dieser Perspektive ab, um das demokratische Denken und den „Vernunftrepublikanismus" Weimars hervorzuheben. Dabei bleibt fraglich, ob diese Orientierung das Manko älterer Untersuchungen nur spiegelbildlich wiederholte. Texte, Akteure und Institutionen auf ihre demokratische Orientierung hin zu prüfen, ist legitim und fallweise notwendig. Daraus aber zu schließen, dass auch damals die Demokratiedebatte im Mittelpunkt stand, ginge zu weit.

Die in den 1920er Jahren in Leipzig wirkenden politischen Intellektuellen und Politikwissenschaftler, die hier vorgestellt werden, lieferten Beiträge zur Gestalt der modernen Demokratie. Sie auf diesen Aspekt zu reduzieren, würde ihren Arbeiten jedoch nicht gerecht. Sie gehörten nicht zu den Gegnern der Republik, doch stand die Frage nach der Demokratie nicht im Zentrum ihrer Argumentation; diese trat erst in ihren Arbeiten

1 Ernst Troeltsch, Aristokratie, in: Kunstwart, 33 (1919) S. 49–57, S. 50.

2 Karl Dietrich Bracher, Die Auflösung der Weimarer Republik. Eine Studie zum Problem des Machtverfalls in der Demokratie, Stuttgart 1955.

3 Kurt Sontheimer, Antidemokratisches Denken in der Weimarer Republik. Die politischen Ideen des deutschen Nationalismus zwischen 1918 und 1933, München 1962.

nach dem Ende des Zweiten Weltkriegs und dem Scheitern Weimars markant hervor. Sie bejahten die Reichsverfassung, doch verläuft deren Verteidigung nicht in den Bahnen eines Demokratie-, sondern des Staatsdiskurses, den sie kultursozialistisch, interessenorganisatorisch oder sozialwissenschaftlich führten. Dies zu betonen und entsprechende Defizite und Aporien hervorzuheben, reduziert nicht ihre Leistungen, sondern schützt vor ideellen Überhöhungen, wie sie zahlreiche ideenhistorische Darstellungen prägen.

Im Mittelpunkt der hier kursorisch angelegten Untersuchung stehen die nichtmarxistischen Sozialdemokraten[4] Hermann Heller, Otto Stammer und Sigmund Neumann – und mit ihnen deren Vorstellungen von politischer Bildung. Dies liegt auch daran, dass letztere bislang von der politischen Ideengeschichte eher stiefmütterlich behandelt wurde. Politische Bildung ist dabei nicht als Bestandteil staatsbürgerlicher Schulung zu betrachten, die vorrangig politisch-demokratischer Erziehung dienen sollte. Eine derartige Perspektivverengung verkürzte nicht nur für die Weimarer Republik die Argumentation ihrer Wegbereiter. Im Zuge der Analyse der politikpädagogischen Konzepte der drei Linksintellektuellen lassen sich deren politische Entwürfe nachvollziehen, um anschließend nach ihren Voraussetzungen und Grenzen zu fragen.

Hermann Heller

Als ältester der hier behandelten Intellektuellen ist Hermann Heller (1891–1933) zugleich der renommierteste.[5] Nach einem Studium der Rechts- und Staatswissenschaften in Kiel, Wien, Innsbruck und Graz, wo er auch promoviert wurde, nahm Heller als Freiwilliger in der österreichisch-ungarischen Armee am Ersten Weltkrieg teil. In Kiel reichte er 1919 seine seit Kriegsende in Leipzig geschriebene Habilitation über Georg Wilhelm Friedrich Hegel ein. Aufgrund antisemitischer und antisozialistischer Ressentiments angesichts seiner Herkunft und politischen Orientierung gestaltete sich die akademische Karriere schwierig; erst 1932 wurde er unter Widerstand der zuständigen Fakultät zum ordentlichen Professor für Öffentliches Recht in Frankfurt ernannt. Bereits ein Jahr später musste Heller vor den Nationalsozialisten nach Spanien

4 Otto Stammer trat 1919 und Hermann Heller 1920 in die SPD ein. Sigmund Neumann war nie SPD-Mitglied. Seine Tochter Eva Jane Neumann Fridman nannte ihn einen „social democrat philosophically". Zitiert nach: Michael Kunze, Sigmund Neumann. Demokratielehrer im Zeitalter des internationalen Bürgerkriegs, Berlin 2015, S. 22–23.

5 Zu Heller vgl. Michael Henkel, Hermann Hellers Theorie der Politik und des Staates. Tübingen 2011; Marcus Llanque (Hrsg.), Souveräne Demokratie und soziale Homogenität. Das politische Denken Hermann Hellers, Baden-Baden 2010; Christoph Müller/Ilse Staff (Hrsg.), Staatslehre in der Weimarer Republik. Hermann Heller zu Ehren, Frankfurt am Main 1985; Dies. (Hrsg.), Der soziale Rechtsstaat. Gedächtnisschrift für Hermann Heller 1891–1933, Baden-Baden 1984; Gerhard Robbers, Hermann Heller: Staat und Kultur, Baden-Baden 1983; Wolfgang Schluchter, Entscheidung für den sozialen Rechtsstaat. Hermann Heller und die staatstheoretische Diskussion in der Weimarer Republik, Köln/Berlin 1968.

fliehen, wo er kurz darauf verstarb. Zuvor hatte er in Leipzig von 1921 bis 1926 das Volksbildungsamt geleitet, unterhielt zudem Kontakte zur Universität, insbesondere zu dem Sozialphilosophen Theodor Litt, dem Soziologen Hans Freyer und dem Juristen Richard Schmidt. In dieser Zeit leiteten ihn drei Themenbereiche: 1) staatstheoretische und -soziologische Überlegungen, 2) Konzeptionen zur Volks- und Arbeiterbildung sowie 3) Reflexionen zum Verhältnis von Sozialismus und Nation.[6] Ausgehend von seinen konzeptionellen soziologischen Überlegungen stehen hier die politikdidaktischen Schriften und deren ideengeschichtlich-theoretische Implikationen im Vordergrund.

Abb. 1: Hermann Heller, ca. 1920

In einem Handbucheintrag „Gesellschaft und Staat" von 1924 veranschaulicht Heller die Grundlinien seines politischen Denkens: Ausgangspunkt jeder Analyse von Politik und Staat dürfe nicht das Individuum, sondern müsse die Gesellschaft sein, die stets dort entsteht, wo die Vernunft der Natur das Kulturelle entgegensetzt.[7] Diesen sich allgemein vollziehenden Prozess differenziert und konkretisiert Heller in jeweiligen nationalen Räumen. Historisch treten die natürlichen Faktoren für die Bildung einer Gemeinschaft – konkret: biologische oder geografische Einflüsse – immer mehr zurück, während sich die wirtschaftliche Ungleichheit und die politische Ordnung der Gesellschaft zu den dominierenden sozialen Machtfaktoren entwickeln. Da sich politische Verhältnisse nur dort stabilisieren lassen, wo sie eine wie auch immer geartete Legitimation erfahren, begründet Heller den Staat als Rechtsstaat, auch wenn „Recht" auf dieser basalen Ebene eher die soziale Anerkennung denn eine konkrete Normenordnung meint. Das Verhältnis von Staat und Recht ist bei Heller nicht völlig geklärt: Einerseits scheint der Staat auf das Recht angewiesen zu sein, andererseits wird er als

---

6 Zu Hellers Begriff der Nation vgl. Detlef Lehnert, Sozialismus und Nation. Hellers Staatsdenken zwischen Einheit und Vielfalt, in: Llanque (Hrsg.), Souveräne Demokratie und soziale Homogenität, S. 181–207; Eike Hennig, Nationalismus, Sozialismus und die ‚Form aus Leben': Hermann Hellers politische Hoffnung auf soziale Integration und staatliche Einheit, in: Müller/Staff (Hrsg.), Der soziale Rechtsstaat, S. 273–286; zu dem Themenkomplex allgemein: Dieter Groh/Peter Brandt, „Vaterlandslose Gesellen". Sozialdemokratie und Nation 1860–1990, München 1992.

7 Hermann Heller, Gesellschaft und Staat (1924), in: ders.: Gesammelte Schriften, 3 Bände, Band 1, Leiden 1971, S. 257–266, S. 259 f.

dessen Hüter begriffen.[8] Heller weiß, dass Staat und Recht zwar Ausdruck von sozialen Verhältnissen sind, sie aber nicht in diesen aufgehen dürfen. Er löst das Dilemma, indem er ein geistig-kulturelles Moment von Staat und Recht postuliert: den „göttlichen Funken", um „Interessen ohne Ansehen des Übergewichts einer gesellschaftlichen Macht abzuwägen".[9] Staat und Recht legitimieren sich als „Ermöglichung der Kulturentfaltung". Damit sie aber als gemeinschaftliche Kulturleistungen gedacht werden können, bedürfen die jeweiligen sozialen Konkretisierungen („Kulturkreise, Rassen, Nationen, Staaten, Kirchen und Wirtschaftsgruppen") einer Hierarchisierung von Führern und Geführten. Die Führer seien mehr als eine funktionale Elite. Sie repräsentieren Klasse, Volk, Epoche oder gar das „Menschengeschlecht".[10]

Auch diese hegelianische Konstruktion von Führer (Herr) und Masse (Knecht) begründet sich kulturell, denn während der Führer die kulturelle Tat geistig vorausdenkt, können die von ihm artikulierten Kulturwerte nur vollzogen werden, wenn die Masse als kollektive Gemeinschaft jene Kulturwerte verarbeitet. Obwohl Heller ein dialektisches Herr-Knecht-Verhältnis behauptet, in dem keinem der beiden eine eigenständige Rolle zustünde, ist innerhalb ihrer Beziehung die Bedeutung der Masse am markantesten zurückgesetzt. Sie dient als Projektion der geistigen Tat des Führers.

> „Führerlose Menge wäre unartikulierter Schrei oder ungeordnete Schlägerei. Auch dem Problem Masse und Führer ist nur mit der Kategorie der Wechselwirkung beizukommen. Eine nur-individualistische Geschichtsauffassung, welche die Masse lediglich zum Material des Führers stempelt, ist ebenso einseitig, wie eine nur-kollektivistische Historie, welche am Kulturbau nur die Werkleute sieht und nicht das Genie, in dem die neue Stufe der Welt zum ersten Mal durchbricht, Gedanke und Tat wird und in die schöpferische Masse zurückstrahlt."[11]

Das war auch nicht anders zu erwarten. Wer von der Gesellschaft als Kulturerscheinung spricht, muss die Unterscheidung von Natur und Kultur verteidigen und in einem zwei-

---

8 Zur Staatsdiskussion vgl. Hellers Texte: „Krisis der Staatslehre" (1926), „Die Souveränität" (1927), „Der Staat" (1931) und seine „Staatslehre" (1934). Die deutlichste Kritik an dieser Konstruktion hat Hans Kelsen formuliert.

9 Heller, Gesellschaft und Staat, S. 264.

10 Ebd., S. 265.

11 Ebd., S. 265 f. Angesichts dieser antiindividualistischen Grundausrichtung ist es erstaunlich, dass Jens Hacke jüngst Heller als Liberalen präsentierte (Jens Hacke, Existenzkrise der Demokratie. Zur politischen Theorie des Liberalismus in der Zwischenkriegszeit, Berlin 2018, S. 170–191). Das Argument, Heller könne zum liberalen Diskurs in der Weimarer Republik gezählt werden, weil er sich zur parlamentarischen Demokratie und zum Rechtsstaat bekannt habe, beruht auf der sehr voraussetzungsreichen Annahme, dass beide nur liberal zu begründen seien. Eine Diskussion, ob eine pauschale Verbindung von Liberalismus mit Demokratie zutrifft oder eine Rückprojektion darstellt, kann hier nicht geleistet werden. Angemerkt sei, dass ein Staatsdenker, der meint, die Idee der Freiheit des Individuums führe zu Anarchismus (Hermann Heller, Grundrecht und Grundpflichten [1924], in: ders., Gesammelte Schriften, Band 2, S. 286–317, S. 288), kaum mit dem Begriff „liberal" umschrieben werden kann.

ten Schritt bestimmten sozialen Gruppen bescheinigen, sie verfügten über weniger Kultur als andere. Diese Vorstellung schlägt sich in Hellers Volksbildungskonzept nieder.[12]

Seine politikpädagogischen Überlegungen[13] beginnen mit der Diagnose, die eigene Zeit sei von „Zerstörung und Neuerung" geprägt, wobei er den nach der Revolution zur politischen Herrschaft „neu berufenen Volksteilen ... politische Unreife" attestiert.[14] Dem „heiße[n] Ernst" der Arbeiterschaft gelte es, mit Sachlichkeit und der Einsicht zu begegnen, dass politische Urteilsfähigkeit stets „sittliches Wollen und geistige Bildung" voraussetze. Die Arbeiterbildung sei gelungen, wenn der Zuhörer von den Sachzwängen der Politik wüsste und sich von ideologischen Vorbehalten freimache, um eine parlamentarische Gesprächskultur zu entwickeln. Wo diese Reifeprüfung glücke, könne die notwendige Mitarbeit der Arbeiterschaft im Staat gelingen.

Konkreter wurde Heller in seinem Vortrag „Gestalt und Ziel der deutschen Volkshochschule", in dem er sich für eine Erwachsene bildende Schule aussprach, die durch die Vermittlung des „allgemeinen Kulturgut[s] der Menschheit, insbesondere aber dem des deutschen Volkes", zu dessen „seelischer Bereicherung"[15] dienen soll. Gegenstand der Volksbildung seien kulturelle, soziale und Weltanschauungsfragen. Dass Heller die kulturell-geistige Bildung einem „positivistisch-genügsamen Wissen" entgegensetzte, betraf auch die Form des Unterrichts: Letzterer solle nicht trockenes Lehrbuchwissen umfassen, sondern durch den charismatischen Dozenten erlebt werden. Die Komplexität anspruchsvoller Wissensgebiete werde dann am besten reduziert, wenn sich der Lehrer bei einem Sachverhalt auf dessen bestimmende Idee konzentriert. Ideengeschichte übernimmt dabei eine ordnende, legitimierende und integrierende Funktion: „Geistige Deutschlands, helft mit am großen Werke der deutschen Volkshochschule, damit das deutsche Volk wahrhaft teilhabe an den oft berufenen wahrhaft heiligsten Gütern der Nation!"[16]

---

12 Von hier aus könnte gezeigt werden, wie Heller in seiner berühmten Schrift zu den „Ideenkreisen der Gegenwart" unterhalb der dort vertretenen These (zur kulturellen Gestalt der gegenwärtigen Epoche gehöre der demokratische, liberale, nationale und sozialistische Ideenkreis) ein elitäres Kulturkonzept entwickelte. Dort findet sich eine derart irritierende Formulierung wie die These, dass die Erziehungsdiktatur „keineswegs der Demokratie an sich" widerspreche. Vgl. Hermann Heller, Die politischen Ideenkreise der Gegenwart [1926], in: ders., Gesammelte Schriften, Band 1, S. 268–412, S. 316.

13 Im Folgenden geht es uns um die politiktheoretischen Implikationen des Volksbildungskonzeptes; zur pädagogischen Bewertung vgl. Volker Otto, Hermann Heller und die Leipziger Erwachsenenbildung zwischen Individuum, Gesellschaft und Staat, in: Jörg Knoll/Marion Annett Lehnert/Volker Otto (Hrsg.), Gestalt und Ziel. Beiträge zur Geschichte der Leipziger Erwachsenenbildung, Leipzig 2007, S. 11–31. Mit anderer Gewichtung und Wertung: Klaus Meyer, Arbeiterbildung in der Volkshochschule, Stuttgart 1969.

14 Hermann Heller, Arbeiter und wissenschaftliche Politik [1919/1920], in: ders., Gesammelte Schriften, Band 1, S. 579–583.

15 Hermann Heller, Gestalt und Ziel der deutschen Volkshochschule [1919], in: ders., Gesammelte Schriften, Band 1, S. 589–597.

16 Ebd., S. 597.

Die Bedeutung der Ideengeschichte begründet Heller mit einem rationalen Beitrag der politischen Wissenschaft zur Staatserhaltung: „[A]lles Denken und alle Wissenschaft zeigt das unverkennbare Bestreben, den Zusammenhang mit jenen Interessenkämpfen aufzulockern, sich zu objektivieren, aus ihrer Bestimmtheit durch das irrationale Sein der Gesellschaft zur Vernunftbestimmung der Gesellschaft zu werden."[17] Hinter dem irrationalen politischen Kampf um Interessen stehen rationale Ideen, die dem politischen Handeln Sinn verleihen. Sie müssen kultur- und ideenhistorisch erfasst werden. Über den Parteien als „machthungrigen Kampfgenossenschaften" erhebt sich die Einheit der Ideenlandschaft einer Nation. Daher unterscheidet Heller zwischen Partei- und Volkshochschule: Diene die eine der weltanschaulichen Bildung eines „harten undurchdringlichen Hornpanzer[s] einer Machtorganisation"[18], müsse die andere helfen, „eine neue deutsche Volkskultur"[19] hervorzubringen. Der nationalpolitische Auftrag der Volkshochschulen verweist auch auf Hellers Diagnose, moderne Gesellschaften zeichneten sich durch Individualisierungs-, Rationalisierungs- und Entfremdungsprozesse aus, denen mit einem starken Gemeinschaftserlebnis geantwortet werden müsse. Da Gemeinschaftserlebnisse in Familie, Arbeit, Staat, Nation und Politik in der Moderne zunehmend bedroht werden, könne die Lebensgemeinschaft in Volkshochschulheimen dieses Defizit etwas kompensieren, um den Schülern „den Aufbau der heutigen Kultur durch eine Gestaltlehre der historischen Kultur zum Verständnis zu bringen"[20]. Erneut wird die kulturpolitische Bedeutung der Ideengeschichte sichtbar: Die kulturhistorische Rekonstruktion weist dem Einzelnen seinen Platz in der Nation zu. Volksbildung ist nicht die Bildung des Individuums, sondern die aktivistische Reproduktion der kulturellen Gemeinschaft, deren wichtigste Einheit die Nation darstellt:

> „Eine kulturproduktive, nicht nur kulturgenießerische Bildung muß deshalb die aus Schicksalsgemeinschaft erwachsende Kulturgemeinschaft der Nation als eine der entscheidendsten Erfüllungen der konkreten Bildungssituation anerkennen, die hier bestimmt ist sowohl durch die Landschaft, wie eine (sich immer lösende und erneuernde) Blutsverfestigung und eine über viele Jahrhunderte reichende Kulturüberlieferung."[21]

Erst die Verbindung von Kultur und Nation führt Heller zur (proletarischen) Politik. Wenn Kultur das Leben einer Gemeinschaft und nicht den individuellen Genuss bedeu-

17 Hermann Heller, Volksschule und Gemeinschaftsschule [1919/1920], in: ders., Gesammelte Schriften, Band 1, S. 599–608, S. 603.

18 Ebd., S. 605.

19 Hermann Heller, Volkshochschulen [1921], in: ders., Gesammelte Schriften, Band 1, S. 609–616, S. 616; vgl. ders., Freie Volksbildungsarbeit. Grundsätzliches und Praktisches vom Volksbildungsamte der Stadt Leipzig [1924], in: ders., Gesammelte Schriften, Band 1, S. 623–680.

20 Hermann Heller, Die Leipziger Volkshochschulheime [1924], in: ders., Gesammelte Schriften, Band 1, S. 617–621.

21 Heller, Freie Volksbildungsarbeit, S. 633.

tet, dann muss auch dem Proletariat ein Platz im Kulturleben – sofern es positiv auf die Nation gerichtet ist – ermöglicht werden.[22] Diese Forderung folgt der von Heller immer wieder vertretenen These, dass angesichts der Krise des Individualismus „aus der Formlosigkeit der atomisierten bürgerlichen Gesellschaft [...] sich [...] die Nation als erste gestaltende und gestaltgebende Gemeinschaftsform in das Bewußtsein der Zeit"[23] hebt.

Die Idee des Kulturstaates erscheint als das tragende Moment: Kultur verwirklicht sich in der Nation, die selbst als kulturelle Einheit gedacht wird. Zwar spricht Heller auch von einer möglichen Ausweitung des Kulturbegriffs auf eine europäische Gesamtkultur; diese sei aber nur als Einheit von Nationen aus „kulturfähigen Völkern" zu denken, während internationalistische oder kosmopolitische Vorstellungen von Kultur eine „wahre Tollhausidee"[24] bleiben müssten. Die Rede von den „kulturfähigen Völkern" veranschaulicht, dass bei Hellers Bildungskonzept ein Elitismus zum Tragen kommt, der die hervorgehobene politische Beteiligung nur dort positiv wendet, wo sie ihm als wertvoller Beitrag zur nationalen Kultur gilt. Volksbildung richtet sich an eine nationalkulturelle „Elite, die hier wie in allen Klassen für die Bildungsarbeit allein in Frage kommt". Ziel sei dabei auch die „Abwehr gegen Schmutz und Schund"[25]. Dass solch kulturpessimistische Töne nicht selten als Argument gegen die mangelnde Befähigung des Volkes zur Demokratie in der ersten Hälfte des 20. Jahrhunderts benutzt wurden, thematisiert Heller sogar; er stimmt dieser Annahme mit Verweis auf Othmar Spann sogar indirekt zu, auch wenn er anders als der konservative Ständestaattheoretiker an die politische Befähigung der Arbeiterelite glaubt.[26]

Heller sprach sich mit einer national-kultursozialistischen Position stets dagegen aus, nichtbürgerliche Gruppen von der Volksbildung fernzuhalten. Zugleich impliziert seine Orientierung an Gemeinschaftsleben, Kultur, Nation und Sozialismus einen Elitismus; sie erweist sich – und dies ist sein wirklicher Schwachpunkt – darüber hinaus als zu anspruchsvoll, da sein kulturstaatliches Verständnis von Demokratie, Nation und Sozialismus etwas voraussetzt, was mit der Dynamik der Weimarer Republik und vielleicht jeder modernen Gesellschaft nicht schritthalten konnte. Der Appell an Kulturwerte blamiert sich dort, wo er auf handfeste Interessen stößt.

---

22 Vgl. ebd., S. 653.

23 Ebd., S. 634.

24 Ebd., S. 637.

25 Heller, Freie Volksbildungsarbeit, S. 648. „Qualitätsbildung nicht Quantitätsbildung" (ebd., S. 652).

26 Ebd., S. 635. Dazu vor allem Kaspar Maase, Happy Endings? Massenkultur und Demokratie in Deutschland im 20. Jahrhundert, in: Angelika Linke/Jakob Tanner (Hrsg.), Attraktion und Abwehr. Die Amerikanisierung der Alltagskultur in Europa, Köln 2006, S. 137–160.

Abb. 2: Otto Stammer

Otto Stammer

Der spätere Professor für Soziologie und Politische Wissenschaft an der Freien Universität Berlin und Vorsitzende der Deutschen Gesellschaft für Soziologie, Otto Stammer[27] (1900–1978), studierte nach kurzem Militärdienst von 1920 bis 1924 in Leipzig (mit einer Unterbrechung in Berlin) Staatswissenschaften und Jurisprudenz. Am 23. Mai 1924 reichte er seine auf Anraten von Hermann Heller verfasste Dissertation „Der Staat bei Karl Marx und Friedrich Engels gesehen als philosophisch-soziologischer, juristischer und politischer Staatsbegriff" an der Philosophischen Fakultät ein. Gutachter der Arbeit waren der Jurist Richard Schmidt und der Neuzeithistoriker Erich Brandenburg. Der Bitte Stammers, dass der Wirtschafts- und Sozialhistoriker Alfred Doren das Zweitgutachten übernehmen möge, wurde nicht entsprochen. Seine weitgehend unbekannte Dissertation soll hier kurz vorgestellt werden, um im Weiteren seine politikdidaktischen Überlegungen zu skizzieren.

Stammer wollte durch eine systematische Rekonstruktion der „Dioskuren" Karl Marx/Friedrich Engels zeigen, wo Handlungsmöglichkeiten einer marxistischen Partei liegen[28] und die These vom Absterben des Staates zurückweisen. Referenzpunkte sind neben Heller die sozialistischen bzw. linksliberalen Theoretiker Max Adler, Bruno Bauer, Heinrich Cunow, Karl Kautsky, Hans Kelsen, Georg Lukács und Herbert Sultan. Mit Lukács wandte sich Stammer gegen eine ökonomische Lesart von Marx und Engels. Sie hätten die „Totalität der Epoche"[29] zur Sprache gebracht und damit nicht nur auf die

---

27 Zu den biografischen Angaben: Jürgen Fijalkowski, Otto Stammer, in: ders. (Hrsg.), Politologie und Soziologie. Otto Stammer zum 65. Geburtstag, Köln und Opladen 1965, S. 7–13; Karl-Heinz Hillmann, Otto Stammer, in: Wilhelm Bernsdorf/Horst Knospe (Hrsg.), Internationales Soziologenlexikon, Band 2, 2. Auflage, Stuttgart 1984, S. 819–821; Hubertus Buchstein, Politikwissenschaft und Demokratie. Wissenschaftskonzeption und Demokratietheorie sozialdemokratischer Nachkriegspolitologen in Berlin, Baden-Baden 1992, S. 132–135 sowie Stammers Lebenslauf in der Promotionsakte.

28 Dieses aktivistische Element findet sich auch später noch: Otto Stammer, Wider des sozialen Defätismus [1950], in: ders., Politische Soziologie und Demokratieforschung, Berlin 1965, S. 281–289.

29 Otto Stammer, Der Staat bei Karl Marx und Friedrich Engels gesehen als philosophisch-soziologischer, juristischer und politischer Staatsbegriff, Leipzig 1924, S. 30.

historische Relativität der eigenen Analyse, sondern auch auf die Variabilität der jeweiligen politischen Strategie hingewiesen.[30] Eine ökonomische Theorie der Gesellschaft müsse von den realen Gegebenheiten abstrahieren und politisch rückübersetzt werden.

Stammer schildert, wie Marx im Anschluss an Hegel eine metaphysisch-idealistische Freiheitsphilosophie zu der pragmatischen Frage nach der verwirklichten Freiheit in Staat und Gesellschaft verschiebt: Ziel sei die „Objektivierung der Freiheit im Staat“[31]. Selbst dort, wo die soziologische Realanalyse den repressiven Charakter des Staates diagnostiziere, hält Marx an dessen „ideeller Bestimmung“[32] – der Freiheit – fest, der konsequenterweise dann auch als Medium progressiver Klasseninteressen verstanden wird. Diese freiheitlich-pragmatische Staatsbejahung im Interesse des Proletariats ergebe sich auch aus Marx' in den Feuerbachthesen niedergelegtem philosophischen Programm. Wenn der Mensch seine Geschichte selbst mache, er also „die Basis seiner materiellen Production“[33] ist, dann muss „die politische Gestaltung des Gesellschaftsverhältnisses“[34] das zentrale Problem der sozialistischen Theorie werden. Diese Gestaltung könne nur der Staat erreichen. Noch deutlicher habe dies Engels erkannt, wenn er den Staat als Garanten der bürgerlichen Ordnung interpretiert. Mit Verweis auf Bauer hielt Stammer fest: „Der Staat gelangt vom Mittel der ursprünglichen Akkumulation zur Leitung der Produktion.“[35]

Die relative Unabhängigkeit des Staates von der Ökonomie zeige sich ebenso darin, dass Marx und Engels selbst auf die nationalen politischen Unterschiede und den jeweiligen Funktionswandel bestimmter Institutionen innerhalb fortgeschrittener Gesellschaften verwiesen haben. Deshalb kommen sie in ihren tagespolitischen Schriften zu einer je nach Situation unterschiedlichen Bewertung von Parlament, Verfassung, Föderalismus etc.; sie verändern zugleich ihre strategische Position, wo und durch welche soziale Gruppe die erwartete sozialistische Revolution losbrechen werde. Diese Anerkennung des Staates sei jedoch von Marx und Engels nicht explizit begründet worden. Statt den empirischen Befund der divergierenden sozialen Gruppen, die die gesell-

30 Stammer zitiert hier Engels' Vorwort zum dritten Band des „Kapitals“: „Es versteht sich ja von selbst, daß da, wo die Dinge und ihre gegenseitigen Beziehungen nicht als fixe, sondern als veränderliche aufgefaßt werden, auch ihre Gedankenabbilder, die Begriffe, ebenfalls der Veränderung und Umbildung unterworfen sind; daß man sie nicht in starre Definitionen einkapselt, sondern in ihrem historischen resp. logischen Bildungsprozeß entwickelt.“ (Friedrich Engels, Vorwort, in: Karl Marx/Friedrich Engels, Werke, Band 25 [Das Kapital, Band 3], Ost-Berlin 1968, S. 7–30, S. 20; Stammer, Der Staat bei Karl Marx und Friedrich Engels, S. 36).

31 Ebd., S. 58.

32 Karl Marx, Brief an Ruge, Kreuznach im September 1843, in: ders., Briefe aus den Deutsch-Französischen Jahrbüchern, in: ders./Friedrich Engels, Werke, Band 1, Ost-Berlin 1976, S. 337–346, S. 345; Stammer, Der Staat bei Karl Marx und Friedrich Engels, S. 73.

33 Karl Marx, Theorien über den Mehrwert, in: MEGA, Abteilung 2. Das Kapital und Vorarbeiten, Band 3. Zur Kritik der politischen Ökonomie (Manuskript 1861–1863), Teil 6, Berlin 1982, S. 606; Stammer, Der Staat bei Karl Marx und Friedrich Engels, S. 101.

34 Ebd., S. 111.

35 Ebd., S. 132

schaftspolitische Emanzipation vorantreiben, theoretisch zu diskutieren, begnüge sich Marx mit der sozial- und geschichtsphilosophischen These vom Absterben des Staates. Damit werde man aber der Funktionslogik politischer Herrschaft nicht gerecht. So erkenne Marx, dass der moderne Kapitalismus politisch zu einer demokratischen Republik tendiere, weshalb auch das Proletariat die politische Teilhabe im Staat erreichen solle; wie diese allerdings auszusehen habe, bleibe weitgehend unklar. Dies betreffe nicht nur die Deutung von Rechtsstaat, Parlamentarismus und Parteiendemokratie, sondern auch die Frage der internationalen Politik, die lediglich aus der Perspektive eines innenpolitisch gedachten revolutionären sozialen Wandels interpretiert wird.[36] Stammer hält fest: Marx' teleologische Geschichtsphilosophie und dessen Philosophie der konkreten Praxis stehen in latentem Widerspruch. Wenn Marx und Engels den Menschen als handelndes Subjekt begreifen, der seine Wirklichkeit selbst politisch gestalten könne, ist das revolutionstheoretisch übersprungene politikwissenschaftliche Defizit ein beachtliches Manko: Ihrem Werk fehlt „das abschließende und schützende Dach"[37]. Die Rede von der Revolution löse das politische Defizit nicht, zumal beide erkennen, dass diese weniger ein politischer Coup als ein langwieriger sozialer Prozess sei, der eines politischen Mediums bedürfe, das diesen Prozess organisiere. Da aber Politik stets Staat bedeute, müssen sich die Sozialisten auf die Mitarbeit fokussieren. Dies habe Engels eingeräumt: dass das Proletariat seine Interessen „in hartem, zähem Kampf von Position zu Position langsam"[38] – durchaus friedlich – erkämpfen müsse. Marx teile, so Stammer, im Prinzip Kautskys These des „friedliche[n] Hineinwachsen[s] in eine neue Gesellschaft". Eine notwendige Verknüpfung von revolutionärer Gewalt und Sozialismus konnte Stammer bei Marx jedenfalls nicht erkennen.[39] Schließlich setze die Verwirklichung von Gleichheit und Brüderlichkeit „eine psychische Umwandlung der Menschen"[40] voraus. Nur wo diese kulturelle und pädagogische Aufgabe erreicht sei, könne von einem Ende der Klassengesellschaft gesprochen werden, und der Staat sterbe ab. Ob dies überhaupt eintreten könne, so Stammer sibyllinisch, müsse heute offen bleiben. Bis zu diesem Zeitpunkt sei der Staat jedoch notwendiges Mittel proletarischer Politik.

Mit jener Marx-Lektüre knüpfte Stammer an den sozialdemokratischen Diskurs seit der Jahrhundertwende an, insbesondere an Bauer und Heller. Dass das proletarische Handeln über die theoretische Debatte Marxscher Theoreme hinausgehen müsse, im Staat sein politisches Medium findet und daher Kompromisse verlange, war Konsens

36 Vgl. ebd., S. 214.
37 Ebd., S. 272.
38 Ebd., S. 256.
39 Ebd., S. 265. Stammer verbleibt hier im Wesentlichen im Rahmen der sozialdemokratischen Kritik, folgt jedoch aufgrund seines nationalen Relativismus weniger Karl Kautsky denn Otto Bauer, der ebenfalls die nationalen Besonderheiten der russischen Sozialstruktur hervorhebt. (Vgl. Uli Schöler, „Despotischer Sozialismus" oder „Staatssklaverei"?, Münster 1990, S. 252–412.
40 Stammer, Der Staat bei Karl Marx und Friedrich Engels, S. 267.

und Menetekel in der Mehrheitssozialdemokratie in Weimar.[41] Die Sorge um eine Krise des Staates und die staatspolitische Verantwortung, die Stammer übrigens auch in Rekurs auf Carl Schmitts Diktaturschrift vertrat, war für die Weimarer Republik nicht selten.[42] Erst die Erwartung, den Staat als notwendiges Medium politischer Auseinandersetzung zu interpretieren und ihm eine sittliche Würde zuzugestehen, erklärt die Rede von dessen Krise. Anders als Heller unternahm Stammer keine kulturphilosophischen Reflexionen, sondern widmete sich nüchtern einer empirisch-praktischen Politikanalyse. Wenn es mit Marx gelte, die Welt zu verändern, dann muss die „praktische Durchsetzung der Organisationsidee"[43] gegenüber jeder bloß theoretischen Debatte obsiegen. Daher trifft die These, Stammer habe einen Kultursozialismus vertreten,[44] zumindest für seine Dissertation nicht zu.

Wenn Stammer, der in Leipzig, Graz, in Harrisleefeld bei Flensburg und im niederschlesischen Peterswaldau (Pieszyce) in der politischen Bildung aktiv war, den kulturellen Wert der Pädagogik hervorhob, meinte er etwas anderes als Heller. Seine Argumentation zielte auf Sachlichkeit, während Elemente eines ethischen, kulturellen oder religiösen Sozialismus kaum zu finden sind. Die dort formulierten empathischen Forderungen nach einem neuen Menschen (Adler) oder einem neu zu schaffenden Gemeinschaftsgefühl (Heller oder Radbruch) finden sich bei ihm nicht. Auch mit seiner Betonung des jeweiligen nationalen Weges der proletarischen Parteien wich er von Hellers „Nationalismus" ab: Die jeweiligen nationalen Wege werden nicht eigens kulturell bewertet, sondern faktisch nebeneinandergestellt. Die ideengeschichtliche Interpretation von Marx und Engels führt nicht zu einer abstrakten Theorie-, sondern zu einer Organisationsdebatte, die je nach den nationalen Bedingungen unterschiedlich ausfallen kann. Vielleicht ist dies auch der Grund, weshalb der frühe Stammer als Intersozialist beschrieben wurde[45] und weshalb Max Adler die Dissertation in die Reihe „Marx-Studien" aufnehmen wollte. Es wäre aber völlig irrig, Stammer als Gewährsmann Adlers zu deuten, denn spätestens seit der Trennung der Hofgeismarer und der Han-

41 Am deutlichsten wird dies vielleicht im Görlitzer Programm, in dem sich die SPD einerseits für einen Ausbau der sozialen Demokratie und gegen einen nichtdemokratischen Rückbau ausspricht, sich aber zugleich zur „gegebene[n] Staatsform" bekennt. Friedrich Stampfer charakterisierte in seinem Kommentar die SPD als „eigentliche Staatspartei" (Friedrich Stampfer, Das Görlitzer Programm, Berlin 1922, S. 31).

42 Zum Krisendiskurs in Weimar: Moritz Föllmer/Rüdiger Graf (Hrsg.), Die „Krise" der Weimarer Republik. Zur Kritik eines Deutungsmusters, Frankfurt am Main 2005; Wolfgang Hardtwig (Hrsg.), Ordnungen in der Krise. Zur politischen Kulturgeschichte Deutschlands 1900–1933, München 2007.

43 Stammer, Der Staat bei Karl Marx und Friedrich Engels, S. 14.

44 Franz Walter, Sozialistische Akademiker- und Intellektuellenorganisationen in der Weimarer Republik, Bonn 1990, S. 31, 34–36.

45 Als Vorsitzender des Sozialistischen Studentenbundes Deutschlands und Österreichs schreibt ihm Walter eine intersozialistische Position zu (Franz Walter, Sozialistische Akademiker- und Intellektuellenorganisationen, S. 29 f.). Die Leipziger Studenten vertraten die Position länger als im Reich. Stammer sprach sich 1922 für den Ausschluss der Kommunisten aus dem sozialistischen Studentenbund aus.

noveraner Jungsozialisten bei der Jenaer Reichskonferenz von 1925[46] gehörte er zur rechten Fraktion um Heller.[47]

Stammer zog sich nach 1924 aus den reichsdeutschen sozialdemokratischen Studenten- und Jugendverbänden zurück und ging in die Steiermark.[48] Bereits in Leipzig hatte er für die Grazer sozialdemokratische Zeitung „Arbeiterwille“ berichtet. In einem Artikel vom 6. Dezember 1924, am Vorabend der Reichstagswahl, der die wachsende Distanzierung von den Kommunisten dokumentiert, umriss er die schwierige Situation der Sozialdemokratie. Letztere habe es unterlassen, die Revolution weiter in die Gesellschaft zu treiben und werde nun von Kommunisten, vom Bürgertum (Stresemann) wie von Monarchisten (Ludendorff) in die Zange genommen. Die sozialdemokratische Duldung der Minderheitsregierung unter Wilhelm Marx (Zentrum) rechtfertigte Stammer damit, die Wähler hätten sich bei der letzten Wahl im Mai angesichts von Ruhrkampf und Inflation nicht rational verhalten, weshalb zur Beruhigung der politischen Situation die SPD ihrer staatspolitischen Verantwortung nachgekommen sei und erfolgreich die Annahme des Dawes-Planes erreicht habe. Dessen innenpolitische Umsetzung, insbesondere die Frage, wer für die Reparationszahlungen aufkommen werde, verlange eine Neuauflage der Weimarer Koalition. Eine Koalition mit den „Knüppel-Kommunisten“[49] sei abzulehnen. Unter einer bürgerlichen Rechtskoalition unter Einbindung der DNVP, wie sie nach der Wahl mit Hans Luthers Kabinett zustande kam, befürchtete Stammer eine innere Erosion der Republik.

Neben seiner Redaktionstätigkeit im „Arbeiterwille“ war Stammer in Österreich in der Parteibildungsarbeit aktiv.[50] Ein Zeitungsbeitrag vom 1. Juli 1926 berichtete über den Pädagogen Stammer, er habe nach einer scharfen Kritik am „verzopften Schulsystem“ deutlich gemacht, dass politische Bildung nicht darauf abziele, „Romantiker und

---

46 Hierzu: Franz Walter, „Republik, das ist nicht viel“. Partei und Jugend in der Krise des Weimarer Sozialismus, Bielefeld 2011, S. 143–155.

47 Stammer verfasste seine Dissertation zu einem Zeitpunkt, zu dem sich der Bruch innerhalb des Sozialismus erst verschärfte. Vgl. Hermann Weber, Zum Verhältnis von Komintern, Sowjetstaat und KPD, in: ders./ Yakov Drabkin/Bernhard H. Bayerlein (Hrsg.), Deutschland, Russland, Komintern, 2 Bände, Band 1, Berlin 2015, S. 9–139, S. 50–73. Wie stark die wachsende ideologische Abgrenzung von SPD und KPD das Alltagshandeln der Genossen auf lokaler Ebene beeinflusst hat, wurde im Anschluss an die Arbeit von Klaus-Michael Mallmann (Kommunisten in der Weimarer Republik. Sozialgeschichte einer revolutionären Bewegung, Darmstadt 1996) diskutiert.

48 Inwieweit die Steiermark, in der sowohl die Heimwehren als auch die Nationalsozialisten besonders stark vertreten waren, Stammer als Erfahrungsraum geprägt hat, ist ein Desiderat in dessen Biografie. Interessant wäre hier eine Sichtung der „Leipziger Volkszeitung“, für die Stammer wohl als Korrespondent in seiner österreichischen Zeit gearbeitet hat.

49 Otto Stammer, Deutschland im Wahlkampf, in: Arbeiterwille. Organ des arbeitenden Volkes in Steiermark und Kärnten vom 6.12.1924, S. 2 f., S. 3. In der „Roten Fahne“ (Österreich) vom 28.12.1929 heißt es zu Stammers Abschied aus Graz, dass der „Kommunistenfresser Dr. Stammer“ nach Preußen gehen werde, um dort „seine Antirußlandhetze fortzusetzen“ (S. 5). Im „Arbeiterwille“ habe er das Russlandreferat geleitet.

50 Nach bisherigem Kenntnisstand hielt Stammer in der Steiermark neben Festreden Vorträge zu zahlreichen Themen oder führte Schulungen durch, etwa zu Innen- und Außenpolitik, zu sozialistischer Theorie und Strategie, zu Kultur- und Bildungspolitik, Nationalökonomie, Geschichte oder der Situation in der Sowjetunion.

Volltöner der Phrase, sondern wirkliche, klare, überzeugte Revolutionäre"[51] zu schaffen. Für Stammer sei das Bildungsideal des Bürgertums „für den Kampf der Arbeiter wertlos"[52], um dann ganz im Sinne seiner Dissertation fortzufahren: „Wissen allein ist nichts, die Anwendung des Wissens entscheidet im Leben." Dem Bekenntnis zu marxistischen Grundsätzen folgt eine ins Organisatorische gerichtete Zielsetzung: „Systematik, Zentralisation, Ökonomie der Kräfte und Feststellung des Erfolges der geleisteten Arbeit". Arbeiterbildung wird als politische Schulung begriffen, die zur systematischen Ausbildung des Klassenbewusstseins („Selbstbewusstsein, Wille, Opferwilligkeit und Lebensbeherrschung"[53]) sowie der Heranbildung neuer Führungskräfte in der Partei dienen solle. Nicht die kulturelle Hebung der Volksgemeinschaft stand bei Stammer im Mittelpunkt. Ihm ging es darum, die parteipolitische Durchschlagskraft zu optimieren. Entsprechend nüchtern fiel seine Selbstanalyse aus: Dass die Bildungsarbeit durch Massenschulung, Funktionärsschulung und Festkultur in der steiermärkischen Provinz nicht in gleichem Maße erfüllt werden konnte wie einst in Leipzig mit seiner fest gewachsenen proletarischen Kultur,[54] versuchte Stammer durch den Einsatz neuer Medien (Radio, Kino)[55] und durch organisatorische Zentralisierung der Arbeiterbildung zu kompensieren.[56] Vor allem sei es aber in der Provinz noch wichtiger, anstelle bloß theoretischer Schulung sozialistischer Formeln auf konkrete Missstände zu reagieren, zumal die Arbeiter ohnehin unterschwellig um ihre soziale Deprivation wüssten. Zugleich müsse als Kernanliegen der Arbeiterbildung das Klassenbewusstsein stets mit der politischen Situation und den taktisch-strategischen Erfordernissen in Einklang gebracht werden – „weniger auf Seiten der sogenannten Intelligenz in der Partei als bei den Arbeiterhochschülern". Stammers Plädoyer für Sachlichkeit und Realismus statt philosophische Abs-

---

51 O. A., Jugendorganisation. Eine imposante Kundgebung der Jugendlichen, in: Arbeiterwille. Organ des arbeitenden Volkes in Steiermark und Kärnten vom 1.7.1926, S. 8.

52 O. A., Der Landesparteitag der Steirischen Sozialdemokratie, in: Arbeiterwille. Organ des arbeitenden Volkes in Steiermark und Kärnten vom 18.9.1927, S. 3–5, S. 4.

53 Otto Stammer, Die moderne Arbeiterbildung und die geistigen Arbeiter, in: Bildungsarbeit. Blätter für sozialistisches Bildungswesen 15 (1928) 7/8, S. 90–92, S. 90. Zur praktischen Umsetzung vgl. Beschluss der ersten österreichischen Arbeiterbildungskonferenz. Gegenwartsaufgaben der Arbeiterbildung in Österreich. Vorträge und Kurse (Referent: Otto Stammer), in: Bildungsarbeit. Blätter für sozialistisches Bildungswesen 15 (1928) 12, S. 240 f.

54 Vgl. Otto Stammer, Arbeiterbildung in Steiermark im Winter 1927/28, in: Bildungsarbeit. Blätter für sozialistisches Bildungswesen 15 (1928) 6, S. 120–122.

55 Vgl. Beschluss der ersten österreichischen Arbeiterbildungskonferenz, S. 241. Stammers eigene Vorträge in seiner Breslauer Zeit nach der Radiozeitung „Radio Wien": „Menschenökonomie als Weltproblem" (Radio Breslau, Gleiwitz 28.4.1931), „Der Arbeitslose in der Volksbildung" (Radio Berlin, 11.8.1931), „Wirtschaft und Volksbildung" (Radio Breslau, Gleiwitz, 15.10.1931), „Krise der Demokratie" (Radio Breslau, Gleiwitz, 7.11.1931) und „Die Verteilung der Arbeitskraft in Deutschland" (Radio Breslau, Gleiwitz, 15.2.1932).

56 Vgl. O. A., Ein Jahr fortschreitender Arbeiterbildung in Steiermark, in: Bildungsarbeit. Blätter für sozialistisches Bildungswesen 16 (1928) 5/6, S. 79–82.

traktion aus seiner Dissertation bedeutet in der politischen Bildung eine Orientierung an der Funktionärsausbildung statt am theoretischen Intellektualismus.[57]

Vergleicht man diese Position mit Hellers Volksbildungskonzept, so scheinen Stammers Thesen zur Arbeiterbildung auf eine technisch-organisatorisch reduzierte Schulung politischer Kader hinauszulaufen. Auch Heller betonte, Parteibildung solle im Gegensatz zur Volksbildung bloße Machtschulung sein. Wo Stammer diesen Gedanken zu Ende führte, trat auch dessen Aporie zu Tage: Unklar bleibt, welchen Beitrag die organisatorisch so geschulten Arbeitereliten zur kulturellen Entfaltung des Staates leisten können, wenn jeglicher Intellektualismus zugunsten der Organisationsfrage zurücktritt. Setzt das zweckrationale Modell der strategisch-organisatorischen Schulung nicht voraus, dass über die Ziele der Bildung bereits im Voraus politisch entschieden ist? Wenn sich über die politischen Ziele – oder über deren Verwirklichungsmöglichkeit – nicht mehr verständigt wird, welche Bedeutung hat dann organisatorische Schulung noch?

Sigmund Neumann

Auch Sigmund Neumann (1904–1962)[58] hat sich Zeit seines Lebens politikpädagogisch betätigt. Neumann, der in Leipzig bei Hans Freyer mit einer Arbeit über „Die Stufen des preussischen Konservatismus" promoviert wurde, war nach seinem 1927 abgeschlossenen Studium Mitarbeiter an der Deutschen Hochschule für Politik (DHfP) geworden. Hier lehrte seit 1928 auch Heller. Kurze Zeit später wurde Neumann Leiter der Volkshochschule Berlin. Zudem gab er mit Albert Salomon und Alfred von Martin die Schriftenreihe „Soziologische Gegenwartsfragen" heraus. 1933/34 emigrierte der gebürtige Leipziger über England in die USA, wo er ab 1944 eine Professur für Sozialwissenschaften an der Wesleyan University übernahm. Obwohl Neumann nach dem Zweiten Weltkrieg nicht dauerhaft nach Deutschland zurückkehrte, unterstützte er in Berlin den Aufbau der Politikwissenschaft als Beitrag zum demokratischen Neuanfang.

Sein politisches Denken in der Weimarer Republik veranschaulicht eine Anekdote: In einem zwischen dem Soziologen Albert Salomon und Neumann im Sommer 1932 geführten Briefwechsel verständigten sich beide über die Zukunft der im Oktober 1920 in Berlin gegründeten DHfP, die als Nukleus der politischen Bildung ihrer Zeit galt; beide geben darin in bemerkenswerter Direktheit eine zeitgenössische Erörterung der politischen Lage. Der Briefwechsel suchte nicht untypisch nach Sinn und Grenzen der

57 Recht offen bekannte Stammer, dass der Intellektualismus das gemeinschaftliche politische Agieren der Partei untergrabe, um hinzuzufügen, dass gerade dieser Umstand dem Intellektuellen (also Stammer) „eine sicher nicht leicht zu erfüllende Mission" (ebd.) innerhalb der Organisation zuweise und Selbsterziehung verlange.

58 Zu Leben und Werk: Kunze, Sigmund Neumann.

Verständigung zwischen den politischen Lagern, die sich auch in der DHfP wiederfanden und damit die Ausrichtung der politischen Bildung beeinflussten. Obwohl die DHfP als liberal orientierte Schule der Weimarer Republik gegründet worden war, gewannen ab Ende der 1920er Jahre völkische und nationalistische Schüler und Lehrer mehr Einfluss. Vor diesem Hintergrund insistierte Neumann gegenüber Salomon: „Wir [an der Hochschule] sind niemals eine Institution der S.P.D. gewesen". „[E]rst recht" habe man „keine Veranlassung, heute in der Harzburger Front zu marschieren", jenem Zusammenschluss von Nationalisten, dem Kräfte von der Nationalsozialistischen Deutschen Arbeiterpartei (NSDAP) über die Deutschnationale Volkspartei (DNVP) bis zum Alldeutschen Verband angehörten. „Sie wissen", betonte Neumann, „dass ich allerdings seit jeher der Meinung bin, dass wir einen Kreis ernsthafter Menschen aller *ernsthaften* [Hervorhebung d. V.] politischen Positionen bilden müssen."[59] Neumann wollte den heterogenen Diskurs in der Gesellschaft so weit als möglich auch unter den DHfP-Dozenten abbilden.[60]

Abb. 3: Sigmund Neumann

Welche Gruppierungen ihm dabei als „ernsthafte", d. h. politisch relevante galten, hob er nicht hervor. Salomon wusste, wer gemeint war, als er dem Kollegen am 28. Juni 1932 antwortete und daran erinnerte: Man habe an der DHfP „den Radikalismus von rechts und links nicht ausgeschlossen[61] wegen der radikalen Haltung, sondern weil sie

59 Deutsche Nationalbibliothek (fortan: DNB). Deutsches Exilarchiv 1933–1945, Frankfurt am Main, Nachlass Sigmund Neumann, EB 2007/60, Schreiben Sigmund Neumann an Albert Salomon vom 14.6.1932.

60 Vgl. Wilhelm Bleek, Geschichte der Politikwissenschaft in Deutschland, München 2001, S. 204–215; Rainer Eisfeld, Ausgebürgert und doch angebräunt. Deutsche Politikwissenschaft 1920–1945, Baden-Baden 1991, S. 31–88.

61 Hierbei handelt es sich um eine von der Forschung widerlegte Deutung über die Zusammensetzung des Lehrkörpers an der DHfP, an der durchaus Dozenten beschäftigt waren, die gegenüber der Demokratie sehr kritisch eingestellt waren. Vgl. Detlef Lehnert, Politik als Wissenschaft: Beiträge zur Institutionalisierung einer Fachdisziplin in Forschung und Lehre der Deutschen Hochschule für Politik (1920–1933), in: Politische Vierteljahresschrift 30 (1989) 3, S. 443–465; Manfred Gangl, Die Gründung der „Deutschen Hochschule für Politik", in: ders. (Hrsg.), Das Politische. Zur Entstehung der Politikwissenschaft während der Weimarer Republik, Frankfurt am Main 2008, S. 77–96; Steven Korenblat, The Deutsche Hochschule für Politik. Public Affairs Institute for a New Germany 1920–1933, Diss. Universität Chicago 1978; Antonio Missiroli, Die Deutsche Hochschule für Politik, Sankt Augustin 1988.

die Voraussetzung wissenschaftlicher Arbeit nicht erkennen können". Und weiter: „Sie wissen aus unserer engen Zusammenarbeit, dass ich immer hinter Ihren Bemühungen gestanden habe, einwandfreie Leute mit Niveau von der Rechten heranzuziehen. Ich hätte also auch nichts gegen einen anständigen Nationalsozialisten". Doch Salomon zweifelte, dass „ein Nazi die letzten Endes doch liberale Grundlage der Hochschule anerkennen" könne. Unter „liberal" verstand er ein wissenschaftliches Arbeiten, das „auf ein gewisses Mass von Freiheit und Entfaltung, d. h. also zur fruchtbaren Kritik einschl. der Selbstkritik, verpflichtet ist".[62]

Woher Neumanns weitreichende Gesprächsbereitschaft rührte, die unter Kollegen umstritten war (und ihn nicht vor Anwürfen von Rechtsaußen bewahrte), ist nicht ganz nachzuvollziehen. Sein Elternhaus war ein jüdisch-orthodoxes, über dessen politische Sympathien nichts überliefert ist.

Wirft man einen Blick auf Neumanns Dissertation zum Konservatismus, tritt dessen sachlich-sozialgeschichtlicher Zugang zutage. Neumann rekonstruierte darin die Stufen des preußischen Konservatismus und stellte die konkurrierenden sozialen Gruppen – insbesondere den Konflikt zwischen Adel und Bürgertum – im jeweiligen sozialen bzw. historischen Kontext vor. Aufgrund der sozialgeschichtlichen Methode ist mit Händen zu greifen, dass in Neumanns Augen der Konservatismus dann über eine Perspektive verfüge, wenn er einerseits vom Bürgertum unterstützt werde und sich andererseits an die neuen sozialen und politischen Realitäten anpasse. Unter dieser Voraussetzung konnten also auch Konservative Gesprächspartner werden: wenn sie die politische Lage sachlich einzuschätzen bereit sind. Dabei bleibt vage, wie diese „Sachlichkeit" konkret auszubuchstabieren sei – von „Demokratie" ist keine Rede. Zudem fällt Neumanns traditionelles Verständnis vom Staat auf, der als „das Konstante, die konservative Kraft" dargestellt wird, während das Soziale „das Werdende, das Leben, das dynamische Element kennzeichnet".[63] Wo politische Parteien ein Interesse haben, am Staat mitzuwirken, selbst wenn dies ihrer Ideologie widersprach, begegnete Neumann ihnen freundlich. Aus diesem Grund sah er im Austausch selbst mit dem äußerst rechten Lager kein Problem.

In seiner früh als wegweisend erkannten Studie „Die deutschen Parteien. Wesen und Wandel nach dem Kriege"[64] von 1932 kam er auf die Überlebenschancen der Republik zu sprechen.[65] Obwohl das Buch, in dem Neumann als erster sämtliche politische Gruppierungen der Weimarer Republik systematisch untersuchte und sich für moderne

62 DNB. Deutsches Exilarchiv 1933–1945, Frankfurt am Main, Nachlass Sigmund Neumann, EB 2007/60, Schreiben Albert Salomon, Köln, an Sigmund Neumann vom 28.6.1932.

63 Neumann, Die Stufen des preussischen Konservatismus, S. 8.

64 Berlin 1932. Nach dem Krieg brachte Karl Dietrich Bracher das Buch inhaltlich unverändert, jedoch mit einem Vorwort versehen, unter dem Titel „Die Parteien in der Weimarer Republik" im Kohlhammer-Verlag in zuletzt fünfter Auflage (1986) heraus.

65 Vgl. Erich Nickel, Politik und Politikwissenschaft in der Weimarer Republik, Berlin 2004, S. 207–208.

Parteien und den Parlamentarismus starkmachte, prinzipiell sehr positiv besprochen wurde[66], provozierte vor allem eine Stelle deutliche Kritik. Neumann hatte geschrieben:

> „Der Nationalsozialismus ist eine *Protestbewegung* [Hervorhebung d. V.]; wenigstens für seine besten Elemente, und nur sie sollen für seine politische Platzbestimmung, gleichsam für die Feststellung des Idealtypus ‚Nationalsozialismus', herangezogen werden."

Danach referierte er, wogegen sich dieser Protest richtete: Novemberrevolution, Parlamentarismus, „Versailles", Wirtschaftssystem etc. Und schrieb weiter zu den Gründen für den Aufstieg von NSDAP und KPD:

> „Jede Parteineubildung – und vor allem solch einzigartiger Aufstieg – ist ein Zeichen des Ungenügens der alten Gruppierungen. Irgendetwas ist versäumt worden, eine soziale Gruppe nicht genügend erfaßt, reale Not nicht bezwungen, eine lebendige Strömung nicht eingefangen, Ehre und Stolz nicht befriedigt, Menschentum nicht ergriffen. Selbst wenn diese neuen Gruppen über ihre Negation nicht hinausgelangen, als Kritik des Bestehenden sind sie von ungeheurem Wert. Sie können zum Gewissen ihrer Zeit werden."[67]

Zum „Gewissen" ihrer Zeit – das hat Widerspruch hervorgerufen, bei aller Anerkennung dafür, dass Neumann „keine dogmatische Rücksicht" nehme, sonst „sachlich", „vorsichtig", „geistvoll" analysiere, wie sein aus Berlin stammender DHfP-Kollege Hans Speier notierte. „Da wir sein Buch nachdrücklich empfehlen, sind wir verpflichtet, ein beiläufiges Urteil zurückzuweisen, das falsch und gefährlich ist: die nationalsozialistische Bewegung [...] kann niemals, was N. immerhin für möglich hält, zum ‚Gewissen der [sic!] Zeit' werden."[68]

Woher kommt diese für heutige Leser irritierende Unbefangenheit gegenüber den Feinden der Republik? Insbesondere Albert Salomons Aussage, beide seien sich einig, dass man auch mit Gegnern der Republik dann diskutieren könne, wenn sie am sachlich-wissenschaftlichen Austausch interessiert seien (was Salomon dann doch anzweifelte), ist ein Schlüssel für Neumanns Position. Denn an einen derart übergreifenden Konsens glaubte Neumann nicht nur hinsichtlich der *wissenschaftlichen* Diskussion über Politik, sondern zumindest implizit auch im *politischen* Wettbewerb. Wie Alfred von Martin in seiner scharfsinnigen Rezension des Buches festhielt, steht bei Neumann neben dem kompetitiven Politikbegriff der „Wertbegriff des Politischen [im

66 Kunze, Sigmund Neumann, S. 71–81.

67 Sigmund Neumann, Die Parteien der Weimarer Republik, 5. Auflage, Stuttgart 1986, S. 73 f.

68 Hans Speier, Die deutschen Parteien. Wesen und Wandel nach dem Kriege (Rezension), in: Zeitschrift für Sozialforschung 1 (1932), S. 452 f.

Mittelpunkt], insofern über die Partikularität der bloßen wirtschaftlichen Interessenvertretung einer sozialen Klasse die Verantwortung für die Gesamtgemeinschaft, also das ‚Politische' im Sinne eines substanziellen, positiven Wertes, gestellt wird".[69] Wie in der Dissertation über den Konservatismus ist der argumentative Fluchtpunkt trotz der dominierenden soziologisch-empirischen Darstellung von Parteiprogrammatik, -organisation und politischem Agieren letztlich der Staat und die Frage, „wie der Staat im ganzen und in allen seinen Teilen unter einer bestimmten Idee eingerichtet und geleitet werden soll"[70]. Da der Staat stets einen bestimmten ideellen Wert darstelle und jede Partei eine bestimmte Idee verfolge – die antirationalistische Lebensphilosophie bei der NSDAP, bei der Kommunistischen Partei Deutschlands (KPD) die utopische Idee einer klassenlosen Gesellschaft –, müsse bei aller Kritik an ihrer jeweiligen antidemokratischen Ausrichtung ein implizites ideelles Integrationsmoment erkannt werden – zumal Neumann die Kritik an Rationalisierung und Bürokratisierung der Politik und Ökonomisierung der Gesellschaft für durchaus berechtigt hielt. Jedoch waren das in diesen radikalen Parteien vertretene Niveau, die politische Organisation und die Formen der politischen Betätigung indiskutabel. Das Vertrauen auf einen Kompromiss oder zumindest eine Zähmung der Radikalen durch die gemäßigte Linke und Rechte bzw. die Liberalen[71] war so stark, dass Neumann die desintegrativen Momente zu gering gewichtete.

Er hatte lange gehofft und konstatierte schließlich doch: „Die politische Gesamtlage ist schwer erschüttert [...] Was als Parteienkrise erscheint, ist vielmehr eine Krise der Demokratie, der ökonomisch-sozialen Welt, des europäischen Menschen überhaupt."[72] Niemand aber wusste, was kommen würde. Deshalb kam es ihm auf den einzelnen, politisch verantwortlichen Menschen an. Darum engagierte er sich in der DHfP, um Staatsbürgerkunde im besten Sinne zu unterrichten – anders als es der in mancher, mit dem gleichnamigen DDR-Schulfach vertrauter Ohren kontaminierte Begriff heute nahelegt.

Das Bürgertum sollte neben der Arbeiterschaft aus seiner noch im 19. Jahrhundert akzeptierten jahrzehntelangen politischen Unmündigkeit heraus, die zumindest für die ökonomisch einflussreichen Kreise auch eine selbstverschuldete war. Bereits in seiner Dissertation hatte er über die Lage im vorangegangenen Jahrhundert geschrieben, was es in seinen Augen nun ein für allemal zu verhindern galt: Die „Fernhaltung des Volkes von jeder selbständigen politischen Betätigung [musste] den Mangel politischen Denkens in Deutschland noch verstärken".[73] „Diese Entwicklung schien zunächst ver-

69 Alfred von Martin, Rezension zu Neumann, Sigmund: Die deutschen Parteien. Wesen und Wandel nach dem Kriege, Berlin 1932, in: Archiv für Sozialwissenschaft 69 (1933) 4, S. 510–512, S. 511.

70 Neumann, Die politischen Parteien, S. 19.

71 Aus diesem Grund zeichnete Neumann auch das Bild der DNVP gemäßigter als es unter Alfred Hugenberg tatsächlich war, und deshalb stellte der Niedergang der Deutschen Demokratischen Partei (DDP) für ihn auch „die schwerste Erschütterung" dar (ebd., S. 54) für den jungen Staat.

72 Neumann, Die politischen Parteien, S. 96.

73 Vgl. die Parallelen bei: Max Weber, Parlament und Regierung im neugeordneten Deutschland [1918], in: Dirk Kaesler (Hrsg.), Max Weber. Schriften 1894–1922, Stuttgart 2002, S. 395–435.

deckt durch den großartigen wirtschaftlichen Aufstieg [über die Ära Bismarck hinaus], der gerade die aktivsten Kräfte völlig absorbierte und ihnen zugleich selbst an dieser entpolitisierten Stelle neben persönlichem Wohlstand und Erfolg auch das Bewußtsein hervorragender ‚staatlicher' Leistung gab"[74] – obwohl viele Bürger und ihre politischen Interessenvertreter im wilhelminischen Kryptoabsolutismus stets „Gesellschaft" geblieben, nie aber „Staat" geworden waren, um „Mitverantwortung für die Gesamtheit" zu übernehmen.[75]

Die Staatsbürger aus dieser fragwürdigen, auf abstraktes Staatswohl hinauslaufenden Selbstgenügsamkeit herauszuführen, war für Neumann Aufgabe der politischen Bildung wie der demokratischen Parteien. Seine Überzeugung: „Nur wenn es Entscheidendes gibt, das eint, kann Trennendes ausgeglichen werden, sind selbst Opfer, Verzicht und Unterliegen tragbar [...] Wenn man keine gemeinsame Sprache mehr spricht, gibt es keine Verständigung."[76] Eine Parteiendemokratie sei der beste Weg staatlicher Integration – damit positionierte sich Neumann als linksliberaler Intellektueller. Doch Demokratie habe einen höheren Nutzen: Sie dient dem Staat, denn Demokratiebildung ist die „Grundlage für die einsichtige Staatspraxis"[77].

Verständigung zu betonen meinte aber nicht allein, einen demokratischen Konsens herzustellen, sondern fußte auf der Sorge um die gute Ordnung, den „richtigen" Staat. Erst die an der Hochschule vermittelte „Erziehung zu realistischer Sicht"[78] und wissenschaftliche Sachlichkeit ermöglichten eine Schulung politisch verantwortlich Handelnder zur Verständigung zwischen Parteien und Interessen. Insofern richtet sich politische Bildung (wenn auch anders als bei Stammer und Heller begründet) nach Neumann vor allem an Akademiker und Berufsschichten mit wirtschaftlicher, sozialer und politischer Erfahrung – auch an Arbeiter. Die DHfP sei „Staatsnotwendigkeit"[79], denn deren Aufgabe bleibe es, die innere Zerrissenheit durch ein „Maß von Homogenität zu überwinden, das mit der Sprache und Lebensform beginnt und bis zu einem allgemeinverbindlichen Sozial- und Kulturbewußtsein führen muß"[80].

Doch auch hier wiederholt sich das Problem, das im Parteienbuch zur Sprache kam: Wie geht die Hochschule mit Schülern und Lehrern um (letztlich allen entsprechenden Teilen der Gesellschaft), die Verständigung ablehnen? Eine klare Antwort blieb Neumann schuldig bzw. machte aus der erkannten Not eine Tugend, indem er selbstbewusst

74 Neumann, Die Stufen des preussischen Konservatismus, S. 166 f.

75 Neumann, Die politischen Parteien, S. 25.

76 Ebd., S. 16.

77 Sigmund Neumann, Archiv, in: Ernst Jäckh (Hrsg.), Politik als Wissenschaft. Zehn Jahre Deutsche Hochschule für Politik, Berlin 1930, S. 107–113, S. 107.

78 Sigmund Neumann, Zehn Jahre Deutsche Hochschule für Politik; in: Neue Blätter für den Sozialismus 1 (1930) 2, S. 513–517, S. 515.

79 Ebd., S. 513.

80 Ebd., S. 514.

in der Offenheit der Hochschule ihren Beitrag zur Entfaltung des richtigen Staatsbewusstseins erkennen wollte:

> „Die Möglichkeit einer sachlichen Überprüfung selbst der gegnerischen Haltung beweist bereits die fruchtbare Zusammenarbeit der Dozentenschaft, in der alle politischen Richtungen vertreten sind (bis auf die radikalen Gruppen, denen an einer sachlichen Auseinandersetzung und Klärung nicht gelegen ist. Jedoch wird auch diesen gerade gegenwärtig politisch kräftigen Strömungen Rechnung getragen durch starke Hinzuziehung rechts- und linksradikaler Referenten für Sonderveranstaltungen). Aus diesem Grunde ist die Hochschule auch den speziellen Parteischulen überlegen (deren besonderer Wert damit nicht abgestritten wird) und gerade für die politisch Entschiedenen eine wertvolle Bereicherung und Vertiefung ihrer politischen Gesamtschau."[81]

So sehr ihn die antidemokratischen Parteien beunruhigten, noch mehr schmerzte ihn die Preisgabe des Staates durch die ihn stützenden Schichten. Wie bereits Heller und Stammer trieb Neumann die Sorge um, gerade die Arbeiter könnten den Wert dieses Staates unterschätzen. Sein Appell für den demokratischen Staat am Vorabend des nationalsozialistischen Wahlsieges schwankte argumentativ zwischen der Verteidigung der Demokratie und der des Staates. Wird der Staat bei Heller aus dem kulturellen Zusammenspiel von Nation und Sozialismus gedacht und bei Stammer als „ewiges" Medium von Politik begriffen, tritt bei Neumann das etatistische Moment – bei aller impliziten Wertschätzung des Staates – aufgrund seines Interesses an einer soziologischen Parteienforschung markanter zurück.

Demokratie bleibt für Neumann zeitlebens vorrangig Diskurs innerhalb und zwischen politischen Parteien, die mit ihren verschiedenen Programmen und dem „Willen zur politischen Aktion, zur Machtergreifung und Herrschaftsbehauptung"[82] um die Wählergunst werben. „Jede Beschränkung" der Parteien „auf eigene Interessen", schrieb Neumann, „hat sich immer bitter gerächt". Plebiszite wie auch andere Formen direkter Demokratie lehnte er – wie eine ganze Reihe von Emigranten – nach den Erfahrungen des Nationalsozialismus noch entschiedener ab als zuvor schon. Parteien angesichts offensichtlicher Schwächen generell infrage zu stellen, war für ihn trotz der herausgearbeiteten Defizite keine Lösung. Den Deutschen die Skepsis gegenüber demokratischen, pluralistischen Parteien zu nehmen, darin sah er eines seiner wesentlichen Anliegen, das er nur durch sozialgruppenübergreifende politische Bildung leisten zu können meinte. Letztere wiederum begriff Neumann 1932 als unlösbaren Bestandteil der sich in den Weimarer Jahren erst herausbildenden Politikwissenschaft. Dennoch habe eine derartige Wissenschaft „weder die Aufgabe, Willensentscheidungen abzunehmen, noch

81 Ebd., S. 515.
82 Neumann, Die politischen Parteien, S. 17.

Prophezeiungen zukünftiger Entwicklung zu verkünden". Was ihr allein zustehe, „ist das Bemühen, die politische Wirklichkeit in ihren Tatbeständen, ihren bestimmenden Willenskräften und ihren Strukturzusammenhängen aufzudecken".[83] Ohne großes – und bald enttäuschtes – Vertrauen in die Mündigkeit der Bürger ließen sich derartige Sätze nicht formulieren. In einem 24 Jahre später veröffentlichten Aufsatz mit dem Titel „Politische Bildung. Amerikanische Erfahrungen – deutsche Erfordernisse" – dieser zeitliche Vorgriff sei gestattet – war zwar weiter keine Rede davon, Willensentscheidungen „abzunehmen", wohl aber davon, diese „mit volksbildnerischem Bemühen" zu beeinflussen. Der Epochenbruch, das Undenkbare war geschehen: Neumann konnte nach Shoa, Zweitem Weltkrieg und seinen Erfahrungen im Exil in den USA, wie es der Aufsatzuntertitel anzeigt, Politikwissenschaft nun erst recht nur mehr als Demokratiewissenschaft denken, als normative Kraft, die nicht lediglich „kalt" beschreibt und analysiert, was ist, sondern aus Geisteshaltung und Erfahrungswissen die Bürger mit politischer Bildung „zur aktiven Teilnahme" in Staat und Gesellschaft aufruft.[84]

Schlussbetrachtung

Alle drei Linksintellektuellen verteidigten die Weimarer Republik, was auch innerhalb der SPD nicht selbstverständlich war. Insbesondere unter den Jungsozialisten bestand die Bereitschaft, über die Republik hinauszudenken. Dabei wurzelte deren mit marxistisch-revolutionärer Rhetorik gespickte Absage nicht in einer Demokratieverachtung, sondern in der Sorge, die Partner der Weimarer Koalition – Liberale und Zentrum –, könnten sich vom Weimarer Kompromiss lösen und einer schleichend heraufziehenden Diktatur nicht wirkungsvoll entgegentreten.[85] Insbesondere die Tolerierung von Heinrich Brünings Präsidialkabinett durch die Parteispitze der SPD erschien ihren innerparteilichen Kritikern als Opportunismus, der zur inneren Erosion der Partei beitrage.

Heller, Stammer und Neumann wurden sich dieses Problems in der Spätphase der Republik bewusst und engagierten sich – was hier aus Platzgründen nicht mehr aufgefächert werden kann – bei den „Neuen Blättern für den Sozialismus".[86] Ähnlich wie die

83 Ebd., S. 13.

84 Sigmund Neumann, Politische Bildung. Amerikanische Erfahrungen – deutsche Erfordernisse, in: Politische Studien 7 (1956) 73, S. 21–44, S. 28.

85 Vgl. Otto Kirchheimer, Gesammelte Schriften, Band 1, herausgegeben von Hubertus Buchstein, Baden-Baden 2017.

86 Vgl. Stefan Vogt, Nationaler Sozialismus und Soziale Demokratie. Die sozialdemokratische Junge Rechte 1918–1945, Bonn 2006; Axel Schildt, National gestimmt, jugendbewegt und antifaschistisch – die „Neuen Blätter für den Sozialismus", in: Michel Grunewald/Hans Manfred Bock (Hrsg.), Le Milieu intelectuel de Gauche en Allemagne, sa Presse et ses Réseaux (1890–1960), Bern 2002, S. 363–390; Friedrich (Fritz) Borinski, Die „Neuen Blätter für den Sozialismus". Ein Organ der jungen Generation 1930 bis 1933, in: August Rathmann, Ein Arbeiterleben. Erinnerungen an Weimar und danach, Wuppertal 1983, S. 173–201; Martin Martiny, Die Entstehung und

Parteilinke bemängelten sie die Entfremdung zwischen Parteiführung und sonstigen SPD-Mitgliedern sowie den Bürokratismus in der Partei. Beides paralysiere den (durchaus militant zu führenden) Kampf gegen den Nationalsozialismus. Während die Linken vom proletarischen Massenstreik träumten, hofften die Autoren der „Neuen Blätter" auf eine politisch aktive neue Parteielite.[87] Setzte Heller auf den politischen Bürger und verlangte „die opferwillige Einordnung"[88] für den Erhalt der bürgerlichen Ordnung, hieß es bei Stammer plakativ, es zählten nun „Leistung, Führung, Vertrauen"[89]. Hier wird deutlich, weshalb Neumann sich vorstellen konnte, mit „vernünftigen" linken und rechten Radikalen zu sprechen – nämlich dann, wenn sie den Boden der bürgerlich-demokratischen Ordnung nicht verlassen.

Gerade dies zweifelten die Linken inner- und außerhalb der Partei an. Sie fragten, wie weit kooperative Realpolitik gehen dürfe, ohne die 1918/19 errungenen verfassungsrechtlichen Leistungen vollends preiszugeben, deren Erosion sie lange schon beklagten.[90] Deshalb drangen sie darauf, die sozialistische Lehre zu wahren, die von den innerparteilichen Rechten als Haupthindernis gemeinsamer Politik mit den Verteidigern der Demokratie angesehen wurde, was diese wiederum mit dem Vorwurf quittierten, die Sozialdemokratie sei zum „Gegner jeder präzisen Theorie"[91] geworden. Aus heutiger Sicht lassen sich wohl für beide Seiten Argumente finden. Nur mit wem wollte die jeweilige Seite kooperieren?

Für die politische Bildung war es zu diesem Zeitpunkt längst zu spät. Heller, Stammer und Neumann hatten frühzeitig erkannt, dass eine stabile politische Ordnung einer

politische Bedeutung der „Neuen Blätter für den Sozialismus" und ihres Freundeskreises, in: Vierteljahrshefte für Zeitgeschichte 25 (1977), S. 373–419.

87 Vgl. Otto Stammer, Die Jugend hat eine Chance, in: Neue Blätter für den Sozialismus 2 (1931) 7, S. 329–333, S. 332. Hierzu auch: Günter Könke, Organisierter Kapitalismus, Sozialdemokratie und Staat. Eine Studie zur Ideologie der sozialdemokratischen Arbeiterbewegung in der Weimarer Republik (1924–1932), Stuttgart 1987, S. 19 f.

88 Hermann Heller, Bürger und Bourgeois [1932], in: ders., Gesammelte Schriften, Band 2, S. 625–641, S. 641.

89 Otto Stammer, Wie's die Österreicher machen, in: Neue Blätter für den Sozialismus 2 (1931) 10, S. 73, zitiert nach: Gerd Strohm/Franz Walter, Weimarer Linkssozialismus und Austromarxismus. Historische Vorbilder für einen Dritten Weg zum Sozialismus?, Berlin 1984, S. 85–88, S. 87.

90 Dass diese Gesprächsbereitschaft sehr weit ging, ist hinsichtlich der „Blätter" mehrfach betont worden. So spricht sich etwa der aus dem „Blätter"-Umfeld stammende Leipziger Pfarrer Kurt Herberger (mit dem Stammer 1933 verkehrte) in seiner Rezension zu Paul Tillich, Die sozialistische Entscheidung (Evangelisch-Sozial 38 [1933], S. 186) für einen sachlichen, „machtvolle[n] sozialistische[n] Nationalismus" aus. Auch bestand von Vertretern der „Blätter" nicht nur Sympathie gegenüber dem „Tat"-Kreis, sondern es fanden auch Gespräche mit der radikalen Rechten statt (Vgl. Stefan Vogt, Die Sozialistische Entscheidung. Paul Tillich und die sozialdemokratische Junge Rechte in der Weimarer Republik, in: Christian Danz/Werner Schüßler/Erdmann Sturm (Hrsg.), Tillich und der religiöse Sozialismus. Internationales Jahrbuch der Tillich-Forschung, Band 4, Berlin 2009, S. 35–52, S. 49). Auch bei dem Widerstandskämpfer Julius Leber lassen sich zeitweise Sympathien für die „deutsche Revolution" finden (vgl. Dorothea Beck, Theodor Haubach, Julius Leber, Carlo Mierendorff, Kurt Schumacher, in: Archiv für Sozialgeschichte 26 [1986], S. 87–123, S. 121).

91 Max Horkheimer, Die Ohnmacht der deutschen Arbeiterklasse [1929], in: ders., Gesammelte Schriften, Band 2, Frankfurt am Main 1987, S. 373–378, S. 377.

politischen Kultur bedarf, die politische Bildung einschließt. Darin bestand die Leistung der drei Intellektuellen, auch wenn die Verteidigung der Weimarer Verfassung weniger mit demokratietheoretischen Argumenten (am deutlichsten noch bei Neumann) vorgetragen wurde, denn auf Kultur, Organisation und Sachlichkeit, also den Staat selbst, abzielte. Dieses Vertrauen wird nach 1933 merklich erschüttert. An die Stelle der staatspolitischen Schulung tritt die demokratische Bildung.

Sowohl Stammer als auch Neumann sprachen sich nach 1945 für eine Ermutigung der Bürger zur Demokratie aus. Den Bürger zur Demokratie zu befähigen, ihn mündig zu machen, darauf kam es ihnen an. Insbesondere Neumann hatte, trotz mancher „Anfechtung" in den ersten Nachkriegsjahren, etwa angesichts der Elitenkontinuität in der Bundesrepublik, ein schier grenzenloses Zutrauen zu den Menschen. Ihnen widmete er seinen „demokratischen Dekalog" – so war sein Vortrag an der Freien Universität Berlin während seines letzten Deutschlandbesuches 1962 überschrieben. Das „vitalste Element" der Demokratie, sagte er, sei der „menschliche Einsatz"[92]. Vielleicht ist man heute versucht, solches Hoffen, Streben hin zu einem aus Erfahrung geläuterten Menschen als naiv abzutun – nach dem Motto: Wusste es Neumann nicht besser? Hatte diese Generation nicht unendliches Leid erfahren? Was aber wäre die Alternative?

92 Sigmund Neumann, Der demokratische Dekalog. Staatsgestaltung im Gesellschaftswandel, in: Richard Löwenthal (Hrsg.), Die Demokratie im Wandel der Gesellschaft, Berlin 1963, S. 11–28, S. 27; über Stammers politikdidaktische Schriften nach 1945: Joachim Detjen, Politische Erziehung als Wissenschaftsaufgabe. Das Verhältnis der Gründergeneration der deutschen Politikwissenschaft zur politischen Bildung, Baden-Baden 2016, S. 405–428.

Wirtschaft und Soziales

Von der Klammer des Milieus zum erstarrten Riesen

Die sächsische Gewerkschaftsbewegung in der Weimarer Republik

Marco Swiniartzki

Einleitung: Zur Differenzierung der „Arbeiterbewegung"

Überblickt man die Veröffentlichungen zur Geschichte der sächsischen Arbeiterbewegung, fällt eines schnell auf: Die Gewerkschaften spielen darin nur sehr selten eine eigenständige Rolle. „Arbeiterbewegung" ist hier meist gleichbedeutend mit der Entwicklung der Sozialdemokratie – Gewerkschaften erscheinen als verlängerter Arm oder gar wirtschaftspolitisches Anhängsel der omnipräsenten Partei.[1] Sprechen die Analysen also von der Macht der sächsischen Arbeiterbewegung oder etwa dem „roten Sachsen", lassen sie die Gewerkschaftsorganisationen zwar nicht völlig außen vor, begehen aber dennoch einen verhängnisvollen Fehler: Sie ordnen die Gewerkschaftsbewegung dem Primat der SPD unter und überschreiben damit die gewerkschaftliche Arbeit einer politischen Lesart von Sozialgeschichte. Nach Mitgliederstruktur, Methodik oder Interessenvertretungsvorstellung differenzierende Betrachtungen sind dagegen nur selten zu finden.[2] Besonders frappierend ist diese Verschmelzung zu der einen „Arbeiterbewegung" in der Historiographie zum Freistaat in der Weimarer Republik, wo der Eindruck

1 Vgl. Rudolf Boch, Das „rote Königreich". Eine etwas andere Geschichte der sächsischen Arbeiterbewegung, in: Frank-Lothar Kroll (Hrsg.), Arbeiter – Wirtschaftsbürger – Staat. Abhandlungen zur Industriellen Welt, Berlin/Boston 2017, S. 56–71; Helga Grebing/Hans Mommsen/Karsten Rudolph (Hrsg.), Demokratie und Emanzipation zwischen Saale und Elbe. Beiträge zur Geschichte der sozialdemokratischen Arbeiterbewegung bis 1933, Essen 1993. In diesem Band wird der Primat der SPD überdeutlich.

2 Vgl. eine erfreuliche Differenzierung für die Chemnitzer Arbeiterbewegung in der Vorkriegszeit bei Karlheinz Schaller, „Einmal kommt die Zeit". Geschichte der Chemnitzer Arbeiterschaft vom Ende des 18. Jahrhunderts bis zum Ersten Weltkrieg, Bielefeld 2001, S. 297–346.

entsteht, es mit der Geschichte eines Parteienstreits im politischen System Sachsens zu tun zu haben.[3] Obgleich die dabei implizit häufig hingenommene Annahme, die SPD und die Gewerkschaften hätten in der Regel mit einer Stimme gesprochen, nicht vollkommen von der Hand zu weisen ist, hatte diese Fokussierung dennoch weitreichende Folgen für das Bild der Arbeiterbewegung zwischen 1918 und 1933.[4] Die Spaltung der Sozialdemokratie und die Politisierung der Gewerkschaftsarbeit rückten die Parteien und die Gewerkschaftsorganisationen so weit aneinander, dass für Prozesse des täglichen Wirtschafts- und Arbeitslebens sowie deren Auswirkungen auf die Positionierung dieser Organisationen kaum noch Platz zu sein schien – was angesichts des Interesses der Forschung an Aspekten der Massenmobilisierung oder der Rationalisierungsbewegung nicht nur bedauerlich, sondern auch dringend verbesserungswürdig ist.[5]

Die korrekten Befunde einer großen personellen Überschneidung von Arbeiterparteien und Gewerkschaften sowie der Verlängerung der Spaltung der SPD in die Gewerkschaften hinein sollten jedenfalls nicht darüber hinwegtäuschen, dass Parteien und Gewerkschaften auf gar keinen Fall unhinterfragt zu einer homogenen Arbeiterbewegung verschmolzen werden können bzw. verschmolzen waren. Dafür waren und sind die politische und die gewerkschaftliche Vertretungsebene methodisch, programmatisch und ideengeschichtlich zu unterschiedlich. Denn im Gegensatz zur SPD bildeten die Gewerkschaften nicht nur Arbeiterorganisationen, sondern auch Organisationen, die in ihrer täglichen Kleinarbeit vor allem im betrieblichen Bereich beheimatet waren. Ihr Kontakt zum vielbeschworenen proletarischen Milieu in Sachsen unterschied sich daher fundamental von jenem der Parteien und ihre interne Funktionslogik hatte andere Mechanismen zur Grundlage.[6]

Die Vernachlässigung der Gewerkschaften durch die Geschichtswissenschaft zeitigte für das Bild der Arbeiterbewegung in der weitgehend krisenhaften Weimarer Republik mehrere Konsequenzen: Zum einen folgen die Analysen meistens einem

3 Vgl. Claus-Christian Szejnmann, Vom Traum zum Alptraum. Sachsen in der Weimarer Republik, Leipzig 2000, besonders S. 14–46.

4 Die Forschung konzentrierte sich lange auf die politische Qualität der Gewerkschaften, vgl. etwa Heinrich Potthoff, Gewerkschaften und Politik zwischen Revolution und Inflation, Düsseldorf 1979; Michael Schneider, Höhen, Krisen und Tiefen. Die Gewerkschaften in der Weimarer Republik 1918 bis 1933, in: Ulrich Borsdorf (Hrsg.), Geschichte der deutschen Gewerkschaften. Von den Anfängen bis 1945, Köln 1987, S. 281–446; Klaus Schönhoven, Die deutschen Gewerkschaften, Frankfurt/M. 1987, S. 116–176.

5 Für eine solch politische und „gewerkschaftslose" Arbeiterbewegungsgeschichte vgl. Heinrich August Winkler, Der Weg in die Katastrophe. Arbeiter und Arbeiterbewegung in der Weimarer Republik 1930 bis 1933, Bonn 1990.

6 Zur Entwicklung des Verhältnisses von Gewerkschaften und SPD vgl. Hans Mommsen, Die Freien Gewerkschaften und die Sozialdemokratie vor dem Ersten Weltkrieg, in: Wolfgang J. Mommsen/Hans-Gerhard Husung (Hrsg.), Auf dem Wege zur Massengewerkschaft. Die Entwicklung der Gewerkschaften in Deutschland und Großbritannien 1880–1914, Stuttgart 1984, S. 475–495. Für den genuin gewerkschaftlichen Ansatz in der Arbeiterbewegung vgl. Marco Swiniartzki, Der Deutsche Metallarbeiter-Verband 1891–1933. Eine Gewerkschaft im Spannungsfeld zwischen Arbeitern, Betrieb und Politik, Köln/Weimar/Wien 2017, S. 177–220.

Top-down-Schema, das vielen politischen Lesarten eigen ist und den Eindruck vermittelt, die Entwicklung einer Gesellschaft liege in den Händen politischer Eliten mit der Rückendeckung in ihren jeweiligen Organisationen.[7] Zum anderen überschätzt diese Beeinflussung „von oben" die Reichweite politischen Handelns und entpuppt sich mit Blick auf Kategorien wie Wahlverhalten, Mitgliedschaft in Organisationen oder gar Euphorie, Resignation und Enttäuschung als unzureichend. Besonders letzte Faktoren besaßen ihre Grundlagen eher in alltäglichen betrieblichen Prozessen oder den Inklusionsleistungen der Arbeiterorganisationen – politische Prozesse waren für die Mobilisierung von Arbeiterinnen und Arbeitern dagegen weit weniger entscheidend.[8] In diesem Zusammenhang gelingt es der Forschung nur selten, das Verhältnis der Arbeiterschaft zu Organisationsangeboten zu hinterfragen.[9]

Die historische Beschäftigung mit den spätestens seit ihrer betrieblichen Wende um 1900 stark in den Fabriken verankerten Gewerkschaften kann dieses Bild um einige wichtige Aspekte erweitern und die sogenannte Arbeiterbewegung entscheidend differenzieren. Die gängigen makrohistorischen Entwürfe ließen sich auf diese Weise um an der Schnittstelle von betrieblicher und außerbetrieblicher Lebenswelt gelegene Faktoren erweitern, die die historische Aussagekraft immens erhöhen würden. Daher gilt es, die Gewerkschaften aus ihrer Rolle als Anhängsel der Sozialdemokratie zu lösen und zu einer gleichberechtigten Säule der Arbeiterbewegung zu erklären, deren Erforschung der Geschichte Sachsens wichtige Impulse geben kann – ein Ansatz, der auch von einem gewandelten Gewerkschaftsverständnis in der Geschichtswissenschaft profitieren würde. Denn betonten frühere Studien vor allem die politische Qualität der Verbände, erweitern viele Veröffentlichungen seit einigen Jahren den Blick um eine Analyse innerorganisatorischer Entwicklungen, um Jugendbewegungen, Arbeiterinnenorganisation, Spieltheorie und Wertewandel.[10] Das Verhältnis zwischen Mitgliedschaft und Führung – zweier entscheidender Kategorien der Jahre zwischen 1918 und 1933 – gestaltete sich dabei weniger starr als dies die Konzentration auf politische Prozesse nahelegt: Fließende Beziehungen zwischen beiden Ebenen kennzeichnen die Gewerkschaften viel-

---

7 Vgl. Henryk Skrzypczak, Zur Strategie der Freien Gewerkschaften in der Weimarer Republik, in: Heinz Oskar Vetter (Hrsg.), Vom Sozialistengesetz zur Mitbestimmung. Zum 100. Geburtstag von Hans Böckler, Köln 1975, S. 201–227; Heinrich August Winkler, Der Schein der Normalität. Arbeiter und Arbeiterbewegung in der Weimarer Republik 1924 bis 1930, Berlin/Bonn 1988, S. 177–823.

8 Vgl. Alf Lüdtke, Die Ordnung der Organisation. Das Private und die Politik bei Industriearbeitern im kaiserlichen Deutschland, in: ders. (Hrsg.), Eigen-Sinn, Hamburg 1993, S. 161–193, hier: S. 169 f.

9 Eine wegweisende Studie in dieser Hinsicht legte vor: Joachim C. Häberlen, Vertrauen und Politik im Alltag. Die Arbeiterbewegung in Leipzig und Lyon im Moment der Krise 1929–1933/38, Göttingen 2013.

10 Vgl. Knud Andresen, Gebremste Radikalisierung. Die IG Metall und ihre Jugend 1968 bis in die 1980er Jahre, Göttingen 2016; Bernhard Dietz/Jörg Neuheiser (Hrsg.), Wertewandel in der Wirtschaft und Arbeitswelt. Arbeit, Leistung und Führung in den 1970er und 1980er Jahren in der Bundesrepublik Deutschland, Berlin/Boston 2017; Dietmar Süß, Mikropolitik und Spiele. Zu einem neuen Konzept für die Arbeiter- und Unternehmensgeschichte, in: Jan-Otmar Hesse/Christian Kleinschmidt/Karl Lauschke (Hrsg.), Kulturalismus, neue Institutionenökonomik oder Theorienvielfalt, Essen 2002, S. 117–136.

mehr als soziales Beziehungsgeflecht und andauernden Aushandlungsprozess, der bei aller Zentralität der Verbände immer die Handlungsoptionen und die Macht all ihrer Trägergruppen einbeziehen musste. Gewerkschaften entwickelten sich aus dieser Sicht nicht geradlinig oder einheitlich und selbst ihre Aufgaben waren nicht von vornherein festgelegt. In allen Verbänden lassen sich Phasen unterschiedlicher Deutungshoheiten ausmachen, von denen abhing, was unter einer Gewerkschaft verstanden wurde und wer sich ihr zugehörig fühlen konnte. Ideen über Agitationsmethoden, Agitationsbereiche, Rechte und Pflichten von Mitgliedern oder über Führungs- und Demokratiestrukturen entstanden nicht naturwüchsig aus dem Gewerkschaftsbegriff – dieser Begriff war selbst umkämpft und je nach Interpretation der obigen Merkmale lassen sich verschiedene Arrangements nachverfolgen, die großen Einfluss auf Mitgliederentwicklungen und die betriebliche Schlagkraft ausübten. Einen wichtigen Übergang zwischen zwei Arrangements bildeten etwa die Jahre um 1900, als die Gewerkschaften zur direkten Beeinflussung des Organisationsmilieus durch Betriebsarbeit übergingen.[11] Die sächsische Gewerkschaftsbewegung der Weimarer Republik erlebte in dieser Hinsicht sogar einen regelrechten Bruch, der die Zeit zwischen der Novemberrevolution und der Machtergreifung der Nationalsozialisten in zwei grundverschiedene Phasen teilte. So wiesen die Abschnitte zwischen 1918 und 1924 sowie zwischen 1925 und 1933 neben großen Unterschieden in der Mitgliederzahl auch – und dies ist entscheidender – gänzlich verschiedene Arrangements im Verhältnis von Arbeiterschaft und Gewerkschaftsführung auf. Dieser Bruch wird im Folgenden anhand der Beispiele des Deutschen Metallarbeiter-Verbandes (DMV), des Deutschen Holzarbeiterverbandes (DHV) und des Deutschen Textilarbeiterverbandes (TAV) beschrieben und auf seine Folgen für die sächsische Geschichte während der Weimarer Republik hin untersucht.

1918–1924: Euphorie, interne Mitbestimmung und ein tiefer Fall

Auf den ersten Blick handelte es sich bei den Jahren zwischen Revolution und Inflation um eine Phase des anhaltenden innergewerkschaftlichen Konflikts, der die Organisationen vor eine Zerreißprobe stellte. Die Verbände waren dabei politisch gespalten, sprachen auch betrieblich niemals mit einer Stimme und mussten teilweise ohnmächtig der Restaurierung zentraler Bereiche der Unternehmermacht zuschauen.[12] Ist an dieser Sicht auch faktisch nichts auszusetzen, beurteilt sie diese Jahre aber dennoch von ihrem Ende her – das nachträgliche Wissen um den tiefen Einbruch 1923/24 imprägniert die Analysen auf pessimistische Weise und verschließt nicht selten den Blick für die Chan-

11 Vgl. Swiniartzki, Der Deutsche Metallarbeiter-Verband, S. 177–181.

12 Vgl. Lothar Wentzel, Inflation und Arbeitslosigkeit. Gewerkschaftliche Kämpfe und ihre Grenzen am Beispiel des Deutschen Metallarbeiter-Verbandes 1919–1924, Hannover 1981, S. 148–177.

cen und Hoffnungen, mit denen die Zeitgenossen an die Gewerkschaftsarbeit gingen. Denn auf den zweiten Blick vollzog sich die Gewerkschaftsentwicklung zwischen 1918 und 1924 unter der Aura einer prinzipiellen Offenheit. Das euphorische Gefühl eines „Alles ist möglich", das nun – neben der Arbeiterschaft – selbst ausgewiesene Pragmatiker in den Verbänden erfasste, brach die interne Verkrustung der Vorkriegs- und Kriegsjahre partiell auf und eröffnete Spielräume für eine neue innergewerkschaftliche Mitbestimmung und Modernisierung.[13] Es war eine Zeit der Experimente, wie sie nur ältere Gewerkschafter kannten, die bereits unter dem „Sozialistengesetz" (1878–1890) Mitglieder gewesen waren. Maßgeblichen Anteil daran hatte der regelrechte Zahlenrausch, den die Gewerkschaften nach der Revolution erlebten und durch den die Mitgliederzahl – eine für das Denken der Gewerkschaftssekretäre extrem wichtige Kategorie – astronomische Höhen erreichte. Erstmals schien eine gewerkschaftliche Totalerfassung des proletarischen Milieus möglich zu sein.

Übten sich die Gewerkschaften während der direkten Revolutionsereignisse noch in Einflusslosigkeit, konnten sie sich schon kurze Zeit später als ihre natürlichen Erben präsentieren.[14] Die betrieblichen Arbeitskanäle der Organisationen, gepaart mit einem tief verwurzelten Pragmatismus, der vor allzu heftigen Experimenten schützte, und eine nunmehr staatstragende Erfahrung prädestinierten die Gewerkschaften in den Augen vieler Arbeiter als Organisationen der Stunde. In den Worten der Gauvorsitzenden des DHV in Dresden, Wolfgang Gericke und Hugo Wenzel, klang dies 1918 folgendermaßen:

> „Einen vollständigen Umschwung in der Agitation brachte die Revolution. In den ersten Tagen nach derselben herrschte vielfach Unklarheit über die Wirkung dieses Umschwungs auf die Gewerkschaften. Ein Teil der Kollegen war der Meinung, daß durch die Revolution bereits der gesamte Privatkapitalismus gestürzt und die Aufgaben der Gewerkschaften sich dadurch erledigt hätten. Aber gar bald sah die Masse der Kollegen ein, daß die Aufgaben und Möglichkeiten der Gewerkschaften nur noch größer und auch für die Holzarbeiter der Anschluß an den Verband nur noch dringender geworden ist. Der Boden für die Agitation war mit einem Schlag urbar geworden, und die bisherigen Indifferenten fanden von selbst den Weg in unseren Verband, oder es bedurfte nur geringer Mühe, um sie zum Eintritt in den Verband zu bewegen. Ein weiteres günstiges Moment

13 Obgleich unter politischen Vorzeichen analysiert: Vgl. Thomas Adam, Die politische Neuorientierung des Leipziger Gewerkschaftskartells in den Jahren 1915–1919, in: Werner Bramke/Ulrich Heß (Hrsg.), Sachsen und Mitteldeutschland, Köln/Weimar/Wien 1995, S. 379–395.

14 Vgl. Ludwig Preller, Sozialpolitik in der Weimarer Republik, Stuttgart 1978, S. 181 f.; Karlheinz Schaller, „Radikalisierung aus Verzweiflung." Geschichte der Chemnitzer Arbeiterschaft vom Ersten Weltkrieg bis zur Inflation, Bielefeld 2003, S. 105–124.

> war die Rückkehr der Kriegsteilnehmer, die durch die Revolutionierung der Soldaten einen frischen Zug in die Verbandsbewegung brachten."[15]

Diese Phase immenser Erfolge verlief nirgends so spektakulär wie in Sachsen. Den Verbänden schien einfach alles zu gelingen, was nicht selten aber auch den Blick dafür verstellte, dass viele günstige Beeinflussungsfaktoren außerhalb ihrer Reichweite lagen. In die Höhe schießende Mitgliederzahlen, der Achtstundentag, kräftige Lohnerhöhungen und die Organisation zuvor unerreichbarer Gebiete (etwa der Hausindustrie) beflügelten einstweilen diese Euphorie. Hinzu kamen die grundsätzliche Anerkennung des Vertretungsanspruchs der Gewerkschaften durch die Arbeitgeberverbände sowie die Tarifvertragsordnung, die die Reichweite und Verbindlichkeit gewerkschaftlicher Mitbestimmung immens erhöhte. So konnte der Bezirksleiter des DMV in Sachsen 1920 bereits konstatieren, dass das Organisationspotential der sächsischen Metallarbeiter nahezu ausgeschöpft war.[16] Im gleichen Jahr wurden durch 113 Bewegungen zur Erhöhung der Löhne ohne Streik mit 124 000 Teilnehmern in Dresden und 34 Bewegungen mit 107 000 Teilnehmern in Chemnitz massive Verbesserungen für die Metallarbeiter erreicht – der Streikweg schien dabei kaum noch nötig.[17] Ähnlich ging es in dieser Phase dem DHV, dessen Gauleiter in Dresden 1922 resümierte:

> „Das Organisationsgebiet ist nahezu erschöpft, nur hin und wieder tauchen in abgelegenen Winkeln einige Zwergbetriebe auf, deren Belegschaften aus eigenem Antrieb heraus sich an die Organisation wenden, um ihre zurückgebliebenen Lohnverhältnisse aufzubessern."[18]

Die quantitativ beeindruckendste Entwicklung nahm in diesen Jahren jedoch der TAV, der von der beispiellosen Konjunktur in der Textilindustrie profitierte und zum vorübergehend größten Gewerkschaftsverband Sachsens aufstieg. Der wichtigste Grund ist dafür in den lohnpolitischen Erfolgen der Gewerkschaft zu suchen: So glichen die Jahre 1920 und 1921 einer einzigen kampflosen Bewilligung, Forderungen wurden fast ausschließlich erreicht. Sachsen bildete dabei die unangefochtene Hochburg im Reich: Von den im Jahr 1921 reichsweit 1647 durchgeführten streiklosen Lohnbewegungen fanden allein 872 und damit 53 % in Sachsen statt.[19] Die 37 der reichsweit 164

---

15 Verbandsvorstand des Deutschen Holzarbeiter-Verbandes (Hrsg.), Jahrbuch 1918 des Deutschen Holzarbeiter-Verbandes, Berlin 1919, S. 169.

16 Vgl. Vorstand des Deutschen Metallarbeiter-Verbandes (Hrsg.), Der Deutsche Metallarbeiter-Verband im Jahre 1920. Jahr- und Handbuch für Verbandsmitglieder (ab hier: Der DMV im Jahre ...), Stuttgart 1921, S. 118.

17 Vgl. ebd., S. 132.

18 Verbandsvorstand des Deutschen Holzarbeiterverbandes (Hrsg.), Jahrbuch 1922/23 des Deutschen Holzarbeiterverbandes, Berlin 1924, S. 228.

19 Vgl. Vorstand des Deutschen Textilarbeiterverbandes (Hrsg.), Jahrbuch 1921, Berlin 1922, S. 73–144.

Angriffsstreiks[20] und die 21 der reichsweit 40 Aussperrungen sprechen jedoch auch in dieser Erfolgsphase für eine verbliebene Brisanz in den industriellen Beziehungen Sachsens, die sich unter konjunkturell ungünstigeren Bedingungen sofort wieder verschärfen sollte.[21]

Der Mitgliederanstieg hielt in Sachsen bis 1922 an, als in DMV, TAV und DHV insgesamt 588 907 Arbeiter und Arbeiterinnen organisiert waren – ein Wert, der bis dahin unerreicht war und dies auch bleiben sollte. Der DMV organisierte in diesem Jahr 71,5 Prozent aller sächsischen Metallarbeiterinnen und Metallarbeiter, während dieser Wert beim TAV sogar bei 82,2 Prozent lag und sich für den DHV aufgrund seiner Mitgliederstruktur nicht eindeutig feststellen lässt – er dürfte jedoch zwischen 75 und 85 Prozent gelegen haben.[22]

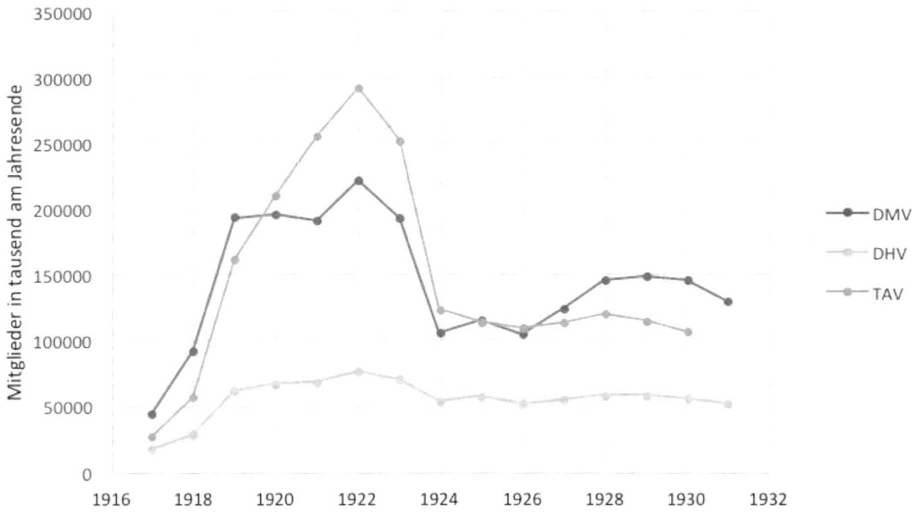

Grafik 1: Die Mitgliederentwicklung von DMV, DHV und TAV in Sachsen während der Weimarer Republik[23]

20 Anders als der Abwehrstreik, der quasi defensiv auf ein bestimmtes Handeln der Unternehmer reagiert, initiiert die Gewerkschaft den Angriffsstreik, um bestimmte Arbeits- und Lohnverhältnisse zu verbessern.

21 Vgl. dazu auch die Grafik 1.

22 Vgl. die Angaben über die Gewerbebranchen in Sachsen in: Statistisches Jahrbuch für den Freistaat Sachsen 45 (1921/1923), hrsg. vom Statistischen Landesamt des Freistaats Sachsen, S. 136 f. Die Branche der Holz- und Schnitzstoffe umfasst dort 60 703 Beschäftigte, während der DHV 75 689 Mitglieder besaß. Ein großer Teil der Gewerkschaftsmitglieder rekrutierte sich demnach aus Branchen, in denen die Betriebe Holzarbeiter beschäftigten, die aber nicht zur Holzindustrie gehörten – etwa im Waggon- und Maschinenbau.

23 Die Mitgliederzahlen beziehen sich auf das Gebiet des heutigen Freistaats Sachsen. Diese Festlegung war nötig, weil die Gewerkschaften unterschiedliche Bezirksstrukturen aufwiesen, die sich zwischen 1918 und 1933 jeweils veränderten. Die Zahlen stammen aus den jeweiligen Jahrbüchern der Verbände: für den DMV: 1917/18 in 1918 S. 162, 1919 und 1920 in 1920 S. 121 f., 1921 S. 82 f., 1922 S. 48 f., 1923 S. 49 f., 1924 S. 64 f., 1925 S. 69 f.,

Abb. 1: Ein klassisches Organisationsgebiet des DMV: Die Mischung aus qualifizierter Maschinen- und Handarbeit in der Feinstbearbeitungs-Dreherei der Hille-Werke AG, Dresden, in den 1920er Jahren.

Die regionale Verteilung der Mitglieder unterschied sich je nach Gewerkschaft stark und war von der geographischen Verteilung der Branche abhängig: Die großstädtischste Klientel besaß der DMV, dessen Verwaltungsstellen Dresden, Chemnitz und Leipzig zu den größten Ortsverwaltungen des Reiches gehörten.[24] Im DHV verteilte sich die Mitgliedschaft dagegen viel stärker auf die Fläche und umfasste mit mittelgroßen und Kleinstädten sowie natürlich mit den Waldgebieten nahezu ganz Sachsen.[25] Einen klaren Organisationsschwerpunkt in Westsachsen besaß schließlich der TAV, dessen Ortsverwaltungen im westsächsischen Textilgebiet ebenfalls – und vor allem gemessen an der Einwohnerzahl – die größten Verwaltungsstellen des Reiches waren.[26]

1926 S. 141, 1927 S. 184, 1928 S. 155, 1929 S. 127, 1930 S. 159, 1930 S. 330; für den DHV: 1917 S. 142–160, 1918 S. 86–107, 1919 S. 136–160, 1920 S. 194–225, 1921 S. 172–244, 1922/23 S. 167–178, 1924 S. 116–132, 1925 S. 134–148, 1926 S. 110–122, 1927 S. 132–144, 1929 S. 138–150, 1930 S. 112–124, 1931 S. 144–156; für den TAV: 1917 und 1918 in 1918 S. 40–55, 1919 und 1920 in 1920, S. 50–71, 1921 S. 20–39, 1922–1923 S. 98–101, 1924 S. 114–119, 1925 S. 90–105, 1926 S. 68–71, 1927 S. 174–177, 1928 S. 214–217, 1929 S. 256–258, 1930 S. 290–292.

24 Vgl. Vorstand des Deutschen Metallarbeiter-Verbandes (Hrsg.), Der DMV im Jahre 1922, S. 42. 1920 und 1921 war Chemnitz jeweils die zweitgrößte Verwaltungsstelle im Reich deutlich hinter Berlin, Dresden lag in beiden Jahren an dritter Stelle, Leipzig 1920 an vierter und 1921 an fünfter Stelle, 1922 überholte Dresden Chemnitz und Leipzig lag auf Platz sechs noch knapp hinter Hamburg und Nürnberg.

25 Für die Verwaltungsstellenverteilung des DHV vgl. Verbandsvorstand des Deutschen Holzarbeiterverbandes (Hrsg.), Jahrbuch 1924 des Deutschen Holzarbeiterverbandes, Berlin 1925, S. 134–138. Gemessen an der Mitgliederzahl besaß der DHV das mit Abstand beste „Betreuungsverhältnis" der drei Gewerkschaften.

26 1922 besaß der TAV in Sachsen vier Verwaltungsstellen mit mehr als 10 000 Mitgliedern (Chemnitz, Plauen, Leipzig und Neugersdorf) und dazu 18 Verwaltungsstellen mit einer Mitgliederzahl zwischen 5 000

Abb. 2: Eine Werkstattansicht der Firma Richard Gäbel in Dresden als typischem mittelständischen Maschinenbaubetrieb in Sachsen. Die engen und eigenverantwortlichen Arbeitsbeziehungen der größtenteils qualifizierten Arbeiter bildeten eine wichtige Grundlage des Erfolgs des DMV an der betrieblichen Basis.

Neben den Mitgliederzahlen, deren Entwicklung von den Gewerkschaftssekretären sicherlich mit Genugtuung verfolgt wurde, wirkte in diesen Jahren mental ein radikal-pragmatischer Ansatz unter den Gewerkschaftern weiter, der sich während der Ausweitung der SPD-Spaltung auf die Gewerkschaften bei der Mehrheit der Sekretäre ausgebildet hatte. So dominierte seitens der Funktionäre in Sachsen zunächst eine der USPD nahestehende Klassenkampfrhetorik, die jedoch von einer klaren Ausrichtung an tagespolitischen und konkreten Forderungen flankiert wurde.[27] Die lokalen Erfahrungen während der gesamten Weimarer Republik zeigen dabei, dass sich die Parteipolitik niemals vollständig in die Gewerkschaften hinein verlängerte. Praktische Arbeit für die Belegschaften blieb immer das ausschlaggebende Element der gewerkschaftlichen Tätigkeit und der nüchterne Blick für das Machbare entideologisierte so manche parteipolitische Linie relativ schnell – eine Erfahrung, die besonders die KPD mit ihren Gewerkschaftsmitgliedern machte.[28] Bei vielen Gewerkschaftern wirkte in dieser Hinsicht ein reformistischer Optimismus weiter, der sich in der Vorkriegszeit fast nirgends so stark ausgeprägt hatte wie in Sachsen.[29] Teilweise lange zurückreichende Erfahrungen bestärkten viele der Gewerkschaftssekretäre in ihrer

und 10 000. Vgl. Vorstand des Deutschen Textilarbeiterverbandes (Hrsg.), Jahrbuch 1922, Berlin 1923, S. 98–101.

27 Trotz dieser Mehrheit zeigte sich dabei in Sachsen ein uneinheitliches Bild je nach Ort, Gewerkschaft und/oder Person. So klingen manche Berichte, wie etwa jene des DMV-Bezirksleiters Willy Liebe, weitaus gemäßigter als die Sozialisierungs- und Klassenkampfforderungen von einigen TAV- oder DHV-Sekretären. Grundsätzlich war in diesen Jahren eine sich in der Verwaltungsstruktur nach unten radikalisierende Gewerkschaftsrhetorik festzustellen, die auf der Ebene der Ortsversammlungen ihren Höhepunkt erlebte. Die milderen Forderungen seitens der Bezirks- oder Zentralvorstände zeugen dabei deutlich von einer Zähmungspolitik der Führungen gegenüber politisierten Basispotentialen.

28 Vgl. Klaus-Michael Mallmann, Kommunisten in der Weimarer Republik. Sozialgeschichte einer revolutionären Bewegung, Darmstadt 1996, S. 312–326.

29 Vgl. Boch, Das „rote Königreich“, S. 68.

Ansicht, mit eben jenem Pragmatismus der Tagesfragen viel weiter zu kommen als mit politischer Agitation.[30] Die überaus erfolgreiche Strategie der Vorkriegszeit, die als Kern einer Gewerkschaftsmentalität ungebrochen auch in den 1920er Jahren wirkte, schien sich im Kontext des Siegeszuges nun bezahlt zu machen. Und in dieser Hinsicht erlebte sogar die sächsische Metallarbeiterbewegung noch echte Premieren:

> „Der in unserm Verwaltungskreis zum Abschluß gekommene Tarif ist einer der ersten, die das Erzgebirge erlebt hat. War er doch nur möglich durch den Zusammenschluß der Arbeiter in diesem Bezirk. Lange hat es gedauert, ehe die Arbeiter für die Organisation zu haben waren oder den Mut hatten, das den Unternehmern abzutrotzen, was sie jetzt bei dieser Lohnbewegung errungen haben."[31]

Abseits dieser wichtigen Kontinuität war die innergewerkschaftliche Stimmung zwischen 1918 und 1924 im Vergleich zur Vorkriegszeit jedoch kaum wiederzuerkennen: Versammlungen wurden nun sehr gut besucht und die Atmosphäre des „Alles ist möglich" führte dazu, dass es nicht mehr nur die gleiche, kleine Gruppe war, die dort ihre Meinung kundtat.[32] Die Gewerkschaften präsentierten sich insgesamt als Orte einer echten Konfliktkultur, die vor allem aus der Politisierung der aktuellen Fragen resultierte und nichts mehr mit dem Durchwinken von Vorstandsbeschlüssen der Jahre vor 1914 zu tun hatte.[33] Zwar stellte die Spaltung der Sozialdemokratie die Organisationen vor große Herausforderungen und in nicht wenigen Versammlungen ging es heftig zu, doch bewiesen die Gewerkschaften in diesen Jahren dennoch ein bemerkenswertes Integrationspotential. Auf lokaler Ebene führten Meinungsverschiedenheiten zwischen Anhängern von SPD, USPD und KPD immer wieder zu Ausschlussanträgen, Streitigkeiten über die angemessene Methodik oder persönlichen Anfeindungen – zu größeren Austritten aufgrund dieser Prozesse kam es dennoch nicht.[34] Für den DMV lassen sich diese Prozesse gut belegen: So versuchte etwa die „unabhängige" Versammlungsmehrheit in

30 Vgl. Vorstand des Deutschen Metallarbeiter-Verbandes (Hrsg.), Der DMV im Jahre 1918, Stuttgart 1919, S. 168.

31 So der Ortsvorsitzende des DMV in Lengefeld im Erzgebirge in: Metallarbeiter-Zeitung (MAZ) 37 (1919) 36, S. 3.

32 Die vorhandenen Quelleneindrücke der Gewerkschaftsversammlungen in der MAZ zeugen zwischen 1918 und 1921 von einer wesentlich häufigeren Wortmeldung von Mitgliedern, die nicht zur lokalen Gewerkschaftsleitung gehörten.

33 Während die Gewerkschaftsversammlungen der Vorkriegszeit nur sehr selten Konfliktpotential innerhalb der Mitgliedschaft offenbarten, hatte der Entfremdungsprozess von der alten Gewerkschaftsführung während des Ersten Weltkriegs dazu geführt, dass sich Mitglieder nach 1918 gegenüber den Ortsleitungen weitaus mehr zutrauten. Vgl. Marco Swiniartzki, Der Beginn der gegenseitigen Entfremdung. Arbeiter und Deutscher Metallarbeiter-Verband im Chemnitzer Maschinenbau 1914 bis 1918, in: Arbeit – Bewegung – Geschichte. Zeitschrift für historische Studien 13 (2014) 2, S. 106–123.

34 Vgl. dazu die Mitgliederentwicklung in diesem Beitrag. Vielmehr stiegen die Mitgliederzahlen auch im Zeichen innergewerkschaftlich-politischer Spannungen weiter deutlich an.

Wurzen 1919 erfolglos, den Ortsvorsitzenden zum Übertritt zu zwingen,[35] 20 Mitglieder aus Chemnitz forderten im gleichen Jahr den Ausschluss von Verbandsbeamten mit politischen Ämtern[36] und im südwestsächsischen Gebiet kam es generell zu scharfen Auseinandersetzungen mit den dort zahlreicheren Kommunisten.[37] Dabei machte sich jedoch ein wichtiger Unterschied zwischen der Partei- und der Gewerkschaftsorganisation bemerkbar. Denn der Parteienstreit traf hier während der Gewerkschaftsversammlungen auf das pragmatische Verständnis gewerkschaftlicher Interessenvertretung, das ideologische Schärfe abmilderte. Fundamentaloppositionen gegen diesen Kurs fanden sich bis 1923 kaum. Unter den landespolitischen Umständen Sachsens – einer nach links tendierenden SPD, einer lokal sehr starken USPD und einer relativ pragmatischen KPD – bildeten Gewerkschaften wie der DMV quasi einen kleinsten gemeinsamen Nenner, durch den man sich immer wieder auf die vermeintlich unpolitische Tagesordnung aus Lohn- und Arbeitszeitfragen zurückziehen konnte.[38] Die langjährige gewerkschaftliche Erfahrung fast aller wichtigen Akteure der sächsischen Arbeiterparteien half in dieser Situation, eine weitergehende Spaltung zu verhindern. Gewerkschaftsarbeit avancierte auf diese Weise zum Bindemittel für die politische Arbeiterbewegung.[39] Prototypisch zeigte sich diese Ausgleichsfunktion 1919 anlässlich des Streits um zahlreiche „wilde" Streiks in den Betrieben Mügelns, denen der Ortsvorstand von Dresden die Genehmigung versagt hatte. Von der anschließenden Aussprache, dem Ende einer jeden Gewerkschaftsversammlung, hieß es dazu:

> „In der Aussprache pflichteten verschiedene Redner den Ausführungen bei, während andere der Ansicht waren, daß die Haltung der Verbandsleitung an der Unzufriedenheit eines Teils der Mitgliedschaft nicht schuldlos sei. Alle Redner waren aber darin einig, daß der feste Zusammenhalt der Arbeiterschaft in der Gewerkschaft eine unbedingte Notwendigkeit für die Vertretung der Arbeiterinteressen auf wirtschaftlichem Gebiete sei."[40]

Obgleich also die Vorwürfe scharf und oft auch persönlich vorgetragen wurden und man sich gegenseitige politische Vereinnahmung des DMV vorwarf, transportierte man die Kritik dennoch fast immer über die Kanäle des Verbandes und sprach voneinan-

---

35 Vgl. MAZ 37 (1919) 5, S. 3.

36 Vgl. MAZ 37 (1919) 14, S. 3.

37 So etwa in Zwickau, in: MAZ 39 (1921) 9, S. 7.

38 Zur Landespolitik vgl. Karsten Rudolph, Die Sozialdemokratie in der Regierung. Das linksrepublikanische Projekt in Sachsen 1920–1922, in: Grebing/Mommsen/ders. (Hrsg.), Demokratie und Emanzipation, S. 212–225.

39 Eine Vermutung, die bei Darstellungen zur sächsischen politischen Linken bis 1923 immer wieder mitschwingt, aber kaum explizit geäußert wird. So z. B. im Kontext der „Chemnitzer Richtung": Vgl. Mike Schmeitzner, Alfred Fellisch 1884–1973. Eine politische Biographie, Köln/Weimar/Wien 2000, S. 116–244.

40 MAZ 37 (1919) 20, S. 4.

der als „Kollegen".[41] Selbst lokale Machtwechsel liefen ruhig ab.[42] An der Notwendigkeit und Integrationskraft der Gewerkschaft zweifelte man noch nicht und verlegte sich auf einen selbstbewussten Kurs gegenüber den Arbeitgebern, der bei den Belegschaften anscheinend gut ankam. Denn dass beispielsweise der DMV in Dresden unter diesen Bedingungen der Zersplitterung der Arbeiterbewegung seine größte Mitgliederzahl erreichte, erscheint zunächst paradox, spricht aber für die Attraktivität „ideologiefreier" gewerkschaftlicher Methodik und Mitbestimmung unter den Belegschaften der Metallbetriebe, während für viele Arbeiter schlicht entscheidend war, was die Gewerkschaft betrieblich aushandelte. Aus einem Bericht über die Dresdner Generalversammlung von 1920 heißt es dazu:

> „Es bekämpfen unseren Verband, aber auch sich gegenseitig, die Syndikalisten, Unionisten, der Pirnaer Arbeiterrat, die revolutionären Rätevereinigungen der verschiedensten Richtungen, Betriebsorganisationen der verschiedensten Industrien, die Räteschule, daneben noch Erwerbslosenorganisationen. [...] Diese Sektiererei und Spielerei mit Revolutionsromantik müssen die Mitglieder bekämpfen und ablehnen."[43]

Unabhängig von der Tatsache, dass politische Ansichten im DMV bis 1923/24 noch keine Gefährdung darstellten, herrschten in der Frage des Verhältnisses von Gewerkschaftsarbeit und Politik in Sachsen fundamentale Unterschiede, die sich vor allem an den Reaktionen zum Verbandstag von 1919 festmachen lassen. Dort hatte die bereits seit 1917 bestehende Mehrheit der „Unabhängigen" mit der alten Gewerkschaftsführung um Alexander Schlicke gebrochen, Robert Dißmann zum neuen Vorsitzenden und Richard Müller zum Chefredakteur der „Metallarbeiter-Zeitung" gewählt, die Klassenkampfrhetorik reaktiviert und die Stärkung der innergewerkschaftlichen Mitbestimmung angemahnt[44] – ein Schritt, der in Sachsen auf gemischte Gefühle traf: Während die Generalversammlung des DMV in der USPD-Hochburg Leipzig die Beschlüsse des Verbandstages willkommen hieß,[45] kritisierten die Kollegen aus Aue vor allem den Einzug von Parteipolitik in die Gewerkschaft und lehnten diese ab.[46] Und auch die organisierten Metallarbeiter in Frankenberg zeigten sich mit den Verbandstagsergebnissen nicht einverstanden – sie sprachen sogar von einem gewalttätigen Vorgehen der „unabhän-

41 So etwa beim Angriff des Werdauer Mitglieds Dietrich Rüter auf seinen Berliner Kollegen Tost, in: MAZ 37 (1919) 36, S. 4.
42 So etwa in Werdau, in: MAZ 38 (1920) 22, S. 3.
43 MAZ 38 (1920) 35, S. 4.
44 Vgl. Vorstand des Deutschen Metallarbeiter-Verbandes (Hrsg.), Die vierzehnte ordentliche Generalversammlung des Deutschen Metallarbeiter-Verbandes in Stuttgart 1919. Im Saale des Stadtgarten vom 13. bis 23. Oktober, Stuttgart 1919.
45 Vgl. MAZ 37 (1919) 47, S. 6.
46 Vgl. MAZ 38 (1920) 1, S. 7.

gigen" Mehrheit.[47] Welcher Richtung eine Verwaltungsstelle in diesen Jahren mehrheitlich anhing, war dabei besonders vom Wirken der einflussreichen Gewerkschafter und Politiker vor Ort abhängig: An der mutmaßlichen Taktik der alten Reformisten, sich nur auf die Arbeiterschaft der kleinen Städte zu konzentrieren, weil die Kollegen dort nicht so geschult seien – so lautete ein 1920 geäußerter Vorwurf aus Döbeln[48] – lag es jedenfalls nicht, die politische Spaltung folgte weder dem Stadt-Land-Gegensatz, noch der Einteilung der Orte nach der Anzahl der „Novembermitglieder". Vielmehr bestimmten lokale Interessenkonstellationen, Charakterfragen der wichtigsten Protagonisten und die Struktur der örtlichen Industrie über die Haltung der jeweiligen Gewerkschaftsmehrheit, die noch dazu nirgends eine absolute Mehrheit war.[49]

Trotz dieses Einzugs parteipolitischer Positionen in die Gewerkschaftsarbeit blieb die Kluft im sächsischen DMV im ersten Nachkriegsjahrfünft zu jeder Zeit überbrückbar. In vielen Versammlungen stritten sich die Kollegen ausdrücklich nicht und selbst ausufernde politische Stellungnahmen wurden teilweise ohne hitzige Debatte angehört.[50] Auch spielte der Betriebssyndikalismus, der etwa im Ruhrgebiet mittelfristig zu einem gefährlichen Gegner gewerkschaftlicher Betriebspolitik aufstieg, in der sächsischen Metallindustrie eine weit weniger wichtige Rolle.[51] Es ist daher anzunehmen, dass das Bedrohungsszenario angesichts all der gegnerischen Organisationen und politischen Zerwürfnisse Teil eines geschickt entworfenen Plans von lokalen Gewerkschaftsleitern war und eher diskursive Bedeutung besaß. Der sächsische DMV-Bezirksleiter Willy Liebe konnte auf diese Weise seine Gewerkschaft als unpolitische Interessenvertretung präsentieren und dem parteikonfliktmüden Gros der Arbeiterschaft ein überparteiliches Inklusionsangebot machen. Anders wäre es auch kaum verständlich, wie die Zeit des „Bruderkampfes"[52] mit der Periode eines Mitgliederallzeithochs und eines massiv gesteigerten Basisinteresses an den Gewerkschaften zusammenfallen konnte. Bis 1923/24 bewiesen zum Beispiel der innergewerkschaftliche Zusammenschluss von SPD- und USPD-Kollegen in Jena (1921) oder die ausgesprochen pragmatischen Beziehungen zwischen sozialdemokratischen und kommunistischen Gewerkschaftern immer wieder, dass eine Integration gegensätzlicher Vorstellungen demokratisch möglich war. Der sächsische Gauleiter konnte 1922 resümieren, dass das Verhältnis der sozialistischen Parteien auch gewerkschaftlich dazu beitrug, „daß man sich auf die sozialistische Mehrheit verlassen konnte"[53].

---

47 Vgl. MAZ 38 (1920) 2, S. 4.

48 Vgl. MAZ 38 (1920) 5, S. 3.

49 Es spricht für die demokratische Kultur in den Gewerkschaften, dass in diesen Jahren jedes Mitglied auch als Gegner von Mehrheitsbeschlüssen zu Wort kam und diese Kritiken in der MAZ abgedruckt wurden.

50 Vgl. MAZ 38 (1920) 10, S. 4; MAZ 38 (1920) 22, S. 3.

51 Vgl. Der DMV im Jahre 1920, S. 119.

52 So Willy Liebe 1920 in: Ebd., S. 118.

53 Vorstand des Deutschen Metallarbeiter-Verbandes (Hrsg.), Der DMV im Jahre 1921, Stuttgart 1922, S. 80.

Es war daher nicht die politische Zersplitterung, die in Sachsen für das Ende der gewerkschaftlichen Blütephase verantwortlich war, sondern gerade das Gegenteil: nämlich die geschlossene Bedrohung, die die Arbeitgeber in der Macht der Gewerkschaften und der sozialistischen Landesregierung erblickten. Die Phase zwischen 1919 und 1922, die einer ununterbrochenen Lohnbewegung unter den Bedingungen der Scheinkonjunktur glich – 1922 führte der TAV schließlich 4915 Lohnbewegungen mit fast sieben Millionen Beteiligten[54] – bestärkte viele der sächsischen Industriellen in ihrer Gewerkschaftsfeindlichkeit und ließ Rufe nach deregulierenden Maßnahmen aufkommen.[55] Besonders der Umstand, dass die weitreichenden gewerkschaftlichen Forderungen handstreichartig und unter der politischen Rückendeckung einer sozialistischen Landesregierung durchgesetzt werden konnten, hatte eine Grundstimmung geschaffen, in der die Zerstörung der Gewerkschaftsmacht oberste Priorität gewinnen konnte. Auch wenn die Industriellen in der Scheinblüte der frühen 1920er Jahre glänzende Gewinne verbuchen konnten, hatten sie sich dennoch stärker verbandlich zusammengeschlossen und verfolgten einstweilen eine sehr erfolgreiche strategische Verschleppungs- und Verwässerungstaktik, insbesondere bei der Umsetzung des Betriebsrätegesetzes.[56]

Mit dem Zusammenbruch der Wirtschaft in der Hyperinflation des Jahres 1923 und der ständig steigenden Arbeitslosigkeit war der Zeitpunkt der Restauration der Unternehmermacht schließlich gekommen. Es zeigte sich schlagartig, dass die Macht der Gewerkschaften vor allem auf der wirtschaftlichen Lage beruht hatte. Als die Verbände ihren Mitgliedermassen keinen Schutz vor der Geldentwertung, der Arbeitslosigkeit und der Rücknahme zentraler Errungenschaften der Revolution boten, wurde offenbar, dass die Zahlung von Gewerkschaftsbeiträgen noch kein krisensicheres Gewerkschaftsbewusstsein ausmachte. Die sich rapide verschlechternden Beziehungen zwischen Verbandsleitungen und Arbeiterschaft weisen bei der Suche nach den Ursachen des Absturzes der Mitgliederzahlen aber auch auf gewerkschaftsinterne Entwicklungen, die außerhalb wirtschaftlicher Großwetterlagen angesiedelt waren.[57] Denn das „Inklusionsarrangement" der Gewerkschaften wurde nur zum Teil durch externe Faktoren bestimmt – instrumentelle Gewerkschaftsmentalitäten waren gewissermaßen auch hausgemacht. Vor diesem Hintergrund gestaltete sich die Zeit zwischen 1919 und 1924 vor allem als Zeit einer verpassten Bildungsbewegung, in der es kaum gelang, die neu-

54 Vgl. Vorstand des Deutschen Textilarbeiterverbandes (Hrsg.), Jahrbuch 1922, Berlin 1923, S. 76.

55 Vgl. Claus-Christian Szejnmann, Sächsische Unternehmer und die Weimarer Demokratie. Zur Rolle der sächsischen Unternehmer in der Zeit der Weltwirtschaftskrise und des Aufstiegs des Nationalsozialismus, in: Ulrich Heß/Michael Schäfer (Hrsg.), Unternehmer in Sachsen. Aufstieg – Krise – Untergang – Neubeginn, Leipzig 1998, S. 165–179, hier: S. 170 f.

56 Vgl. Swiniartzki, Der Deutsche Metallarbeiter-Verband, S. 300 f., 312 f.

57 Zur Kritik an den Spitzenorganisationen seitens der Holzarbeiter vgl. Jahrbuch 1922/23 des Deutschen Holzarbeiterverbandes, S. 230.

eingetretenen Mitglieder durch gewerkschaftliche Schulungsangebote zu erreichen. Der Gauleiter des DHV in Dresden erklärte dazu 1920:

> „In der Agitation konnten leider auch in diesem Jahre nicht die Aufgaben erfüllt werden, die im Interesse der geistigen Durchbildung unserer Kollegen notwendig sind. Nebst Zeit und Kostenfrage wirkten anderseits die gegenwärtigen trüben Verhältnisse so stark ein, daß für diese Art Vorträge ein größeres Interesse nicht zu bemerken ist. Der politische Meinungskampf trübt vielfach noch zu sehr den Blick für die zunächstliegenden Aufgaben."[58]

Sprachen Gewerkschaftssekretäre von „geistiger Durchbildung", meinte dies aber vor allem eines: nämlich das Vertrautmachen mit der größten gewerkschaftlichen Tugend, der Disziplin. „Bildung" war in dieser Hinsicht kein sozialer Prozess, sondern das einseitige Einschärfen des blinden Kniefalls vor dem Verbandsstatut. Individuell angepasste Charakterbildung hätte man dabei – das zeigten die Gewerkschaftsschulen der zweiten Hälfte der 1920er Jahre[59] – ohnehin vergeblich gesucht. Es muss daher gezweifelt werden, ob die „Durchbildung", wie sie sich die Gewerkschaftsleitungen vorstellten, unter den Bedingungen ihrer organisationssoziologischen Mentalität zu einer größeren Mitgliederstabilität geführt hätte. Denn die zwischen 1919 und 1923 fortwährenden Einschätzungen über die defizitäre Schulungsarbeit, die sich in allen drei Gewerkschaften zeigten,[60] geben in dieser Hinsicht ein klares Bild vom Verhältnis der Gewerkschaftsführer zu den (Neu-)Mitgliedern. Einerseits machen sie deutlich, dass innergewerkschaftliches Problembewusstsein vorhanden war und die Leitungen die aufziehenden Probleme im Zeichen der Wirtschaftskrise durchaus antizipierten. Andererseits zeugen sie aber auch von einer Dichotomie zweier Mitgliedermentalitäten in den Köpfen der Sekretäre, die sich nur allzu leicht mit der Mitgliedschaftsdauer verknüpften. Die „alte Garde" der Vorkriegsmitglieder wurde dabei zum Prototypen des stabilen Gewerkschaftsbewusstseins stilisiert, während die Einschätzung der „Novembermitglieder" eigentlich nur darauf beruhte, dass diese erst unter den revolutionären Vorzeichen beigetreten waren. Überzeugte Kämpfer standen wankelmütigen Opportunisten gegenüber, während das Bild der letzteren vor allem auf der konstanten Furcht der Gewerkschaftsbeamten vor der Unkontrollierbarkeit politisierter und emotionalisierter Streikerwartungen beruhte.[61] Dass die Sekretäre die Austrittsentscheidung vieler Mitglieder, die unter den Bedin-

58 Verbandsvorstand des Deutschen Holzarbeiterverbandes (Hrsg.), Jahrbuch 1920 des Deutschen Holzarbeiterverbandes, Berlin 1921, S. 397.

59 Vgl. Swiniartzki, Der Deutsche Metallarbeiter-Verband, S. 387–390.

60 Für den TAV vgl. Jahrbuch 1922, S. 70 f.; Für den sächsischen DMV vgl. Der DMV im Jahre 1922, S. 50.

61 Für dieses Bild bei den sächsischen Sekretären vgl. Der DMV im Jahre 1924, S. 61; Der DMV im Jahre 1923, S. 54 f.; Jahrbuch 1924 des Deutschen Holzarbeiterverbandes, S. 191.

gungen des Jahres 1923 individuell nur allzu verständlich war, als „Fahnenflucht"[62] titulierten, zeugte vom persistenten Bild von den Unorganisierten und Austretenden, die auch schon vor 1914 nicht auf ihre individuellen Beweggründe hin befragt, sondern per se als feige, übertrieben emotional, ungebildet und meist auch unqualifiziert bezeichnet wurden.[63] Vielen ehemaligen Mitgliedern wurde die Rückkehr durch diesen scharfen gewerkschaftlichen Duktus unnötig erschwert.

1925–1933: Stabilisierung der „Vorkriegsverhältnisse"

Beispiele für solch verbale Entgleisungen lieferten die Gewerkschaftsfunktionäre nach der Krise am laufenden Band. So hielt der DHV-Gauvorsitzende aus Sachsen zum Jahr 1924 fest:

> „Organisatorisch kann das Geschäftsjahr als ein Gesundungsprozeß für die Gewerkschaften angesehen werden. Die Gedankengänge der Aktionsmacher wurden immer mehr verdrängt durch die klare Erkenntnis, daß nur durch ein zielbewußtes Arbeiten und Vorgehen wieder Erfolge für die Arbeiterschaft zu erreichen sind. [...] Bezeichnend bleibt immerhin, daß gerade in den Orten, wo nach der Revolution der Aufschwung der Organisation am größten war, auch der Verlust an Mitgliedern am stärksten in Erscheinung tritt."[64]

In ähnlicher Weise äußerte sich der sächsische Gauvorsitzende des DMV, der von einem „Reinigungsprozeß"[65] sprach und hoffte, dass sich der Metallarbeiter-Verband auf seine alten Stärken besinnen möge. Das sprachliche Muster, das hier die ehemaligen Mitglieder implizit als Krankheit beziehungsweise als Schmutz bezeichnete, gehörte nicht zufällig schon vor dem Ersten Weltkrieg zu den am häufigsten artikulierten Titulierungen für „indifferente" Arbeiter.[66] Es zeigte sich dort, wo Arbeiter – aus welchen Gründen auch immer – ein kurzfristig-zweckrationales Gewerkschaftsverständnis an den Tag legten oder die gewerkschaftliche Methodik nicht fruchtete. Dieser Indifferenzreflex der Sekretäre belastete spätere Agitationsmaßnahmen der Vertrauensmänner erheblich und schuf den Organisationen eine große Arbeitergruppe von enttäuschten oder sogar nachträglich beleidigten ehemaligen Mitgliedern, die den Verbänden Arbeiter abwarben, für die Agitation nicht mehr zu erreichen waren und vor allem gut über

62 Der DMV im Jahre 1924, S. 61.
63 Vgl. Swiniartzki, Der Deutsche Metallarbeiter-Verband, S. 179.
64 Jahrbuch 1924 des Deutschen Holzarbeiterverbandes, S. 187.
65 Der DMV im Jahre 1923, S. 54.
66 Als Beispiel aus dem DMV vgl. Das Zusammenarbeiten der organisierten mit den unorganisierten Kollegen. Eine Frage der Moral und des Rechts, in: MAZ 30 (1912) 47, S. 375 f.

die internen Funktionsweisen betrieblicher Gewerkschaftsarbeit Bescheid wussten. Die Rückkehr dieses Musters, das zwischen 1918 und 1923 quasi verschwunden war, signalisierte eine gewerkschaftliche Zeitenwende nach der Inflationskrise. Die Reduktion auf das Wesentliche bildete nun das Gebot der Stunde. Pragmatische Lohn- und Arbeitszeitpolitik für einen als gefestigt postulierten Mitgliederstamm sollte gefährliche politische Experimente durch die volatilen Massen verhindern und Lehren aus der Nachkriegszeit ziehen. „Der Ring um die Organisation ist fester zu ziehen",[67] forderte die DMV-Führung entsprechend 1924.

Durch eine Orientierung an einer verklärten Vorkriegsgewerkschaft wurde nach 1924 den „Novembermitgliedern" die Schuld für die Krise übertragen – der massenhafte Zustrom von Mitgliedern nach 1918 habe die Gewerkschaften von ihrem eigentlichen Zweck entfremdet.[68] Statistisch gesehen entsprach diese „Reinigung" jedoch keinesfalls den Verhältnissen der Mitgliedsdauer: So waren 79,82 % der DMV-Mitglieder von 1925 dem Verband nach 1917 beigetreten,[69] während diese Mitglieder im TAV sogar 86,1 % ausmachten.[70] Den sächsischen Gewerkschaften blieb also ein großer Teil der „Novembermitglieder" auch nach 1924 erhalten. Zwar gingen die Austritte oft auf enttäuschte Hoffnungen der Revolutionszeit zurück und viele der Arbeiter beendeten eine recht kurze Mitgliedszeit, doch die echte Anatomie der Krise unterschied nicht nur nach Eintrittsjahren, sondern auch nach Industriezweigen, Betrieben und nicht zuletzt der Konjunktur: Die Arbeiterschaft jener Branchen, in denen die Verbände auch vor 1914 schon stark vertreten waren, blieb als Grundstock des Mitgliederbestandes erhalten, insofern sie auch nach der Krise weiterproduzierten. Große Teile der weiterverarbeitenden Industrie, die dagegen kaum auf eine gewerkschaftliche Betätigung zurückblicken konnten, hatten die Hauptlast der Austritte zu schultern. Dazu gehörten neben der textilen Heimarbeit, die in Sachsen 1925 noch mehr als 50 000 Beschäftigte umfasste,[71] auch die kleingewerblichen Metallbetriebe sowie fast die gesamte Textilindustrie. So reduzierte sich die Mitgliederzahl des TAV in Sachsen im Jahre 1924 um mehr als die Hälfte. Orte wie Chemnitz, an denen sich diese strukturellen Ursachen bündelten, wurden teilweise weit hinter ihren Vorkriegsstand zurückgeworfen: 1924 sank die Mitgliederzahl der Chemnitzer TAV-Verwaltung von 28 708 auf 3722, während der örtliche DMV in diesem Jahr mehr als 20 000 Mitglieder verlor.[72] Insgesamt brachen die Mitgliederzahlen im DMV-Bezirk Dresden 1924 um 45,38 % ein.[73] Nach der Krise

67 Der DMV im Jahre 1924, S. 63.

68 Vgl. ebd., S. 62 f.

69 Vgl. Vorstand des Deutschen Metallarbeiter-Verbandes (Hrsg.), Der DMV im Jahre 1925, Stuttgart 1926, S. 34.

70 Vgl. Vorstand des Deutschen Textilarbeiterverbandes (Hrsg.), Jahrbuch 1926, Berlin 1927, S. 111.

71 Vgl. Vorstand des Deutschen Textilarbeiterverbandes (Hrsg.), Jahrbuch 1925, Berlin 1926, S. 195 f.

72 Vgl. Vorstand des Deutschen Textilarbeiterverbandes (Hrsg.), Jahrbuch 1923/24, Berlin 1925, S. 114 f.; Der DMV im Jahre 1924, S. 64.

73 Vgl. Der DMV im Jahre 1924, S. 29.

blieben den Gewerkschaften hier einstweilen nur jene Mitglieder, die zum einen noch einer Arbeit nachgehen konnten und die zum anderen zur Kernklientel der Vorkriegsagitation gehört hatten. Daher gestaltete sich die Gewerkschaftskrise in Orten, in denen die Verbände ihre traditionellen Stärken im Kontakt zu den Belegschaften weiterhin ausspielen konnten, kaum so brisant. Das organisationssoziale Band zwischen Verband und Mitglied riss hier weniger häufig und die stabileren Mitgliederzahlen konnten zu einem wichtigen Teil auf ein eingespieltes Gewerkschaftsbewusstsein der Belegschaften bauen. So hatte der DHV zum Beispiel kaum solch drastische Schwankungen zu verzeichnen: Der betriebliche Kontakt in den klein- und mittelgroßen Holzbetrieben wurde von einer gut ausgebauten Verwaltungsstellenstruktur begleitet und profitierte daher von einem persönlicheren Verhältnis zur Arbeiterschaft.[74]

Trotz einiger Lichtblicke waren Gewerkschaftsführungen und Arbeiterschaft in Sachsen Mitte der 1920er Jahre größtenteils enttäuscht voneinander. Die Forderung ersterer, nun einen Neuanfang unter alten Vorzeichen einzuleiten, entsprangen der Einsicht, aus der Konfliktkultur der vorherigen Jahre nicht profitiert und die Intentionen der Mitglieder überschätzt zu haben. Bei der Verarbeitung der Fehler begingen die Gewerkschaftsleitungen daher einen verständlichen, allerdings verhängnisvollen Fehler. Da das Vertrauen in das Verhalten breiter Arbeiterschichten – obgleich noch nie sehr hoch – erschüttert war, reagierten die Verbände nicht mit einer Verstärkung der gewerkschaftlichen Mitbestimmung auf lokaler Ebene oder der betrieblichen Kleinarbeit, sondern mit einer Flucht in den überbetrieblichen Raum. Tarife wurden auf Bezirksebene oder reichsweit abgeschlossen, eine Taktik jenseits der Schlichtungsinstanzen abgelehnt und die Betriebsarbeit den zu Frieden verpflichteten Betriebsräten überlassen.[75] Hinzu kam eine nochmals gesteigerte Einbindung in das kapitalistische Wirtschaftssystem, die im Zeichen der Rationalisierungsbewegung ihren Höhepunkt erreichte.[76] Der „Interessenausgleich“[77] avancierte auf diese Weise zum zentralen Element der Gewerkschaftsposition zwischen 1925 und 1933. Die Mitgliedschaft war darin häufig nicht mehr als ein Mittel zum Zweck: Entscheidend zum Aufbau einer Drohkulisse bei Verhandlungen, aber durch die Verrechtlichung der industriellen Beziehungen und das

---

74 Dies hatte zur Folge, dass der DHV im Gau Leipzig sowohl während der Wirtschaftskrise 1926 als auch während der Weltwirtschaftskrise nur verhältnismäßig wenige Mitglieder verlor. Die Arbeitslosigkeit ging hier also nur sehr selten mit dem Gewerkschaftsaustritt einher. Vgl. Verbandsvorstand des Deutschen Holzarbeiterverbandes (Hrsg.), Jahrbuch 1926 des Deutschen Holzarbeiterverbandes, Berlin 1927, S. 212–216; Verbandsvorstand des Deutschen Holzarbeiterverbandes (Hrsg.), Jahrbuch 1930 des Deutschen Holzarbeiterverbandes, Berlin 1931, S. 204.

75 Zum Betriebsverlust des DMV vgl. Swiniartzki, Der Deutsche Metallarbeiter-Verband, S. 309–326.

76 Zu den Rationalisierungspositionen der Verbände vgl. Verbandsvorstand des Deutschen Holzarbeiterverbandes (Hrsg.), Jahrbuch 1929 des Deutschen Holzarbeiterverbandes, Berlin 1930, S. 31–41; Vorstand des Deutschen Textilarbeiterverbandes (Hrsg.), Jahrbuch 1926, Berlin 1927, S. 2 f.; Vorstand des Deutschen Metallarbeiter-Verbandes (Hrsg.), Der DMV im Jahre 1926, Stuttgart 1927, S. 53–59.

77 Vgl. Richard Vahrenkamp, Wirtschaftsdemokratie und Rationalisierung. Zur Technologiepolitik der Arbeiterbewegung in der Weimarer Republik, in: Gewerkschaftliche Monatshefte 34 (1983) 11, S. 726.

Schlichtungswesen nur noch selten für den Streik genutzt.[78] Der Kontakt zu den Belegschaften reduzierte sich auf das notwendige Minimum – ein Eindruck, der noch dazu medial vermittelt wurde: Enthielten etwa sächsische DMV-Bezirksberichte vor 1923 aufschlussreiche Bemerkungen und Analysen über betriebliche und regionale Besonderheiten, methodische Herangehensweisen bei der Agitation oder die verschiedenen Beitrittsmotivationen von Arbeitern, existierten hier seit der Mitte der 1920er Jahre nur noch Abhandlungen über Lohnbewegungen und Schlichtungsverfahren.[79] Die Betriebsräte-Zeitschrift, zu Beginn ihres Erscheinens eine kritische Beobachterin, entwickelte sich zunehmend zum volkswirtschaftlichen Lehrbuch und Lokalberichte wurden in der „Metallarbeiter-Zeitung" seit 1921 nicht mehr abgedruckt. Der Verbannung aus der Presse folgte ein methodischer Wandel: So nahm etwa die sächsische Gauleitung des TAV 1926 an 498 Veranstaltungen teil – mit elf Betriebsversammlungen besaßen davon aber nur noch 2,2 % einen direkten betrieblichen Bezug.[80]

Im Verhältnis zu den Mitgliedern etablierte sich im Zuge dieser Entwicklungen eine neue Form der Kritik: Die von den Gewerkschaftsführungen selten ernstgenommene Diskussion der Mitglieder, die nicht mit deren Austritt, aber mit der Veränderung ihrer Gewerkschaftsmentalität einherging. Die zunächst widersprüchlich anmutenden Prozesse interner Entfremdung und einer parallelen Erholung der Mitgliederzahlen werden erst durch diesen Wandel als zwei Seiten einer Medaille und treibende Momente der Gewerkschaftsentwicklung der 1920er Jahre deutlich. Die Motivationen zur Gewerkschaftsmitgliedschaft lagen dabei – neben der traditionellen Verwurzelung im proletarischen Milieu mancher Orte – vor allem in den individuellen Vorteilen. Die sächsischen Gewerkschaften erreichten in den Verhandlungen dieser Jahre viele Verbesserungen für die Belegschaften, boten ein umfangreiches Veranstaltungs- und Schulungsprogramm an und verfügten über eine hervorragende Betriebsräteorganisation.[81] Auf diese Weise war es möglich, dass der DMV-Bezirk Dresden trotz des Rückgangs der Arbeitsplätze in Sachsen der mit Abstand mitgliederstärkste Bezirk blieb – obwohl in anderen Bezirken des Reiches deutlich mehr Metallarbeiter beschäftigt waren. Auch Leipzig und Chemnitz gehörten weiterhin zu den reichsweiten Spitzenreitern der Metallarbeiterorganisation.[82] Eine größere Dominanz bewies Sachsen dagegen nur noch in der Textilarbeiter-

78 Bewegungen wie der Abwehrstreik bei der Vogtländischen Maschinenfabrik AG in Plauen 1930 gehörten nun in Sachsen zur Seltenheit. Vgl. Vorstand des Deutschen Metallarbeiter-Verbandes (Hrsg.), Der DMV im Jahre 1930, Berlin 1931, S. 229 f.

79 Vgl. prototypisch für die Jahrbücher der späten 1920er Jahre ebd., S. 221–231.

80 Vgl. Jahrbuch 1926 des Deutschen Textilarbeiterverbandes, S. 193.

81 Vgl. Der DMV im Jahre 1925, S. 104; Der DMV im Jahre 1926, S. 104 f.

82 Vgl. Der DMV im Jahre 1925, S. 37, 102; Vorstand des Deutschen Metallarbeiter-Verbandes (Hrsg.), Der DMV im Jahre 1929, Stuttgart 1930, S. 127; Der DMV im Jahre 1930, S. 159; Vorstand des Deutschen Metallarbeiter-Verbandes (Hrsg.), Der DMV im Jahre 1931, Berlin 1932, S. 308, 371.

organisation, die aber aufgrund der anhaltenden Krise vieler Textilsparten nach 1924 kaum noch Mitgliedergewinne verbuchen konnte.[83]

Stabilisierten TAV und DHV ihre Mitgliederzahlen also nach 1924, konnte der DMV sie nochmals deutlich steigern – ein Anstieg, der die interne Entfremdung zwischen Mitgliedern und Leitung weitgehend verdeckte. Denn viele Mitglieder beklagten den Verlust integrativer Momente, die sich in der Vorkriegszeit aus dem Arbeitskampf ergeben hatten. Dass die gewerkschaftliche Arbeit fast nur noch über die Schlichtung funktionierte, trieb die Metallarbeiter zu der Frage, was sie mit dem Ausgang der Verhandlungen überhaupt noch zu tun hatten. So monierte die DMV-Führung bereits 1925, dass seitens der Arbeiter kaum Interesse an der Gestaltung der Lohn- und Arbeitszeitverhältnisse bestand.[84] Die selbstauferlegte Beschränkung kündigte sich hier bereits an. Denn die Belange ihres Betriebes und deren Aushandlung mit der Betriebsleitung, wie sie von den Arbeiterausschüssen offiziell seit 1916 erledigt wurde, war bei den Arbeitern auf viel mehr Interesse gestoßen.[85] Gleiches galt für die Ausgestaltung des Gewerkschaftslebens: In der Reihe „Wie den Versammlungsbesuch verbessern?“ der „Metallarbeiter-Zeitung“ wurde vor allem deutlich, dass sich die Mitglieder eine Aufwertung sozialer Faktoren wünschten. Dort merkten Kritiker etwa an: „Die abstrakte Behandlung von Fragen in einer Zeit, wo sich die Kollegen um ihnen viel näher liegende Fragen kümmern, ist eine Ursache für den schlechten Versammlungsbesuch.“[86]

Doch für viele Mitglieder war es offenbar nicht eine Frage des Inhalts, sondern der Art und Weise:

> „… daß nach meinem Bedünken bei unserer Geistesbildung die Seele zu kurz kommt. Man legt mehr Wert auf die Bildung des Verstandes als auf die des Gemütes. Unsere Aufklärungs- und Werbearbeit nimmt den Weg mehr über den Kopf als über das Herz. Darin scheint mir eine der großen Ursachen des ungenügenden Erfolges unserer Bildungsarbeit und der allseitig beklagten Teilnahmslosigkeit der Mitgliedschaft, insonderheit des jungen Geschlechtes zu liegen.“[87]

---

83 Vgl. Jahrbuch 1926 des Deutschen Textilarbeiterverbandes, S. 129.

84 Vgl. Der DMV im Jahre 1925, S. 66.

85 Bei radikal betriebsbezogenen Belegschaften wie den Hüttenarbeitern gehörte diese Frage sogar zum Kern der Gewerkschaftsmitgliedschaft. Auch in Sachsen zeigten sich in dieser Hinsicht aufschlussreiche Verhaltensweisen der Kollegen, die sich zum Beispiel nicht daran gewöhnen wollten, dass der Betriebsrat nun nicht mehr (wie ein Arbeiterausschuss-Mitglied oder ein Werkstattvertrauensmann) während der Arbeit aufgesucht und um Rat gefragt werden durfte. Betriebsräte hatten Sprechstunden und gehörten in ihrer Funktion nicht mehr zur Sozialbeziehung der Belegschaft. Vgl. für den TAV in Neugersdorf: Vorstand des Deutschen Textilarbeiterverbandes (Hrsg.), Jahrbuch 1920, Berlin 1921, S. 286.

86 MAZ 46 (1928) 2, S. 14.

87 MAZ 46 (1928) 4, S. 30.

Jugendgruppen im D.M.V. nach dem Stand vom 30. Juni 1923

Bezirk	Zahl der Jugendgruppen	Zahl der jugendlichen Mitglieder	Zahl der in den Gruppenleitungen tätigen Kollegen: unter 18 J.	Zahl der in den Gruppenleitungen tätigen Kollegen: über 18 J.	Zahl der Orte, wo Jugendvertrauensmännerkörper sind	Werkstatt- und Betriebsversammlungen: Zahl der berichtenden Orte	Werkstatt- und Betriebsversammlungen: Zahl der Versammlungen	Werkstatt- und Betriebsversammlungen: Zahl der Teilnehmer	Branchenversammlungen: Zahl der berichtenden Orte	Branchenversammlungen: Zahl de Versammlungen	Branchenversammlungen: Zahl der Teilnehmer	Mitgliederversammlungen: Zahl der berichtenden Orte	Mitgliederversammlungen: Zahl der Versammlungen	Mitgliederversammlungen: Zahl der Teilnehmer	Öffentliche Versammlungen: Zahl der berichtenden Orte	Öffentliche Versammlungen: Zahl der Versammlungen	Öffentliche Versammlungen: Zahl der Teilnehmer	Elternversammlungen: Zahl der berichtenden Orte	Elternversammlungen: Zahl der Versammlungen	Elternversammlungen: Zahl der Teilnehmer	Lese- und Diskussionsabende: Zahl der berichtenden Orte	Lese- und Diskussionsabende: Zahl d. Abende	Lese- und Diskussionsabende: Zahl der Teilnehmer
Berlin	1	14898	16	10	1	1	132	—	1	20	—	1	1	—	1	6	—	1	23	—	1	23	—
Bielefeld	3	3125	18	8	1	1	10	3000	1	2	80	2	4	130	1	2	450	3	4	930	—	—	—
Brandenburg	7	2180	24	8	4	2	9	270	1	3	225	4	23	1300	1	2	300	5	7	336	1	1	20
Breslau	7	3485	27	15	5	2	27	2100	1	5	200	5	72	2998	2	3	424	3	5	172	—	—	—
Dresden	17	24954	88	52	10	6	172	8650	2	73	4380	14	75	7025	3	5	4950	3	10	1200	5	36	749
Erfurt	11	5763	43	25	3	2	15	860	1	12	240	4	23	1360	3	7	2180	1	2	120	3	11	485
Essen	10	11701	47	18	7	7	85	2910	4	26	572	8	135	2304	4	5	1038	4	11	241	2	17	155
Frankfurt	9	11099	50	21	7	4	96	5566	3	11	672	8	21	2653	5	6	1244	3	4	134	3	33	905
Hagen	11	11578	63	22	7	6	41	2905	1	2	150	8	114	5925	4	16	1402	2	3	295	5	46	1276
Halle	14	4246	54	34	4	4	26	930	5	19	542	6	31	1012	3	7	297	3	4	200	2	11	320
Hamburg	10	8973	41	15	7	4	84	3126	2	25	573	6	46	1403	1	3	225	3	6	84	—	—	—
Hannover	5	3086	19	12	3	1	8	360	—	—	—	2	9	2080	—	—	—	1	2	56	1	2	50
Köln	3	8230	15	8	2	1	6	300	1	2	85	2	7	540	1	1	70	1	1	40	—	—	—
Königsberg	2	694	8	4	—	1	6	280	1	6	240	—	—	—	—	—	—	1	2	100	—	—	—
Nürnberg	12	5558	47	29	4	4	28	969	2	38	1423	3	31	1555	1	2	1600	2	9	670	3	24	499
Stettin	2	749	17	11	2	—	—	—	—	—	—	2	10	310	1	3	450	1	2	22	1	2	28
Stuttgart	13	15281	109	35	8	6	148	7104	—	—	—	10	207	8901	4	9	776	3	8	112	3	49	2205
zusammen	137*	135595	686	327	75	52	893	39330	26	244	9382	85	809	39496	35	77	15336	40	103	4712	30	255	6692

* Davon 22 Jugendgruppen, welche durch den Ortsausschuß des ADGB. für alle Gewerkschaften gemeinsam geschaffen sind.

Bezirk	Museumsbesichtigungen und Betriebsführungen: Zahl der berichtenden Orte	Museumsbesichtigungen und Betriebsführungen: Zahl d. Besicht. u. Führungen	Museumsbesichtigungen und Betriebsführungen: Zahl der Teilnehmer	Theater- und Konzertbesuche: Zahl der berichtenden Orte	Theater- und Konzertbesuche: Zahl der Besuche	Theater- und Konzertbesuche: Zahl der Teilnehmer	Unterhaltungsabende: Zahl der berichtenden Orte	Unterhaltungsabende: Zahl d. Abende	Unterhaltungsabende: Zahl der Teilnehmer	Wanderungen: Zahl der berichtenden Orte	Wanderungen: Zahl der Wanderungen	Wanderungen: Zahl der Teilnehmer	Vortragskurse: Zahl der berichtenden Orte	Vortragskurse: Zahl der Kurse	Vortragskurse: Zahl der Teilnehmer	Zahl der Orte, in denen die Jugendlichen eine Bibliothek benützen können	Versammlungsräume waren: Eigene Räume u. Jugendheime	Versammlungsräume waren: Räume in Gewerkschaftsh.	Versammlungsräume waren: Öffentlich städt. Jugendheime	Versammlungsräume waren: Schulräume	Versammlungsräume waren: Schankräume	Jugendkartelle	Jugendkartelle mit pol. Jugendgruppen	Im Fachausschuß der Berufs- u. Fortbild.sch.	Einfluß auf Arbeitsvermittlung	Einfluß auf Berufsberatung
Berlin	1	31	—	1	6	—	1	61	—	1	72	—	1	1	15	1	1	1	1	1	1	1	—	1	1	1
Bielefeld	1	1	350	—	—	—	1	1	30	2	6	250	1	1	25	7	3	2	—	1	1	5	2	—	3	4
Brandenburg	4	5	195	—	—	—	3	7	340	4	7	314	—	—	—	13	1	—	1	3	2	5	5	5	8	7
Breslau	5	12	883	2	74	2904	2	17	348	4	18	596	1	2	80	12	3	3	2	1	1	6	3	1	8	5
Dresden	6	20	1320	—	—	—	3	9	206	5	37	614	1	1	24	24	5	7	1	7	8	13	10	10	16	16
Erfurt	4	5	811	—	—	—	1	13	360	3	10	780	—	—	—	15	2	2	1	2	1	11	9	3	10	9
Essen	5	9	305	—	—	—	3	4	560	5	22	687	1	1	24	10	2	1	1	4	6	5	2	3	4	4
Frankfurt	3	9	418	2	11	120	2	31	1020	8	51	1165	1	1	28	11	1	3	—	3	1	3	1	2	6	6
Hagen	3	6	333	4	14	1435	5	8	3482	5	20	758	1	2	80	10	—	1	1	5	4	5	1	5	5	6
Halle	3	9	260	—	—	—	3	7	310	1	1	50	2	2	50	12	3	2	3	1	—	6	3	4	8	7
Hamburg	3	7	175	2	3	350	1	2	650	1	5	189	—	—	—	8	2	4	2	2	1	6	2	3	4	6
Hannover	1	3	500	—	—	—	1	4	1200	1	3	180	1	1	27	5	—	2	3	—	—	4	3	2	2	3
Köln	1	2	67	—	—	—	—	—	—	1	1	28	—	—	—	5	1	1	1	2	—	2	1	3	6	6
Königsberg	—	—	—	—	—	—	—	—	—	—	—	—	—	—	—	3	—	1	—	1	—	2	2	1	3	2
Nürnberg	1	2	40	1	10	80	1	15	600	3	45	982	1	2	40	2	—	1	—	1	2	2	1	—	2	2
Stettin	1	4	89	1	2	90	—	—	—	—	—	—	—	—	—	1	—	2	1	—	—	2	2	—	2	2
Stuttgart	8	27	1344	3	31	527	6	14	970	6	34	1100	3	3	115	14	6	3	—	3	2	10	5	6	12	8
zusammen	50	152	7090	16	151	55[illegible]	33	193	10076	50	332	7693	14	17	508	153	30	36	18	37	30	88	52	49	100	94

Bezirk Berlin:
Berlin.

Bezirk Brandenburg:
Eberswalde, Fürstenwalde, Kirchhain*, Landsberg, Luckenwalde, Nowawes-Potsdam, Rathenow.

Bezirk Bielefeld:
Bielefeld, Bocholt*, Osnabrück.

Bezirk Breslau:
Breslau, Bunzlau*, Görlitz, Grünberg, Liegnitz, Ratibor, Schweidnitz*.

Bezirk Dresden:
Aue, Chemnitz, Crimmitschau*, Dresden, Gröditz, Großenhain, Großschönau, Leipzig, Limbach, Meißen, Mittweida, Olbernhau, Oschatz, Plauen i. V., Reichenbach i. V., Riesa i. Erzgeb., Zwickau.

Bezirk Erfurt:
Arnstadt*, Apolda*, Eisenach, Erfurt, Gera Jena, Nordhausen, Pößneck, Salzungen, Suhl, Weimar*.

Bezirk Essen:
Bochum, Dortmund, Düsseldorf, Essen, Hattingen, Herne, Hörde, Mülheim a. R., Oberhausen, Witten.

Bezirk Frankfurt:
Darmstadt, Frankfurt a. M., Gießen, Hanau, Höchst, Kassel, Lahnstein, Mainz, Saarbrücken.

Bezirk Hagen:
Barmen, Cronenberg, Gevelsberg, Gummersbach, Hagen, Hohenlimburg*, Iserlohn, Lüdenscheid, Opladen, Solingen, Velbert.

Bezirk Halle:
Bernburg, Harzgerode, Hettstädt*, Koswig*, Köthen, Magdeburg, Merseburg, Meuselwitz, Nienburg, Oschersleben, Staßfurt*, Wittenberg, Zeitz, Zerbst.

Bezirk Hamburg:
Boizenburg, Bremen, Bremerhaven, Delmenhorst, Flensburg, Hamburg, Kiel, Lübeck, Neumünster, Rendsburg*.

Bezirk Hannover:
Braunschweig, Göttingen, Hannover, Hildesheim, Stendal.

Bezirk Köln:
Aachen, Bonn*, Köln.

Bezirk Königsberg:
Deutsch-Eylau*, Königsberg.

Bezirk Nürnberg:
Amberg, Ansbach, Augsburg, Bayreuth*, Bergen, Erlangen, Kempten*, München, Pegnitz, Roth*, Schwabach*, Würzburg.

Bezirk Stettin:
Danzig, Stettin.

Bezirk Stuttgart:
Freiburg, Karlsruhe, Mannheim, Ludwigshafen, Ebingen*, Eßlingen, Gmünd, Göppingen, Heilbronn, Oberndorf*, Reutlingen, Stuttgart, Tuttlingen*.

*Jugendgruppen, welche durch den Ortsausschuß des ADGB. für alle Gewerkschaften gemeinsam geschaffen sind.

Abb. 3: Ein Eindruck der sächsischen Dominanz in der gewerkschaftlichen Jugendarbeit: Jugendgruppen im DMV 1923.

Klang hierbei bereits die Herausforderung durch das Deutsche Institut für technische Arbeitsschulung (DINTA) im „Kampf um die Seele des Arbeiters" an, so mahnte Heinrich Franke dagegen 1927 und stellvertretend für viele Mitglieder den Verlust des Kampfcharakters an:

> „Der Hauptgrund, warum die Mitglieder, vor allem die jungen, nicht kommen, ist in der heutigen Art der Gewerkschaftsarbeit zu suchen. Den jetzigen Lohnbewegungen fehlt die Begeisterung der Kämpfe der Vorkriegszeit. Heute werden die Lohnbewegungen meistens am grünen Tisch geregelt. Das Mitglied ist nur mittelbar, nicht unmittelbar beteiligt. Ein Streik ist aber immer ein tiefes Erlebnis, dessen Eindruck von Dauer ist. Vor dem Krieg spürte das Mitglied selbst, was es heißt zu kämpfen und daß man nur durch Einigkeit und Zusammenschluß in der Organisation etwas erreichen kann. Dadurch waren die Mitglieder auch mehr für die Verbandstätigkeit zu gewinnen. Die Zeiten kommen nicht wieder ..."[88]

Während sich an der Arbeitsweise des Vorstandes und der Bezirksleitungen bis 1933 kaum etwas änderte, entfalteten vor allem die unteren Ebenen der Verwaltungsstruktur eine breite Tätigkeit hinsichtlich einer attraktiven Agitation. Es war symptomatisch für das innergewerkschaftliche Entwicklungspotential, dass diese Aktivitäten *für* und *durch* jene Teile der Arbeiterschaft forciert wurden, die man lange vernachlässigt hatte: Frauen und Jugendliche (unter 18jährige). In beiden Fällen war Sachsen der unangefochtene Spitzenreiter, besonders in der Metall- und Textilindustrie.

1926 arbeiteten mehr als die Hälfte aller textilgewerkschaftlichen Jugendgruppen des Reiches in Sachsen[89] und 1928 fanden 45 % aller Veranstaltungen für Arbeiterinnen seitens des TAV im Freistaat statt.[90] In Arbeiterinnenkommissionen und bei Jugendleitern hatte sich als Antwort auf den sozialen Stillstand und angesichts anderer Freizeitorganisationen eine Vertretungsidee entwickelt, die die Kritiken der Mitglieder ernst nahm.[91] 1928 verfasste das Arbeiterinnen-Sekretariat des TAV dazu eine für die späten 1920er Jahre beispiellose Anmerkung, die besonders vor dem Hintergrund einer herausragenden Arbeiterinnenorganisation in Sachsen zu verstehen ist:

> „Dieser ‚lebendige Geist' hinterläßt aber noch mehr als das beschriebene gewerkschaftliche Bewußtwerden der weiblichen Mitglieder; er beeinflußt auch die Verbandspropaganda. Sie ist in Orten mit guter Arbeiterinnenbewegung viel individueller geworden, weicht von gewohnten Schemen und Mitteln zugunsten örtlicher und neuerer Bedürf-

88 MAZ 45 (1927) 49, S. 338.
89 Vgl. Jahrbuch 1926 des Deutschen Textilarbeiterverbandes, S. 146–149.
90 Vgl. Vorstand des Deutschen Textilarbeiterverbandes (Hrsg.), Jahrbuch 1928, Berlin 1929, S. 236–238.
91 Zur populären Darstellung von Schulungsinhalten in Leipzig vgl. ebd., S. 247.

nisse mit erfreulicher Anpassungsfähigkeit ab und müht sich sehr, in jedem Fall nicht bloß an die Mitglieder, sondern an das einzelne Mitglied heranzukommen. Man legt Wert auf die Einladung, auf das Aussehen des Versammlungsraumes, auf eine einfache, klare Ankündigung der zu besprechenden Themen, auf abwechslungsreiche Veranstaltungen (Einschalten von Rezitationen, Musik, Gesang in Versammlung), auf Pflege des Gemeinschaftsgeistes und das stete Nahebringen gewerkschaftlicher Solidarität (Ferienausflüge, Kinder-, Altenbescherung usw.). Ohne Zweifel gewinnt das Verbandsleben durch das Hineinlegen dieser persönlichen Momente. Die Mitglieder e r f a h r e n nicht nur, sondern sie e r l e b e n etwas. Erlebnisse aber lockern gute Kräfte, beseitigen Mißtrauen und schaffen dafür Vertrauen zur Verbandssache und Verbandsführung."[92]

Der Scharfsinn, mit dem die gewerkschaftlichen Angebote hier in der aufkommenden Freizeitbewegung der Weimarer Republik verortet wurden, blieb jedoch auf die lokalen Strukturen begrenzt. Außerdem wäre das Potential solcher Ansätze sicherlich höher gewesen, wenn nicht sowohl die gewerkschaftliche Frauen- als auch die Jugendbewegung massiv unter der 1929 einsetzenden Krise zu leiden gehabt hätten. Hinzu kam, dass es längst nicht mehr nur die Gewerkschaften waren, die Frauen und Jugendliche zu organisieren versuchten – die Verbände gehörten hier viel eher zu den Nachzüglern.[93] Besonders in Sachsen existierten in dieser Hinsicht viele gegnerische Organisationen, selbst die Sozialistische Arbeiterjugend (SAJ) stand gewerkschaftlichen Jugendgruppen in Sachsen nicht immer positiv gegenüber.[94] Aufgrund dieser Hindernisse und der quantitativen Marginalität solcher Initiativen über den TAV hinaus[95] trugen die Reformideen in Sachsen nicht dazu bei, der schleichenden Aushöhlung des Gewerkschaftsgedankens entgegenzuwirken. Auch das breit angelegte Schulungsprogramm der Verbände – am prominentesten durch den DMV in seiner Wirtschaftsschule in Bad Dürrenberg organisiert, in der auch zahlreiche Gewerkschafter aus Sachsen unterrichtet wurden – erreichte nur wenige Arbeiter und war überdies sowieso für Funktionäre entwickelt worden.[96] Aktive Kämpfer im Sinne der Kritiker zogen die Gewerkschaften in ihren Kursen nicht heran – das Ideal war vielmehr ein disziplinierter Interessenvertreter auf Vor-

92 Ebd., S. 240, Hervorhebung im Original. Vgl. zu diesen Reformideen außerdem Jahrbuch 1922 des Deutschen Textilarbeiterverbandes, S. 70 f.

93 Vgl. Jahrbuch 1928 des Deutschen Textilarbeiterverbandes, S. 301 f.

94 Vgl. Jahrbuch 1926 des Deutschen Textilarbeiterverbandes, S. 193.

95 Eine ähnliche Professionalisierung wie im TAV war bei den anderen Verbänden vor allem in Sachen Arbeiterinnenorganisation nicht vorhanden. Die Jugendorganisation betrieben alle drei Gewerkschaften verstärkt, kamen aber zwischen deren Revitalisierung 1925 und der Weltwirtschaftskrise über Ansätze kaum hinaus. Für die „Idee" hinter der Jugendorganisation im TAV vgl. Jahrbuch 1925 des Deutschen Textilarbeiterverbandes, S. 199–210.

96 Obgleich der institutionelle Einfluss der Gewerkschaften auf die Betriebsräteschulen und Wirtschaftsschulen immer weiter wuchs, konstatierten die Bezirksleiter häufig einen schlechten Besuch dieser Einrichtung. So wurden die Wirtschaftsschulen 1929 von 1146 TAV-Mitgliedern genutzt, die Betriebsräteschulen von nur 127. Vgl. Vorstand des Deutschen Textilarbeiterverbandes (Hrsg.), Jahrbuch 1929, Berlin 1930, S. 351.

Abb. 4: Geopolitikunterricht bei Georg Engelbert Graf in der Wirtschaftsschule des DMV in Bad Dürrenberg (1932).

Abb. 5: Teilnehmer in Bad Dürrenberg beim Schreiben eines Aufsatzes.

standslinie, die entgegen der eigenen Rationalisierungsrhetorik fest im Kapitalismus verwurzelt war.[97]

Die Schulung konnte daher genauso wenig wie Wanderfahrten oder die in Sachsen seitens des TAV häufig durchgeführten Lichtbildvorträge[98] kaschieren, dass sich der Ton, die Methode und letztlich die ganze Idee hinter der Gewerkschaftsbewegung in das politische und wirtschaftliche System eingeordnet hatten. Integratives Potential entfaltete man nur noch in lokalen Ansätzen – das Ideal der alten Genossen, die für ihre Überzeugungen etwa in der Zeit des „Sozialistengesetzes" ins Gefängnis gegangen waren, hatte nichts mehr mit den 1920er Jahren zu tun. Der andauernde Kampf gegen Hindernisse von allen Seiten, die immensen Anstrengungen der Agitation für jeden einzelnen Arbeiter, der Nimbus einer betrieblichen und im Geheimen agierenden Gegenmacht – dies waren Ideen, die man zwar noch gern bemühte, die mit der Wirklichkeit aber nichts mehr zu tun hatten. Waren die Industriegewerkschaften am Anfang der 1890er Jahre angetreten, um die „moderne" Arbeiterbewegung zu bilden, schienen sie seit Mitte der 1920er Jahre bereits aus der Zeit gefallen. Vor allem bei Freizeitangeboten und der Medienentwicklung hinkte man deutlich hinterher und besaß kein attraktives Integrationskonzept. Dass sich das Verhältnis zwischen Verbandsspitzen und Mitgliedern faktisch gar nicht so fundamental verändert hatte und die Methodik der überbetrieblichen Zentralisierung auch vor 1914 dem Gusto der Vorstände entsprochen hatte, war dabei kaum entscheidend. Es ging bei „der Gewerkschaft" weniger um konkrete Verwaltungsaufgaben, sondern um eine narrative Integrationsfigur, um ein Gefühl der überzeugten Zugehörigkeit zu einer Solidargemeinschaft und vor allem um den Anschein einer direkten Vertretung – „die Organisation" war der Kitt der Arbeiterklasse und der Inbegriff einer gerechten Sache und nur weil man aufgrund der eigenen Erfahrungen davon überzeugt war, übertrugen Arbeiter der Gewerkschaft einen großen Teil ihres Selbstbestimmungsrechts. Drifteten jedoch Arbeitererfahrungen und Gewerkschaftshandeln auseinander, löste sich der soziale Kontakt zwischen Verwaltung und Mitgliedern – die Gewerkschaft wurde weniger erfahrbar, sodass die Grundlage des Gewerkschaftsverständnisses jener Arbeiterschichten in Gefahr geriet, die die Verbände nicht nur als instrumentelles Mittel zum Zweck verstanden. Eben jenes Organisationsgefühl erodierte in den 1920er Jahren trotz stabiler oder steigender Mitgliederzahlen und trug entscheidend zur Wehrlosigkeit der Gewerkschaften im Jahr 1933 bei.[99] Was diesen Prozess so

---

97 Vgl. Vorstand des Deutschen Metallarbeiter-Verbandes (Hrsg.), Winke für die proletarische Bildungsarbeit, Stuttgart 1924.

98 Seit 1925 führte der TAV regelmäßig Touren mit Lichtbildvorträgen in Sachsen durch, zu denen tausende Arbeiter, Arbeiterinnen und Kinder erschienen. Vgl. Jahrbuch 1925 des Deutschen Textilarbeiterverbandes, S. 212 f.

99 Manfred Scharrer interpretierte seine Analyse sogar als Beleg für das Ende eines ganzen Glaubenssystems. Vgl. Manfred Scharrer, Anpassung bis zum bitteren Ende. Die freien Gewerkschaften 1933, in: ders. (Hrsg.), Kampflose Kapitulation. Arbeiterbewegung 1933, Hamburg 1984, S. 73–120, hier: S. 81.

folgenreich machte, war die schleichende Untergrabung des Inklusionsarrangements, die sich nur selten in Handlungen wie Austritten oder wilden Streiks artikulierte, sondern eher die Kritikform auf dem Papier annahm, deren Folgen für die Mobilisierungsfähigkeit aber als massiv eingeschätzt werden müssen. Ereignisse wie die 1929 erfolgte Übernahme der Limbacher TAV-Verwaltung durch kommunistische Mitglieder und die anschließende Abspaltung einer «Opposition Limbach» gehörten daher in Sachsen zu Ausnahmen[100] – sie zeigten jedoch, dass es unter der Gewerkschaftsoberfläche brodelte und sich längst Zweifel an der Alternativlosigkeit gewerkschaftlicher Interessenvertretung eingeschlichen hatten.

Fazit

Die bisherigen Aussagen über den Bruch in der gewerkschaftlichen Arbeit und Attraktivität während der Weimarer Republik deuten darauf hin, dass es sich beim Wandel von der Klammer des proletarischen Milieus zum erstarrten Riesen auch um eine Generationenfrage handelte. Viele sächsische Gewerkschaftsmitglieder waren im Ersten Weltkrieg gefallen, während gleichzeitig hunderttausende junge und/oder weibliche Beschäftigte in die Industriearbeit eintraten, in deren technisch-organisatorischer und sozialer Struktur sich noch dazu gravierende Verschiebungen durch die Kriegsjahre ergeben hatten. Hatte also die sächsische Arbeiterschaft der Vorkriegszeit personell kaum noch etwas mit ihrem Nachkriegspendant zu tun, so traf dies in vielerlei Hinsicht auch auf die Arbeit selbst zu. Die Revolution und die Hoffnungen in dieser veränderten Arbeiterschaft ließen sich nach 1918 deshalb so hervorragend von den Gewerkschaften kanalisieren, weil sich das proletarische Milieu und seine Organisationen in einer Win-Win-Situation befanden. Die riesigen Errungenschaften und der Mitgliederzuwachs der Verbände gingen Hand in Hand. Für die innergewerkschaftlichen Sozialbeziehungen bedeuteten der damit einhergehende dynamische Esprit und die politische Aufladung, dass die Organisationen quasi zu einer konzeptionellen und politischen Öffnung gezwungen wurden. Die Streit- und streckenweise Konsenskultur der Jahre 1918 bis 1923 ging daher weniger auf die Gewerkschaftsleitungen, als auf die euphorisierten Neumitglieder zurück – persönliche Arbeits- und Vertrauensbeziehungen milderten in den Ortsstrukturen die ideologische Schärfe, während die Gewerkschaftsführungen den Diskurs pragmatisch-realistisch zu beeinflussen verstanden. Eine weitere Spaltung der politischen Arbeiterbewegung Sachsens konnte auch auf diesem Wege lange verhindert werden.

---

100 Vgl. Jahrbuch 1929 des Deutschen Textilarbeiterverbandes, S. 354.

Nach der Inflationszeit des Jahres 1923 und dem massiven Mitgliederverlust herrschte in den sächsischen Gewerkschaften dagegen kaum noch interne Dynamik. Die Zurück-zu-den-Wurzeln-Mentalität vieler Sekretäre hatte dabei ein erfolgreiches Vorkriegsmuster vor Augen, wobei lange übersehen wurde, dass die Mischung von Tarifpolitik und Systemreformierung schon vor 1914 partiell altbacken gewirkt hatte – unter den veränderten gesellschaftlichen, politischen und wirtschaftlichen Bedingungen entfaltete sie deutlich geringere Wirkungen auf die Arbeiter. Die „neue" Arbeiterklasse ließ sich nicht mehr mit den „alten" Methoden organisieren. Die sächsischen Gewerkschaften wirkten in dieser zweiten Hälfte der 1920er Jahre erstarrt, methodisch und ideengeschichtlich überholt und überdies durch ihre rechtliche Garantie als etwas ohnehin kaum aktiv Verteidigungsbedürftiges. Die Kritiken verrieten das ganze Dilemma: Den älteren Kollegen fehlte gerade die einzige Vorkriegskomponente, die nicht mehr herstellbar war, nämlich der Kampfcharakter als verbindendes Moment. Vielen jüngeren Kollegen fehlte die gesellschaftlich-soziale Attraktivität, während Arbeiterinnen nicht selten vom maskulinen Charakter der Organisationen abgestoßen wurden. Dass eine Gewerkschaftsmitgliedschaft dennoch individuelle Vorteile mit sich bringen konnte, begünstigte die parallele Existenz zweier zunächst widersprüchlicher Prozesse: Einer sich stabilisierenden Mitglieder*quantität* bei gleichzeitig erodierender Mitglieder*mentalität*. Solche subkutanen, sich unter der Oberfläche der Mitgliederzahlen verbergenden Verschiebungen gilt es im Auge zu behalten, wenn von den regional widerstandsfähigen proletarischen Milieus in Sachsen die Rede ist.

Kommunen in der Krise

Das Beispiel Plauen

Sönke Friedreich

In dem Bemühen, die Moral der Zivilbevölkerung trotz der hoffnungslos erscheinenden Lage an der Front aufrechtzuerhalten und jeglichen Bemühungen um einen Kompromissfrieden entgegenzutreten, besuchten Angehörige des sächsischen Königshauses im Jahr 1917 auch die schwer vom Krieg getroffene vogtländische Hauptstadt Plauen.[1] Am 5. Februar traf Kronprinz Georg in der Stadt ein. Er wurde dort von dem Anfang des Jahres neu ins Amt gekommenen Oberbürgermeister Georg Lehmann begrüßt, der den Zustand des Gemeinwesens in den düstersten Farben schilderte. Anschließend legte Heinrich Reichelt, Syndikus der Handelskammer zu Plauen, die besondere Notlage der Plauener Wirtschaft dar: „Aber es muß ein mal ausgesprochen werden, daß kaum ein anderes Industriegebiet innerhalb der schwarz-weiß-roten Grenzpfähle vom Wirtschaftskriege so heimgesucht ist, wie Plauen und sein Hinterland mit seiner ganz überwiegenden Textilindustrie. […] Ihrem äußeren Gepräge nach unterscheidet sich unsere vogtländische Textilindustrie von zahlreichen anderen Industriezweigen mit ihrem Ueberwiegen des modernen Großbetriebs durch ihre Gliederung in Tausende von selbständigen Klein- und Mittelbetrieben, in denen die Bande persönlicher Art zwischen Unternehmer und Arbeiter noch nicht völlig gelöst sind. Welche hohen volkswirtschaftlichen, sozialen und sittlichen Werte dies in sich birgt, wird vom Fernerstehenden leider nur zu oft nicht genügend erkannt und geschätzt. Aber der Charakter dieser Gewerbezweige als Luxusindustrien bringt es mit sich, daß sie Perioden wirtschaftlichen Rückgangs und geschäftlicher Stille mehr als andere Erwerbszweige zu fühlen bekommen."[2] Plauen habe nicht nur bereits seit dem Herbst 1912 unter einer Krise der Stickerei- und

1 Die folgenden Ausführungen beruhen auf Material, das ich im Zuge des am Institut für Sächsische Geschichte und Volkskunde e. V. durchgeführten Forschungsvorhabens „Zwischen Aufstieg und Krise. Städtische Identität und Selbstwahrnehmung in Plauen, 1880–1933" in den Jahren 2014 bis 2016 erhoben habe. Zu den Ergebnissen des Projektes vgl. Sönke Friedreich, Der Weg zur Großstadt. Stadtentwicklung, bürgerliche Öffentlichkeit und symbolische Repräsentation in Plauen (1880–1933), Leipzig 2017.

2 Verwaltungsbericht der Kreisstadt Plauen auf die Jahre 1914 bis 1923, Bd. 1, Plauen 1928, S. 104.

Spitzenindustrie zu leiden, es gebe – abgesehen von der Vogtländischen Maschinenfabrik – auch kaum Ersatzgewerbe, von denen man während der Kriegszeit hätte profitieren können. Die einseitige Ausrichtung auf die textile Exportwirtschaft erweise sich als unüberwindbarer Standortnachteil.

Die gleiche Klage brachten die städtischen Führungseliten drei Monate später anlässlich des Besuchs Friedrich Augusts III. in Plauen im Mai 1917 vor. Der König besichtigte das Textilunternehmen Hoffmann & Tröger, die Handelskammer sowie die Volksküche im Gewerkschaftshaus „Schillergarten", wobei der letzte Punkt den Versuch darstellte, die sozialdemokratisch gesinnte Arbeiterbevölkerung, deren soziales und organisatorisches Zentrum der „Schillergarten" darstellte, für Krieg und Vaterland zu vereinnahmen. Nachdem Vertreter der Stadt und der Plauener Industrie über die schlechten wirtschaftlichen Zustände geklagt hatten, antwortete der König ebenso wohlmeinend wie nichtssagend, „er freue sich, daß die Plauener Industrie, die ja schon schlimmere Zeiten durchgemacht habe, im Kriege bisher durchgehalten habe, und sprach die Hoffnung aus, daß sie den Krieg überdauern und sich glücklich weiter entwickeln werde"[3]. Hilfszusagen irgendwelcher Art wurden nicht gegeben. Auch die sich im letzten Kriegsjahr verstärkenden Appelle um staatliche Unterstützung blieben ohne Erfolg. Der Verein der Lohnschiffchen-Maschinenbesitzer als Vertretung der selbständigen Lohnsticker schrieb im letzten Kriegsjahr an das sächsische Innenministerium und bat darum, mit einer finanziellen Beihilfe die bereits in Gang befindliche Vernichtung des Maschinenbestandes in Plauen wie im gesamten Vogtland zu stoppen: „Der völlige Zusammenbruch dieses Standes würde den Ruin der ganzen Industrie bedeuten. Was das für einen vor dem Kriege blühenden Landstrich Sachsens bedeuten würde, ist der Kgl. Staatsregierung genügend bekannt: Hunderttausenden von Menschen gibt die Stickereiindustrie Arbeit und Brot, sie ist das Lebenselement des vogtländischen Kreises mit seinen Städten [...] und den zahlreichen Dörfern; nicht nur die unmittelbar mit der Herstellung der Stickerei befassten, also Maschinenbesitzer und ihr Hilfspersonal sowie die Fabrikanten werden durch einen Zusammenbruch dieser Industrie betroffen, sondern auch die zahlreichen in Bleichereien, in Weisswaren-, Konfektions- und Ausrüstungsgeschäften Tätigen würden in Mitleidenschaft gezogen werden."[4] Mehrere Tausend Maschinen seien bereits verschrottet worden, was ein Wiederaufleben der Maschinenstickerei nach dem Krieg erschwere. Der Mittelstand sei in seiner Existenz bedroht und müsse gerettet werden. Doch eine Unterstützung der Lohnsticker blieb ebenso aus wie Hilfe für andere Zweige der Textilindustrie.

3 König Friedrich August in Plauen, in: Vogtländischer Anzeiger und Tageblatt Nr. 106 v. 10.5.1917.

4 Staatsarchiv Chemnitz (fortan: StAC), 30048 Amtshauptmannschaft Plauen, Nr. 2762: Unterstützung der Lohnschiffchen-Maschinenbesitzer der vogtländischen Stickereien- und Spitzenindustrie, enth. u. a. Feststellung der vorhandenen Stickmaschinen, 1904–20, 1928, 1937, Schreiben des Vereins der Lohnschiffchen-Maschinenbesitzer e. V. zu Plauen an das sächs. Innenministerium v. 10.7.1918.

Wie die Schilderungen der lokalen wirtschaftlichen und sozialen Situation in den Jahren 1917 und 1918 verdeutlichen, sahen sich die Textilregionen des südwestlichen Sachsens in besonders hohem Maße von den Folgen des Krieges betroffen.[5] Aufgrund der extremen Exportabhängigkeit sowie einer insgesamt hohen Nachfrageelastizität wirkte sich die Störung der internationalen Märkte unmittelbar auf die lokale Situation aus. Die hohe Zahl an Kleinproduzenten sowie die Dominanz des Verlagswesens in Teilen der Textilwirtschaft hatten zur Folge, dass die wirtschaftliche Krise unmittelbare und schwerwiegende Folgen für die soziale Lage der Menschen in den betroffenen Regionen und Kommunen hatte. Was 1912 als vorübergehender Konjunktureinbruch begonnen hatte, wuchs sich während des Weltkrieges und in den Jahren der Weimarer Republik zu einer „fünfundzwanzigjährigen Dauerkrise" aus.[6] Die Vernichtung eines Großteils des Maschinenbestandes traf insbesondere die Stickereiindustrie schwer: Im Vogtland ging ein Drittel aller Stickmaschinen verloren, im Bezirk der Handelskammer Plauen war es beinahe die Hälfte des Bestandes von 1914.[7] Diese Strukturschwäche stellte eine schwere Hypothek für die Jahre der Weimarer Republik dar, die letztlich auch zur politischen Destabilisierung beitragen sollte.

Plauen in der Nachkriegskrise

Während das gesamte südwestliche Sachsen von der Krise der Textilwirtschaft während und nach dem Krieg erfasst wurde und damit flächendeckende soziale Not einherging, waren die zahlreichen Städte und Kommunen in besonderer Weise von dem Abschwung betroffen. So hatte in den vogtländischen Städten und hier insbesondere in Plauen seit der Reichsgründung ein starker Konzentrationsprozess eingesetzt, der die Einwohnerschaft der Städte rasant hatte anschwellen lassen, ohne dass es zu einer ausreichenden Diversifizierung der Erwerbsstruktur gekommen wäre. Während der Boomjahre hatte die Spitzen- und Stickereiindustrie eine besonders hohe Zahl an Arbeitskräften absorbiert, die im Krisenfall oftmals über keine alternativen Erwerbs- oder Subsistenzmöglichkeiten verfügten. Bereits die ersten Krisenmonate seit dem Herbst 1912 hatten gezeigt, welche Folgen ein Konjunktureinbruch haben konnte: So war die Zahl der beim Plauener Arbeitsnachweis um Arbeit nachsuchenden Personen von 17 249 Mitte

5 Erich Glier, Die sächsische Spitzen- und Stickereiindustrie seit 1914. Niedergang und Existenzkampf einer deutschen Mode- und Exportindustrie, Plauen 1932, S. 93–142; Gerd Naumann, Die Plauener Spitzen- und Stickereiindustrie in Vergangenheit und Gegenwart, in: Sächsische Heimatblätter 43 (1997) H. 4, S. 236–246, hier S. 241 f.; Lutz Vogel, Die vogtländische Wirtschaft im Industriezeitalter, in: Enno Bünz u. a., Vogtland (Kulturlandschaften Sachsens, 5), Leipzig 2013, S. 99–136, hier S. 122 f.

6 Horst Schuster, Plauen als Standort der Textilindustrie, Plauen 1937, S. 56.

7 Naumann, Plauener Spitzen- und Stickereiindustrie, S. 243; Willy Erhardt, das Glück auf der Nadelspitze. Vom Schicksalsweg der Vogtländischen Stickereiindustrie, Plauen 1995, S. 157.

Abb. 1: Die Bahnhofstraße in Plauen, 1920er Jahre

1913 auf 24 825 Mitte 1914 gestiegen; der diesbezügliche Anteil der Beschäftigten aus der Spitzen- und Stickereiindustrie war dabei von 18,3 auf 28,8 Prozent gewachsen.[8] Die Stadtbevölkerung, deren Zahl Ende 1912 bei 128 000 gelegen hatte, schrumpfte bis zum Frühjahr 1914 auf 122 000 Personen.[9] Während des Krieges nahm die Einberufung der männlichen Bevölkerung zum Kriegsdienst zunächst den Druck vom Arbeitsmarkt, doch mit dem Kriegsende und der Rückkehr der Soldaten stand die Stadt vor völlig neuen Herausforderungen. Zwar mochten der Waffenstillstand und der Friedensschluss die Hoffnung auf baldige Rückkehr zur Normalität nähren, doch erwies sich dieselbe rasch als trügerisch. So blieb es zunächst bei der reichsweiten staatlichen Bewirtschaftung der Rohstoffe, durch die eine freie Einfuhr von Baumwollgarnen, von der die sächsische Textilwirtschaft abhängig war, unterbunden wurde. Die Absatzmärkte im Ausland wiederum blieben den deutschen Exporteuren zum Gutteil verschlossen: Zwischen dem Höhepunkt des Vorkriegsbooms 1912 und der Jahreswende 1920/21 ging der Auslandsabsatz von Spitzen und Stickereien um nicht weniger als 93 Prozent zurück und erholte sich auch anschließend nur teilweise wieder bis auf 45 Prozent des Vor-

8 Glier, Sächsische Spitzen- und Stickereiindustrie, Anhang, Tab. III.
9 Es gibt kein Halten mehr!, in: Plauener Sonntags-Anzeiger Nr. 1793 v. 24.5.1914.

kriegsstandes im Jahr 1923 (32,4 Mio. Mark 1923 gegenüber 74,6 Mio. Mark 1913).[10] Die ungünstigen Rahmenbedingungen zu Beginn der Weimarer Republik stellten damit eine schwere Hypothek dar.

Die wirtschaftliche Zerrüttung blieb nicht ohne politische Folgen. In Plauen hatte sich, wie auch in anderen Städten, am 9. November 1918 ein Arbeiter- und Soldatenrat gegründet, der in der Folgezeit ein zweites Machtzentrum neben der Stadtverwaltung und Stadtverordnetenversammlung bildete. Arbeiter- und Soldatenrat sowie Stadtverwaltung vereinbarten eine weitgehende Zusammenarbeit, um den Übergang zur Friedenswirtschaft, die Demokratisierung der kommunalen politischen Organe und die Aufrechterhaltung von Sicherheit und Ordnung zu garantieren; eine Zusammenarbeit, die später von der kommunistischen Geschichtsschreibung einer Reihe von „Feinde[n], Zweifler[n] und Wankelmütige[n]" im Arbeiter- und Soldatenrat angelastet wurde.[11] Die Kooperation verhinderte denn auch nicht das Entstehen oppositioneller Gruppen: So bildete sich nur wenige Tage nach dem Arbeiter- und Soldatenrat ein „Bürgerrat" als antirevolutionäres Organ des bürgerlichen Plauen einerseits[12], nach der Stadtverordnetenwahl vom 9. Februar 1919 ein Arbeitslosenrat andererseits. Die gemäßigten politischen Kräfte gerieten rasch in die Defensive, da sie keine Lösung der wirtschaftlichen und sozialen Probleme auf lokaler Ebene fanden.

Im Januar 1919 waren bereits 6400 Arbeitslose gemeldet, deren Zahl rasch weiter zunahm.[13] Versuche, durch Arbeitsbeschaffungsmaßnahmen beim Straßenbau, der Herstellung von Grünanlagen sowie Begradigungsmaßnahmen an der Weißen Elster der Not entgegenzuwirken, blieben weitgehend fruchtlos – die negativen Folgen dieser Maßnahmen, namentlich eine starke Belastung der städtischen Finanzen, trafen dagegen die Stadt mit voller Härte.[14] Weite Teile der Arbeitslosen fühlten sich im Stadtregiment nicht vertreten und organisierten sich außerhalb der bestehenden Arbeiterparteien und Gewerkschaften. Aus Anlass des Mordes am bayerischen Ministerpräsidenten Kurt Eisner (USPD) am 21. Februar 1919 kam es in Plauen vom 24. bis zum 27. Februar zu Protesten, gewaltsamen Ausschreitungen und Plünderungen, die von der bürgerlichen

10 Werner Hopf, Die Strukturwandlungen in der vogtländischen Spitzen- und Stickereiindustrie seit der Jahrhundertwende, Leipzig 1938, S. 18, sowie Tab. II im Anhang.

11 „Vorwärts und nicht vergessen." Aus der Geschichte der Arbeiterbewegung im Bezirk Erzgebirge/Vogtland, 1912–1922, hrsg. v. d. Kommission zur Erforschung der Geschichte der örtlichen Arbeiterbewegung, Bezirksleitung der SED Karl-Marx-Stadt, Karl-Marx-Stadt 1957, S. 45 f.

12 Zu Bürgerräten in Sachsen vgl. Benjamin Lapp, Revolution from the Right. Politics, Class, and the Rise of Nazism in Saxony, 1919–1933, Boston 1997, S. 30.

13 Bericht über Arbeitslosigkeit in Plauen, in: Vogtländischer Anzeiger und Tageblatt Nr. 9 v. 12.1.1919.

14 Ende 1920 sprach Oberbürgermeister Lehmann davon, die Notstandsarbeiten gingen „weit über die finanziellen Kräfte unserer Stadt", seien doch bisher über 5 Mio. Mark ungedeckt geblieben. Hauptstaatsarchiv Dresden (fortan: HStADD), 11168 Ministerium für Wirtschaft, Nr. 497: Plauener und vogtländische Industrie, 1920–21, Stellungnahme von OB Lehmann zur Besprechung am 28.12.1920 im Arbeitsministerium für das SMW v. 31.12.1920.

Presse als „Spartakus-Putsch" etikettiert wurden.[15] Zwar erloschen die Unruhen alsbald wieder, doch verwiesen sie auf ein Grundproblem, das in den folgenden Jahren die weitere Entwicklung prägen sollte: Ein Großteil der Arbeitslosen der Stadt fiel nicht nur aus dem wirtschaftlichen, sondern auch aus dem politischen Leben heraus. Angesichts der anhaltenden Wirtschaftskrise entstand so das Potenzial einer gefährlichen politischen Radikalisierung.

Dass während des Jahres 1919 die Lage in Plauen äußerst angespannt blieb, bezeugt ein Bericht, den das Garnisonskommando Plauen im Herbst d. J. verfasste. Dabei wurde der Arbeitslosenrat als Ausgangspunkt für Demonstrationen benannt und demselben unterstellt, er wolle die Stadt finanziell erpressen. In Plauen blühten zudem „der Schleichhandel und das Schieberwesen", wogegen die Polizei quasi machtlos sei. Die Arbeitslosenzahl sei inzwischen auf etwa 17 000 gestiegen. In der Konsequenz könnte es „zu den unliebsamsten Auftritten kommen, die man nicht mit Gewalt beseitigen [...] kann. Es steht unzweifelhaft fest, daß es gerade in der Textilbranche, die hier hauptsächlich zu Hause ist, am schlechtesten steht. [...] Die Forderungen der Arbeitslosen bedeuten hier eine Schraube ohne Ende. Ist aber dann der Höhepunkt des Möglichen erreicht und man wirklich nicht mehr in der Lage, den Forderungen gerecht zu werden, so muß eine Katastrophe eintreten, der man hier nicht gewachsen ist."[16]

Die krisenhafte Zuspitzung veranlasste die politisch Verantwortlichen schließlich, über Hilfsmaßnahmen zu beraten. Am 14. Oktober 1919 kamen der sächsische Wirtschaftsminister Albert Schwarz (SPD), zahlreiche Vertreter von Arbeitgebern und Arbeitnehmern der Textilindustrie, Vertreter vom Reichswirtschaftsministerium, der Reichsstelle für Textilwirtschaft, der Reichswirtschaftsstelle für Baumwolle und der Gewerbeaufsichtsämter zusammen und beschlossen, auf die erleichterte Einfuhr von Rohstoffen und die Freigabe von beschlagnahmten Beständen durch die zuständigen Reichsstellen zu drängen.[17] Auf diese Weise sollte zunächst eine dreimonatige Phase mit einer 55-prozentigen Auslastung der im Vogtland existierenden Maschinen garantiert werden.[18] Oberbürgermeister Lehmann berichtete von der „ausserordentliche[n] Arbeitslosigkeit" in Plauen: So kämen in Deutschland im Durchschnitt 13 Erwerbslose auf 1000 Einwohner, in Berlin 46, in Plauen aber 155–160. Bei derzeit noch 118 000 Einwohnern lebten 17 000 Erwerbslose in der Stadt, von denen der größte Teil aus der

15 Ein Spartakus-Putsch in Plauen, in: Vogtländischer Anzeiger und Tageblatt Nr. 48 v. 27.2.1919.

16 HStADD, 11168 Ministerium für Wirtschaft, Nr. 494: Vogtländische Stickerei- und Spitzenindustrie, 1919–24, Abschrift eines Berichtes des Beauftragten des Ministeriums für Militärwesen beim Garnisonskommando Plauen v. 13.9.1919.

17 HStADD, 11168 Ministerium für Wirtschaft, Nr. 494: Vogtländische Stickerei- und Spitzenindustrie, 1919–24, Abschrift einer von der Handelskammer Plauen verbreiteten Pressemitteilung zur Besprechung über die Behebung der Notlage der vogtländischen Textilindustrie in Plauen am 14. Oktober 1919 v. 16.10.1919.

18 HStADD, 11168 Ministerium für Wirtschaft, Nr. 494: Vogtländische Stickerei- und Spitzenindustrie, 1919–24, Bericht der Handelskammer Plauen an das SMW über die Einfuhr von Geweben für die vogtländische Weisswarenindustrie v. 22.10.1919.

Stickerei- und Spitzenindustrie stamme.[19] Zwar ist es nicht zutreffend, dass „die bürgerlichen Parteien und die Landesregierung angesichts dieser komplexen Probleme und der allgemeinen Finanzknappheit ihre Hilflosigkeit offen zu[gaben]“[20], doch blieben die Hilfsmaßnahmen in ihrer Wirkung zweifellos deutlich begrenzt, da die Absatzmärkte der Vorkriegszeit nicht wiedergewonnen werden konnten.

Destabilisierung – die „Hoelziade“ im Frühjahr 1920

Die fehlende Perspektive, die schwere ökonomische und soziale Krise zu überwinden, führte im März und April 1920 schließlich zu einer Zuspitzung der Spannungen, die sich in neuerlichen Unruhen unter der Leitung des Kommunisten Max Hoelz Bahn brachen. Vorangegangen waren die Erschütterungen des Kapp-Putsches vom 12./13. März 1920 und des darauf ausgerufenen Generalstreiks, die auch Plauen und das Vogtland erfassten. Am 15. März bildete sich ein Aktions-Ausschuss aus Mitgliedern der SPD, USPD, KPD und freien Gewerkschaften, der sich den Schutz der Stadt vor den Putschisten und die Bewachung der Lebensmittelvorräte zur Aufgabe machte.[21] Nach der Verhaftung von drei Mitgliedern des Ausschusses durch die Reichswehr kam es am 16. März zur Eskalation des Konfliktes zwischen Demonstranten und Reichswehr, die zu gewaltsamen Übergriffen mit acht Toten und 14 Verletzten führte.[22] Zwar wurde der Generalstreik am 20. März beendet und der Plauener Aktions-Ausschuss durch einen kompromissbereiten „Vollzugsausschuss“ ersetzt, doch war die Abwehr des Putsches der Anlass für einige Kommunisten, den revolutionären Umsturz voranzutreiben. Hierbei spielte der im vogtländischen Falkenstein aktive Kommunist Max Hoelz eine entscheidende Rolle, der bereits während der Februar-Unruhen 1919 öffentlich in Plauen aufgetreten war. Nunmehr zog er mit einer Gruppe von etwa 100 Bewaffneten von Falkenstein nach Plauen und befreite 14 Arbeiter aus dem Gefängnis. Wenige Tage später kehrte er zurück und sprach erstmals zu einer größeren Menschenmenge, darunter viele Arbeitslose, um sie zur Bildung einer „Roten Armee“ aufzufordern. Um seinen Worten sogleich Taten folgen zu lassen, erpresste er am 28. März „vom Eigentümer des Kaffees [Trömel] durch Mitnahme seines Sohnes Rudolf Trömel als Geisel die Auszahlung von 100 000 M.“[23]. Mit dieser Tat begann eine zweiwöchige Episode, die in der Folge von

19 HStADD, 11168 Ministerium für Wirtschaft, Nr. 494: Vogtländische Stickerei- und Spitzenindustrie, 1919–24, Protokoll der Besprechung über Maßnahmen zur Förderung der vogtländischen Weisswarenindustrie am 14.10.1919 in der Handelskammer Plauen.

20 Claus-Christian Szejnmann, Vom Traum zum Alptraum. Sachsen in der Weimarer Republik, Dresden 2000, S. 57.

21 Hierzu und zu den folgenden Vorgängen vgl. die Unterlagen in: Stadtarchiv Plauen (fortan: StadtAP), Sp. JAB, Nr. 168: März-Unruhen, 1920.

22 Vgl. Verwaltungsbericht der Kreisstadt Plauen auf die Jahre 1914 bis 1923, Bd. I, Plauen 1928, S. 57.

23 Ebd., S. 62.

Abb. 2: Max Hoelz

der Presse als „Hölz'sche Schreckensherrschaft“ tituliert wurde.[24]

In dem Auftreten von Hoelz wurde nicht nur die soziale Spaltung der Stadt sichtbar, sondern auch eine tiefe Ratlosigkeit der städtischen Führungsschicht, die nicht in der Lage war, den Frieden in der Stadt zu gewährleisten. So kam es zu wiederholten Plünderungen, Erpressungen sowie Zerstörungen von Druckmaschinen der bürgerlichen Presse durch Angehörige der „Roten Garde“.[25] Mehrfach trat Hoelz, der keinerlei Unterstützung seitens der Linksparteien (einschließlich der KPD) erhielt, vor größeren Menschenmengen auf und baute dabei erfolgreich auf die Unterstützung eines großen Teils der Arbeitslosen.[26] Seine Strategie bestand in einer Zuspitzung des Konfliktes, der schließlich mit dem Einmarsch von Reichswehrtruppen in Plauen und der Flucht von Hoelz über die tschechoslowakische Grenze am 14. April 1920 endete. Einen politischen Umsturz oder die Veränderung der Besitzverhältnisse hatte Hoelz nicht erreicht, doch auch zur Besserung der Lage der Einwohnerschaft hatte er nichts beigetragen. Die Hoffnung auf „Befreiung aus dem quälenden Mangel an Notdurft und Nahrung“[27], die Teile der Bevölkerung mit Hoelz verbanden, wurde enttäuscht.

Das Auftreten von Hoelz und seiner bewaffneten „Garde“ blieb über viele Jahre ein Schreckgespenst in Plauen wie im gesamten Vogtland. Die Tatsache, dass sich eine Großstadt wie Plauen eine (freilich kurze) Zeit lang in der Hand von politischen

24 Das Ende der Hölz'schen Schreckensherrschaft, in: Leipziger Neueste Nachrichten Nr. 99 v. 12.4.1920.

25 Hoelz rechtfertigte in seinen Lebenserinnerungen die Erpressungen wie folgt: „Die Zahl der Roten Soldaten vergrößerte sich täglich, und so mußten weitere zahlungsfähige Kreise herangezogen werden. Die Plauener Fabrikanten verpflichteten sich, ohne daß wir einen besonderen Druck auf sie ausübten, zu einer wöchentlichen Zahlung von nunmehr hunderttausend Mark.“ Max Hoelz, Vom „weissen Kreuz“ zur roten Fahne. Jugend-, Kampf- und Zuchthauserlebnisse, Berlin 1929, S. 92.

26 „Aus dem Verlauf der Versammlungen ergab sich, daß die Führer der Arbeiterschaft nicht das volle Vertrauen der zahlreich Anwesenden besaßen, diese vielmehr das Vorgehen des Genossen Hoelz billigten.“ Bericht über vier Arbeiterversammlungen am 7.4.1920, in: Vogtländischer Anzeiger und Tageblatt Nr. 81 v. 9.4.1920.

27 Bericht über das Auftreten von Max Hoelz im Vogtland, in: Leipziger Neueste Nachrichten Nr. 101 v. 14.4.1920.

Erpressern befunden hatte, hinterließ einen tiefen Eindruck; nicht zuletzt bei den Arbeiterparteien und den Gewerkschaften, denen im Frühjahr 1920 die eigene Klientel davongelaufen war. In einer Denkschrift des Gewerkschafts-Kartells in Plauen vom September 1920 beschrieb dessen Vorsitzender Albert Hahn, zugleich Stadtrat in Plauen, die politisch-moralischen Auswirkungen der herrschenden Krise: „Dieses grauenhafte Elend findet am letzten Ende seinen Niederschlag im Wahnsinn und macht eine Gesellschaftsschicht reif zum Anarchismus. Nur wenn man alle Umstände prüft und sich recht hineindenkt, findet man die richtige Erklärung, wie ein so arbeitsfreudiges, treues Völkchen, wie es der Vogtländer in seinem innersten Wesen ist, eine Hoelziade willig entstehen ließ. […] Zu befürchten ist am Ende freilich alles, bei einer dem Wahnsinn in die Arme getriebenen Masse."[28] Den materiellen Schaden bezifferte Hahn (ohne Angabe von Quellen) auf 300 bis 400 Millionen Mark. Die sozialdemokratische Presse beklagte, die organisierte Arbeiterschaft sei durch das „Hölzverbrechen" demoralisiert worden.[29] In den folgenden Jahren machten die vogtländischen Unternehmer und ihre Interessenverbände die Angst vor Unruhen, die jenen des Frühjahrs 1920 glichen, für die wirtschaftliche Stockung und die Abwanderung von Betrieben verantwortlich.[30] Und auch von staatlicher Seite zeigte man sich empfindlich gegenüber jeder öffentlichen Diskussionen über soziale Unruhen, da man eine abschreckende Wirkung auf die Unternehmerschaft befürchtete.[31]

Die Spaltung der Stadt

Bis zum Herbst 1921 blieb die Zahl der Arbeitslosen in Plauen weit überdurchschnittlich hoch und flaute erst danach allmählich ab, nur um an der Jahreswende 1923/24 neuerlich auf das Niveau des Jahresendes 1920 anzusteigen.[32] Es kam auch weiterhin zu Demonstrationen von Arbeitslosen, die verbilligte Nahrungsmittel, Holz und Kleidung sowie eine Verminderung des Gaspreises forderten. Der Plauener Arbeitslosenrat verlor immer stärker das Vertrauen seiner Klientel, da diese keine Verbesserung ihrer

28 HStADD, 11168 Ministerium für Wirtschaft, Nr. 494: Vogtländische Stickerei- und Spitzenindustrie, 1919–24, Denkschrift des Gewerkschafts-Kartells Plauen an den Reichspräsidenten v. 3.9.1920.

29 Auf hartem Boden, in: Volkszeitung für das Vogtland Nr. 151 v. 2.7.1926.

30 Vgl. z. B. HStADD, 11168 Ministerium für Wirtschaft, Nr. 497: Plauener und vogtländische Industrie, 1920–21, Schreiben der Handelskammer Plauen an das SMW v. 14.3.1921.

31 Vgl. HStADD, 11168 Ministerium für Wirtschaft, Nr. 497: Plauener und vogtländische Industrie, 1920–21, Entwurf eines Schreibens des SMW an die vogtländische Presse v. 14.2.1921. Dort findet sich die Bitte, „alle Nachrichten über Unsicherheit im Vogtlande, über das Auftreten von Hölz usw. vor einer Veröffentlichung möglichst sorgfältig zu prüfen, da Industriezweige, deren Verpflanzung nach dem Vogtland versucht wurde, wiederholt unter Hinweis auf die Unsicherheit sich ablehnend verhalten haben."

32 Vgl. die Angaben bei Glier, Sächsische Spitzen- und Stickereiindustrie, Anhang, Tab. IV.

Lage erfuhr.[33] Die Unternehmerschaft sah in den wiederholten Demonstrationszügen ohnehin keinen gerechtfertigten Ausdruck von Unmut oder Verzweiflung. So forderte der Fabrikant August Nitschke, Mitglied der Vogtländischen Fabrikantenschutzgemeinschaft, dass „auch die sogenannten friedlichen Demonstrationen der Erwerbslosen unterblieben"[34]. Vor allem aber blieb die Spaltung zwischen der organisierten Arbeiterschaft und dem Großteil der Arbeitslosen virulent. Auf Arbeitslosenversammlungen im Februar 1922 wurden die Vertreter von SPD und Gewerkschaften heftig angegriffen, worauf die Gewerkschaften mit einem Flugblatt reagierten, in dem sie von dem gefährlichen Einfluss von „unorganisierten, verkrachten Existenzen" auf die „verführten Arbeitslosen" sprachen.[35] Die SPD befand sich in einer schwierigen Position, da sie von den bürgerlichen Kräften der Stadt nach wie vor als nicht regierungstauglich angesehen, von links aber als Stütze der bürgerlich-kapitalistischen Ordnung diffamiert wurde. Wie sehr die Sozialdemokraten um Einfluss in der Industriestadt Plauen zu ringen hatten, zeigt ihr Ergebnis der Stadtverordnetenwahlen am 14. November 1920, das mit 14,5 Prozent weit hinter demjenigen der konkurrierenden Listen der Wirtschaftlichen Vereinigung und der USPD lag.[36] Die „Volkszeitung für das Vogtland" kommentierte denn auch: „Plauens Arbeiterschaft kann nicht stolz auf das Ergebnis sein."[37] Zwar konnten die Sozialdemokraten nach dem Zusammenschluss von SPD und USPD bei der Stadtverordnetenwahl vom 3. Dezember 1922 ihr Ergebnis auf 29,3 Prozent steigern, doch lag dieses Resultat unter dem kombinierten Wahlergebnis von SPD und USPD vom 14. November 1920 (33,7 Prozent). Damit blieben die Linksparteien gegenüber dem bürgerlichen Lager in der Minderheit.[38]

Signifikant für die politische Krise des Gemeinwesens war die im Mai 1922 erfolgte Gründung der Plauener Ortsgruppe der NSDAP. Nunmehr trat eine Agitationspartei von rechts in Erscheinung, die gezielt die öffentlichen Kundgebungen und Demonstrationen der Arbeitslosen für ihre Zwecke instrumentalisierte und den Unmut weiter Bevölkerungskreise in eigenen Aufmärschen und Kundgebungen bündelte. Die regionale bürger-

---

33 Vgl. HStADD, 11168 Ministerium für Wirtschaft, Nr. 497: Plauener und vogtländische Industrie, 1920–21, den Bericht von Regierungsrat Zschucke, SMA, über ein Treffen der Dezernenten für Erwerbslosenfürsorge der sächsischen Großstädte in Plauen am 29.11.1920 v. 2.12.1920.

34 HStADD, 11168 Ministerium für Wirtschaft, Nr. 497: Plauener und vogtländische Industrie, 1920–21, Protokoll über die Verhandlungen in der Handelskammer Plauen über die Umstrukturierung der Plauener Industrie v. 25.1.1921.

35 Vgl. Zunehmende Spannung zwischen den Erwerbslosen und den Vertretungen der organisierten Arbeiterschaft, in: Vogtländischer Anzeiger und Tageblatt Nr. 48 v. 25.2.1922.

36 Vgl. Wahl-Resultate von Plauen, in: Volkszeitung für das Vogtland Nr. 268 v. 16.11.1920. Am 9.2.1919 hatte die SPD noch 26,7 Prozent der Stimmen erhalten.

37 Ebd.

38 Vgl. Die Wahlen zur Stadtverordnetenversammlung am 3. Dezember 1922, in: Vogtländischer Anzeiger und Tageblatt Nr. 282 v. 5.12.1922. Szejnmanns Behauptung, die Arbeiterschaft im Vogtland habe mehrheitlich die SPD „schon längst nicht mehr" unterstützt, kann angesichts der Wahlergebnisse so pauschal nicht unwidersprochen bleiben. Vgl. Szejnmann, Vom Traum zum Alptraum, S. 57.

Abb. 3: „Deutscher Tag“, Aufmarsch auf dem Schützenplatz, 1924

liche Presse betrachtete die Etablierung der Nationalsozialisten mit Wohlwollen, sah man hierin doch ein Zeichen für die Schwächung der ‚Umstürzler‘ von links.[39] Die NSDAP stellte dabei zunächst nur eine Gruppierung innerhalb des nationalistisch-völkischen Spektrums dar, das die Notlage der städtischen Bevölkerung als direkte Folge des Versailler Friedensschlusses und der angeblich verfehlten Politik der Weimarer Koalition ansah. Unabhängig von der Agitation der Rechtsparteien setzten sich diese Argumente, unterlegt mit einer antisemitischen Grundströmung, zunehmend im bürgerlichen Lager durch. Sichtbares Zeichen hierfür war der am 18./19. Oktober 1924 mit großer Resonanz veranstaltete „Deutsche Tag“, aus dessen Anlass Erich Ludendorff auf dem Schützenplatz eine Parade ehemaliger Weltkriegsteilnehmer abnahm. Zwar sprach die sozialdemokratische Presse von einem „vollkommen verpufften Deutschen Tag“, doch wird man an der erheblichen Beteiligung von 10 000 bis 15 000 Teilnehmern nicht zweifeln können.[40] Mit diesem Ereignis zog Plauen mit bayerischen Städten gleich, in denen seit 1922 diese Veranstaltungen als „Ausdrucksform rechter Einheitsfronten“ durchgeführt worden waren.[41]

39 Vgl. z. B. den Bericht über den Aufstieg der NSDAP in Plauen, in: Vogtländischer Anzeiger und Tageblatt Nr. 280 v. 2.12.1922.

40 Der Deutsche Tag und der Anzeiger, in: Volkszeitung für das Vogtland Nr. 248 v. 22.10.1924. Lapp spricht von 25 000 Teilnehmern, eine Angabe der bürgerlichen Presse, die wohl nach unten korrigiert werden muss. Vgl. Lapp, Revolution from the Right, S. 138.

41 Bruno Thoss, Deutscher Tag/Deutsche Tage, in: Historisches Lexikon Bayerns (2006), https://www.historisches-lexikon-bayerns.de/Lexikon/Deutscher_Tag/Deutsche_Tage, o. S. (4.5.2018).

Plauen, laut „Volkszeitung für das Vogtland" ein „bayerischer Vorort", stellte somit nicht nur für die NSDAP, sondern für die völkische Bewegung insgesamt ein Sprungbrett für die Etablierung außerhalb Bayerns dar.[42]

Die Zwanziger Jahre

Die wachsende Resonanz nationalistisch-völkischer Agitation, die im Laufe der 1920er Jahre immer raumgreifender die städtische Öffentlichkeit bestimmte, fußte auf der anhaltenden Wirtschaftskrise, die auch nach 1923 nur wenige Anzeichen eines Abflauens zeigte. Nachdem die Inflationskrise zu einem nochmaligen Anstieg der Erwerbslosenziffern geführt hatte und im Herbst 1923 nach Angaben des städtischen Verwaltungsberichtes nicht weniger als 43 000 Menschen in Plauen auf staatliche oder kommunale Unterstützung angewiesen waren,[43] verbesserte sich in den Jahren 1924 und 1925 zwar die Lage, doch blieb Plauens Arbeitslosigkeit „an der Spitze der deutschen Großstädte"[44]. Einen aufschlussreichen Einblick in die Situation im Vogtland insgesamt geben die von der Polizei erstatteten Monatsberichte über die politische und wirtschaftliche Lage im Regierungsbezirk Zwickau, die primär zur Beobachtung kommunistischer Aktivitäten dienten. Nach einer Phase der Entspannung konstatierte der Bericht vom November 1925, es würden angesichts neuerlich wachsender Arbeitslosigkeit an verschiedenen Orten des Vogtlandes Arbeitslosenräte als Interessenvertretungen gewählt, die jedoch – anders als 1919/20 – fest unter gewerkschaftlichem Einfluss stünden, sodass „die wilde Erwerbslosenbewegung, die aber früher von der KPD stark gefördert wurde, nicht mehr in dem früheren Umfang in die Erscheinung treten" könne.[45] Die soziale Lage wurde im Bericht vom Januar 1926 als überaus bedrückend beschrieben: „Besonders trostlos sieht es in den Industrie- u. Arbeiterwohnsitzgemeinden aus. Gähnende Leere in den Gemeindekassen, chronischer Mangel an Betriebsmitteln, begreifl[iche] aber meistens über das erfüllbare Maß hinausgehende Anforderungen der Erwerbslosen u. Unbemittelten, die immer wieder abgewiesen u. auf die Hilfe des Reichs bezw. des Staates verwiesen werden müssen; mangelnde Kaufkraft der Bevölkerung, verringerter Umsatz im Handel u. Gewerbe; also ein immer mehr sich steigernder Verelendungszustand, dessen Auswirkungen in ihrer Tragweite noch gar nicht zu übersehen sind."[46]

---

42 Der polizeilich geschützte Hakenkreuzrummel, in: Volkszeitung für das Vogtland Nr. 66 v. 18.3.1924.

43 Verwaltungsbericht der Kreisstadt Plauen auf die Jahre 1914 bis 1923, Bd. 1, Plauen 1928, S. 73.

44 Schuster, Plauen als Standort der Textilindustrie, S. 110.

45 StAC, 30040 Kreishauptmannschaft Zwickau, Nr. 1496/1: Monatsberichte über die politische und wirtschaftliche Lage im Regierungsbezirk Zwickau und im Land Sachsen, 1925–27, Monatsbericht Nr. 5 über die politische und wirtschaftliche Lage im Monat November 1925 im Regierungsbezirk der Kreishauptmannschaft Zwickau, o. D.

46 StAC, 30040 Kreishauptmannschaft Zwickau, Nr. 1496/1: Monatsberichte über die politische und wirtschaftliche Lage im Regierungsbezirk Zwickau und im Land Sachsen, 1925–27, Monatsbericht Nr. 7 über die poli-

Ein knappes Jahr später beschrieb der Bericht, dass sich an den grundlegenden Strukturproblemen, vor allem der Schwäche der Textilindustrie, nichts geändert habe: „Die Wirtschaftsgebiete mit dem Sitz dieser immer mehr zurückgehenden, ehemals so hoch entwickelten und blühenden Spitzen- u. Stickerei-Ind., vor allem die Stadt Plauen, dann der Bezirk der Amtsh. [Amtshauptmannschaft – SF] Auerbach u. im Erzg. die Orte Schneeberg u. Eibenstock, kommen deshalb [d. h. wegen des Absatzrückgangs – SF] auch in immer größere wirtschaftl. u. finanzielle Schwierigkeiten, die von den betroffenen Industriezweigen u. -gemeinden kaum noch tragbar sind und Notmassnahmen immer dringender erforderlich machen."[47] Diese Aussagen zeigen, dass auch in den Jahren der wirtschaftlichen Scheinblüte und der „goldenen Zwanziger Jahre" Plauen und das Vogtland keinen Weg aus der Krise fanden. Der städtische Verwaltungsbericht schildert im Rückblick die Probleme der Jahre 1924 bis 1926 u. a. wie folgt: „Von Mitte des Jahres 1924 ab verdichteten sich aber die wirtschaftlichen Schwierigkeiten immer mehr und mehr und ergriffen fast alle Berufsgruppen. Unter dem Drucke von Kapitalmangel und Kreditschwierigkeiten zeigte der Arbeitsmarkt jener Monate das ausgeprägte Bild krisenhafter Not. Im Sommer des Jahres 1925 warfen große Streiks und Aussperrungen ihre Schatten auch über Gewerbe und Industriegruppen, die nicht unmittelbar von den Arbeitskämpfen betroffen wurden. [...] Auch im Jahre 1926 standen Besserungsansätze und rückläufige Bewegungen hart beieinander. Die anhaltende Kapitalknappheit, die geringere Kaufkraft der Bevölkerung und der starke Wettbewerb des Auslandes wirkten lähmend auf die Erzeugung in Industrie und Gewerbe."[48]

Angesichts dieser Situation verwundert es nicht, dass auch die politischen Parteien am rechten und linken Rand stark blieben. Bezeichnend ist etwa, dass die NSDAP bei den Landtagswahlen am 31. Oktober 1926 in Plauen 10,4 Prozent und bei den Reichstagswahlen am 20. Mai 1928 12,9 Prozent der Stimmen erhielt, während die KPD bei diesen Wahlen jeweils 16,9 Prozent erzielte.[49] Bei den Landtagswahlen am 12. Mai 1929, bei denen die NSDAP landesweit weniger als fünf Prozent der Stimmen holte, verbuchte sie in Plauen 17,8 Prozent.[50] Diese Erfolge ermutigten die lokalen Parteiaktivisten, sodass gewalttätige Auseinandersetzungen Mitte der 1920er Jahre zum Plauener Straßenbild

---

tische und wirtschaftliche Lage im Monat Januar 1926 im Regierungsbezirk der Kreishauptmannschaft Zwickau v. 11.2.1926.

47 StAC, 30040 Kreishauptmannschaft Zwickau, Nr. 1496/1: Monatsberichte über die politische und wirtschaftliche Lage im Regierungsbezirk Zwickau und im Land Sachsen, 1925–27, Monatsbericht Nr. 2 vom Jahre 1927 über die politische und wirtschaftliche Lage im Monat Januar 1927 im Regierungsbezirk der Kreishauptmannschaft Zwickau v. 9.2.1927.

48 Verwaltungsbericht der Kreisstadt Plauen auf die Jahre 1924 bis 1928, Plauen 1931, S. 480.

49 Die Angaben berechnet nach: Ebd., S. 94 u. 96. Zum Vergleich: Die NSDAP erzielte sachsenweit bei der Landtagswahl 1926 nur 1,6 Prozent und bei der Reichstagswahl 1928 nur 2,6 Prozent, die KPD kam auf 14,5 bzw. 10,6 Prozent.

50 Verwaltungsbericht der Kreisstadt Plauen auf die Jahre 1929 und 1930, Plauen o. J., S. 21.

gehörten.[51] Die wachsende Zahl und Intensität der Konflikte ließ auch die politischen Organe der Stadt nicht unberührt, kam es doch wiederholt zu tumultartigen Szenen in der Stadtverordnetenversammlung, in denen die radikalen Parteien einen gezielten Angriff auf die demokratisch verfasste politische Gemeinde unternahmen.[52]

Dass die Stadtverwaltung, der Stadtrat wie auch die Stadtverordnetenversammlung angesichts der Wirtschaftskrise, der problematischen Finanzlage der Stadt sowie der anhaltenden politischen Spannungen zunehmend unter Druck gerieten, lässt sich an zahlreichen politischen Debatten der Zeit ablesen. Eine symbolträchtige Diskussion entspann sich etwa Ende des Jahres 1929 um das städtische Theater und dessen Subventionierung. Schon in den Vorjahren hatte es immer wieder Debatten um mögliche Betriebseinschränkungen gegeben. Als an der Jahreswende 1929/30 ein Fehlbetrag von 250 000 Mark beziffert wurde, den die Stadt leisten sollte, kam es zu heftigen Auseinandersetzungen in der Stadtverordnetenversammlung. In der Aussprache bemerkte der Stadtverordnete Isidor Goldberg (DDP), das Theater sei derzeit die einzige Institution, die Plauen überhaupt noch attraktiv für Außenstehende mache; dagegen hielt sein Kollege Richard Mildenstrey (KPD), man solle das Theater doch lieber den Erwerbslosen als Wärmestube überlassen.[53] Letztlich lehnte eine Mehrheit der Stadtverordneten die Bewilligung des Fehlbetrages ab, sodass das Theater vor der Schließung stand. Damit, so die „Volkszeitung für das Vogtland", sei Plauen „die erste Großstadt Deutschlands, die aus seiner [sic] trostlosen Finanzlage […] die eiserne Konsequenz gezogen hat und dort in ihrem Ausgabenetat zu sparen angefangen hat, wo es der ganzen Bevölkerung am sichtbarsten in die Augen tritt."[54] Allerdings führte der Beschluss zu einer intensiven öffentlichen Agitation zahlreicher bürgerlicher Vereine wie dem Bürgerverein, dem Kaufmännischen Verein, dem Vogtländischen Sängerbund, dem Kunstverein usw. gegen die Schließung.[55] Schließlich entschloss sich die NSDAP-Fraktion im Februar 1930, doch noch einer Weiterfinanzierung zuzustimmen, sodass letztlich die Fortführung des Theaterbetriebes ermöglicht wurde.[56] Die Theaterkrise zeigte so auch, dass die Nationalsozialisten auf der lokalen Ebene in Plauen bereits deutlich vor 1933 direkten Einfluss auf politische Entscheidungen nehmen konnten.

---

51 Aus der Vielzahl der diesbezüglichen Zeitungsmeldungen vgl. Mißhandlung von Flugblattverteilern auf offener Straße, in: Neue Vogtländische Zeitung Nr. 10 v. 12.1.1924; Ein Indianertanz am Tunnel, in: Volkszeitung für das Vogtland Nr. 154 v. 6.7.1925; Angriffe auf Polizeibeamte, in: Plauener Sonntags-Anzeiger Nr. 2374 v. 12.7.1925; Der Hakenkreuzler Heinke vor der Berufungsinstanz, in: Volkszeitung für das Vogtland Nr. 55 v. 6.3.1926; Der Verfassungstag in Plauen, in: Plauener Sonntags-Anzeiger Nr. 2588 v. 18.8.1929.

52 Vgl. z. B. Aus der Stadtverordneten-Sitzung, in: Plauener Sonntags-Anzeiger Nr. 2360 v. 5.4.1925.

53 Vgl. Ernste Theaterkrise in Plauen, in: Plauener Sonntags-Anzeiger Nr. 2609 v. 12.1.1930.

54 Die andere Seite der Plauener Theaterkrise, in: Volkszeitung für das Vogtland Nr. 11 v. 14.1.1930.

55 Vgl. Zeitungsanzeige des Ausschusses zur Erhaltung des Plauener Stadt-Theaters und Orchesters, in: Plauener Sonntags-Anzeiger Nr. 2614 v. 16.2.1930.

56 Stadtverordnetenmehrheit für Theater und Orchester, in: Plauener Sonntags-Anzeiger Nr. 2615 v. 23.2.1930.

Weltwirtschaftskrise und das Ende der Republik

Die sich ausgehend vom New Yorker Börsenkrach vom 24. Oktober 1929 entwickelnde Weltwirtschaftskrise verschärfte die Notlage der Spitzen- und Stickereiindustrie in Plauen wie auch der gesamten westsächsischen Textilindustrie nochmals. Nunmehr „wuchs sich der wirtschaftliche Niedergang zur offenen Krise aus. Zurückzuführen war dies in erster Linie darauf, daß zu den bisherigen Ursachen, zu denen insbesondere die Störung des internationalen Handels durch die Reparationsverpflichtungen und die Ueberlastung der inländischen Industrie mit Steuern und Abgaben aller Art zählen, eine allgemeine Stockung auf dem Weltmarkt hinzutrat, die, ausgehend von den Vereinigten Staaten, nahezu alle Länder in Mitleidenschaft zog und die bereits geschwächte heimische Industrie doppelt stark belastete. Zunehmende Arbeitslosigkeit war die natürliche Folge."[57] Der von der Krise am „schwersten betroffene gewerbliche Mittelstand" verfüge nicht über „die Machtmittel des Großkapitals", sei aber gerade in Plauen von besonderer Bedeutung, da hier Kleinunternehmer, selbständige Lohnsticker, Handwerker und Kaufleute ein zahlenmäßig größeres Gewicht besäßen als in anderen Industriestädten.[58] Die noch immer einseitige Ausrichtung auf die Spitzen- und Stickereiindustrie machte sich neuerlich in einer rasch steigenden Arbeitslosigkeit bemerkbar, die ein ungekanntes Niveau erreichte: bei einer Gesamtzahl von ca. 52 000 Erwachsenen im erwerbsfähigen Alter wurden 1930 im Schnitt 11 300 Arbeitslose gezählt, 1931 waren es 20 000 und 1932 schließlich 24 700.[59] Sowohl die Zahl der Unternehmen wie auch diejenige der Maschinen ging deutlich zurück, und das Volumen der Spitzen- und Stickereiindustrie sank auf ein Zehntel des Wertes vor 1914 ab.[60] Aufgrund dieser Entwicklung und der drastischen Steigerung der Wohlfahrtslasten verschlechterte sich wiederum die städtische Finanzlage in einer Weise, die für 1930 die Verabschiedung eines Not-Etats erforderlich machte.[61]

In der Konsequenz verstärkten sich die politischen Konflikte und die Auseinandersetzungen auf der Straße deutlich.[62] Vor allem die Nationalsozialisten profitierten von der Notlage der Stadt und ihrer Bewohner. Sie nutzten Plauen zunehmend als Agitationsraum, von dem aus sie das westsächsische Industriegebiet und schließlich den gesamten Freistaat zu „erobern" gedachten. Wie auch andere größere Städte inner- und

---

57 Verwaltungsbericht der Kreisstadt Plauen auf die Jahre 1929 und 1930, Plauen o. J., S. 25.

58 Ebd., S. 28.

59 Die Angaben nach Schuster, Plauen als Standort der Textilindustrie, S. 141.

60 Hopf, Strukturwandlungen, S. 18 f.

61 Plauens Notetat für 1930 ohne Änderungen genehmigt, in: Plauener Sonntags-Anzeiger Nr. 2627 v. 18.5.1930. Zur finanziellen Lage der Kommunen in der Weimarer Republik vgl. zusammenfassend Andreas Wirsching, Zwischen Leistungsexpansion und Finanzkrise. Kommunale Selbstverwaltung in der Weimarer Republik, in: Adolf M. Birke/Magnus Brechtken (Hrsg.), Kommunale Selbstverwaltung – Local Self-Government. Geschichte und Gegenwart im deutsch-britischen Vergleich, München u. a. 1996, S. 37–64.

62 Vgl. Gerd Naumann, Plauen i. V. 1933–1945, Plauen 1996, S. 21.

außerhalb Sachsens näherte sich Plauen immer stärker dem Ausnahmezustand. Sicherheit und öffentliche Ordnung konnten nur noch unter Schwierigkeiten aufrechterhalten werden, wofür die politisch motivierten Mordfälle dieser Zeit sinnbildhaft stehen.

In der Nacht vom 28. auf den 29. November 1930 wurden, in unmittelbarer zeitlicher Folge auf gleichzeitig stattfindende Versammlungen der Kommunisten und Nationalsozialisten, die Arbeiter Kurt Hummel und Martin Groh von dem Nationalsozialisten Georg Spengler in der Nähe des Komturhofes auf der Straße niedergeschossen.[63] Durch den Tod der beiden Gewaltopfer wurde die linksorientierte Arbeiterschaft in höchste Erregung versetzt, sodass es in den folgenden Tagen zu gewalttätigen Auseinandersetzungen kam.[64] Von „schweren Zusammenstößen zwischen Polizei, Nationalsozialisten und Kommunisten" berichtete die „Volkszeitung für das Vogtland" anlässlich der Beerdigung Martin Grohs am 3. Dezember, da zeitgleich die Nazis eine Versammlung durchgeführt hatten.[65] Auch die acht Tage später stattfindende Beisetzung Kurt Hummels geriet zu einer politischen Demonstration, zu der die Kommunisten Hunderte von Parteianhängern mobilisierten.[66] Im Juli 1932 kam es in Meßbach bei Plauen zu einem weiteren Tötungsdelikt, als der Kommunist Willy Thoß von einer Gruppe von SA-Männern angegriffen wurde. Auch hier war die auf dem Plauener Hauptfriedhof stattfindende Beerdigung der Ausgangspunkt für einen Demonstrationszug der Kommunisten. Im Zuge der Zuspitzung öffentlicher Konflikte erhöhte sich auch die Zahl der antisemitischen Übergriffe deutlich, so etwa anlässlich der Weihe der Plauener Synagoge am 6. April 1930.[67] Dennoch wurde die Gewalt von der zunehmend mit den Nationalsozialisten sympathisierenden Lokalpresse fast ausschließlich den Kommunisten zugeschrieben.[68]

Im Klima des beinahe permanenten Wahlkampfes setzte sich die NSDAP in Plauen bereits vor 1933 als die dominierende politische Partei durch. Bei den Landtagswahlen am 22. Juni 1930 erreichte sie in der Stadt als stärkste Partei ein Ergebnis von 35,6 Prozent, bei den Reichstagswahlen am 14. September 1930 von 33,2 Prozent (in Sachsen: 18,3 Prozent).[69] Die Reichstagswahlen am 31. Juli 1932 brachten der NSDAP in Plauen

---

63 Vgl. Schwerer Zusammenstoß politischer Gegner, in: Plauener Sonntags-Anzeiger Nr. 2655 v. 30.11.1930. Eine detaillierte Schilderung findet sich bei Gerd Naumann, Die näheren Umstände des Todes der Plauener Arbeiter Kurt Hummel und Martin Groh im Jahre 1930, in: Mitteilungen des Vereins für vogtländische Geschichte, Volks- und Landeskunde 14 (2008), S. 42–64.

64 Demonstrationsverbot als Folge schwerer Ausschreitungen, in: Plauener Sonntags-Anzeiger Nr. 2656 v. 7.12.1930.

65 Straßenkampf in Plauen, in: Volkszeitung für das Vogtland Nr. 282 v. 4.12.1930.

66 Aus Stadt und Land, in: Plauener Sonntags-Anzeiger Nr. Nr. 2657 v. 14.12.1930.

67 Vgl. Gerd Naumann, Das Gemeindehaus mit Synagoge der Israelitischen Kultusgemeinde zu Plauen, in: Konstantin Hermann (Hrsg.), Führerschule, Thingplatz, „Judenhaus". Orte und Gebäude der nationalsozialistischen Diktatur in Sachsen, Dresden 2014, S. 268–269.

68 Lapp, Revolution from the Right, S. 208.

69 Wahlergebnis der Großstädte, in: Volkszeitung für das Vogtland Nr. 143 v. 23.6.1930; Verwaltungsbericht der Kreisstadt Plauen auf die Jahre 1929 und 1930, Plauen o. J., S. 20.

eine absolute Mehrheit von 50,3 Prozent, während sie bei den am 13. November 1932 durchgeführten Stadtverordnetenwahlen 43,5 Prozent erzielte.[70] Somit war es im Rahmen der Kommunalpolitik kaum noch möglich, Entscheidungen gegen den Willen der Nationalsozialisten zu treffen. Das Schlagwort von Plauen als einer „Hochburg des Nationalsozialismus" bündelte lange vor 1933 diese Situation, sowohl als Selbst- wie auch als Fremdbezeichnung.[71]

Der 30. Januar 1933 brachte die Stadt endgültig auf den Weg zur Unterwerfung unter die NS-Diktatur. Heftige Auseinandersetzungen zwischen der Polizei und dem Antifaschistischen Kampfbund im Dresdner Keglerheim mit neun Toten und elf Verletzten am 25. Januar 1933 hatten ein Demonstrations- und Aufmarschverbot zur Folge, das die KPD jedoch am Montag, den 30. Januar, ignorierte, woraufhin es zu Straßenschlachten mit der Polizei kam.[72] Am nächsten Tag besetzte die NSDAP mit einer Massendemonstration den öffentlichen Raum, wobei nach Darstellung der bürgerlichen Presse das „ganze nationale Plauen" die Ernennung Hitlers zum Reichskanzler mitfeierte: „Nie gesehene Menschenmassen drängen sich auf der Bahnhofstraße, dem Albertplatz. Kopf an Kopf stehen Tausende. […] Rotgelber Schein flammt auf, die SA und SS marschiert fackelgeschmückt vom Albertplatz ab. Auf beiden Seiten der Bahnhofstraße schieben sich schwarze Menschenschlangen, dem Zuge vorauseilend und ihn begleitend, dem Altmarkt zu, überall auf neue Massen stoßend, die sich dem ungeheuren Zuge anschließen."[73]

Die lokale „NS-Revolution" erfolgte dann im Nachklang der Reichstagswahlen vom 5. März 1933, bei denen die Nationalsozialisten in Plauen mit 55,9 Prozent triumphierten (Reichsergebnis: 43,9 Prozent, Sachsen: 45 Prozent).[74] Eine Aktennotiz hielt für den 8. März fest: „Heute Mittwoch vormittag gegen ¼ 10 Uhr erschien eine Abordnung der nationalsozialistischen Stadtrats- und Stadtverordnetenfraktion, an der Spitze die Herren Stadtverordnetenvorsteher Glauning, Fraktionsvorsitzender Hartmann, Kreisleiter Hitzler, Stadtrat Lenk, Stadtbaurat Wörner, und begab sich zunächst in das Amtszimmer des Herrn Oberbürgermeister Dr. Schlotte. An Herrn Oberbürgermeister Dr. Schlotte wurde dort die Aufforderung gerichtet, sein Amt vorläufig zur Verfügung zu stellen. Die Frage des Stadtverordneten Hartmann, ob Oberbürgermeister Dr. Schlotte dieser Aufforderung Schwierigkeiten zu bereiten gedenke, wurde verneint und der Oberbürgermeister verließ, nachdem er erklärt hatte, daß er sich seine persönlichen Schritte vorbehalte, sein Amtszimmer. Mit der Führung der Geschäfte wurde alsdann

70 Verwaltungsbericht der Kreisstadt Plauen auf die Jahre 1931, 1932 und das Jahr der nationalsozialistischen Revolution 1933, Plauen 1937, S. 54; Das Ergebnis der Stadtverordnetenwahlen in Plauen, in: Neue Vogtländische Zeitung Nr. 267 v. 14.11.1932.

71 Vgl. hierzu die ausführliche Diskussion in Friedreich, Weg zur Großstadt, S. 319–330.

72 Verbotene Kommunisten-Demonstration, in: Neue Vogtländische Zeitung Nr. 26 v. 31.1.1933.

73 Massen-Kundgebung der NSDAP, in: Neue Vogtländische Zeitung Nr. 27 v. 1.2.1933.

74 Die Wahlen zum Deutschen Reichstag, in: Vogtländischer Anzeiger und Tageblatt Nr. 56 v. 7.3.1933.

Stadtbaurat Wörner betraut."[75] Neben Schlotte wurden Bürgermeister Schmidt, Stadtrechtsrat Fiedler und Stadtrat Diez für abgesetzt erklärt, ein Schritt, der anschließend in einer außerordentlichen Stadtverordnetensitzung und einer Versammlung der städtischen Beamten abgesegnet wurde. Zeitgleich wurden das Gewerkschaftshaus und die Lokalredaktion der Volkszeitung besetzt. Nach Wörners Direktive wurden zunächst die Kommunisten aus dem Stadtparlament ausgeschlossen, während Sozialdemokraten und andere politische Gegner rasch und umfassend aus der Stadtverwaltung entfernt wurden.[76] Als am Mittwoch, dem 8. März 1933, vormittags auf dem Rathaus die Hakenkreuzflagge gehisst wurde, war dies das äußere Zeichen nicht nur des Endes der Republik, sondern auch der Unterwerfung der Stadt unter den nationalsozialistischen Herrschafts- und Kontrollanspruch.

Fazit

Wie in der Mehrzahl der Städte Sachsens und des Reichs vollzog sich der Systemwechsel 1933 in Plauen rasch und scheinbar gegen geringen Widerstand. Damit ist zwar noch nichts darüber ausgesagt, welche Folgen die von den Nazis vollzogene Gleichschaltung tatsächlich hatte, ob und wie sich die soziale Praxis im Alltag in den 1930er Jahren änderte und welche lokalen Gestaltungsräume es jenseits der NS-Vorgaben im Einzelfall gab.[77] Es kann jedoch kaum ein Zweifel bestehen, dass wesentliche Teile der städtischen Bevölkerung die nationalsozialistische Machtübernahme oder zumindest einen radikalen politischen Richtungswechsel herbeigesehnt und dass die politischen Führungskräfte der Stadt vor dem Aufstieg der antirepublikanischen Kräfte in den Jahren vor 1933 kapituliert hatten. Die Hypothek von Wirtschaftskrise und Weltkrieg belastete die städtische Gesellschaft derart, dass die Republik – trotz der gewonnenen Freiheiten – nie als dauerhafte Ordnung akzeptiert wurde. Die kommunale Selbstverwaltung, durch den Artikel 127 der Weimarer Verfassung garantiert, wurde in Plauen durch die extreme Arbeitslosigkeit und die Finanzkrise der Stadt untergraben. Als etwa im Jahr 1932 die politische Blockade von Stadtrat und Stadtverordnetenversammlung dazu führte, dass der städtische Haushalt nicht verabschiedet werden konnte, führte dies

---

75 StadtAP, Sp. JAB Nr. 171: „Deutschlands Erwachen", 1933, Aktennotiz/Mitteilung an den Stadtrat von Enzmann v. 8.3.1933.

76 StadtAP, Sp. JAB Nr. 171: „Deutschlands Erwachen", 1933, Amtliche Mitteilung von OB Wörner und Stadtverordnetenvorsteher Glauning an die städtischen Geschäftsstellen und Betriebe v. 10.3.1933. Zur NS-„Machtergreifung" in Plauen vgl. Naumann, Plauen i. V. 1933–1945, S. 45–48.

77 Zu dem Problem der unterschiedlichen kommunalen Entwicklungspfade im Nationalsozialismus vgl. Winfried Süß/Malte Thießen, Nationalsozialistische Städte als Handlungsräume: Einführung, in: Dies. (Hrsg.), Städte im Nationalsozialismus. Urbane Räume und soziale Ordnungen (Beiträge zur Geschichte des Nationalsozialismus, Bd. 33), Göttingen 2017, S. 9–20.

zum Zwangsvollzug des Staates.[78] Doch auch die Einbußen des städtischen Anteils an der Einkommenssteuer[79] und die Abhängigkeit von Zuschüssen des Reiches und des Landes, z. B. bei Notstandsarbeiten, schränkten die lokalen Gestaltungsspielräume ein.

Dass, wie Wilfried Rudloff festgestellt hat, die Geschichte der Kommunen und der städtischen Gesellschaft in der Weimarer Republik meist „aus dem Blickwinkel ihrer Spätphase betrachtet" interpretiert wird und daher vorwiegend (und einseitig) als Krisengeschichte erscheint, mag in vielen Fällen zutreffen.[80] Auch ist zu beachten, dass während der frühen 1930er Jahre zahlreiche Staatsrechtler bewusst die städtische Selbstverwaltung als krisenhaft denunzierten und dadurch eine „städtefeindliche Grundstimmung" erzeugten, da sie ihrer Anschauung nach einer einheitlichen Willensbildung des Volkes entgegenstand.[81] Plauen bildet jedoch insofern eine Ausnahme, als hier praktisch die gesamte Weimarer Zeit als krisenhaft verstanden werden muss, sich weder eine grundsätzliche wirtschaftliche noch eine finanzielle Erholung abzeichnete und sich schon frühzeitig schwere politische Verwerfungen einstellten. Von einer „relativen Stabilisierung des Gemeinwesens"[82] Mitte der 1920er Jahre kann daher kaum gesprochen werden. Aus einer übergeordneten Perspektive stellten die Weimarer Jahre letztlich eine (wichtige) Etappe in dem schmerzhaften Strukturwandel dar, in dessen Verlauf Plauen seinen dominanten Charakter als Standort eines hochspezifischen, stark exportorientierten, technologisch und arbeitsorganisatorisch überholten Zweiges der Textilindustrie verlor.

78 Haushaltplan in Zwangsvollzug festgesetzt, in: Neue Vogtländische Zeitung Nr. 230 v. 30.9.1932. Allgemein zu Zwangshaushalten bzw. -verwaltung des Staates in den letzten Jahren der Weimarer Republik vgl. Wolfgang Krabbe, Die deutsche Stadt im 19. und 20. Jahrhundert, Göttingen 1989, S. 173.

79 Zu dieser durch die Reichsfinanzreform von 1920 bewirkten Schwächung der Kommunen, die sich im Kampf um die öffentlichen Finanzmittel „an die letzte und schwächste Stelle verwiesen" sahen, vgl. Christian Engeli, Städte und Staat in der Weimarer Republik, in: Bernhard Kirchgässner/Jörg Schadt (Hrsg.), Kommunale Selbstverwaltung. Idee und Wirklichkeit, Sigmaringen 1983, S. 163–181, hier S. 169.

80 Wilfried Rudloff, Die kommunale Selbstverwaltung in der Weimarer Zeit, in: Thomas Mann/Günter Püttner (Hrsg.), Handbuch der kommunalen Wissenschaft und Praxis, Bd. 1: Grundlagen und Kommunalverfassung, 3. Aufl. Berlin/Heidelberg 2007, S. 93–118, hier S. 94.

81 Engeli, Städte und Staat, S. 176.

82 Rudloff, Kommunale Selbstverwaltung, S. 94.

„Gesunde Kinder, gesunde Menschen, gesunde Verhältnisse“

Sozialistische Positionen im sozialhygienischen Diskurs in Sachsen

Nadine Kulbe

Das im Titel dieses Beitrags genannte Zitat aus der Zeitschrift „Volksgesundheit“[1] steht zusammenfassend für Forderungen, die von verschiedenen Akteuren aus Medizin, Bildung und Politik seit dem 19., verstärkt aber im frühen 20. Jahrhundert in die Öffentlichkeit getragen wurden. Diese Forderungen betrafen die Verbesserung der hygienischen Verhältnisse in allen Lebensbereichen durch unterschiedliche Maßnahmen. Eines der Zentren dieser Entwicklungen war Sachsen, das etwa ab der zweiten Hälfte des 19. Jahrhunderts zu einem wichtigen Ort für neue Ideen der Lebensreform in Bezug auf den menschlichen Körper und die tägliche Lebensgestaltung wurde – Ideen, die sich mit Samuel Hahnemann (1755–1843) als Begründer der Homöopathie, dem Arzt Daniel Gottlob Moritz Schreber (1808–1861), mit den Naturheilkundlern Friedrich Eduard Bilz (1842–1922) und Heinrich Lahmann (1860–1905), dem Philanthropen Karl August Lingner (1861–1916) oder der Tanzpädagogin Gret Palucca (1902–1993) verbinden. Ihre Ansätze manifestierten sich in Orten wie dem Bilz-Bad in Radebeul (1905), dem Festspielhaus Hellerau (1911) und dem Deutschen Hygiene-Museum (1930).

Anfang des 20. Jahrhunderts galt Dresden als die „Stadt der Hygiene“.[2] Zwei vielbeachtete internationale Hygiene-Ausstellungen (1911, 1930/31) und das Hygiene-Museum selbst trugen maßgeblich zu diesem Ruf bei. Die Ausstellung von 1930/31 informierte über Körperpflege, Umwelt-, Arbeits-, psychische und soziale Hygiene. Ihr Konzept beruhte insbesondere auf einer starken Visualisierung und zum Teil raum-

1 M. A. Dreßler, Gesunde Kinder, gesunde Menschen, gesunde Verhältnisse, in: Volksgesundheit (fortan VG) 41 (1931), S. 180 f.

2 Vgl. Matthias Dietze, Reinlich, sauber und gesund! Der menschliche Körper im Spannungsfeld von popularisierter Hygiene und öffentlicher Gesundheitspflege in Dresden 1850 bis 1911, in: Dresdener Beiträge zur Geschichte der Technikwissenschaften 29 (2004), S. 43–69; Günter Heidel, Die Stadt der Hygiene. Historische Wurzeln und Hauptereignisse einer bedeutenden Dresdner Tradition, in: Dresdner Hefte 20 (1989), S. 21–27.

Abb. 1: Else Seifert, Wohnzimmer eines Musterhauses für kinderreiche Familien nach einem Entwurf von Hans Richter auf der II. Internationalen Hygiene-Ausstellung Dresden, 1930

füllenden Installationen mit Fotografien, Grafiken und künstlerischen Objekten. Einer Messe ähnlich gab es Musterräume und Musterbauten.[3] Die moderne Gestaltung war Grundlage der auf gesundheitliche Aufklärung und Erziehung abzielenden Vermittlung: „Hygiene, aktuellstes Thema in einer Notzeit wie der unseren. Nur eine aktuelle Ausstellung kann erhoffen, volkstümlich, Volkseigentum zu werden"[4], fasste die Ausstellungskuratorin, Geschäftsführerin des Hygiene-Museums und Ärztin Martha Fraenkel (1896–1976) 1931 zusammen.

Die zweite Hygiene-Ausstellung in Dresden wurde zum Publikumserfolg, rief aber auch Diskussionen hervor, die sich unter anderem an den sozialhygienischen Themen entzündeten. So kritisierte der Herausgeber des konservativen „Deutschen Ärzteblattes", Siegmund Vollmann (1871–1946), ein Plakat, das den Zusammenhang von Tuberkuloseerkrankungen und der Höhe des Einkommens statistisch nachwies, als unzulässig. Denn das Aufzeigen der „Wechselwirkung zwischen Krankheit und Armut [muss] Klassenerbitterung erzeugen"[5]. Dem Arzt und sozialdemokratischen Reichstagsabge-

3 Vgl. Hugo Freund, Markante Bilder der Internationalen Hygiene-Ausstellung Dresden 1930/31, Dresden 1931.

4 Martha Fraenkel, Die Internationale Hygiene-Ausstellung 1930/31. Streiflichter auf Inhalt und Darstellung, in: Georg Seiring (Hrsg.), 10 Jahre Dresdner Ausstellungsarbeit, Dresden 1931, S. 221–272, hier S. 221.

5 Verhandlungen des Reichstags. V. Wahlperiode. Bd. 445, Berlin 1931, S. 1433.

Abb. 2: Hans Bresler, Arbeiterwohnung in der Uferstraße in Freital, 1929

ordneten Julius Moses (1868–1942) gingen die in der Ausstellung gezeigten sozialhygienischen Themen hingegen nicht weit genug; sie seien unpassend dargeboten: „Ein Besucher aus Arbeiterkreisen wird die Eindrücke, die er über den Stand der deutschen Volksgesundheit auf der Ausstellung empfangen hat, sofort zerstört sehen, wenn er, heimgekehrt in seine enge, kleine, unhygienische Wohnung, in der sich eine vielköpfige Familie zusammendrängt, von seiner Frau empfangen wird mit der Mitteilung, daß sie infolge der Erhöhung des Brotpreises weniger Brot kaufen kann; verzweifelt infolge der Arbeitslosigkeit, wird er Muße haben, darüber nachzudenken, ob diese Hygiene-Ausstellung – wenigstens in der Form, in der sie sich darbietet – wirklich in die heutige Zeit passt."[6]

Die Hygiene als Lehre von der Gesundheit und ihrer Erhaltung zählt zu den viel diskutierten Themen in der Weimarer Republik. Das betraf auch ihre „Spezialgebiete" Individual-, Sozial- und Gewerbehygiene sowie – gegen Ende der Weimarer Republik und mit Blick auf den Nationalsozialismus – die Rassenhygiene. An den Aushandlungen,

6 Julius Moses, Die Hygiene-Ausstellung. Eine bloße Dekoration!, in: VG 41 (1931), S. 137.

was unter Hygiene und ihren Spezialgebieten zu verstehen sei, beteiligten sich verschiedene Akteure mit unterschiedlichen Motivationen. Hygienische Fragen hatten in dieser Zeit große Bedeutung, weil sich zum einen das als gesundheitliche Fürsorge dienende staatliche Gesundheits- und Sozialsystem immer weiter ausdifferenzierte, auf der anderen Seite aber auch der persönlichen gesundheitlichen Vorsorge immer größere Bedeutung zugemessen wurde. Artikel 163 der Weimarer Reichsverfassung vom 11. August 1919 regelte zum ersten Mal diese Selbstverantwortung: „Jeder Deutsche hat unbeschadet seiner persönlichen Freiheit die sittliche Pflicht, seine geistigen und körperlichen Kräfte so zu betätigen, wie es das Wohl der Gesamtheit erfordert." Zugleich war Gesundheit das wichtigste Gut des Einzelnen in sozialen wie wirtschaftlichen Prozessen. Dies galt besonders für das Proletariat, weil nur körperliche (und geistige) Gesundheit die Arbeitsfähigkeit sicherstellte, denn Arbeitskraft – so Karl Marx (1818–1883) – sei „eine Ware, die ihr Besitzer, der Lohnarbeiter, an das Kapital verkauft. Warum verkauft er sie? Um zu leben."[7] Die hygienischen Diskurse geben aber auch Einblick in gesellschaftliche Aushandlungsprozesse: über das, was unter gesund oder krank verstanden werden sollte, über Emanzipation, über geschlechts- oder milieuspezifische Vorurteile, Rollenbilder, Rollenerwartungen sowie über Reichweite und Rezeptionen des Diskurses. Sie berühren zudem Fragen der Professionalisierung von Wissenschaft und deren Popularisierung.

In den hygienischen Diskursen bildeten sich dabei keine sächsischen Besonderheiten heraus, weil Hygiene keine lokale, sondern eine gesamtgesellschaftliche, reichsweite Forderung und Herausforderung war. Sachsen war jedoch ein wichtiger Ort dieser Aushandlungsprozesse, was am hohen Grad der Industrialisierung des Landes lag. Deren Folgeerscheinungen – Abwanderung in die Städte, Wohnungsnot, ungesunde Arbeitsbedingungen, ökonomische Unsicherheiten – führten zu sozialen, wirtschaftlichen und gesundheitlichen Problemen, die mit den Mitteln der Hygiene bekämpft werden sollten. Im sächsischen Raum tätige Akteure beteiligten sich dabei an den gesamtdeutschen Diskursen. Hierzu zählten zum Beispiel der Arzt und Landtagsabgeordnete Richard Schmincke (1875–1939) oder die im Verband Volksgesundheit tätigen Naturheilkundler, Journalisten und Ärzte. Der Verband Volksgesundheit war ein der Sozialdemokratie nahestehender Verein für Naturheilkunde, Freikörperkultur und Kleingartenwesen. In dessen Verbandszeitschrift „Volksgesundheit", die bis 1924 in Altenburg, ab 1925 in Dresden erschien, wurden Fragen der Hygiene aufklärend und politisch verhandelt.[8] Darüber hinaus zeigt sich gerade am Beispiel Sachsen die Weiterentwicklung und Pervertierung hygienischer Forderungen: Fragen nach individueller und sozialer Hygiene

7 Karl Marx, Lohnarbeit und Kapital, in: Ders./Friedrich Engels, Werke. Bd. 6, S. 397–423, hier S. 400.

8 Vgl. Bernhard Herrmann, Arbeiterschaft, Naturheilkunde und der Verband Volksgesundheit (1880–1918), Frankfurt a. M. u. a. 1990; Nadine Kulbe, Natürlichkeit, Freiheit und Fortschritt. Hermann Wolf, der Verband Volksgesundheit und die sächsische Industriestadt Freital, in: Volkskunde in Sachsen 30 (2018), S. 103–120.

führten bereits in der Weimarer Republik zu einer Auseinandersetzung mit der Eugenik. Die Fortpflanzung gesunder Menschen sollte gefördert und dadurch die Erbanlagen der gesamten Gesellschaft verbessert werden. Diese Idee war zunächst in allen politischen und weltanschaulichen Richtungen verbreitet.[9] Wie das Beispiel des Dresdner Arztes und Eugenikers Rainer Fetscher (1895–1945) deutlich macht,[10] ebnete sie der nationalsozialistischen Rassenhygiene und Euthanasie aber den Weg.[11] Eine Verbindung von Schulmedizin und Naturheilkunde stellte die „Neue deutsche Heilkunde" dar, die im Nationalsozialismus mit der Einrichtung des Rudolf-Heß-Krankenhauses im Dresdner Stadtteil Johannstadt institutionalisiert wurde und auch die Rassenhygiene umfasste.[12]

Im Folgenden werden die hygienischen Diskurse nicht in ihrer gesamten Breite analysiert. Der Fokus liegt vielmehr auf den durch sozialistische Akteure öffentlich geführten Diskursen über soziale Hygiene in Sachsen. Zwei Gruppen rücken damit ins Blickfeld: die Fraktionen der SPD und der KPD im Sächsischen Landtag sowie der „Verband Volksgesundheit". Untersucht werden einerseits Redebeiträge der Abgeordneten des Landtags, in denen sozialhygienische Themen verhandelt wurden, sowie die Zeitschrift „Volksgesundheit" des gleichnamigen Verbandes. Als Vergleichsfolie dienen darüber hinaus auch wissenschaftliche Diskurse über soziale Hygiene.

Sowohl bezüglich der Geschichte der Sozialhygiene wie auch der Naturheilkunde als Element der „medizinkritischen Bewegung" existieren umfangreiche Vorarbeiten.[13] Diese beschränken sich jedoch in der Regel auf Akteure des bürgerlichen bzw. Bildungsmilieus und interpretieren die Bewegungen kaum als gesellschaftsrelevante oder politische Erscheinungen. Bezüglich der Sozialhygiene standen insbesondere konkrete sozialhygienische Maßnahmen auf kommunaler Ebene im Mittelpunkt.[14] Als Teil der Arbeiterkultur der Weimarer Republik wurde die Naturheilkunde bisher auch in Sachsen nicht wahrgenommen – weder als Element der Alltagskultur noch als Element einer Kulturbewegung mit Vereinen und Freizeitangeboten.[15]

---

9 Vgl. z. B. Michael Schwartz, „Proletarier" und „Lumpen". Sozialistische Ursprünge eugenischen Denkens, in: Vierteljahrshefte für Zeitgeschichte 42 (1994), S. 537–570.

10 Vgl. Martina Lienert/Caris-Petra Heidel, Rainer Fetscher (1895–1945), in: Ärzteblatt Sachsen 21 (2010) 1, S. 27–29.

11 Vgl. Peter Fäßler, Sozialhygiene – Rassenhygiene – Euthanasie im Raum Dresden, in: Reiner Pommerin (Hrsg.), Dresden unterm Hakenkreuz, Köln u. a. 1998, S. 193–208.

12 Vgl. Martina Lienert, Das Rudolf-Heß-Krankenhaus in Dresden-Johannstadt. Zentrum der Neuen Deutschen Heilkunde im Dritten Reich, in: Pommerin, Dresden unterm Hakenkreuz, S. 209–226; Detlef Bothe, Neue Deutsche Heilkunde 1933–1945, Husum 1991.

13 Vgl. Martin Dinges (Hrsg.), Medizinkritische Bewegungen im Deutschen Reich, Stuttgart 1996; Gabriele Moser, „Im Interesse der Volksgesundheit ..." Sozialhygiene und öffentliches Gesundheitswesen in der Weimarer Republik und der frühen SBZ/DDR, Frankfurt a. M. 2002; Cornelia Regin, Selbsthilfe und Gesundheitspolitik. Die Naturheilbewegung im Kaiserreich, Stuttgart 1996.

14 Vgl. Beate Witzler, Großstadt und Hygiene. Kommunale Gesundheitspolitik in der Epoche der Urbanisierung, Stuttgart 1995.

15 Vgl. Frank Heidenreich, Arbeiterkulturbewegung und Sozialdemokratie in Sachsen vor 1933, Weimar/Köln 1995.

Sozialhygiene – Bedeutung und Verwendung des Begriffs

Die Sozialhygiene als medizinisches Konzept und akademisches Fach entwickelte sich etwa zur gleichen Zeit wie die politische Naturheilkunde am Anfang des 20. Jahrhunderts. Sie untersucht die gesellschaftlichen Entstehungsbedingungen von Krankheiten und beschreibt damit auch die Wechselwirkungen zwischen Erkrankungen und Gesellschaft. Kranke Gesellschaftsmitglieder wurden als soziales, wirtschaftliches und – im Zeitalter zweier Weltkriege – auch als militärisches Problem gesehen: Arbeitsfähigkeit, Fortpflanzungsfähigkeit und -willen sowie die Militärtauglichkeit waren Grundvoraussetzungen für das Fortleben eines Staates.[16] Auch die öffentliche Gesundheitsvorsorge und -fürsorge oder sanitäre Maßnahmen zählen zur Sozialhygiene.

Die Bedeutung und Verwendung von Sozialhygiene im Laufe der Weimarer Republik war heterogen, da die jeweiligen Akteure mit dem Begriff unterschiedliche Inhalte und Maßnahmen assoziierten. Sie hingen maßgeblich davon ab, wie der Begriff ‚sozial' in Bezug auf Hygiene aufgefasst wurde:

1. als Auswirkung von Krankheit/Gesundheit auf die Gesellschaft oder einzelne Gruppen;
2. als gesellschaftliche Beeinflussung von Krankheit/Gesundheit;
3. als Verantwortung des Gesellschaftssystems für die Lebensbedingungen des Einzelnen;
4. als Ausbreitung von Krankheiten in der Gesellschaft;
5. als gesellschaftliche Nebenwirkungen wie Geburtenrückgang, Alkoholismus oder Geschlechtskrankheiten;
6. als sozialistisch im Sinne eines Gesellschaftssystems auf der Basis von Gleichheit, Solidarität und Gerechtigkeit.[17]

Je nach Akteur fungierte ‚sozial' auch als Ein- oder Ausschlussprinzip: Während die Wissenschaft gesamtgesellschaftlich dachte, auch wenn bestimmte Bevölkerungsgruppen wie Frauen als Mütter, Kinder oder Arbeiterinnen und Arbeiter für sozialhygienische Betrachtungen eher interessant waren als andere, hatte die Sozialdemokratie ausschließlich das Proletariat im Blick. In der parlamentarischen wie auch in der populären Diskussion war statt des vermutlich als sperrig angesehenen Begriffs Sozialhygiene viel häufiger von Volksgesundheit, manchmal auch von Volkshygiene die Rede. Bisweilen wurde Sozialhygiene scheinbar auch als Modebegriff gebraucht wie z. B. in einem Aufsatz zum „Naturschutz vom Standpunkte der Sozialhygiene“[18].

---

16 Vgl. H. Meisner, Der Einfluss der sozialen Lage auf die Militärtauglichkeit, in: Max Mosse/Gustav Tugendreich (Hrsg.), Krankheit und soziale Lage, hrsg. v. Jürgen Cromm, Göttingen 1994 (EA 1913), S. 342–399.

17 Zu den unterschiedlichen Auffassungen über Sozialhygiene vgl. auch Daniel S. Nadav, Julius Moses und die Politik der Sozialhygiene in Deutschland, Gerlingen 1985.

18 Adolf Thiele, Naturschutz vom Standpunkte der Sozialhygiene, in: Mitteilungen des Landesvereins Sächsischer Heimatschutz 18 (1929), S. 1–9.

Bei der zweiten Dresdner Hygiene-Ausstellung war laut Konzept bei der inhaltlichen Ausgestaltung auf Ausführungen zur Sozialhygiene verzichtet und stattdessen der Schwerpunkt auf die Individualhygiene gelegt worden. Gemeint war damit, dass Fragen der öffentlichen Fürsorge zugunsten solcher der individuellen Vorsorge weniger Raum gegeben worden war. Sozialhygiene wurde hier allein als öffentliche Fürsorge betrachtet, wobei öffentliche Fürsorge unter anderem die Krankenkassen, die kommunale Sanitärausstattung, die kommunale Gesundheitsverwaltung mit Stadt- und Schulärzten, die Einrichtung von Sanatorien und Heilstätten, aber auch von Beratungsstellen z. B. für Geschlechtskrankheiten einschloss.[19] Aber natürlich widmete sich die Ausstellung Gesundheitsfragen, die auch von sozialen Prozessen beeinflusst waren und auf soziale Prozesse einwirkten: der Arbeits- und Gewerbehygiene, der Frau in Familie und Beruf, der Wohnung und dem Wohnungsbau, dem Alkoholismus sowie der Eugenik.[20] Diese Auslegung entsprach der wissenschaftlichen Bedeutung, die die Nahrung, die Wohnung, die Kleidung, die Arbeitsverhältnisse und die Fortpflanzung als „Hauptbestandteile der sozialen Hygiene" ansah.[21]

Ätiologie – Krankheitsursachen und Risikofaktoren

Im Fokus der Sozialhygiene standen, so fasste der Arzt und Sozialhygieniker Alfred Grotjahn (1869–1931) 1916 zusammen, „die Beziehungen der Krankheiten zu den sozialen Verhältnissen [...], deren wichtigste auf dem Gebiete der Verursachung liegen. Und zwar schaffen die sozialen Verhältnisse entweder die Krankheitsanlagen oder sie sind die Träger der Krankheitsbedingungen oder sie vermitteln die Krankheitserregung oder [...] sie beeinflussen den Krankheitsverlauf."[22] Zu den von der Sozialhygiene besonders betrachteten Krankheiten und Leiden zählten Infektionskrankheiten wie Tuberkulose und Rachitis, deren Ausbruch durch die sozialen Umstände der Infizierten begünstigt würde. Zudem galten dem Alkoholismus, den Arbeits- bzw. Berufs-, Geschlechts- und Nervenkrankheiten besondere Aufmerksamkeit, weil deren Auftreten aufs Engste mit dem „geselligen Zusammenleben der Menschen verknüpft, ihre Verbreitung so innig mit der sozialen Struktur der Gesellschaft zusammenhängt und so sehr durch das soziale Milieu bedingt sei".[23]

Die wissenschaftliche Sozialhygiene nutzte Erkenntnisse der Bakteriologie, stützte sich aber auch auf die Anfang des 20. Jahrhunderts noch recht jungen Methoden der

19 Vgl. Witzler, Großstadt und Hygiene.

20 Vgl. Internationale Hygiene-Ausstellung Dresden 1931. Amtlicher Führer, Dresden 1931.

21 Vgl. die Kapitel in Alfons Fischer, Grundriss der sozialen Hygiene, Karlsruhe 1925.

22 Alfred Grotjahn, Die hygienische Forderung, Königstein im Taunus/Leipzig 1916, S. 220.

23 Alfred Blaschko/W. Fischer, Einfluss der sozialen Lage auf die Geschlechtskrankheiten, in: Mosse/Tugendreich, Krankheit und soziale Lage, S. 497–531, hier S. 497.

Demografie,[24] um gestützt auf statistische Daten die Anfälligkeit von Personenkreisen für bestimmte Krankheiten nachweisen zu können. So griff zum Beispiel der Stuttgarter Sanitätsrat Wilhelm Weinberg (1862–1937) in einem Aufsatz zur Sterblichkeit von Frauen auf Statistiken erwerbstätiger Frauen der Leipziger Ortskrankenkassen zurück.[25] Der Sozialhygieniker Alfons Fischer (1873–1936) nutzte Angaben des Statistischen Landesamtes Sachsen, um anhand von Daten über Tuberkulosesterblichkeit und soziale Stellung zeigen zu können, dass finanziell besser gestellte selbständig tätige Arbeiterinnen und Arbeiter in geringerem Maße von einer Tuberkuloseerkrankung betroffen seien als unselbständig Tätige.[26]

‚Soziale Krankheiten' waren immer Teil oder Ende einer Kausalkette, deren Anfang in einem wirtschaftlichen, sozialen, geschlechtsspezifischen, moralischen und/oder erzieherischen Defizit gesehen wurde, wie dies die Sozialhygieniker Alfred Blaschko und W. Fischer 1913 in einem Grundlagenwerk des Fachs am Beispiel des weiblichen Dienstpersonals darstellten, unter dem sich besonders viele Prostituierte befänden: „Die grosse Mehrzahl der weiblichen Dienstboten stammt vom Land und aus der Provinz, von wo sie, was den Geschlechtsverkehr betrifft, die ungeniert natürlichen Anschauungen der Landbevölkerung mit in die Grossstadt mit ihren täglichen sich tausendfach aufdrängenden Verführungen bringen. So ist es erklärlich, dass die Dienstmädchen unbekannt mit denen ihnen hier drohenden Gefahren, auch schon bevor sie wirklich Prostituierte geworden sind, in geschlechtlicher Beziehung recht stark gefährdet sind."[27] Bei Frauen griff, um den sozialen Abstieg in die Prostitution zu erklären, eine scheinbar allgemeingültige Kausalkette: „Die meisten sind zuerst Dienstmädchen auf dem Lande gewesen, gingen dann in die Stadt, da dort die Löhne höhere sind. Das Gebundene an die Dienstherrschaft und das Haus führte bald zum Übergang zur Fabrikarbeiterin, die nicht nur jeden Sonntag, sondern auch jeden Abend der Woche frei und für sich hat. Die harte Arbeit in der Fabrik ist bald verleidet und so wird sie Kellnerin. Das Geld ist dabei leichter verdient. Aber auch der regelmässige Dienst der Kellnerin ist schnell zu viel: sie wird Aushilfskellnerin, Dirne."[28] Die in der Regel von bürgerlichen, männlichen Autoren benutzten Vorurteile – Faulheit, Bequemlichkeit, Ungebundenheit der Frauen – ließen andere Erklärungsansätze und individuelle Dispositionen wie Alternativlosigkeit, Attraktivität der Städte, bessere Verdienstmöglichkeiten, Sehnsucht

---

24 Vgl. Ursula Ferdinand, Der Weg Alfred Grotjahns (1869–1931) zum ‚faustischen Pakt' in seinem Projekt der Sozialen Hygiene, in: Das Gesundheitswesen 69 (2005), S. 158–164.

25 Vgl. W. Weinberg, Der Einfluss der sozialen Lage auf Krankheit und Sterblichkeit der Frau, in: Mosse/Tugendreich, Krankheit und soziale Lage, S. 233–265.

26 Vgl. Fischer, Grundriss der sozialen Hygiene, S. 367 f.

27 Blaschko/Fischer, Einfluss der sozialen Lage, S. 517.

28 Paul Bendig, Die Prostitution in Stuttgart in den Jahren 1894–1908, in: Zeitschrift für Bekämpfung der Geschlechtskrankheiten 12 (1911), S. 1–34, 41–68, 82–90, hier S. 18, 44.

nach sozialem und wirtschaftlichem Aufstieg außer Acht. Auch in statistischen Daten verschwand die Individualität.[29]

Die wissenschaftliche Sozialhygiene erschöpfte ihre Betrachtung des Einflusses der sozialen Lage in der Beschreibung der „sozialhygienische[n] Zustände einzelner Personenklassen"[30] bzw. unterschiedlicher Milieus. Dabei wurde in der die soziale Lage bestimmenden Prekarität nicht der eigentliche Auslöser von Krankheiten gesehen. Viel mehr bestimmte eine paternalistische Haltung gegenüber den sozialen Milieus die Sichtweise: „Die Gefahr [der Krankheiten] für die Volksgesundheit liegt aber in der Verseuchung der grossen Massen. Die steigende Intelligenz unseres Proletariats hat ja erfreulicherweise schon mit so manchen Vorurteilen des menschlichen Unverstandes aufgeräumt."[31] Der hohe Konsum von Alkohol durch Arbeiter, in der wissenschaftlichen Literatur der Zeit daher auch als „Proletarierkost"[32] bezeichnet, läge in deren Berufstätigkeit, den schlechten Wohnungszuständen und häufigen Wirtshausbesuchen begründet, wozu die „wenig schmackhafte Kost, welche die im Kochen oft ungeübten Arbeiterfrauen ihren Männern darbieten", verführen würden.[33] Jenseits solcher Vorurteile bildeten sich über alle sozialen Schichten verteilt seit dem Ende des 19. Jahrhunderts Vereine, in denen sich Gegner der „Volksdrogen" Alkohol und auch Tabak zusammenschlossen. In Dresden gab es zum Beispiel Ortsgruppen sowohl des bürgerlich dominierten Guttempler-Ordens wie auch des Bundes deutscher Tabakgegner, der der Arbeiterabstinenzbewegung nahestand. In letzterem war mit dem aus Leipzig stammenden Internisten Fritz Lickint (1898–1960) einer der wichtigsten Tabakforscher der 1920er und 1930er Jahre aktiv.

Neben der wissenschaftlichen etablierte sich auch eine politische Ausrichtung der Sozialhygiene: insbesondere als ein Argument von Sozialdemokraten und Kommunisten zur Verbesserung der sozialen Lage des Proletariats. Soziale Ursachen als Krankheitsauslöser wurden einen Schritt weiter zurückgedacht: „Auf Grund unserer marxistischen Weltanschauung haben wir die zwangsläufigen Beziehungen, wie sie den Einzelnen mit der Gesellschaft verknüpfen, tiefer erfaßt, als sie der bürgerlichen Ideologie zugänglich sind. Wir wissen, daß nicht nur der deutsche Staatsbürger, sondern die gesamte zivilisierte Menschheit an einer großen Grundkrankheit leidet, von der sie befreit werden muß, soll der einzelne Weltbürger gesunden; und diese Krankheit heißt: Kapitalismus."[34] Krankheiten wurden als Symptom des gesellschaftlichen Zustandes gedeutet.

29 Vgl. Sebastian Weinert, Der Körper im Blick. Gesundheitsausstellungen vom späten Kaiserreich bis zum Nationalsozialismus, Berlin/Boston 2017, S. 56.

30 Kap. III, in: Fischer, Grundriss der sozialen Hygiene.

31 Blaschko/Fischer, Einfluss der sozialen Lage, S. 529.

32 Der Begriff nach Max Rubner, vgl. Benno Laquer, Einfluss der sozialen Lage auf den Alkoholismus, in: Mosse/Tugendreich, Krankheit und soziale Lage, S. 473–495, hier S. 477.

33 Fischer, Grundriss der sozialen Hygiene, S. 400.

34 Ernst Simmel, Zur roten Gesundheitswoche, in: Der sozialistische Arzt (fortan DSA) 2 (1926) 1, S. 1–4, hier S. 1 f.

Dabei kritisierte die politische Sozialhygiene insbesondere den ökonomischen Ansatz der wissenschaftlichen Richtung. Denn die Bevölkerung zu gesundheitlicher Prävention anzuhalten, diene in erster Linie dazu, für Wirtschaft und Gesellschaft wertvolle und damit produktive Arbeitskräfte und Mitglieder zu erhalten. Das galt zum Beispiel für die Militärtauglichkeit wie auch für die Mutterschaft. Allerdings war die politische Sozialhygiene gleichsam auf gesunde Klassenkämpfer angewiesen, wie der Freitaler Sozialdemokrat und Journalist Kurt Heilbut (1888–1943) 1930 ausführte: Der „Aufbau unseres Körpers, seine Gesunderhaltung und Stählung, […] die Fragen der Körperkultur und einer gesunden Ernährung, die Freihaltung unseres Körpers von allen Rausch- und Giftstoffen, […] eine naturgemäße, gesunde Lebensweise [werden] zu einer der wichtigsten Voraussetzungen für unsere höchste Leistungsfähigkeit als Klassenkämpfer“[35].

Diagnostik – Akteure und Argumentationen

Am 6. Mai 1930 beriet der Sächsische Landtag über „die Gewährung von Staatsbeiträgen zur Deckung etwaiger Fehlbeträge bei der Internationalen Hygiene-Ausstellung Dresden 1930“. Der Tagesordnungspunkt dürfte etwa eine Stunde der Sitzungszeit in Anspruch genommen haben, denn die Redner der Fraktionen der konservativen Parteien DNVP und DVP, der SPD und KPD sowie der liberalen DDP referierten ausführlich ihre Befürwortung oder Bedenken. Es ging bei den Redebeträgen nicht im eigentlichen Sinne um die Bürgschaft in Höhe von 250 000 Mark für die Ausstellung. Stattdessen holten alle Referenten zu einer jeweils parteipolitisch und weltanschaulich motivierten Kritik an der Hygiene-Ausstellung selbst aus. Kurt Fritzsche (Lebensdaten unbekannt, DNVP) war zwar grundsätzlich für die Genehmigung der Unterstützung, kritisierte aber den verschwundenen Baumbestand auf dem Ausstellungsgelände („Baummord“), die Bewirtschaftung des Restaurants im Kugelhaus durch das gewerkschaftliche Dresdner Volkshaus und die verfehlten Werbemaßnahmen der Ausstellungsorganisatoren. Diese hatten nämlich Prospekte an das Gasthaus auf dem erzgebirgischen Keilberg in der Tschechoslowakei an der Grenze zu Sachsen geschickt – und dies in tschechischer Sprache. Obwohl „um den Keilberg herum [keiner wohnt], der tschechisch spricht; hüben und drüben der Grenze ist die Bevölkerung deutsch“. Karl Arndt (1886–1948, SPD) monierte das Ausstellungskonzept, das sich vor allem der individuellen Hygiene zuwenden, die Sozialhygiene aber großzügig aussparen würde, und beanstandete wie sein Parlamentskollege Kurt Sindermann (1904–1945, KPD), dass Steuergelder in praktischen Maßnahmen zur Sicherung sozialer Bedürfnisse besser angelegt wären als in einer solchen Ausstellung. Bernhard Blüher (1864–1938), bis 1930 nicht nur Mitglied

35 Kurt Heilbut, Lebensreform und Klassenkampf, in: VG 40 (1930), S. 18–19, hier S. 18.

des Sächsischen Landtags für die DVP, sondern von 1915 bis 1931 zudem Oberbürgermeister der Stadt Dresden, war äußerst erstaunt über die Dauer und den Inhalt der Beratung: „Wir hätten nicht gedacht, daß die Vorlage [...] zu einer hochpolitischen Auseinandersetzung Anlaß geben könnte."[36] Sie wurde schließlich gegen die Stimmen der KPD angenommen.

Besonders die Redebeiträge der KPD im Sächsischen Landtag gipfelten in der Regel in einer ideologischen Generalkritik an den bürgerlichen bzw. kapitalistischen Verhältnissen und mündeten in gebetsmühlenartige Verweise auf die besseren Verhältnisse in der Sowjetunion. Darüber hinaus wurden sozialhygienische Themen wie Schwangerschaftsunterbrechung, Geschlechtskrankheiten oder öffentliche Fürsorge zumeist von SPD oder KPD in den Landtag eingebracht.[37] Die Berichterstattung bzw. Antragsbegründung wurde von weiblichen wie männlichen Landtagsmitgliedern gleichermaßen vorgetragen.[38] Beide Parteien begründeten darüber hinaus übereinstimmend sozialhygienische Forderungen mit der schlechten sozialen Lage des Proletariats, wobei bei der KPD die (klassen)kämpferische Rhetorik sehr viel ausgeprägter war. Inkorporiertes Geschlechtswissen, wie es beispielsweise bei frauen- und mütterspezifischen Themen zu erwarten gewesen wäre, spielte hingegen kaum eine Rolle; die Landtagsmitglieder traten unabhängig von ihrem Geschlecht in erster Linie als Angehörige ihrer Partei auf.

Das verweist auf eine weitere Kategorie, die neben der weltanschaulichen bzw. parteipolitischen Prägung die Standpunkte und Auseinandersetzungen über sozialhygienische Themen beeinflusste: der Rekurs auf Erfahrungen und damit auf Erfahrungswissen. Erfahrungen konnten entweder aus einer beruflichen Tätigkeit als Arzt, als Krankenschwester oder Naturheilkundiger resultieren, im lokalen Umfeld oder von einem Klassenstandpunkt aus gewonnen werden. Das konnte soweit führen, dass in der parlamentarischen Auseinandersetzung der parteipolitische Standpunkt zugunsten fachlicher Ausbildung und Erfahrung negiert wurde, wie dies etwa der Abgeordnete Karl Grobe (gest. 1928, NSDAP) 1928 bei Beratungen über das Gesetz zur Bekämpfung der Geschlechtskrankheiten tat.[39] Sanitätsrat Grobe war als praktischer Arzt in Colmnitz bei Freiberg tätig gewesen. Anders als dieser vertrat der KPD-Abgeordnete Richard Schmincke die Ansicht, dass die Erfahrung als praktischer Arzt alternativlos zu einem kommunistischen Standpunkt drängen würde.[40] Das entsprach der üblichen sozialis-

36 Verhandlungen des Sächsischen Landtages (fortan VdSL), 4. Wahlperiode (fortan WP), Bd. 1, 36. Sitzung am 6.5.1930, Dresden 1930, S. 1382–1390.

37 Vgl. u. a. Beratung über Fürsorgeleistungen, Berichterstatterin Martha Schilling (SPD), in: VdSL, 2. WP, Bd. 2, 54. Sitzung am 12.6.1923, S. 1496–1498; Beratung über Schwangerschaftsunterbrechungen, Berichterstatterin Marie Martha Schlag (SPD), in: VdSL, 3. WP, Bd. 4, 100. Sitzung am 7.1.1929, Dresden 1929, S. 3727–3731; Beratung über Gesetz zur Bekämpfung der Geschlechtskrankheiten, Antragsbegründung durch Paul Böttcher (KPD), in: VdSL, 3. WP, Bd. 2, 49. Sitzung am 3.11.1927, Dresden 1928, S. 1761–1768.

38 Vgl. den Beitrag von Lutz Vogel in diesem Band.

39 VdSL, 3. WP, Bd. 3, 67. Sitzung am 16.2.1928, Dresden 1928, S. 2396 f.

40 VdSL, 3. WP, Bd. 1, 29. Sitzung am 5.5.1927, Dresden 1927, S. 965.

tischen Auslegung der Rolle des Arztes. In einem Artikel aus dem Jahr 1927 hieß es beispielsweise: „Für den denkenden Arzt liegt fast täglich der Anlaß vor, sich mit der sozialen Frage, der Ursache und Wirkung des gesundheitlichen Elends zu beschäftigen und Aufklärung und Anschluß bei den Parteien zu suchen, welche die Beseitigung der Klassenunterschiede anstreben, die Befreiung des Arbeiters von wirtschaftlichen und geistigen Fesseln, die Verwirklichung der Forderungen der sozialen Hygiene."[41] Es wurde aus einer weltanschaulichen Position ein Dualismus zwischen „Kassenarzt" und „Klassenarzt" etabliert, wobei ersterer als Vertreter einer kapitalistischen „Gesundheitsordnung" gedeutet wurde, letzterer als dessen Antagonist fungierte. Diese Sicht ließ sich auch auf die Naturheilkundigen übertragen und findet sich bereits vor dem Ersten Weltkrieg: „Der Kampf der privilegierten Ärzte gegen die nichtapprobierten Heilkundigen ist ein Kampf der Besitzenden gegen die Besitzlosen."[42]

Die Erwähnung von Wissen durch Erfahrung war vor allem als Legalisierungsstrategie bei den Naturheilkundlern üblich, um sich gegenüber der Schulmedizin als erfahrener Heiler zu positionieren. Der Freitaler Naturheilkundler Hermann Wolf (1861–1939), langjähriger Herausgeber der Zeitschrift „Volksgesundheit", war zunächst Volksschullehrer gewesen, wurde aber durch Selbstschulung zum praktizierenden Naturheilkundler und zur treibenden Kraft der politischen Naturheilkunde. Er wusste aus eigener Erfahrung, dass diese „Laienprofessionalität" ständige Rechtfertigung erforderte: „Man müßte doch ein Idiot sein, wenn man nach jahrelanger Krankenbehandlung nicht Masern, Scharlach, Keuchhusten, Diphterie, Typhus etc. zu unterscheiden vermöchte. [...] Heilkundige, die hauptsächlich die Behandlung von Frauenkrankheiten nach Thure Brandt[43] treiben, sind oft geradezu Meister in der Beurteilung der einschlägigen Krankheitszustände."[44]

Sowohl in den Medien, wie auch auf fachlicher und politischer Ebene wurde mit durch wissenschaftliche Methoden erhobenem (lokalem) Wissen argumentiert, zum Beispiel durch die Wiedergabe statistischer Daten wie sie Ortskrankenkassen sammelten.[45] Der Bezug auf lokale Erfahrungen (national und international) war in der Zeitschrift „Volksgesundheit" besonders stark ausprägt, was ihrer anwendungsbezogenen und auf Aufklärung zielenden Perspektive geschuldet war. Häufig wurden anwendungsbezogene Beispiele aus Freital und anderen Orten Sachsens herangezogen, was an der lokalen Verortung der Verbandsführung in Sachsen lag.

Politisches Engagement für sozialhygienische Themen konnte auch im Fachdiskurs wahrgenommen werden. Die beiden sächsischen Abgeordneten Richard Schmincke und

41 Ignaz Zadek sen., Zur Ärztekammerwahl, in: DSA 3 (1927) 1/2, S. 3–7, hier S. 4.

42 Hermann Wolf, „Kurpfuscher" und Ärzte, in: Die neue Zeit 27 (1908/9) 28, S. 46–50, hier S. 49.

43 Eine spezielle Massagetechnik zur Behandlung weiblicher Unterleibskrankheiten; benannt nach dem schwedischen Gynäkologen Thure Brandt (1819–1895).

44 Ebd., S. 47.

45 Vgl. z. B. VdSL, 3. WP, Bd. 3, 81. Sitzung am 19.6.1928, S. 3102 f.

Abb. 3: Bildungskurs des Bundes der Vereine für Sexualhygiene und Lebensreform, eventuell in Chemnitz, 1920er/30er Jahre

Paul Böttcher berichteten zum Beispiel in der Zeitschrift „Der sozialistische Arzt" über die Tätigkeiten ihrer Partei, der KPD, im Sächsischen Landtag.[46] Trotz des Aufrufs der Redaktion der Zeitschrift, dass „Berichte der sozialistischen Fraktionen aus anderen Länderparlamenten" sehr willkommen seien, blieben sie die einzigen Parlamentarier, die diese Möglichkeit nutzten. Die Akteure nahmen sich und ihre unterschiedlichen Positionen also gegenseitig wahr. Rezipiert wurden breitenwirksame lokale, nationale und internationale Entwicklungen, aber auch eher marginale Positionen, wie sie zum Beispiel der „Bund der Vereine für Sexualhygiene und Lebensreform" in Chemnitz vertrat, eine dem Anarchosyndikalismus nahestehende Gruppierung.[47]

Stark verbunden waren die sozialhygienischen Diskurse auch mit den Professionalisierungstendenzen der Sozialhygiene als Wissenschaft sowie mit dem Ansehen des Arztberufes. Insbesondere durch das Reichsgesetz zur Bekämpfung der Geschlechtskrankheiten war mit § 7 die Stellung des approbierten und damit staatlich zugelasse-

---

46 Richard Schmincke, Sozialhygienische Arbeiten im Sächsischen Landtag, in: DSA 2 (1926) 2/3, S. 6–9; Paul Böttcher, Der Kampf um die Volksgesundheit. Beispiele aus den Arbeiten des sächsischen Landtags, in: DSA 3 (1928) 4, S. 27–32.

47 Vgl. dazu Dieter Nelles, Anarchosyndikalismus und Sexualreformbewegung in der Weimarer Republik, Vortrag beim Workshop „Free Love and the Labour Movement", Amsterdam, 6.10.2000, unter: http://www.iisg.nl/womhist/nellesde.pdf (30.4.2018). – Vgl. dazu die Eingabe des Bundes beim Sächsischen Landtag, in: VdSL, 3. WP, Bd. 4, 100. Sitzung am 17.1.1929, S. 3727.

nen Arztes, der eine Hochschulausbildung absolviert hatte, deutlich gestärkt worden. Denn nur approbierten Ärzten war die Heilbehandlung dieser Krankheiten erlaubt. Das löste bei den Beratungen zur sächsischen Ausführungsverordnung Diskussionen aus, hätte diese Vorschrift doch die Behandlung durch nicht universitär und damit schulmedizinisch ausgebildete Naturheilkundige unmöglich gemacht. Die Debatte fügt sich in die jahrzehntelangen Auseinandersetzungen um ein Verbot des „Kurpfuschertums" im Sinne von medizinischen Laienpraktiken ein.[48] Neben der Naturheilkunde wurden dazu auch Behandlungen durch religiöse Praktiken gezählt – so zum Beispiel die „Christian Science", eine Mischung aus religiöser Glaubenslehre und geistigem Heilen, deren 1869 gegründete Mutterkirche in Dresden eine der ersten Gemeinden im Deutschen Reich war.[49] Die Naturheilkunde war für die Schulmedizin besonders seit der Wende vom 19. zum 20. Jahrhundert ein ernster Konkurrent geworden und das Königreich Sachsen galt als „Hauptdomäne des Kurpfuschertums".[50] Gemeint war damit vor allem die große Verbreitung der Naturheilkunde im Land,[51] die auch überregional wahrgenommen wurde.

Medikamente – Prävention und Kur

Alternative naturheilkundliche Medikamente und Methoden waren gegenüber chemischen schulmedizinischen Präparaten kostengünstig und selbständig anwendbar. Das machte sie besonders attraktiv – vor allem für die Arbeiterschaft. Hinzu kam, dass die Naturheilkunde in Form des Verbands Volksgesundheit noch weitere lebensreformerische Konzepte wie das Licht-, Luft- und Wasserbad, die Freikörperkultur, Sport, gesunde Ernährung, Alkoholabstinenz und das Kleingartenwesen propagierte, die sich wiederum in die gesamte Entwicklung der Körperkultur in der Weimarer Republik[52] wie auch in die sozialistische Gemeinschafts(freizeit)kultur einordneten.[53] In der Verbandszeitschrift „Volksgesundheit" wurden nicht nur die typischen naturheilkundlichen Heilmittel Licht, Luft und Sonne vorgestellt, sondern beispielsweise auch der „gesundheitliche Wert des Singens",[54] der „Einfluss unglücklicher Ehen auf die Volks-

48 Vgl. Cornelia Regin, Zwischen Angriff und Abwehr. Die Naturheilbewegung als medizinkritische Öffentlichkeit im Deutschen Kaiserreich, in: Dinges, Medizinkritische Bewegungen, S. 39–58.

49 Vgl. Britta Waldschmidt-Nelson, Christian Science im Lande Luthers. Eine amerikanische Religionsgemeinschaft in Deutschland 1894–2009, Stuttgart 2009.

50 Fischer, Grundriss der sozialen Hygiene, S. 428; zur Gleichsetzung vgl. aus naturheilkundlicher Perspektive Wolf, „Kurpfuscher" und Ärzte.

51 Vgl. Kulbe, Natürlichkeit, Freiheit und Fortschritt.

52 Vgl. Bernd Wedemeyer-Kolwe, „Der neue Mensch". Körperkultur im Kaiserreich und in der Weimarer Republik, Würzburg 2004.

53 Vgl. Heidenreich, Arbeiterkulturbewegung.

54 L. E., Ueber den gesundheitlichen Wert des Singens, in: VG 32 (1922), S. 47.

Abb. 4: Hebbel-Bad in Dresden-Cotta, Badeanstalt des Vereins Volksgesundheit Dresden-West

gesundheit"[55] oder die „Ernährung des Klein- und des schulpflichtigen Kindes"[56] diskutiert.

Von einem auch in Sachsen vertretenen sozialistischen Standpunkt aus existierten vier Mittel, die als sozialhygienische ‚Medikamente' wirksam waren: Aufklärung und Beratung, die Sozialisierung des Heilwesens und die „Diktatur des Proletariats". Sie alle ziehen sich wie ein roter Faden durch die Diskurse über Sozialhygiene. Aufklärung und Beratung wurden unter anderem durch Organisationen der Arbeiterbewegung, aber auch durch kommunale Beratungsstellen wie die von Rainer Fetscher geleitete Sexualberatungsstelle in Dresden geleistet.[57] Ausstellungen wurden als öffentlichkeitswirksame Formen der Aufklärung angesehen. Der Stuttgarter Arzt und Schriftsteller Friedrich Wolf schlug zu Aufklärungs- und Lehrzwecken die Einrichtung einer Volksgesundheitsschule vor, eine Mischung aus Volkshochschule und Ferienheim.[58] Realisiert wurde sie nicht. Dennoch manifestierten sich die Ideen des Verbands Volksgesundheit

55 Hermann Wolf, Der Einfluss unglücklicher Ehen auf die Volksgesundheit, in: VG 32 (1932), S. 90–92; ders., Die sozialen Voraussetzungen glücklicher Ehen, in: VG 34 (1924), S. 18 f., 35–37; ders., Wie sind die Voraussetzungen glücklicher Ehen zu schaffen?, in: VG 34 (1924), S. 51–54.

56 Johanna Erdmann, Die Ernährung des Klein- und schulpflichtigen Kindes, in: VG 42 (1932), S. 45–48.

57 Vgl. Rainer Fetscher, Aus der Sprechstunde der Sexualberatungsstelle, in: VG 39 (1929), S. 247 f.; ders., Eheberatung als Weg der psychischen Hygiene, in: VG 40 (1930), S. 155–157.

58 Friedrich Wolf, Entwurf einer Volksgesundheitsschule, in: VG 39 (1929), S. 85–87.

auch in Sachsen an konkreten Orten wie Freibädern und Kleingartenvereinen, die zum Teil bis heute existieren.

Die Sozialisierung des Heilweisens meinte die Verstaatlichung bzw. Kommunalisierung des gesamten Gesundheitswesens: Ärzte und Pflegepersonal sollten nicht mehr privatwirtschaftlich arbeiten, sondern Angestellte von Staat oder Kommunen sein. Umgesetzt wurde diese Idee allerdings nur in der sozialdemokratischen „Musterkommune" Freital.[59] Hier wurde mit Friedrich Wolf, dem Sohn des Freitaler Naturheilkundlers Hermann Wolf, nach der Gründung der Stadt Freital 1921 ein Medizinalrat ernannt, der dem kommunalen Gesundheitswesen vorstand. Es setzte sich unter anderem aus einer Schwangeren- und Säuglingsfürsorge mit Beratungsstellen und bei der Stadt angestellten Hebammen, einer städtischen Zahnklinik, der Einbindung der Schulkinder in eine medizinische Überwachung und statistische Dokumentation sowie aus einem kommunal gesteuerten Impfwesen zusammen.[60] Die Sozialfürsorge in Freital war so attraktiv, dass viele Menschen aus dem Umland und der Großstadt Dresden nach Freital zogen, um die Unterstützungsangebote in Anspruch nehmen zu können. Die daraus resultierende hohe finanzielle Belastung der kommunalen Kassen führte Freital allerdings schon vor 1933 an den Rand des Ruins.

Fazit

Die Kategorie des ‚sozialen Elends' war in den hier vorgestellten Diskursen auch im Sachsen der Weimarer Republik ständig präsent – als Mittel der Argumentation für Politik und Propaganda, aber auch als Teil der Realität. Soziales Elend war die Antriebsfeder der sozialdemokratisch motivierten sozialhygienischen Diskurse. Der Fokus der vorangegangenen Ausführungen auf sprachliche Äußerungen findet seine Berechtigung auch darin, dass soziales Elend selten visualisiert, sondern in der Regel beschrieben wurde. Die in der Dresdner Zeitschrift „Volksgesundheit" abgedruckten Fotografien zeigen Bilder der sozialistischen Utopie: gesunde und glückliche Kinder, gesunde und glückliche Menschen, gesunde und glückliche Verhältnisse; Menschen in einem naturverbundenen, freien und emanzipierten ‚Urzustand'. Die visuelle Darstellung des sozialen Elends wurde anderen Gruppen und Medien der Arbeiterkulturbewegung überlassen: der Fotografie und der Kunst.[61]

Sozialhygiene stellt sich in solchen Diskursen nicht als exakte Wissenschaft dar. Die Beispiele zeigen, dass es keine absoluten Wahrheiten gab, sondern dass Interpretationen je nach weltanschaulichem Standpunkt oder persönlicher Erfahrung den Gehalt des

59 Vgl. den Beitrag von Hans-Georg Lippert in diesem Band.

60 Vgl. Kulbe, Natürlichkeit, Freiheit und Fortschritt.

61 Vgl. Wolfgang Hesse (Hrsg.), Das Auge des Arbeiters. Arbeiterfotografie und Kunst um 1930, Leipzig 2014.

Diskurses bestimmten. SPD und KPD waren in Sachsen in der Sache grundsätzlich oft eins, gerieten aber aufgrund ihrer parteipolitischen Standpunkte aneinander. Eine solche Auseinandersetzung führte zum Beispiel 1930 zum Ausschluss des Kommunisten Richard Schmincke aus dem Verein sozialistischer Ärzte.[62]

Dass sich Sachsen und hier insbesondere Dresden zu wichtigen Zentren der politischen wie wissenschaftlichen Sozialhygiene entwickelten, lag an der hohen Industrialisierung des Landes, deren negative Folgeerscheinungen für die soziale Lage, die Gesundheit und alle weiteren Lebensumstände eine starke Antriebsfeder für Ideen der Lebensreform waren. Wichtige Akteure der Sozialhygiene, aber auch der naturheilkundlichen Bewegung hatten sich hier niedergelassen und konnten aufeinander aufbauen. Ihre Ideen und deren Realisierungen – Freibäder wie das Bilz-Bad, das Hygiene-Museum als Ort der Bildung und Aufklärung – strahlten weit über das Land hinaus. Zudem war es gerade die emanzipierte Arbeiterbewegung, die Sozialhygiene und Naturheilkunde bekannt machte. Beide Disziplinen boten nachvollziehbare Erklärungen und Lösungen für soziale und gesundheitliche Probleme. Am Beispiel der sächsischen Industriestadt Freital wird deutlich, wie solche Lösungen und die sozialistische Utopie einer besseren, solidarischen, humanen Gesellschaft aussehen konnten. Dass diese Utopie ab 1933 zu einer Dystopie wurde, muss hier nicht näher ausgeführt werden: Sozialhygienische Ideen als gesellschaftsverändernde und gesellschaftsverbessernde Maßnahmen, wie sie von den Sozialisten vertreten wurden, kehrten sich im Nationalsozialismus in ihr Gegenteil um. Die Forderung nach „gesunden Kindern, gesunden Menschen, gesunden Verhältnissen" wurde auf das ‚deutsche Volk' und die ‚arische Rasse' beschränkt. Die nationalsozialistische Diktatur pervertierte aber nicht nur sozialhygienische Erkenntnisse und Methoden ins Unmenschliche, sie vertrieb und vernichtete auch ihre namhaftesten Vertreter: Richard Schmincke nahm sich 1939 das Leben. Paul Böttcher emigrierte in die Schweiz und wirkte dort unter anderem als Informant für schweizerische und sowjetische Nachrichtendienste. Dem Arzt und Schriftsteller Friedrich Wolf gelang nach einer Internierung in Frankreich 1941 die Ausreise in die Sowjetunion. Martha Fraenkel wurde 1933 aufgrund ihrer jüdischen Herkunft aus ihrer Anstellung am Dresdner Hygiene-Museum entlassen, emigrierte 1935 zunächst nach Belgien, 1938 in die USA und wirkte dort u. a. als medizinische Beraterin der US-Regierung. Der jüdische Arzt und Reichstagsabgeordnete Julius Moses wurde 1942 im Konzentrationslager Theresienstadt ermordet, der Freitaler Sozialdemokrat und Lebensreformer Kurt Heilbut 1943 in Auschwitz.

62 Vgl. N. N., Die Reichstagung in Chemnitz, in: DSA 6 (1930), S. 20–27, bes. S. 20–22, 27.

Zerrissene Moderne

Heimkehr in die Entheimatung?

Die Rückkehr sächsischer Soldaten aus dem Ersten Weltkrieg und ihr Weg zurück

Konstantin Hermann

Rückkehr

Im illustrierten „Sächsischen Militär-Vereins-Kalender" stellte der Zeichner R. Trache die Heimkehr der Soldaten recht erhaben dar – eigentlich als Adaption des Kriegsauszugs von 1914.[1] Das Elternpaar gibt der jüngsten Tochter einen Hinweis, wie das Begrüßungsschild gerade hängt, während die ältere Tochter – oder vielleicht soll es die Ehefrau des Soldaten darstellen – das Schild noch befestigt. Dieses ist mit einer Girlande geschmückt und auch darüber hängt eine weitere Girlande, deren beide Enden bis an den Rahmen der doppelflügeligen Eingangstür reichen. Das jüngere Mädchen steht auf einem Stuhl, das ältere auf einer Leiter. Die Frau des Elternpaares hält in der linken Hand noch den Hammer, den sie wohl gerade von der Tochter zurückgegeben bekommen hat. „Willkommen/in der Heimat/tapfere Helden!" grüßt die Tafel den Heimkehrenden. Der ältere Mann trägt ein Tönnchen als Kopfbedeckung, einen Binder und Stehkragen, die ältere Frau eine Bluse. Alle Attribute kennzeichnen die bürgerliche Familie, die ihren Sohn oder Mann begrüßt. Die dargestellte Szene ist der private Empfang des Einzelnen; wie 1914 der Ausmarsch wurde 1918 der öffentliche Empfang der Soldaten organisiert. Derselbe Zeichner, Trache, hat auch diese Szene dargestellt. Blumengeschmückte Soldaten mit Stahlhelm, Gewehr und Tornister marschieren durch die breite Straße einer deutschen Stadt. Links und rechts stehen die Einwohner jeden Alters, Frauen und Männer, Schülerinnen und Schüler. Mancher Mann hebt seinen Hut in die Höhe, eine Frau winkt mit ihrem Tuch. Die Soldaten lachen und einige grüßen zurück. Lange schwarz-weiß-rote Fahnen wehen von den Häusern.[2]

---

1 Sächsischer Militär-Vereins-Kalender 57 (1920), S. 1 [Bild], S. 4 [Text].

2 Ebd., S. 89 f., siehe auch S. 96 f.

Abb. 1: Das Willkommen im idealen Bild

Beiden Szenen, die zwar unterschiedliches darstellen, aber eben doch eine Einheit bilden, stellen das dar, was Friedrich Ebert, Vorsitzender des „Rates der Volksbeauftragten", am 10. Dezember 1918 in einer Ansprache an die heimkehrenden Truppen äußerte: „Seid willkommen von ganzem Herzen, Kameraden, Genossen, Bürger. [...] Kein Feind hat Euch überwunden."[3] Der letzte Satz, der sich einige Jahre später gegen die Republik richten würde, in Konnexion mit dem ersten, ist die verbale Variante der beiden dargestellten Bilder. Zwar nicht siegreich, aber dennoch ungeschlagen, noch im Feindesland im Osten und Westen stehend, kehrten die Soldaten heim, herzlich begrüßt, ungeachtet ihrer Herkunft und ihres Standes – so zumindest in einem Satz zusammengefasst das damals vorherrschende Narrativ. Doch wie hätte man die Soldaten anders empfangen sollen? Als geschlagene Krieger? – Deutschland war nicht besetzt, hatte im Osten noch große Gebiete unter militärischer Kontrolle – das stand dem Empfinden entgegen. Die Heimkehr einer Truppe, die den Krieg verloren hatte, würde die Sinnfrage des vierjährigen Krieges mit seinen Millionen Opfern gestellt haben, die man nicht beantworten hätte können. Der Sinn lag darin, dass Deutschland nicht besetzt wurde und man ungeschlagen geblieben war. Negierte man dies, musste sich eine Diskussion darüber anschließen, für was die Opfer denn dann gebracht worden waren. Die Antwort darauf wäre schwergefallen. Die Ehefrau eines Majors der Reserve aus Sachsen schrieb über die Heimkehr ihres Mannes unter dem Titel „Du wieder da!" folgende Verse:

> „Und halt's doch fest/Ein Glück, das durch den Tod geschritten/Du wieder heim! Im warmen Nest/der Liebe – die das Leid zerschnitten. – -/Doch horch! – Es geht mit wucht'gem Tritt,/So inhaltsschwer von Nacht zum Morgen,/Tod: `Kriegsgespenst´ als Schatten mit – - Und baut uns in der Zukunft Sorgen!"[4]

3 www.germanhistorydocs.ghi-dc.org/pdf/deu/Ebert_ger.pdf. Originalquelle: Friedrich Ebert, Ansprache an die heimkehrenden Truppen, in: Peter Wende (Hrsg.), Politische Reden III, Frankfurt/M. 1994, S. 94–96.

4 Helene Berg, Es gleitet sacht der letzte Dämmerstreifen, Weinböhla 1923, S. 96.

Heimkehr der Truppen.
Nach einer Originalzeichnung von R. Trache.

Abb. 2: Die Heimkehr als Pendant zum Kriegsauszug 1914 – beides nicht selten inszeniert

Das Kriegsgespenst, der Schatten, legte sich auf die Heimkehr der Soldaten und trug schließlich zum Untergang der Republik zumindest bei. Die Sorgenschwere war zunächst von der Freude über die Heimkehr völlig überlagert. Doch die Soldaten kehrten nicht in ihre bekannte Heimat zurück. Friedrich Ebert hatte in seiner Ansprache noch folgendes geäußert: „Ihr findet unser Land nicht so vor, wie Ihr es verlassen habt. Neues ist geworden, die deutsche Freiheit ist erstanden. […] Ihr seid die stärksten Träger der deutschen Zukunft." Ebert wies den Soldaten eine große Aufgabe zu, vielleicht rhetorisch stärker geäußert als wirklich gemeint – aber doch geäußert. Und hier mag der große Unterschied bei den Heimkehrern liegen, wenn man sie grob in bürgerlich und nicht-bürgerlich schematisiert, den Adel bei dieser Betrachtung außen vorgelassen. Ebert wird bei der Ansprache seinen Blick auf die Heimkehrer aus der Arbeiterschaft gerichtet haben, die als Heimkehrer insgesamt ein positiveres Gefühl beim Blick in die Zukunft hatten, als ihre bürgerlichen Kameraden, deren Verlustängste nicht nur materiell geprägt gewesen sind. Das bürgerliche Narrativ beinhaltete – was in Erzählungen von Soldaten aus der Arbeiterschaft kaum erscheint – schon bei Kriegsende 1918 die Betonung der Frontgemeinschaft in Verbindung mit dem politischen System. „Schulter an Schulter lag hoch und niedrig, reich und arm, in demselben Dreck, der

Grund zur wahren Demokratie" schrieb der Fliegerhauptmann und spätere Freikorpsführer Rudolf Berthold.[5] Vorstellungen wie diese erwiesen sich letzten Endes als zu starke Hypothek für die Weimarer Republik. Gefühle zwischen Resignation und Verachtung angesichts der Ereignisse 1918 führten nicht selten dazu, wie bei dem erwähnten Schreiber der zitierten Zeilen, dass sie das Tagebuchschreiben abbrachen. Wenn sich im Folgenden vor allem auf die bürgerlichen Kriegsheimkehrer konzentriert wird, ist dies mit der Rolle dieses Teils der Gesellschaft begründet, der anders als die Arbeiterschaft der Revolution und den damit verbundenen Umwälzungen weniger hoffnungsfroh entgegensah und schließlich sich von der Republik abwandte, wenn dies freilich nicht für alle galt.

Heimkehr?

Die Soldaten waren also in die Heimat zurückgekehrt, aber in die Entheimatung? Sie kamen in ein Land zurück, in dem die jahrhundertealten Herrschaften zerstört waren, in dem sie zudem eine politisch höchst unsichere Heimat erwartete, die in einigen Landesteilen sogar bürgerkriegsartig geprägt war. Die, die noch 1918 zurückkehrten, erlebten wieder die Weihnacht, mit der Familie, zuhause. Gerade dieses Motiv, der vormalige Frontsoldat am Tannenbaum, wurde in den Zeitschriften 1918 besonders thematisiert und abgebildet: der Soldat sogar bisweilen in Uniform, mit Kindern, Frau und Christbaum, als sei er eben erst heimgekehrt.[6]

In drei Etappen kehrten die Soldaten zurück: die Verwundeten noch im Krieg, die Einheiten am Kriegsende, denen die einleitend gezeigten Bildern gewidmet waren, und jene in der Kriegsgefangenschaft, die bis Anfang 1920 zurückkamen; insgesamt eine Million deutsche Soldaten. Die Rückkehr vollzog sich also in einem relativ geringen Zeitraum und sorgte dafür, dass eine große Zahl an Soldaten wieder integriert werden musste. In Zahlen: 125 874 sächsische Soldaten waren gefallen oder ihren Verwundungen erlegen.[7] Die kriegsbedingt erhöhte Sterblichkeit von Zivilisten in Sachsen durch Krankheiten und Nahrungsmittelmangel verursachte 53 000 Tote. Noch im August 1919 waren 18 000 Soldaten vermisst.[8] Die Stadt Leipzig hatte über 16 000 gefallene und

5 Sächsischer Militär-Vereins-Kalender 59 (1922), S. 46 f., hier S. 46.

6 Siehe auch die Zeichnung desselben: Heimkehr aus der Kriegsgefangenschaft, in: Sächsischer Militär-Vereins-Kalender 58 (1921), S. 1 [Bild], S. 4 [Text]. Zum ersten Friedensweihnachtsfest ebd., S. 41 f. („Weihnachten! Wieder daheim!").

7 Statistisches Jahrbuch 1918/20, 44. Ausgabe, Januar 1921, S. 74. Der Militär-Vereins-Kalender 58 (1921), S. 56 nennt zusätzlich an Verwundeten 369 805 Mann, 30 913 waren vermisst und 39 974 befanden sich noch in Kriegsgefangenschaft. Offiziell endete die Geschichte einer selbständigen sächsischen Armee am 31. März 1919. Die Schicksale eines Teils der Vermissten, ca. 18 000 Soldaten, klärte sich in den Folgejahren (siehe den Beitrag von Kristin Gläser).

8 Konstantin Hermann/André Thieme, Sächsische Geschichte im Überblick, Leipzig 2013, S. 160.

gestorbene Soldaten zu verzeichnen, Dresden 18 000 von 75 000 Soldaten – das heißt, 57 000 Dresdner Soldaten kehrten in die Stadt zurück.[9] Nach Friedrich Ebert waren sie die Träger der Zukunft – in der Heimat.

Heimat war zu dieser Zeit mit der aufgeladenen Bedeutung, wie er damals und heute verwendet wurde und wird, ein verhältnismäßig junger Begriffsinhalt.[10] Noch wenige Jahrzehnte vorher war „Heimat" vor allem ein Rechtsbegriff, der ausdrückte, wo jemand ansässig war. Johann Christoph Adelung hatte 1811 in seinem Wörterbuch der hochdeutschen Mundart unter Heimat „den Ort, das Land, wo jemand daheim ist, d. i. sein Geburtsort, sein Vaterland" genannt.[11] Der „Brockhaus" verstand den Begriff noch 1898 ausschließlich aus dem juristischen Inhalt, der „Meyer" von 1906 ebenso, auch wenn er den Begriff „Heimatschutz" als eigenes Stichwort nennt, ebenso wie „Heimatkunst". Oestergaards Lexikon schrieb noch 1933 neben der juristischen Betrachtung nachfolgend, dass „im weiteren Sinne (erst in der neuesten Zeit üblich geworden) Heimat auch soviel wie Vaterland" bedeute.[12] Ganz interessant ist freilich, dass der „Nazi-Meyer" den Begriff „Heimat" gar nicht mehr als eigenes Stichwort aufführt; auf „Heimarbeit" folgt der „Heimatdank", die 1915 gegründete sächsische Wohlfahrtseinrichtung „zum Besten Kriegsbeschädigter und Kriegshinterbliebener zur Ergänzung der staatl. Versorgung. Die Mittel für den H. werden durch Sammlungen und Lotterien aufgebracht." In der „Wissenskiste", einem nationalsozialistisch geprägten Lexikon für Kinder, heißt es unter „Heimat": „... ist unser Geburtsort und das darumliegende Land".[13]

Angesichts dieser Befunde muss mit den Begriffen „Rückkehr in die Heimat" und „Entheimatung" vorsichtig umgegangen werden. Indes bleibt zu konstatieren, dass Medien wie der „Sächsische Militär-Vereins-Kalender" die Bezeichnung Heimat schon in dem aufgeladen-emotionalen Sinne verwenden. Der Grund dafür liegt auf der Hand: Die Soldaten schützten die Heimat, die mit „Vaterland" sicher nicht treffend umschrieben werden konnte und in der Bedeutung mit Familie, dem Wohnort, dem eigenen Haus mit „Vaterland" zu pathetisch gewesen wäre. „Heimat" blendete auch den staatstragenden Inhalt von „Vaterland" aus und war somit wesentlich anschlussfähiger für fast alle Kreise des Volkes. Von der Parole „Gott, König, Vaterland" war schließlich nach 1918 nur noch – wenn nicht „Heimat" – das „Vaterland" übriggeblieben, denn auch die Religion verfügte nicht mehr über die Bindungskraft wie noch wenige Jahre vorher. „Heimat"

---

9 Ebd.

10 Siehe Reinhart Koselleck, Begriffsgeschichten. Studien zur Semantik und Pragmatik der politischen und sozialen Sprache, Frankfurt/M. 2006.

11 Johann Christoph Adelung, Grammatisch-kritisches Wörterbuch der hochdeutschen Mundart, Bd. 2 F–L, Wien 1811, S. 1077 f. (https://lexika.digitale-sammlungen.de/adelung).

12 Brockhaus' Konversations-Lexikon, 14. Auflage, 8. Bd., Leipzig 1898, S. 970; Meyers Großes Konversations-Lexikon, 6. Auflage, 9. Bd., Leipzig 1906, S. 82 f.; Oestergaards Lexikon in zwanzig Bänden, 9. Bd., Berlin 1933, S. 611.

13 Meyers Lexikon, 8. Auflage, Bd. 5, Leipzig 1938, S. 1018; Die Wissenskiste. Voigtländers Jugendlexikon, Leipzig 1936, S. 141.

bedeutete Sehnsucht, Ankunft, Versöhnung, aber auch bisweilen Gegenwelt zur bestehenden Welt und unterlag zunehmend der Emotionalisierung. Mancher Rückkehrer empfand die Haltung der Heimat(-politiker) als Verrat an denen, die gefallen waren – der Bruch mit der „falschen" Heimat, die die Sympathie mit der „treuen" Heimat stärkte.

Die „Entheimatung" konnte sich auf mehreren Gebieten vollziehen; die staatliche bedeutete den Zusammenbruch der bisherigen politischen Systeme, die berufliche Entheimatung den Verlust der Tätigkeit vor 1914 und die soziale Entheimatung entweder die von der Familie oder auch der Verlust der Frontkameradschaft, die so manchem Soldaten Heimat geworden war. „Der Weg zurück", wie ein Buch von Erich Maria Remarque hieß, war nur eines von mehreren, die die schwierige Rückkehr und das komplizierte Wiedereinleben (oder auch nicht) beschrieben. Ludwig Renn schrieb „Nachkrieg", Joseph Roth „Hotel Savoy", Edwin Erich Dwinger „Wir rufen Deutschland" und Erich Herrmann „Vorher – hernach".[14] Illustriert hatte Herrmanns Buch Clément Moreau; mit bürgerlichen Namen Carl Meffert (1903–1988). Allen war bewusst, dass es keine Rückkehr in die alte Welt geben konnte; selbst Monarchisten sahen ihre Hoffnung zwar in der Wiedererrichtung der Monarchie, die jedoch keinesfalls eine bloße Neuauflage des Systems vor 1918 sein durfte. Die Erkenntnis über das 1918 endgültig Vergangene war ebenso allen bewusst. Helene v. Nostitz-Wallwitz, geborene v. Hindenburg (1878–1944), schrieb 1924 über ihre Begegnungen mit Persönlichkeiten des ancien régime: „Waren nicht viele der Gestalten, die ich vor mir sah, Träger einer schon fast romantischen Zeit, eines anderen Jahrhunderts? Die, welche sie nicht mehr gekannt, vermochten nur Aufhorchen, Erstaunen, wenn nicht Ablehnung für sie aufzubringen. [...] Angesichts dieser schroffen Übergänge und der bunten Gegensätze unserer merkwürdigen zerrissenen und doch in neuer Wiedergeburt bebenden Zeit entsprang mir die Notwendigkeit einer Bestätigung und des Wacherhaltens eines schon vergangenen Denken und Stiles [...]."[15]

Von Nostitz-Wallwitz gehörte zu den Schriftstellerinnen und Schriftstellern, die mit einer großen Zahl an Erinnerungsliteratur den Buchmarkt bereicherten. Der Kaiser, der Kronprinz, Erich Ludendorff und viele andere schilderten ihre Zeit vor 1918 und spiegelten damit die Zeit, in der sie diese Bücher geschrieben haben. Auch diese populären Zeitgenossen waren in einem bestimmten Sinne „entheimatet", vor allem politisch oder beruflich, aber bisweilen räumlich. Die eigene Wiederbeheimatung vollzog sich individuell wie der Inhalt des Heimatbegriffs ebenso war. Heimat bedeutete stets eine z. B. politische oder soziale Wunschvorstellung, die sich wie heute weniger auf das Vaterland, sondern eher auf Geburts- oder Wohnort, das Gemeinwesen oder die

---

14 Erich Maria Remarque, Der Weg zurück. Frontkameraden, der Heimat wiedergegeben, suchen den neuen Weg ins Leben, Berlin 1931 (zunächst als Abdruck in der „Vossischen Zeitung" (Dezember 1930 bis Januar 1931); Ludwig Renn, Nachkrieg, Wien/Berlin 1930; Joseph Roth, Hotel Savoy, Berlin 1924 (Vorabdruck in der „Frankfurter Zeitung" Februar bis März 1924. Der Roman spielt in Lodz.); Edwin Erich Dwinger, Wir rufen Deutschland. Heimkehr und Vermächtnis, Jena 1932; Erich Herrmann, Vorher – hernach, Berlin 1930.

15 Helene v. Nostitz-Wallwitz, Aus dem alten Europa, Leipzig 1924, S. 6 f.

Familie bezogen haben dürfte. Von juristischen Implikationen dürften diese Gedanken inzwischen befreit gewesen sein. Die Aufladung des Heimatbegriffs im und nach dem Ersten Weltkrieg – die Verteidigung der Heimat als postulierter Kriegszweck – ließ sie zu einem der zentralen Worte werden, der nach dem verlorenen Krieg, der politischen Umgestaltung auch in Teilen neu gefüllt werden musste. Zur Identifikationsstiftung in Verbindung mit der Republik und dem Freistaat gehörte eine Verstärkung der Heimatkunde in der Schule mit Ausflügen und Exkursionen.[16] Reise- und Wanderführer, die vor 1914 sachlich und ohne große Ausführungen, außer die landschaftlichen Schönheiten hervorzuheben, Reisewege beschrieben, veränderten sich nach dem Ersten Weltkrieg insofern, als sie nun in den Einleitungen und bisweilen auch in den Texten den Heimataspekt betonten oder zumindest anführten.[17] Dass die meisten Kriegsheimkehrer nicht im Krieg ihre Heimat sahen, sondern im Frieden, wird an der Ausrichtung der meisten Veteranenverbände deutlich, die nicht bellizistisch war. Doch erwies sich die weitergetragene Tradition für die politischen Ziele der extremen Rechten als besonders anschlussfähig.

Die Rückkehr und Integration und damit „Wiederbeheimatung" der Kriegsheimkehrer beinhaltet mehrere Aspekte: die Integration durch staatliche und/oder kommunale Maßnahmen, auch für Kriegsversehrte, die Interaktion mit den zu Hause gebliebenen Familienmitgliedern, die Wiederaufnahme von zivilen Tätigkeiten und anderes mehr. Wie schnell die Reintegration gelang, oblag in erster Linie jedem Einzelnen. Das Wiedereinleben in die zivile Gesellschaft hing maßgeblich von zwei Komponenten ab: der Aufnahme von Arbeit und dem Verhältnis zur Familie. Letzteres unterschied sich von der Heimkehrperspektive der Soldaten nach dem Zweiten Weltkrieg, die auf emanzipiertere Ehefrauen trafen als nach 1918.[18] Die Reintegration, aus dem Aspekt der „Frontgemeinschaft" gesehen, ist insofern schwierig zu beurteilen, wenn man die „Frontgemeinschaft" überhaupt als gegeben akzeptiert oder sie lediglich als idealistisches Konstrukt sieht, das nie existierte. Wenn diesem Konstrukt gefolgt wird, hätte ein Arbeiter oder Bauer sich in ein System reintegrieren müssen, das den sozialen Schichten eine stärkere Rolle zuwies als an der Front, wo zumindest in der Idealvorstellung bei den Mannschaften die soziale Herkunft zweitrangig war Eine ganz andere Perspektive beleuchtet ein Zitat des Sohnes eines sächsischen Reserveoffiziers aus dem Ersten Weltkrieg: „Dem könig-

16 Als besonders gut gemachtes Beispiel: Heimat. Jugendblätter zur Heimatkunde für die Sächsische Schweiz und Osterzgebirge [teilweise: Müglitztal], hrsg. vom Bezirkslehrerverband Pirna, Pirna 1926 bis 1934.

17 Als zwei prominente Autoren von Wanderführern nach 1918 sind Gerhard Platz und Edgar Hahnewald zu nennen. Beide im Umkreis des Landesvereins Sächsischer Heimatschutz tätig, nahmen sie jedoch deutlich unterschiedliche Perspektiven ein.

18 Ulrike v. Gersdorf, Frauen im Kriegsdienst 1914–1945, Stuttgart 1969; Ute Daniel, Arbeiterfrauen in der Kriegsgesellschaft. Beruf, Familie und Politik im Ersten Weltkrieg, Göttingen 1989; Birte Kundrus, „Kriegerfrauen". Familienpolitik und Geschlechterverhältnisse im Ersten und Zweiten Weltkrieg, Hamburg 1995; Gabriele Metzler/Dirk Schumann (Hrsg.): Geschlechter(un)ordnung und Politik in der Weimarer Republik, Bonn 2016.

lich-sächsischen Hauptmann a. D. fiel es schwer, den Kontakt zu den einfachen Leuten wiederherzustellen" – und dies, obwohl als Führer eines Rekrutendepots täglich mit dem „einfachen Volk" zu tun hatte.[19] Vielleicht verursachte der Wegfall des einfachen Prinzips von Befehl und Gehorsam – der an der Front bei anerkannter Führungsleistung stets mit Vorbildfunktion und informeller Führung einhergehen musste – dem Reserveoffizier im zivilen Leben Mühe, wenn dieses Prinzip ihm selbst den Umgang mit dem „gemeinen Mann" erleichtert hatte und seiner Auffassung der eigenen sozialen Stellung entsprach. Vielleicht kam der „gemeine Mann" auch selbstbewusster aus dem Krieg zurück. Allen ist gleich, dass sie mit den Herausforderungen der parlamentarischen Demokratie, ohne Kaiser und Könige, umgehen mussten, ja, diesen Umgang erst erlernen mussten. Kanzler und Ministerpräsidenten wurden nicht mehr unabhängig von politischen Mehrheiten durch den Souverän ernannt, sondern durch parlamentarische Majoritäten gewählt. Das Fehlen eines überparteilichen, über allen Dingen stehenden Menschen, des Fürsten, der die „Mühseligkeiten" parlamentarischer Konsensfindungen auffängt, lenkt und eine Richtung gibt. Den Parteien in der parlamentarischen Demokratie kam damit eine wesentlich größere Bedeutung als vor der Revolution zu. Das politische System mit der beherrschenden Stellung des Reichstags und der Landtage, ohne Kammersystem wie vor 1918, konnte auf manchen Betrachter unübersichtlicher, unelitärer und ohne die zumindest von den Monarchen beanspruchte „göttliche Sendung" als lediglich säkular wirken.

Kriegstraumata

Spätestens seit dem Vietnamkrieg sind Traumata der Kriegsheimkehrer Thema der Reintegration. Allerdings sind durch die wesentlich besseren ärztlichen Bedingungen im Laufe des 20. Jahrhunderts wesentlich mehr physisch verwundete Soldaten gerettet worden, die zum Teil dann zu denen gehörten, die an Kriegstraumata litten. Nach dem Ersten Weltkrieg, auch noch nach dem folgenden, blieben die Kriegsheimkehrer mit ihren Schreckenserlebnissen an der Front vor allem mit sich allein. Das Totengedenkbuch Dresden 1914 bis 1918 weist, hochgerechnet, von den 18 000 Gefallenen und Gestorbenen zwei Prozent nach, die nach dem damaligen Sprachgebrauch als geisteskrank verstorben sind.[20] Zum nachgewiesenen Selbstmord, der im Regelfall im zivilen Leben stattfand, während der Suizid im Kampfgebiet aus verständlichen Gründen kaum belegbar ist, kann für die Kriegstoten des Ersten Weltkrieges in Leipzig 1914 bis 1918

19 Erinnerungen eines Frauensteiners (unveröffentlicht), 1976, S. 13 (Archiv des Verfassers).
20 Konstantin Hermann, Das Dresdner Totengedenkbuch 1914–1918, in: Mitteilungen des Vereins für sächsische Landesgeschichte 12 (2014), S. 28–45.

von 64 Selbsttötungen ausgegangen werden (von 16 000 Toten insgesamt).[21] Die Zahl ist also verschwindend gering. Psychische Kriegsfolgen wurden kaum anerkannt; sie waren von den Soldaten zu ertragen. Im nationalsozialistischen Deutschland wurden diese Erkrankungen keine Kriegsleiden mehr: Das unter dem sperrigen Namen laufende „Fünfte Gesetz zur Änderung des Gesetzes über das Verfahren in Versorgungssachen“ vom 3. Juli 1934 schrieb, dass seelische Erkrankungen grundsätzlich nicht mehr als Folge erlittener Kriegstraumata anerkannt werden.[22] All die bis dahin anerkannten Fälle wurden neu geprüft, was einer Abschaffung des „Neurotikerlasses“ von 1929 gleichkam, so Stephanie Neuner. Im Rahmen der Euthanasiemorde wurden zwischen 4000 und 5000 psychisch kranke Veteranen des Ersten Weltkriegs getötet. Insgesamt lebten nach 1918 ungefähr 500 000 Kriegsversehrte in Deutschland. Das Reichsversorgungsgesetz von 1920 bezweckte die Rückkehr der Soldaten in ihren Beruf und sah finanzielle Entschädigungen vor.

Die Verarbeitung der Fronterlebnisse und des Grauens artikulierte sich in vielen Ausdrucksmitteln. Zu den Schrecken des Krieges trugen die neuen Todes- und Verwundungsursachen erheblich bei, als der Tod mit großer Sense über die Front ging. Tod durch Gasvergiftung, in U-Booten auf dem Meeresgrund liegend oder auf Booten im Meer versinkend, durch Flammenwerfer und Panzer verbrannt und zermalmt, Verschüttungen durch Artilleriefeuer – den Selbstzeugnissen nach eine besonders gefürchtete Todesart – oder durch die Minierung und Sprengung der eigenen Stellungen. Am 7. Juni 1917, nahe Ypern, wurden durch eine gewaltige Detonation etwa 10 000 deutsche Soldaten verschüttet und starben, als Briten nach monatelanger Vorbereitung die deutschen Stellungen unterminiert und mit 600 Tonnen Sprengstoff in die Luft gejagt hatten. Damit verschwand mehr oder minder eine gesamte Division innerhalb von Sekunden in der Erde – in folgender Größenordnung: ein Fünftel der Verluste der deutschen Armee im Deutsch-Französischen Krieg von 1870/1871 innerhalb weniger Wimpernschläge ausgelöscht. Die Detonation war noch in London zu spüren, so gewaltig war dieser Schlag.[23] Von entscheidender Bedeutung sind die genannten anonymen Bedrohungen, die dem Soldaten besondere Angst bereiteten. Militärpsychologen haben nachgewiesen, dass Soldaten mit der konkreten, logisch fassbaren Bedrohung wesentlich besser umgehen können als mit anonymen Bedrohungen wie Giftgas oder Trommelfeuer durch die Artillerie, zumal diese Bedrohungen auch kaum Widerstandsmöglichkeiten boten, sondern erduldet und überstanden werden mussten.[24] Diese anonymen Bedrohungen,

---

21 Ebd.

22 Reichsgesetzblatt 3.7.1934, https://commons.wikipedia.org/wiki/File:Deutsches_Reichsgesetzblatt_34T1_072_0547.jpg. Siehe: Stephanie Neuner, Politik und Psychiatrie. Die staatliche Versorgung psychisch kranker Kriegsbeschädigter im Deutschland 1920–1939, S. 230.

23 Alexander Turner, Messines 1917. The Zenith of Siege Warfare, Oxford 2010.

24 Siehe Dirk W. Oetting, Motivation und Gefechtswert. Vom Verhalten des Soldaten im Kriege, Frankfurt/M., Bonn 1990.

in der Regel mit hohen Verlusten, sind neben der Furcht vor Verstümmelungen, die der Soldat schwerer ertragen konnte als die Furcht vor dem Tod, die Motive der Kunst, Literatur und des Films in der Auseinandersetzung mit den Kriegstraumata.

Von den Schrecken des Krieges, den Verwundungen, legen die pazifistischen Bildwerke eindrückliches Zeugnis ab. „Krieg dem Kriege!", nannte Ernst Friedrich sein Buch von 1924, das das zeigt, was die Frontkämpfer sahen.[25] Andere Bildwerke ließen lediglich erahnen, was geschehen war. In der Literatur gab es unzählige Werke in allen kriegsführenden Staaten, die sich des Horrors der Front annahmen. Auch die noch junge Filmkunst wurde zum Zeugnis der Verarbeitung der Kriegsschrecken. Bis 1925 dominierten die Horrorfilme, während die Streifen, die das Kriegsgeschehen verarbeiteten, naturalistischer wurden. Im Film „Orlacs Hände" von Robert Wiene, 1924 gedreht nach einer literarischen Vorlage von 1920, wird der Verlust von Gliedmaßen thematisiert, ebenso die Vorstellung einer Transplantation von Händen eines anderen Mannes. Gewaltphantasien, der Tod junger Männer, Verkrüppelungen waren die Themen der Horrorfilme. Auch wenn diese nicht als Kriegsfilme angelegt sind, liegt in ihnen die Bedeutung einer Verarbeitung. Der Filmwissenschaftler Anton Kaes schrieb über den Film „Das Cabinet des Dr. Caligari", ebenfalls von Wiene aus dem Jahr 1920: „In diesem Film wird die verstörende, halluzinatorische Grenzerfahrung an der Front wahrhaftiger aufbewahrt als in den meisten – später entstandenen – naturalistischen Kriegsfilmen." Diese Filme sind nicht zuletzt auch Auseinandersetzungen mit dem Heimkommen, mit dem Leben daheim. Joe Mays Dreiecksgeschichte „Heimkehr" (1928) nach Leonhard Franks Erzählung „Karl und Anna" stellt die „Therapie" der Reintegration bloß: Aus den verwilderten Männern wird nach Rasur und neuer Kleidung wieder der zivilisierte Mann – jedoch nur äußerlich. Die erlittenen Schmerzen und Erfahrungen blieben.[26]

Die heimkehrenden Soldaten gewöhnten sich wieder an das Zivilleben. Die Erinnerung an die Kriegsjahre war ein Teil der Vergangenheit. Die Frontgemeinschaft dürfte zunächst als lediglich sozial aufgefasst worden sein. Es erscheint auffällig, dass erst ab 1928 – sicher auch durch die literarischen Veröffentlichungen – die Begriffe „Frontgemeinschaft" bzw. „Frontgeist" in den Zeitungen deutlich häufiger verwendet wurden als in der Mitte der 1920er Jahre oder nach dem Ersten Weltkrieg. Je größer die Aufmerksamkeit für diese Begriffe, desto mehr wuchs die Polarisierung.

25 Ernst Friedrich, Krieg dem Kriege! [Teil 1], Berlin 1924; Teil 2: Berlin 1926.

26 Vom Werden deutscher Filmkunst, Teil 1: Der Stummfilm, Teil 2: Der Tonfilm, Hamburg-Altona 1935; Siegfried Cracauer, Von Caligari zu Hitler, Frankfurt/M. 2012; Klaus Kreimeier, Die UFA-Story. Geschichte eines Filmkonzerns, Frankfurt/M. 2002. Leonhard Frank, Karl und Anna, Berlin 1926.

Integration der Kriegsheimkehrer durch staatliche Programme und Wiedereingliederungshilfen

Von den 13 Millionen deutschen Soldaten erlitt knapp ein Drittel schwere Verwundungen und galt als kriegsversehrt, d. h. drei bis vier Millionen.[27] Diese verwundeten Soldaten trafen im Krieg und danach auf ein Invalidenversorgungssystem, das auf eine solche Menge nicht vorbereitet war. Bestimmend waren immer noch die Versorgungsgesetze aus der Vorkriegszeit – diese waren einklagbare Ansprüche, während die Fürsorge einen unterstützenden und freiwilligen Charakter hatte. Erst nach Kriegsende wurden an die Lage angepasste Gesetze zur Versorgung der Kriegsbeschädigten erlassen; noch im Ersten Weltkrieg selbst waren es vor allem einige behördliche und vielmals private Initiativen, die die Not linderten. Zur besseren Abstimmung entstanden im zweiten Kriegsjahr der Reichsausschuss für Kriegsbeschädigtenfürsorge und der Hauptausschuss der Kriegerwitwen- und Waisenfürsorge. Als der Erste Weltkrieg begann, galt noch das alte Gesetz aus dem Jahre 1888 (Kriegsfamilienunterstützung). Bereits am 4. August 1914 erließ der Reichstag das Gesetz zur Fürsorge für die Familien der Kriegsteilnehmer, das eine Mischfinanzierung der Unterstützung aus Reichs- und kommunalen Mitteln vorsah.[28]

Im zweiten Jahr der noch jungen Republik, am 8. Februar 1919, erschien die Verordnung über die soziale Kriegsbeschädigten- und Kriegerhinterbliebenenfürsorge (Ergänzung 13. Februar 1924 durch die Fürsorgeverpflichtung). Zu nennen sind außerdem noch das Reichsversorgungsgesetz (12. Mai 1920) und das Gesetz über die Beschäftigung Schwerbeschädigter (12. Januar 1923). Eingeschränkt Erwerbsfähige erhielten Renten und bei mehr als 50 % Schwerbeschädigung eine Zulage. Ab 90 % galt der Invalide als erwerbsunfähig. Zu diesen zählten generell Kriegsblinde, die Anspruch auf einen Blindenhund sowie eine Pflegezulage von 1200 RM hatten. In den 1920er Jahren wurden 2800 Kriegsblinde gezählt. Hinterbliebene Witwen und Kinder erhielten ebenfalls Beihilfen.

Ende der 1920er Jahre erhielten über 807 000 Invaliden Renten, mehr als 361 000 Kriegerwitwen und über 703 000 Kriegswaisen Beihilfen. Anders als man vermuten könnte, stieg die Zahl der versorgungsberechtigten Kriegsinvaliden ab 1924 wieder an:

27 Siehe allgemein dazu: Sabine Kienitz, Beschädigte Helden. Kriegsinvalidität und Körperbilder 1914–1923, Paderborn 2008. Je nach Zählweise variieren die Zahlen stark: Der Sanitätsbericht über das Deutsche Heer gab die Zahl von 4,2 Millionen reinen Kriegsverwundungen an. Der Bericht wertete zwei Millionen Kriegsverwundungen aus; davon waren 300 000 Kopfverwundungen sowie 1,3 Millionen Verletzungen von Gliedmaßen. Sanitätsbericht über das Deutsche Heer (Deutsches Feld- und Besatzungsheer) im Weltkriege 1914/1918, Bd. 3, Berlin 1934, S. 68–71, nach: Michael Hagner, Der Geist bei der Arbeit. Historische Untersuchungen zur Hirnforschung, Göttingen 2013, S. 94.

28 https://commons.wikimedia.org/wiki/File:Deutsches_Reichsgesetzblatt_1914_053_332.jpg (Gesetz zur Änderung des Gesetzes, betreffend die Unterstützung von Familien in den Dienst eingetretener Mannschaften, vom 28. Februar 1888, 4.8.1914).

Jahr	Versorgungsberechtigte Kriegsbeschädigte
1918	1 500 000
1924	720 000
1926	737 000
1928	761 000

Tab. 1: Versorgungsberechtigte Kriegsinvaliden[29]

Der Grund hierfür waren Verschlimmerungen der Kriegsleiden, später auftretende Kriegsfolgen oder die wirtschaftlich schwierigeren Verhältnisse. Diese Zahlen sind jedoch lediglich ein Ausschnitt: Im Oktober 1924 waren 1 597 000 Millionen Deutsche kriegsversorgungsberechtigt, davon 771 000 Invaliden, 380 000 Witwen, 66 000 Waisen und 361 000 Eltern gefallener Söhne. Diese Gesamtzahl sank minimal; noch im August 1938, also zwanzig Jahre nach Kriegsende und am Vorabend des nächsten Krieges, waren 1 578 000 Menschen kriegsversorgungsberechtigt.[30] Im Vergleich Dresden: Bei einer Einwohnerzahl von 619 000 Personen (1925) wurden 15 352 Kriegsbeschädigte und Hinterbliebene gezählt, d. h. ein Vierzigstel der Gesamtbevölkerung.[31]

Neben den gesetzlichen Ansprüchen standen den Kriegsheimkehrern und den Angehörigen von Gefallenen die Fürsorgeinstrumente nichtstaatlicher oder nichtkommunaler Organisationen zur Verfügung. Einen Anspruch auf diese freiwilligen Leistungen gab es im Unterschied zu den gesetzlichen Ansprüchen nicht. Diese Initiativen entstanden nicht nur aus Patriotismus oder in Anerkennung der Opfer der Soldaten und Familien, sondern nicht zuletzt auch in der Erkenntnis, dass die gesetzlichen Möglichkeiten nicht ausreichten. Der bereits erwähnte „Heimatdank" umfasste mehr als 100 sächsische Vereine, der unter seinem Geschäftsführer Freiherr Alfred von Welck eine umfassende soziale Tätigkeit entwickelte. Diese artikulierte sich nicht hauptsächlich in der Gewährung finanzieller Zuwendungen, sondern im Sinne einer tätigen Hilfe, um die Chancen und Perspektiven sowie Rahmenbedingungen des Kriegsversehrten zu verbessern.[32] Die Stiftung „Heimatdank" gab Suche- und Bietelisten heraus, in denen Firmen und Behörden nach Kriegsbeschädigten zur Anstellung suchen konnten und diese konnten eigene Suchanzeigen nach Arbeitsstellen aufgeben.[33] Weitere Aufgabenfelder

---

29 Oestergaards Lexikon in zwanzig Bänden, Bd. 11, Berlin 1933, S. 1120–1123, hier S. 1122 f.

30 Meyers Lexikon, 8. Auflage, Bd. 6, Leipzig 1939, S. 1601.

31 Bericht über die Tätigkeit des Ortsamtes für Kriegerfürsorge zu Dresden in der Zeit vom 1. April 1925 bis 31. März 1926, Dresden 1927, S. 23. Auch diese Broschüre bezeichnete die proportionale Zahl der wehrtauglichen Männer auf dem Land höher als in der Stadt.

32 Christian Kittel, Die Kriegsbeschädigtenfürsorge im Ersten Weltkrieg. In Sachsen unter besonderer Berücksichtigung der Stiftung „Heimatdank", Universität Leipzig, Dissertation 2002. Als Privatquelle: Hubertus v. Welck, Alfred Frhr. v. Welck, Bad Godesberg 1979 (Typoskript).

33 Heimatdank. Verzeichnis für Kriegsinvaliden angebotene Stellen in Sachsen.

der Stiftung waren die Unterstützung von Ausbildung und Erziehung von Soldatenwaisen, die Vermittlung von Pflegeeltern für Kriegswaisen, Hilfe bei der Einrichtung von Heimstätten zu geben, Lehrgänge zur Berufsausbildung auszurichten und den Aufbau von Lehrwerkstätten für Kriegsbeschädigte voranzubringen. Diese karikativen Aufgaben wirkten dort ergänzend, wo die öffentlichen Maßnahmen nicht ausreichten. Welchen Erfolg diese Maßnahmen hatten, ist kaum einzuschätzen – die Hilfe kann im Einzelnen groß gewesen sein, angesichts der hunderttausenden Opfer genügte diese wohl nicht.[34] Ein Indiz dafür können die nach dem Krieg entstehenden Interessensvertretungen sein. 1919 wurde der Zentralverband deutscher Kriegsbeschädigter und Hinterbliebener (150 000 Mitglieder), 1921 der Verband der Kriegsbeschädigten und Hinterbliebenen des deutschen Reichskriegerbundes Kyffhäuser gegründet (400 000 Mitglieder) und 1922 der Reichsverband deutscher Kriegsbeschädigter und Kriegshinterbliebener (200 000 Mitglieder).[35] Damit waren 750 000 Kriegsbeschädigte Ende der 1920er Jahre organisiert – rein rechnerisch war damit jeder Invalide organisiert und diese Vereine waren von der Mitgliederzahl fast so groß wie die SPD[36].

1933 wurden all diese Verbände in der NS-Kriegsopferversorgung gleichgeschaltet. Neben Staat, Kommune und den genannten Bünden wirkte ein Verein ganz besonders an der Erhaltung der alten „Frontheimat" mit – aber auch an deren Übertragung in ein neues System. Der „Stahlhelm. Bund deutscher Frontsoldaten" agierte nicht nur als Interessensverein ehemaliger Soldaten, sondern wuchs zu einem Fürsorge- und Wirtschaftsunternehmen heran. Er unterhielt eine eigene Versicherungsanstalt und sein Arbeitsdienst umfasste Mitte 1933 über 1100 Arbeitsdienstlager. Die beiden Jugendorganisationen (Jungstahlhelm für Jugendliche ab 17 Jahren und der Scharnhorstbund für Jugendliche im Alter von 13 bis 17 Jahren) sorgten für Nachwuchs im Verein und sollten den Frontgeistgedanken an die Kinder und Jugendlichen übertragen. Franz Seldte gründete bereits 1918 den erwähnten parteipolitisch ungebundenen Stahlhelmbund, der den „Wehrgedanken" in Deutschland bewahren bzw. wiedererwecken wollte, trat gegen die Kriegsschuldlüge auf und forderte einen Ausbau der Sozialpolitik – aus streng nationalistischer, antidemokratischer und judenfeindlicher Perspektive. Der Stahlhelm wurde politisch so bedeutend, dass er 1932 einen eigenen Kandidaten zur Reichspräsidentenwahl aufstellte – den zweiten Bundesführer des Stahlhelms, Theodor Duesterberg. Der Stahlhelm wurde, wie viele andere Organisationen, von den Nationalsozialisten gleichgeschaltet.[37] Diejenigen Kriegsteilnehmer, die auf dem Boden der Weimarer Verfassung standen, schlossen sich im „Reichsbanner Schwarz-Rot-Gold" zusammen,

34 Siehe Carsten Schmidt, Zwischen Burgfrieden und Klassenkampf. Sozialpolitik und Kriegsgesellschaft in Dresden 1914–1918, Baden-Baden 2007.

35 Oestergaard, Bd. 11, S. 1118.

36 1925 noch 806.000 Mitglieder. Horst Möller, Die Weimarer Republik. Demokratie in der Krise, München 2018.

37 Volker R. Berghahn, Der Stahlhelm. Bund der Frontsoldaten 1918–1935, Düsseldorf 1966.

Straßenbild aus der Siedlung Auerswalde bei Chemnitz

Abb. 3: Entwurfszeichnung der Kriegersiedlung Auerswalde bei Chemnitz

der über drei Millionen Mitglieder zählte. Dem 1924 gegründeten „Bund republikanischer Kriegsteilnehmer" konnten ebenfalls Jugendliche beitreten.[38] Auch hier trug die „Frontgemeinschaft", allerdings in einer demokratisch geläuterten Weise, die in eine andere Zukunft führen sollte als die des „Stahlhelms".[39]

Als besonderer Teil der Fürsorge gelten die Kriegerheimstätten. Die Wucht, die Gewalt und Gewaltigkeit des Krieges in der vorher nicht gekannten Dimension eines maschinellen Tötens führte bereits zwischen 1914 und 1918 zu einem intensiven Diskurs über die Ansiedlung der Heimkehrer auf der „eigenen Scholle". Der Grundbesitz sollte nicht zuletzt die Bindung gerade jener zur Heimat stärken, die kein Wohneigentum besaßen. Neben dieser Intention, über Besitz die Heimattreue zu stärken, galt das Landleben als bester Garant für die sich erhaltende Wehrtüchtigkeit der ehemaligen Soldaten und auch ihrer (zukünftigen) Kinder. Großstädter wiesen zudem eine höhere Anzahl z. B. an Lungen- und Nervenkrankheiten auf.[40]

---

38 Carsten Voigt, Kampfbünde der Arbeiterbewegung. Das Reichsbanner Schwarz-Rot-Gold und der Rote Frontkämpferbund in Sachsen 1924–1933, Köln, Weimar, Wien 2009; Benjamin Ziemann, Die Zukunft der Republik? Das Reichsbanner Schwarz-Rot-Gold 1924–1933, Bonn 2011.

39 Benjamin Ziemann, Veteranen der Republik. Kriegserinnerung und demokratische Politik 1918–1933, Bonn 2014.

40 Siehe z. B. Karl Schmidt, Eine sächsische Kriegersiedlung, Mitteilungen des Landesvereins Sächsischer Heimatschutz, Bd. V (1916), Nr. 3–5, S. 132–141; Kruschwitz, Kriegeransiedlung in Sachsen, in: Mitteilungen des Landesvereins Sächsischer Heimatschutz, Bd. V (1916), Bd. V (1916), Nr. 6 und 7, S. 196–204; Joos, Die Stellung

Bodenreformer, die vor 1914 um Adolf Damaschke agierten, sahen in den Diskussionen die Möglichkeit zur Durchsetzung der Vorkriegsideen. Die Zentralstelle für Wohnungsfürsorge in Sachsen, 1912 gegründet, griff die Gedanken der Kriegerheimstätten auf, entwarf Bebauungs- und Infrastrukturpläne, gestaltete das Aussehen der Häuser und gab Empfehlungen für die Ausstattung heraus. Die Reichsverfassung der Weimarer Republik von 1919 bestimmte in Artikel 155: „Kriegsteilnehmer sind bei dem zu schaffenden Heimstättenrecht besonders zu berücksichtigen", was die Kriegerheimstättenvereine zur Grundlage und als Legitimation für die Verwirklichung ihrer Planungen betrachtete. Eingeschränkt war dafür auch die Enteignung von Grundbesitz statthaft. In Sachsen bildeten sich recht frühzeitig Vereine und Gesellschaften zum Zweck des Baus von Kriegerheimstätten. Neben der zentralen Landsiedlungsgesellschaft „Sächsisches Heim" entstanden regionale und lokale Vereine. Der Landtag erließ schon früh die Ausführungsverordnung vom 15. März 1921 zum Reichsheimstättengesetz. Preußen zum Beispiel zog erst 1924 nach. 1926 waren im Freistaat Sachsen dem Heimstättenrecht 233 Hektar Land unterstellt, auf dem sich 3000 Wohnheimstätten befanden.[41]

Steinerne Denkmäler

Waren die Kriegerheimstätten quasi der in die Zukunft gewandte Entwurf des Danks an die Soldaten, stellen die Kriegerdenkmäler, die in vielen Orten standen, die Erinnerung an das Standhalten, Siegen und seltener auch Sterben der Soldaten dar.[42] Die Sakralisierung des Todes im Ersten Weltkrieg verlangte nach einer entsprechenden Erinnerung; im deutlichen Unterschied zu 1870/71. Das moderne, prägende Gefallenengedenken ist eine Idee der Neuzeit.[43] Es setzt zwei Dinge voraus: die Konstruktion des Opferns des eigenen Lebens für die höhere Idee – in der deutschen Geschichte das Streben nach einem Deutschland im 19. Jahrhundert – und die Individualisierung des Gefallenen. Das Gefallenengedenken der Neuzeit setzt also mehreres voraus; darunter ein neues Nationalgefühl, die Mobilisierung der gesamten Nation, Soldaten und Zivilisten, körperlich

der Industriearbeiter zur Frage der Ansiedlung außerhalb der Stadt, in: Mitteilungen des Landesvereins Sächsischer Heimatschutz, Bd. V (1916), Nr. 8–10, S. 268–277.

41 Weihe der Kriegersiedlung Dresden-Trachau am 15. August 1926, Festschrift, Dresden 1926, S. 7.

42 Georg Wrede, Bauten der Landessiedelungsgesellschaft „Sächsisches Heim" in Dresden, Leipzig 1922; Sächsisches Heim, Dresden 1923; Max Rusch, Zurück zum Boden! Leitfaden für das Siedlungswesen unter besonderer Berücksichtigung der Verhältnisse in Sachsen, Dresden 1921 (auch online). Als bereits genanntes Beispiel: Weihe der Kriegersiedlung Dresden-Trachau am 15. August 1926, Festschrift, Dresden 1926 (im sozialdemokratischen Verlag Kaden & Comp. erschienen). H. Probst, Sachsen auf dem Wege der Kriegerheimstätten, in: Johann Edmund Hottenroth, Sachsen in großer Zeit, Bd. 3, S. 286–323.

43 Siehe z. B.: Svenja Goltermann, Opfer. Die Wahrnehmung von Krieg und Gewalt in der Moderne, Frankfurt/M. 2018; Gerd Krumeich, Die unbewältigte Niederlage. Das Trauma des Ersten Weltkriegs und die Weimarer Republik, Freiburg/Breisgau 2018.

und geistig. Es entstand das bürgerliche Ideal des Einsatzes fürs Vaterland mit Waffen. Vorher war der Krieg vor allem Sache der Soldaten gewesen, nun wurde er Sache der Bevölkerung, vor allem der bürgerlichen Mittelschicht, die nicht selten kriegsbegeisterter war als der Adel, da sie sich sozialen Aufstieg und Teilhabe erhoffte. Das Volksheer, die allgemeine Wehrpflicht – der Glaube an die Sache –, der Bürger als Soldat, die Individualisierung der Personen führten zur Denkwürdigkeit der Soldaten, unabhängig vom Rang. Das Gefallenengedenken avancierte nun zum zentralen Bestandteil des Kriegserlebnisses der Bevölkerung; damit eine Mythisierung des Kriegserlebnisses einhergehend. Die Toten waren nun keine „normalen" Gestorbenen mehr, sondern „Opfer auf dem Altar des Vaterlands", wie eine bekannte Formel jener Zeit lautet. Und diese gehörten besonders würdig geehrt.[44]

Die Entwicklung ging weg vom romantischen Einzelgrab mit Birkenkreuz und Pickelhaube hin zur zentralen Bettung der sterblichen Überreste auf größere Friedhöfe. Schon im August 1915 wurde den Soldaten der sächsischen Armee befohlen, Einzelgräber zu melden. Hintergrund war der Aspekt der Sorge um die Erhaltung des Grabmals, aber auch, dass das Gebiet nach dem Krieg nicht mehr unter deutscher Kontrolle stehen würde. Sachsen beabsichtigte daher, die Soldatenfriedhöfe zu kaufen, die fest bestimmten Einheiten zugewiesen waren. Angesichts der Unsicherheit des Weiterbestehens der Friedhöfe befahl das XII. AK Generalkommando am 7. November 1915 auch, die Anlagen photographisch festzuhalten. Überhaupt seien die Friedhöfe „nach deutschem Empfinden" zu gestalten.[45] Bis Dezember 1915 hatte man im Bereich das XII. AK 4900 Rosenstöcke, 4100 Stück Efeuranken, 70 Rhododendren, 400 Lebensbäume, 600 blühende Sträucher und Zierpflanzen sowie 70 000 Blumenzwiebeln für die Kriegsgräber beschafft.[46] Kaiser Wilhelm II. schrieb am 18. Juli 1917, dass Deutschland bisher 10 Millionen Mark für die Fürsorge der Gräber ausgegeben habe.[47] Die Pflege der Gräber oblag der Armee; der Volksbund Deutsche Kriegsgräberfürsorge wurde erst 1919 gegründet.

Der Sächsische Heimatschutz gab 1915 das „Merkblatt zu Kriegerehrungen" heraus.[48] Die zahlreichen Mappen- und Abbildungswerke verdeutlichen den großen Anteil der Heimatschutzvereine an der Gestaltung der Soldatengräber und Kriegerdenkmäler. Und sie bezeugen, ähnlich wie ein Text in den Mitteilungen des Heimatschutzes, eine neue Entwicklung ab 1915. Nachdem im Herbst bzw. Winter 1914 klar wurde, dass der Krieg in absehbarer Zeit nicht zu beenden war, die Verlustraten 1914 prozentual sehr hoch waren und das Bewusstsein, sich in einem Weltkrieg zu befinden, sich durch-

44 Ausführlich hierzu: Konstantin Hermann, Erinnerungsblätter – Sachsens Erinnerung an den Ersten Weltkrieg, in: Konstantin Hermann/Matthias Rogg (Hrsg.), Sachsen im Ersten Weltkrieg. Politik und Gesellschaft eines deutschen Mittelstaates 1914–1918, Stuttgart 2018, S. 314–326.

45 HStAD, MDI, 10736, 17490: Kriegsgräber und Kriegerehrung, fol. 29.

46 Ebd., fol. 33.

47 StAd, MDI, 10736, 17491, Kriegsgräber und Kriegerehrung 1917, fol. 51.

48 Merkblatt zu Kriegerehrungen, hrsg. vom Landesverein Sächsischer Heimatschutz, Dresden 1915.

setzte, trat der Königlich Preußische Garteninspektor in Berlin-Dahlem Willy Lange in die Öffentlichkeit mit der Idee, größere Heldenhaine einzurichten. Auch wenn schon vor dem Krieg Themen wie Hausinschriften, alte Grabmalstexte, Steinkreuze, Hausmarken und dergleichen populär waren, konnten sie doch nun Ausdruck für die Suche nach den Wurzeln, nach dem mythischen Kern eines deutschen „Volksbewusstseins" sein, das angesichts der Lage an allen Fronten so gefährdet schien und dem man sich verstärkt widmete. Diese gesuchten Tiefenwirkungen deutscher Seele, die diese Autoren erzielen wollten und thematisierten, schließen nahtlos an die Diskurse der Zeit vor 1914 an, setzen sich jedoch auch bis nach 1933 fort. Nicht nur genannter Willy Lange fabulierte von einer „gewaltigen Reinigung, die durch die Welt" ginge.[49] Das Werk „Soldatengräber und Gedenkstätten" von 1944 nimmt direkten Bezug auf die Grabkultur des Ersten Weltkrieges und nun stehen die monströsen Totenburgen und Ehrenmäler vor unseren Augen, die wir als typisch nationalsozialistisch einschätzen; starke Anleihen von vorgeblich germanisch inspirierten Anlagen, die meist Entwürfe blieben. Mit den Heldenhainen traf Lange den Zeitgeist. Der Freiberger Stadtbaurat Gustav Rieß rief dazu auf, überall nach geeigneten Waldstücken und Parks für Heldenhaine zu suchen, die heiligen Haine der Germanen lagen tief im Schoß des germanischen Urwaldes, mit „deutschem Geist und tiefem Natur- und Gottesempfinden" und zitierte den in diesem Zusammenhang unvermeidlichen Tacitus, dass die Germanen aus den heiligen Hainen Bilder und gewisse Götterzeichen in die Schlacht mitnähmen.[50] Die heiligen Haine waren also mehr als bloße Gedenkstätten; sie sollten zur jetzigen und späteren geistigen Mobilisierung dienen und offenbarten damit ihren Parallelcharakter.

Es waren anerkannte Künstler wie Kurt Feuerriegel, der auf Anregung des Heimatschutzes nach Frohburg geschickt wurde, um dort und in Kohren das künstlerische Töpferhandwerk wiederzubeleben. Doch mit Anordnung des sächsischen Innenministeriums vom 26. April 1917 war Schluss mit alledem: Alle Denkmalbauten seien auf die Zeit nach Kriegsende zu verschieben; es sollten auch keine Geldmittelsammlungen dafür mehr stattfinden: „alle Anstrengungen sind auf die Erringung des Sieges zu richten", so das Ministerium.[51] Demzufolge begannen die meisten Unternehmungen zur Errichtung von Kriegerdenkmälern erst 1919; eine kurze Welle, die mit der Hyperinflation zusammenbrach. Die Bildhauer und Künstler von Kriegerdenkmalen verspürten ab Mitte der zwanziger Jahre einen deutlichen Auftragsrückgang. Bildhauer wie Hans Dammann aus Berlin, der 1926 schon 100 Kriegerdenkmäler geschaffen hatte, klagten darüber, nicht ahnend, dass sich ihnen bald eine neue Chance bot. Solch produktive Meister gab es in

49 Willy Lange, Heldeneichen und Friedenslinden, in: Mitteilungen des Landesvereins Sächsischer Heimatschutz, S. 311–316, hier S. 313.

50 Gustav Rieß, Denkmäler, Denkstätten und Dankstätten, in: ebd., S. 359–367, hier S. 365.

51 Erlass des sächsischen Innenministeriums vom 26.4.1917, in: HStAD, MDI, 10736, 17491, Kriegsgräber und Kriegerehrung 1917, fol. 24.

Sachsen genauso. Erst ab Mitte der zwanziger Jahre, mit der wirtschaftlichen Erholung in Deutschland nahm die Errichtung von Kriegerdenkmälern wieder zu. Nach der Machtübernahme der Nationalsozialisten hatte die Errichtung von Kriegerdenkmalen eine Hochkonjunktur. Hinzugenommen wurde nicht selten das Gedenken an die „Gefallenen der Bewegung", die in der NS-Logik im gleichen Kampf für Deutschland gestorben waren wie die Frontsoldaten. In einigen Orten verfiel man anscheinend in die Fehler, die man 1914 und in den Folgejahren zurückgedrängt hatte, so dass das sächsische Innenministerium am 12. August 1933 erklärte, angesichts der seit einigen Monaten errichteten Denkmäler, die für die „nationale Erhebung" oder für Kriegsgefallene errichtet würden, seien diese durch einen „erschreckenden gedanklichen und geschmacklichen Tiefstand ausgezeichnet"; die Erbauer nutzten nicht die landschaftlichen oder architektonischen Besonderheiten des Ortes und so seien die Denkmale mit der heimatlichen Landschaft nicht verwachsen, sondern schablonenartig. Das Ministerium erinnerte deshalb nochmals an die Verordnung von 1922, dass schon erste Erörterungen und Planungen mit der Beratungsstelle für Kriegerehrungen abzustimmen seien. Diese versandte am 7. Oktober 1933 Grundsätze für Kriegerehrungen und bestand bis mindestens 1940.[52]

Als einzig sichtbare Erinnerungszeichen an den Krieg bleiben die Denkmäler. In kleineren Orten meist prominent platziert, in den mittelgroßen und großen Städten dagegen weitab von der Hektik des Alltags, versteckt. Die Denkmäler – nicht nur in Parks, sondern auch als Tafeln in Rathäusern, Kirchen u. a. – hatten als Objekt einzig eine Tiefenwirkung mit Kranzniederlegen, Ansprachen und Aufmärschen. Sie sind die Stein gewordene deutsche Ambivalenz nach 1918 für die Ferne: In Deutschland gab es nach 1918 keine konkreten öffentlichen Erinnerungsobjekte, abgesehen von Devotionalien, zum Krieg; die Front stand nicht in Deutschland. Wo blieb der Krieg sichtbar? Die Kriegsfolgen ja, aber sie wurden der Republik angelastet. Als zentrale Orte der Gedenkkultur zeigten die Denkmäler deutlich, dass es an der Sinnstiftung fehlte: Zwar hatte sich die Republik gegenüber der monatelangen Propaganda der Rechtsparteien gegen den Youngplan im Volksentscheid 1929 durchgesetzt, jedoch befeuerte dieser Konflikt den Diskurs erheblich, zehn Jahre nach dem Ende des Ersten Weltkrieges. Die Auseinandersetzung stellte die Sinnfrage neu und diesen Prozess verlor die Republik 1933. Es gelang den Rechtsparteien und eben vor allem der NSDAP, die Deutungshoheit darüber zu gewinnen. Die Politisierung des Totengedenkens entzog der allgemeinen Erinnerung aller Bevölkerungsgruppen den Boden, die eben nicht mehr einen unbedingten Konsenscharakter hatte. Das gelang weder im Krieg noch nach dem Krieg. Selbst in den nationalen Kreisen konnte man sich bisweilen nicht einigen: Nicht selten hatten die einzelnen militärischen Einheiten ihr eigenes Denkmal. Die Gemeinde- und Stadtprotokolle verdeutlichen die Bedenken von Sozialdemokraten und Kommunisten der Art, wie

52 Sächsisches Verwaltungsblatt, 1933, Nr. 68, S. 549.

Ehrung Gefallener in der Technischen Hochschule in Dresden

Abb. 4: Gedenkstätte für die gefallenen Studenten und Lehrkräfte an der Technischen Hochschule Dresden

und warum den Toten des Ersten Weltkriegs gedacht werden sollte, besonders bei der Errichtung von Kriegerdenkmälern, auch angesichts der Situation der öffentlichen Kassen. Das Totengedenken avancierte zu einem wichtigen Thema in der innenpolitischen Auseinandersetzung. Die Flaggenfrage spielte dabei auch eine Rolle – für welche Fahne waren die Soldaten gestorben?[53]

53 Als sächsisches Beispiel: das Kriegerdenkmal Frauenstein/Erzgebirge – ein Beitrag dazu erscheint im ersten Quartal 2019 in den Mitteilungen des Vereins für sächsische Geschichte; als Beispiel aus Hessen: Konstantin Hermann, Der Wartturm in Friedberg, in: Wetterauer Geschichtsblätter, 63 (2015), S. 1–74 mit einer umfassenden Schilderung der politischen Auseinandersetzungen um die Errichtung und Kosten eines Weltkriegsmahnmals.

Dokumentation des Kämpfens und Sterbens

1921 erschien der erste Band der Reihe „Erinnerungsblätter deutscher Regimenter – Ehemalige kgl. Sächsische Armee". In dem Jahr, als der letzte Band 80 erschien, brach der Zweite Weltkrieg aus, 1939.[54] Die sächsischen Bände gab die Zweigstelle des Reichsarchivs in Dresden heraus. Übrigens hatte der überwiegende Teil der sächsischen Verbände die Aufnahme in die Reihe beantragt. Es waren keine Regimentsgeschichten im überlieferten Stil, sondern eine Mischform aus Auszügen aus Kriegstagebüchern der Einheiten und persönlichen Erinnerungen. Das Dresdner Ratsarchiv begann im November 1916 mit den Arbeiten am Totengedenkbuch.[55] Wie die meisten anderen Großstädte auch war Dresden dem monumentalen Anspruch nicht gewachsen. Auf kommunaler Ebene gelang es nur München und Bremen, alle Kriegstoten der Stadt auf einem Denkmal zu vereinigen; in einem Totengedenkbuch nur mittleren Städten und kleineren Gemeinden.[56] Zunächst sollte das Dresdner Totengedenkbuch gedruckt werden – die Auflage spricht Bände, 500 Stück, davon 300 für Geschenkzwecke –, doch dann entschied man sich, nur ein handgeschriebenes Totengedenkbuch unter Leitung Paul Rößlers von drei oder vier Kunstgewerbeschülern anzufertigen und im Stadtmuseum auszulegen. Das wurde auch begonnen, nur ist unbekannt, wo es geblieben ist. Doch die Nichtvollendung, die äußerst geringe Auflage – bei 1927 immerhin 18.000 genannten Dresdner Weltkriegstoten – und die mehrmaligen Aufrufe der Stadt, doch Angaben zu den Gefallenen an das Ratsarchiv zu senden, zeigen, dass die Erinnerung an den Krieg nicht die Gesellschaft traf, sondern eher Sache des höheren Bürgertums und der Akademiker war. In kleineren Städten wurden die Totengedenkbücher gedruckt oder als Handschrift fertiggestellt. Bisweilen wurden sie in zwei Exemplaren hergestellt und eines wurde im Kriegerdenkmal eingemauert. Es benötigte eben den sozialen Bezug der Menschen untereinander, um solche Unternehmen zum Erfolg zu führen. Der Weltkrieg taugte nicht als verbindende Klammer im Sinne der übergreifenden kollektiven Erinnerung, das lässt sich konstatieren, sondern es brauchte hier spezifische Eingrenzungen. So sind die Totengedenkbücher von einzelnen Kirchspielen in Städten wie das der Martin-Luther-Gemeinde in Dresden oder von Firmen, besonders aber von Gymnasien, in großer Zahl entstanden.[57] Da der Weltkrieg ohne eine politische oder sonstige sinnstiftende Idee nicht als erinnerungsgeschichtlicher Hintergrund ausreichte, benötigte es eine abgegrenzte Gemeinschaft zur Erinnerung, eben die Schule, in der sich alle kannten, das Unternehmen oder die Studentenverbindung. In diesem Sinne das erfolg-

54 Erinnerungsblätter deutscher Regimenter – Sächsische Armee, Bde. 1–80, Dresden 1921–1939.

55 Siehe Hermann, Totengedenkbuch.

56 Als Beispiele: Walter Wenzel, Kriegsgedenkbuch der Stadt Oederan aus der Zeit 1914–1918, Oederan 1920.

57 Wilhelm Becher, Das Kriegsgedenkbuch der Martin-Luther-Gemeinde, Dresden 1919; Ehrenbuch der Annenschule. Dem Gedächtnis ihrer im Weltkriege 1914–1918 gebliebenen Lehrer und früheren Schüler gewidmet, Dresden 1922.

reichste Buch war übrigens das Gedenkbuch des Reichsbunds Jüdischer Frontsoldaten, das bis 1933 in drei Auflagen erschien. Neben der notwendigen sozialen Beziehung, hier die gemeinsame Religion, trat bei der deutschen Judenheit der Patriotismus hinzu, der vor allem die Juden des gehobenen und höheren Bürgertums auszeichnete. Schon im Mai 1916 wurde das Denkmal für die gefallenen Juden auf dem Israelitischen Friedhof in Dresden geweiht.[58]

Ausblick und Fazit

Als 1940 der Westfeldzug begann und die Söhne derer, die schon 1914 bis 1918 in Frankreich und Belgien gekämpft hatten, an die alten Kampfstätten kamen, griffen die Berichte in Zeitungen, Zeitschriften und Büchern dies auf: mal schwülstig, mal still, mal triumphierend, an die umkämpften Orte des Weltkriegs, die man nun wiedersah und nahm. Die Reminiszenz an den Ersten Weltkrieg hatte vor Beginn des neuen Krieges vor allem in der Erinnerung und Verpflichtung bestanden. Kriegsliteratur jeglicher Couleur erschien zuhauf, in der dies reiche Ausprägung fand. 1939 und vor allem 1940 erhielt diese Reminiszenz ihren endgültigen Sinn, so zumindest Veröffentlichungen wie das Hochglanzjournal „Sachsen" des Heimatwerks Sachsen, in denen dieser Aspekt wie in vielen anderen Publikationen auch immer wieder erscheint. Die Söhne, so die Aussage, vollendeten nun das Werk ihrer Väter: Nun konnte der bis dahin schwer zu nennende Sinn des Todes der Soldaten 1914 bis 1918 eine ganz neue Ausprägung erfahren, in dem das Sterben im Ersten Weltkrieg mit den Siegen 1939 und 1940 verbunden werden konnte. Zumindest ein Teil der Erinnerungskultur an den Krieg nach 1918, die die Suche nach dem Sinn des Opfers nur unzureichend beantworten konnte, trug dazu bei, die Anschlussfähigkeit und Deutungsmöglichkeit für die Feldzüge des Zweiten Weltkriegs herzustellen, auch wenn dies sicher zumeist nicht beabsichtigt gewesen war.

58 Die jüdischen Gefallenen des deutschen Heeres, der deutschen Marine und der deutschen Schutztruppen 1914–1918. Ein Gedenkbuch, 3. Auflage, Berlin 1933.

Eine ideale Industriestadt

Freital, die sozialdemokratische Utopie[1]

Hans-Georg Lippert

Leben in Freiheit und Schönheit

„Im wachen Traum [...] sehen wir von fern das Land der Schönheit, wo die Menschen den Hass und die Qual überwunden haben, wo das Neben- und Gegeneinander sich zum Miteinander wandelt. [...] Im Licht des kommenden Tages leuchten uns die Zinnen der ewigen Stadt. Sie zu bauen, sie schaffend zu erleben, ist höchste Lust."[2] Mit diesen hymnischen Worten begrüßte Erich Baron, Chefredakteur der als „Organ für die Interessen der arbeitenden Klassen" firmierenden „Brandenburger Zeitung" und Mitglied der 1917 aus der Spaltung der deutschen Sozialdemokratie hervorgegangenen radikalsozialistischen Unabhängigen Sozialdemokratischen Partei Deutschlands (USPD), die neue Staatsordnung nach dem Zusammenbruch des wilhelminischen Kaiserreichs. Das Zitat stammt aus dem Gastbeitrag Barons zu einem Buch, das der expressionistisch bewegte Berliner Architekt Bruno Taut während des Ersten Weltkriegs konzipiert hatte, aber erst 1919 publizieren konnte. Es trägt den rasch zum Schlagwort avancierten Titel „Die Stadtkrone" und ist einer der architekturtheoretischen Urtexte des 20. Jahrhunderts.[3]

1 Bei diesem Beitrag handelt es sich um die wesentlich überarbeitete und ergänzte Fassung eines 2013 erschienenen Aufsatzes zum gleichen Thema: Hans-Georg Lippert, „Eine Insel Utopia inmitten der kapitalistischen Welt". Stadtzentrumsplanungen für Freital (Sachsen) in den 1920er Jahren, in: Hans Vorländer (Hrsg.), Transzendenz und die Konstruktion von Ordnungen, Berlin 2013, S. 45–65.

2 Erich Baron, Aufbau, in: Bruno Taut, Die Stadtkrone. Mit Beiträgen von Paul Scheerbart, Erich Baron, Adolf Behne, Jena 1919, Reprint Berlin 2002, S. 101–109, hier S. 108.

3 Taut, Stadtkrone (wie Anm. 2). Zur umfangreichen Rezeption und Wirkungsgeschichte des Buches zuletzt Hilde Strobl, „‚Wir bauen, weil wir müssen'. Bruno Tauts Architekturutopien für eine friedliche Gesellschaft", in: Winfried Nerdinger (Hrsg.), L'architecture engagée. Manifeste zur Veränderung der Gesellschaft, München 2012, S. 154–169. Vgl. auch Winfried Nerdinger (Hrsg.), Bruno Taut 1880–1938. Architekt zwischen Tradition und Avantgarde, Stuttgart 2001; Kurt Junghans, Bruno Taut 1880–1938. Architektur und sozialer Gedanke, Leipzig 1998.

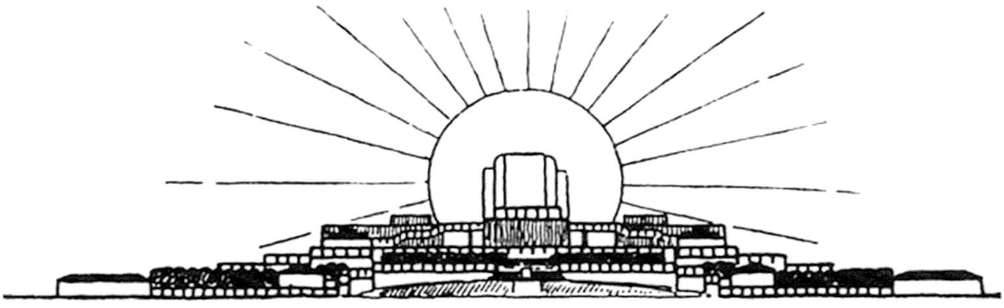

Abb. 1: Bruno Taut, „Die Stadtkrone, Ansicht nach Osten", 1919

Vor dem Hintergrund von Kriegserfahrung und Großstadtkritik entwickelt Taut darin die Vision einer Idealgesellschaft, die sich von autoritären Machtstrukturen und wirtschaftlichen Zwängen losgesagt hat und in der Künstler und Architekten als priesterliche Heilsbringer einer neuen, friedfertigen und glücklichen Lebenswelt fungieren. Ihr konkretes Bild findet diese Verheißung im Entwurf einer funktional gegliederten Stadtanlage für 300 000 Einwohner, die Taut als „kristallisiertes Abbild der Menschenschichtung"[4] verstanden wissen wollte, und deren Zentrum durch terrassenartig erhöhte Gebäude für Bildung, Kultur und Erholung gebildet wird (Abb. 1). In deren Mitte wiederum erhebt sich „ein höchstes Bauwerk, das, ganz vom Zweck losgelöst, als reine Architektur über dem Ganzen thront. Es ist das Kristallhaus, das [...] als Zeichen der höchsten Heiterkeit, des reinsten Seelenfriedens in der Sonne funkelt. In seinem Raum findet ein einsamer Wanderer das reine Glück der Baukunst. [...] Der Glanz, das Leuchten des Reinen, Transzendentalen schimmert über der Festlichkeit der ungebrochen strahlenden Farben. Und als ein Farbenmeer breitet sich der Stadtbezirk rings umher aus, zum Zeichen des Glückes im neuen Leben."[5] Das Kristallhaus ist in Tauts Vision der gänzlich leere, sich selbst genügende „Träger eines kosmischen Empfindens [...], einer Religiosität, die nur ehrfürchtig schweigen kann"[6]. An die Stelle der Verkündigung durch das Wort tritt das metaphysische Erlebnis vielfarbigen Lichts, nicht anders als Jahrhunderte zuvor schon in den Kirchen der Gotik, die Bruno Taut zutiefst bewunderte und die ihm zu beweisen schienen, dass „die kristallisierte religiöse Anschauung Endziel und Ausgangspunkt zugleich für alle Architektur ist"[7].

4 Taut, Stadtkrone, S. 66.
5 Ebd., S. 69.
6 Ebd.
7 Ebd., S. 52.

Bruno Tauts Vision der „Stadtkrone“ war kein Einzelphänomen, im Gegenteil: Nach dem Ersten Weltkrieg präsentierte sich Deutschland regelrecht als Laboratorium künstlerisch-sozialer Utopien, deren Programme oft kompromisslos und unvereinbar wirkten, hinter denen aber durchweg die Sehnsucht nach kultureller Ganzheit und die Hoffnung auf einen harmonisierten, „im Grunde nachgeschichtlichen Zustand“[8] sozialer Erlösung standen. Übergreifende Wirksamkeit entfalteten dabei namentlich die Lebensreformbewegung und die mit ihr verbundenen freireligiösen Positionen. Sie betonten vor allem eines: „‚Erlösung‘ könne man heute nicht mehr von einem göttlichen Gnadenakt erwarten, sondern sie sei das Resultat innerweltlichen sozialen Fortschritts und persönlicher Vervollkommnung [...], sei also Selbsterlösung des Menschen durch eine ‚Kulturreligion‘.“[9] In diesem Zusammenhang erlangten die schon im 19. Jahrhundert aufgekommene Verehrung des Künstlertums und der Begriff der Schönheit eine ganz besondere Bedeutung. „‚Schön‘ war um 1900 ein echtes Zauberwort, es war umweht vom Hauch des Erlösenden und Heilsbringenden. Das menschliche Leben zu verschönern und zu veredeln gehörte in Reformkreisen zu den zentralen Aufgaben. [...] Schönheit einzufordern bedeutete, wissenschaftlich-technischen Fortschritt um den Faktor Kultur zu bereichern. [...] Das Schöne war das Ersehnte, die Schönheit sollte das ganze Leben ‚umfangen‘, ‚durchziehen‘, ‚beherrschen‘ oder ‚verklären‘.“[10]

Eigentlich war dies eine unpolitische bildungsbürgerliche Vorstellung, doch in der sozialen Umbruchssituation nach 1918 wurde sie zunehmend in den Dienst politischer Zukunftsentwürfe gestellt. Die Linke konnte sich dabei unter anderem auf den russischen Schriftsteller und sozialistischen Revolutionär Nikolai Tschernyschewski berufen, der schon 1855 die These vertreten hatte, Schönheit sei immer dort, wo „wir das Leben so sehen, wie es nach unseren Begriffen sein soll. [...] Oder noch genauer: ‚den Eindruck des Schönen erweckt alles, in dem wir die Offenbarung des Lebens sehen, das wir bejahen‘.“[11] Ungeachtet der Tatsache, dass die Lebensreform eine kulturorientierte soziale Bewegung war, Sozialismus und Kommunismus aber eine machtorientierte,[12] erwuchs der politischen Linken daraus ein attraktives Ideensystem für Intellektuelle, Künstler und Architekten. Dabei war es gleichgültig, ob man den „Sozialismus im unpolitischen, überpolitischen Sinne, fern von jeder Herrschaftsform als die einfache schlichte Beziehung der Menschen

---

8 Frank-Bertolt Raith, Der Heroische Stil. Studien zur Architektur am Ende der Weimarer Republik, Berlin 1997, v. a. S. 154.

9 Ulrich Linse, Lebensreform und Reformreligionen, in: Kai Buchholz et al. (Hrsg.), Lebensreform. Entwürfe zur Neugestaltung von Leben und Kunst um 1900, Bd. I, Darmstadt 2001, S. 193–198, hier S. 193.

10 Kai Buchholz, Begriffliche Leitmotive der Lebensreform, in: Buchholz, Lebensreform, S. 41–43, hier S. 42. Vgl. auch Sigrid Hofer, Die Ästhetisierung des Alltags. Architektur für die Reform des Lebens von Peter Behrens bis Paul Schultze-Naumburg, in: Buchholz, Lebensreform, S. 271– 277.

11 Georg Lukács, Vorwort zu N. G. Tschernyschewskij, Die ästhetischen Beziehungen der Kunst zur Wirklichkeit (1855), Berlin (DDR) 1954, S. 47.

12 Vgl. dazu Joachim Raschke, Soziale Bewegungen. Ein historisch-systematischer Grundriss, 2. Aufl., Frankfurt a. M./New York 1988.

zu einander"[13] verstand, oder als Träger einer Erlösungslehre, als „Feind aller chaotischen Willkür, aller Hässlichkeit und Unordnung, […] als Erwecker zu einem neuen künftigen Leben in Freiheit und Schönheit"[14]. Beide Vorstellungen hatten „die Gewalt und die sittliche Kraft eines religiösen Bekenntnisses"[15], wobei Religion engführend verstanden wurde als „Bewusstsein von der plan- und zielmäßigen Erziehung des einzelnen Menschen, der Völker und des menschlichen Geschlechts"[16]. Der Kunsthistoriker Gustav Friedrich Hartlaub brachte es auf eine recht einfache Formel: „Der Baumeister von heute fühlt sich verantwortlich für […] den freien lebendigen Menschen […], dessen Dasein nicht mehr unter den ungeheuren Lebenshemmungen des Dogmatisch-Metaphysischen und des Dynastischen steht. Diesem Menschen würdigen Raum […] zu schaffen […], ist das Ziel einer Baugestaltung, […] die nicht einschüchtern, sondern einladen möchte. Solche Baukunst […] findet ihr Ethos in den Aufgaben menschlicher Gemeinschaft. […] Nicht Metaphysik, nicht Religion, nicht Feudalismus und Absolutismus im alten Sinne braucht die neue Form […]; wohl aber eine neue Ordnung, die […] das Ideal des Menschen und seine Gemeinschaft nicht länger in zweideutigem Licht erscheinen lässt."[17]

Der Wunsch, eine bauliche Praxis für diese neue Ordnung zu entwickeln, ließ nicht lange auf sich warten. Vor allem in den industriellen Zentren Deutschlands wurden nach dem Ersten Weltkrieg zahlreiche Gemeinschaftsbauten errichtet, was zeigt, dass die führenden politischen Kräfte in der Weimarer Republik sich rasch und ohne große Vorbereitung daran machten, die bauliche Alltagswelt zeichenhaft umzuprägen. Das galt vor allem für die Mehrheitssozialdemokratie (MSPD), die sich „unter dem Druck der politischen Umwälzung und, ungeachtet der aus ihr hervorgegangenen und jetzt in der Negation verharrenden linken Gruppierungen, von einer den Staat radikal ablehnenden zur größten der nun staatstragenden Parteien"[18] wandelte. Interessanterweise gab es aber selbst in den rund 40 Großstädten mit sozialdemokratischen Mehrheiten kaum Versuche, tatsächlich so etwas wie eine „Stadtkrone" mit sakraler Aura zu schaffen. Eine der wenigen Ausnahmen war Halle an der Saale, aber das dortige Projekt blieb eine Vision.[19] Selbst in Städten, die sich dezidiert als „rot", oder, wie Bruno Tauts erste Nachkriegs-Wirkungsstätte Magdeburg, als „Stadt des neuen Bauwillens"[20] bezeichne-

13 Taut, Stadtkrone, S. 59–60.

14 Walter Curt Behrendt, Der Kampf um den Stil im Kunstgewerbe und in der Architektur, Stuttgart/Berlin 1920, S. 30–32.

15 Ebd.

16 Ebd.

17 Gustav Friedrich Hartlaub, Ethos der neuen Baukunst, in: Die Form. Zeitschrift für gestaltende Arbeit 11 (1929), S. 273–277, hier S. 276–277.

18 Jochen-Christoph Kaiser, Arbeiterbewegung und organisierte Religionskritik. Proletarische Freidenkerverbände in Kaiserreich und Weimarer Republik, Stuttgart 1981.

19 Vgl. dazu Christine Fuhrmann/Leonhard Helten (Hrsg.), Eine Stadtkrone für Halle Saale. Walter Gropius im Wettbewerb, Berlin/Halle a. d. Saale 2011.

20 Dazu unter anderem Olaf Gisbertz, Bruno Taut und Johannes Göderitz in Magdeburg. Architektur und Städtebau in der Weimarer Republik, Berlin 2000, S. 87.

ten, wurden symbolisch wirksame Großbauten pragmatisch mit Maßnahmen zur Wirtschaftsförderung (wie z. B. Messe- und Ausstellungsgelände) zusammengedacht oder zugunsten der Wohnraumbeschaffung vorerst zurückgestellt. Bruno Taut hatte das vorausgeahnt. Ihm war bewusst, dass der auch 1919 im Gründungsmanifest des nachfolgend so einflussreichen Staatlichen Bauhauses beschworene „neue Bau der Zukunft, der [...] einst gen Himmel steigen wird als kristallenes Sinnbild eines neuen, kommenden Glaubens“[21], vorerst womöglich zu hoch gegriffen war. 1916 schrieb er: „Vielleicht propagiert die Sozialdemokratie dafür, wenn nicht, dann versinkt es in meinen Mappen, auf eine spätere Auferstehung wartend.“[22]

Die Stadt Freital

Ein Ort für eine solche Auferstehung entstand 1921 in Sachsen. In diesem Jahr schlossen sich die drei südwestlich von Dresden im Tal der Weißeritz gelegenen Gemeinden Döhlen, Potschappel und Deuben nach jahrzehntelanger Diskussion zu einer Stadt zusammen; bis 1924 kamen noch drei Nachbardörfer hinzu. Seit dem 19. Jahrhundert wurde das an dieser Stelle recht breite Flusstal, das so genannte Döhlener Becken, durch Bergbau, Stahlproduktion, Maschinenbau und Genussmittelindustrie geprägt; die früher ländlichen Ansiedlungen waren zu großen Industriedörfern geworden, die nach städtischem Ausdruck strebten und schon vor dem Ersten Weltkrieg repräsentative öffentliche Bauten errichtet hatten, zum Beispiel Rathäuser. Außerdem waren die Orte längst unkoordiniert zusammengewachsen, die Stadtgründung also letztlich nur der politische Abschluss eines längeren faktischen Prozesses. Deuben war dabei der Hauptort und vertrat „am stärksten den Stadtgründungsgedanken. Döhlen hielt sich weitgehend zurück, da es aufgrund seiner umfänglichen Industrieanlagen und den damit verbundenen hohen Steuereinnahmen an Selbständigkeit interessiert war. Potschappel als industrieller Geschäftssitz und Wohnort bürgerlich orientierter Kleinunternehmer, Beamter und Handwerksmeister lehnte die kommunale Vereinigung zur Stadt lange Zeit ab.“[23] Erst das 1919/20 in Sachsen eingeführte freie und gleiche Wahlrecht schuf durch neue parlamentarische Mehrheiten die Voraussetzung dafür, dass man sich über die Notwendigkeit einer Stadtgründung einig wurde.

Das schon vor 1900 in den Medien als „Tal der Arbeit“[24] bezeichnete Weißeritztal war wie andere protestantisch und proletarisch dominierte Regionen in Deutschland

21 Walter Gropius, Bauhaus-Manifest (1919), zit. nach Magdalena Droste, Bauhaus 1919–1933, Köln 1991, S. 18.

22 Strobl, Tauts Architekturutopien, S. 154.

23 Rolf Günther, Freital – Vom Werden und Wachsen einer Stadt, in: Joachim Voigtmann (Hrsg.), Städtische Sammlungen Freital (Sächsische Museen, Große Reihe, Bd. 15), München 2003, S. 86–111, hier S. 89–90.

24 Franz Walter/Tobias Dürr/Klaus Schmidtke, Die SPD in Sachsen und Thüringen zwischen Hochburg und Diaspora. Untersuchungen auf lokaler Ebene vom Kaiserreich bis zur Gegenwart, Bonn 1993, S. 40.

früh zu einer Hochburg der SPD geworden, und das nicht nur weil August Bebel, der wichtigste „Kirchenvater“ der deutschen Sozialdemokratie, von 1884 bis 1890 mit seiner Familie in Dresden-Plauen lebte, nur wenige Eisenbahnminuten von Potschappel, Deuben und Döhlen entfernt. Schon bei der Reichstagswahl von 1874 erhielt die SPD an der Weißeritz mehr als ein Drittel der Wählerstimmen, fünfmal so viel wie im Reichsdurchschnitt.[25] Nach 1900 stimmten „rund 70 bis 80 Prozent der Wähler jeweils für den sozialdemokratischen Kandidaten. Fortan hieß das Tal in der Dresdner Umgebung, ja bald in ganz Sachsen ‚Roter Grund'. Die Bürger nannten es so, eher verächtlich, aber auch ein bisschen ängstlich; und die Arbeiter bezeichneten es so, stolz und zukunftsgewiss.“[26] Selbst die Weltwirtschaftskrise ab 1929 änderte daran nichts. „Der Sozialismus war [...] fest verankert, bis zum Ende der Republik. Er war politischer Ausdruck, Hoffnungsträger und Organisationsform von konstant Zweidrittel der [...] Bevölkerung. Das ‚Tal der Arbeit' blieb auch dann noch der ‚Rote Grund', als in den alten Industrierevieren Sachsens dem Sozialismus die Leute in Scharen davonliefen. [...] Bis 1933 [war hier] die sozialistische Welt in Ordnung.“[27]

Entscheidend für diesen Erfolg war, dass es der SPD im Weißeritztal gelungen war, nicht nur Wählerpartei zu sein, sondern sich weit stärker als in anderen Industrieregionen Deutschlands lebensweltlich in der Bevölkerung zu verankern. Über eine Vielzahl von Freizeitvereinen und Solidargemeinschaften hatte sie ein komplexes sozialistisches Milieu geschaffen, das (gemein)sinnstiftend wirkte und zugleich ein umfassendes Ordnungs- und Deutungssystem vorgab. „Die Sozialdemokratie konnte hier [...] ein Stück weit freidenkerisch-sozialistische Gegenkirche werden, mit eigenen Riten, einer eigenen Liturgie, einem eigenen Glaubensbekenntnis, einer eigenen Erlösungsvision und mit einem Gemeindeleben, das allen Mitgliedern auch in schwierigen Zeiten Zusammenhalt bot, Trost und Hoffnung spendete.“[28] Die Stadtgründung war das Werk der beiden sozialdemokratischen Parteien (MSPD und USPD), und der programmatische Name „Freital“, den die neue Stadt sich schließlich gab, ging auf einen Vorschlag des USPD-Politikers Hermann Henker zurück, Bergmann und Veteran der örtlichen Arbeiterbewegung.[29] Mit rund 35 000 Einwohnern war Freital Mitte der 1920er Jahre die neuntgrößte Stadt Sachsens und die einzige mit einem SPD-Oberbürgermeister an der Spitze (1921–1927 Carl Wedderkopf, 1927–1933 Gustav Klimpel). Das erste Stadtwappen (Abb. 2) zeigte das von Bergen flankierte Flusstal, abgeschlossen von einer Fabriksilhouette, hinter der die Sonne aufgeht, und darunter das Motto „Fleiß und Fortschritt“. „Man kann das Selbstbewusstsein, das die Sozialdemokraten daraus zogen, dass sie eine

25 Vgl. ebd., S. 45.
26 Ebd., S. 46.
27 Ebd., S. 50.
28 Ebd., S. 15–16.
29 Vgl. Günther, Freital, S. 94.

selbständige Stadt gegründet hatten, dass sie dieser Stadt einen Namen aus dem Zielkatalog der Partei geben konnten, dass sie die Fäden der Kommunalpolitik von Beginn an straff in ihren Händen hielten, dass sie schließlich den obersten Repräsentanten der Stadt im Rathaus stellten [...] überhaupt nicht überschätzen. [...] Die Bedürfnisse der Partei und die Interessen der Stadt waren den Sozialdemokraten eins. [...] So produzierte das kommunale Selbstbewusstsein der Freitaler Sozialdemokraten Omnipotenzgefühle."[30]

Abb. 2: Stadt Freital, erstes Stadtwappen, 1922

Dieses Selbstbewusstsein äußerte sich vor allem in dem Bestreben, der gesamten Stadtbevölkerung Zugang zu einer modernen städtischen Infrastruktur zu verschaffen, und diese Infrastruktur komplett durch die Öffentliche Hand zu finanzieren. Freital beschloss deshalb die möglichst vollständige Kommunalisierung öffentlicher Dienstleistungen wie Energie- und Wasserversorgung, öffentliche Verkehrsmittel, Kanalisation und Straßenreinigung, Badeanstalten, Krankenhäuser; ein Ansatz, für den sich im 19. Jahrhundert der Begriff Munizipalsozialismus bzw. Gemeindesozialismus etabliert hatte[31] und der heute als kleinmaßstäblicher Vorläufer des modernen Wohlfahrtsstaats angesehen wird. „Mit den Gemeindebetrieben, der Wohnungspolitik, der Gesundheitsfürsorge, der Kulturpolitik und dem Städtebau sind zentrale Aktionsfelder des Munizipalsozialismus"[32] benannt, denen gemeinsam ist, dass sie in aller Regel eine erhebliche Investitionsbereitschaft erfordern. In Freital führte dieser Umstand sogleich zu einem intensiven Bauprogramm (Stadtkrankenhaus, Poliklinik, Säuglingsheim, Schwimmbäder, Städtische Wäscherei, Städtischer Bauhof, Haus des Konsumvereins, Wohnsiedlungen), das bald auch den Wunsch nach einem architektonisch vorzeigbaren Stadtzentrum erzeugte. Wie anderen Städten mit vergleichbarem Entstehungsprozess (in Sachsen z. B. Heidenau, Flöha oder Radebeul) fehlte Freital ja eine städtebauliche Mitte, ein wiedererkennbarer Identifikationsort, der den politischen und sozialen Werten der neuen Zeit symbolisch Ausdruck hätte verleihen können. Als planerisches Leitbild in einer säkularen Gesellschaft bot sich hierfür die aus dem angelsächsischen Raum stammende Idee des „Civic Center" an, das heißt Versammlungs-,

30 Walter/Dürr/Schmidtke, SPD, S. 40–41, 42.

31 Vgl. dazu Uwe Kühl, Einleitung, in: Ders. (Hrsg.), Der Munizipalsozialismus in Europa/Le socialisme municipal en Europe (Pariser Historische Studien, 57), München 2001, S. 15–22.

32 Ebd., S. 20.

Verwaltungs-, Sozial- und Kulturbauten, die um eine zentrale Freifläche so angeordnet sind, dass sie sich in ihrer Wirkung gegenseitig steigern und die Stadtmitte zeichenhaft überhöhen. „Bereits wenige Monate nach Stadtgründung wurden deshalb Pläne für die Anlage eines solchen Mittelpunkts städtischen Lebens von den Stadtverordneten diskutiert"[33] und ein Architektenwettbewerb ausgelobt, den der Dresdner Architekt Rudolf Bitzan (1872–1938) gewann.

Bitzan war in Freital kein Unbekannter: 1914/1915 hatte er das Rathaus von Döhlen entworfen und dabei bewiesen, dass er in der Lage war, „große Geschlossenheit [und] Kraft des Ausdrucks"[34] hervorzubringen. Bitzan stammte aus Nordböhmen, hatte eine Baumeister-Ausbildung an der Staatsgewerbeschule Reichenberg/Liberec absolviert und danach in München und Freiburg mehrere Jahre Praxiserfahrung in überregional bekannten Architekturbüros gesammelt. Bevor er sich 1907 in Dresden selbstständig machte, war er Mitarbeiter bei Lossow & Kühne, einem der wichtigsten und meistbeschäftigten Architekturbüros in Sachsen.[35] Bitzans Bauten sind typische Beispiele für eine heute meist unter dem Begriff „Reformarchitektur" zusammengefasste Strömung, die etwa um 1900 aufkam und versuchte, das wilhelminische Pathos mit den Schönheitsidealen der Lebensreformbewegung zu vereinen. Ihr besonderes Kennzeichen ist eine gegenüber dem stiltreuen Historismus des 19. Jahrhunderts deutlich vereinfachte und gleichzeitig verstärkte Monumentalität. Die Traditionslinien zum Historismus rissen dabei aber nicht ab, sondern es gab eine Entwicklung „vom präzisen Stilverweis zur unbestimmten Assoziation, von den klassischen Ordnungen zur frei gegliederten Baumasse, von der gegenständlichen Repräsentationsform zum rein architektonischen Zeichen"[36]. Vor dem Ersten Weltkrieg war insbesondere die Dresdner Architektenszene in diesem Kontext „durch einen ausgesprochenen Hang zu monumentalen Gestaltungen hervorgetreten. [...] Der Anspruch des klassischen Historismus – Architektur als monumentale Festlichkeit darzubieten – erfährt hier eine Fortsetzung, ja durch die Vereinfachung der Formensprache sogar eine Steigerung. [...] Mit der ‚Harmonie der Massen' wurde Stabilität beschworen, auf Werte wie Kraft, Tat und Stärke gesetzt – Eigenschaften, die man zunehmend als dem deutschen Wesen eigen interpretierte."[37]

33 Günther, Freital, S. 104.

34 Textmanuskript von F. Kummer; Hauptstaatsarchiv Dresden, 12655 (Nachlass Bitzan), Nr. 2.

35 Leben und Werk Rudolf Bitzans sind noch Gegenstand der Forschung. Jüngster Beitrag hierzu ist Jürgen Paul, „Die evangelische Kreuzkirche in Görlitz und ihr Architekt Rudolf Bitzan", in: Thomas Pöpper (Hrsg.), Kunst und Architektur in Mitteldeutschland. Thomas Topfstedt zum 65. Geburtstag, Leipzig 2012, S. 144–155.

36 Jörg Stabenow (1997), zit. nach Ulrich Hübner et al., Symbol und Wahrhaftigkeit. Reformbaukunst in Dresden, Dresden 2005, S. 8. Sigrid Hofer, Reformarchitektur 1900–1918. Deutsche Baukünstler auf der Suche nach dem nationalen Stil, Stuttgart/London 2005, definiert den Begriff „Reformarchitektur" leider nicht.

37 Heidrun Laudel, Dresdner Architektur vor dem Ersten Weltkrieg unter dem Vorzeichen der Reformbewegung, in: Dresdner Geschichtsverein (Hrsg.), Reformdruck und Reformgesinnung. Dresden vor dem 1. Weltkrieg (Dresdner Hefte 36), Dresden 1993, S. 41–52, hier S. 47.

Die (fast) verwirklichte Utopie

Dass auch die politisch Verantwortlichen der neuen Stadt Freital solchen Vorstellungen nahestanden, wird an der Tatsache deutlich, dass sie für das geplante Stadtzentrum eine Stelle auswählten, die gestalterisch besondere Anforderungen stellte: Eine große Freifläche im Stadtteil Deuben, ungefähr in der Mitte des langgestreckten Stadtkörpers von Freital, zwischen der Hauptverkehrsstraße und dem Fluss sowie unmittelbar am Fuß des Windbergs gelegen, der sich von Südosten her in das Talbecken hinein erstreckt und von einem Obelisken bekrönt wird, dem 1902 errichteten Denkmal für den sächsischen König Albert. Rudolf Bitzan nutzte diese ausdrucksstarke topografische Situation, um die Wirkung der von ihm vorgeschlagenen Bauten dramatisch zu verstärken. In einem Wettbewerbsentwurf hatte er ein bauliches Ensemble vorgeschlagen, das einem barocken Residenzschloss mit Ehrenhof ähnelte und von einem in der Symmetrieachse positionierten Rathausneubau dominiert worden wäre. Die Entscheidung der neuen Stadt Freital, das erst wenige Jahre alte Döhlener Rathaus zum Zentralrathaus zu machen, veränderte dann aber die Rahmenbedingungen des Projekts. In einem zweiten Durchgang, wahrscheinlich 1923, überarbeitete Bitzan seinen Entwurf deshalb noch einmal grundlegend (Abb. 3). Nach dem offenkundigen Vorbild des Vatikans in Rom präsentierte er nun einen großen Platz, der von bogenförmig verlaufenden Kolonnaden umarmt wird und in einer säkularen Kathedrale gipfelt, nämlich einer mächtigen,

Abb. 3: Rudolf Bitzan, zweiter Entwurf zum Stadtzentrum Freital, 1923 (?), Modell

kubisch geschlossenen Versammlungs- und Feierhalle, der ein breiter Tempelportikus vorgelagert ist. Umgeben ist diese Dominante von öffentlichen Einrichtungen wie der Ortskrankenkasse, dem Finanzamt, der den Stadtvätern besonders wichtigen Gewerbe- und Handelsschule sowie einem „Stadthaus" mit Sparkasse, Volksbuchhandlung und Café-Restaurant. Alle Gebäude sollten, wie schon das Döhlener Rathaus, mit gelblichen Putz- und Natursteinfassaden versehen und mit Kupferdächern gedeckt werden.[38]

Zweifellos angeregt durch die damals in Deutschland sehr intensive Diskussion um Manifestationen „baulicher Ideen, welche über das Formale hinweg die Sammlung aller Volkskräfte im Sinnbild des Bauwerks einer besseren Zukunft anstreben",[39] schuf Bitzan damit ein anschauliches Beispiel für architektonische Identitätsstiftung. Zugleich verdeutlichte seine Planung den Anspruch der Freitaler SPD, eine perfekte Gesellschaftsordnung hervorzubringen; ein Bestreben, das in der kommunalpolitischen Praxis Freitals generell zu spüren war. „1922 tat sich die Mehrheit der Unabhängigen [USPD] wieder mit den Mehrheitssozialdemokraten zusammen. Und die meisten der früheren Unabhängigen vergaßen rasch ihre radikalen Glaubenssätze aus den Kaiserreichsjahren und der Revolutionszeit. [...] Nun hatten sie ihre Stadt, [...] nun trugen sie Verantwortung. [...] Sachverstand war gefragt, Kompetenz, Pragmatismus; mit revolutionärem Wortgeklingel war eine hochindustrialisierte Mittelstadt nun einmal nicht zu leiten. Das formte den politischen Habitus der Sozialdemokraten. [...] Die Freitaler SPD [legte] den Ehrgeiz an den Tag, [...] das Modell einer sozialstaatlichen Wohlfahrtskommune zu kreieren. [...] Sie wollte in ihrer Stadt [...] den Gemeindesozialismus durchsetzen, von dem ihre Partei als ganze im Deutschen Reich seit Jahrzehnten programmatisch nur träumte."[40] Interessanterweise ging sie dabei deutlich weiter als das, was im Deutschen Reich damals üblicherweise mit dem Begriff ‚Munizipalsozialismus' assoziiert wurde, denn in Freital entwickelte man nicht weniger als das Konzept einer umfassenden, materiellen wie immateriellen Daseinsvorsorge, die in einem perfekten, egalitären Stadtorganismus verortet und aufs Ganze gesehen auch gestalterisch zum Ausdruck gebracht werden sollte. Ist es nur Betriebsblindheit, wenn der Architekturhistoriker sich dabei sogleich an die bis ins Kleinste durchgestaltete zeichnerische Utopie einer idealen gemeindesozialistischen oder syndikalistischen Industriestadt erinnert fühlt, die der französische Architekt Tony Garnier 1917 als aufwändige Bildmappe publiziert hatte[41] und die

38 Archivalisch sind, soweit zu sehen, keine Unterlagen mehr vorhanden, die den konkreten Werdegang des Projektes erschließen würden. Bei [Carl] Wedderkopf (Hrsg.), Deutschlands Städtebau. Freital, Berlin 1924, werden die Entwürfe aber erwähnt und teilweise abgebildet; bekannt ist auch die Wettbewerbsteilnahme des Dresdner Büros Schilling & Gräbner. Darüber hinaus hat sich das Entwurfsmodell der zweiten Planungsphase erhalten. Es befindet sich heute in den Städtischen Sammlungen Freital auf Schloss Burgk.

39 Bruno Taut, Ein Architektur-Programm (1918), in: Ulrich Conrads, Programme und Manifeste zur Architektur des 20. Jahrhunderts (Bauwelt-Fundamente 1), 2. Aufl., Braunschweig/Wiesbaden 1981, S. 38.

40 Walter/Dürr/Schmidtke, SPD, S. 48, S. 77.

41 Tony Garnier, Die ideale Industriestadt. Eine städtebauliche Studie (= Une cité industrielle. Dt. Reprint d. frz. Originalausgabe 1917), Tübingen 1989.

Abb. 4: Tony Garnier, Entwurf einer idealen sozialistischen Industriestadt, Vogelschau des Stadtzentrums, 1917

nach Kriegsende rasch europaweite Bekanntheit erlangte? (Abb. 4) Garnier imaginierte darin eine Lebenswelt, in der eine ausgewogene und daher wohltätige Mischung aus Solidaritäts- und Leistungsprinzip gilt, in der es außer den Wohnungseinrichtungen und der Kleidung kein Privateigentum gibt und in der auch die Arbeiter ein durch Gesundheit, Kunst und Schönheit veredeltes Dasein genießen. Wirtschaftliche Grundlage seiner fiktiven Stadt ist ein Industriekombinat, das von der Energie- und Rohstoffgewinnung (Staudamm, Hüttenwerk) bis zu den hochtechnisierten Endprodukten der Metallverarbeitung (Schiffe, Lokomotiven, Autos) alle Produktionsschritte umfasst. Und die geistig-ethische Basis der ständig betriebsamen Stadtgesellschaft manifestiert sich in einem monumentalen Versammlungshaus, an dessen Turm eine Uhr mit 24-Stunden-Zifferblatt leuchtet und dessen Fassaden mit Zitaten aus dem Roman ‚Travail' von Émile Zola geschmückt sind.

Zweifellos war es in Deutschland Anfang der 1920er Jahre nicht angeraten, offen auf die französische Tradition des Utopischen Sozialismus Bezug zu nehmen, doch manches, was in Freital erdacht und praktiziert wurde, lässt einen solchen Rekurs durchaus als möglich erscheinen. Auch die deutlich vom Umland abgegrenzte Lage Freitals im Döhlener Becken und die damals ebenfalls von der Rohstoff- und Energiegewinnung bis zum Endprodukt reichende Wirtschaftsstruktur der Stadt waren den Rahmenbedingungen von Garniers Utopie durchaus verwandt – nur dass es in Freital kein Kombinat gab, sondern einzelne, unabhängig voneinander wirtschaftende Unternehmen. Gleichwohl ist nicht bekannt, ob Garniers Publikation in Freital rezipiert wurde. Offenkundig erscheint aber das, was der kommunistische Journalist und Pressechef der Reichsanstalt für Arbeitsvermittlung und Arbeitslosenversicherung Alexander Schwab 1929 in der Werkbund-Zeitschrift ‚Die Form' in einem vergleichbaren Zusammenhang diagnostizierte, nämlich „dass hier eine Insel gemacht werden soll, eine Insel Utopia mit genossenschaftlicher Verfassung inmitten der kapitalistischen Welt" [42]. Schwab empfahl den Verfechtern solcher Projekte „mit allem Respekt, [...] von dem Irrweg, auf den sie sich vorübergehend begeben haben, bald wieder zurückzukommen", aber das stand in Freital selbstverständlich nicht zur Debatte. Allerdings erzeugte die politische Wirklichkeit der neuen Insel Utopia hier sehr bald einen ausgeprägten Paternalismus unter sozialdemokratischen Vorzeichen. Der Parteifunktionär wurde zur Verkörperung des Gemeinsinns und zum Herrn des Diskurses. Er „hatte mehr zu wissen als der Rest der Mitglieder, [...] er sollte die Massen lenken und leiten, [...] die solcherlei Repräsentanz, Fürsorge und Betreuung brauchten, um nicht fehl zu gehen oder desorientiert dazustehen"[43]. Hinzu kam, dass in Freital mit Kurt Heilbut, Arno Hennig und Karl Wenk drei eher ungewöhnliche Charaktere die wichtigsten Ämter der Parteiorganisation, nämlich das des Zeitungsredakteurs, des Sekretärs und des Fraktionsvorsitzenden im Stadtrat bekleideten. „Der eine: ein im Grunde bürgerlicher Lebensreformer, der andere: ein im Grunde bildungsbürgerlicher Kunstliebhaber und dilettierender Philosoph", der dritte ein leidenschaftlicher Aufklärer und Bildungsvermittler. „Diese Leute waren so, wie viele sozialdemokratische Arbeiter sein wollten und was spätestens die Kinder schaffen sollten: Sie waren kultiviert, selbstsicher und gewandt im Auftreten, flüssige Redner, belesen, kunstverständig. Die sozialdemokratischen Bildungsbürger verkörperten so den Zukunftsmenschen im Aufstiegstraum des sozialdemokratischen Facharbeiters"[44] und gleichzeitig das, was Jürgen Kocka als „Brückenkopf der Bürgerlichkeit im Unterschichtenbereich"[45] bezeichnet hat.

Der größere Rahmen

Das politische Ziel der Freitaler SPD lag nicht in einer Umwertung der Werte, sondern in der gesellschaftlichen Egalisierung durch die Verbürgerlichung des Proletariers, in der Betonung von Kultur, Bildung und Gesundheit als Spezifika des Neuen Menschen und in der symbolischen Materialisierung dieser Vision durch eine Architektur, die das etablierte bildungsbürgerliche Gestaltungsvokabular selbstbewusst vereinnahmte. Das

42 Alexander Schwab, Ist die Genossenschaftsstadt möglich?, in: Die Form. Zeitschrift für gestaltende Arbeit 11 (1929), S. 297.

43 Walter/Dürr/Schmidtke, SPD, S. 53.

44 Ebd., S. 75.

45 Jürgen Kocka, Arbeiterbewegung in der Bürgergesellschaft. Überlegungen zum deutschen Fall, in: Geschichte und Gesellschaft 4 (1994), S. 487–496.

schlicht als „Neumarkt" bezeichnete geplante Stadtzentrum mit der großen Stadthalle, der Grünanlage und den sie flankierenden Fürsorgeeinrichtungen bildete diese Vorstellungen exakt ab und transzendierte sie gleichzeitig durch kunsthistorisch legitimierte Formen aus dem Bereich von Sakralität und Macht. Das erklärt, weshalb man in Freital einen konservativen Architekten wie Rudolf Bitzan beauftragte und das ästhetische Heil der Stadt nicht in der damals noch radikal neuartigen Weißen Moderne suchte, die andernorts (Berlin, Frankfurt/Main, Dessau, Karlsruhe, Celle, auch Dresden) eng mit der Sozialdemokratie oder mit den Gewerkschaften verbunden war und somit politisch leicht anschlussfähig gewesen wäre. Nein, das Ziel war ein bürgerlich repräsentativer öffentlicher Stadtraum. Der sozialistische Festkalender hätte dessen kultivierte zeremonielle Besetzung ermöglicht und die zweifellos als „Volkshaus" mit vielfältigen Nutzungen gedachte Veranstaltungshalle zivilreligiös überhöht, so wie es der brandenburgische SPD-Politiker Heinrich Pëus (1862–1937) schon 1913 imaginiert hatte: „Das Volkshaus der Zukunft muss das schönste Haus der Stadt oder des Ortes sein. Es muss schöner sein als die Kirche der Vergangenheit. […] Das Volkshaus wird ja auch die Kirche der Zukunft sein. In seinem Äußeren sei es so prachtvoll, wie seine hohe Bestimmung es verlangt. Seine Säle seien ein Muster von Solidität und Eleganz! […] Das Volkshaus soll auf Schritt und Tritt die Seele seiner Besucher den Idealen zuwenden, die das menschliche Gemeinschaftsleben adeln. […] Im Volkshaus sollen wir Genossen und Staatsbürger sein."[46]

Das Freitaler Stadtzentrumsprojekt war für Deutschland einzigartig; es überführte die von Bruno Taut in „Die Stadtkrone" beschworene Verheißung von Städten, „in denen wir nach Aristoteles nicht bloß sicher und gesund, sondern auch glücklich wohnen können"[47] in konkrete Planung. Vorhaben mit einem ähnlich umfassenden ideologisch-symbolischen Programm gab es in anderen sozialdemokratisch regierten Städten nicht. Die anscheinend einzige Ausnahme ist Gelsenkirchen, wo die SPD-Stadtregierung 1918 nicht nur den Anspruch der Einwohner „auf die edleren und feineren Genüsse des Lebens, die nur die Kunst ihnen zu geben vermag"[48], anerkannte, sondern auch glaubte, „Männer, die sich bodenständig fühlen, die ihr und ihrer Kinder Geschick mit der Stätte der Arbeit verwachsen fühlen", würden von nun an „den Heimat- und Gemeinsinn aufbringen, […] um aus ihrer Stadt auch eine angenehme und schöne Heimat zu machen"[49]. Dementsprechend schrieb man 1919 „mit kühner Unternehmungslust" einen Architektenwettbewerb für ein repräsentatives, als monumentale Geste inszeniertes städtisches Forum aus. „Hier sollten um einen großen Fest- und Marktplatz das Theater, das Haus

46 Heinrich Pëus, Das Volkshaus, wie es sein sollte (1913), zit. nach Simone Hain et al., Die Salons der Sozialisten, Kulturhäuser in der DDR, Berlin 1996, S. 94.

47 Taut, Stadtkrone, S. 56.

48 Stadtbaurat Max Arendt (Hrsg.): Deutschlands Städtebau – Gelsenkirchen, Berlin 1922, zit. nach https://www.gelsenkirchener-geschichten.de/viewtopic.php?t=4552 (12.11.2018).

49 Ebd.

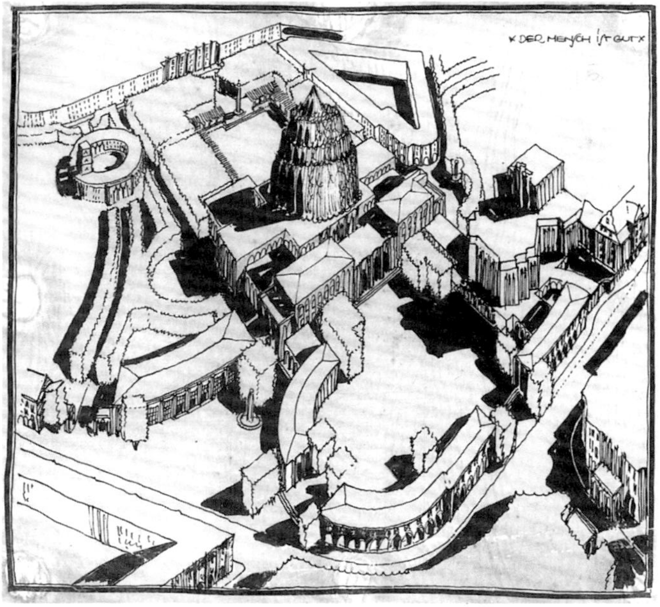

Abb. 5: Hans Scharoun, Wettbewerbsentwurf zum Stadtzentrum Gelsenkirchen, Kennwort „Der Mensch ist gut", 1920

der Kunst mit Theaterrestaurant und Stadtkaffee, daneben ein Gewerkschaftshaus als ‚Haus der Arbeit' […] und als drittes ein ‚Volkshaus' für die Volkshochschule, die Volksbücherei, Ausstellungen und Sammlungen entstehen. Das Programm spiegelt die sozial gerichteten Leitgedanken der Novemberrevolution wider."[50] Der Wettbewerb verzeichnete sehr prominente Teilnehmer (Abb. 5), aber trotz dieses auch medialen Erfolges wurde die Planung letzten Endes nur in extrem reduzierter Form realisiert,[51] denn unter den wirtschaftlichen Bedingungen der frühen 1920er Jahre (Besetzung des Ruhrgebiets durch französische Truppen, Inflation usw.) erwies sie sich sehr schnell als viel zu ambitioniert.

Besser verlief die Entwicklung zur gleichen Zeit in Brandenburg an der Havel (wie Freital und Gelsenkirchen ein wichtiger Standort der Stahlindustrie), wo 1928–30 nach Plänen der Architekten Karl Erbs und Willi Ludewig das so genannte ‚Wohlfahrtsforum' errichtet wurde. (Abb. 6) In seiner Lage am Fluss, flankiert von Grünanlagen, Wohnvierteln und kleineren Fabriken, hat es Ähnlichkeit mit Rudolf Bitzans Projekt für Freital, doch mit seiner neusachlichen Formensprache verkörpert es eine deutlich

50 Ebd.

51 Anstelle des Forums entstand 1924–27 nach einem Entwurf des Essener Architekten Alfred Fischer das noch heute bestehende Hans-Sachs-Haus mit Konzertsaal, Gastronomie und Räumen für die Stadtverwaltung.

Abb. 6: Brandenburg a.d. Havel, Wohlfahrtsforum, Luftbild von Westen

andere, viel modernere architektonische Haltung. Zudem war das Brandenburger Wohlfahrtsforum – wie der Name schon sagt – nicht so umfassend gedacht wie das Freitaler Stadtzentrum. Mit dem Verwaltungsgebäude der Allgemeinen Ortskrankenkasse, dem Stadtbad und einer Sporthalle brachte es faktisch nur das Kerngeschäft des Gemeindesozialismus zum Ausdruck.

Andere, gestalterisch mit Freital vergleichbare neue Stadtzentren wie z. B. in Mülheim an der Ruhr (Pfeifer & Großmann 1913–1926) oder Delmenhorst (Heinz Stoffregen 1909–1925) waren nicht sozialistisch inspiriert, sondern verdankten sich einer großbürgerlichen Allianz aus Privatkapital und Industrie. Und auch der für Freital häufig bemühte Vergleich mit dem „Roten Wien" der Zwischenkriegszeit trifft nur insofern zu, als es in beiden Fällen um planbares gesellschaftliches Glück und um den „Sozialismus in einer Stadt"[52] ging. Wien spielte aber in einer gänzlich anderen Liga; es war eine nationale Hauptstadt, die seit langem über eine Vielzahl von repräsentativen Versammlungsstätten und anderen öffentlichen Bauten verfügte. Das umfangreiche kommunale Bauprogramm der Sozialdemokratie konzentrierte sich dort daher fast ausschließlich

52 Bejamin Opratko/Stefan Probst, Sozialismus in einer Stadt?, in: Perspektiven. Magazin für linke Theorie und Praxis 11 (2010), https://www.linksnet.de/artikel/26886 (12.11.2018). Die Autoren vertreten die These, der Wiener Gemeindesozialismus sei die Kompensation des fehlenden Mutes der Sozialdemokratie zu einer gesamtstaatlichen Revolution gewesen.

auf den Wohnungsbau – allerdings mit einem gestalterischen Anspruch, dem man sofort ansieht, dass er am imperialen Gestus vorangegangener Zeiten Maß genommen hatte.

Wirklich vergleichbar ist Freital deshalb am ehesten mit Beispielen aus Frankreich, das zusammen mit Großbritannien als Mutterland des Munizipalsozialismus gilt. Der Grund dafür ist recht einfach: Die deutschen parlamentarischen Vertretungen auf Kommunal- und Länderebene wurden bis 1918 zumeist nach einem ungleichen Wahlrecht gewählt, was den Parteien der Arbeiterbewegung kaum eine Chance ließ. Dagegen finden wir „in Frankreich, wo es auch in den Gemeinden ein allgemeines Männerwahlrecht gab, [...] schon seit Beginn der 1880er Jahre sozialistische Gemeinderäte."[53] Obendrein wurden seit 1888 die Bürgermeister nicht mehr zentralistisch von Paris aus ernannt, sondern kommunal gewählt, was ihnen einen erheblichen Machtzuwachs bescherte und sie zu echten Entscheidungsträgern werden ließ. Sozialistische Bürgermeister waren es dann auch, die nach 1918 dafür sorgten, dass in Frankreich eine Reihe von munizipalsozialistisch inspirierten neuen Stadtzentren geplant und gebaut wurden. Dabei nahmen die im 19. Jahrhundert gegründeten und inzwischen zu selbstbewussten Gemeinden gewordenen Arbeiterstädte rund um Paris (Boulogne-Billancourt, Cachan, Puteaux usw.) schon wegen ihrer Hauptstadtnähe eine Vorreiterrolle ein, aber das prominenteste und aussagekräftigste Beispiel entstand weit entfernt von Paris, in Villeurbanne, einer aufstrebenden Industriestadt im Département Rhône.

Villeurbanne hatte in den 1920er Jahren rund 80 000 Einwohner, knapp halb so viele wie heute. Die Stadt war also bereits recht bedeutend, aber das schützte sie nicht vor den Eingemeindungswünschen der unmittelbar benachbarten, die Region dominierenden Großstadt Lyon (ähnlich wie Freital sich eine Zeitlang dagegen wehren musste, von Dresden eingemeindet zu werden). Der Bau eines modernen Stadtzentrums mit hoher Symbolwirkung erschien als ein geeignetes Mittel, diesen Begehrlichkeiten ein Ende zu setzen und die Eigenständigkeit von Villeurbanne festzuschreiben.[54] Initiatoren des Projekts waren der sozialistische Bürgermeister Lazare Goujon, dessen Biographie den gesellschaftlichen Aufstieg vom Arbeiterkind zum Arzt mit Hochschulabschluss und zum erfolgreichen Politiker abbildet, und der Architekt Môrice Leroux, ein Autodidakt mit Vorliebe für die Weiße Moderne und den US-amerikanischen Hochhausbau. Ihm zur Seite stand ein zweiter Architekt: Robert Giroud, preisgekrönter Absolvent der Pariser École des Beaux-Arts und Schüler des bereits erwähnten Tony Garnier, der seinerseits schon seit 1904 in Lyon tätig war. Gemeinsam entwickelten sie ein Stadtkonzept[55], das eine faszinierende Mischung aus klassizistischem Städtebau und revolutionär neuer Architektur darstellt: Eine lange Straßenachse, die auf beiden Seiten von einer monu-

---

53 Kühl, Munizipalsozialismus, S. 16.

54 Vgl. Hierzu Bernard Meuret, Le socialisme municipal, Villeurbanne 1880–1982. Histoire d'une différenciation, Lyon 1982.

55 Vgl. Anne-Sophie Clémençon (Hrsg.), Les gratte-ciel de Villeurbanne, Besançon-Paris 2004.

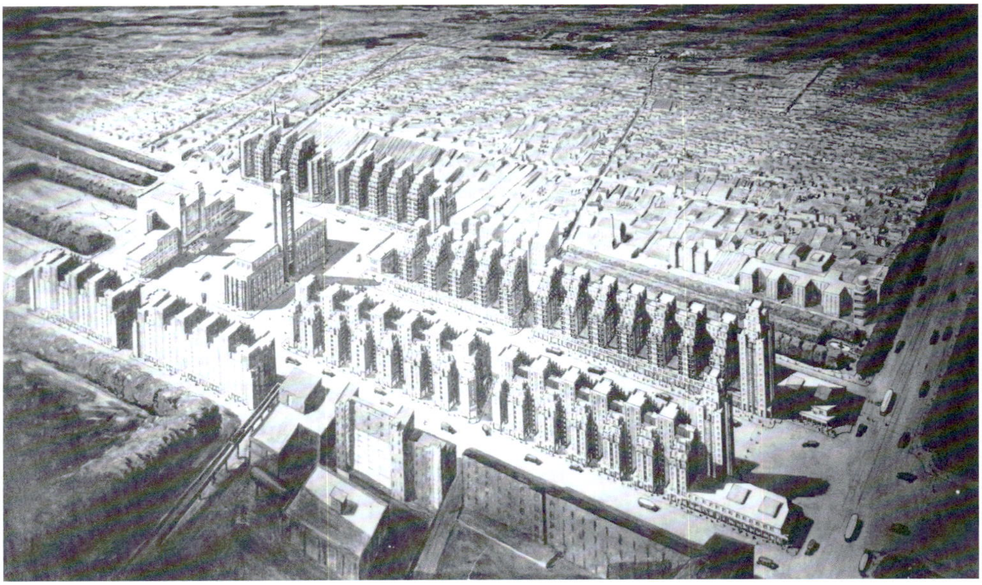

Abb. 7: Môrice Leroux, Vogelschau des neuen Stadtzentrums von Villeurbanne, 1932

mentalen Front gestaffelter Wohnhochhäuser gesäumt wird (die ersten Hochhäuser in Frankreich und die ersten Wohnhochhäuser in Europa überhaupt) und auf einen großen rechteckigen Platz mündet (Abb. 7). Mittig auf diesem Platz steht das turmbekrönte Rathaus (Hôtel de Ville), dahinter der Palast der Arbeit (Palais du Travail), ein „wahrhaftiger laizistischer Tempel, Zentrum der geistigen, künstlerischen und moralischen Aktivitäten"[56]. Er war Arbeitsamt, Gewerkschaftssitz und Volkshaus gleichzeitig, ein Ort, wo sich die „Gewerkschaftsarbeit Seite an Seite mit dem Theater, den medizinischen Diensten und dem Sport"[57] vollzog. Die Gesamtkoordination für den Bau des neuen Stadtzentrums wurde einer 1925 gegründeten städtischen Planungsgesellschaft übertragen, die bauliche Ausführung oblag gemeinnützigen Bauunternehmen (coopératives ouvrières) mit so sprechenden Namen wie „L' Avenir" (Die Zukunft) oder „L' Union" (Die Einheit). Tatsächlich erreichte man so zwischen 1927 und 1934 – also während der Weltwirtschaftskrise – die nahezu vollständige Realisierung des für damalige Verhältnisse gigantischen Vorhabens. Seither präsentiert sich Villeurbanne als eine Stadt, der es gelang, ein radikal modernes Modell des Arbeiterwohnens zu entwickeln und davon ausgehend Architekturformen zu schaffen, die das dahinterstehende, ebenso radikale laizistische Gesellschaftskonzept bildmächtig zum Ausdruck bringen.

56 Zit. nach Marc Bonneville, Villeurbanne, une banlieue des années 1930, in: Clémençon, Villeurbanne, S. 72–82, hier S. 81 (Übersetzung H.-G. Lippert).
57 Ebd., S. 82 (Übersetzung H.-G. Lippert).

Die Letzten Dinge

Teil der Planung von Villeurbanne war auch die Anlage eines neuen Friedhofs, doch dieser wurde ganz konventionell gestaltet. Interessanterweise ging man in Freital diesbezüglich einen Schritt weiter: Nur durch die Weißeritz vom Neumarkt getrennt, sollte am Fuß des Windbergs ein städtischer Zentralfriedhof mit Krematorium entstehen. Diese Anlage hätte das neue Stadtzentrum weithin sichtbar überragt und zugleich die Bergkulisse in das Bild eingebunden, so dass tatsächlich eine aus baulichen und natürlichen Versatzstücken bestehende „Stadtkrone" entstanden wäre (Abb. 3). Krematorien waren in der ersten Hälfte des 20. Jahrhunderts eine innovative Bauaufgabe, die der zeittypischen Sehnsucht nach pathetischem Ernst entgegenkam. Zudem war die neu gegründete Stadt an der Weißeritz eine Hochburg der Freidenker.[58] Zweifellos kam aus deren Umfeld die Anregung, das neue Stadtzentrum mit Krematorium und Friedhof, also den Gemeindesozialismus und die Letzten Dinge, symbolisch zusammenzuführen. Freital hatte als erste deutsche Mittelstadt nicht nur ein kostenloses Gesundheitssystem, sondern auch die kostenfreie kommunale Totenbestattung eingeführt. Mit der Propagierung der Feuerbestattung schloss die Stadt sich nun einer Strömung an, die Mitte des 19. Jahrhunderts im liberalen Bildungsbürgertum begonnen hatte, ab dem Ersten Weltkrieg aber besonders in der Arbeiterbewegung enormen Anklang fand. Auslöser hierfür war nicht zuletzt die Einäscherung von August Bebel in Zürich im Jahr 1913. „Bebels unverbrüchlicher Glaube an Naturwissenschaft und historischen Fortschritt [beruhte] auf einer explizit antikirchlichen Auffassung: ‚Die moderne Kultur ist eine antichristliche Kultur', schrieb er 1884."[59] Diese Einstellung sorgte in einem kulturellen Umfeld, in dem die Sozialdemokratie sich faktisch als Gegenkirche etabliert hatte, für eine enorme Popularisierung der Feuerbestattung innerhalb der Arbeiterschaft: „Der Anteil der Arbeiter an den Eingeäscherten, der um 1920 kaum mehr als ein Achtel ausmachte, stieg bis 1926 auf rund 45 %. [...] In einer Mitte der zwanziger Jahre veröffentlichten programmatischen Schrift wurde die Förderung der Feuerbestattung durch die Arbeiterorganisationen mit der speziellen Lebensweise des Proletariats begründet. Familiengrabstätten machten keinen Sinn, so hieß es, wenn es vom Vater zum Sohn nichts zu vererben gäbe. Und weiter: ‚Deshalb entspricht es unserer Klassenlage und der modernen Lebensweise überhaupt, die Toten zu verbrennen'."[60]

Abgesehen von der Ablehnung traditioneller Kirchlichkeit hatte die in Freital geplante Verbindung von neuem Stadtzentrum und Friedhof mit Krematorium aber zwei weitere wichtige Aspekte: Zum einen stand sie für den „bereits in der Zeit des

58 Walter/Dürr/Schmidtke, SPD, S. 58.

59 Norbert Fischer, Vom Gottesacker zum Krematorium. Eine Sozialgeschichte der Friedhöfe in Deutschland, Köln/Weimar/Wien 1996, S. 113, S. 115.

60 Ebd., S. 117.

Kaiserreichs zu erkennende[n] Versuch, Friedhöfe in ein technokratisch-kommunales Herrschaftskonzept zu integrieren. Dieses hatte innerhalb der städtischen Bürokratie mittlerweile eine neue Gruppe von ‚Sozialingenieuren' heranwachsen lassen und fand seinen Ausdruck in den Prinzipien [...] der sozialtechnischen Bürokratisierung und Normierung von Leistungen."[61] Auch in gemeindesozialistischen Konzepten spiegelte sich auf diese Weise „die Erweiterung der früheren reinen Ordnungsverwaltung zu einer umfassenden ‚Leistungsverwaltung'"[62]. Zum anderen übertrug sie die Sehnsucht der Freitaler Sozialdemokraten nach einer Gesellschaft der Gleichen auch auf den Tod, denn Bitzans Entwurf lässt erkennen, dass die Anordnung und Gestaltung der Grabstätten selbstverständlich einem egalitären Prinzip unterworfen werden sollte.

Letztlich ist von alledem nur wenig zustande gekommen. Schuld daran waren nacheinander die Hyperinflation von 1923 bis 1924, die Weltwirtschaftskrise 1929 bis 1930 und der Nationalsozialismus ab 1933. Schon 1927 gab Freital 75 % seines Stadthaushalts für Soziales aus,[63] zwischen 1928 und 1933 sank die Zahl der Erwerbstätigen um die Hälfte. „Im Sommer des Jahres 1933 war jeder dritte erwerbsfähige Freitaler arbeitslos gemeldet. [...] All diese Menschen beantragten Erwerbslosenunterstützung bzw. Fürsorge-Leistungen. Das Freitaler Wohlfahrtssystem kollabierte."[64] Von dem ambitionierten Bauprogramm konnten deshalb nur einige Bruchstücke realisiert werden: das Finanzamt, die Handels- und Gewerbeschule, das „Stadthaus" und (an anderer Stelle in der Stadt) das Gebäude des Konsumvereins „Vorwärts". Die große Halle mit ihren Kolonnaden und der Friedhof mit dem Krematorium wurden nie gebaut; an ihrer Stelle befinden sich heute ein Parkplatz und Kleingärten.

Fazit

So gesehen hatte der bereits zitierte Alexander Schwab also Recht, wenn er der „Insel Utopia inmitten der kapitalistischen Welt" eine Absage erteilte: „Jedenfalls weiß man doch schließlich seit Owen und Fourier, dass solche Inseln weder eine dauerhafte Lebensmöglichkeit noch mit ihrem Schicksal irgendwelche Beweiskraft [...] haben."[65] Sie beweisen auch nicht unbedingt den positiven Gehalt der Utopie. Franz Walter, Tobias Dürr und Klaus Schmidtke kommen in ihrer Untersuchung über die SPD in Sachsen und Thüringen jedenfalls zu der Ansicht, in der Freitaler Stadtzentrumsplanung spiegele sich nicht nur „der gütige, alles regelnde kollektive Übervater, der niemanden fallen-

61 Ebd., S. 87.
62 Kühl, Munizipalsozialismus, S. 18.
63 Günther, Freital, S. 103.
64 Ebd., S. 107.
65 Schwab, Genossenschaftsstadt, S. 297.

ließ", sondern auch „auf düstere Weise [...] die Anspruchshybris, das vermessene Verantwortungsanliegen für das Ganze eines Jeden in der gesamten Kommune, kurz: die Elemente des Absoluten in der Kultur des Sozialismus vor 1933"[66]. Damit betrachten sie die Entwürfe von Rudolf Bitzan (der 1927 noch einmal eine ähnliche, aber gestalterisch modernere Planung für Hohen Neuendorf bei Berlin vorlegte) aber letztlich unter dem Schatten nachfolgender Entwicklungen, nicht von den Voraussetzungen her. Im Kontext des Diskurses der 1920er Jahre war Bitzans konservative Gestaltfindung vor allem der Versuch, Gemeinsinn in Form einer politisch engagierten Architektur zu konkretisieren. Eine fortschrittliche Gesellschaftsordnung sollte durch Architektur symbolisiert werden, und dieser Ordnung war ein wiedererkennbarer, geschichtlich legitimierter Ort zu stiften, um sie zu stabilisieren. Was das anging, wussten die politisch Verantwortlichen in Freital sehr genau, was sie wollten. Dass man es in der NS-Zeit ablehnte, die dezidiert sozialdemokratische Setzung der 1920er-Jahre fortzuführen, liegt auf der Hand. Warum aber auch die DDR nach 1950 nicht dort anknüpfte, obwohl die Planungen Rudolf Bitzans sich für ein Bauen gemäß der Formel „national in der Form, sozialistisch im Inhalt" geradezu aufdrängten, ist eine Frage, die bis heute nicht beantwortet wurde.

66 Walter/Dürr/Schmidke, SPD, S. 79.

Sächsische Schulreform zwischen Aufbruch und Stagnation

Andreas Reichel

Die Schulpolitik ist seit jeher ein Gebiet leidenschaftlich ausgetragener Kämpfe, weil auf ihr widerstreitende Weltanschauungen aufeinandertreffen. Für Sachsen lässt sich dies am Beispiel der Weimarer Republik eindrücklich nachvollziehen.[1] Die allgemeine politische Entwicklung dieser Jahre kann in zwei Phasen gegliedert werden: Die erste Phase umfasst den Zeitraum von der Novemberrevolution 1918 bis zum Jahreswechsel 1923/1924, in dem die Arbeiterparteien über die parlamentarische Mehrheit verfügten und die bürgerlichen Parteien nahezu durchgängig von der Regierungsverantwortung ausschließen konnten.[2] Im Zentrum der Schulreform stand in dieser Zeit das Volksschulwesen, dessen gesetzliche Grundlagen noch der Regierungszeit König Johanns von Sachsen (1801–1873) entstammten.[3] Während ein Reformversuch in den Jahren 1911/1912 scheiterte[4], eröffneten sich mit dem Sturz der Monarchie auch hier neue politische Handlungsmöglichkeiten. Die zweite Phase datiert vom Jahresbeginn 1924 bis zum Ende der Weimarer Republik im Frühjahr 1933. Nun erlangten die bürgerlichen Parteien den maßgeblichen Einfluss auf die Landespolitik, der auf dem Gebiet der Schulpolitik mit dem Abbruch der eingeleiteten Reform gleichbedeutend war. Mit den

1 Zum allgemeinbildenden Schulwesen vgl. Burkhard Poste, Schulreform in Sachsen 1918–1923. Eine vergessene Tradition deutscher Schulgeschichte (= Studien zur Bildungsreform, Bd. 20), Frankfurt am Main/Berlin/Bern/New York/Paris/Wien 1993; Andreas Reichel, Die sächsische Schulreform in der Weimarer Republik, Dissertation Technische Universität Dresden 2014. – Zum Hochschulbereich vgl. Beatrix Dietel, Die Universität Leipzig in der Weimarer Republik. Eine Untersuchung zur sächsischen Hochschulpolitik (= Geschichte und Politik in Sachsen, Bd. 31), Leipzig 2015.

2 Vgl. Poste, Schulreform, S. 35–165.

3 Vgl. Hans-Martin Moderow, Volksschule zwischen Staat und Kirche. Das Beispiel Sachsen im 18. und 19. Jahrhundert (= Geschichte und Politik in Sachsen, Bd. 25), Köln/Weimar/Wien 2007.

4 Vgl. Horst Idel, Der Kampf um das sächsische Volksschulgesetz vor dem ersten Weltkrieg unter Berücksichtigung der Rolle der SPD, Dissertation Technische Universität Dresden 1968; Hans-Martin Moderow, Sachsens Volksschule am Ende des Kaiserreichs. Grundlegende Probleme und Dresdner Beispiele, in: Hans-Peter Lühr (Red.), Zwischen Reform und Restriktion. Sächsische Schulgeschichte im 20. Jahrhundert (= Dresdner Hefte, H. 97), Dresden 2009, S. 5–15.

parteipolitischen Rahmenbedingungen änderten sich zumindest die Voraussetzungen und die Inhalte der Schulpolitik. Nun war auch die Neuordnung des höheren Schulwesens Gegenstand der Erörterung. Schwerwiegende Einschnitte ergaben sich dann nochmals in der Weltwirtschaftskrise. Diesen Grundgedanken soll im Folgenden näher nachgegangen werden.

Wilhelm Buck – Beginn der sozialdemokratischen Schulreform

Im Verlauf der Novemberrevolution wurde am 15. November 1918 aus Mitgliedern der Sozialdemokratischen Partei Deutschlands (SPD) und der Unabhängigen Sozialdemokratischen Partei Deutschlands (USPD) der sogenannte „Rat der Volksbeauftragten" unter dem Vorsitz von Dr. Georg Gradnauer[5] (SPD) gebildet. Das Kultusressort übernahm der Reichstagsabgeordnete und frühere Gewerkschafts- und Kommunalpolitiker Wilhelm Buck[6] (SPD), der „weder über einen bürgerlichen Bildungshorizont noch über akademische Weihen verfügte"[7], und seine Berufung wohl vor allem dem Mangel an personellen Alternativen verdankte[8].

Buck begann sogleich, die lang aufgeschobene Reform des Volksschulwesens in Angriff zu nehmen und in diesem Zusammenhang vor allem die Trennung von Kirche und Schule einzuleiten. Hierbei folgte er dem Programm, das der „Rat der Volksbeauftragten" in seinem Aufruf „An das sächsische Volk!" vom 18. November 1918 bekanntgegeben hatte. Im Hinblick auf die Bildungs- und Kulturpolitik besagte der Aufruf: „Die Trennung der Kirche vom Staat ist durchzuführen, den Religionsgemeinschaften wird volle Freiheit gewährt. Die Schule ist von politischer und kirchlicher Bevormundung zu befreien. Die Volksschule ist unter fachmännischer Aufsicht zur Einheitsschule auszugestalten. Bildungs- und Kunstinstitute sollen gefördert werden. Krongut ist für staatliche Zwecke, insbesondere für Volksbildungs- und Volksgesundheitswesen zur Verfügung zu stellen."[9] Zur Ausführung dieser Vorhaben erließ Buck im Dezember 1918 eine Reihe von Verordnungen; namentlich über „Unterricht in biblischer Geschichte und Katechismusunterricht", „Befreiung der Dissidentenkinder vom Religionsunterrichte", „Ortsschulaufsicht und Schulleitung", „Wegfall des Schulgeldes in der öffentlichen Volks- und Fortbildungsschule und Einführung der allgemeinen Volksschule" sowie über den „Weg-

5 Zur Person vgl. Mike Schmeitzner, Georg Gradnauer – Der Begründer des Freistaates Sachsen (1918–20), in: Mike Schmeitzner/Andreas Wagner (Hrsg.), Von Macht und Ohnmacht. Sächsische Ministerpräsidenten im Zeitalter der Extreme 1919–1952, Beucha 2006, S. 52–88.

6 Zur Person vgl. Mike Schmeitzner, Wilhelm Buck – Moderator des „linksrepublikanischen Projekts" (1920–23), in: Schmeitzner/Wagner, Ministerpräsidenten, S. 89–124.

7 Ebd., S. 89.

8 Vgl. ebd., S. 95–96.

9 Gesetz- und Verordnungsblatt, 1918, S. 365.

fall des Katechismusunterrichts in den Volksschulen".[10] Vor allem die Eingriffe in den Religionsunterricht führten zu öffentlichen Protesten und scharfer Kritik der Kirchen.[11]

Aus der nun folgenden Wahl zur Sächsischen Volkskammer am 2. Februar 1919 gingen die beiden sozialdemokratischen Parteien mit knapp 58 Prozent der Stimmen als Sieger hervor, womit sie über eine Parlamentsmehrheit von 57 der insgesamt 96 Abgeordnetensitze verfügten. Die restlichen Mandate verteilten sich auf die Deutsche Demokratische Partei (DDP), die Deutsche Volkspartei (DVP) und die Deutschnationale Volkspartei (DNVP). Aufgrund politischer Differenzen war die USPD, die bereits im Januar 1919 ihre Minister aus dem „Rat der Volksbeauftragten" abgezogen hatte, zu einer Regierungsbildung mit der SPD nicht bereit. Und so wurde am 14. März 1919 Dr. Georg Gradnauer (SPD) mit den Stimmen seiner Fraktion sowie neun Stimmen aus dem bürgerlichen Lager zum ersten sächsischen Ministerpräsidenten und Führer einer Minderheitsregierung gewählt.[12]

Das Übergangsschulgesetz und die Frage des Religionsunterrichts in den Volksschulen

Schon zwei Tage nach der konstituierenden Sitzung der Sächsischen Volkskammer hatte die SPD-Fraktion am 27. Februar 1919 einen Antrag eingebracht, der die Regierung ersuchte, „der Volkskammer ein Übergangsgesetz für das Schulwesen, insbesondere das Volksschulwesen, vorzulegen, das bis zur Verabschiedung eines neuen Schulgesetzes die dringendsten Reformen im Schulwesen durchführt"[13]. Der Ministerpräsident äußerte in einer Regierungserklärung am 20. März 1919, dass die auf dem Gebiete der Schule durch die vorläufige Regierung erlassenen Verordnungen die Einleitung der Schulreform in Richtung Einheitsschule bedeuteten, und dass diese Reform mit Entschiedenheit fortgeführt werden solle. Er betonte jedoch zugleich, dass die Gesetzgebung über Erziehungs-, Bildungs- und Religionsfragen in Übereinstimmung mit den bevorstehenden Beschlüssen der in Weimar tagenden Verfassunggebenden Deutschen Nationalversammlung behandelt werden solle. Die Regierung sei gewillt, gemeinsam mit der Volkskammer in angemessener Zeit das spruchreif gewordene Problem von Staat und Kirche und Kirche und Schule zu lösen.[14] Der Gesetzgebungsausschuss erarbeitete hierauf die Grundzüge, in denen er das kommende Schulgesetz gestaltet wissen wollte und legte auf die Entfernung des Religionsunterrichts aus der Reihe der verbindlichen

---

10 Vgl. Gesetz- und Verordnungsblatt, 1918, S. 385 f., 389 f., 392 f.; Verordnungsblatt des Ministerium des Kultus und öffentlichen Unterrichts, 1919, S. 16 f.

11 Vgl. Reichel, Schulreform, Teil I, S. 83.

12 Vgl. ebd., S. 66, 71.

13 Volkskammer-Akten, Berichte, Nr. 13.

14 Vgl. Verhandlungen der Sächsischen Volkskammer, S. 441.

Unterrichtsfächer besonderen Wert.[15] Die Regierung ihrerseits wollte der kommenden Reichsverfassung nicht vorgreifen und sprach sich in ihrem im Juni 1919 vorgelegten Gesetzentwurf für die vorläufige Weitererteilung fakultativen Religionsunterrichts aus.[16] Der Gesetzgebungsausschuss positionierte sich in dieser Frage nun gegen die Regierung und stellte seinen ursprünglichen Beschluss wieder her.[17] Mit den Stimmen von SPD und USPD – und gegen die Stimmen der bürgerlichen Parteien – wurde am 11. Juli 1919 schließlich das Gesetzeswerk von der Volkskammer beschlossen[18] und als „Übergangsgesetz für das Volksschulwesen" am 22. Juli 1919 veröffentlicht[19].

Dieses Übergangsschulgesetz diente im Wesentlichen der rechtlichen Fixierung der seit der Novemberrevolution auf dem Verordnungsweg getroffenen Entscheidungen, die eine grundlegende Umgestaltung und Erneuerung des Volksschulwesens intendierten. Seine wichtigsten Bestimmungen waren hierbei die Einführung der allgemeinen, weltlichen und unentgeltlichen Volksschule für alle Kinder des Schulbezirks ohne Unterschied des Vermögens und der Religion und unter weitgehender Einschränkung des Privatschulwesens, die Einführung der dreijährigen Fortbildungsschulpflicht auch für Mädchen, die Abschaffung des autoritativen Volksschuldirektorats und die Einführung der kollegialen Schulleitung, die Einrichtung von Lehrer- und Elternräten, die Aufhebung jeglicher (sowohl durch den Pfarrer als auch den Direktor) ausgeübten Ortsschulaufsicht, die Abschaffung des Gelöbnisses konfessioneller Treue sowie das Ausscheiden des Geistlichen aus dem Schulvorstand. Das Übergangsschulgesetz markierte mit seinen fortschrittlichen Inhalten nicht nur einen Meilenstein in der sächsischen Schulgeschichte, sondern es bewies zugleich, dass trotz aller Unterschiede zwischen SPD und USPD ein gemeinsames Handeln auf dem Gebiet der Schulpolitik möglich war[20].

Richard Seyfert – Fachmann im Bildungsressort

Am 6. Oktober 1919 erklärte der Ministerpräsident die Umbildung der Regierung durch Eintritt von Mitgliedern der DDP.[21] Die Leitung des Kultusministeriums übernahm mit dem Volksschulpädagogen, Bildungspolitiker und Lehrerbildner Dr. Richard Seyfert[22]

---

15 Vgl. Volkskammer-Akten, Berichte, Nr. 205; Volkskammer-Akten, Beschlüsse, Nr. 85.
16 Vgl. ebd., Nr. 15.
17 Vgl. ebd., Nr. 356.
18 Vgl. ebd., Nr. 141.
19 Vgl. Gesetz- und Verordnungsblatt, 1919, S. 171–191.
20 Vgl. Poste, Schulreform, S. 55.
21 Vgl. Verhandlungen der Sächsischen Volkskammer, S. 2043.
22 Zur Person vgl. Helga Keppeler-Schrimpf, „Bildung ist nur möglich auf der Grundlage des Volkstums." Eine Untersuchung zu Richard Seyferts volkstümlicher Bildungstheorie als volksschuleigene Bildungskonzeption (= Pädagogik und Zeitgeschehen, Bd. 5), Münster 2005, S. 7–35; Jutta Frotscher, Richard Seyfert (1862–1940).

(DDP) gleichsam ein Fachmann, während sein Amtsvorgänger Wilhelm Buck im Mai 1920 zum Regierungschef avancierte.

Um eine grundsätzliche Aussprache über die aktuellen Fragen des Bildungswesens zu ermöglichen und den staatlichen Stellen diesbezügliche Empfehlungen auszusprechen, berief Seyfert vom 13. bis 16. April 1920 in Dresden einen Landesschulausschuss ein, wobei er das Referat zum Thema „Der gesamte Aufbau des öffentlichen Erziehungswesens" selbst hielt.[23] Schon hierin zeigte sich das große Engagement und die persönliche Verbundenheit des Ministers mit seinem Ressort.

Für den Erhalt des Religionsunterrichts in den Volksschulen

Im Mittelpunkt der praktischen Politik Seyferts stand wohl die Frage der Weltlichkeit der Volksschule. Denn zwischenzeitlich war mit ihrer Verkündung am 14. August 1919 die Verfassung des Deutschen Reichs in Kraft getreten. Und diese besagte in Artikel 149 Absatz 1, dass Religionsunterricht ordentliches Lehrfach der Schulen ist.[24] Nach Ansicht der sächsischen Regierung befand sich die Landesgesetzgebung hiernach im Widerspruch zur Reichsverfassung, da die im Übergangsschulgesetz beschlossene weltliche Volksschule eine der Sonderschulformen der Reichsverfassung und gerade nicht die geforderte Regelschule darstelle. Zudem sollte die Beseitigung des Religionsunterrichts – wenn auch aus rein schultechnischen Gründen – erst in dem am 1. April 1920 beginnenden Schuljahr durchgeführt werden. Beim Inkrafttreten der Reichsverfassung sei daher in Sachsen die allgemeine Volksschule mit nach Bekenntnissen getrenntem Religionsunterricht noch die bestehende und bis zum Erlass eines Reichsschulgesetzes zu schützende Rechtslage gewesen. Um die Einheitlichkeit des Volksschulwesens zu wahren, warb Seyfert bei den Parteien um Aufgabe ihrer Maximalpositionen; bei der Rechten um den Verzicht auf die Trennung nach Bekenntnissen und bei der Linken um den Verzicht auf die weltliche Schule.[25] Als Kompromissformel legte Seyfert der Volkskammer im Februar 1920 einen Gesetzesentwurf vor, der den Verbleib des Religionsunterrichts in den sächsischen Gemeinschaftsschulen vorsah, wobei die Entscheidung

Nestor der akademischen Volksschullehrerausbildung in Sachsen, in: Johannes Rohbeck/Hans-Ulrich Wöhler (Hrsg.), Auf dem Weg zur Universität. Kulturwissenschaften in Dresden 1871–1945, Dresden 2001, S. 183–195.

23 Vgl. Verhandlungen des Landesschulausschusses vom 13. bis 16. April 1920 in Dresden. Hrsg. im Auftrage des Ministeriums des Kultus und öffentlichen Unterrichts für den Freistaat Sachsen, Dresden 1920.

24 Darüber hinaus legte sie fest, dass die gemeinsame Schule ohne Sonderung der Kinder nach der wirtschaftlichen und gesellschaftlichen Stellung oder nach dem Religionsbekenntnis ihrer Eltern, also die Gemeinschafts- bzw. Simultanschule, die Regelschulform ist (Artikel 146 Absatz 1); dass unter bestimmten Voraussetzungen – nach Maßgabe eines noch zu erlassenden Reichsschulgesetzes – auf Antrag von Erziehungsberechtigten Volksschulen ihres Bekenntnisses oder ihrer Weltanschauung eingerichtet werden können (Artikel 146 Absatz 2); und dass es bis zum Erlass dieses Reichsschulgesetzes bei der bestehenden Rechtslage verbleibt (Artikel 174). Vgl. Reichsgesetzblatt, 1919, S. 1410–1412, 1416.

25 Vgl. Verhandlungen der Sächsischen Volkskammer, S. 2466–2469, 2668–2671.

über die Teilnahme den Erziehungsberechtigten oblag, und zudem jeder Lehrer berechtigt war, die Unterrichtserteilung abzulehnen.[26] Auf dem Verordnungsweg verfügte er – letztlich eigenmächtig – die einstweilige Forterteilung des Religionsunterrichts über den 1. April 1920 hinaus.[27] Die Sozialdemokratie war jedoch zu einer Preisgabe irgendeiner Bestimmung des Übergangsschulgesetzes, insbesondere der Weltlichkeit der Volksschule, nicht bereit. Und so stimmte die SPD-Fraktion gemeinsam mit der oppositionellen USPD im Oktober 1920 gegen den eigenen Koalitionspartner DDP und brachte damit die Vorlage zu Fall.[28] Unterdessen hatte jedoch das Reichsministerium des Innern beim Präsidenten des Reichsgerichts eine höchstrichterliche Entscheidung in dieser Frage beantragt.[29] Das Reichsgericht erklärte schließlich am 4. November 1920 die Beseitigung des Religionsunterrichts für verfassungswidrig, womit der weltlichen Volksschule in Sachsen das Ende bereitet war.[30]

Neben diesem Problemkomplex entfaltete Seyfert auch Initiativen im Bereich des mit der Volksschule noch eng verbundenen Fortbildungsschulwesens[31], das er durch berufliche Gliederung zur Berufsschule ausgestalten wollte.[32] Ebenso hatte er klare Vorstellungen für eine Reform des höheren Schulwesens mit Einschluss der Lehrerbildung.[33] Letztlich aber blieben Seyferts Bemühungen aufgrund des politisch wie zeitlich begrenzten Handlungsspielraums in den Anfängen stecken. Denn nach gerade einmal 14 Monaten ihres Bestehens endete die sozialliberale Koalition im Dezember 1920.

Hermann Fleißner – konsequente Fortführung der sozialdemokratischen Schulreform

Die Landtagswahl am 14. November 1920 leitete einen Wechsel in der sächsischen Landespolitik ein. Fortan übten sozialdemokratische Minderheitsregierungen die Exekutivgewalt aus. Doch weil die Sozialdemokraten – zunächst in einer Koalition aus SPD und USPD, dann als Vereinigte SPD – nicht über die parlamentarische Mehrheit verfügten, waren sie auf die Tolerierung durch die Kommunisten angewiesen. So wurde

26 Vgl. Volkskammer-Akten, Vorlagen, Bd. 4, Nr. 53.

27 Vgl. Verordnungsblatt, 1920, S. 51 f.

28 Vgl. Volkskammer-Akten, Beschlüsse, Nr. 388.

29 Vgl. Verhandlungen der Sächsischen Volkskammer, S. 3648.

30 Vgl. Reichsgesetzblatt, 1920, S. 2016; Sächsisches Gesetzblatt, 1920, S. 488 f.; Archiv des öffentlichen Rechts 40 (1921), S. 98–103.

31 Vgl. Frank Wehrmeister, Fortbildungsschule in Sachsen I. Allgemeine und gewerbliche Fortbildungsschule in Sachsen im Spannungsfeld schulpolitischer und gewerblicher Interessen 1815–1933 (= Europäische Hochschulschriften, Reihe 11, Bd. 656), Frankfurt am Main 1995; Kirsten Wehrmeister, Fortbildungsschule in Sachsen II. Geschlechtsspezifische Erziehung und berufliche Qualifikation in der sächsischen Mädchenfortbildungsschule 1835–1925 (= Europäische Hochschulschriften, Reihe 11, Bd. 710), Frankfurt am Main 1997.

32 Vgl. Verordnungsblatt, 1920, S. 119.

33 Vgl. Verhandlungen der Sächsischen Volkskammer, S. 2469 f.

mit den Stimmen der KPD, die einen bürgerlichen Kandidaten verhindern wollte, im Dezember 1920 und im Dezember 1922 Wilhelm Buck im Amt des Ministerpräsidenten bestätigt sowie Dr. Erich Zeigner[34] im März 1923 als dessen Nachfolger gewählt.[35] Trotz grundsätzlicher politischer Differenzen unterstützte die KPD die Regierungen Buck und Zeigner zumindest in der Schulreformpolitik.[36] Die Nachfolge Seyferts als Kultusminister übernahm der ebenso wie Buck dem proletarischen Milieu entstammende USPD-Politiker und Reichstagsabgeordnete Hermann Fleißner[37].

Gegen die religiöse Beeinflussung der Schulkinder

In seiner Regierungserklärung am 14. Dezember 1920 eröffnete der Ministerpräsident: „Die Ende 1918 begonnene Reform des Schulwesens ist bisher geradlinig weitergeführt, aber noch nicht vollendet worden. Der Ausbau und die Fortsetzung des Begonnenen werden die hauptsächlichste Aufgabe des neuen Kultusministers sein, dessen Wollen und Wirken aber auch umgrenzt ist durch den Rahmen der Weimarer Reichsverfassung."[38] Der Angesprochene stellte hierzu sogleich zehn wichtige Gesetzesentwürfe in Aussicht. Die in der Hauptsache bereits von seinem Amtsvorgänger erarbeiteten Vorlagen betrafen das Verhältnis von Staat und Kirche bzw. Kirche und Schule sowie alle Bereiche des allgemeinbildenden und beruflichen Schulwesens. Besondere Wichtigkeit maß Fleißner dabei der Aufgabe zu, den etwa noch vorhandenen Rest von geistlichem Einfluss in der Schule völlig zu beseitigen bzw. seiner möglichen Wiedererstarkung vorzubeugen.[39]

Den Religionsunterricht als solchen musste Fleißner freilich als ein Faktum akzeptieren, doch blieb ihm noch ein kleiner Spielraum. Während nach der von Seyfert getroffenen Regelung die Nichtabmeldung vom Religionsunterricht als Einverständnis mit der Teilnahme galt[40], mithin eine Bevorzugung der konfessionell eingestellten Eltern stattfand, bekannte sich Fleißner zum Gleichbehandlungsgrundsatz. So bestimmte er im Januar 1921, dass bei der Anmeldung von Kindern zum Besuch der Volksschule die Erziehungspflichtigen dem Schulleiter ganz allgemein eine Erklärung darüber abzugeben hatten, ob die Kinder am Religionsunterricht teilnehmen sollten oder nicht.[41] Um die erstrebte Weltlichkeit der Schule zumindest in gewissen Grenzen zu erreichen, ver-

34 Zur Person vgl. Mike Schmeitzner, Erich Zeigner – Der Linkssozialist und die Einheitsfront (1923), in: Schmeitzner/Wagner, Ministerpräsidenten, S. 125–158.

35 Vgl. Schmeitzner, Buck, S. 109–112, 116; Ders., Zeigner, S. 133–135.

36 Vgl. Poste, Schulreform, S. 70 f.

37 Zur Person vgl. Andreas Reichel, Hermann Fleißner, in: Sächsische Biografie, hrsg. vom Institut für Sächsische Geschichte und Volkskunde e. V., bearb. von Martina Schattkowsky.

38 Verhandlungen des Sächsischen Landtages, 1920/1922, S. 23.

39 Vgl. Verhandlungen des Sächsischen Landtages, 1920/1922, S. 121 f.

40 Vgl. Verordnungsblatt, 1920, S. 51; Verhandlungen des Sächsischen Landtages, 1920/1922, S. 671.

41 Vgl. Verordnungsblatt, 1921, S. 6.

suchte Fleißner im Übrigen, alles Religiöse möglichst zu verdrängen. In diesem Sinne ergingen im August 1922 Verordnungen, die Lehrern und Schülern an staatlich nicht anerkannten Feiertagen die Unterrichtsbefreiung für die Teilnahme an religiösen Feiertagshandlungen grundsätzlich nicht mehr gestattete. Zudem hatte zum Schutz der Empfindungen Andersdenkender in den Schulen jede Art religiöser Beeinflussung außerhalb des Religionsunterrichts nun zu unterbleiben. Andachten, Gebete und Kirchenlieder waren nur in den Religionsstunden zulässig. Die allgemeinen Veranstaltungen der Schule wie Schulfeiern, Aufnahme und Entlassung von Schülern, Einweisung und Verabschiedung von Lehrkräften sowie die Abhaltung von Lehrerversammlungen durften keinen kirchlichen oder religiösen Charakter tragen, sondern waren so auszugestalten, dass die Teilnahme jedem Lehrer und jedem Schüler ohne Gewissensbedenken möglich war.[42]

Da nach der Reichsverfassung die Erteilung religiösen Unterrichts und die Vornahme kirchlicher Verrichtungen der Willenserklärung der Lehrer überlassen war (Artikel 149 Absatz 2) und diese sich somit zu den Grundsätzen der weltlichen Schule bekennen konnten, löste das „Gesetz über die Trennung des Kirchen- und Schuldienstes der Volksschullehrer" vom 10. Juni 1921 bei den Kirchschulstellen das Kirchenamt vom Schulamt und regelte die vermögensrechtlichen Ansprüche der Lehrer aus ihrer bisherigen kirchlichen Tätigkeit. Zudem leitete es die Auseinandersetzung zwischen Kirche und Schulbezirk wegen ihrer Ansprüche am Kirchschullehensvermögen ein.[43]

Verbesserung der materiellen Grundlagen des Volksschulwesens

Neben den konfessionellen Fragen widmete sich Fleißner auch den organisatorisch-technischen Modi des Volksschulwesens. Als Folge der neueren Steuergesetzgebung war die Finanzierung des Volksschulwesens auf andere Art zu gewährleisten. Während im Königreich Sachsen – bedingt durch die konfessionellen Verhältnisse – noch besondere Schulgemeinden bestanden, denen die Aufbringung der Mittel zur Errichtung und Unterhaltung der Volksschulen oblag, ging diese Verpflichtung mit dem „Gesetz über die Aufhebung der Schulgemeinden" vom 11. Juli 1921 nun auf die bürgerlichen Gemeinden über.[44] Der Sicherstellung der materiellen Grundlage sowie der inneren Ausgestaltung des Volksschulwesens diente im Weiteren das „Schulbedarfsgesetz" vom 31. Juli 1922. Es regelte unter anderem die Übernahme der Lehrerbesoldung durch die Staatskasse, die Erhöhung der Mindeststundenzahlen der einzelnen Jahrgangsklassen, die Begrenzung der Schülerzahl auf 35 pro Klasse bzw. 30, sofern eine Klasse mehrere Jahrgänge umfasste, die Herabsetzung der wöchentlichen Pflichtstundenzahl der Lehrer auf ein-

42 Vgl. ebd., 1922, S. 126, 169 f.
43 Vgl. Sächsisches Gesetzblatt, 1921, S. 147–149.
44 Vgl. ebd., S. 231–237, 298–302; Reichel, Schulreform, Teil I, S. 67–70.

heitlich 28 Stunden sowie die Anbahnung der Einführung der Lehrmittelfreiheit. Zudem verfügte das Gesetz die schulärztliche Überwachung der Schulkinder, das Verbot jeglicher körperlicher Züchtigung und die Freiheit der Lehrer in der Unterrichtsgestaltung. Ebenso schuf es die Möglichkeit zur Einrichtung höherer Abteilungen innerhalb der Volksschule, die sich auf ein schulgeldfreies 9. und 10. Schuljahr erstrecken konnten.[45] Das Schulbedarfsgesetz setzte so in organisatorischer wie pädagogisch und fürsorgerischer Hinsicht einen weiteren Glanzpunkt in der Entwicklung des sächsischen Schulwesens.

Ansätze zu einer Reform des höheren Schulwesens und der Lehrerbildung

Nachdem die Volksschule zunächst im Zentrum der Schulpolitik gestanden hatte, gab Ministerpräsident Buck am 5. Dezember 1922 im Sächsischen Landtag bekannt: „Auch die in Sachsen komplizierten Verhältnisse im höheren Schulwesen sollen […] einer zeitgemäßen Reform zugeführt werden. Alte bewährte Grundsätze müssen mit neuen, modernen verbunden, Überlebtes und Unzeitgemäßes muß beseitigt werden."[46] Diese Neuordnung war bereits durch die Aufhebung der Volksschullehrerausbildungsstätten eingeleitet worden, indem das „Gesetz über die Umwandlung der Lehrerseminare und der Lehrerinnenseminare" vom 8. April 1922 die genannten Anstalten in Form von Deutschen Oberschulen und Aufbauschulen in das höhere Schulwesen integrierte.[47] Das „Gesetz über die Ausbildung der Volksschullehrer und Volksschullehrerinnen" vom 4. April 1923 verlagerte schließlich die wissenschaftliche Berufsausbildung der Volksschullehrer an die Universität Leipzig und die Technische Hochschule Dresden sowie ihre praktisch-pädagogische Ausbildung an mit diesen Hochschulen zu verbindende Pädagogische Institute.[48]

Pläne für eine Einheitsschule in Sachsen

Mit der Wahl Erich Zeigners zum Ministerpräsidenten im März 1923 verstärkte sich der Linkstrend in der Landespolitik. In der Regierungserklärung am 10. April 1923 äußerte sich Zeigner auch zur Schulpolitik. Dabei verpflichtete er sich unter anderem dem Wert „einer allgemeinen und neuzeitlichen Volksbildung", was er mit einem Bekenntnis zum

45 Vgl. Sächsisches Gesetzblatt, 1922, S. 405–412; ebd., 1923, S. 19–31, 68; Heidenreich, Frank, Arbeiterkulturbewegung und Sozialdemokratie in Sachsen vor 1933 (= Demokratische Bewegungen in Mitteldeutschland, Bd. 3), Weimar/Köln/Wien 1995, S. 191–198.

46 Verhandlungen der Sächsischen Volkskammer, 1922/1926, S. 16.

47 Vgl. Sächsisches Gesetzblatt, 1922, S. 164; Reichel, Schulreform, Teil I, S. 192–196.

48 Vgl. Sächsisches Gesetzblatt, 1923, S. 68; Jutta Frotscher, Volksschullehrerausbildung in Dresden 1923–1931 (= Beiträge zur Historischen Bildungsforschung, Bd. 22), Köln/Weimar/Wien 1997.

„Einheitsschulgedanken und dem allgemeinen Schulfortschritt" verband. Er kündigte an, „die allgemeine Schule auf ein möglichst hohes Maß der Leistungsfähigkeit zu bringen", hierzu die Bestimmungen des Schulbedarfsgesetzes nach Möglichkeit durchzuführen, die Akademisierung der Lehrerbildung zielbewusst zu fördern sowie darüber hinaus alle Schulgattungen in ein gegenseitiges organisches Verhältnis zu bringen.[49]

Mit den Vorarbeiten zur Reform des höheren Schulwesens wurde der frühere Volksschullehrer und Bezirksschulrat Dr. Alwin Wünsche (SPD) beauftragt, der zu diesem Zweck Hospitationen in einer Vielzahl höherer Schulen vornahm.[50] Hierbei machte er die Beobachtung, dass sich die Volksschule im Gegensatz zur höheren Schule der geistigen Entwicklungsstufe der Kinder im 5. bis 8. Schuljahr viel sorgfältiger anpassen und die Anlagen der Kinder viel planmäßiger entfalten könne, so dass eine (künftige) scharfe Trennung zwischen Volks- und höherer Schule einer Grundlage entbehre. Wünsche sprach sich deshalb für eine Einheitsschule mit einer vierjährigen Grundschule, einer vierjährigen gemeinsamen Mittelstufe für alle Kinder zwischen 10 und 14 Jahren, die zugleich die Unterstufe der höheren Schule sein solle, und einer vierjährigen Oberschule als Oberstufe der höheren Schule mit allerhand Differenzierungen im Lehrplan aus. Seine Vorstellungen präzisierte Wünsche in dem im November 1923 vorgelegten Entwurf „Grundzüge der Einheitsschule"[51], den das Ministerium für Volksbildung – wie die oberste Schulbehörde seit Juli 1923 offiziell hieß[52] – zu seiner eigenen Auffassung machte. Jedoch hatten sich die politischen Verhältnisse in Sachsen unterdessen grundlegend verändert, so dass die Umsetzung dieses Vorhabens nicht mehr möglich war.

Fritz Kaiser – Ende der Reformphase und Neuausrichtung der Schulpolitik

In Folge der politischen Turbulenzen im letzten Quartal des Jahres 1923 – mit dem Eintritt der KPD in die Regierung, der Reichsexekution gegen den Freistaat Sachsen, dem Rücktritt Zeigners und der vorübergehenden Übernahme der Ministerpräsidentschaft durch Alfred Fellisch[53] (SPD) – kam es am 4. Januar 1924 unter Max Heldt[54] (SPD) zur Bildung eines „Kabinett[s] der Mitte"[55], bestehend aus SPD, DDP und DVP. An der Regierung beteiligte sich allerdings nicht die SPD insgesamt, sondern nur die (rechte) Mehr-

49 Vgl. Verhandlungen des Sächsischen Landtages, 1922/1926, S. 719.
50 Vgl. Reichel, Schulreform, Teil I, S. 200–205.
51 Abgedruckt in Poste, Schulreform, S. 599–602; Reichel, Schulreform, Teil II, S. 249–250.
52 Vgl. Sächsisches Gesetzblatt, 1923, S. 224.
53 Zur Person vgl. Mike Schmeitzner, Alfred Fellisch – Ein Minderheitskabinett unter Ausnahmezustand (1923/24), in: Schmeitzner/Wagner, Ministerpräsidenten, S. 159–181.
54 Zur Person vgl. Thomas Fischer, Max Heldt – Große Koalition und SPD-Spaltung (1924–29), in: Schmeitzner/Wagner, Ministerpräsidenten, S. 182–219.
55 Verhandlungen des Sächsischen Landtages, 1922/1926, S. 2203.

Abb. 1: Dr. Karl Friedrich Kaiser

heit der Landtagsfraktion, die nach ihrem Parteiausschluss im März 1926 ihrerseits die Alte Sozialdemokratische Partei Sachsens (ASP) gründete. Die Koalition aus ASP, DDP und DVP wurde nach der Landtagswahl vom 31. Oktober 1926 um die Wirtschaftspartei, die Volksrechtspartei und die DNVP erweitert.[56]

Die Leitung des Ministeriums für Volksbildung übernahm im Januar 1924 der Dresdner Rechtsanwalt und Vorsitzende der DVP-Landtagsfraktion Dr. Fritz (eigentl. Karl Friedrich) Kaiser[57], dem eine für Weimarer Verhältnisse ungewöhnlich lange Amtszeit von fünf Jahren bevorstand. Bereits früher als vehementer Kritiker der sozialdemokratischen Schulpolitik aufgetreten, war er nun die für den Abbruch dieser Reform verantwortliche Person. So sperrte er sich einerseits der Weiterverfolgung aktueller Schulgesetzvorhaben – wie z. B. des im Mai 1923 vorgelegten Berufsschulgesetzentwurfs[58] sowie des bereits genannten Einheitsschulplans – und andererseits der loyalen Durchführung bereits beschlossener Schulgesetze.[59]

Im Hinblick auf den weiteren Ausbau der Volksschule unterlag der Minister zudem finanziellen Beschränkungen. Aufgrund von Vorschriften der Reichsregierung waren die Länder zur Senkung ihrer Personalausgaben verpflichtet. Dem folgte der Freistaat Sachsen mit dem Personalabbaugesetz vom 29. Januar 1924, wobei die Regierung den Abbau mit personalpolitischen Entscheidungen verknüpfte und unter anderem Oberregierungsrat Dr. Alwin Wünsche entließ.[60] Der Durchführung des Personalabbaugesetzes in den Schulen diente ein Gesetz vom 27. März 1924, auf dessen Grundlage 1289 Volksschullehrer sowie 48 Berufsschullehrer aus dem Schuldienst schieden.[61] Die

56 Vgl. Fischer, Heldt, S. 193 f., 207–211.

57 Zur Person vgl. Andreas Reichel, Karl Friedrich (Fritz) Kaiser, in: Sächsische Biografie, hrsg. vom Institut für Sächsische Geschichte und Volkskunde e. V., bearb. von Martina Schattkowsky.

58 Abgedruckt in Reichel, Schulreform, Teil II, S. 234–247.

59 Vgl. Poste, Schulreform, S. 240–249.

60 Vgl. Sächsisches Gesetzblatt, 1924, S. 43–50, 114, 115–118; Reichel, Schulreform, Teil I, S. 106–108.

61 Vgl. Sächsisches Gesetzblatt, 1924, S. 208; Landeslehrerbuch des Freistaates Sachsen. Zugleich Jahrbuch zum Kalender des Sächsischen Pestalozzi-Vereins. Unter Mitarbeit der Statistischen Hauptstelle des Sächsischen

Verringerung der Lehrerstellen wurde mit Hilfe organisatorischer Maßnahmen im Schulbetrieb kompensiert, wie der Zusammenlegung von Klassen sowie der Erhöhung der Pflichtstundenzahl der Lehrer von 28 auf 30, was in der Folge die Leistungsfähigkeit des Schulwesens insgesamt unterminieren musste.[62]

„Klagen über die Volksschule"

Im Dezember 1924 veröffentlichte das Ministerium für Volksbildung die Denkschrift „Die sächsische Volksschule nach den von den Bezirksschulräten und höheren Schulen im Jahre 1924 erstatteten Berichten". Diese Publikation bildete den Abschluss einer gegen die sozialdemokratische Schulreformpolitik unter dem Schlagwort „Klagen über die Volksschule" bzw. „Flucht aus der Volksschule" gerichteten Kampagne.[63]

Vordergründig ging es der Schrift darum, einen ursächlichen Zusammenhang „zwischen Lerndefiziten von Volksschulkindern und innerer Schulreform, d. h. den Versuchen, Schule und Unterricht reformpädagogisch umzugestalten"[64] zu behaupten, um hierauf gegründet Handlungsempfehlungen zur Änderung des inneren Unterrichtsbetriebs auszusprechen. Dazu zählten etwa die Aufstellung verbindlicher Grundsätze bzw. eines verbindlichen Lehrplans für den Unterricht – der dann im Mai 1928 auch tatsächlich erschien[65] –, die Intensivierung der Schulaufsicht sowie die Verbesserung der äußeren Unterrichtsbedingungen.[66] Der politische Handlungsspielraum des Ministers war jedoch insofern eingeschränkt, als er auf die Unterstützung der Koalitionspartner angewiesen war. Im März 1925 legte Kaiser dem Sächsischen Landtag den Entwurf eines Schulaufsichtsgesetzes vor, wonach den Bezirksschulräten fachmännische Hilfsarbeiter beigegeben werden sollten. Während er auf den Rückhalt seiner eigenen Fraktion (DVP) zählen konnte, widersetzten sich SPD und DDP der Einführung dieses Helfersystems, da sie dieses als Angriff gegen die im Übergangsschulgesetz verankerte kollegiale Schulleitung werteten. Ihre Zustimmung versagte auch die DNVP, da ihr die Pläne nicht weitreichend genug waren und sie stattdessen die Wiedereinführung des autoritativen Volksschuldirektorats begehrte. So fand der Gesetzentwurf letztlich keine parlamentarische Mehrheit, sondern blieb im Rechtsausschuss unerledigt.[67] Hierbei

Lehrervereins und der Geschäftsstelle des Berufsschulvereins hrsg. vom Sächsischen Pestalozzi-Verein, Dresden 1924, S. 157.

62 Vgl. Reichel, Schulreform, Teil I, S. 113–136.

63 Vgl. ebd., S. 206–208.

64 Poste, Schulreform, S. 244.

65 Vgl. Verordnungsblatt, 1928, S. 33–44; Landeslehrplan für die Volksschulen Sachsens. Mit einer Einführung und einem Anhang von Dr. [Paul] Weinhold, Dresden 1928.

66 Vgl. Die sächsische Volksschule nach den von den Bezirksschulräten und den höheren Schulen im Jahre 1924 erstatteten Berichten (Verordnung Nr. 73 des Ministeriums für Volksbildung vom 25. März 1924). Denkschrift des Sächsischen Ministeriums für Volksbildung, Dresden 1924, S. 71 f.

67 Vgl. Landtags-Akten, 1922/1926, Vorlagen, Nr. 175; Reichel, Schulreform, Teil I, S. 39–41.

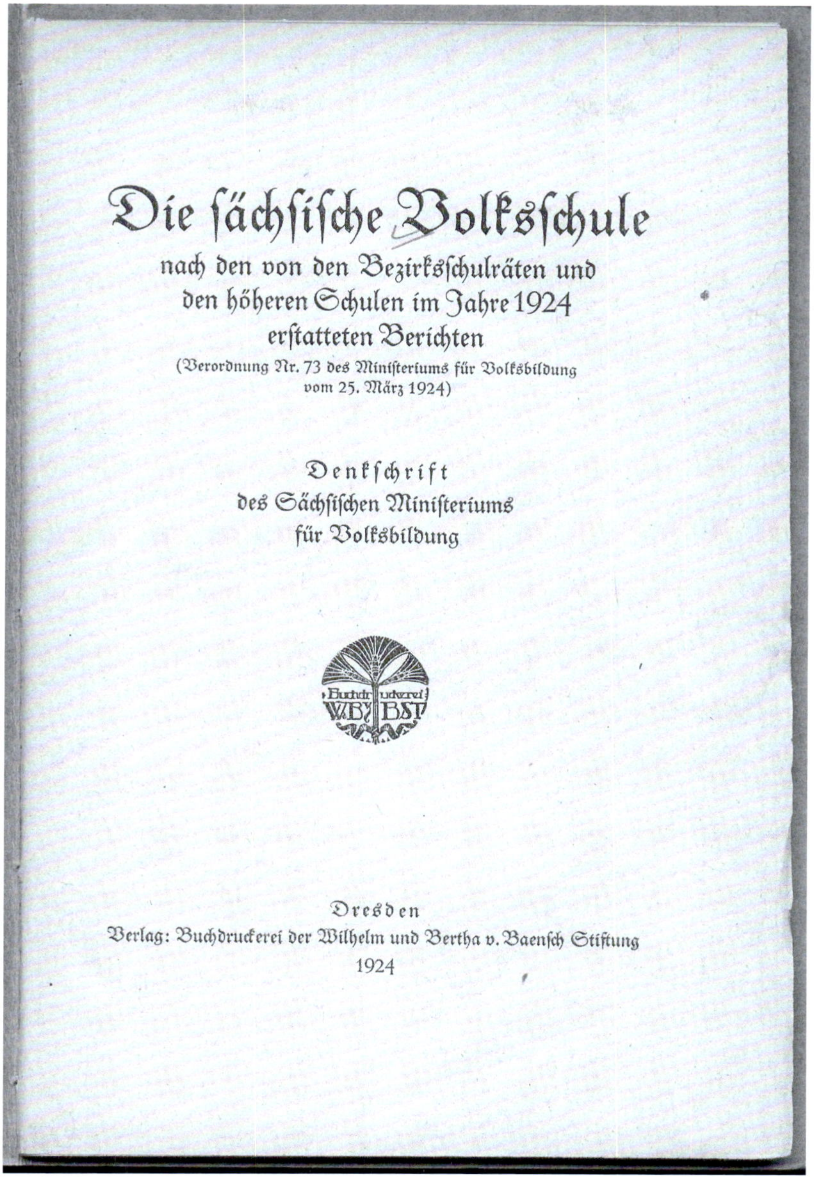

Die sächsische Volksschule

nach den von den Bezirksschulräten und
den höheren Schulen im Jahre 1924
erstatteten Berichten

(Verordnung Nr. 73 des Ministeriums für Volksbildung
vom 25. März 1924)

Denkschrift
des Sächsischen Ministeriums
für Volksbildung

Dresden
Verlag: Buchdruckerei der Wilhelm und Bertha v. Baensch Stiftung
1924

Abb. 2: Titelblatt der Denkschrift über die sächsische Volksschule von 1924

zeigte sich, dass es „im Sächsischen Landtag […] auch nach 1923 über die vorgegebene Grenze von Koalitions- und Oppositionsparteien hinweg bildungspolitisch gesehen eine alternative Mehrheit von der KPD über die gesamte SPD bis hin zur DDP [gab], die einen weitgehenden Erhalt zumindest der vorhandenen Schulgesetzgebung garantierte und einen gewissen Schutz gegen grundlegendere Revisionsbemühungen der beiden

Rechtsparteien DVP und DNVP bot“[68]. Unter diesen Umständen war Kaiser gezwungen, seine Vorstellungen auf administrativem Weg zu verwirklichen. Dies zeigte sich neben der Personalpolitik beispielsweise in der restriktiven Bewilligungspraxis für höhere Volksschulabteilungen.[69]

Für die Wiedereinführung der konfessionellen Volksschule

Ein weiteres Herzensanliegen Kaisers war die Wiedereinführung der konfessionellen Volksschule in Sachsen. Als „Liebling christlicher Elternvereine“[70] bestand eine seiner ersten Amtshandlungen in der Aufhebung des Verbots religiöser Beeinflussung außerhalb des Religionsunterrichts sowie der Gestattung der Unterrichtsbefreiung am Frühjahrsbußtag.[71] Zudem regelte er die Form der Willensäußerung über die Teilnahme am Religionsunterricht neu. Da die Nichtabgabe einer Erklärung mitunter als Ablehnung des Religionsunterrichts gedeutet worden war, waren die Abmeldungen der Schüler jetzt schriftlich an die Schulleitung zu richten, wobei das Unterlassen einer solchen Erklärung nun als Einverständnis mit der Teilnahme am Religionsunterricht galt. Trotz dieser Maßregeln waren Kaisers Bestrebungen insoweit Grenzen gesetzt, als die Gemeinschaftsschule in Sachsen weder durch einfache Gesetzesänderung noch im Wege der Verordnung abzuschaffen war.[72]

Neuordnung des höheren Schulwesens

Das bildungspolitisch bedeutendste Vorhaben Mitte der 1920er Jahre war die Reform des höheren Schulwesens, das seine letzte allgemeine Regelung bereits in den Jahren 1876 und 1884 erfahren hatte. Als Vorbereitungsstätten für die Hochschule dienten zunächst die Gymnasien und Realgymnasien, die ab Sexta gleichermaßen Latein unterrichteten, sich in der weiteren Sprachenfolge jedoch voneinander unterschieden. Zudem existierten noch Reformvarianten dieser Schultypen ohne grundständige Lateinklassenzüge, bei denen der fremdsprachliche Unterricht mit Französisch begann und die anderen Sprachen in späteren Schuljahren hinzutraten, namentlich die Reformgymnasien „Dresdner Ordnung“, die Reformrealgymnasien „Dresdner Ordnung“ sowie die Reformrealgymnasien „Plauener Ordnung“. Daneben entstanden seit 1908 die Oberrealschulen sowie seit 1922 die Deutschen Oberschulen, die – wie die Reformanstalten – ab Sexta jeweils eine neuere Fremdsprache betrieben. Nach dem Weltkrieg setzte sich

68 Poste, Schulreform, S. 247.
69 Vgl. Reichel, Schulreform, Teil I, S. 59–62, 219.
70 So die Charakterisierung durch Kurt Weckel (SPD). Vgl. Verhandlungen des Sächsischen Landtages, 1922/1926, S. 3554.
71 Vgl. Verordnungsblatt, 1924, S. 14.
72 Vgl. Reichel, Schulreform, Teil I, S. 99–101.

als erste neuere Fremdsprache zunehmend das Englische durch, so dass sogar innerhalb der Anstalten gleichen Typs eine weitere Differenzierung eintrat. Gesondert vom Knabenschulwesen entwickelte sich zudem das höhere Mädchenschulwesen, das seine gesetzliche Normierung erst im Jahr 1910 erfuhr. Es gliederte sich in die höheren Mädchenschulen, die die weibliche Jugend auf einen Berufseintritt vorbereiteten (ähnlich der Realschulen); die drei- und sechsstufigen Studienanstalten, welche den Zugang zur Hochschule eröffneten sowie die Frauenschulen, die der wissenschaftlichen Weiterbildung (jedoch nicht zum Zweck der Aufnahme eines Hochschulstudiums) sowie der Vorbereitung auf den besonderen Beruf der Hausfrau dienten. Unter bestimmten Voraussetzungen war den Mädchen auch der Eintritt in die höheren Knabenanstalten gestattet.[73]

Mit der Bearbeitung der Reform des höheren Schulwesens wurde noch im Januar 1924 Ministerialrat Dr. Emil Menke-Glückert[74] beauftragt.[75] Im September 1926 erschien die von ihm verfasste Denkschrift „Zur Neuordnung des höheren Schulwesens in Sachsen".[76] Als Folge des mittlerweile quantitativen Übergewichts der Reformanstalten erblickte die Unterrichtsverwaltung das Ziel in einer „gegliederten höheren Einheitsschule". Realisiert werden sollte dies durch möglichst weitgehende Angleichung des Unter- und Mittelbaues der neunstufigen höheren Lehranstalten. Zu diesem Zweck war im Schuljahr 1926/1927 einheitlich mit dem Englischen als erster neuerer Fremdsprache begonnen worden. Ausgenommen hiervon blieben die Gymnasien und Realgymnasien mit grundständigem Latein, deren Bestand unter Vorbehalt genügender Schüleranmeldungen gesichert war. Auf der Oberstufe sollte dann durch freiere Gestaltung des Unterrichts (Gabelung) das Charakteristische der einzelnen Schulformen hervortreten. Grundsätzlich erhalten bleiben sollte daneben das höhere Mädchenschulwesen. Die Gemeinschaftserziehung betrachtete das Ministerium weiterhin nur als Notbehelf, da über sie noch nicht ausreichend Erfahrungen vorlägen.[77] Der weiteren Ausführung dieses Programms diente schließlich der im Mai 1932 veröffentlichte Landeslehrplan, der durch seine Gestaltung nicht das Trennende, sondern die Einheit der höheren Schule betonte.[78]

73 Vgl. Reichel, Schulreform, Teil I, S. 187–192, 210–212, 217.

74 Zur Person vgl. Andreas Reichel, Emil Menke-Glückert, in: Sächsische Biografie, hrsg. vom Institut für Sächsische Geschichte und Volkskunde e. V., bearb. von Martina Schattkowsky.

75 Vgl. Reichel, Schulreform, Teil I, S. 208–228.

76 Vgl. Zur Neuordnung des höheren Schulwesens in Sachsen. Denkschrift des Ministeriums für Volksbildung, Dresden 1926.

77 Vgl. ebd., S. 47–50, 56–66, 73–90.

78 Vgl. Landeslehrplan für die höheren Schulen Sachsens vom 10. Mai 1932. Hrsg. vom Ministerium für Volksbildung, Dresden 1932; Reichel, Schulreform, Teil I, S. 252–255.

Wilhelm Bünger und Walther Schieck – Schulabbau im Zeichen der Wirtschaftskrise

Am 1. Februar 1929 trat Kaiser von seinem Ministeramt zurück, um sich gänzlich seiner Tätigkeit als Aufsichtsrat und Direktor der Sächsischen Bodenkreditanstalt zu widmen. Ministerpräsident Heldt berief daraufhin den früheren Justizminister Wilhelm Bünger[79] (DVP) ins Kabinett, der das Ressort Volksbildung übernahm. Nach vorgezogenen Neuwahlen wurde Bünger am 25. Juni 1929 zum Ministerpräsidenten gewählt. Er berief eine Minderheitsregierung aus DVP, DNVP, ASP und zwei parteilosen Fachleuten, die auf die Tolerierung der nunmehr im Parlament vertretenen Nationalsozialistischen Deutschen Arbeiterpartei (NSDAP) angewiesen war. In Personalunion übte Bünger weiterhin das Amt des Ministers für Volksbildung aus. In Folge eines von der NSDAP initiierten und von der SPD und der KPD unterstützten Misstrauensantrags kam die Regierung im Februar 1930 schon nach knapp achtmonatiger Amtszeit zu Fall.[80] Die Nachfolge als Ministerpräsident trat am 6. Mai 1930 der Präsident des Sächsischen Staatsrechnungshofs Walther Schieck[81] (DVP) an, der wiederum auf die Tolerierung der NSDAP angewiesen war. In dem von ihm gebildeten reinen Beamtenkabinett übernahm Schieck wie sein Vorgänger auch die Leitung des Volksbildungsministeriums. Die bald darauf erfolgte erneute Landtagswahl änderte nichts an der politischen Pattsituation im Lande. Da zwischen den Parteien eine Koalitionsbildung weiterhin nicht gelang, blieb das Kabinett Schieck bis März 1933 als Minderheitsregierung geschäftsführend im Amt.[82]

Unter den Bedingungen der Weltwirtschaftskrise der Jahre 1929 bis 1933 engte sich der Gestaltungsspielraum in der Schulpolitik dramatisch ein. Kreative Impulse wie noch unter Buck, Seyfert und Fleißner waren jetzt nicht mehr zu erwarten, zumal Bünger und Schieck als Juristen weder eine berufliche noch – im Gegensatz etwa zu Kaiser – eine persönliche Affinität zu ihrem Ressort hatten. Die „Dietramszeller Verordnung“ des Reichspräsidenten Paul von Hindenburg vom 24. August 1931 ermächtigte dann die Landesregierungen, alle zum Ausgleich der Haushalte von Ländern und Gemeinden nötig erscheinenden Sparmaßnahmen auf dem Verordnungswege zu veranlassen und dabei von dem bestehenden Landesrecht abweichen zu können.[83] Die Regierung Schieck hatte so freie Hand und war weder auf die Zustimmung des Landtags angewiesen, in dem sie ohnehin keinen Rückhalt hatte, noch war sie an die Befolgung der bestehenden Gesetze gebunden. Und so wurde am 21. September 1931 die

79 Zur Person vgl. André Thieme, Wilhelm Bünger – Regierung auf tönernen Füßen (1929/30), in: Schmeitzner/Wagner, Ministerpräsidenten, S. 220–240.

80 Vgl. ebd., S. 233 f., 236.

81 Zur Person vgl. Andreas Wagner, Walther Schieck – Der Ministerpräsident der Krise (1930–33), in: Schmeitzner/Wagner, Ministerpräsidenten, S. 241–256.

82 Vgl. ebd., S. 247–249.

83 Vgl. Reichsgesetzblatt, 1931, Teil I, S. 458.

„Verordnung zur Sicherung des Staatshaushaltes und der Haushalte der Gemeinden" erlassen, die einen umfänglichen Sparmaßnahmenkatalog enthielt, von dem auch das Schulwesen betroffen war.[84] In den Volks-, Berufs- und höheren Schulen galt gleichermaßen: Herabsetzung der Wochenstundenzahlen, Wegfall wahlfreien Unterrichts sowie besonderer Arbeitsstunden; Erhöhung der Klassenstärken (in der Volksschule auf jetzt durchschnittlich 35 Schüler) durch Zusammenführung von Schulklassen, Wegfall der bisher den Volksschullehrern mit zusätzlichen Leitungs- und Verwaltungsfunktionen zugestandenen Ermäßigungsstunden, vorsorgliche Kündigung aller nichtplanmäßigen Lehrkräfte, Vertreter und Aushilfslehrer und nur vertretungsweise in der Verwaltung freiwerdender Lehrerstellen, Einführung von Schulgeld für Schüler höherer Volksschulabteilungen für das 9. und 10. Schuljahr und für Berufsschüler bei Besuch einer Vollklasse mit wenigstens 30 Wochenstunden sowie Schulgelderhöhungen an den höheren Schulen bei gleichzeitiger Verminderung der Mittel für teilweisen oder völligen Schulgelderlass. Neben den Einschnitten in die Leistungshöhe des Schulwesens allgemein waren zudem das berufliche, das mittlere wie das höhere Schulwesen durch Beseitigung von Doppeleinrichtungen zu vereinheitlichen und ebenso wie die gesamte Schulverwaltung zu vereinfachen, um durch eine Neuordnung im Gesamtaufbau weitere Ersparnisse zu erzielen.[85] Der Sächsische Landtag stimmte wiederholt mehrheitlich gegen diese Abbaumaßnahmen, die den Schulbetrieb insgesamt gefährdeten und zudem Missstände in hygienischer und gesundheitlicher Hinsicht nach sich zogen. So befand etwa der Sozialdemokrat Erwin Hartsch, „daß diese Notverordnung eine nahezu restlose Erfüllung aller der reaktionären Wünsche darstellt, die wir seit einigen Jahren zu hören gewohnt waren. [...] Man benützt die Zeit dieser Wirtschaftskrise, wie auf dem Gebiete der Wohlfahrtspflege, der Sozialpolitik, so auch auf dem Gebiete der Kulturpolitik, das Rad der Entwicklung auf den Vorkriegszustand, und zwar auf einen Zustand, der weit vor dem Kriegsbeginn liegt, zurückzudrehen. (Sehr wahr! b. d. Soz.) Man spricht von Sanierung und meint eben Entrechtung, man spricht von Sparsamkeit und meint Kulturreaktion. (Lebhaftes Bravo! b. d. Soz.)"[86]

Die Sparpolitik auf schulischem Gebiet ging einher mit einer ideologischen „Aufrüstung". So wurden nun wieder vermehrt nationalistische Inhalte in die Schulen getragen, wovon beispielsweise die Verordnungen über die „Rheinlandbefreiung" sowie über „Totengedächtnisfeiern in den Schulen" zeugen.[87] Zudem wurde verstärkt die religiöse Beeinflussung der Schulkinder betrieben. Als im Juli 1929 der Landtag beschloss, in den ersten beiden Schuljahren künftig auf die Erteilung von Religionsunterricht bzw. den Ersatzunterricht in Lebenskunde zu verzichten, verweigerte Ministerpräsident Bünger

---

84 Vgl. Sächsisches Gesetzblatt, 1931, S. 155–194.

85 Vgl. ebd., S. 157–159; Reichel, Schulreform, Teil I, S. 111–114, 126–136, 153–180, 228–235, 258–271.

86 Verhandlungen des Sächsischen Landtages, 1930/1933, S. 2398.

87 Vgl. Poste, Schulreform, S. 254 f.

die Ausführung dieser Entscheidung. Im Gegenteil wurde im Anschluss an den Landeslehrplan von 1928 vom Schuljahr 1931/1932 ab wieder ein umfänglicher (dogmatischer) Memorierstoff im Religionsunterricht eingeführt. Trotz Wirtschaftskrise und Schulabbau war für die Gewährleistung des Religionsunterrichts durchweg gesorgt.[88] Ihre konsequente Vollendung erfuhren diese Maßnahmen dann mit der Übernahme des Volksbildungsministeriums durch den reaktionären Bildungstheoretiker und Dresdner Stadtschulrat Dr. Wilhelm Hartnacke[89] im März 1933.[90]

Fazit

Als Resümee ist festzuhalten, dass sich in den Anfangsjahren der Weimarer Republik durch das Zusammenwirken der Arbeiterparteien Initiativen zur Modernisierung und Demokratisierung des Bildungswesens entfalten konnten. Mit dem Regierungswechsel 1924 endete diese Reformphase, die Schulpolitik erhielt nun eine konservative Ausrichtung. Da im Wege der Gesetzgebung Revisionsbemühungen keine Aussicht auf Erfolg hatten, suchte die oberste Schulbehörde das Erreichte durch Verwaltungshandeln zu unterminieren. Zudem beeinträchtigten Personalabbaumaßnahmen die weitere Entwicklung des Schulwesens. In der Weltwirtschaftskrise wurde dann eine rigorose und bildungsfeindliche Sparpolitik betrieben, die einseitig finanzielle Interessen verfolgte und pädagogische Gesichtspunkte und Erfordernisse weitgehend außer Acht ließ.

---

88 Vgl. ebd., S. 255 f; Reichel, Schulreform, Teil I, S. 91–93.

89 Zur Person vgl. Andreas Reichel, Wilhelm Hartnacke, in: Sächsische Biografie, hrsg. vom Institut für Sächsische Geschichte und Volkskunde e. V., bearb. von Martina Schattkowsky.

90 Vgl. Poste, Schulreform, S. 256 f.

Religion und Minderheiten

Die Evangelisch-lutherische Landeskirche im gespaltenen Freistaat Sachsen

Gerhard Lindemann

Mit der Abdankung der deutschen Fürsten im November 1918 endete für den deutschen Protestantismus die Ära des Landesherrlichen Kirchenregiments: Der Landesherr – zunächst als Notbischof – hatte zugleich das bischöfliche Regiment über die Kirche innegehabt.[1] Diese Rechtskonstruktion beförderte die mehrheitlich monarchisch-obrigkeitsstaatliche Orientierung der evangelischen Kirche.[2] Die Staatsnähe der Landeskirchen – zuletzt dokumentiert durch die auch in Sachsen euphorischen Reaktionen der Geistlichkeit beider christlicher Konfessionen auf den Kriegsbeginn im August 1914, religiöse Legitimierungsversuche sowie Durchhalteparolen seit 1915 und den Aufruf zur Zeichnung von Kriegsanleihen in den Sonntagsgottesdiensten[3] – sowie ihre mangelnde Bereitschaft, angemessen auf die sozialen Veränderungen im 19. Jahrhundert zu reagieren, waren wesentliche Faktoren für die weitgehende Kirchenferne der evangelischen Industriearbeiterschaft.

Entsprechend lautete die Quintessenz eines von 400 sächsischen Pfarrern Mitte Oktober 1918 besuchten Lehrgangs im Auditorium Maximum der Universität Leipzig: „Zwei Fehler hat unsere Kirche in den letzten Jahrzehnten begangen: wir haben zu individualistisch gedacht, und wir haben nicht sozial genug gehandelt."[4] Das machte zugleich deutlich, dass in den letzten Kriegswochen in der sächsischen Landeskirche durchaus eine Bereitschaft zur kritischen Selbstreflexion bestand.

1 Vgl. Heinrich de Wall, Landesherrliches Kirchenregiment, in: Evangelisches Staatslexikon. Neuausgabe, Stuttgart 2006, Sp. 1380–1386.

2 Das war auch im Königreich Sachsen der Fall, auch wenn die Landesherren seit der Konversion des Kurfürsten Friedrich August I. (August des Starken) römisch-katholischen Glaubens und damit nur noch nominell geistliche Oberhäupter der Landeskirche waren.

3 Vgl. Klaus Fitschen, „Gott mit uns": Krieg und Frieden als Thema der Kirchen in Sachsen, in: Konstantin Hermann/Matthias Rogg (Hrsg.), Sachsen im Ersten Weltkrieg. Politik und Gesellschaft eines deutschen Mittelstaates 1914 bis 1918, Leipzig/Stuttgart 2018, S. 134–149; hier: 134–137.

4 S. Z., Der christlich-soziale Lehrgang in Leipzig, 14.–18. Oktober 1918, in: Allgemeine Evangelisch-Lutherische Kirchenzeitung (AELKZ) 51 (1918), Sp. 1000–1002; hier: 1000 f.

Sozialistischer „Kulturkampf" in der Anfangszeit der Republik

In den ersten Monaten nach dem Ende der Monarchie kam es im Deutschen Reich zu Infragestellungen bisheriger staatskirchlicher Privilegien.[5] In diesem Kontext erfolgten in einigen Ländern des Reiches besonders radikale Maßnahmen. Am bekanntesten wurde das Vorgehen des Freidenkers und kurzzeitigen preußischen Kultusministers Adolph Hoffmann (USPD), der für eine Verdrängung des christlichen Glaubens aus dem öffentlichen Leben eintrat.[6]

In Sachsen war für Kultusangelegenheiten der MSPD-Politiker Wilhelm Buck zuständig.[7] Bereits vor dem Ersten Weltkrieg hatte sich die sächsische Sozialdemokratie eine konsequente Trennung von Staat und Kirche sowie von Schule und Religion zum Ziel gesetzt. Der Aufbau einer neuen Gesellschaft galt erst nach einer Zurückdrängung des kirchlichen Einflusses als möglich.[8] Ohnehin war in Sachsen bereits die Vorkriegszeit durch eine starke Polarisierung zwischen der Arbeiterbewegung und dem Bürgertum geprägt gewesen. Als Reaktion auf ihre gesellschaftliche Ausgrenzung hatte sich die Sozialdemokratie im Vergleich zur Reichsebene radikalisiert.[9]

In ihrem Aufruf „An das sächsische Volk" vom 18. November 1918 benannte die sächsische Übergangsregierung aus SPD und USPD als eines ihrer konkreten Ziele die Trennung von Kirche und Staat sowie die Befreiung des Schulwesens „von politischer und kirchlicher Bevormundung". Zugleich versprach sie den Religionsgemeinschaften „volle Freiheit".[10]

Dem Präsidenten des Landeskonsistoriums Franz Böhme (1856–1932) kündigte Buck, von Haus aus Sozial-, aber kein Kultus- oder Wissenschaftspolitiker,[11] am 21. November 1918 den Vollzug der Trennung von Staat und Kirche für das Ende des Haushaltsjahres am 1. April 1919 an. Damit sollte verbunden sein der Fortfall der staat-

---

5 Vgl. insgesamt Klaus Scholder, Die Kirchen und das Dritte Reich, Bd. 1: Vorgeschichte und Zeit der Illusionen 1918–1934, Frankfurt am Main/Berlin/Wien 1977, S. 19–25; Kurt Nowak, Evangelische Kirche und Weimarer Republik, Weimar 1981, S. 22–25.

6 Vgl. Gerhard Besier, Zwischen Waffenstillstand und Reichsverfassung. Die altpreußische Union und das Ende des monarchischen Summepiskopats, in: ders./Eckhard Lessing (Hrsg.), Die Geschichte der Evangelischen Kirche der altpreußischen Union, Bd. 3: Trennung von Staat und Kirche. Kirchlich-politische Krisen. Erneuerung kirchlicher Gemeinschaft (1918–1992), Leipzig 1999, S. 35–75; hier: 41–53.

7 Zur Biographie vgl. Mike Schmeitzner, Wilhelm Buck. Der Moderator des „linksrepublikanischen Projektes" (1920–23), in: ders./Andreas Wagner (Hrsg.), Von Macht und Ohnmacht. Sächsische Ministerpräsidenten im Zeitalter der Extreme 1919–1952, Beucha 2006, S. 89–124.

8 Vgl. Claus-Christian Szejnmann, Vom Traum zum Alptraum. Sachsen in der Weimarer Republik, Leipzig 2000, S. 23.

9 Vgl. Clemens Vollnhals, Der gespaltene Freistaat: Der Aufstieg der NSDAP in Sachsen, in: ders. (Hrsg.), Sachsen in der NS-Zeit, Leipzig 2002, S. 9–40; hier: 11.

10 Textauszug in: Ernst Rudolf Huber/Wolfgang Huber, Staat und Kirche im 19. und 20. Jahrhundert. Dokumente zur Geschichte des deutschen Staatskirchenrechts, Bd. IV: Staat und Kirche in der Zeit der Weimarer Republik, Berlin (West) 1988, S. 8.

11 Vgl. Schmeitzner, Buck, S. 96.

lichen Finanzzuschüsse, die Entfernung des Religionsunterrichts aus der Volksschule und eine Überführung der Friedhöfe in die öffentliche Hand.[12] Einen Tag später sprach Buck mit dem katholischen Titularbischof Franz Löbmann.[13] Offen blieb, ob die Kirche das „Recht einer Gemeinschaft" erhalten oder ob sie wie ein eingetragener Verein behandelt werden solle.[14]

Doch nicht nur der kirchliche Verwaltungsapparat wurde aktiv: Am 18. November 1918 trafen 41 Mitglieder der eher liberalen Sächsischen Evangelisch-sozialen Vereinigung und der sozialkonservativ orientierten sächsischen Kirchlich-Sozialen Konferenz in Leipzig zusammen. Man besprach die neue kirchenpolitische Situation und wählte einen gemeinsamen Aktions- bzw. Arbeitsausschuss.[15] Das Gremium war an der Herstellung einer möglichst breit fundierten kirchlichen Vertretung interessiert, sprach sich für eine Erweiterung der demokratischen Elemente der Kirchenverfassung aus und strebte eine Kooperation mit den Kirchenbehörden an.[16] Am 9. Dezember 1918 entstand auf einer von dem Arbeitsausschuss initiierten Tagung in Dresden mit 158 Teilnehmern, ein Viertel davon Frauen, der „Volkskirchliche Laienbund für Sachsen". Hier wollte man stärker die neuen Arbeitsmöglichkeiten akzentuieren, welche die wieder erlangte kirchliche Selbständigkeit bot, und so für eine Belebung vor allem des Gemeindelebens vor Ort sorgen.[17]

Vier Tage zuvor war es zu einer Unterredung zwischen dem Arbeitsausschuss und Minister Buck gekommen. Dem SPD-Politiker wollte man deutlich machen, dass gegen ihn für den Fall einer Negierung kirchlicher Rechte „in den weitesten Kreisen" der christlichen Bevölkerung „eine tiefgehende Bewegung und ein energisches Sturmlaufen [...] anheben würde".[18] In dem Gespräch verwiesen die Ausschussmitglieder auf eine Erklärung seitens der preußischen Regierung, die Trennung von Staat und Kirche solle „nicht überstürzt erfolgen". In Sachsen liege eine solche Äußerung noch nicht vor, was

12 Vgl. Johannes Herz/Alfred Jeremias, Denkschrift des freien Arbeitsausschusses der sächsischen ev.-luth. Landeskirche zur Mitarbeit bei der bevorstehenden kirchlichen Neuordnung, Leipzig 1918, S. 7 f.

13 Vgl. W. Buck, Kirchliche Kreise auf dem Kriegspfade, in: Dresdner Volkszeitung, Nr. 5 vom 8.1.1919.

14 Besprechung im Kultusministerium am 5.12.1918, in: Walter Feurich, Materialien zum Lebenswerk von Carl Mensing (1863–1953). Ein Beitrag zur neueren Kirchengeschichte Sachsens, Band 2, Teil 2 und Teil 3, Diss. theol. Halle (S.) 1977 (Ms.), Dok. 13, Bl. 3.

15 Vgl. Nikola Schmutzler, Evangelisch-sozial als Lebensaufgabe. Das Leben und Wirken von Pfarrer Johannes Herz (1877–1960) (Arbeiten zur Kirchen- und Theologiegeschichte, 38), Leipzig 2013, S. 175 f.

16 Vgl. Walter Feurich, „Überleitung" oder Neuanfang? Zur kirchlichen Umgestaltung in Sachsen 1918/19, in: Zwischen Aufbruch und Beharrung. Der deutsche Protestantismus in politischen Entscheidungsprozessen. Studien, Berlin (Ost) 1978, S. 63–89; hier: 71; Wilhelm Laible, Nicht überstürzen!, in: AELKZ 51 (1918), Sp. 1043–1045; hier: 1044.

17 Vgl. Markus Hein, Evangelisch-lutherische Landeskirche, in: Holger Starke (Hrsg.), Geschichte der Stadt Dresden, Bd. 3: Von der Reichsgründung bis zur Gegenwart, Stuttgart 2006, S. 327–340; hier: 329; Feurich, Überleitung, S. 77 f.; Bettina Westfeld, Innere Mission und Diakonie in Sachsen 1867–2017, Leipzig 2017, S. 84.

18 Verhandlungsniederschrift Arbeitsausschuss/Konsistorium am 25. November 1918, in: Feurich, Materialien, Dok. 8, Bl. 18.

kirchliche Kreise äußerst stark beunruhige. Zugleich kündigte man „große Kirchenversammlungen“ an.[19]

Dennoch begann im Freistaat eine Politik, die sich nicht die Befreiung der Kirche von staatlichen Fesseln zum Ziel setzte, sondern eine Verdrängung der Kirchen aus dem öffentlichen Leben intendierte.[20] Eine Verordnung vom 2. Dezember 1918 begrenzte ab Januar 1919 den schulischen Religionsunterricht in der Unterstufe der Volksschule auf zwei Wochenstunden und beseitigte dort den Katechismusunterricht. Überdies erfolgte eine Teilnahmebefreiung vom Religionsunterricht für Dissidentenkinder und die Aufhebung der geistlichen Ortsschulaufsicht,[21] bei den beiden zuletzt genannten Punkten handelte es sich um Bestimmungen, die durchaus mit Vorstellungen aus dem liberalen Lager konform gehen konnten. Darüber hinaus wurde die Gründung von Privatschulen untersagt,[22] deren Zulassung der Arbeitsausschuss der Allgemeinen Evangelisch-Lutherischen Konferenz anschließend vergeblich „im Namen der Gewissensfreiheit“ einforderte.[23] Zudem war eine Reduzierung der Zahl der bestehenden Privatschulen vorgesehen.[24] Ebenfalls im Dezember 1918 erfolgte eine Umwandlung der staatlichen evangelischen Bekenntnisschulen in Gemeinschaftsschulen, katholische Bekenntnisschulen blieben hingegen bestehen.[25]

Am 29. Dezember 1918 fanden eine von 7 000 evangelischen und katholischen Christen besuchte Kundgebung im Dresdner Zirkus Sarrasani und zugleich Parallelveranstaltungen in der Dreikönigs- und der Frauenkirche statt, so dass die Teilnehmerzahl sich insgesamt auf gut 20 000 belief.[26] Die Hauptzusammenkunft bezeichnete sich in einer verabschiedeten Resolution als „Versammlung evangelischer und katholischer Männer und Frauen Dresdens“. Sie bestritt „aufs entschiedenste den gegenwärtigen Machthabern im Land und Reich das Recht, über das Schicksal von Christentum und Kirche Entscheidungen zu treffen, für die allein die Nationalversammlung zuständig ist“[27].

Beide Kirchen machten den neuen Machthabern damit deutlich, dass sie in der Lage waren, eine größere Zahl von Christen für ihre Ziele zu mobilisieren. Wohl auch deshalb reagierte Buck am 8. Januar 1919 in der „Dresdner Volkszeitung“ mit einem

19 Besprechung im Kultusministerium am 5.12.1918, Bl. 18.

20 Vgl. Andreas P. Seidel, Erich Kotte (1886–1961). Kirchen- und staatskirchenrechtliche Entwicklungen von der Weimarer Republik bis zum Ende der fünfziger Jahre in der DDR, Tübingen 2016, S. 27.

21 Texte (die Verordnung über Ortsschulaufsicht auszugsweise) in: Huber/Huber, Staat, S. 78.

22 Vgl. SGVBl 24 (1918), S. 392 f.

23 Zur Zukunft der Kirche, Leipzig, den 21.12.1918 (unterzeichnet von Ludwig Ihmels), in: AELKZ 51 (1918), Sp. 1129 f. Vgl. auch Markus Hein, Der Kampf um die Kirche in Dresden nach 1918, in: Dresdner Hefte, Nr. 106/2011, S. 17–26; hier: 20.

24 Vgl. AELKZ 52 (1919), Sp. 342.

25 Vgl. AELKZ 64 (1931), Sp. 910.

26 Vgl. Die Forderungen des christlichen Volkes! Die Kundgebung der 20 000!, in: Sächsische Volkszeitung, Nr. 298 vom 30.12.1918. Im Dezember 1918 hatte die AELKZ gefordert: „Das Volk, das Volk muss sich erheben!“ AELKZ 51 (1918), Sp. 1142.

27 Kirchliche Massenkundgebung in Dresden, in: Neues Sächsisches Kirchenblatt 2 (1919), Sp. 27 f.

1919 Nr. 7

Neues Sächsisches Kirchenblatt

Sechsundzwanzigster Jahrgang

Leipzig, den 16. Februar. Septuagesima.

Zu beziehen durch alle Postämter und Buchhandlungen oder geradeswegs vom Verlag **Arwed Strauch in Leipzig.** — Postzeitungsliste Seite 285. — Haltegebühr vierteljährlich durch die Buchhandlungen 3,25 Mark, durch die Post 3,37 Mark, geradeswegs vom Verlag 3 65 Mark. — Einzelne Nummer 30 Pfg.

Inhalt: Demokratisches zur Trennung von Staat und Kirche. — Gefährliche Beruhigungsversuche. — Freie Verständigung. — Lehrer und Pastoren. — Kirchliche Chronik: Scheidung innerhalb der Lehrerschaft. Das Konsistorium zur Trennungsfrage. Löbauer Kirchenbezirk. Diözesanversammlung Plauen. Tagung der drei Lausitzer Prediger-Konferenzen. Bund für Gegenwartschristentum. Reinhard-Dyk-Stiftung. — Büchertisch.

Demokratisches zur Trennung von Staat und Kirche

Wenn wir Demokraten auch die Trennung von Staat und Kirche gutheißen, so sind wir doch keine Feinde der Religion, des Christentums und der Kirche. Im Gegenteil! Denn wir wissen: Der Mensch lebt nicht vom Brot allein, auch die Seele will leben. „Unser Geist schreit nach Religion, unsre Natur braucht Religion". „Aber keine Religion ohne Religiosität. Die Religiosität ist die Kraft und das Leben der Religion" (Seeberg). Sie erhebt die Gabe der Religion zur Aufgabe, läßt sie uns als Kraft und Seeleninhalt erleben, verpflichtet uns von innen heraus, ihre Ideale zu verwirklichen. Darum lebendiges, praktisches Christentum, Gesinnungs- und Tatchristentum! Nicht auf den Buchstaben, nicht auf das Fürwahrhalten von Worten, nicht in erster Linie auf das Bekenntnis, sondern auf die Gesinnung, den Willen, das Tun, die Tat kommt es an. „Seid Täter des Wortes!" Unsre Kirche ist zu einseitig Bekenntniskirche, zu wenig Gesinnungskirche. Glaube ist aber nach Luther „nicht ein Fürwahrhalten von Worten, sondern eine Kraft des Herzens, da es unmöglich ist, daß sie nicht ohn' Unterlaß sollte Gutes wirken". Setze Gott, setze Jesus Christus als deinen Herrn, d. h. mache ihn zur treibenden Kraft deines Herzens, dann bist du ein Christ, ein Glied seiner Kirche, dann willst du die Herrschaft des Reiches Gottes, der Liebe auf Erden. Sie kommt um so eher und vollkommener, je mehr die Kirche zu ihrem eigenen Besten gezwungen wird, freie Bahn für ein wirklich religiöses Verständnis der Bibel zu machen und allen ihren Gliedern gleiches Recht zu gewähren, also die bestehenden Klasseneinrichtungen bei Trauungen, Begräbnissen usw. aufzuheben. Dann wird sich einerseits die kirchliche Gedankenwelt vor der Weltauffassung unsrer Zeit behaupten und der Kirche nicht mehr der Vorwurf gemacht werden können, daß sie nicht wahrheitsliebend sei; anderseits zeigt sie dann endlich, daß sie wenigstens bei sich anfängt, mit dem Christentum wirklich Ernst zu machen. Im übrigen muß der Mittelpunkt der Kirche der Jesus Christus der Evangelien und nicht der des Dogmas und der Bekenntnisschriften sein. Die Bibel steht über den Dogmen und Bekenntnisschriften. Sie allein ist nach Luther die Richtschnur für unsern Glauben, auch für den Kirchenglauben, der sich die Vernunft und die Ergebnisse der modernen Bibelforschung als Offenbarungen Gottes zunutze machen wird und soll.

Das kann aber nur geschehen, wenn die Kirche entstaatlicht, wenn sie vom Staate getrennt wird. Sie muß frei sein, damit sie sich nach den ihr innewohnenden Gesetzen entwickeln kann. (Das Lebensprinzip der evangelischen Kirche ist Entwicklung.) Als Staatskirche hat sie zwei Herrn, den Staat und Christus. Der administrativen Leitung, nicht dem bloßen Schutz des Staates hat aber die Kirche noch immer zu ihrem Fluche ihre Selbständigkeit opfern müssen. Niemand kann eben zween Herren dienen. Darum:

Soll der in Buchstaben eingekerkerte Schul- und Kirchengott mählich zum Volksgott, soll endlich uns die Frömmigkeit ins Deutsche übersetzt werden, soll die Kirche auch in sozialer Beziehung ihrem Ideal näher kommen, dann darf sie nur einen Herrn haben, Jesus Christus. Also muß sich die verweltlichte Staatskirche, das Instrument der Machtpolitik der Regierung, mit den ihr im jeweiligen staatlichen Interesse auferlegten unerträglichen — weil wider das Wesen der Kirche streitenden — Beschränkungen und Kompromissen fortbilden zur selbständigen freien Volkskirche. Das fordern gleicherweise das wahre Wohl des Volkes und das der Kirche. Nur Unverstand und kurzsichtiger verdammenswerter Egoismus können dagegen streiten. Würde übrigens die Kirche im sozialdemokratischen Staate nicht selbst die Trennung von diesem erstreben und beantragen? Und nur als freie Volkskirchen vermögen sich auch die einzelnen evangelischen Landeskirchen die Hand zu reichen zu einer einzigen großen, machtvoll geschlossenen deutsch-evangelisch-protestantischen Volkskirche. Diese aber ist das Ideal aller wahrhaft demokratisch fühlenden evangelischen Deutschen.

Ist hiernach die Forderung der Trennung von Staat und Kirche ein Ausfluß der Religions- und Kirchenfeindschaft? Ist sie nicht vielmehr eine zwingende Notwendigkeit im Interesse der Verinnerlichung der Kirche und ihrer vollen sozial-christlichen Auswirkung in der Zukunft? Und kann und wird die freie Volkskirche mit ihren Dienern künftig nicht erst recht notwendigen Schutz und wohlwollende Förderung durch den Staat genießen wie andre freie und für das Volksleben bedeutungsvolle Kultureinrichtungen?

Nicht wollen also wir Demokraten der Kirche das schützende Dach rauben, das Volk aber wollen wir frei wissen vom Druck des staatlich approbierten Glaubenszwanges zum Segen religiös-christlichen Eigenlebens und damit des Fortschrittes vom äußerlichen, in sich unwahren Gewohnheitschristentum zur bewußten wahrhaft christlichen Sitte und Sittlichkeit.[1]) Schuldirektor Jochen-Roßwein.

[1]) Der Herausgeber braucht wohl nicht von sich aus hinzuzufügen, daß er zu diesen theoretischen Ausführungen manche Einwendungen auf Grund seiner Beschäftigung mit der Praxis zu erheben hätte.

Abb. 1: „Neues Sächsisches Kirchenblatt"

scharfen Artikel „Kirchliche Kreise auf dem Kriegspfade". Dort warf er, ohne die stattliche Teilnehmerzahl an den Dresdner Versammlungen zu erwähnen, den Kirchen, vor allem der Pfarrerschaft, „eine lebhafte Agitation" gegen die von ihm verfolgte Politik vor. Zwar konzedierte er den Kirchen das Recht, sich frei zu äußern, doch hielt er ihnen eine recht häufige Verbreitung von Falschmeldungen vor und bewertete dies als Mittel einer Beeinflussung der bevorstehenden Wahlen zugunsten der Konservativen. Daran schloss er die Frage an: „Wer an die Kraft der religiösen Lehren glaubt, wird seiner Kirchengemeinschaft auch dann die Treue wahren, wenn die Religionsgesellschaften ihre eigenen Angelegenheiten auch finanziell selbständig regeln müssen; weshalb also die Furcht vor der Trennung der Kirche vom Staat?"[28] Unberücksichtigt blieb hier, dass die finanziellen Leistungen des Staates an die Kirchen Verpflichtungen vor allem aus der im Zusammenhang mit dem Reichsdeputationshauptschluss von 1803 erfolgten Säkularisation von Kirchengut waren, was schließlich auch die Weimarer Reichsverfassung berücksichtigte, und dass zudem, wie auch die Landeskirche deutlich machte, eine radikale Umstellung der staatlichen Finanzierung ohne eine angemessene Übergangsfrist kirchlicherseits nicht zu bewerkstelligen sein würde. Bereits am 30. Dezember 1918 hatte die sozialdemokratische „Dresdner Volkszeitung" von einer kirchlichen Kriegserklärung an die Revolution gesprochen[29] und damit den Konflikt weiter verschärft. Gegenüber Lehrern der Stadt Dresden erklärte Buck, der die zentralen Texte von Marx und Engels nach eigener Auskunft nicht im Original, sondern nur aus populärwissenschaftlichen Schriften zur Kenntnis genommen hatte, es gehe ihm um die Einführung der „materialistische[en] Geschichtsauffassung" im Schulwesen.[30]

Tatsächlich forderten die Kirchen ihre Mitglieder zur Wahl rechtsliberaler bzw. konservativer bürgerlicher Parteien auf, was auch mit der radikalen Religionspolitik einiger Linksregierungen zusammenhing. Innerhalb der sächsischen Landeskirche sprach man von einem vehement geführten „Kampf gegen das Christentum".[31] Es kam sogar zu einzelnen Gewaltakten wie in der Markuskirche in Leipzig-Reudnitz. Hier stürmten Sozialdemokraten, vermutlich Anhänger der in der Messestadt besonders starken USPD, eine Versammlung der Kirchgemeinde.[32]

Bei den Wahlen zur verfassunggebenden Nationalversammlung 1919 erhielten die beiden Arbeiterparteien SPD und USPD nicht die absolute Mehrheit der Sitze. Somit kam es in der Weimarer Reichsverfassung vom 31. Juli 1919 für die christlichen Kirchen zu

---

28 Dresdner Volkszeitung, Nr. 5 vom 8.1.1919.

29 Die Kirche gegen die Revolution!, in: Dresdner Volkszeitung, Nr. 302 vom 30.12.1918.

30 Schmeitzner, Buck, S. 92; 99.

31 Richard Franke, Durch heilige Not zu Brüdern geeint, in: Neues Sächsisches Kirchenblatt 26 (1919), Sp. 33–38; hier: 33.

32 Vgl. Kirchliche Chronik. Politische Versammlungen in Kirchen?, in: Neues Sächsisches Kirchenblatt 26 (1919), Sp. 76.

aus ihrer Perspektive insgesamt sehr positiven Bestimmungen.[33] Zwar war die Staatskirche aufgehoben (Art. 137, Abs. 1), und der Staat erklärte sich damit für religiös neutral, jedoch erhielten die großen christlichen Kirchen die Anerkennung als Körperschaften des öffentlichen Rechts (Art. 137, Abs. 5) und fielen damit nicht unter das Vereinsrecht. Das bedeutete eine privilegierte öffentliche Position, die breite gesellschaftliche Partizipationsmöglichkeiten eröffnete. Zugleich akzeptierte der Staat damit den kirchlichen Anspruch, Volkskirche zu sein. Innerhalb der Schranken der für alle geltenden Gesetzgebung war den Kirchen eine eigenständige Regelung ihrer Angelegenheiten möglich (Art. 137, Abs. 3). Damit waren sie erstmals seit der Reformation frei, ihr Eigenleben weitgehend autonom zu gestalten. Überdies bot der Körperschaftscharakter manche Vorteile: Aufgrund der Einführung der Kirchensteuer (Art. 137, Abs. 6) waren die Kirchen materiell unabhängig und besaßen eine solide Finanzierungsgrundlage, Sonntage und christliche Feiertage standen unter staatlichem Schutz (Art. 139), der Religionsunterricht mit konfessioneller Differenzierung und Ausrichtung blieb weiterhin ordentliches Lehrfach (Art. 149), christliche Bekenntnisschulen blieben zulässig (Art. 174), überdies gab es die Garantie einer privilegierten Seelsorge u. a. im Militär, im Krankenhausbereich und in Justizvollzugsanstalten (Art. 141). Mit dieser Entwicklung zeigte man sich in der sächsischen Landeskirche „durchaus zufrieden",[34] zumal damit eine Existenz als Volkskirche weiterhin möglich war.[35]

Unter den in die Nationalversammlung gewählten sieben Geistlichen war auch der Dresdner Superintendent Franz Költzsch (für die Deutschnationale Volkspartei; theologisch jedoch liberal[36]), der ebenfalls im Parlament vertretene Vorsitzende der liberalen Deutschen Demokratischen Partei, Friedrich Naumann, war bis 1890 sächsischer Pfarrer gewesen.

Das Dresdner Landeskonsistorium hatte im Vorfeld der Verfassungsberatungen Költzsch eine Kontaktaufnahme mit der DDP-Fraktion nahegelegt. Konsistorialpräsident Franz Böhme wandte sich überdies brieflich an Naumann, denn im Verfassungsausschuss kam den Liberalen die Rolle des Züngleins an der Waage zu.[37]

Die Kirchenartikel der Weimarer Reichsverfassung schufen faktisch die Grundlage für die Ausgestaltung einer Partnerschaft zwischen Staat und Kirche. In Sachsen gestaltete sich das Verhältnis zum seit 1919 zunächst links regierten Freistaat allerdings weiterhin äußerst spannungsreich. Bei den Wahlen zur sächsischen Volkskammer

---

33 Vgl. die Auszüge in: Huber/Huber, Staat, S. 128–132.

34 Paul M. Gotthold Ende (Lichtenstein), Die Kirche und die neue Reichsverfassung, in: Neues Sächsisches Kirchenblatt 26 (1919), Sp. 505–508; hier: 505.

35 Vgl. Gottfried Naumann-Leipzig, Zum neuen Jahre, in: Neues Sächsisches Kirchenblatt 27 (1920), Sp. 1–4; hier: 1.

36 Vgl. Feurich, Überleitung, S. 80.

37 Vgl. Kurt Nowak, Evangelische Theologen in der Weimarer Nationalversammlung, in: Zwischen Aufbruch und Beharrung, S. 14–44; hier: 34–36.

im Februar 1919 erhielten SPD und USPD im Unterschied zum Reich 57,9 Prozent der Stimmen.[38] Damit besaßen sie die gemeinsame Gestaltungsmehrheit. Es kam zwar nur zu einer SPD-Minderheitsregierung unter Georg Gradnauer, da sich die beiden Arbeiterparteien nicht völlig einig waren, jedoch gab es im Kulturbereich in Fragen der Volksbildung und des Staat-Kirche-Verhältnisses einen einheitlichen Kurs.[39]

Ein Gesetz vom 4. August 1919 ermöglichte bereits ab dem 14. Lebensjahr einen gebührenfreien Kirchenaustritt ohne größere bürokratische Hürden, auch ohne eine bislang vorgesehene vorherige Abmeldung bei dem zuständigen Geistlichen.[40] In der Folge gab es eine Reihe von Kirchenaustrittsversammlungen mit einer zumeist unsachlichen antikirchlichen Agitation,[41] beispielsweise unzutreffende Angaben über die Höhe der künftig zu leistenden Kirchensteuer. Hauptträger waren proletarische Freidenker, Kommunisten und USPD-Anhänger. 1920 kam es zu 52 102 Austritten aus der Landeskirche – vor allem handelte es sich um Industriearbeiter, in vielen Fällen verblieben jedoch ihre Ehefrauen in der Kirche. Regionale Schwerpunkte waren Dresden, Leipzig und Chemnitz sowie die Kreise Pirna und Stolpen.[42] 1921 erklärte die sächsische SPD den Kirchenaustritt zur „Parteisache", 1922 forderten Feuerbestattungsvereine von ihren Mitgliedern den Kirchenaustritt.[43] Der Volkskirchliche Laienbund reagierte auf die Entwicklung mit der Bereitstellung von Informationsschriften und einem Rednerdienst,[44] auch Rednerkurse wurden in den Großstädten angeboten.[45] 1921 untersagte das Kultusministerium der Kirche die Veröffentlichung der Namen der Ausgetretenen.[46]

Im März 1920 folgte die Aufhebung des staatlichen Schutzes für Sonntage, kirchliche Fest- und Bußtage durch die sächsische Volkskammer.[47] Überdies erhielten die Kirchen im Winter 1919/20 für ihre gottesdienstlichen Räume keine Kohlenzuteilungen; Theater, Konzert- und Tanzsäle sowie Kinos waren hingegen geheizt.[48]

Die 1919 gesetzlich verfügte Aufhebung des Religionsunterrichts an Volksschulen[49] wurde am 4. November 1920 unter Verweis auf die Weimarer Verfassung vom Reichs-

38 Vgl. Szejnmann, Vom Traum, S. 22.
39 Vgl. ebd., S. 22 f.
40 Text: Huber/Huber, Staat, S. 156 f.
41 Vgl. Schmutzler, Evangelisch-sozial, S. 206.
42 Vgl. AELKZ 55 (1922), Sp. 142.
43 Schmutzler, Evangelisch-sozial, S. 206. 1921 stiegen die Austrittszahlen auf 97 634, 1922 waren es 49 335. Vgl. AELKZ 57 (1924), Sp. 366.
44 Vgl. Hein, Landeskirche, S. 329.
45 Vgl. AELKZ 54 (1921), Sp. 174 f.
46 Vgl. ebd., Sp. 365 f.
47 Vgl. Kirchliche Chronik. Zur Landtagswahl, in: Neues Sächsisches Kirchenblatt 27 (1920), Sp. 607 f.
48 Vgl. Naumann, Zum neuen Jahre, Sp. 2.
49 Vgl. Übergangsgesetz für das Volksschulwesen vom 22. Juli 1919, in: Huber/Huber, Staat, S. 79 f. Allerdings hatte Buck den Antrag eines USPD-Abgeordneten im Landtag zurückgewiesen, der Kultusminister möge gegen die durch das Landeskonsistorium verfügte zeitliche Verlängerung des Konfirmandenunterrichts Einspruch erheben. Vgl. AELKZ 52 (1919), Sp. 499.

gericht kassiert.[50] Daraufhin entschied die sächsische MSPD-USPD-Regierung, dass nur solche Kinder am Religionsunterricht teilnehmen dürften, deren Eltern dem ausdrücklich durch eine schriftliche Erklärung zugestimmt hatten.[51] In Leipzig agitierten daraufhin Lehrkräfte in Elternversammlungen gegen die Bibel und brachten in Hausbesuchen falsche Behauptungen vor, etwa der Religionsunterricht koste Schulgeld.[52] Viele Lehrer weigerten sich überdies, den Religionsunterricht zu erteilen, so dass vermehrt Pfarrer für sie einspringen mussten.[53] Das Kultusministerium ordnete sogar die Vernichtung religiöser Schriften in den Büchereien der Volksschulen an,[54] in Dresden hospitierte im Auftrag von Kultusminister Hermann Fleißner (USPD) der aus der Kirche ausgetretene Bezirksschulrat Arthur Arzt, ein MSPD-Politiker, der zuvor häufig öffentlich gegen Kirche und Christentum agitiert hatte, den Religionsunterricht und griff auch direkt in eine Stunde ein.[55] Eine weitere Grenzüberschreitung unter Fleißner stellte Anfang September 1922 die Aufhebung der Unterrichtsbefreiung für Lehrer und Schüler für die Teilnahme an Gottesdiensten oder Andachten an (staatlich nicht) anerkannten christlichen und jüdischen Feiertagen dar. Sogar das liberale „Berliner Tageblatt“ wies auf die Verletzung des in der Reichsverfassung zugesagten staatlichen Schutzes für das Recht auf ungestörte Religionsausübung hin (WRV, Art. 135).[56] Trotz solcher Mahnungen erhielten in Döbeln drei jüdische Schüler wegen ihres Fernbleibens am jüdischen Neujahrsfest eine Karzerstrafe.[57]

Über Jahre wurden der sächsischen Landeskirche die ihr vertraglich zustehenden Staatsleistungen vorenthalten, was zunächst nicht wenige Pfarrer und kirchliche Mitarbeiter in den finanziellen Ruin trieb oder in eine weitere Erwerbstätigkeit neben ihrem eigentlichen Beruf zwang.[58] Auch die Erhebung einer Landeskirchensteuer als Teil der Einkommensteuer wurde durch ein Gesetz der sächsischen Volkskammer erst im Sommer 1921 ermöglicht.[59] 1923 hielt Sachsen gegenüber der Landeskirche angesichts der mit der Inflation verbundenen Geldentwertung die von der Reichsregierung

50 Text auszugsweise in: Huber/Huber, Staat, S. 83 f. Vgl. auch Szejnmann, Vom Traum, S. 154, Anm. 71.

51 Vgl. Szejnmann, Vom Traum, S. 37.

52 Vgl. AELKZ 54 (1921), Sp. 15.

53 Vgl. Schmutzler, Evangelisch-sozial, S. 50 f. Im Sommerhalbjahr 1922 betrug die Zahl der sich weigernden Lehrer 5505. Vgl. ebd., S. 284.

54 Vgl. Prof. Siegert, 16 Monate sächsischer Landtag. Ein politischer Überblick (Schriften der Deutschnationalen Volkspartei in Sachsen [Arbeitsgemeinschaft], 2), Dresden 1924, S. 50.

55 Vgl. AELKZ 56 (1923), Sp. 492.

56 Vgl. AELKZ 55 (1922), Sp. 607 f.

57 Vgl. AELKZ 55 (1922), Sp. 671.

58 Vgl. Markus Hein, Die Geschichte der sächsischen Landeskirche in der ersten Hälfte des 20. Jahrhunderts, in: Manfred Gailus/Wolfgang Krogel (Hrsg.), Von der babylonischen Gefangenschaft der Kirche im Nationalen. Regionalstudien zu Protestantismus, Nationalsozialismus und Nachkriegsgeschichte 1930 bis 2000, Berlin 2006, S. 361–382; hier: 362. Erst im Dezember 1932 hatte die Landeskirche vor dem sächsischen Staatsgerichtshof Erfolg. Vgl. Akten und Verhandlungsniederschriften der 16. Landessynode der Evangelisch-Lutherischen Landeskirche Sachsens, Bd. I, o. O., o. J., S. 369.

59 Vgl. Text des Gesetzes vom 1.7.1921, in: Huber/Huber, Staat, S. 208 f.

für die Pfarrerbesoldung zur Verfügung gestellten Finanzmittel zunächst zurück.[60] Auch die kirchliche Gefangenenseelsorge wurde zwischenzeitlich aufgehoben.[61]

Die Maßnahmen der dezidiert kirchenfeindlichen sächsischen Landesregierung führten zu einer weiteren Mobilisierung der kirchlichen Basis. So wurden bereits in den ersten Monaten des Jahres 1919 gegen die von den Linksparteien verfolgte scharfe Trennungspolitik über eine Million Unterschriften gesammelt, unter den Unterzeichnern befanden sich auch Sozialdemokraten.[62]

Anfang September 1919 fand ein Deutscher Evangelischer Kirchentag in Dresden statt. Die Wahl des Ortes war auch zur mentalen Unterstützung der sächsischen Landeskirche erfolgt – Konsistorialpräsident Franz Böhme war zugleich stellvertretender Vorsitzender des Deutschen Evangelischen Kirchenausschusses,[63] welcher den Kirchentag einberufen hatte. Die etwa 320 offiziellen Teilnehmer setzten sich aus Mitgliedern von Landeskirchenregierungen, Synoden und kirchlichen Vereinen zusammen, darunter immerhin 9 Prozent Frauen. Der Kirchentag bereitete vor allem die Gründung eines Bundes der deutschen Landeskirchen vor, befasste sich mit aktuellen kirchlichen Frage- und Problemstellungen und sah sich zugleich als öffentliches Sprachrohr des deutschen Protestantismus. Auf der Versammlung, an der nur zwei Arbeiter, kein Sozialdemokrat und drei Mitglieder der DDP teilnahmen, herrschte eine konservativ-nationale Grundstimmung vor.[64]

Innerkirchliche Neuordnung und staatliche Querschüsse

Nicht zuletzt die Trennung von Staat und Kirche machte innerkirchlich eine institutionelle Neuordnung notwendig. Die Landeskirche gab sich per Synodalbeschluss am 23. Februar 1922 eine neue Kirchenverfassung mit dem neu eingeführten Amt des Landesbischofs als „geistlichem Führer" an der Spitze.[65] Bei der Beratung der einzelnen Punkte im Plenum sprachen sich 19 Synodale gegen den Titel „Bischof" aus, auch das Konsistorium votierte entsprechend, Gegner des Amtes befürchteten eine „Katholisierung".[66]

60 Vgl. 3 Jahre Aufbaupolitik. Zu den Sachsenwahlen 1926. Hrsg. von den sächsischen Wahlkreisverbänden der Deutschen Volkspartei, Dresden 1926, S. 59.

61 Vgl. ebd., S. 62.

62 Das lässt sich daraus schlussfolgern, dass die Zahl der Unterschriften die Zahl der bei den Wahlen zur Nationalversammlung für die bürgerlichen Parteien abgegebenen Stimmen überstieg. Vgl. AELKZ 52 (1919), Sp. 196.

63 Vgl. Daniel Bormuth, Die Deutschen Evangelischen Kirchentage in der Weimarer Republik, Stuttgart 2007, S. 112.

64 Vgl. ebd., S. 123–153.

65 Paul Georg Müller, Der Parteimann, in: Neues Sächsisches Kirchenblatt 29 (1922), Sp. 264. Im Verfassungstext heißt es: „Der Landesbischof ist der führende Geistliche der Landeskirche". Huber/Huber, Staat, S. 648.

66 Paul Georg Müller, Die Verfassung der Landeskirche Sachsens, in: AELKZ 55 (1922), Sp. 180–184; hier: 182.

Abb. 2: Ludwig Ihmels (1858–1933)

Auch die Kirchgemeinden, deren weitgehendes Recht auf Selbstverwaltung im Rahmen der allgemeinen „kirchengesetzlichen Bestimmungen" betont wurde,[67] standen „unter Führerschaft des geistlichen Amts".[68] Zum Landesbischof wurde der Leipziger Professor für Systematische Theologie Ludwig Ihmels gewählt. Der Vorsitzende der Allgemeinen Evangelisch-Lutherischen Konferenz, aufgewachsen in Ostfriesland, galt als geistiger Kopf des konfessionellen, das heißt bekenntnisorientierten,[69] Luthertums[70] und war international breit vernetzt.[71] Ihmels wurde 1923 Vizepräsident des Lutherischen Weltkonvents und beteiligte sich 1925 auch aktiv an der Stockholmer Weltkonferenz für Praktisches Christentum (Life and Work), eine der Wurzeln des 1948 in Amsterdam gegründeten Ökumenischen Rats der Kirchen, und arbeitete in ihrem Fortsetzungsausschuss mit.[72] Am 1. Oktober 1922 hielt er, zunächst bis zum Inkrafttreten der Kirchenverfassung Geistlicher Vizepräsident des Landeskonsistoriums mit dem Titel „Landesbischof", in der Dresdner Hof- und Sophienkirche seine Antrittspredigt.[73] In seinem ersten Hirtenbrief zum 1. Advent 1922 beklagte der Bischof die Abwendung weiter Bevölkerungskreise von Gott, „schwere[.] sittliche[.] Verwirrung" und äußerte sich auch kritisch zur parlamentarischen Demokratie: „Rücksichtsloses Parteistreben zerreißt unser Volk und droht es einer Katastrophe entgegenzuführen."[74] Dennoch sah er in der Weimarer Republik die legitime staatliche Obrigkeit nach

67 § 37 (2), in: Huber/Huber, Staat, S. 650.

68 § 37 (1), in: ebd.

69 Vgl. z. B. Landesbischof L. Ihmels, Die Notwendigkeit des kirchlichen Bekenntnisses in der Gegenwart, in: AELKZ 57 (1924), Sp. 146–149; 162–164; 178–180.

70 Vgl. Müller, Parteimann, Sp. 264.

71 Vgl. Wilhelm Laible, Die Festschrift zum 70. Geburtstag von Ludwig Ihmels, in: AELKZ 61 (1928), Sp. 614–622; hier: 616 f. Vgl. insgesamt auch Uwe Rieske-Braun, Ludwig Ihmels, in: Wolf-Dieter Hauschild (Hrsg.), Profile des Luthertums. Biographien zum 20. Jahrhundert, Gütersloh 1998, S. 349–368.

72 Vgl. Rieske-Braun, Ihmels, S. 354–356.

73 Vgl. AELKZ 55 (1922), Sp. 638 f.

74 Auszugsweiser Abdruck in: ebd., Sp. 782 f.

Röm 13.[75] Dem entsprach, dass das Landeskonsistorium 1923 für den 11. August, den Tag der Wiederkehr der Unterzeichnung der Weimarer Verfassung durch Reichspräsident Friedrich Ebert, ein allgemeines Glockenläuten um 9.00 Uhr und das Abhalten von gesonderten Gottesdiensten anordnete.[76]

„Grundorgan" der Landeskirche war die Landessynode, die unter der Mitwirkung von Landeskirchenausschuss und Landeskonsistorium die Gesetzgebungskompetenz und das Budgetbewilligungsrecht besaß und über das Wahlrecht u. a. des Landesbischofs und des Präsidenten des Landeskonsistoriums verfügte.[77] De jure stand sie damit in der Nachfolge des Landesherrn als Summus Episcopus. Die staatskirchliche Tradition wurde aufgegriffen mit der Beibehaltung des Landeskonsistoriums als Verwaltungsbehörde. Zur Klärung innerkirchlicher Streitfälle wurden Kirchengerichte etabliert. Mit der weitgehenden Trennung von Gesetzgebung, Verwaltung und Gerichtsbarkeit übernahm die Landeskirche grundsätzlich das demokratisch-rechtsstaatliche Prinzip der Gewaltenteilung.[78]

Allerdings trat die Verfassung erst 1926 in Kraft, und am 17. Juli 1926 ratifizierte der Sächsische Landtag das „Gesetz über die Aufhebung von Behörden der evangelisch-lutherischen Landeskirche", das u. a. die Auflösung der staatlichen Kirchenbehörden beinhaltete.[79] Zwischenzeitlich hatte die Staatsregierung (Kultusminister Fleißner) auf der Grundlage eines Dienstaltersgesetzes vom 29. Mai 1923 den Präsidenten des Landeskonsistoriums, Böhme, und dessen Vizepräsidenten, Landesbischof Ihmels, in den Ruhestand versetzt.[80] Die Landeskirche beschloss, dass beide bis zu einer Entscheidung der Reichsbehörden oder des Reichsgerichts in ihren Ämtern verbleiben sollten.[81] Der Freistaat drohte daraufhin mit einer Gehaltssperre[82] und schließlich sogar mit Haftstrafen.[83] Als Reaktion beurlaubte das Kirchenregiment beide Amtsträger, um sie vor einer möglichen Gefängnisstrafe zu schützen. Die Vorgänge führten zu einer starken Beunruhigung der Kirchenmitglieder,[84] die Landessynode sprach von einem „einseitigen Gewaltakt".[85] Das vom Reichsinnenministerium angerufene Reichsgericht[86] revidierte die sächsische Entscheidung zum 1. Januar 1924, da nach der Weimarer Verfassung (Art. 173) die Ämtervergabe der Kirche unabhängig vom Staat erfolgte.[87] Erneut hatte

75 Vgl. Rieske-Braun, Ihmels, S. 353.
76 Vgl. AELKZ 56 (1923), Sp. 510.
77 Vgl. Seidel, Kotte, S. 77; Müller, Verfassung, Sp. 182.
78 Vgl. Seidel, Kotte, S. 75 f.
79 Vgl. SGVBl 23 (1926), S. 153.
80 Vgl. Rieske-Braun, Ihmels, S. 353.
81 Vgl. AELKZ 56 (1923), Sp. 566 f.
82 Vgl. ebd., Sp. 630.
83 Vgl. ebd., Sp. 661.
84 Vgl. ebd., Sp. 688.
85 Am 29.11.1923. Ebd., Sp. 782.
86 Vgl. ebd., Sp. 750 f.
87 Vgl. Seidel, Kotte, S. 35; Schmutzler, Evangelisch-sozial, S. 199, Anm. 93.

die sächsische Regierung die religionspolitischen Bestimmungen der Reichsverfassung missachtet, und das mit aller Wahrscheinlichkeit bewusst.

Sozialdemokratische Kirchenfeindschaft machte auch nicht vor den Religiösen Sozialisten in Leipzig Halt, allesamt zugleich SPD-Mitglieder. Für eine Veranstaltung mit dem Berliner Pfarrer Paul Piechowski zum Thema „Proletarischer Glaube" 1928 in der Messestadt verweigerte das SPD-Blatt „Leipziger Volkszeitung" einen Hinweis auf die Versammlung im Lokalteil und den Druck eines finanzierten Inserats mit der Begründung, für Religiöse Sozialisten gebe es in der Partei und ihrer Presse keinen Platz.[88] Das bedeutete eine Brüskierung der sozialismusfreundlichen kirchlichen Gruppierung, die in Sachsen so schwach war, dass sie für die Synodalwahlen am 19. Dezember 1926 erst gar nicht kandidierte.[89]

Der dezidiert antikirchliche Kurs der sächsischen Linksregierung bis Ende 1923 war mitverantwortlich für Vorbehalte in der Landeskirche gegenüber der Weimarer Demokratie, sie erschwerten das Hineinwachsen in die neue Staatsform massiv.

Trotz der Austrittsbewegung[90] – auch eine Folge der kirchlichen Vernachlässigung der Arbeiterschaft, aber zugleich einer unzureichenden Jugendarbeit[91] – blieben die Mitgliederzahlen weiterhin hoch – 1925 gehörten zur Landeskirche immer noch nahezu 90 Prozent der sächsischen Bevölkerung.[92] Das vielfältige kirchliche Vereinswesen erfreute sich eines starken Zuspruchs.[93] Der kirchliche Einfluss auf das Schulwesen war nach wie vor groß – 1924 gab es nach der Bildung der Großen Koalition in Sachsen zum Beispiel wieder die Zulassung von Schulgebeten auch außerhalb des Religionsunterrichts.[94] Eine staatliche Statistik aus dem Jahr 1922 machte deutlich, dass der überwiegende Teil der sächsischen Schüler unverändert am Religionsunterricht teilnahm.[95] Offenbar wegen der bevorstehenden Landtagswahlen hielt die Staatsregierung das Ergebnis zunächst zurück.[96] Wiederholt wurde in der sozialdemokratischen Presse kritisiert, dass die Mehrzahl der Kinder von SPD-Mitgliedern weiterhin den Religionsunterricht besuchte.[97] Die zahlenmäßig deutliche Beteiligung am Religionsunterricht galt

88 Vgl. AELKZ 61 (1928), Sp. 401.

89 Vgl. Paul Georg Müller, Aus der sächsischen Landessynode, in: AELKZ 60 (1927), Sp. 227–231; hier: 227 f.

90 Insgesamt gab es von 1919 bis 1925 ca. 270 000 Austritte gegenüber lediglich 20 000 Eintritten. Vgl. Schmutzler, Evangelisch-sozial, S. 205, Anm. 119.

91 Vgl. ebd., S. 207.

92 Vgl. Szejnmann, Vom Traum, S. 66. 3,6 % waren römisch-katholisch. Vgl. ebd.

93 Vgl. z. B. Hein, Kampf, S. 21–24; Gerhard Lindemann, Dienst an Kirche und Volk. Christliche Jugendverbände der 20er Jahre, in: Dresdner Hefte, Nr. 90/2007, S. 61–70.

94 Vgl. Szejnmann, Vom Traum, S. 53.

95 Vgl. AELKZ 55 (1922), Sp. 783. Demnach gab es bei einer Gesamtzahl von ca. 750 000 Schülern 94 945 Abmeldungen.

96 Vgl. ebd., Sp. 703.

97 Vgl. AELKZ 57 (1924), Sp. 157.

dem neuen Volksbildungsminister Fritz Kaiser (DVP) als Hinweis auf weiterhin bestehende religiöse Anliegen in der Bevölkerung.[98]

Dass die Kirchen im Schulbereich auch einen großen Teil der Elternschaft auf ihrer Seite hatten, machte ein klarer Sieg christlicher Vertreter bei den sächsischen Elternratswahlen am 17. Mai 1926 deutlich,[99] bereits 1922 existierte eine knappe christliche Mehrheit, die in den Folgejahren immer weiter ausgebaut werden konnte.[100] Überdies war die Landeskirche mit dem konservativ-bürgerlichen Lager der sächsischen Politik gut vernetzt.[101] Unter den Mitgliedern der Ende 1926 gewählten Landessynode befanden sich „auffallend viele" Lehrer.[102] In den sächsischen Großstädten stieg bei den Schulanmeldungen die Zahl der Teilnehmer am Religionsunterricht auf 81, 5 % im Jahr 1931.[103] Zwar nahm besonders dort die Beteiligung an Jugendweihen zu, doch erweist sich zum Beispiel die Zahl von 28 % für Leipzig im Jahr 1923[104] als zu hoch, wenn man ihr die Konfirmationsziffern gegenüberstellt.[105] Allerdings behauptetet sich Leipzig, ein Zentrum der proletarischen Freidenkerbewegung, als eine Hochburg der Jugendweihen, die dort 1928/29 erstmals von SPD und KPD gemeinsam organisiert wurden. Das wurde in der Landeskirche aufmerksam registriert.[106]

Christliche Diakonie und Sozialstaat

In der Weimarer Republik erhielt der Sozialstaat Verfassungsrang. Freie Wohlfahrtsverbände wie die evangelische Innere Mission und die katholische Caritas, die deutschlandweit über ein breites Netz von karitativen Einrichtungen – u. a. Krankenhäuser, psychiatrische Einrichtungen sowie Heime für körperlich und geistig Behinderte und für Senioren oder Kindergärten – verfügten, erhielten staatliche Unterstützung. Darin sah die Diakonie weniger eine Entlastung, sondern man beargwöhnte staatliche Ein-

98 Vgl. Andreas Reichel, Die sächsische Schulreform in der Weimarer Republik, Diss. phil. Dresden 2013 (Ms.), S. 103.

99 Vgl. 3 Jahre Aufbaupolitik, S. 58.

100 Vgl. die Statistik in: AELKZ 62 (1929), Sp. 767.

101 Vgl. Szejnmann, Vom Traum, S. 66.

102 Müller, Aus der sächsischen Landessynode, Sp. 228.

103 Vgl. AELKZ 63 (1930), Sp. 149.

104 Vgl. Michael Rudloff, Die Jugendweihen im Leipzig der Zwanziger Jahre. „Bauvolk der kommenden Welt", in: Alexander Bolz/Christina Fischer/Hartmut M. Griese (Hrsg.), Jugendweihen in Deutschland. Idee, Geschichte und Aktualität eines Übergangsrituals, Leipzig 1998, S. 42–71; hier: 71.

105 So erstmals durch Albrecht Döhnert, Jugendweihe zwischen Familie, Politik und Religion. Studien zum Fortbestand der Jugendweihe nach 1989 und die Konfirmationspraxis der Kirchen, Leipzig 2000, S. 44 f. Demnach wurden im gleichen Jahr 81, 5 % der Schulabgänger in Leipzig konfirmiert. Sollte die Zahl zutreffen, müssten 44 % der Jugendweiheteilnehmer im gleichen Jahr konfirmiert worden sein, was wenig wahrscheinlich sein dürfte.

106 Vgl. Georg Wilhelm, Die Diktaturen und die evangelische Kirche. Totaler Machtanspruch und kirchliche Antwort am Beispiel Leipzigs 1933–1938, Göttingen 2004, S. 47 f.

flussnahmeversuche und befürchtete den Einzug von Säkularisierungstendenzen.[107] Insgesamt kam es zu einer Professionalisierung der Arbeit, aber zugleich zu einer zunehmenden Bürokratisierung. Ausdruck dieser Entwicklung war die Gründung eines Gesamtverbandes für Innere Mission am 1. Mai 1922 in Sachsen.[108] Neue Einrichtungen entstanden, vor allem die volksmissionarische Tätigkeit erfuhr eine Ausweitung – hier gab es zugleich ein starkes Laienengagement, auch eine Folge der antichristlichen Angriffe seitens der Linksregierungen und -parteien.[109] Die erweiterten Kapazitäten sorgten zum Beispiel auch dafür, dass die Innere Mission nach der Überschwemmungskatastrophe im Erzgebirge im Juli 1927 effektiv helfen konnte. Zur Verteilung einer Kollektensumme von 71 000 RM in besonders betroffenen Orten in der Region richtete der Landesverein für Innere Mission in Berggießhübel eine Diakoniestation ein.[110] Im gleichen Jahr bildete die Landessynode erstmals einen ständigen „sozialen Ausschuss", in dem u. a. christliche Gewerkschaftssekretäre vertreten waren.[111] Bereits im Herbst 1924 hatte die Synode Mittel zur Finanzierung von Sozialpfarrämtern bewilligt.[112]

Nach dem Ersten Weltkrieg nahm die öffentliche Eugenikdiskussion an Intensität zu, vor allem mit der wissenschaftlich nicht haltbaren Differenzierung zwischen sogenanntem minderwertigen und hochwertigen Erbgut und der Auffassung, behinderte Menschen stellten einen für die Gesellschaft unnötig hohen Kostenfaktor dar. 1920 schlugen der Psychiater Alfred E. Hoche und der Leipziger Strafrechtler Karl Binding die „Freigabe der Vernichtung lebensunwerten Lebens" vor. Die Tötung Behinderter und unheilbar Kranker wurde innerhalb der sächsischen Inneren Mission zwar nicht gefordert, allerdings sprachen sich im Herbst 1924 in den „Bausteinen", dem Monatsblatt für Innere Mission in Sachsen, zwei Artikel für die Zwangssterilisierung aus. Für Pfarrer Johannes Hünlich aus Stangengrün bei Zwickau waren geistig Behinderte nur „Halbmenschen" bzw. „Halbwesen" und führten lediglich ein „Schattenleben". Wie eine Reihe von „Rassehygienikern" hielt der Geistliche geistige Behinderung für vererbbar, ebenso wie Prostitution oder Kriminalität. Überdies bestünden negative Auswirkungen auf die Volksgesundheit und eine Bindung von Arbeitskräften. Deshalb gab er den Rat zur „Notwehr mit der Waffe", dem Operationsmesser. Da die Betroffenen nicht in der Lage seien, die Notwendigkeit dieses Eingriffes zu erkennen, sprach sich der Geistliche für eine zwangsweise Durchführung der „an sich leichte[n] Operation" aus. Da der Eingriff die Folgen von sündhaftem Verhalten nachträglich korrigiere, könne hier von

107 Vgl. Jochen-Christoph Kaiser, Freie Wohlfahrtspflege im Kaiserreich und in der Weimarer Republik. Ein Überblick, in: ders., Evangelische Kirche und sozialer Staat. Diakonie im 19. und 20. Jahrhundert, Stuttgart 2008, S. 58–86; hier: 71–73.

108 Vgl. Westfeld, Innere Mission, S. 82; 87.

109 Vgl. ebd., S. 84 f.

110 Vgl. ebd., S. 87.

111 Vgl. Müller, Aus der sächsischen Landessynode, Sp. 229.

112 Vgl. Müller, Die Landessynode der evang.-luth. Kirche im Freistaate Sachsen; 16. September bis 6. Oktober 1924, in: AELKZ 57 (1924), Sp. 710–713; hier: 713.

einem menschlichen Eingriff in die göttliche Schöpfung keine Rede sein, argumentierte Hünlich im Blick auf mögliche theologische Kritik an seinem Postulat.[113] Wenige Monate später, im Januar 1925, erklärte Gerichtsrat Dr. Anselmo Müller, Weinböhla, in einer Replik, Hünlichs Ausführungen verstießen gegen das Strafgesetzbuch, wonach die Sterilisation „eins der schwersten Verbrechen“ sei, und äußerte sein Unverständnis über die Veröffentlichung dieses Textes in einer Zeitschrift der Inneren Mission.[114]

Kirche und Antisemitismus

In den ersten Jahren der Weimarer Republik setzte sich die seit den Kriegsjahren verstärkte antisemitische Agitation fort. Das schlug sich auch im „Neuen Sächsischen Kirchenblatt“, dem publizistischen Organ der Sächsischen Kirchlichen Konferenz, nieder. Dort befasste sich kurz vor Weihnachten 1919 Pfarrer Uhr aus Neugersdorf mit der „Judenfrage“, an der die Pfarrer „nicht vorübergehen“ dürften. Der Geistliche konstatierte in der Terminologie des rassistischen Antisemitismus ein „Überwuchern des Judentums nach Parasitenart“. Zur Begründung folgte die sachlich unzutreffende Behauptung, die Reichsregierung bestehe mehrheitlich aus Juden, auch der in der politischen Rechten verbreitete Vorwurf, das Judentum trage für die Kriegsniederlage die Hauptverantwortung, fehlte nicht. Mit der Feststellung, bei der „Judenfrage“ handle es sich um „eine völkische, eine Rassenfrage“, ordnete sich der Pfarrer positionell klar in die Reihen der Völkischen Bewegung ein. „Gegen diese grenzenlose Überhebung und das Sichvordrängen des Judentums, kurz gegen die immer unerträglicher werdende Verjudung unseres ganzen Volkslebens müssen auch wir Geistlichen aus nationalen Gründen Front machen“, lautete die Schlussfolgerung. Dem entsprechend sollten die Pfarrer volksaufklärerisch tätig sein. Der Abdruck des Textes erfolgte ohne eine kritische Anmerkung der Redaktion.[115]

Ähnlich war der Tenor eines Artikels von Studienrat Paul Mischner, Nossen, im gleichen Organ, der von einer Bedrohung durch jüdisches „Großkapital“, „jüdischen Bolschewismus“ sprach und eine Zunahme des jüdischen Einflusses im Bereich des kulturellen und geistigen Lebens konstatierte: „Heiliger Zorn und höchste Wachsamkeit tut not gegen die Tücke eines entarteten Judentums“.[116]

---

113 Pfarrer Johannes Theodor Hünlich, Stangengrün bei Zwickau, Die Sterilisierung im Dienste der Inneren Mission, in: Bausteine. Monatsblatt für Innere Mission 56 (1924), S. 127–129. Autor des anderen Beitrags war Obermedizinalrat Dr. Ewald Meltzer, Leiter der Anstalt Großhennersdorf.

114 Die Sterilisierung im Dienste der Inneren Mission?, in: Bausteine. Monatsblatt für Innere Mission 57 (1925), S. 4–6; hier: 4 f. Vgl. insgesamt auch Westfeld, Innere Mission, S. 125–129.

115 P. Uhr, Neugersdorf, Die Judenfrage, in: Neues Sächsisches Kirchenblatt 26 (1919), Sp. 794 f.

116 Studienrat Paul Mischner, Nossen, Völkische Religion und Bibel, in: Neues Sächsisches Kirchenblatt 32 (1925), Sp. 13–18; hier: 13.

Auch die in Leipzig erscheinende und redigierte „Allgemeine Evangelisch-Lutherische Kirchenzeitung" äußerte sich wiederholt antisemitisch. So konstatierte sie 1922 einen übermäßigen Einfluss der in Deutschland lebenden Juden „auf das Geistesleben ihres Wirtsvolkes".[117] 1921 erklärte sie die Echtheit der „Protokolle der Weisen aus Zion" potentiell für möglich. Das Programm habe „seine fast buchstäbliche Ausführung" in Weltkrieg und Revolution erfahren, zudem seien „die Führer und Gewinner bei dem Umsturz" überwiegend Juden gewesen. Die Zusammenhänge, auch mit dem Text, seien zwar nicht aufgeklärt: „Aber wir fühlen sie und fühlen das ganze Unglück", hieß es abschließend.[118] Hier wurde der Versuch unternommen, nicht bewiesene Fakten auf der Gefühlsebene zu plausibilisieren.

Der Sekretär des Sächsischen Haupt-Missionsvereins, Klotzsch, konstatierte 1923 einen „antisemitischen Geist[...] in unserer Kirche".[119] Dem wollte Martin Loesche, Sohn eines evangelischen Pfarrers und seit 1923 Lehrer an der Israelitischen Realschule in Leipzig,[120] mit einer Überwindung der „erschreckende[n] Unkenntnis" über das Judentum begegnen, die er als „Ursache der Intoleranz" markierte. Überdies erklärte er, es gebe mehr Verbindungslinien zwischen gläubigen Christen und Juden als mit „ungläubigen Christen".[121]

Mit dem Erstarken des Nationalsozialismus kam es wieder zu einer Verstärkung antijüdischer und antisemitischer Positionierungen. Der Landesverein für Innere Mission stellte 1931 Auszüge aus Luthers Schrift „Von den Juden und ihren Lügen" aus dem Jahr 1543 als preiswerte Broschüre für den Preis von 40 Pfennigen zur Verfügung.[122] Zugleich bezeichnete Pfarrer Richard Franke, der Herausgeber des „Neuen Sächsischen Kirchenblattes", „die Durchsetzung des deutschen Volkes mit Juden [als] ein ernstes und schweres Problem".[123] Im selben Jahr empfahl Franke im gleichen Organ angesichts breiter „Antipathien gegen [...] die jüdische Rasse" für den Israelsonntag eine Umwidmung der Kollektensammlung für die Judenmission auf die Evangelisation Palästinas.[124] Allerdings erschien 1932 auch eine Reihe von Beiträgen des Leipziger Neutestamentlers Paul Fiebig über den Talmud mit sachlich gehaltenen Informationen und der Schluss-

117 Der jüdische Einfluß in Deutschland, in: AELKZ 55 (1922), Sp. 42.

118 Noch einmal das „jüdische Weltprogramm vom Jahre 1905", in: AELKZ 54 (1921), Sp. 248 f.

119 Sekretär Klotzsch, Kirchliche Chronik. Über die Judenfrage, in: Neues Sächsisches Kirchenblatt 30 (1923), Sp. 149 f.

120 Vgl. Barbara Kowalzik, Lehrerbuch. Die Lehrer und Lehrerinnen des Leipziger jüdischen Schulwerks 1912–1942, vorgestellt in Biogrammen, Leipzig 2006, S. 196 f.

121 Martin Loesche, Kirchliche Chronik. Tagung der völkisch gesinnten Geistlichen am 9. Febr. in Leipzig, in: ebd. 32 (1925), Sp. 106–108; hier: 107 f.

122 Vgl. Martin Luther, Von den Juden und ihren Lügen. Im Auszuge mitgeteilt von Georg Buchwald, Dresden 1931.

123 Richard Franke, Kirchliche Chronik. Die Juden in Oberschlesien, in: Neues Sächsisches Kirchenblatt 38 (1931), Sp. 251.

124 Richard Franke, Kirchliche Chronik. Die Judenmission, in: ebd., Sp. 503.

folgerung, ausgehend von den Grundlagen des Judentums gebe es keine „Berechtigung“ zu dessen „Herabsetzung“.[125]

Weltwirtschaftskrise und Aufstieg des Nationalsozialismus

Mit der Weltwirtschaftskrise und ihrem ersten größeren Erfolg bei den Reichstagswahlen im September 1930 mit 18,3 % der Stimmen[126] begann der Aufstieg der NSDAP. Sächsische Bezirkskirchentage und Pfarrerkonferenzen befassten sich nun auch mit der Partei Adolf Hitlers. Positive Stimmen gegenüber der braunen Partei überwogen und empfahlen eine Kooperation von Kirche und Nationalsozialismus. Auf einen stärkeren Widerspruch stieß hingegen die Forderung nach der Gründung einer „deutschvölkischen Kirche“.[127] Damit zeichneten sich schon die innerkirchlichen Frontlinien des späteren „Kirchenkampfes“ im NS-Staat ab.

Bereits im Juni 1924 hatte sich ein Leitartikel im „Neuen Sächsischen Kirchenblatt“ für ein „Deutsches Christentum“ ausgesprochen. Der Verfasser, Pfarrer Gotthilf Conrad Claus (Wallroda), forderte eine Berücksichtigung der völkischen Orientierung der Jugend, um ein Abgleiten der neuen Bewegung in eine kirchenfeindliche Haltung zu verhindern. Deshalb empfahl der Geistliche eine Aufwertung der „germanische[n] Volksreligion“, die sich nach „Licht und Erlösung“ sehne. Überdies forderte er die Kirche zu einer Akzeptanz des Hakenkreuz-Symbols auf. Auf das Argument, sein Ursprung sei nichtchristlich, konterte er, gleiches gelte für manche der vom Christentum adaptierten Weihnachtsbräuche, und verstieg sich zu der Behauptung, das germanische Hakenkreuz habe „seine Erfüllung im Kreuz von Golgatha“ gefunden. Der christliche Heiland stille nämlich die religiösen Sehnsüchte der Germanen, deren Ausdruck das Hakenkreuz gewesen sei. Deshalb forderte der Geistliche, „deutsches Christentum und christliches Deutschtum“ miteinander zu verbinden. Daraus ergab sich für den studierten Theologen in der Konsequenz auch eine klare Abwertung des biblischen Alten Testaments gegenüber dem Neuen Testament.[128]

In einer Replik kritisierte Pfarrer Karl Fischer, Lauenstein, nach 1933 eine der prägenden Persönlichkeiten der sächsischen Bekennenden Kirche, den Abdruck eines solchen Textes „in einem evangelischen Kirchenblatt“. Darin sah er einen deutlichen

---

125 Paul Fiebig, Zur Kenntnis des Talmud, in: ebd. 39 (1932), Sp. 691–696; hier: 696; vgl. auch dass., in: ebd., Sp. 773–780; Sp. 803–808.

126 Vgl. dazu Heinrich August Winkler, Weimar 1918–1933. Die Geschichte der ersten deutschen Demokratie, München 1993, S. 387–390.

127 Vgl. z. B. Pf. Wienecke, Bertsdorf, Kirchliche Chronik. Bezirkskirchentag Zittau, in: Neues Sächsisches Kirchenblatt 38 (1931), Sp. 316 f.

128 Gotthilf Conrad Claus-Wallroda, Deutsches Christentum, in: Neues Sächsisches Kirchenblatt 31 (1924), Sp. 171–174.

Ausdruck für die gegenwärtige Unsicherheit des Protestantismus. Der Artikel enthalte keine Konzentration auf die Evangeliumsverkündigung, was Fischer ganz im Sinne der Reformation als die wesentliche Aufgabe einer christlichen Kirche bezeichnete. Hingegen erfahre durch den Versuch einer Integration des Hakenkreuzes in das kirchliche Leben das deutsche Volkstum eine Vergöttlichung.[129]

Darauf reagierte der Herausgeber des Organs, Pfarrer Richard Franke aus Reichenbach im Vogtland, mit dem Hinweis, die von ihm redigierten Artikel entsprächen nicht immer seiner persönlichen Meinung, allerdings handle es sich hier um einen „tatsächlich vorhandene[n] und ernst zu nehmende[n] Versuch, das Evangelium unserer Zeit zu predigen".[130] Claus blieb bei seiner Position und prophezeite dem völkischen Symbol „eine große Zukunft", woran der Protestantismus nicht vorbeigehen dürfe.[131]

War die NSDAP in der Stabilitätsphase der Weimarer Republik eine eher unbedeutende Splitterpartei, wurde sie seit den Septemberwahlen 1930 zum Reichstag zu einer ernstzunehmenden politischen Größe. Ihre Hochburgen hatte sie überwiegend in mehrheitlich protestantisch bewohnten Regionen.[132] Die in der Weimarer Republik stärkere Wahlzurückhaltung von Katholiken gegenüber der braunen Partei hing vor allem mit der stärkeren Bindung an die Zentrumspartei – eine vergleichbar die evangelischen Interessen vertretende Partei gab es nicht – zusammen. Überdies gab es bischöfliche Stellungnahmen mit dezidiertem Widerspruch zu der nationalsozialistischen Ideologie.[133] Am 17. August 1931 untersagte die Fuldaer Bischofskonferenz Katholiken die Mitgliedschaft in der NSDAP.[134] Viele politische Forderungen der NSDAP stießen dagegen bei evangelischen Christen auf Zustimmung: Vor allem die Revision des Versailler Friedensvertrags, die Stärkung der Staatsgewalt, staatliche Beschäftigungsprogramme für Arbeitslose, eine Kongruenz der politischen Grenzen des Reiches mit den sogenannten Volkstumsgrenzen oder auch, wenn auch nicht im Vordergrund stehend, die Beseitigung der rechtlichen Gleichstellung der Juden.

Weitere Motive waren Furcht vor dem „Bolschewismus" sowie die Hoffnung auf Eindeutigkeit im kulturellen, politisch-sozialen und weltanschaulichen Bereich und eine Sympathie mit dem Volksgemeinschaftsgedanken anstelle der vielerseits kritisierten Individualisierung in der modernen „Massengesellschaft".[135]

---

129 Vgl. Karl Fischer, Lauenstein, Völkische Religion, in: Neues Sächsisches Kirchenblatt 31 (1924), Sp. 259–262.

130 Anm. zu ebd., Sp. 259.

131 Gotthilf Conrad Claus, Völkische Religion, in: ebd., Sp. 267–270; hier: 270.

132 Vgl. Jürgen W. Falter, Hitlers Wähler, München 1991, S. 175–179; 368–370.

133 Vgl. z. B. Michael Kißener, Katholiken im Dritten Reich: eine historische Einführung, in: Karl-Joseph Hummel/Michael Kißener (Hrsg.), Die Katholiken und das Dritte Reich. Kontroversen und Debatten, 2. Aufl., Paderborn/München/Wien/Zürich 2010, S. 13–35, 18.

134 Vgl. Heinz Hürten, Deutsche Katholiken 1918–1945, Paderborn/München/Wien/Zürich 1992, S. 165.

135 Gerhard Lindemann, Deutsche Christen? Historische Altlasten selbstkritisch reflektieren, in: Sonja Angelika Strube (Hrsg.), Das Fremde akzeptieren. Gruppenbezogener Menschenfeindlichkeit entgegenwirken. Theologische Ansätze, Freiburg/Basel/Wien 2017, S. 30–41; hier: 31 f.

Im Februar 1931 veröffentlichte das „Neue Sächsische Kirchenblatt" einen ausführlichen Beitrag „Die Kirche und der Nationalsozialismus" aus der Feder von Pfarrer Max Krebs aus Plauen im Vogtland, einer frühen Hochburg der braunen Bewegung.[136] Krebs gehörte der NSDAP an und bezeichnete den Nationalsozialismus als „christentumbejahend", womit er sich auf den Punkt 24 des Parteiprogramms von 1920 bezog. Der Beitrag behauptete eine Vereinbarkeit von christlichem Glauben und NS-Ideologie, zu der es nur positive Anmerkungen gab. Auch der ausgeübte Straßenterror stieß als „Vernichtungskampf gegen Vaterlandsfeinde" auf die Zustimmung des Autors. Für die kirchliche Praxis forderte er, wie später der nationalkirchliche Flügel der Deutschen Christen, eine „reine Verkündigung der Jesuslehre [...] unter Zurücksetzung des jüdischen Geistes."[137]

Am 13. April 1931 wurde in Chemnitz die Arbeitsgemeinschaft nationalsozialistischer evangelischer Pfarrer in Sachsen gegründet.[138] Bis April 1933 umfasste sie lediglich 20 bis 30 Mitglieder, danach stieg die Zahl auf „einige Hundert" an.[139] Evangelische Pfarrer beteiligten sich aktiv an öffentlichen Kundgebungen der Partei.[140] Auch der Vizepräsident der Landessynode und DVP-Politiker Hugo Hickmann sprach im Mai 1931 auf dem Bundestag des Volkskirchlichen Laienbundes in Bischofswerda „den Wunsch aus, dass Kirche und Völkische Bewegung sich finden möchten".[141]

Abb. 3: Friedrich Coch (1887–1945)

Zu den Führungspersönlichkeiten der Arbeitsgemeinschaft nationalsozialistischer Pfarrer gehörte Friedrich Coch, seit 1927 Geistlicher im sächsischen Landesverein für Innere Mission in Dresden, wo er für die Pressearbeit der Landeskirche zuständig war. Die sächsische NS-Gaulei-

136 Vgl. Vollnhals, Der gespaltene Freistaat, S. 14 f.

137 Pf. Max Krebs, Die Kirche und der Nationalsozialismus, in: Neues Sächsisches Kirchenblatt 38 (1931), Sp. 113–120; hier: 115.

138 Vgl. Pf. i. R. Gerber, Leisnig, Kirchliche Chronik. Die Ephoralkonferenz Leisnig, in: ebd., Sp. 364 f.

139 Landeskirchenarchiv Dresden, 5/710 bei 700, Bl. 66–70; hier: 66, Dorothea Röthig, 21.7.1961, Niederschrift über die Befragung von Herrrn Rektor Dr. Grundmann, Eisenach-Hainstein, am 19.7.1961 betreffend: Die Deutschen Christen in Sachsen.

140 Vgl. Benjamin Lapp, Revolution from the Right. Politics, Class, and the Rise of Nazism in Saxony, 1919–1933, Boston 1997, S. 191.

141 Neues Sächsisches Kirchenblatt 38 (1931), Sp. 346 f.; hier: 347.

tung ernannte ihn 1932 zu ihrem Fachberater für kirchliche Angelegenheiten. Als Gaufachberater verfasste Coch Rundschreiben an sächsische Pfarrer, die der NSDAP angehörten. Darin plädierte er für eine „organisatorische Gleichschaltung der Kirche" und für die Besetzung der kirchlichen Leitungsämter mit überzeugten Nationalsozialisten. Überdies setzte die Partei Coch als Gauredner ein.[142]

Cochs Kollege im Landesverein, der in der sächsischen Posaunenmission führende und dadurch unter sächsischen Christen überaus populäre Pfarrer Adolf Müller, wie Coch seit 1931 NSDAP-Mitglied, unternahm seit 1930 in den Dresdner Kirchgemeinden eine intensive Werbetätigkeit für die ideologischen Ziele der Partei.[143]

Resümee

Die im deutschen Protestantismus ohnehin bestehenden starken Vorbehalte gegenüber der parlamentarischen Demokratie wurden in Sachsen durch die anfängliche radikale Religionspolitik der Staatsregierung noch verstärkt. Dieser staatlicherseits verfolgte Kurs führte trotz zunächst hoher Kirchenaustrittszahlen zu einer stärkeren Mobilisierung der Kirchenmitglieder, ohnehin kam es zu einem innerkirchlichen Demokratisierungsprozess. Dank der guten Vernetzung mit dem konservativ-bürgerlichen Lager und Kooperationen im Bereich der Wohlfahrtspflege lässt sich für die Stabilitätsphase der Weimarer Republik ein langsames Hineinwachsen auch der sächsischen Landeskirche im Sinne eines „Vernunftrepublikanismus" konstatieren. Zunehmend lernte man überdies die 1918/19 erlangte kirchliche institutionelle Eigenständigkeit gegenüber dem Staat schätzen. In den frühen 1930er Jahren gewannen in der Landeskirche politische Sympathien für die NSDAP an Raum, während sich sehr viel weniger Protestanten für eine kirchliche Umgestaltung nach völkischen Prinzipien erwärmen können. Diese Minderheit wurde im Sommer 1933 in Form der Deutschen Christen zunächst dank der Unterstützung der neuen Machthaber zum Träger des Kirchenregiments. Die sich anschließend herausbildende innerkirchliche Opposition hingegen setzte unter dem Namen „Landesbruderrat" neben der Bezugnahme auf das lutherische Bekenntnis dem deutschchristlichen Führerprinzip den Grundsatz einer gemeinsam verantworteten Leitung der Kirche entgegen, die sich von den Ortsgemeinden her aufbaut. Diese Prinzipien sollten in die neue Kirchenverfassung von 1950 eingehen. Auf dieser Grundlage wurde die sächsische Landeskirche in der zweiten deutschen Diktatur auch zu einem Übungsfeld demokratischer Partizipationsmöglichkeiten.

142 Gerhard Lindemann, Friedrich Coch: Der Weg einer „braunen Karriere" in der Landeskirche, in: Konstantin Hermann/Gerhard Lindemann (Hrsg.), Zwischen Christuskreuz und Hakenkreuz. Biografien von Theologen der Evangelisch-lutherischen Landeskirche Sachsens im Nationalsozialismus, Göttingen 2017, S. 61–86; hier: 62.

143 Vgl. Westfeld, Innere Mission, S. 86; 89.

„Wendenbewegung" und „Tschechengefahr"

Die Hauptsiegermächte, der Völkerbund, Deutschland und die Lausitzer Sorben

Clemens Heitmann

Einleitung

Für das kriegsbesiegte Deutsche Reich waren die nationalen Bewegungen insbesondere in Osteuropa, die durch die Siegermächte auferlegten Reparationen, die territorialen Verluste an den Rändern des Reiches, der endgültige Ausschluss aus dem Kreis der Kolonialmächte, die Transformation von der Monarchie zur Demokratie und nicht zuletzt auch die Minderheitenfrage innenpolitisch eine schwere Belastung. Dabei spielten die fremdnationalen Minderheiten im Reich quantitativ sowie auch soziologisch kaum eine Rolle. Trotzdem waren sie Adressat nationalistischer Parolen und es war beileibe nicht nur die völkisch-nationale Rechte, die revisionistische Forderungen erhob, eine chauvinistische Haltung gegenüber Polen, Litauern, Tschechen, Dänen und „Wenden" im Reich einnahm und zu einer konstruktiven liberalen Minderheitenpolitik außerstande war.[1] Sorbischstämmige preußische bzw. sächsische Staatsangehörige wurden nicht als kulturelle Eigenart oder gar Bereicherung, sondern als Bedrohung der nationalen deutschen Einheit rezipiert.

Im Folgenden wird dargestellt werden, wie in dieser Konstellation die Selbstbestimmungswünsche der in der Lausitz autochthon lebenden Sorben für die deutsche Mehrheitsgesellschaft zu einem Trauma eskalierten und dieses dann das deutsche Regierungs- und Verwaltungshandeln in der Zwischenkriegszeit fatal bestimmte. Ereignisgeschichtlich werden dabei keine neuen Erkenntnisse vorgelegt. Alle genannten einzelnen Sachverhalte sind im Wesentlichen bereits vorher beschrieben worden, mithin liegen verschiedene Perspektiven auf dasselbe historische Ereignis vor. Allerdings ver-

1 Sabine Bamberger-Stemmann, Der Europäische Nationalitätenkongress 1925 bis 1938. Nationale Minderheiten zwischen Lobbyistentum und Großmachtinteressen, Marburg 2000 (= Materialien und Studien zur Ostmitteleuropa-Forschung, Bd. 7), S. 37 f.

harren diese (aus den Quellen gearbeiteten) Darstellungen in isolierter Perspektive[2], obwohl doch die sorbische Autonomie- oder Separatismusbewegung im Kontext der politischen Neuordnung Europas am Ende des Ersten Weltkrieges und der Umsetzung des vom US-Präsidenten Woodrow Wilson postulierten Prinzips des Selbstbestimmungsrechts der Völker betrachtet werden sollte.[3]

Rahmenbedingungen: Sorben in der preußischen und sächsischen Lausitz

Der Wiener Kongress hatte die Herrschaftsverhältnisse in der Lausitz, dem Siedlungsgebiet der Sorben, neu bestimmt.[4] Denn durch den Friedensvertrag zwischen Preußen und Sachsen vom 18. Mai 1815 fielen die gesamte Niederlausitz sowie der Norden und Osten der Oberlausitz an das Königreich Preußen, bei Sachsen verblieb der größere Teil der Oberlausitz. Diese Regelungen sollten über das „lange" 19. Jahrhundert Bestand haben und nachhaltige Wirkung auf die ethnolinguistischen Verhältnisse entfalten. Denn durch die Aufteilung der Lausitz auf zwei Herrschaftsgebiete waren die dort autochthonen Sorben unterschiedlichen Praxen insbesondere der Sprach-, Bildungs- und Religionspolitik unterworfen.

Im preußischen Teil der Oberlausitz wurde unmittelbar nach 1815 die überkommene landständische Verfassung beseitigt, die Verwaltung modernisiert und das Gebiet in die preußische Provinz Schlesien integriert. Auch in der Niederlausitz wurden die Rechte der Stände aufgehoben, die einheitliche Rechts- und Verwaltungsordnung des preußischen Zentralstaates eingeführt und das Gebiet in sieben Landkreise formiert,

---

2 Alexander Maxwell, Frank Hadler und René Küpper beschreiben und analysieren auf der Grundlage von Memoiren und amtlichen Akten das Handeln tschechischer Politiker; Scheuermann zeichnet die Ereignisse anhand seiner Aktenfunde in Archiv des Völkerbundes nach und Friedrich Remes versucht, die Ereignisse aus sorbischer (wessen genau bleibt unklar) Perspektive zu analysieren. Dabei ist zu beachten, daß Remes für dieses Unterfangen insbesondere Unterlagen sächsischer Behörden (nämlich der Wendenabteilung) benutzt. Sorbische Quellen im engeren Sinne verwendet er nur indirekt über die Literatur, welche regelmäßig auch nur auf schmaler oder ungesicherter Quellengrundlage fußt. Zur Überlieferungslage siehe Clemens Heitmann, Digitales Archivportal zur Geschichte der Sorben. Arbeitsfortschritt und erste Ergebnisse, in: Lětopis 2/2018 (im Erscheinen).

3 An dieser Stelle kann nicht die Ideengeschichte dieses Prinzips referiert werden, welches heute als „Wilsonsches System" regelmäßig in einem ethnischen Sinne beschrieben wird. Es sei nur darauf hingewiesen, daß die Pariser Friedenskonferenz in Mittel- und Osteuropa keinesfalls ethnisch homogene Nationalstaaten, sondern auch multiethnische Föderationen (Tschechoslowakei, Jugoslawien) bzw. de facto multinationale Staaten geschaffen hat. Wilson selbst verstand unter dem Postulat ohnehin wohl zuallerst die Zustimmung der Regierten zum Staatswesen nach amerikanischem Muster. Siehe Georg E. Schmid, Selbstbestimmung 1919. Anmerkungen zur historischen Dimension und Relevanz eines politischen Schlagwortes, in: Karl Bosl (Hrsg.), Versailles – St. Germain – Trianon: Umbruch in Europa vor fünfzig Jahren, München/Wien 1971, S. 127–142, hier S. 137.

4 Zuvor waren die beiden Lausitzen in wettinischem Besitz gewesen, seitdem die Markgraftümer Ober- und Niederlausitz durch den Prager Frieden von 1635 als Lehen an die albertinische Linie des Hauses Wettin gegangen waren. Da der Kurfürst von Sachsen in Personalunion Markgraf der Ober- sowie auch (mit kurzer Unterbrechung von 1657 bis 1738) der Niederlausitz war, befanden sich beide Territorien in dessen Besitz.

welche der preußischen Provinz Brandenburg zugeschlagen wurden. In der sächsischen Oberlausitz dagegen blieb bis zur Einführung der Verfassung im Jahr 1835 die besondere landständische Verfassung vorerst erhalten.

Wenngleich die Verhältnisse in der sächsischen bzw. in der preußischen Lausitz im Detail unterschiedlich waren und Phasen der offenen Repression und der Duldung einander abwechselten, so verfolgten doch Hohenzollern und Wettiner gegenüber ihren sorbischen Untertanen jederzeit eine Assimilierungspolitik. Insbesondere die sorbische Sprache sollte nicht nur nicht gefördert, sondern verdrängt und langfristig durch das Deutsche ersetzt werden. Die staatlichen Instrumente dafür waren vor allem der Schulunterricht und die (evangelische) Kirche. Dabei spielten den Herrschenden die Bedürfnisse der Moderne in die Hände, denn nach der industriellen Revolution mit ihren gesellschaftlichen Konsequenzen wie Urbanisierung, gesellschaftlicher Differenzierung und Umbrüchen in der Arbeitswelt war der Assimilierungsdruck hoch und stieg stetig an. Wer am gesellschaftlichen Leben im neuen deutschen Nationalstaat teilhaben wollte, musste die deutsche Sprache beherrschen. Für sorbischsprachige Menschen bedeutete dies zumindest einen Druck zur deutsch-sorbischen Zweisprachigkeit. Dazu kam die rigorose Sprachpolitik insbesondere Preußens, so dass am Ausgang des 19. Jahrhunderts sich die amtliche Zahl der sorbisch Sprechenden in den preußischen Landesteilen nahezu halbiert hatte. In der sächsischen Oberlausitz waren die Zahlen nicht so dramatisch, aber die Entwicklung wies in dieselbe Richtung.[5] Dem hatten die Sorben nur geringe Selbstbehauptungskräfte in Form einiger weniger bürgerlicher Intellektueller und Geistlicher entgegenzusetzen.[6]

Kriegsende in Sachsen

Auch wenn die Auswirkungen des Ersten Weltkrieges in Sachsen seit Jahren zunehmend spürbarer geworden waren[7], war die Situation dort doch grundlegend anders als in Preußen, wo weite Gebiete im Krieg zerstört worden sind, von aufständischen

5 Peter Kunze, Die Sorbenpolitik in der Ober- und Niederlausitz vom Wiener Kongreß bis zum Ersten Weltkrieg, in: Edmund Pech/Dietrich Scholze (Hrsg.), Zwischen Zwang und Beistand. Deutsche Politik gegenüber den Sorben vom Wiener Kongress bis zur Gegenwart, Bautzen/Dresden 2003 (Schriften des Sorbischen Institut, Bd. 37), S. 13–38.

6 Gerald Stone, Slav Outposts in Central European History. The Wends, Sorbs and Kashubs, London/New York 2016, S. 251–255.

7 Von den etwa 5 Millionen Einwohnern des Königreiches Sachsen (Stand 1914) wurden etwa 750.000 zum Kriegseinsatz herangezogen, davon wurden im Laufe des Krieges 125.874 als Kriegssterbefälle registriert. Hinzuzurechnen sind noch nicht registrierte später Verstorbene, Invalide und Vermisste (in Sachsen ca. 18.000) sowie eine unbekannte Anzahl von zivilen Opfern, die tausendfach aufgrund von Hunger oder Krankheiten im Reich verstorben sind. Siehe weiterführend Kristin Lesch, Sachsen im Ersten Weltkrieg. Hrsg. von Frank-Lothar Kroll/Dirk Reitz, Dresden 2016 (= Schriften der Sächsischen Landeszentrale für politische Bildung).

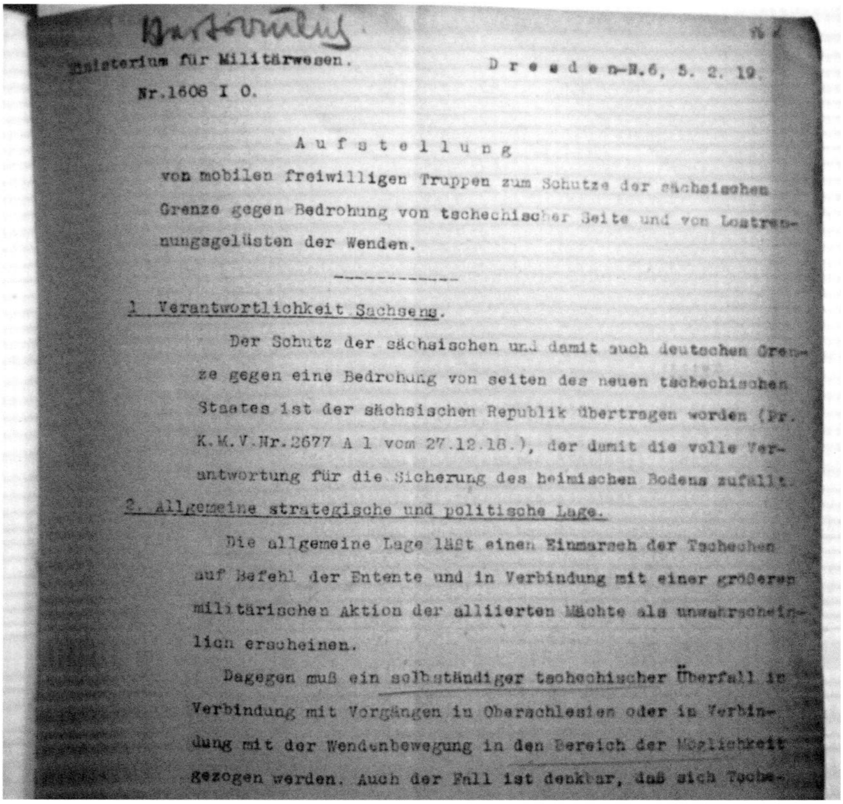

Ministerium für Militärwesen. Dresden-N.6, 5. 2. 19.
Nr.1608 I O.

A u f s t e l l u n g
von mobilen freiwilligen Truppen zum Schutze der sächsischen Grenze gegen Bedrohung von tschechischer Seite und von Lostrennungsgelüsten der Wenden.

---

1. Verantwortlichkeit Sachsens.

Der Schutz der sächsischen und damit auch deutschen Grenze gegen eine Bedrohung von seiten des neuen tschechischen Staates ist der sächsischen Republik übertragen worden (Pr. K.M.V.Nr.2677 A 1 vom 27.12.18.), der damit die volle Verantwortung für die Sicherung des heimischen Bodens zufällt.

2. Allgemeine strategische und politische Lage.

Die allgemeine Lage läßt einen Einmarsch der Tschechen auf Befehl der Entente und in Verbindung mit einer größeren militärischen Aktion der alliierten Mächte als unwahrscheinlich erscheinen.

Dagegen muß ein selbständiger tschechischer Überfall in Verbindung mit Vorgängen in Oberschlesien oder in Verbindung mit der Wendenbewegung in den Bereich der Möglichkeit gezogen werden. Auch der Fall ist denkbar, daß sich Tsche-

Abb. 1: Im Februar 1919 verfügte das sächsische Ministerium für Militärwesen die „Aufstellung von mobilen freiwilligen Truppen zum Schutz der Grenze vor Bedrohung von tschechischer Seite und von Lostrennungsgelüsten der Wenden". Zwar rechnete man in Sachsen nicht mit einer Aktion der Entente, aber die Nationalitätenkämpfe im benachbarten Schlesien und die „Wendenbewegung" ließen den Offizieren in Gustav Neurings transformiertem Kriegsministerium einen tschechoslowakischen Angriff möglich erscheinen.

Paramilitärs besetzt waren oder später abgetrennt wurden. Zwar war es im Königreich Sachsen seit 1917 wiederholt zu Hungerunruhen und Streiks gegen schlechte Arbeitsbedingungen gekommen, doch die Kriegslage eskalierte erst mit dem militärischen Zusammenbruch der Mittelmächte und der alten monarchischen Ordnung in Europa. Am 6. November 1918 hatten in Großenhain Soldaten gemeutert, am 8. November in den drei großen Städten Dresden, Leipzig und Chemnitz Arbeiter- und Soldatenräte die Macht übernommen und am 10. November wurde König Friedrich August III. für abgesetzt erklärt.[8] Die neue politische (und militärische) Führung des Landes sah sich nun

---

8 Karin Keller, Landesgeschichte Sachsen, Stuttgart 2001 (= UTB 2291), S. 266.

zwei Bedrohungen ausgesetzt: einerseits die unruhige Lage im Innern durch zurückflutende führerlose Truppen, Aufstandsbewegungen, den Zusammenbruch der alten Ordnung sowie die katastrophale wirtschaftliche Lage und andererseits im Äußeren der (vermeintlichen) Bedrohung der territorialen Integrität durch national-tschechische Truppen in der Grenzregion. Denn die nun aufflammenden Nationalitätenkämpfe in Böhmen ließen nicht nur zahlreiche Flüchtlinge über die sächsische Grenze strömen, sondern die Militärführung auch ein Übergreifen der Kämpfe auf sächsisches Gebiet befürchten. Die Truppenbewegungen der neu aufgestellten tschechoslowakischen Armee wurden durch sächsisches Militär genau beobachtet und eine bewaffnete Intervention in der Lausitz nicht ausgeschlossen. Daher setzte die Revolutionsregierung die beschlossene Demobilisierung vorerst aus; an der Grenze zu Böhmen wurden die militärischen Grenzschutzeinheiten nicht aufgelöst, sondern während der allgemeinen Demobilisierung mit Freiwilligen aufgefüllt und mit schweren Waffen ausgerüstet. Diese Maßnahmen sind im Kontext reichsweiter Anstrengungen zu sehen, angesichts der Nationalitätenkämpfe in den abzutretenden Gebieten mittels Freikorpsverbänden die territoriale und staatliche Integrität des Reiches zu wahren. In Sachsen blieb eine solche Konfrontation aber aus, in die Kämpfe zwischen tschechischen und deutsch-böhmischen Verbänden wurde nicht eingegriffen, die Verletzung der tschechoslowakischen Grenze überhaupt vermieden. Auch der gemutmaßte sorbische Aufstand oder eine tschechoslowakische Intervention in der Lausitz fanden nicht statt.[9]

Die Pariser Friedenskonferenzen: Territoriale Verluste des Deutschen Reiches

Nachdem im Zuge der Novemberrevolution im Deutschen Reich Friedrich Ebert zum Reichskanzler erklärt worden war, vereinbarte Deutschland mit Frankreich und Großbritannien am 11. November 1918 einen Waffenstillstand zur Beendigung der Kampfhandlungen. Vom 18. Januar 1919 bis zum 21. Januar 1920 verhandelten im französischen Versailles die Hauptsiegermächte über den mit Deutschland zu schließenden Friedensvertrag zur Beendigung des Krieges. Deutschland allerdings durfte an den Verhandlungen nicht teilnehmen. Erst am 7. Mai 1919 legten die „Großen Vier“ der deutschen Friedensdelegation einen Vertragsentwurf vor, zu dem die Deutschen sich schriftlich äußern durften. Die vom deutschen Außenminister Ulrich Graf Brockdorff-Rantzau

9 Die Lagebeurteilungen des Grenzschutzes machen anschaulich, wie stark dort die Gefahr eines tschechoslowakischen Übergriffs in die Oberlausitz im Zusammenwirken mit sorbischen Separatisten empfunden wurde. Sächsisches Staatsarchiv – Hauptstaatsarchiv Dresden (fortan HStA-DD), Bestand 13481 Landsturm-Infanterie-Bataillone XII/14–15 und Elbgrenzschutz Schandau; HStA-DD, Bestand 10701 Staatskanzlei Nr. 155, Konzept des sächsischen Ministeriums für Militärwesen vom 05.02.1919 über die Aufstellung von mobilen freiwilligen Truppen zum Schutz der sächsischen Grenzen und vor wendischen Separationsbestrebungen (vor Bl. 97).

angestrebten mündlichen Verhandlungen kamen nicht zustande, vielmehr wiederholten die Hauptsiegermächte mit der sogenannten Mantelnote des französischen Premierministers Clemenceau vom 16. Juni 1919[10] weitgehend unverändert ihre Forderungen und setzten ultimativ eine fünftägige Frist für die Vertragsannahme. Zu den wenigen alliierten Zugeständnissen in der Mantelnote gehörten Fragen des Minderheitenschutzes wie etwa die Volksabstimmung in Oberschlesien.

Nachdem die Frage der Annahme der Vertragsbestimmungen im Reich zu einer politischen Krise geführt hatte, unterzeichnete Deutschland unter Protest am 28. Juni 1919 den Vertrag, der dann am 10. Januar 1920 in Kraft trat. Infolge des Versailler Vertrages musste das Deutsche Reich große Teile seines Staatsgebietes oder Besitzes an andere Staaten abtreten, insgesamt verlor das Reich 13 % seines vorherigen Territoriums und 10 % seiner Bevölkerung.

Die anschließenden Abtrennungsprozesse verliefen rechtlich, organisatorisch und auch zeitlich sehr unterschiedlich. Das „Reichsland" Elsaß-Lothringen wurde von Frankreich unmittelbar nach dem Inkrafttreten des Waffenstillstandes vom 11. November 1918 und noch deutlich vor der Unterzeichnung oder gar dem Inkrafttreten des Versailler Vertrages besetzt. Auch das Rheinland geriet bereits im Januar 1919 unter (vorübergehende) alliierte Besatzung, welche wegen ausbleibender deutscher Reparationszahlungen zwischen 1923 und 1925 noch auf rechtsrheinische Gebiete und das Ruhrgebiet ausgeweitet wurde. Ebenfalls noch während der Pariser Friedenskonferenz wurde durch die Siegermächte die preußische Provinz Posen nach einem vorangegangenen nationalpolnischen Aufstand am 16. Februar 1919 faktisch vom Deutschen Reich abgetrennt. Für andere Territorien wurden Volksbefragungen vorgesehen, sind dann aber mehrfach lediglich nominell und mit sehr strittigen Verfahren oder gleich gar nicht durchgeführt worden. So in Eupen-Malmedy und Neutral-Moresnet (Abtretung an Belgien nach Volksbefragung 1920), in Nordschleswig (Abtretung an Dänemark nach Volkabstimmung am 15. Juni 1920), im Hultschiner Ländchen (Abtretung an die Tschechoslowakei mit Inkrafttreten des Versailler Vertrages ohne Volksabstimmung), in Oberschlesien (Volksabstimmung am 20. März 1921 und Abtrennung Ostoberschlesiens an Polen mit Wirkung zum 20. Juli 1922). In Ostpreußen und in Teilen Westpreußens erfolgten am 11. Juli 1920 Volksabstimmungen über den Verbleib bei Deutschland oder Polen, ein dritter Teil Westpreußens fiel gemäß dem Versailler Vertrag an Polen (sogenanntes „Korridorgebiet")[11]. Das Saargebiet blieb völkerrechtlich Teil des Deutschen Reichs, wurde aber dem Völkerbund auf 15 Jahre zur Verwaltung übertragen,

10 Der Friedensvertrag von Versailles nebst Schlußprotokoll und Rheinlandstatut sowie Mantelnote und deutsche Ausführungsbestimmungen. Neue, durchgesehene Ausgabe in der durch das Londoner Protokoll vom 30. August 1924 revidierten Fassung, Berlin 1925.

11 Zu den Gebietsabtretungen an den neuen polnischen Staat siehe Benjamin Conrad, Umkämpfte Grenzen, umkämpfte Bevölkerung. Die Entstehung der Staatsgrenzen der Zweiten Polnischen Republik 1918–1923, Stuttgart 2014.

bis 1935 eine Volksabstimmung zu einer Rückgliederung an Deutschland führte.[12] Die Stadt Danzig wurde ebenfalls der Aufsicht des Völkerbundes unterstellt, schied aber ohne Volksabstimmung dauerhaft aus dem Reichsverband aus und bildete seit dem 15. November 1920 einen unabhängigen Staat (Freie Stadt Danzig). Analog dazu wurde das Memelland ohne Volksabstimmung mit Wirkung zum 10. Januar 1920 unter Kontrolle des Völkerbundes gestellt und von Frankreich verwaltet, bis es im Januar 1923 von irregulären litauischen Paramilitärs besetzt wurde. Der Völkerbund anerkannte diese Annektierung am 8. Mai 1924.

Alle diese Verluste betrafen die Ränder des Reiches[13], in denen die verbliebene deutsche Bevölkerung nun als nationale Minderheit in fremden Nationalstaaten lebte und sich von der dortigen Titularnation unter anderem durch Sprache, Religion, Kultur und Selbstverständnis deutlich abgrenzte.[14] Insgesamt verringerte sich Deutschlands Bevölkerung um sieben Millionen Menschen (11 %), von denen in den Folgejahren etwa eine Million ins Reich zog – vor allem aus den vormals zu Preußen bzw. unmittelbar zum Reich gehörenden Gebieten. Das Land Sachsen erlitt keine Gebietsverluste.

Dieser Prozess der sukzessiven, die Weimarer Republik innenpolitisch dauerhaft belastenden territorialen Schmälerung des Reiches wurde von den alten und neuen Eliten in den Ministerien und Verwaltungen, im Militär und in der Politik sowie auch von einer breiten Mehrheit der Deutschen als ungerecht empfunden. Stieß schon der Versailler Vertrag mit seinen Bestimmungen über Reparationen sowie der Kriegsschuldzuweisung in Deutschland auf Ablehnung[15], so wurden die Gebietsabtretungen insofern noch weniger akzeptiert, als hier (begrenzter) Widerstand oder zumindest Einflussnahme durch die beschriebenen Plebiszite möglich schien. Damit wurden durch die friedensvertraglichen Gebietsabtretungen für Deutschland die Fragen der Grenzrevision und der deutschen Minderheiten insbesondere in den neuentstandenen Nationalstaaten Mittelosteuropas während der gesamten Zwischenkriegszeit ein politisch bestimmendes Thema.

---

12 Allerdings wurde nicht der status quo zugunsten der Länder Bayern und Preußen wiederhergestellt, sondern das Saargebiet einem Reichskommissar unterstellt.

13 Darüber hinaus gingen sämtliche außereuropäische Besitzungen (Kolonien) verloren.

14 Ein solches Schicksal erfuhren nicht nur Deutsche, sondern durch die Auflösung der Reiche der Romanows, der Habsburger sowie der Osmanen und der folgenden Nationalstaatsbildungen in Mitteleuropa zahllose Menschen anderer Nationen, wie Polen, Ungarn, Italiener, Armenier, Griechen u. a. m.

15 Der Kriegsschuldartikel des Versailler Vertrages (Artikel 231) bestimmte: „Die alliierten und assoziierten Regierungen erklären, und Deutschland erkennt an, dass Deutschland und seine Verbündeten als Urheber für alle Verluste und Schäden verantwortlich sind, die die alliierten und assoziierten Regierungen und ihre Staatsangehörigen infolge des Krieges, der ihnen durch den Angriff Deutschlands und seiner Verbündeten aufgezwungen wurde, erlitten haben". Reichsgesetzblatt 1919, S. 689 ff.

Die Tschechoslowakei als Anwalt der Sorben?

Mit der Proklamation der Staatsgründung am 28. Oktober 1918 konstituierte sich eine unabhängige tschechoslowakische Regierung samt Staatsoberhaupt. Ministerpräsident (bis zum Juni des Folgejahres) wurde Karel Kramář, Außenminister Edvard Beneš und Staatspräsident Tomáš Garrigue Masaryk. Wichtigste Aufgabe der neuen Regierung war es, bei den Pariser Friedensverhandlungen ein möglichst günstiges Ergebnis für die Tschechoslowakei zu erzielen – von herausragender Bedeutung war dabei die Grenzfrage.

Die Tschechoslowakei wurde in Paris durch Ministerpräsident Kramář und Außenminister Beneš sowie eine Expertendelegation vertreten. Damit war die Tschechoslowakei von allen in Paris vertretenen neu konstituierten Nationalstaaten am professionellsten vorbereitet und hatte mit dem diplomatisch geschickten Beneš wohl die besten Ausgangsbedingungen.[16] Die Experten bereiteten die Verhandlungsthemen inhaltlich vor, Beneš kommunizierte die tschechoslowakische Position seinen Verhandlungspartnern vorab schriftlich durch eine Reihe von Memoranden, in denen er insbesondere die territorialen Ansprüche seines Staates darlegte[17] und verhandelte dann mit den Siegermächten. Inwieweit die Memoranden ihm durch die Expertendelegation zugearbeitet oder von ihm selbst verfasst wurden ist strittig. Sicher ist hingegen, dass diese Memoranden Maximalforderungen beschrieben, die – wenn sie aus Sicht der „Großen Vier“ überzogen und somit für die Tschechoslowakei illusionär waren – von Beneš jederzeit modifiziert oder ganz aufgegeben werden konnten. Erstmalig trug Beneš die tschechoslowakischen Forderungen gemeinsam mit Ministerpräsident Kramář am 5. Februar 1919 dem „Rat der Vier“ vor.[18]

Eine besondere Rolle in den Gesprächen nahmen die Lausitz und die Sorben ein, wofür ein eigenes Memorandum vorlag.[19] Zwar waren die Sorben als Gruppe auf der

---

16 Zur Rekrutierung und Arbeit der tschechoslowakischen Delegation siehe: Zdeněk Vácha, Žádám Vás jako vynikajícího odborníka … Organizace odborných prací pro československou delegaci na mírové konferenci v Paříži v letech 1918–1919, Prag 2012.

17 Die Memoranden sind veröffentlicht von Hermann Raschhofer (Hrsg.), Die tschechoslowakischen Denkschriften für die Friedenskonferenz von Paris 1919/1920, Berlin 1937 (= Beiträge zum ausländischen öffentlichen Recht und Völkerrecht 24). Onlineressource: https://de.wikipedia.org/wiki/Tschechoslowakische_Denkschriften_f%C3%BCr_die_Friedenskonferenz_von_Paris_1919 (12.7.2018).

18 Stellvertretend für die 32 alliierten und assoziierten Mächte führte zuerst der „Rat der Zehn“, bestehend aus den Regierungschefs und Außenministern der USA, Großbritanniens, Frankreichs, Italiens und Japans die Friedensverhandlungen. Nachdem Japan seine kompromisslosen Gebietsforderungen nicht durchsetzen konnte, verließ es Ende März 1919 die Konferenz. Es verblieben die „Großen Vier“, bis im April aus ähnlichen Motiven auch Italien sich zurückzog, so daß der französische Premierminister Georges Clemenceau, der britische Premierminister David Lloyd George und US-Präsident Woodrow Wilson die Friedenkonferenz zu Ende führten.

19 Memorandum Nr. 7, datiert 11.04.1919, in: Raschhofer, Die tschechoslowakischen Denkschriften für die Friedenskonferenz von Paris 1919/1920. Das Papier ist vermutlich vom Wendischen Nationalausschuss verfaßt und von Beneš lediglich weitergereicht worden. Hadler meint, das Memorandum stamme von Černý; Frank Hadler, Die sorbische Frage auf der Pariser Friedenskonferenz von 1919, in: Lětopis. Zeitschrift für sorbische

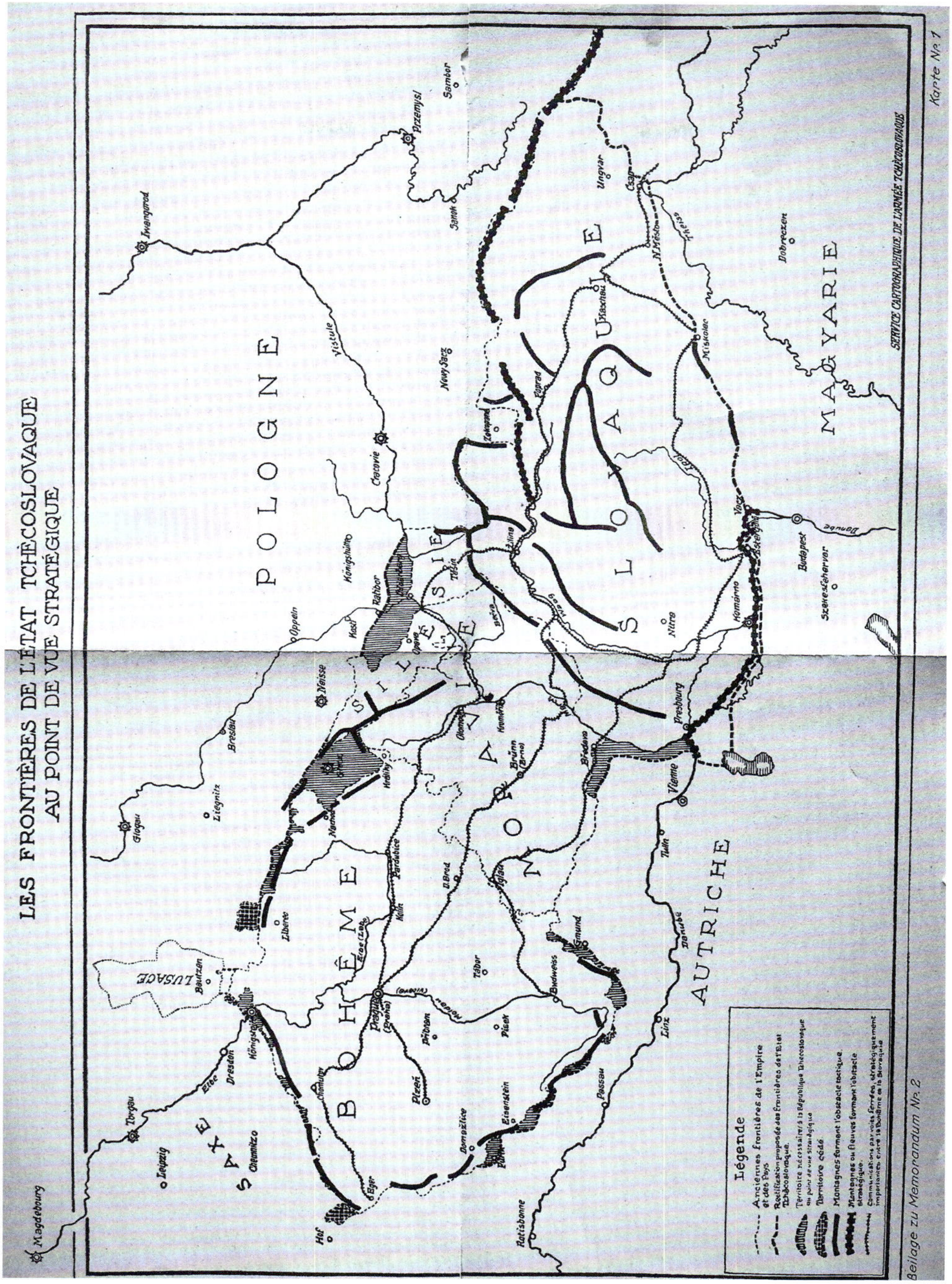

Abb. 2: Die tschechoslowakischen Grenzen im Frühjahr 1919. Auf der für Beneš’ Pariser Delegation erstellten Karte ist die Lausitz besonders hervorgehoben, da ihr aus Sicht der tschechoslowakischen Militärs strategische Bedeutung zukam.

Pariser Friedenskonferenz nicht offiziell vertreten, doch einige sorbische Persönlichkeiten waren in der tschechoslowakischen Delegation integriert bzw. ihr angeschlossen. So waren von Josef Pata[20] im Prager Außenministerium Arnošt Bart und Jan Bryl als Vertreter des Wendischen Nationalausschusses eingeladen worden[21], das Bindeglied zwischen ihnen und der tschechoslowakischen Delegation war der sorabophile Adolf Černý.[22]

Die Motivation der tschechoslowakischen Vertreter, die sorbische Frage auf der Friedenskonferenz zu thematisieren und dazu noch mit den Verhandlungen über die Tschechoslowakei zu verknüpfen, ist strittig. Es mag eine gewisse Verbundenheit mit dem kleinen slawischen Nachbarvolk empfunden worden sein – immerhin war Kramář ein prorussischer, jungtschechischer Romantiker, der panslavischen Ideen zuneigte. Beneš hingegen war eher neoslawistisch orientiert, vor allem aber – wie auch Staatspräsident Masaryk – ein Verfechter des Tschechoslowakismus. Entsprechend variierten die Interpretationen der tschechoslowakischen Absichten. Hadler unterstellt (den sehr verschiedenen Persönlichkeiten) Kramář und Masaryk, sie hätten „die sorbischen Gebiete der Lausitz an einen wie auch immer geschaffenen böhmischen Staat anzugliedern" beabsichtigt[23] und ähnliches meint auch Remes.[24] Beide argumentieren mithin rein machtpolitisch und verkennen dabei nach Meškank die moralische Dimension des Themas.[25] Zum Verständnis der tschechoslowakischen Verhandlungsführung sind aber nicht die Positionen Masaryks, der in Paris nicht anwesend war, Kramářs oder gar Černýs entscheidend, sondern ausschließlich die Überzeugungen und die Persönlichkeit

Sprache, Geschichte und Kultur 41 (1994) 1, S. 90–98, hier S. 95. Zur tschechoslowakischen Verhandlungsposition siehe auch den demnächst erscheinenden Aufsatz von René Küpper, Die Frage der Lausitzer Sorben auf der Pariser Friedenskonferenz 1919 im Spiegel tschechoslowakischer diplomatischer Quellen, in: Lětopis 66/1 (2019).

20 Josef Páta (1886–1942) war ein tschechischer Slawist, 1919/20 im Prager Außenministerium Referent für Angelegenheiten der Lausitzer Sorben und seit 1933 erster ordentlicher Professor für Sorabistik an der Prager Karlsuniversität.

21 Bart und Bryl hatten jedoch zu keiner Zeit eine offizielle Funktion bei der tschechoslowakischen Delegation. Abweichend dazu Timo Meskank, Sorben und Tschechen, in: Deutsche und Tschechen. Geschichte – Kultur – Politik, hrsg. v. Walter Koschmal, Marek Nekula und Joachim Rogall, München 2001 (= Beck'sche Reihe 1414), S. 618–624, hier S. 618. Inwieweit beide versucht haben, in Paris Kontakt zur deutschen Delegation aufzunehmen, ist nicht bekannt. Sie hätten dort sogar eine Art Counterpart in Gestalt des sorbischstämmigen Diplomaten Oskar Paul Trautmann finden können, welcher sich auch durch den befreundeten Bogumił Šwjela über die Entwicklung der sorbischen Nationalbewegung in der Lausitz unterrichten ließ. Stone, Slav Outposts in Central European History, S. 281–284. Doch direkte Kontakte zwischen Bart und Trautmann hat es wohl nicht gegeben, nicht zuletzt lagen die Hotels beider Delegationen auch zu weit auseinander (Bart und Bryl logierten im Pariser L'hôtel Lutetia, die reichsdeutsche Delegation vor den Toren der Hauptstadt im Versailler L'hôtel des Réservoirs).

22 Adolf Černý (1864–1952) war ein tschechischer Slawist mit dem Forschungsschwerpunkt Sorabistik. Černý publizierte unter dem Pseudonym Jan Rokyta.

23 Hadler, Die sorbische Frage auf der Pariser Friedenskonferenz von 1919, S. 98.

24 Friedrich W. Remes, Die Sorbenfrage 1918/1919. Untersuchung einer gescheiterten Autonomiebewegung, Bautzen 1993.

25 Timo Meškank, Kultur besteht – Reich vergeht: Tschechen und Sorben (Wenden) 1914–1945, Berlin 2000, S. 17.

Beneš'. Er dominierte nicht nur die tschechoslowakische Delegation, sondern auch seinen eigenen Ministerpräsidenten und gewann die Sympathien der „Großen Vier“ durch seine diplomatisch geschickte Verhandlungsführung und seine in den Jahren des Exils aufgebauten Netzwerke in die Delegationen der Hauptsiegermächte hinein.[26] Und Beneš war zuallererst ein Vertreter des Tschechoslowakismus und als solcher verstand er sich sicherlich weniger als Anwalt der Sorben, sondern hatte wohl eher ein strategisches Interesse der Tschechoslowakei an der Lausitz gesehen. Man mag Beneš aus sorbischer Perspektive Zynismus vorhalten – aus tschechoslowakischer Sicht handelte er schlicht professionell. Denn als Vertreter der Tschechoslowakei hatte Beneš zuerst deren Interessen zu vertreten und entsprechend dieser Ausgangslage beurteilte er seine diplomatischen Möglichkeiten. Bei der oben beschriebenen Beratung mit den „Großen Vier“ am 5. Februar 1919 erhob er dann auch keine Ansprüche auf die Lausitz, sondern stellte es den Siegermächten anheim, die Lausitz der Tschechoslowakei anzugliedern, was – dies betonte er – die Sorben wünschten. Und wegen dieses Wunsches sei die sorbische Frage auch „eher eine moralische denn eine politische“.[27]

Das scheinbar selbstlose tschechoslowakische Anliegen wurde an die dafür eingerichtete Kommission für tschechoslowakische Angelegenheiten verwiesen, welche aus Vertretern der USA, des Vereinigten Königreichs, Frankreichs und Italiens bestand und sich unter anderem aus alten Freunden Beneš' zusammensetzte. Von dort durfte er eigentlich nur Zustimmung erwarten; sofern dieses seine Verhandlungstaktik gewesen sein sollte, so war sein Plan aufgegangen. Doch seine Vorstellungen von einer tschechoslowakischen Lausitz wurden abgelehnt. Stattdessen sollte den Sorben eine lokale Autonomie innerhalb des Deutschen Reiches zugesagt und das Versprechen gegeben werden, dass sie nicht länger zwischen Sachsen und Preußen aufgeteilt würden. Doch als dieser Vorschlag dann im April 1919 durch die „Großen Vier“ beraten wurde, fand auch er keine Zustimmung. Clemenceau fand ihn „sinnlos“ und plädierte dafür, die Grenze zwischen Böhmen und Deutschland so zu belassen, wie sie vor dem Krieg gewesen war. Diesem Vorschlag schlossen sich Lloyd George und der amerikanische

---

26 Sowohl den amerikanischen Verhandlungspartnern wie auch dem französischen Premierminister Clemenceau gefiel das bescheidende Auftreten des Außenministers. Secretary's Notes of a Conversation, in: Papers relating to the foreign relations of the United States (FRUS). The Paris Peace Conference 1919, Volume III, Washington D.C. 1943, S. 886 f. Clemenceau hinterließ in seinen Memoiren über alle handelnden Persönlichkeiten der Konferenz (häufig wenig schmeichelnde) Kurzporträts und bezeichnete Beneš als „one of the best of them all“; Georges Clemenceau, Grandeur and Misery of Victory, London 1930, S. 140. Zu Beneš zusammenfassend siehe Alexander Maxwell, Edvard Beneš and the Soft Sell. Czechoslovak Diplomacy toward Lusatia, 1918–1919, in: Bohemia, 54 (2014)2, S. 348–367, hier S. 361.

27 Die US-Verhandlungsführer vermerkten zu den von Beneš vorgetragenen sorbischen Forderungen: „These Serbs desired to be autonomous under Czech protection, but the Czechs made no claim on this subject, and even thought it might be dangerous for them to undertake this mission. He thought, however, that the conference should examine the problem. It was a moral rather than a political matter“. Secretary's Notes of a Conversation, in: Papers relating to the foreign relations of the United States (FRUS). The Paris Peace Conference 1919, Volume III, Washington D.C. 1943, S. 886 f.

Verhandlungsführer Edward House an.[28] Damit hatte die Friedenskonferenz sowohl die Idee einer unabhängigen als auch die einer tschechoslowakischen Lausitz abschließend verworfen. Und anders als bei vergleichbaren Fällen regionaler nationaler Autonomiebestrebungen unternahm die Friedenskonferenz auch keinen Versuch, die tatsächliche Stimmungslage vor Ort zu erheben und beispielsweise wie in Oberschlesien oder Westpreußen eine Volksabstimmung durchzuführen.

Die sorbische separatistische Bewegung

Im Machtvakuum des deutschen Zusammenbruchs ergriffen in Bautzen einige Persönlichkeiten um den sorbischstämmigen Politiker Arnošt Bart[29] die Initiative und konstituierten sich als politische Bewegung. Eigentlich wollte Bart gemeinsam mit Jan Bryl, Božidar Dobrucký und Jurij Dučman[30] wohl lediglich den bereits existierenden Zusammenschluss sorbischer Vereine „Domowina" [31] neu beleben, da deren Aktivitäten während des Krieges weitgehend zum Erliegen gekommen waren. Doch dann gründeten Bart und seine Mitstreiter den „Wendischen Nationalausschuß" (Serbski Narodny Wubjerk), der vorerst aber weder über ein Programm noch über eine Struktur verfügte. Insbesondere Bart begann, für den Nationalausschuss zu werben und formulierte erste programmatische Aussagen. Diese orientierten sich vorerst an den Grundwerten der

28 Alexander Maxwell, Edvard Beneš and the Soft Sell. Czechoslovak Diplomacy toward Lusatia, 1918–1919, in: Bohemia, 54 (2014)2, S. 348–367, hier S. 365. Und so wurde es dann auch in Art. 82 des Versailler Vertrages bestimmt.

29 Arnošt Bart-Brězynčanski (Ernst Barth) wurde 1870 in Litten bei Bautzen geboren. Nach einer kaufmännischen Lehre begann er, sich vielfältig für sorbische Belange zu engagieren (u. a. Mitgliedschaft in der Maćica Serbska, Mitbegründer und Vorsitzender der Domowina, Gemeindevorstand in Briesing und Vertreter der Bauern im Oberlausitzer Provinziallandtag). Im Jahr 1911 wurde er in die II. Kammer des Landtags des Königreichs Sachsen gewählt und dort trat er vor allem für die kulturellen und sozialen Belange der sorbischen Landbevölkerung ein. Am 13.11.1918 gründete B. gemeinsam mit anderen konservativ-christlich Gesinnten den Wendischen Nationalausschuss (Serbski Narodny Wubjerk), der namens der Sorben in der Lausitz zuerst autonomistische und später separatistische Forderungen erhob. Barts politische Programmatik war romantisch verklärt. Im vordemokratischen sächsischen Landtag hatte er sich den Konservativen angeschlossen, gab sich königstreu und stellte die treuen Verdienste der „feldgrauen" Sorben im Krieg heraus. Nach dem deutschen Zusammenbruch wollte er die sorbischen Kriegsgefangenen von den Alliierten besonderes behandelt wissen und plädierte für eine unabhängige Lausitz mit einer kleinbäuerlich geprägten Wirtschaft. Im Zuge der NS-Machtergreifung wurde B. kurzzeitig inhaftiert und stand seitdem unter polizeilicher Beobachtung. Nach dem Zweiten Weltkrieg hatte er keine Funktionen in den neuentstandenen sorbischen Organisationen inne. Eine Biografie dieser schillernden Persönlichkeit ist – trotz reicher Quellenlage – ein Desiderat.

30 Jan Bryl (Johannes Brühl, Pseudonym Serbin, 1879–1921), Božidar Dobrucký (Theodor Dobrucky, 1893–1957) und Jurij Dučman (Georg Michael Deutschmann, 1884– ?).

31 Der Bund Lausitzer Wenden – Domowina war der Dachverband sorbischer Vereine und Vereinigungen. Er existierte bereits seit 1912, vorangegangene Gründungen im Jahr 1848 und 1898 waren stets nach kurzer Zeit verboten worden. Der sorbische Begriff Domowina ist ein poetischer Ausdruck für Heimat und geht auf den sorbischen evangelischen Pfarrer und Vorsitzenden Bogumił Šwjela zurück. Der Verein stand auf christlicher Grundlage und loyal zum wettinischen Sachsen.

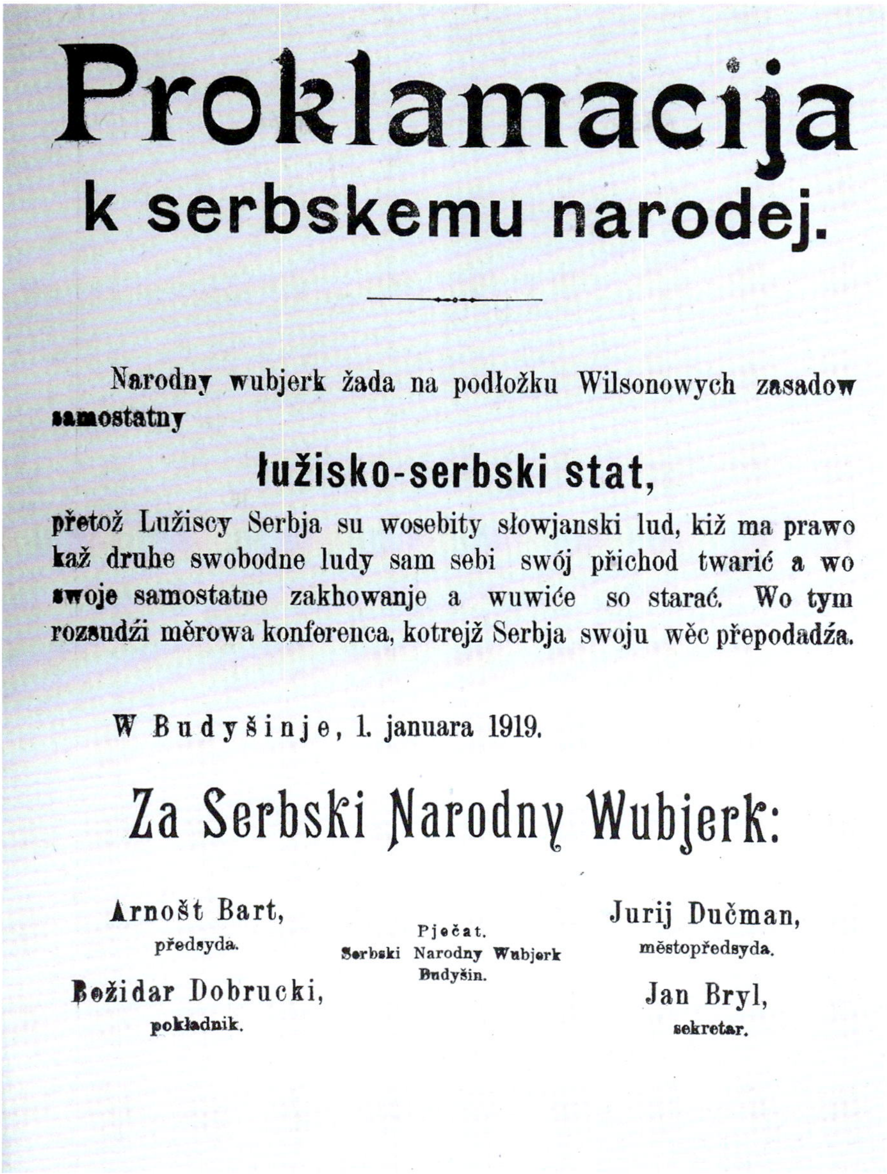

Proklamacija
k serbskemu narodej.

Narodny wubjerk žada na podłožku Wilsonowych zasadow samostatny

łužisko-serbski stat,

přetož Lužiscy Serbja su wosebity słowjanski lud, kiž ma prawo kaž druhe swobodne ludy sam sebi swój přichod twarić a wo swoje samostatne zakhowanje a wuwiće so starać. Wo tym rozsudźi měrowa konferenca, kotrejž Serbja swoju wěc přepodadźa.

W Budyšinje, 1. januara 1919.

Za Serbski Narodny Wubjerk:

Arnošt Bart,
předsyda.

Božidar Dobrucki,
pokładnik.

Pječat.
Serbski Narodny Wubjerk
Budyšin.

Jurij Dučman,
městopředsyda.

Jan Bryl,
sekretar.

Abb. 3: Flugblatt des Wendischen Nationalausschusses vom 1. Januar 1919. Text: Proklamation an die wendische Bevölkerung. Der Nationalausschuß fordert auf der Grundlage der Wilsonschen Grundsätze einen selbständigen Lausitzisch-Sorbischen Staat, denn die Lausitzer Wenden sind ein besonderer slawischer Volksstamm, der gleich anderen Völkern das Recht hat, sich selbst seine Zukunft zu schaffen und um seine Selbsterhaltung und Entwicklung zu kümmern. Die Entscheidung darüber trifft die Friedenskonferenz, der die Wenden ihre Angelegenheiten übergeben werden. Für den Wendischen Nationalausschuß: [Unterschriften]

Domowina, innerhalb weniger Wochen aber änderten sich die Anliegen. Zuerst forderte der Nationalausschuss eine Teilautonomie für die sorbische Bevölkerung innerhalb Deutschlands und kirchliche, schulische, wirtschaftliche und politische Selbstverwaltung sowie kulturelle Selbstständigkeit. Dann wurde die Programmatik zunehmend sorbisch-ethnozentrisch, überwölbt von christlichem Pathos und kleinbürgerlich-romantischen Wertvorstellungen. Die Moderne und die revolutionären Verhältnisse wurden abgelehnt. In kürzester Zeit radikalisierte sich die Bewegung und die Forderungen verloren jedes Maß; eine Vereinigung der zwischen Preußen und Sachsen geteilten Lausitz, Gründung eines selbstständigen Lausitzisch-Sorbischen Staates, ein Anschluss an den neuen tschechoslowakischen Staat und schließlich Zulassung als Partei auf der Pariser Friedenskonferenz lauteten 1918/19 die Kernforderungen.[32]

Wie groß Barts Rückhalt in der Lausitz respektive unter der sorbischstämmigen Bevölkerung der Lausitz war, ist schwer zu beurteilen. Seine Bewegung hat keine Register hinterlassen und sich auch nie öffentlichen Wahlen gestellt.[33] Er und seine Mitstreiter warben aber mit großem Eifer öffentlichkeitswirksam für ihre Anliegen. Zugleich versuchten sie, mit den sächsischen Behörden in der Lausitz über alltägliche Angelegenheiten der Sorben zu verhandeln – dies betraf insbesondere Fragen des Schulunterrichts –, als ehemaliger Abgeordneter des Sächsischen Landtags hatte Bart Zugang zu maßgebenden Institutionen und Personen.[34]

32 Remes, Die Sorbenfrage 1918/1919, S. 117–136.

33 Die Justiz nahm für das Frühjahr 1919 zwanzig- bis dreißigtausend „Mitglieder" an. Diese Angabe sagt aber weniger aus über den Nationalausschuss, als vielmehr über die Arbeit der Gerichte in diesem Verfahren. Urteil des Landgerichts Bautzen gegen Jakob Hitzke u. a. vom 20. Juni 1919 (Abschrift), Politisches Archiv des Auswärtigen Amts, R100497, unpg.; Urteil des Reichsgerichts Leipzig gegen Ernst August Barth vom 19. Januar 1920, HStA-DD, Bestand 10701 Staatskanzlei Nr. 150, Bl. 298–306. Nach dem Scheitern Barts Pariser Initiative entstand im November 1919 als parlamentarische Nachfolgeorganisation des Nationalausschusses die Lausitzer Volkspartei (sorbisch: Łužiska ludowa strona). Der zum Zeitpunkt der Parteigründung noch inhaftierte Arnošt Bart wurde demonstrativ als Kandidat für die bevorstehende Reichstagswahl im Jahr 1920 nominiert, bei der die Partei dann in Sachsen und Preußen zwar zusammen 8050 Stimmen, jedoch kein Mandat erhielt. Nach Auflösung der Lausitzer Volkspartei traten als sorbisch-nationale Parteien nacheinander die Wendische Volkspartei (sorbisch: Serbska ludowa strona) sowie anschließend die Volkspartei der Lausitzer Sorben an. Ab 1924 nahmen die Verbände der in Deutschland lebenden nationalen Minderheiten mit wechselnder Beteiligung mit der Reichsliste Nationale Minderheiten an Reichstagswahlen teil; im Jahr 1928 beteiligten sich sechs Verbände, 1932 traten dann letztmalig noch die Polenliste und der Verband Schleswigsche Heimat an. Die Lausitzer Volkspartei wurde als Mitglied der Reichsliste Nationale Minderheiten bei der Reichstagswahl im Mai 1924 mit 10 827 Stimmen in den katholisch-sorbischen Wahlbezirken regional stärkste Kraft, errang aber kein Mandat. Auch in den Landtagen von Sachsen oder Preußen stellten die sorbischen Parteien keine Abgeordneten. Ludwig Elle, Wendische Volkspartei, in: Franz Schön/Dietrich Scholze (Hrsg.), Sorbisches Kulturlexikon, Bautzen 2014, S. 504 f.; Peter Schurmann, Autonomiebestrebungen, in: ebd., S. 20–23.

34 Berichte des Bautzner Kreishauptmanns v. Kraushaar über Besprechungen mit August Barth, HStA-DD, Bestand 10701 Staatskanzlei Nr. 155, unpg. Bart allerdings wollte diese Gespräche scheinbar nicht weiterführen, zu einer anberaumten Beratung mit dem sächsischen Kultusminister Wilhelm Buck in der Kreishauptmannschaft Bautzen am 22. Februar 1919 erschien er nicht, HStA-DD, Bestand 10701 Staatskanzlei Nr. 150, Bl. 77–80.

Zur Jahreswende 1918/19 brachen Bart und seine Mitstreiter aus den üblichen Bahnen sächsischer Provinzpolitik aus. Am 6. Januar 1919 fuhr Jan Bryl mit der tschechoslowakischen Delegation zur Friedenkonferenz nach Paris, Bart folgte ihm am 25. Januar 1919. Beide reisten mit tschechoslowakischen Papieren via Prag – ein Umstand, der ihnen später zum Verhängnis werden sollte. Es ist nicht bekannt, ob beide eine genaue Vorstellung von ihrer Mission hatten. Vielleicht hatten sie erkannt, dass in diesen Monaten überall in Europa Nationalbewegungen erfolgreich Autonomierechte, Regionen und ganze Staaten für sich reklamierten. Warum sollte den Sorben nicht gelingen, was Dänen, Polen oder Litauern zulasten Deutschlands gerade erreicht hatten? Die Friedenskonferenz muss nur entsprechend entscheiden – so oder ähnlich mögen Bart und Bryl gedacht haben, als sie nach Paris aufbrachen. Darüber hinaus versuchten beide, auch direkt zu den Hauptsiegermächten Kontakt aufzunehmen. Es gelang ihnen, über die britische Delegation auf ihr Anliegen aufmerksam machen, so dass die Friedenskonferenz sich tatsächlich mit dem Vorgang befasst, ihn aber dann zurückgewiesen hat.[35]

Als im Mai 1919 die Hauptsiegermächte sich für eine Beibehaltung der deutschböhmischen Grenze entschieden hatten und damit die separatistischen Ziele des Nationalausschusses gescheitert waren, versuchten Bart und Bryl über den Völkerbund zumindest ihre Autonomievorstellungen zu befördern. Im Schreiben vom 7. Juni 1919 wandte sich Bart an James Eric Drummond, den Generalsekretär des sich gerade gründenden Völkerbundes. In dramatischen Worten schilderte er, die Sorben könnten vor dem endgültigen Untergang nur durch einen verbrieften Autonomiestatus innerhalb Deutschlands bewahrt werden.[36] Der offiziell noch gar nicht gegründete Völkerbund wusste mit der Angelegenheit nicht recht umzugehen, war aber immerhin entschlossen, seine – vermutlich erste – Minderheitenschutzangelegenheit ernsthaft zu bearbeiten. Und Bart warb unverdrossen für sein Anliegen: Noch im Juli 1919 ließ er für den Völkerbund aufwendige Denkschriften über die Lage der Sorben in der Lausitz drucken.[37] Doch sein Appell verfing nicht. Er argumentierte, das Deutsche Reich habe sich verpflichtet, den nichtdeutschen Minderheiten im Reich die gleichen kulturellen, religiösen und schulischen Rechte zu gewähren wie sie auch den deutschen Minderheiten außerhalb des Reiches durch die Pariser Verträge garantiert seien. Er bezog sich dabei auf die sogenannte Mantelnote der Alliierten und Assoziierten Mächte vom 16. Juni 1919, mit welcher diese zur Kenntnis genommen hatten, „daß Deutschland entschlossen ist, auf

35 United Nations Archives at Geneva (fortan: UNOG), R1613/41/13/568, unpg., Schreiben der britischen Delegation in Paris vom 1. August 1919 an Sir Eric Drummond.

36 „If it is impossible to create a state of their territory, they [the Lusatian Slavs, CH] can be saved from complete destruction at least by exactly defined autonomy within Germany". Es folgten zwei weitere Schreiben am 17. und 26. Juni 1919 an Drummond, in welchen Bart noch dramatischer formulierte „pour cette raison nous prions la Société des Nations de vouloir nous prendre sous sa protection", UNOG, R1613/41/13/13, unpg.

37 UNOG, R1613/41/13/568, unpg, Mémoire sur la persécution des Slaves de Lusace/Memorandum on the persecution of Lusatian Slavs.

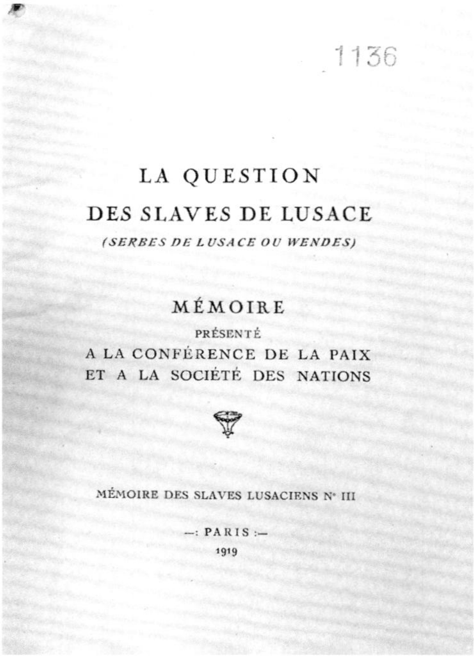
1136

LA QUESTION
DES SLAVES DE LUSACE
(SERBES DE LUSACE OU WENDES)

MÉMOIRE
PRÉSENTÉ
A LA CONFÉRENCE DE LA PAIX
ET A LA SOCIÉTÉ DES NATIONS

MÉMOIRE DES SLAVES LUSACIENS N° III

—: PARIS :—
1919

Abb. 4: Denkschrift des Wendischen Nationalausschusses für die Pariser Friedenskonferenz

seinem Gebiete die fremden Minderheiten nach den gleichen Grundsätzen zu behandeln". Aus Sicht des Völkerbundes aber befanden sich die Sorben im Irrtum, wenn sie glaubten, die Alliierten hätten ihnen irgendwelche Zusagen gegeben oder gar beschlossen, sie unter den besonderen Schutz des Völkerbundes zu stellen.[38] Von der britischen Verhandlungsdelegation in Paris erfuhr Drummond außerdem, die Friedenskonferenz habe von den Sorben verschiedene Denkschriften erhalten und diese auch beraten, sich aber entschieden, nicht zugunsten der Sorben tätig zu werden.[39] Damit war für Bart und seine Mitstreiter dieser Ansatz gescheitert und Bryl und er kehrten via Prag nach Deutschland zurück.

Bei der Einreise nach Deutschland wurden Bryl, im November 1919 dann auch Bart festgenommen[40] unter dem Vorwurf, er sei nach Paris gefahren, um „vorsätzlich während eines gegen das Deutsche Reich ausgebrochenen Krieges einer feindlichen Macht Vorschub zu leisten und der Kriegsmacht des Deutschen Reiches Nachteil zuzufügen".[41] Das Reichsgericht in Leipzig verurteilte ihn im Januar 1920 zu drei Jahren Festungshaft, da er ohne gültige Papiere aus Deutschland ausgereist sei und über die militärische Lage in der Lausitz und im deutsch-böhmischen Grenzgebiet berichtet habe. Und damit habe er dem Deutschen Reich gegenüber Frankreich – mit welchem man sich ja immer noch im Krieg befand – einen Nachteil zugefügt. Auch wenn der Tenor und die Beweisführung fragwürdig erscheinen, würdigte das Gericht immerhin

---

38 „The Slavs are absolutely wrong in assuming that by this Article the Allies and Associated Powers are granting them special guarantees and have decided to place them under the protection of the League of Nations", UNOG, R1613/41/13/13, unpg., Vermerk für Sir Eric Drummond, 25.6.1919.

39 „... the Committee of these Slavs have been sending the Conference various memoranda to their past treatment and present wishes [...] The case of the Lusatians was carefully considered by the Conference but they decided that there was no ground for interference on their behalf", UNOG, R1613/41/13/568, unpg., Schreiben der britischen Delegation in Paris vom 1.8.1919 an Sir Eric Drummond.

40 Andere zeitliche Abläufe bei Martin Scheuermann, Die Sorbenpolitik des Völkerbundes – ein bisher kaum beachtetes Nebenkapitel europäischer Geschichte, in: Lětopis 43 (1996) 2, S. 33–54, hier: S. 41.

41 Politisches Archiv des Auswärtigen Amts (fortan: PA-AA), R100497, Beschluß des Reichsgerichts Leipzig, Erster Senat vom 11.12.1919 in der Strafsache Ernst August Barth (Abschrift), unpg.

Barts Persönlichkeit und berücksichtigte bei der Strafzumessung sein bisheriges „eifriges Eintreten für die Hebung des wendischen Volkstums", weswegen die Strafe vergleichsweise milde ausfiel.[42] In Bautzen wurden einige Unterstützer Barts zu Geld- und Haftstrafen verurteilt.[43] Damit waren die wenigen Aktiven des Wendischen Nationalausschusses zwar eliminiert, doch die öffentliche Wirkung dieses juristisch fragwürdigen Urteils war für das Reich verheerend: Den Völkerbund erreichten mehrfach Petitionen prominenter Persönlichkeiten, die sich für die Verhafteten, hier vor allem aber für Bart, verwendeten[44] und beim Berliner Auswärtigen Amt intervenierte zuerst der tschechoslowakische Botschafter, dann Außenminister Beneš persönlich.[45] Obwohl auch nach Einschätzung der Reichsregierung der politische Schaden beachtlich war, wollte man sich – vorerst – doch nicht auf eine Lösung auf dem Begnadigungswege einlassen. Während das Auswärtige Amt vom tschechoslowakischen Botschafter unter Druck gesetzt wurde und Fragen des Genfer Völkerbundes fürchtete[46], waren das Justizministerium sowie Reichspräsident Friedrich Ebert gegen eine Begnadigung[47]. Erst nach langwierigen regierungsinternen Abstimmungen wurde Bart nach Verbüßung von neun Monaten Haft begnadigt und entlassen. Sein Wendischer Nationalausschuss war zu dem Zeitpunkt längst vergessen.

Die „Wenden" als Gegenstand deutscher Politik

Während die Gruppe um Bart und deren Autonomiewünsche für die Siegermächte Episode blieben, wurden sie im Reich und insbesondere in Preußen und Sachsen zu einer dauerhaften Belastung des interkulturellen Zusammenlebens. Als Akteure gegenüber standen sich einerseits die Lausitzer Sorben, zivilgesellschaftliche Initiativen oder halbstaatliche Organisationen der Minderheiten sowie andererseits die öffentlichen Verwal-

42 HStA-DD, Bestand 10701 Staatskanzlei, Nr. 150, unpg., Urteil des Reichsgerichts Leipzig gegen Ernst August Bart[h] vom 19. Januar 1920. Bart wurde wegen „Landesverrats" verurteilt (§ 89 StGB „... wer während eines gegen das Deutsche Reich ausgebrochenen Krieges einer feindlichen Macht Vorschub leistet ..."), welcher mit „Zuchthaus bis zu zehn Jahren oder mit Festungshaft von gleicher Dauer" bestraft wurde. Festungshaft war eine ungleich weniger harte Strafform als Zuchthaus, denn Festungshäftlingen billigte man eine ehrenhafte Gesinnung zu, weswegen sie auch als „Ehrenhaft" bezeichnet wurde.

43 PA-AA, R100497, unpg., Urteil des Landgerichts Bautzen vom 20. Juni 1920 in der Strafsache gegen Jakob Hitzke u. a.

44 U. a. protestierte der bekannte französische Linguist Jan Baudouin de Courtenay. UNOG, R1613/41/13/21140, unpg.

45 PA-AA, R100497.

46 Ebd., unpg., Telegramm vom 22.04.1920.

47 Der DDP-Minister Max Andreas Blunck (1871–1933) sprach sich vehement gegen eine Begnadigung Barts aus, der DVP-Minister Karl Rudolf Heinze (1865–1928) war 1915/16 selbst Abgeordneter der II. Kammer des Sächsischen Landtags gewesen, kannte daher Bart persönlich und war der Meinung, die Persönlichkeit Barts verdiene „keinerlei Rücksichtsnahme". PA-AA, R100497, unpg., Aufzeichnung über ein Gespräch mit dem Reichsjustizminister vom 17.8.1920.

tungen und die deutsche Mehrheitsgesellschaft. In Sachsen waren die Presse und der Landtag Orte öffentlicher Auseinandersetzung über die sorbische Frage. Dort waren zwar keine sorbischen Parteien oder Vereinigungen vertreten, gleichwohl wurde über die Fragen der Kulturautonomie und die separatistische Bewegung lebhaft gestritten. Die parlamentarische Debatte war allerdings einseitig: Für sorbische Belange erhob kaum jemand die Stimme[48], allenfalls überboten sich Abgeordnete und Regierungsvertreter mit nationalistischen oder chauvinistischen Tönen. Kultusminister Wilhelm Buck, selbst aus einer sorbischen Familie stammend[49], wies scharf alle sorbischen Autonomiewünsche zurück und verunglimpfte Bart als „Präsidenten des Wendenstaates Utopia". Andere Abgeordnete nannten ihn gar einen wendischen „Judas". Immerhin machten die Landtagsdebatten aber die Positionen sichtbar und förderten beispielsweise zutage, dass Sachsen und Preußen vertraulich ihre „Wendenpolitik" koordinierten[50].

Denn auch wenn die separatistische Bewegung spätestens mit der Inhaftierung einiger weniger Protagonisten bereits Anfang 1920 in der Bedeutungslosigkeit versunken war, fürchteten die deutschen Entscheidungsträger in Politik und Verwaltung nicht nur die – mutmaßlich von der Tschechoslowakei gesteuerte und unterstützte – sorbische nationale Bewegung, sondern schlichtweg alles Sorbische. Es gab auf staatlicher Ebene einen breiten Konsens, jegliche Erscheinungsformen sorbischer Identität zu beobachten und nötigenfalls zu beeinflussen. Dazu wurde nach einem gemeinsamen Beschluss insbesondere der Länder Preußen und Sachsen bei der Kreishauptmannschaft (später Amtshauptmannschaft) Bautzen eine irreguläre Organisationseinheit installiert. Funk-

48 Für die Parteien der äußersten Rechten mit ihren nationalistisch-völkischen Programmen verwundert dies nicht. Aber auch Politiker der liberalen Parteien (so DVP und DDP) oder der Sozialdemokratie reagierten auf sorbische Wünsche kategorisch ablehnend, teils sogar hysterisch und fanden keine angemessene Sprache. Einzig die Kommunisten in Sachsen äußerten sich nicht völkisch abwertend, wollten die sorbischen Forderungen aber auch nicht als Minderheitenfrage, sondern als soziale Frage verstanden wissen. Vgl. 38. Sitzung des Sächsischen Landtages vom 22. Juni 1927, Antrag des Abgeordneten Böttcher und Genossen über die Wendenbewegung, in: https://landtagsprotokolle.sachsendigital.de/protokolle/zeitraum-1919-1933/(27.07.2018).

49 In der sächsischen Staatsregierung hätte die sorbische Nationalbewegung eigentlich ein Gegenüber finden können, immerhin stammte Ministerpräsident Johann Wilhelm Buck (1869–1945) wie Bryl und Bart aus der sorbischen Oberlausitz (ich danke Mike Schmeitzner für diesen Hinweis). Buck wurde bei Bautzen als Kind sorbischer Eltern geboren, wuchs aber in Dresden auf, wo er die Volksschule besuchte und ein Handwerk lernte. Anschließend engagierte B. sich in den freien Gewerkschaften und in der SPD, für die er u. a. Abgeordneter der II. Kammer des sächsischen Landtages wurde. Hier müssen er und Bart sich begegnet sein, doch weder die gemeinsame Herkunft noch die parlamentarische Erfahrung scheint eine weitergehende Beziehung vermittelt zu haben. Im Zuge der Novemberrevolution wurde Buck dann Volksbeauftragter, später Kultusminister und vom 5. Mai 1920 bis 21. März 1923 Ministerpräsident des Freistaats Sachsen. Danach war er bis 1933 Kreishauptmann von Dresden und als solcher seit 1932 auch Vorgesetzter des Leiters der Wendenabteilung. Seine elterliche sorbische Herkunft war allerdings zeitgenössisch ohne Bedeutung und auch in der Forschungsliteratur wird er nicht als sorbischer Ministerpräsident etikettiert. Mike Schmeitzner, Wilhelm Buck. Der Moderator des „linksrepublikanischen Projekts" (1920–1923), in: Mike Schmeitzner/Andreas Wagner, Von Macht und Ohnmacht. Sächsische Ministerpräsidenten im Zeitalter der Extreme 1919–1952, Beucha 2006, S. 89–124.

50 Vgl. 11. Sitzung der Sächsischen Volkskammer vom 13. März 1919, Antrag des Abgeordneten Böttcher und Genossen über die Wendenbewegung, in: https://landtagsprotokolle.sachsendigital.de/protokolle/zeitraum-1919-1933/(27.07.2018).

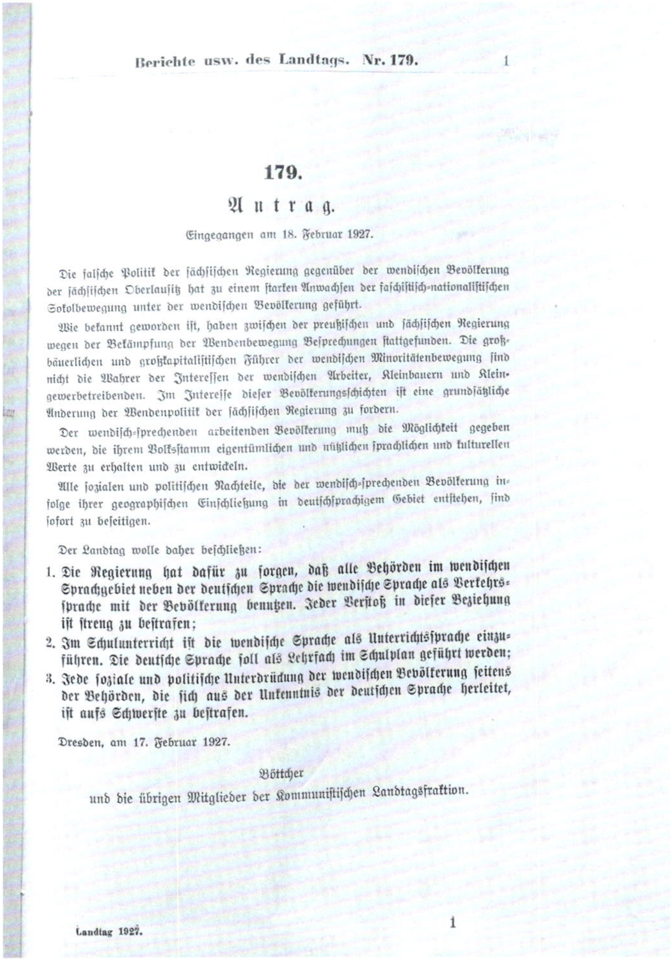

Berichte usw. des Landtags. Nr. 179. 1

179.

Antrag.

Eingegangen am 18. Februar 1927.

Die falsche Politik der sächsischen Regierung gegenüber der wendischen Bevölkerung der sächsischen Oberlausitz hat zu einem starken Anwachsen der faschistisch-nationalistischen Sokolbewegung unter der wendischen Bevölkerung geführt.

Wie bekannt geworden ist, haben zwischen der preußischen und sächsischen Regierung wegen der Bekämpfung der Wendenbewegung Besprechungen stattgefunden. Die großbäuerlichen und großkapitalistischen Führer der wendischen Minoritätenbewegung sind nicht die Wahrer der Interessen der wendischen Arbeiter, Kleinbauern und Kleingewerbetreibenden. Im Interesse dieser Bevölkerungsschichten ist eine grundsätzliche Änderung der Wendenpolitik der sächsischen Regierung zu fordern.

Der wendisch-sprechenden arbeitenden Bevölkerung muß die Möglichkeit gegeben werden, die ihrem Volksstamm eigentümlichen und nützlichen sprachlichen und kulturellen Werte zu erhalten und zu entwickeln.

Alle sozialen und politischen Nachteile, die der wendisch-sprechenden Bevölkerung infolge ihrer geographischen Einschließung in deutschsprachigem Gebiet entstehen, sind sofort zu beseitigen.

Der Landtag wolle daher beschließen:

1. **Die Regierung hat dafür zu sorgen, daß alle Behörden im wendischen Sprachgebiet neben der deutschen Sprache die wendische Sprache als Verkehrssprache mit der Bevölkerung benutzen. Jeder Verstoß in dieser Beziehung ist streng zu bestrafen;**
2. **Im Schulunterricht ist die wendische Sprache als Unterrichtssprache einzuführen. Die deutsche Sprache soll als Lehrfach im Schulplan geführt werden;**
3. **Jede soziale und politische Unterdrückung der wendischen Bevölkerung seitens der Behörden, die sich aus der Unkenntnis der deutschen Sprache herleitet, ist aufs Schwerste zu bestrafen.**

Dresden, am 17. Februar 1927.

Böttcher
und die übrigen Mitglieder der Kommunistischen Landtagsfraktion.

Landtag 1927. 1

Abb. 5: Die KPD-Abgeordneten waren in Sachsen die einzigen Politiker, die sorbische Wünsche nicht kategorisch ablehnten und dabei in einen völkisch-nationalen Ton verfielen. Sie forderten sogar, in der Lausitz das Sorbische als Verkehrssprache ebenso einzuführen wie an den Schulen als Unterrichtssprache und nicht lediglich – wie in dem von Bildungsminister Wilhelm Buck ausgearbeiteten sächsischen Übergangsgesetz für das Volksschulwesen vom 22. Juli 1919 – als Lehrplangegenstand und Hilfssprache zum Erlernen des Deutschen. Gerade die Frage des Schulunterrichtes war für die Sorben eine Kernforderung kultureller Selbstbehauptung und für die staatliche Verwaltung ein geeignetes Feld sukzessiver Obstruktionspolitik. Akribisch zählte die Wendenabteilung Schüler (3150) in den „gemischtsprachigen" Schulen (46), ermittelte Bedarfe und entschied über die „wendenpolitische" Zulässigkeit von Lehrern und Lehramtsanwärtern. Erkennbar war es das unausgesprochene Ziel von Politik und Verwaltung, die Sorben hier möglichst unauffällig zu behindern. Die Verhältnisse in der sächsischen Oberlausitz waren allerdings noch ungleich besser als in Preußen. Die von den Kommunisten initiierte Debatte wurde reichsweit geführt. (Siehe dazu die Berichterstattung von Hans Steinhoff u.a. in der Frankfurter Zeitung Nr. 68 vom 26. Januar 1928 [Erstes Morgenblatt] sowie auch in der Zittauer Morgen-Zeitung, Beilage Nr. 28 vom 2. Februar 1928.)

tional war diese „Wendenabteilung“ weniger eine Verwaltungsstelle als vielmehr ein Nachrichtendienst ohne jegliche Eingriffsbefugnis. Und tatsächlich lautete ihre erste behördeninterne Amtsbezeichnung auch „Nachrichtenstelle“. Bei den Verantwortlichen bestand Konsens, die Wendenabteilung solle weitgehend konspirativ arbeiten – was allerdings kaum gelang, war doch die staatliche „Wendenpolitik“ Gegenstand von Debatten im Sächsischen Landtag sowie der sorbisch- und deutschsprachigen Presseberichterstattung.[51]

Die Aufgaben der Wendenabteilung während der Weimarer Republik beschränkten sich überwiegend auf die Beobachtung sorbischer Personen, Institutionen, deren mutmaßlicher Interessenvertreter sowie der sorbischen Publizistik.[52] Das stellte die Ein-Mann-Dienststelle aber bereits vor erhebliche Schwierigkeiten, denn der Sachbearbeiter war der sorbischen Sprache nicht mächtig und musste sich mehrerer Rentner auf Honorarbasis als Übersetzer bedienen, um wenigstens die eifrig gesammelten sorbischen Druckschriften auswerten zu können.[53] Dessen ungeachtet war die Wendenabteilung ungemein produktiv, regelmäßig erstellte sie umfangreiche Berichte zur Lage im sorbischen Siedlungsgebiet.[54] Deren Einschätzungen widersprachen zwar anfangs der angenommenen Bedrohung des Reichsverbandes durch Sorben und Tschechen, im Laufe der Jahre – wohl auch bedingt durch Personalwechsel in der Kreishauptmannschaft und in der Wendenabteilung – aber radikalisierte die Dienststelle sich sukzessive und produzierte geradezu obsessiv größtenteils phantastische Berichte und Vorschläge. So wurde beispielsweise im Januar 1925 suggeriert, der Direktor der Wendischen Volksbank in Bautzen, Dr. Blasius Posedel, sei 1914 in die Ermordung des österreichisch-ungarischen Thronfolgers, Erzherzog Franz Ferdinand, in Sarajevo verwickelt gewesen.[55] In einem anderen Bericht wird über einen angeblichen konspirativen Auftritt des tschechoslowakischen Staatspräsidenten Masaryk in Bautzen im Jahr 1924 berichtet, von dem die Wendenabteilung durch geheime Informanten erfahren haben will und auf

51 Siehe die umfangreiche Zeitungsausschnittssammlung der Wendenabteilung, Sächsischen Staatsarchiv – Staatsfilialarchiv Bautzen, Bestand 50609 Kreishauptmannschaft Bautzen – Wendenabteilung (fortan StFA-BZ), Nr. 105, 115, 117 f., 121, 123, 124, 127–131.

52 Es bleibt aber ausdrücklich festzustellen, dass zur Tätigkeit und zu den Effekten der Wendenabteilung noch erheblicher Forschungsbedarf besteht. Vgl. Dietrich Scholze, Die Wendenabteilung in Bautzen (1920–1945). In: Dieter Grande/Daniel Fickenscher (Hrsg.), Eine Kirche, zwei Völker. Deutsche, sorbische und lateinische Quellentexte und Beiträge zur Geschichte des Bistums Dresden-Meißen von der Wiedererrichtung 1921 bis 1929, Bautzen/Leipzig 2003, S. 576–578.

53 Solche mangelnde Sprachkompetenz war usus. Während von den Sorben (mindestens) Zweisprachigkeit verlangt wurde, waren Sorbischkenntnisse nicht einmal bei den staatlichen Behörden vor Ort vorhanden. Verschiedende Qualifizierungsmaßnahmen etwa für Gendarmeriebeamte waren vom Angebotsumfang und von der Motivation der Beteiligten völlig ungeeignet, das Problem zu beheben.

54 Sogenannte Wendenberichte, StFA-BZ, Bestand 50609 Kreishauptmannschaft Bautzen – Wendenabteilung, u. a. Nr. 104. 108–114, 116. Die Überlieferung der „Wendenabteilung“ umfaßt 7,4 archivische Laufmeter Schriftgut.

55 PA-AA, Nr. R73851, unpg., Bericht über den Direktor der Wendischen Volksbank Dr. Posedel vom 8. Januar 1925.

dem sie auch dann noch insistierte, als die Staatskanzlei anmerkte, Masaryk sei ausweislich von Presseberichten zu diesem Zeitpunkt anderswo gewesen.[56] Diese zwischen Diffamierung und Wichtigtuerei changierenden Berichte der Wendenabteilung fanden in den Verwaltungs- und Regierungsstellen breite Streuung[57] – inwieweit sie dort rezipiert wurden, muss die Forschung erst noch herausarbeiten.

Darüber hinaus förderte die Wendenabteilung überwiegend mit Reichsmitteln diverse Vorhaben der „Deutschtumspflege", beispielsweise öffentliche Büchereien, Sportvereine sowie allerlei heimatkundliche Forschungen. Voraussetzung für die finanziellen Zuwendungen war ein nationales deutsches Bekenntnis der Empfänger oder zumindest eine entsprechend antizipierte Wirkung. Fördergelder flossen auch in verschiedene Vorhaben der Öffentlichkeitsarbeit wie beispielsweise für die Produktion und den Vertrieb einer Druckschrift zur Geschichte, Kultur und Gegenwart der Sorben aus regierungsamtlicher deutscher Perspektive.[58]

Sorbische Minderheit in Deutschland und deutsche Minderheiten im Ausland

Am 10. Januar 1920 trat durch den Austausch der Ratifikationsurkunden der Versailler Vertrag in Kraft[59] – mit ihm nahm der Völkerbund offiziell seine Arbeit auf. Er sollte unter anderem die Einhaltung von Friedensverträgen überwachen und damit war er – auch wenn die Völkerbundsatzung den Minderheitenschutz nicht explizit erwähnte – Garantiemacht für die 1919/20 abgeschlossenen Minderheitenschutzverträge mit den Staaten Ostmittel- und Südosteuropas. Minderheitenfragen waren nun nicht mehr eine nationale oder bilaterale Angelegenheit, sondern sie wurden internationalisiert. Dies war ein rechtliches und politisches Novum, welches allerdings von der Mehrzahl der europäischen Nationalstaaten und ihren (Mehrheits-)Titularnationen als illegitime Einmischung in innere Angelegenheiten empfunden wurde. Minderheitenrechte waren für sie nur so lange akzeptabel, wie eine Minderheit sich gegenüber dem Nationalstaat und

56 HStA-DD, Bestand 10701 Staatskanzlei, Nr. Nr. 156, unpg.

57 Über den amtlichen Verteiler gelangten die Berichte an die Regierungen Sachsens, Preußens und des Reiches (Auswärtiges Amt) sowie an die regional und lokal zuständigen preußischen und sächsischen Behörden.

58 Der wallonisch-stämmige Belgier Auguste Vierset (1864–1952 oder 1960) hatte 1923 die vielfach rezipierte sorabophile Schrift Un peuple martyr. La question des Wendes (Serbes de Lusace) devant l'opinion publique (Paris 1923) publiziert. Insbesondere das Reichsaußenministerium wollte ohne Offenlegung der Urheberschaft im Ausland eine Erwiderung verbreiten lassen. Mit einem Gegenentwurf wurde über die Deutsche Mittelstelle für Volks- und Kulturboden-Forschung Otto Eduard Schmidt (1855–1945) beauftragt, ein sächsischer Gymnasialrektor, der vielfältig heimatkundlich forschend und schriftstellerisch tätig war. 1926 legte Schmidt die antisorbische geschichtspolitische Agitation „Die Wenden" vor. PA-AA, Nr. R60469 und R60470, unpg.

59 Mehr als ein Jahr nach Abschluss des Waffenstillstandsabkommens vom November 1918 war damit auch der Friedenszustand zwischen Deutschland und seinen Gegnern hergestellt – mit Ausnahme der USA, da diese den Versailler Vertrag nicht ratifizierten.

seiner nationalen Identität loyal verhielt. Ein Konzept für kulturelle, sprachliche, religiöse oder ethnisch-nationale Vielfalt hatten diese Gesellschaften in der Regel nicht.[60]

Um die Rechte der Minderheiten zu gewährleisten, ist diesen eingeräumt worden, sich mit Petitionen an den Völkerbund zu wenden. Dort wurde in den 1920er Jahren ein Verfahren entwickelt, um mit Beschwerden umgehen zu können und die Interessen der Betroffenen auszugleichen. Deutschland sah sich als Profiteur dieses Systems. Ihm war – obwohl es jede Bestimmung des Friedensvertrages hätte annehmen müssen – kein entsprechender Minderheitenschutzvertrag auferlegt worden und es unterlag damit nicht dem Kontrollsystem des Völkerbundes.[61] Wollte Deutschland aber Verstöße anderer Staaten gegen die Minderheitenschutzverträge öffentlichkeitswirksam rügen oder Volksabstimmungen in den Abtretungsgebieten fordern, musste es Mitglied des Völkerbundes werden und nicht selbst Anlass für Kritik bieten. Vorerst aber stand Deutschland unter internationaler Kuratel und war kein Mitglied des Völkerbundes. Beides zu ändern waren wichtige außenpolitische Ziele des Reiches.[62]

Die Rahmenbedingungen dazu wurden im Wesentlichen innenpolitisch gestaltet. Die Weimarer Reichsverfassung enthielt mit dem Artikel 113 bereits eine Bestimmung über die Rechte der Minderheiten, welche den „fremdsprachigen Volksteilen“ des Reiches die „freie, volkstümliche Entwicklung“ sowie den „Gebrauch der Muttersprache beim Unterricht sowie bei der inneren Verwaltung und der Rechtspflege“ zusicherte. Strittig war allerdings, welche Gruppen als „fremdsprachige Volksteile“ im Sinne der Vorschrift gelten sollten. Nach herrschender Meinung sollte sie ausschließlich für deutsche Reichs- und Staatsangehörige gelten – Reichsausländer konnten also keine entsprechenden Rechte für sich reklamieren. „Zigeuner“ allerdings wurden von der Regelung ausgeschlossen, auch wenn sie deutsche Reichs- und Staatsangehörige waren. Und es bestand Konsens, dass es keine religiösen Minderheiten geben sollte.[63] Ein Ausfüh-

60 Als Ausnahmen in der Zwischenkriegszeit nennt die Forschung regemäßig die Minderheitenpolitiken Lettlands sowie insbesondere Estlands, dem Modellcharakter bescheinigt wird. Rudolf Michaelsen, Der Europäische Nationalitäten-Kongreß 1925–1928. Aufbau, Krise und Konsolidierung, Frankfurt (M.)/Bern/New York 1984, S. 55–58.

61 Die polnische Delegation forderte auf der Friedenskonferenz im Juni 1919 vergeblich, Deutschland ähnliche Auflagen wie Polen zu machen. US-Präsident Wilson und der britische Premierminister Lloyd George wiesen diese Forderung zurück mit dem Hinweis, Deutschland werde, wenn es dem Völkerbund beitreten wolle, seine Minderheiten entsprechend internationaler Normen behandeln müssen. Lediglich bezüglich des westlichen Teils Oberschlesiens übernahm das Deutsche Reich eine völkerrechtliche Verpflichtung und garantierte den dort lebenden Polen die freie Ausübung ihrer Sprache und Kultur.

62 Joachim Wintzer, Deutschland und der Völkerbund 1918–1926, Paderborn u. a. 2006, S. 107–109.

63 Irina Mchitarjan, Das „russische Schulwesen“ im europäischen Exil. Zum bildungspolitischen Umgang mit den pädagogischen Initiativen der russischen Emigranten in Deutschland, der Tschechoslowakei und Polen (1918–1939), Bad Heilbrunn 2006 (zugleich Habil.-Schrift Universität Greifswald), S. 80 f.; Gerhard Anschütz, Die Verfassung des Deutschen Reiches vom 11. August 1919, 14. Auflage, Berlin 1933; Fritz Poetzsch-Heffter, Handkommentar der Reichsverfassung vom 11. August 1919. Ein Handbuch für Verfassungsrecht und Verfassungspolitik. 3. Auflage, Berlin 1928. Die Beratungen der verfassungsgebenden Nationalversammlung zielten allerdings explizit auch auf die „Wenden“ als „nationale Minderheit“ ab, der sozialdemokratische Abgeordnete

rungsgesetz zu Artikel 113 wurde nie erlassen, entsprechende Vorarbeiten kamen über ein sehr frühes Stadium nicht hinaus.[64] Und so blieb den Lausitzer Sorben rechtlich und politisch der Minderheitenstatus versagt.

Und auch der außenpolitische Spielraum des Reiches musste innenpolitisch errungen werden. Denn die gewünschte Revision des Friedensvertrages konnte Deutschland nicht erzwingen, sondern allenfalls durch Befolgen der Vertragsbestimmungen zu erreichen hoffen. Diese Strategie der „Erfüllungspolitik“ mündete 1924 in der Neuregelung der Reparationszahlungen im Rahmen des Dawes-Plans sowie im Jahr darauf in den Verträgen von Locarno, welche 1926 zur Aufnahme des Deutschen Reichs in den Völkerbund und damit zur Rückkehr in die internationale Staatengemeinschaft führten.

Von dieser Mitgliedschaft und der Mitarbeit im Völkerbund hatte sich Deutschland viel erhofft: Neben Prestigegewinn respektive Wiederherstellung der Reputation erwartete man vor allem Unterstützung für die Revisionspolitik. In dieser politischen Strategie kam den deutschen Minderheiten in den osteuropäischen Staaten eine wichtige Rolle zu. Denn sechs Millionen Deutsche außerhalb der Reichsgrenzen waren für die Reichsregierung ein Argument, um territoriale Forderungen zu stellen. Dafür nutzte die deutsche Außenpolitik den Völkerbund als Bühne und setzte sich – aus Sorge um die deutschen Minderheiten im Ausland – regierungsintern für eine vergleichsweise liberale Minderheitenregelung im Reich ein.[65] Reichsaußenminister Gustav Stresemann[66] beschrieb diese Strategie wie folgt: „Die Einflußmöglichkeiten, die wir nach unserem Eintritt in den Völkerbund und insbesondere als Mitglied des Völkerbundrats in Bezug auf die Lage der deutschen Minderheiten gewinnen würden [...,] würden erheblich gestärkt, wenn wir als Wortführer von Minderheiteninteressen die Rückendeckung einer befriedigenden Regelung unserer eigenen Minderheitenverhältnisse hätten. Im anderen Falle würden wir eine recht schwache Position haben und außerdem Gefahr laufen, daß wir verwiesen würden auf unsere seinerzeit in Versailles abgegebene

---

Oskar Cohn wollte diesen Status in einem sehr modernen Sinne noch nicht einmal mit der sorbischen Muttersprache verknüpft wissen. Vgl. Protokolle der Nationalversammlung, 17. Sitzung vom 28.2.1919, S. 405 f, in: https://www.reichstagsprotokolle.de/index.html (27.7.2018).

64 PA-AA, Nr. R100497, Entwurf eines Reichsrahmengesetzes zur Regelung der Rechte der Minderheiten in Deutschland, undat., etwa 1925, unpg.; Bamberger-Stemmann, Der Europäische Nationalitätenkongress, S. 161–168.

65 Bamberger-Stemmann, Der Europäische Nationalitätenkongress, S. 161–168.

66 Der DVP-Politiker Gustav Ernst Stresemann (1878–1929) war von August bis November 1923 Reichskanzler und bis zu seinem Tod Reichsaußenminister. Stresemanns Ziel war es, die außenpolitische Isolation Deutschlands zu beenden – dazu gehörte u. a. die Aufnahme des Deutschen Reiches in den Völkerbund. Sein zweites großes außenpolitisches Ziel war eine friedliche Revision des Versailler Vertrages; im Westen insbesondere durch eine Verständigung mit Frankreich, im Osten strebte er eher eine territoriale Arrondierung an. Diese Ziele waren nicht ohne innere Widersprüche, weswegen die Einordnung dieses nationalliberalen Politikers bis heute strittig ist. Immerhin erhielt er für seine Politik des Ausgleiches nach Westen hin 1926 zusammen mit dem französischen Außenminister Aristide Briand den Friedensnobelpreis. Eberhard Kolb, Gustav Stresemann, München 2003 (C.H.Beck Wissen 2315).

und von den Alliierten unter dem 16. Juni 1919 zur Kenntnis genommene Erklärung: ‚Deutschland ist seinerseits entschlossen, fremdstämmige Minderheiten auf seinem Gebiete nach den gleichen Grundsätzen zu behandeln'".[67] Diese neue Strategie verfolgte wohlgemerkt das Ziel, die Situation der deutschen Minderheiten im Ausland positiv beeinflussen zu können. Die Verbesserung des interkulturellen Zusammenlebens oder der Lage der Minderheiten im Reich waren außenpolitisch lediglich damit verknüpft, ansonsten aber für das Auswärtige Amt völlig ohne Belang. Der dazu befragte deutsche Gesandte in Prag brachte dieses Junktim auf den Punkt und riet, den „Wenden" ruhig eigene Schulen zuzugestehen, denn diejenigen Kinder, die „diese Schulen verlassen, haben in ihrem Fortkommen einen ganz geringen Aktionsradius; sie können Knechte und Mägde bei wendischen Bauern werden. In zehn Jahren ersticken die Wenden an ihrer eigenen Inzucht und strömen in die deutschen Schulen der Nachbardörfer zurück. Das Experiment wäre die Kosten, die es verursacht, wert."[68]

Einen weiteren Unterstützer hoffte die deutsche Politik in der neu entstandenen zivilgesellschaftlichen, eigentlich halbstaatlichen Initiative des Europäischen Nationalitätenkongresses (ENK) und seiner deutschen Referenzorganisation zu finden. Der ENK ging zurück auf eine private Initiative des Deutschbalten Ewald Ammende, welcher den Schutz und die völkerrechtliche Anerkennung ethnischer Minderheiten als Rechtssubjekt erreichen wollte. Der Verband besaß einen Beobachterstatus beim Völkerbund in Genf und hatte weltweit nationale Referenzorganisationen, in Deutschland war dies der Verband der nationalen Minderheiten in Deutschland.[69] Der ENK stand allerdings zuerst im Gegensatz zu den Zielen der Reichsaußen- und Minderheitenpolitik – unter anderem auch, weil durch seine internationale Arbeit offenbar wurde, dass in Deutschland mehrere nationale Minderheiten lebten. Die prekäre finanzielle Lage des Verbandes brachte den Kongress dann jedoch in eine Abhängigkeit vom deutschen Auswärtigen Amt, das seit 1927 als Geldgeber auftrat, um die mutmaßliche ‚Nebenaußenpolitik' einzudämmen und die Kräfte für eine Revision des Versailler Vertrags zu bündeln. An den

67 Damit meinte Stresemann die bereits oben erwähnte Mantelnote der Alliierten und Assoziierten Mächte vom 16. Juni 1919, auf welche sich Arnošt Bart gegenüber dem Völkerbund vergebens berufen hatte. Aufzeichnung über die außenpolitische Notwendigkeit einer Regelung des Minderheitenrechts innerhalb des Reiches, PA-AA, Nr. R100497, unpg. und undat., etwa Januar 1925.

68 PA-AA, Nr. R100497, unpg., Bericht der Deutschen Gesandtschaft in Prag vom 27. November 1924. Dabei verkannte der Gesandte, dass sorbische Forderungen nach einem muttersprachlichen Schulunterricht nicht den deutschen Unterricht ersetzen, sondern lediglich ergänzen sollten. Denn dass die Sprache der deutschen Mehrheitsgesellschaft wirtschaftlich wichtig war, wussten nicht zuletzt die zahlreichen und hochbegehrten sorbischen „Mägde", die sich in bürgerlichen deutschen Haushalten verdingten. Stadtarchiv Cottbus, Bestand AII 6.6., Nr. 9–11, Streitigkeiten zwischen Herrschaften und Gesinde.

69 Zusammen mit Vertretern der Friesen bildeten die in Deutschland lebenden Sorben, Polen, Dänen und Litauer von 1924 bis 1939 den „Verband der nationalen Minderheiten in Deutschland". Der Verband unterhielt die international beachtete Verbandszeitschrift Kulturwille (ab 1926 Kulturwehr); Herausgeber war Stanislaw Sierakowski, der erste Präses des Bundes der Polen in Deutschland, Chefredakteur war der Sorbe Jan Skala. Sierakowski wurde im Oktober 1939 zusammen mit seiner Familie vom Volksdeutschen Selbstschutz ermordet.

regelmäßigen Kongressen des Verbandes nahmen auch Vertreter der sorbischen Minderheit in Deutschland teil.[70] Zu einer nachhaltigen und dauerhaften Zusammenarbeit unter den verschiedenen Minderheiten in Deutschland kam es jedoch nicht, da diese sich noch während der 1920er Jahre über unterschiedliche Ziele und politische Strategien zerstritten und ihre Verbände 1927/28 im Streit den ENK verließen.[71]

Ausblick

Mit dem Untergang der Weimarer Rechtsordnung schlug auf Seiten des Staates die eingehegte Ablehnung gegenüber den Sorben und ihrer Kultur in kaum noch verhohlene Feindseligkeit um. Die Wendenabteilung antizipierte diese Entwicklung quasi und wurde bereits im Zuge der NS-Machtergreifung sehr schnell ein willfähriges Mittel der Diktaturdurchsetzung. Exemplarisch läßt sich das arbeitsteilige Zusammenspiel zwischen Verwaltungs- und Polizeibehörden im NS-Staat hier nachzeichnen: Amtshauptleute und Wendenabteilung kooperierten vorbehaltlos und sogar proaktiv mit der Gestapo, initiierten Repressionsmaßnahmen und erstellten Personendossiers zu sorbischen Persönlichkeiten. Letztere wurden allesamt noch im Frühjahr 1933 kurzzeitig in „Schutzhaft" genommen und seitdem polizeilich überwacht. War die NS-Sorbenpolitik anfangs noch inkonsistent, sollte nun das Ende jeglicher sorbischer Aktivitäten durchgesetzt werden. Die Organisationen der Sorben und anderer Minderheiten konnten dem nichts entgegensetzen und verkannten die Situation auch lange Zeit. Der Domowina-Vorsitzende Pawoł Nedo (Paul Nedo) ließ sich von der NSDAP im Juli 1933 noch zum „Fachberater für wendische Kulturfragen" ernennen, sein Verband aber wurde sukzessive entmündigt und sollte als Vereinigung „wendisch sprechender Deutscher" auf kulturelle Zwecke beschränkt werden, bis er schließlich am 18. März 1937 verboten wurde. Auch Jan Skala verkannte die Bedrohung und polemisierte in der Zeitschrift „Kulturwehr" gegen das internationale politische System des Minderheitenschutzes, aus dem sich die sorbischen Verbände längst zurückgezogen hatten[72]. Als das Deutsche Reich im März 1939 die Tschechoslowakei besetzte, gehörten die tschechischen Unterstützer der sorbischen Bewegung zu den ersten Opfern. Im Rahmen der Aktion „Gitter" fahndeten

70 Seit 1925 bildeten die drei sorbischen Organisationen Łužiska ludowa strona (Wendische Volkspartei), Maćica Serbska (eine Gesellschaft zur Förderung sorbischer Wissenschaft und Forschung) und Domowina (Bund Lausitzer Wenden als Dachverband diverser sorbischer Vereine) den Wendischen Volksrat, welcher 1925–1927 u. a. E. Herrmann, Jokob Lorenz, Jan Cyž (Johann Ziesche) und Jan Skala in den ENK entsandte. Siehe die Übersicht bei Bamberger-Stemmann, Der Europäische Nationalitätenkongress, S. 400–404.

71 Ebd., S. 171–180.

72 Sabine Bamberger-Stemmann, Die Erben einer gescheiterten Revolution. Die polnische Minderheit in der Provinz Oberschlesien 1933–1937, in: Finis mundi. Endzeiten und Weltenden im östlichen Europa. Festschrift für Hans Lemberg, hrsg. von Joachim Hösler/Wolfgang Kessler, Stuttgart 1998 (= Quellen und Studien zur Geschichte des östlichen Europa, 50), S. 111–130, hier S. 128.

Einsatzkommandos der Gestapo nach Josef Pata[73], Adolf Černý und anderen, beschlagnahmten deren Unterlagen und sandten sie zur „wendenpolitischen Auswertung" nach Bautzen. Die Wendenabteilung kassierte dieses fremde Eigentum ebenso wie dasjenige sorbischer Vereine, Persönlichkeiten und ihrer Geschäfte. Mit der Liquidation der sorbischen Organisationen verschwanden auch die letzte Reste der in der Zwischenkriegszeit entstandenen zivilgesellschaftlichen Minderheitenorganisationen, deren Verbände ebenfalls nacheinander liquidiert wurden (der friesische „Frisisk-Slesvigsk Forening" 1933, der Dachverband der nationalen Minderheiten in Deutschland 1939 und zuletzt der polnische „Związek Polaków w Niemczech" im Februar 1940). Der Europäische Nationalitätenkongress stellte 1938 seine Arbeit ein, sein letzter Generalsekretär, der deutschbaltische Baron Ferdinand von Uexküll-Güldenband, entfloh der ihm durch den Hitler-Stalin-Pakt drohenden Zwangsumsiedlung durch Suizid, nachdem seine beiden Amtsvorgänger 1936 unter ungeklärten Umständen zu Tode gekommen waren. Akten und Bibliotheken aller dieser Organisationen gelangten zuerst nach Bautzen, wo sich diverse NS-Organisationen, das Reichsarchiv und die Wendenabteilung die Beute teilten, die zum größten Teil bis heute verschollen ist.

73 StFA-BZ, Bestand 50609 Kreishauptmannschaft Bautzen – Wendenabteilung, Nr. 162. Páta wurde als Vergeltung für das Attentat auf Reinhard Heydrich am 24. Juni 1942 in Prag erschossen.

Zwiespältige Eintracht

Die jüdischen Gemeinden in Sachsen zwischen Revolution und nationalsozialistischer Herrschaft

Daniel Ristau / Gunda Ulbricht

Der Leipziger Rabbiner Felix Goldmann (1882–1934) veröffentlichte unter der Überschrift „Jüdische Kultur?" am 1. März 1923 in der Central-Verein-Zeitung, dem Blatt des liberalen Centralvereins deutscher Staatsbürger jüdischen Glaubens, eine Stellungnahme, in der er einen wichtigen Diskussionspunkt der Jüdinnen und Juden in der ersten deutschen Republik ansprach: „Die ‚jüdische' Kultur", schrieb er, „ist lediglich ein Zukunftswunsch, ein Gebäude, das man künstlich errichten will. [...] Unser Wille zum Deutschtum ist nicht Gegenstand unserer Entscheidung, er ist Ausdruck und Folgerung der Tatsache[,] daß wir deutsch **sind**, in die Kultur unserer Umgebung hineingeboren, mit ihr verwachsen."[1] Goldmann nahm damit das Selbstverständnis einer Vielzahl sächsischer Juden auf, die sich als Deutsche verstanden und denen das Verfassungsrecht und die Verfassungspraxis der Weimarer Republik ein Leben in Freiheit und Gleichheit mit der Mehrheitsgesellschaft ermöglichten. Gleichzeitig spiegelt die hier geführte publizistische Auseinandersetzung auch die beiden zentralen zeitgenössischen Fragen jüdischer Identität wider: Was wollten Juden selbst unter Jüdischkeit oder Jüdisch-Sein verstehen und wie sollten sie mit der davon meist sehr verschiedenen Ansicht der Mehrheitsgesellschaft – einschließlich dezidiert antisemitischer Auffassungen – umgehen?

Eine Beschreibung relevanter Entwicklungen für Jüdinnen und Juden in Sachsen während der Weimarer Republik, die ihre Grundlage aufgrund der Definition der Nürnberger Gesetze des Jahres 1935 setzt, würde dabei gerade den Blick auf offene Entscheidungsstränge und Ambivalenzen verstellen. Deshalb liegt der Fokus dieses Beitrages auf den sächsischen jüdischen Gemeinden und deren Mitgliedern sowie auf der Relevanz des ‚Jüdischen' in der Gesellschaft des Freistaates. Dies bedingt eine gewisse

1 Felix Goldmann, Jüdische Kultur?, in: C.V.-Zeitung Nr. 9 vom 1.3.1923, S. 65 f., hier S. 65. Hervorhebung im Original.

Unschärfe hinsichtlich sich nicht als religiös verstehender Menschen jüdischer Abstammung, die oft zur Zielscheibe antisemitischer Angriffe wurden.

Nach einer demografischen Beschreibung richtet sich der Blick auf die Organisation, Infrastruktur und Herausforderungen der israelitischen Gemeinden in Sachsen. Abschließend steht die Frage nach der Stellung der jüdischen Sachsen in Staat und Gesellschaft im Fokus.

Juden in Sachsen: Eine Annäherung

Nach der Volkszählung von 1925 lebten im Freistaat Sachsen 23 252 Juden – rund 6000 mehr als 1910, als 17 587 Juden gezählt wurden. Gemessen an den knapp fünf Millionen Einwohnern betrug ihr Bevölkerungsanteil gerade einmal 0,47 Prozent. Davon lebte die Mehrheit in den drei Großstädten Leipzig (12 594, Bevölkerungsanteil: 1,91 Prozent), Dresden (5120, Bevölkerungsanteil: 0,83 Prozent) und Chemnitz (2725, Bevölkerungsanteil: 0,82 Prozent). Jüdische Gemeinden existierten außerdem in Annaberg, Bautzen, Plauen, Zittau und Zwickau. Im Unterschied zu anderen deutschen Ländern mit vielen ländlichen jüdischen Gemeinden – etwa in Hessen und Thüringen – war jüdisches Leben in Sachsen historisch bedingt ein fast ausschließlich städtisches Phänomen: Bis 1849 war ihnen, von wenigen Ausnahmen abgesehen, die Niederlassung nur in Dresden

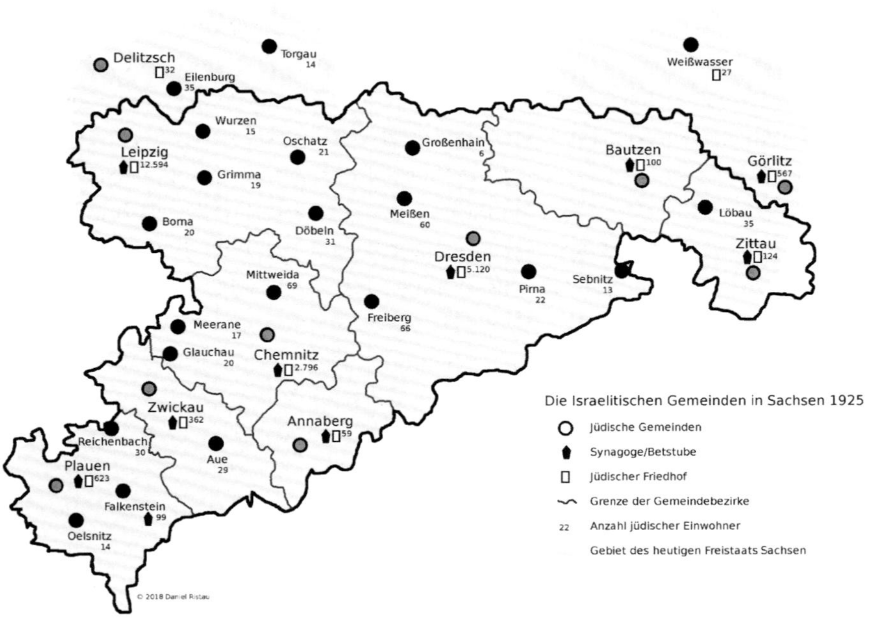

Abb. 1: Juden und Jüdische Gemeinden in Sachsen 1925

und Leipzig gestattet. 1933 lebten gerade einmal 426 Jüdinnen und Juden in Orten mit weniger als 10 000 Einwohnern.[2]

Die Ergebnisse der Volkszählungen sind in ihrer Aussagekraft indes nicht gänzlich präzise: Sie erfassten die Zugehörigkeit zum Judentum lediglich über die Mitgliedschaft in der jüdischen Religionsgemeinschaft. Eine erhebliche Anzahl von Personen, die nicht den jüdischen Gemeinden angehörten und/oder sich nicht der jüdischen Religion zugehörig fühlten, hatte jedoch aufgrund ihrer jüdischen Herkunft ein jüdisches Selbstverständnis. Die Israelitische Religionsgemeinde in Dresden sah sich so etwa gezwungen, Grabstellen für Nichtgemeindemitglieder auf dem Neuen Israelitischen Friedhof anzubieten. Anhänger des Zionismus, die nach der Balfour-Deklaration von 1917 erneut auf die Schaffung eines jüdischen Staates hofften, vertraten wiederum ein säkular-nationales Verständnis des Judentums. Dass selbst für viele Mitglieder der Gemeinden das Judentum als zentraler Bezugspunkt in ihren Leben an Bindekraft verlor, zeigt der Anstieg gemischtkonfessioneller Ehen: Neben 414 Ehen, die bis 1929 zwischen Jüdinnen und Juden geschlossen wurden, standen bereits 215 zwischen einem jüdischen und einem nichtjüdischen Ehepartner. Es war zudem immer abhängig vom Kontext, ob und wie Menschen ihre jüdische Zugehörigkeit wahrnahmen und zeigten – und wann sie dies für gefährlich, zumindest für unangebracht oder auch für unwesentlich hielten.[3]

Gleichwohl definierte sich das ‚Jüdische' auch in der Weimarer Republik nicht allein über selbstzugeschriebene konfessionelle oder säkulare Zugehörigkeiten zum Judentum: Diesen standen in den meisten Fällen negativ aufgeladene und antisemitische Zuschreibungen gegenüber, die stereotype Judenbilder zeichneten und vorhandene Annahmen wie Vorurteile über ‚die Juden' und ihren schlechten Einfluss weitertrugen. Nicht nur in antisemitisch-völkischen und nationalistischen Kreisen, sondern auch im Mittelstand, im Militär oder in Kirchenkreisen blieben antijüdische Vorurteile präsent. Sie orientierten sich längst nicht mehr allein an der konfessionellen Zugehörigkeit, sondern folgten auch den inzwischen immer wieder öffentlich propagierten rassistisch-biologistischen Argumentationslinien.[4] Eines der bekanntesten Beispiele hierfür war der sächsische Ministerpräsident und spätere Reichsinnenminister Georg Gradnauer, der evangelisch getauft war und sich als Dissident verstand, jedoch immer wieder als ‚Jude' diffamiert wurde. Auch andere weniger bekannte Personen waren von derartigen Zuschreibungen betroffen, die zum Teil bis heute nachwirken. Eine der Ursachen war

2 Statistik des Deutschen Reichs, Bd. 451, Heft 5, Berlin 1936, S. 38 f.

3 Vgl. Kerry Wallach, Passing Illusions. Jewish Visibility in Weimar Germany, Ann Anbor 2017, S. 8 f. Vgl. auch Till van Rahdens Konzept der 'situativen Ethnizität' (Till van Rahden: Juden und andere Breslauer. Die Beziehungen zwischen Juden, Protestanten und Katholiken in einer deutschen Großstadt von 1860 bis 1925, Göttingen 2000, S. 20).

4 Vgl. u. a. Ephraim-Carlebach-Stiftung/Sächsische Landeszentrale für Politische Bildung (Hrsg.)/Höppner, Solvejg (Red.), Antisemitismus in Sachsen im 19. und 20. Jahrhundert, Dresden 2004.

das in der Zwischenkriegszeit allgemein verbreitete Streben danach, die ‚wahre Identität' einer Person herauszufinden und sie an ihrer Authentizität zu messen.[5]

Rechtsstellung

Für die Mitglieder der jüdischen Gemeinden trat mit dem Ende der sächsischen Monarchie und der demokratisch-republikanischen Neuordnung des Staates eine Phase weitgehender Gleichstellung ein, die zuvor – obwohl rechtlich bereits gewährt – vielfach gerade in staatlichen Laufbahnen oder im Militär an institutionellen und antijüdischen Vorbehalten scheiterte: Artikel 109 der Weimarer Reichsverfassung legte fest, dass alle „[ö]ffentlich-rechtliche[n] Vorrechte oder Nachteile der Geburt oder des Standes" aufzuheben seien. Artikel 135 gewährte allen „Bewohner[n] des Reichs [...] volle Glaubens- und Gewissensfreiheit. Die ungestörte Religionsübung wird durch die Verfassung gewährleistet und steht unter staatlichem Schutz." Gleichwohl brachten die gesetzlich garantierten neuen Freiheiten für die jüdischen Gemeinden auch Herausforderungen mit sich. So vereinfachte beispielsweise das sächsische Kirchenaustrittsgesetz vom 4. August 1919 für Personen, die das 14. Lebensjahr vollendet hatten, den Austritt aus ihrer Religionsgemeinde.[6] Dies führte dazu, dass Sachsen neben Thüringen zu den deutschen Bundesstaaten mit dem höchsten Konfessionslosenanteil gehörte; Leipzig, ohnehin ein Zentrum der Freidenkerbewegung, entwickelte sich dabei bis 1933 zu einer der deutschen Großstädte mit dem höchsten Anteil konfessionsloser Personen (14,3 Prozent).[7] Verglichen mit den Austrittsquoten aus der evangelisch-lutherischen (rund 9 Prozent) und katholischen Kirche (rund 12 Prozent) im Zeitraum zwischen 1919 und 1926 traten zwischen 1919 und 1929 lediglich 465 Personen – also etwa zwei Prozent der Mitglieder – aus den jüdischen Gemeinden aus, was noch keine Abwendung vom Judentum an sich bedeuten musste. Die Zahl der Übertritte zum Judentum beschränkte sich auf wenige Einzelfälle. [8]

Ebenfalls nicht einfach zu bestimmen und von stereotypen Zuschreibungen vermeintlicher ‚jüdischer Dominanz' in bestimmten Berufszweigen beeinflusst, sind die Daten zur Sozialstatistik. Erst mit der Volks-, Berufs- und Betriebszählung von 1925 begannen solide Bemühungen, die Berufe der jüdischen Bevölkerung zu erfassen. Unter Berücksichtigung von deren starker urbaner Konzentration kann die Berufstätigkeit der Juden dabei sinnvoll nur an der Erwerbsstruktur der acht sächsischen Städte mit

5 Vgl. Wallach, Passing Illusions, S. 158.

6 Gesetz- und Verordnungsblatt für das Königreich Sachsen 1919, S. 205 f.

7 Statistik des Deutschen Reichs, Bd. 451, Heft 3, Berlin 1936, S. 41–43. Zum Vergleich: In Hamburg lag der Konfessionslosenanteil bei 15,6 Prozent, in Braunschweig bei 15,5 Prozent.

8 Vgl. die Angaben in den Statistischen Jahrbüchern für den Freistaat Sachsen 1924/26, 1927/28, 1930.

jüdischer Gemeinde gemessen werden. Die wenigen Juden, die in kleineren Städten wie Leisnig, Grimma oder Großenhain lebten, betrieben häufig kleinere bis mittelgroße Läden für Textilien oder Kurzwaren. Zum Teil waren sie aber auch im Handwerk tätig. Insgesamt lassen sich Berufsspezifik oder soziale Gliederung heute selbst für die größeren Orte mit jüdischen Gemeinden aufgrund mangelnder Quellen kaum mehr rekonstruieren. Eine Annäherung sei hier auf Grundlage der vorhandenen Daten gleichwohl versucht.

In den Bereichen Verwaltung, Heerwesen, Kirche und den Freien Berufen waren Juden nur gering vertreten. 1925 arbeiteten beispielsweise in der Reichs-, Staats- und Kommunalverwaltung in Sachsen nur 24 jüdische Männer und drei jüdische Frauen. Die meisten erwerbstätigen Juden gehörten dem Wirtschaftssektor ‚Handel und Verkehr' an: 57 Prozent zählten zu dieser Gruppe, gegenüber 24 Prozent aller Erwerbstätigen in den acht Gemeindestädten. Dabei überwog der Waren- und Produktenhandel, dem sich die Hälfte aller erwerbstätigen Juden zuwendete. Mehr als die Hälfte dieser Personen arbeitete als Selbstständige. Die Statistik gibt allerdings keinen Aufschluss über die weitere Untergliederung oder das Steueraufkommen, so dass unter der Kategorie ‚Handel' vom Kaufhaus bis zum kleinen Laden alles erfasst sein konnte. Eine herausgehobene Stellung nahmen Juden nur im Großhandel mit Gespinsten und Geweben sowie im Handel mit Wirk- und Strickwaren ein: In Chemnitz waren 1930 von 319 in diesem Bereich tätigen Unternehmen, 109 jüdisch; in Leipzig waren es 156 von 432 und in Plauen von 166 insgesamt 30. Im Handel mit Wirk- und Strickwaren belief sich der Anteil von Unternehmen mit jüdischen Eigentümern in Chemnitz auf 35,2 und in Leipzig auf 28 Prozent.[9] In der Messestadt waren jüdische Händler zudem stark im Pelzhandel vertreten: Die Zahl von Juden in der Leipziger Rauchwarenindustrie belief sich 1929 auf mindestens 513 von insgesamt 1228, darunter 460 Händler (von 794 gesamt).[10] Auf der Basis der Wählerlisten zur jüdischen Gemeindewahl von 1924/25 hat Kerstin Plowinski zudem ermittelt, dass die Rauchwarenindustrie des Brühl nicht nur ein Zentrum der jüdischen Selbstständigen war, sondern auch der jüdischen Arbeiterschaft.[11] Dennoch wies selbst dieser Wirtschaftszweig in Sachsen nur vier Prozent jüdische Erwerbstätige auf.

Entgegen verbreiteter antisemitischer Stereotype waren im Bank- und Börsenwesen weit unter einem Prozent der Erwerbstätigen jüdischer Herkunft. Die Berufszählung von 1925 erfasste für diesen Sektor lediglich 79 Selbständige. Einzig das Bankhaus „Gebr. Arnhold" hatte noch überörtliche Relevanz. Es zählte mit seinen beiden Zweigen in Berlin und Dresden zu den größten deutschen Privatbanken. Bankiers wie Kroch in

9 Albert Marcus, Die wirtschaftliche Krise der deutschen Juden, Berlin 1931, S. 79–85.

10 Wilhelm Harmelin, Juden in der Leipziger Rauchwarenwirtschaft, in: Tradition 11 (1966) 6, S. 249–282, hier S. 267.

11 Vgl. auch allgemein zur Sozialstruktur der Leipziger Gemeinde: Kerstin Plowinski, Die jüdische Bevölkerung Leipzigs 1853 – 1925 – 1933. Sozialgeschichtliche Fallstudien zur Mitgliedschaft einer Grossgemeinde, Diss. Leipzig 1991.

Leipzig oder Bondi & Maron in Dresden machten sich vor allem vor Ort einen Namen, ohne jedoch eine vergleichbare wirtschaftliche Bedeutung zu erreichen.[12] Ähnliches gilt für weitere Berufsgruppen: Unter den 10 153 in ganz Sachsen in der Rechtsberatung und juristischen Interessenvertretung selbstständig Aktiven – also hauptsächlich Anwälte – waren lediglich 117 jüdisch. Im Verlagswesen gab es 16 Juden als selbstständige Unternehmer. Auch der Anteil der jüdischen Erwerbstätigen in Gesundheitswesen und Wohlfahrtspflege lag mit 1,4 Prozent unter dem Durchschnitt aller Erwerbstätigen der acht Städte, wo er sich auf 2,3 Prozent belief. Die Zahl jüdischer Ärzte betrug zwischen 1919 und 1933 um die 160 unter den insgesamt etwa 5500 Ärzten, die in diesem Zeitraum in Sachsen praktizierten. Hinzu kommt, dass für viele gerade in diesen Bereichen arbeitende Juden ihre jüdische Religion hinter dem Berufsethos zurücktrat bzw. kaum noch eine Rolle spielte. Dass zeigt sich an Biografien wie jener der Ärztin Frieda Freise, die in Leipzig, Stollberg und Chemnitz praktizierte: Sie ließ sich 1924 in Stollberg evangelisch-reformiert taufen, um ihrem Sohn Konflikte und Anfeindungen in ihren christlichen Lebensumfeld zu ersparen.[13]

Immer wieder in den Mittelpunkt antisemitischer Anfeindungen und Kampagnen rückten in den 1920er-Jahren die Warenhäuser, unter denen die Konzerne der jüdischen Unternehmerfamilien Tietz und Schocken die sächsische Konsumlandschaft innovativ prägten. So unterhielt der Schocken-Konzern neben dem 1930 eröffneten architektonisch imposanten Mendelsohn-Bau in Chemnitz Warenhäuser in Zwickau, Lugau, Aue, Planitz, Meißen, Frankenberg und Freiberg, während sich Tietz auf Groß- und Mittelstädte konzentrierte. Die 1913 eröffnete Niederlassung in Chemnitz war damals das größte sächsische Warenhaus. Unter dem Schlagwort „Deutsche, kauft nicht bei Juden!" warb die NSDAP-Ortsgruppe Aue im Januar 1931 in einem Bezugsquellen-Anzeiger für ‚deutsche' Geschäfte; ähnliche Verzeichnisse erschienen in vielen Städten. Die ‚Kampfgemeinschaft des gewerblichen Mittelstandes gegen Warenhaus und Konsumverein', die in enger Beziehung zur NSDAP stand, warnte in Dresden im Folgejahr vor den Warenhäusern. Und auch die Ortsgruppe des Nationalsozialistischen Schülerbunds in Leipzig veröffentlichte schon 1931 eine Liste mit Geschäften, die die Leipziger Jugend als „undeutsch" nicht betreten sollten.[14]

Aus der zeitgenössischen Wirtschaftsstatistik lassen sich für den Sektor Industrie und Handwerk nur wenige detaillierte Angaben, etwa hinsichtlich der Textilindustrie, ermitteln. 1930 wurden im Bereich von Wirkerei und Strickerei von 2037 Unternehmen

---

12 Handbuch der deutschen Aktiengesellschaften, Berlin 1927, Bd. II, S. 2106; Ingo Köhler, Die „Arisierung" der Privatbanken im Dritten Reich, München ²2008, S. 233, 380.

13 Jürgen Nitsche, Die Stadtschulärztin Dr. Frieda Freise (1886–1938) und die „Chemnitzer Mütterschule". Eine Medizinerin mit jüdischen Wurzeln, in: Caris-Petra Heidel (Hrsg.), Die Frau im Judentum. Jüdische Frauen in der Medizin, Frankfurt am Main 2014, S. 143–165.

14 Ahlheim, Hannah: „Deutsche, kauft nicht bei Juden!". Antisemitismus und politischer Boykott in Deutschland 1924 bis 1935, Göttingen 2011, S. 174, 184–189.

in ganz Sachsen 526 jüdische gezählt. Davon waren von insgesamt 601 in Chemnitz 212 und von 189 in Limbach 39 jüdische Unternehmer. In der Posamentenherstellung in Annaberg, die überhaupt erst die Entwicklung einer jüdischen Gemeinde in dieser Stadt beflügelte und die sich nach einem Einbruch während des Ersten Weltkriegs und der Inflation erst gegen Ende der 1920er Jahre wieder erholte, wurden 1930 19,7 Prozent der Unternehmen von jüdischen Inhabern geleitet.[15] In Zittau gehörten mehrere große Webereien jüdischen Unternehmern. Über deren Arbeiterschaft lässt sich hier, wie auch in den zuvor genannten Fällen, allerdings keine Aussage treffen.

In Industrie und Handwerk waren Juden unter den Selbständigen der acht sächsischen Großstädte mit 43 Prozent überproportional vertreten – ganz im Gegensatz zu den Arbeitern, unter denen sie nach offiziellen Zahlen nur 25 Prozent aller jüdischen Erwerbstätigen stellten (gegenüber 71 Prozent Arbeiteranteil an allen Erwerbstätigen). Allerdings sind diese statistischen Angaben, die auf der Selbstauskunft bei den Volkszählungen beruhten, mit Vorsicht zu behandeln, da sowohl Jüdisch-Sein als auch Arbeiter-Sein mit Blick auf Ansehen und Selbstverständnis der jeweiligen Personen oft als problematisch empfunden wurden. So sprechen zahlreiche Selbstzeugnisse dafür, dass sich politisierte Arbeiter in erheblicher Anzahl als Dissidenten verstanden, bewusste Juden dagegen – auch wenn sie sozial dieser Gruppe zugehörig waren – aber oft eine innere Abgrenzung zur Arbeiterschaft vorzogen. Generell bildete sich in der Weimarer Republik eine jüdische Arbeiterbewegung nur langsam heraus. In Chemnitz, Dresden und Leipzig entstanden Ortsgruppen der 1918 im Deutschen Reich gegründeten Poale Zion, einer der zionistisch-sozialistischen Bewegungen. Diese gab seit 1928 mit dem ‚Jüdischen Volksblatt' in Leipzig eine eigene Zeitschrift heraus.[16] In der Messestadt bestanden darüber hinaus eine sich als marxistisch verstehende Vereinigung der Jüdischen Arbeiterjugend, ein Jüdischer Arbeiter-Turn- und Sportbund sowie die Jüdische Arbeitergemeinschaft.

Mit der Aufhebung der letzten Restriktionen für die Niederlassung von Juden in Sachsen 1869 hatten sich die bereits bestehenden jüdischen Gemeinden in Dresden und Leipzig wie auch neu gegründete Gemeinden mit der Frage der Zuwanderung vor allem von Juden aus dem östlichen Europa auseinanderzusetzen.[17] Die Niederlassung vor Ort bedeutete gesetzlich die Zugehörigkeit zu einem jüdischen Gemeindebezirk. Allerdings handhabten die Staats- und Stadtbehörden die Einbürgerung äußerst restriktiv, so dass in der Phase der Weimarer Republik die meisten Neuzugezogenen nicht die deutsche

15 Marcus 1931: Krise der deutschen Juden, S. 79–85.

16 Hanns Loewenstein/Willi Tisch (Hrsg.), Jüdisches Jahrbuch für Sachsen und Adressbuch der Gemeindebehörden Organisationen und Vereine 1931/32. Ausgabe Leipzig, Berlin/Leipzig 1931, S. 95.

17 Vgl. Solvejg Höppner, „Ostjude ist jeder, der nach mir kommt ...". Jüdische Einwanderer in Sachsen, im Kaiserreich und in der Weimarer Republik, in: Bramke, Werner/Heß, Ulrich (Hrsg.), Wirtschaft und Gesellschaft in Sachsen im 20. Jahrhundert, Leipzig 1998, S. 343–369.

Staatsbürgerschaft erhielten: Sie wurden entweder staatenlos oder besaßen die Staatsbürgerschaften ihrer osteuropäischen Herkunftsländer bzw. der auf dem Gebiet der ehemaligen Habsburger Monarchie neugegründeten Staaten. Die Zahl der jüdischen Gemeindemitglieder ohne Staatsbürgerschaft des Deutschen Reichs oder der im und nach dem Ersten Weltkrieg zugewanderten Juden genau zu bestimmen, ist aufgrund fehlender Quellen nicht möglich. Zumindest aber erhellen einige Zahlen für Leipzig ihren verhältnismäßig hohen Anteil: So wies 1927 die Israelitische Religionsgemeinde der Stadt 2942 Wahlberechtigte mit deutscher Staatsbürgerschaft und 6146 ohne diese auf. Der Chemnitzer Rabbiner Hugo Fuchs (1878–1949) schätzte den Anteil der ausländischen Gemeindemitglieder 1923 auf zwei Drittel.[18] Sachsen war jedoch nicht nur ein Gebiet der Einwanderung für Juden, sondern auch ein Durchgangsland – vor allem auf dem Weg in die USA.

Die damit verbundene Fluktuation brachte weitere Probleme für die jüdischen Gemeinden mit sich. Neben dem zahlenmäßigen Anwachsen der Gemeinden sowie den unterschiedlichen Ansichten um die in der Regel an die deutsche Staatsbürgerschaft gekoppelten Mitbestimmungsrechte in denselben verstärkte die Zuwanderung auch den innerjüdischen Richtungsstreit: Den alteingesessenen, meist liberal ausgerichteten jüdischen Familien stand nunmehr oft eine Mehrheit osteuropäischer Juden mit eigenen jüdischen Traditionen gegenüber. Dabei ging es nicht nur um das religiöse oder jüdische Selbstverständnis, sondern immer auch um die Außenwahrnehmung. Dass jüdische Zuwanderung insbesondere von judenfeindlichen Kräften instrumentalisiert wurde, zeigte etwa die ‚Ostjuden'-Debatten im sächsischen Landtag 1921 bis 1924. „Es muss hier ein Wandel geschaffen werden", führte der Abgeordnete Robert Börner (1865–1934) von der konservativen Deutschnationalen Volkspartei (DNVP) dazu aus, „wenn das deutsche Volk nicht nach einigen Jahren restlos zugrunde gehen soll, denn die Zustände, die heute in Deutschland bestehen, sind mehr oder minder doch dem Zuzug des Ostjudentums zuzuschreiben"[19]. Vor diesem Hintergrund spielten Projektionen über das angebliche Aussehen von Juden aus dem östlichen Europa eine herausragende Rolle – Sichtbarkeit jüdischer Identität durch Kleidung oder Haartracht galt ebenso als Makel, wie willkürlich zugeschriebene körperliche Merkmale.[20] Nicht wenige alteingesessene Mitglieder der jüdischen Gemeinden in Sachsen waren ebenfalls dieser Meinung und argumentierten mit den gleichen Klischees.

---

18 Hugo Fuchs, Geschichte der Juden in Chemnitz, in: Loewenstein/Tisch, Willi (Hrsg.), Jüdisches Jahrbuch, S. 113–134, hier S. 130. Vgl. auch Solvejg Höppner, Ausländische Juden in Chemnitz zwischen 1880 und 1938, in: Jürgen Nitsche/Ruth Röcher (Hrsg.), Juden in Chemnitz. Die Geschichte der Gemeinde und ihrer Mitglieder, Dresden 2002, S. 58–67.

19 Verhandlungen des Sächsischen Landtages 2 (1923), S. 1071. Dazu Mike Schmeitzner, „Wühler", „Schieber" und „Putschisten"? Bolschewismusfurcht und „Ostjudengefahr" in Sachsen 1921, in: Zeitschrift für Geschichtswissenschaft 66 (2018) 9, S. 734–755.

20 Vgl. Wallach, Passing illusions, S. 29–35.

Die sächsischen israelitischen Gemeinden

In der Zeit der Weimarer Republik gab es in Sachsen acht jüdische Gemeinden, die den Status von Körperschaften öffentlichen Rechts hatten: in Annaberg, Bautzen, Chemnitz, Dresden, Leipzig, Plauen, Zittau und Zwickau. Die Gemeindebezirke waren mit Ausnahme der Oberlausitz entlang der Grenzen der Amtshauptmannschaften zugeschnitten und die Gemeindestrukturen durch das Gesetz über die israelitischen Religionsgemeinden von 1904 geregelt. Die Juden, die sich in verhältnismäßig geringer Zahl in sächsischen Kleinstädten niedergelassen hatten, waren immer Mitglied der Gemeinde ihres jeweiligen Gemeindebezirks. Görlitz und das mit Bitterfeld zusammengeschlossene Delitzsch, die über eigene jüdische Gemeindestrukturen verfügten, gehörten in dieser Zeit territorial zu Preußen, unterschieden sich in ihrer Rechtsstellung aber kaum von den sächsischen jüdischen Gemeinden.

Mit fast 12 600 Gemeindemitgliedern im Jahr 1925 nahm die Israelitische Religionsgemeinde in der Handels-, Messe- und Universitätsstadt Leipzig eine Sonderstellung ein. Sie war die sechstgrößte jüdische Gemeinde im Deutschen Reich. Die Stadt war bereits im 19. Jahrhunderts ein Knotenpunkt, an dem Juden aus den unterschiedlichen Kulturkreisen Europas zusammentrafen. Einen Ausdruck des Selbstverständnisses der Zugehörigkeit der jüdischen Gemeinden zur Stadtgesellschaft wie zum Staat bildete deren räumliche Präsenz durch Synagogen, Beträume und Friedhöfe. Vor allem Leipzig war als Großgemeinde von einem Netz jüdischer Einrichtungen überzogen: Das Leipziger Jüdische Adressbuch von 1931 verzeichnete neben der liberalen Gemeindesynagoge in der Gottschedstraße noch 16 weitere Synagogen und Betstuben, die die Vielfalt der religiösen Richtungen widerspiegelten – darunter auch die damalige Talmud-Thora-Synagoge in der Keilstraße, die heute als Gemeindesynagoge dient.

In Dresden und Chemnitz bestanden neben den eigentlichen Gemeindesynagogen weitere Beträume, die von traditionsorientierten Kräften innerhalb der Gemeinden genutzt wurden. In Chemnitz wurden orthodoxe Gottesdienste in eigenen Räumen in der Feldstraße abgehalten und schließlich auch eine Mikwe – ein rituelles Tauchbad – in der Rochlitzer Straße eingerichtet. In Dresden führte der Verein Adass Jeschurun seit 1928 einen orthodoxen Gottesdienst ein, der meist im Gebäude der Fraternitas-Loge in der Moritzstraße abgehalten wurde. Auch in Plauen gab es orthodoxe Beträume mit täglichen Gottesdiensten. Im vogtländischen Falkenstein bestand ebenfalls eine Israelitische Religionsgemeinschaft, die zur Israelitischen Religionsgemeinde in Plauen gehörte. Sie unterhielt einen Betsaal. 1919/20 bestanden aufgrund von Streitigkeiten wegen der religiösen Ausrichtung der Gottesdienste sogar zwei Betstuben vor Ort.[21]

21 Ralph Ide, Jüdische Gottesdienste und Religionsunterricht, in: Falkensteiner Anzeiger vom 25.07.2002, S. 8.

Abb. 2: Synagoge in Zittau

Gerade in größeren Gemeinden führte der Anstieg der Zahl der Gemeindemitglieder dazu, dass besonders an den hohen jüdischen Feiertagen längst nicht mehr alle Besuchswilligen Platz fanden. In Leipzig wurden mehrere der kleinen Synagogen und Betstuben umgebaut und erweitert, so etwa 1922 die Synagoge des Vereins Ohel Jakob in der Pfaffendorfer Straße 4. Für den orthodoxen Talmud-Thora-Verein stiftete Chaim Eitingon die Synagoge Ez Chaim, die 1921/22 durch den Umbau einer Turnhalle in der Otto-Schill-Straße 6 errichtet und später um Räume benachbarter Gebäude noch erweitert wurde. Das Gotteshaus, in dem täglich gebetet wurde, wurde im September 1922 geweiht und war mit 1.200 Sitzplätzen die größte orthodoxe Synagoge Sachsens. 1938 wurde sie während des Novemberpogroms in Brand gesetzt und zerstört.[22]

Der einzige große Neubau einer Gemeindesynagoge entstand 1929/30 in Plauen; ihre Architektur sorgte über Sachsen hinaus für Aufsehen. In der Stadt gab es seit 1907 Bestrebungen zum Bau einer eigenen Synagoge, die zunächst aber an Krieg und Hyperinflation scheiterten: Baugrundstück und Baufonds gingen verloren. Der liberale Gottesdienst konnte aus Platzmangel nach dem Kriegsende nicht wieder aufgenommen werden. Im Herbst 1927 führte die Kündigung des Hauseigentümers der bestehenden Synagoge in der Schillerstraße zu einer Neubelebung des Wunsches nach einer Gemeindesynagoge auf eigenem Grundstück. Es folgte eine kontroverse Diskussion innerhalb der Gemeinde, in deren Zentrum Architektur und Kosten standen, aber auch Bedenken angesichts der politischen Lage kamen zur Sprache. Am 10. November 1928 beschlossen

22 Vgl. Hartmut Mai/Matthias Gretzschel (Bearb.), Ez-Chaim-Synagoge (abgegangen). Ehemals Apels Garten 4, ursprüngliche Grundstücksbezeichnung Otto-Schill-Straße 6–8, in: Landesamt für Denkmalpflege Sachsen (Hrsg.), Stadt Leipzig. Die Sakralbauten, Bd. 1, München/Berlin 1995, 799 f.

Abb. 3: Gemeindezentrum und Synagoge Plauen

die Gemeindeverordneten dennoch einstimmig die Errichtung der Synagoge nach den Plänen des jüdischen Architekten Fritz Landauer (1883–1968). Sie bildeten einen Bau- und einen besonderen Finanzausschuss, dem mit Hermine Löwenthal (1867–1941) und Julie Strelitz (gest. 1941?) auch zwei Frauen und Stifterinnen angehörten. Die finanziellen Mittel wurden über einen Kredit der Kommunalbank in Leipzig beschafft. Nach der Grundsteinlegung am 7. Juli 1929 dauerte es nicht einmal ein Jahr, bis am 6. April 1930 die Synagoge Plauen – der vorletzte große Synagogenneubau vor der Machtübernahme der Nationalsozialisten im Deutschen Reich – eingeweiht werden konnte.[23]

Landauer hatte dabei einen neuen Typ eines jüdischen Gemeindezentrums entworfen, das neben dem eigentlichen Synagogenraum auch Funktionsräume und Nutzungsmöglichkeiten für Vereine umfasste. Die Architektursprache war dem „Neuen Bauen" verpflichtet und wurde in der Fachpresse wie auch vor Ort breit diskutiert. Gleichwohl zog der Synagogenneubau auch Feindseligkeit auf sich: Noch vor der Weihe des Gotteshauses hatten Anhänger der NSDAP auf Initiative des sächsischen Gauleiters Martin Mutschmann ein verendetes Schwein in die Synagoge geworfen und die Scheiben eingeschlagen. Und es war Mutschmann, der bereits 1931 öffentlich in Weimar prophezeite,

23 Josef Popp, Plauens neue Synagoge mit Gemeindehaus, in: Leipziger Jüdische Wochenschau vom 18.4.1930, S. 3; Vgl. auch Gerd Naumann, Das Gemeindehaus mit Synagoge der Israelitischen Kultusgemeinde zu Plauen, in: Konstantin Hermann (Hrsg.): Führerschule, Thingplatz, „Judenhaus". Orte und Gebäude der nationalsozialistischen Diktatur in Sachsen, Dresden 2014, S. 268 f.

dass Synagogen brennen werden.[24] Die Übergriffe auf den Synagogenneubau waren nicht die einzigen antisemitischen Ausfälle in Plauen in der Zeit der Weimarer Republik: Schon in der Nacht vom 5. zum 6. Juni 1925 hatten Unbekannte die neu hergerichtete Trauerhalle des Jüdischen Friedhofs mit antisemitischen Äußerungen in roter Ölfarbe beschmiert.[25]

In Dresden waren Pläne für den Neubau einer größeren Gemeindesynagoge anstelle der 1840 geweihten Semper-Synagoge zunächst durch Krieg und Inflation hinfällig geworden, da der eigens angelegte Synagogenneubaufonds erheblich an Wert verloren hatte. Die Gemeinde behalf sich deswegen weiterhin mit der Anmietung von Räumen, die auch eine Rücksichtnahme auf unterschiedliche Traditionen mit ihren separaten Liturgien ermöglichte. Erst 1935, als Entrechtung und Verfolgung die Mitglieder der Israelitischen Gemeinde immer mehr in ihre eigenen Räumlichkeiten zurückdrängten, errichtete die Gemeinde einen Anbau an die Synagoge.[26]

Alle sächsischen jüdischen Gemeinden verfügten neben ihren Gotteshäusern und Beträumen auch über jüdische Friedhöfe, die zumeist vor dem Ersten Weltkrieg angelegt worden waren. Lediglich in Leipzig bedingte das Wachstum der Israelitischen Religionsgemeinde, dass 1928 ein neuer Friedhof an der Delitzscher Straße eingeweiht werden musste, dessen Gebäude eine imposante Trauerhalle mit einer über 18 Meter frei gespannten Betonkuppel des Architekten Wilhelm Haller krönte. Haller hatte bereits 1916 für den Neuen Israelitischen Friedhof in Dresden und später auch für den 1928 geschlossenen Israelitischen Friedhof an der Berliner Straße in Leipzig Denkmale für die im Ersten Weltkrieg gefallenen Soldaten aus den beiden jüdischen Gemeinden entworfen. Es war den Gemeindevorständen ein wichtiges Anliegen, die Opferbereitschaft der jüdischen Deutschen im Krieg zu zeigen. Beide Denkmale sind damit ein sichtbarer Ausdruck des Ringens um eine gleichermaßen jüdische und deutsche Identität.

Darüber hinaus spiegelten gerade die Friedhöfe die unterschiedlichen Strömungen innerhalb der jüdischen Gemeinden wider: Auf dem jüdischen Friedhof in Chemnitz war eine Abteilung allein orthodoxen Juden vorbehalten. In Dresden ließen sich dagegen längst nicht mehr alle Gemeindemitglieder auf dem jüdischen Friedhof bestatten. Vor allem Angehörige der städtischen Oberschicht – etwa Mitglieder der Bankiersfamilien Bondi oder Maron – ließen sich kremieren und auf dem städtischen Urnenhain Tolkewitz beisetzen.

---

24 Mike Schmeitzner, Mike, Der Fall Mutschmann. Sachsens Gauleiter vor Stalins Tribunal, Beucha 2011, S. 35, 102 f.

25 C.V.-Zeitung Nr. 6 vom 28.1.1927, S. 42.

26 Daniel Ristau „... und vor allen Dingen zu klein" – Pläne zum Bau einer neuen Synagoge in Dresden, in: Medaon 1 (2007), 1, http://www.medaon.de/archiv/ausgabe_1_2007/pdf/M-Ristau.pdf (22.8.2018).

Die jüdischen Gemeinden finanzierten ihre Tätigkeit durch Gemeindesteuern, die traditionelle Vermietung der Gebetsplätze sowie durch Spenden und testamentarische Stiftungen. Die Gemeindesteuern wurden in einem jährlich neu bestimmten Prozentsatz der Reichseinkommensteuer festgelegt. Danach waren alle Haushalte mit einem Jahreseinkommen von mehr als 1500 Reichsmark, zuzüglich 500 Reichsmark für jede abhängige Person, steuerpflichtig – in Dresden zum Beispiel zwischen 1924 und 1927 mit fünf Prozent der Reichseinkommensteuer, in Leipzig 1928 mit zwölf Prozent Zuschlag, in der Oberlausitz mit 12,5 Prozent. Statuarische Festlegung und Praxis klafften allerdings weit auseinander: So waren von ca. 4600 Leipziger Steuerpflichtigen nach Einschätzung der Gemeindevertreter nur 3250 in der Lage, wirklich einen Beitrag zu zahlen. 59 Steuerpflichtige finanzierten dagegen mit 210 000 Reichsmark etwa ein Drittel des Gemeindehaushaltes.[27]

Abb. 4: Gedenkstein für die Gefallenen der Israelitischen Gemeinde zu Dresden auf dem Neuen Jüdischen Friedhof nach dem Entwurf von Wilhelm Haller

Die wichtigsten Ausgabeposten waren die Unterhaltung der Gebäude und die Unterstützung von Bedürftigen, von denen es aufgrund von Zuwanderung, Hyperinflation und Wirtschaftskrisen zahlreiche unter den Gemeindemitgliedern gab. Auch die Bezahlung der Gemeindebediensteten verlangte hohe Summen. In Dresden machte dieser Posten 40 Prozent der Gesamtausgaben für das Haushaltsjahr 1925 aus, in Leipzig ein Jahr später sogar 53 Prozent.[28] Selbst die verhältnismäßig wenig ins Gewicht fallende Herstellung der Gemeindezeitungen, die in Dresden und Leipzig seit 1925, in Plauen seit 1931 erschienen, und des Jüdischen Jahrbuchs für 1931/32 mit seinen lokalen Ausgaben für die größeren Gemeinden, riefen Bedenken der Gemeindevorstände hinsichtlich der Finanzierbarkeit hervor.

---

27 Allgemeines Jüdisches Familienblatt vom 28.12.1928, S. 1; Handbuch der jüdischen Gemeindeverwaltung und Wohlfahrtspflege 1924/25, S. 112–117; Zentralwohlfahrtsstelle der Deutschen Juden (Hrsg.), Führer durch die Jüdische Wohlfahrtspflege in Deutschland, Berlin 1928/1929, S. 142–149.

28 Gemeindeblatt der Israelitischen Religionsgemeinde Dresden 2 (1927), 10, S. 20; Gemeindeblatt der Israelitischen Religionsgemeinde zu Leipzig 3 (1927), 18, S. 2.

Nicht nur die durch die Zuwanderung bedingte zunehmende Heterogenität, sondern auch die Auseinandersetzungen um das jüdische Selbstverständnis und die religiöse Praxis der Mitglieder schufen in den jüdischen Gemeinden immer wieder Reibungspunkte. Durch die gesetzlichen Festlegungen waren die Juden der Gemeindebezirke verpflichtet, Einheitsgemeinden zu bilden, die in Sachsen aufgrund der Mehrheitsverhältnisse sämtlich der gemäßigt-liberalen Tradition folgten. Eigene Gemeindegründungen, so genannte Austrittsgemeinden, des Reformjudentums oder der Orthodoxie waren staatlicherseits unzulässig. Zudem hatten die etablierten Gemeinden schon aufgrund ihrer Größe ein Interesse daran, alle potentiellen Mitglieder zu binden. Das wichtigste Mittel waren differenziert ausgestaltete Liturgien. Oft amtierten dieselben Personen sowohl in den orthodoxen als auch in den liberalen Gottesdiensten, so der Kantor Rafael Hofstein (1858–1948) in Dresden oder der Religionslehrer Emanuel Heimann (1878–1931) in Plauen. In Leipzig, wo auch eine Sektion der orthodoxen Agudas Jisroel aktiv war, wurde 1924 der orthodoxe Rabbiner Ephraim Carlebach (1879–1936) zum gleichberechtigten Gemeinderabbiner ernannt. Während sich liberale und (neo-)orthodoxe Juden vor allem in ihrer Auffassung der religiösen Praxis unterschieden, lehnten beide Richtungen den nach 1900 auch in Sachsen fußfassenden Zionismus ab, dessen Vertreter ein nationales Verständnis des Judentums propagierten.

Zu den bereits vorhandenen Richtungen gesellte sich in der Zwischenkriegszeit eine neue Kraft, die ihren Ausdruck in der 1919 gegründeten Jüdischen Volkspartei fand. Sie konstituierte sich in Sachsen 1926. Ortsgruppen bestanden beispielsweise bereits ab 1925 in Chemnitz und ab 1928 in Dresden. Diese Strömung ging davon aus, dass das Judentum mehr sei als eine Religion. Die jüdischen Gemeinden in Deutschland sollten sich zu Volksgemeinden weiterentwickeln, die das gesamte soziale Leben ihrer Mitglieder begleiten und perspektivisch den Status einer nationalen Minderheit anstreben könnten. In Sachsen wirkte die Partei, anders als in Bayern, innerhalb der Gemeinden und stellte keine eigenen Kandidatinnen und Kandidaten zu städtischen oder staatlichen Wahlen auf.

Die innere Differenzierung der Einheitsgemeinden und die Schwerpunkte ihrer Tätigkeit spiegeln sich in den zahlreichen Vereinen wider: Allein in Chemnitz, Dresden und Leipzig bestanden bis 1933 mindestens 168 verschiedene Vereine innerhalb der Gemeinden.[29] In Leipzig und Dresden reichten die Wurzeln der Zusammenschlüsse mit religiösen und Fürsorgeaufgaben – etwa Beerdigungs- und Krankenpflegegesellschaften sowie Armenunterstützungsgesellschaften – ins 18. Jahrhundert zurück. Von zentraler Bedeutung waren etwa die ersten Frauenvereine und die Vereine auf dem Gebiet der Bildung. Diese differenzierten sich entsprechend der unterschiedlichen religiösen und sozialen Bedürfnisse ihrer Mitglieder immer weiter aus, auch in den kleineren Gemein-

29 Vgl. Solvejg Höppner/Manfred Jahn, Jüdische Vereine und Organisationen in Chemnitz, Dresden und Leipzig 1918 bis 1933. Ein Überblick, Dresden 1997, S. 5.

den entstand so ein jüdisches Vereinswesen. Hierunter zählten auch jüdische Freimaurerlogen: Zum Teil seit dem 19. Jahrhundert bestanden in Chemnitz die Saxonia-Loge, in Dresden die Fraternitas-Loge, die Leipzig-Loge in der Messestadt und die Eugen-Fuchs-Loge des Unabhängigen Ordens Bne Briss mit den Schwesternschaften in Plauen.

Eine weitere große Gruppe bildeten die verschiedenen Organisationen, die sich die politische Vertretung des Judentums oder seiner Strömungen auf die Fahnen geschrieben hatten: die Ortsgruppen des Centralvereins und des Reichsbundes jüdischer Frontsoldaten, zahlreiche zionistische Vereinigungen einschließlich der auf die Palästina-Arbeit spezialisierten Gruppen, die Ortsgruppen der Jüdischen Volkspartei und der Poale Zion. Dieses rege Vereinsleben, das in den 1920er Jahren auch viele neue Organisationen hervorbrachte, ersteckte sich auf alle Bereiche des gesellschaftlichen Lebens und war einerseits Ausdruck eines jüdischen Selbstbewusstseins. Es spiegelte andererseits aber auch Segregation und den mindestens partiellen Ausschluss von der nichtjüdischen Vereinslandschaft wider, schuf also eine Art paralleler jüdischer „Subkultur" (David Sorkin).

Auf zwei Feldern kam es während der Jahre der Weimarer Republik zu größeren Veränderungen: Die wirtschaftlichen Turbulenzen, die Unsicherheit und Notlagen auch für bisher etablierte Bevölkerungskreise mit sich brachten, trafen die jüdischen Einwohner genauso schwer wie die nichtjüdischen. Diese Notlagen erforderten einerseits eine schnelle Ausweitung der Wohlfahrtsorganisationen in Form von sogenannten Mittelstandsküchen, Kinderhorten und Hilfsvereinen für verschiedene Gruppen – etwa osteuropäische Juden, Kleingewerbetreibende, Handwerker oder Akademiker. Andererseits organisierten sich vor allem die Jüngeren in Sportvereinen, darunter waren die Makkabi-Bewegung, zu der die Bar-Kochba-Vereine gehörten, und der Sportclub Schild. Bar Kochba Leipzig hatte eigene Sportanlagen und etwa 600 Mitglieder. Der Verein Bar Kochba Dresden konnte nach langen Bemühungen 1927 im Ostragehege einen Sportplatz von der Stadt pachten. Etwa 250 Mitglieder betrieben Fußball, Handball, Tischtennis, Leichtathletik und Gymnastik. Beide Vereine gehörten den Spartenorganisationen, zum Beispiel dem Deutschen Fußballbund, an.[30] Außerdem gab es Zusammenschlüsse der bündischen Jugend, darunter den neoorthodox geprägten Jüdischen Jugendbund ESRA. Auch dies war ein Resultat der antisemitischen Tendenzen in bestehenden Vereinen, die in die Selbstorganisation der Juden mündete.

Die Durchsetzung des allgemeinen gleichen Verhältniswahlrechts für Männer und Frauen auf allen Vertretungsebenen in den Jahren 1919 und 1920 setzte auch innerhalb der sächsischen jüdischen Gemeinden eine Diskussion in Gang. Aktives Frauenwahlrecht wurde in der Israelitischen Religionsgemeinde Leipzig 1920 ohne größere Diskussionen eingeführt. Wählbar waren Frauen dort ab 1923. Auf drei von sechs

30 Vgl. u. a. Lore Liebscher, Zwischen Identitätsstiftung und Emigration – Der zionistische Turn- und Sportverein Bar Kochba Leipzig (1919–1939), in: Leipziger Stadtgeschichte 2011 (2012), S. 233–270.

Wahlvorschlägen, auch orthodoxen, wurde 1925 jeweils eine Frau aufgestellt. Die ersten Gemeindevertreterinnen in Leipzig waren Bettina Brenner (1877–1948), Hedwig Mathias und Regina Pfefferblüth (1873–1929). Leipzig blieb damit eine Ausnahme: In allen anderen sächsischen Gemeinden wurde das alleinige Wahlrecht der Männer beibehalten.

Zu schwierigen Auseinandersetzungen führte das Problem des Wahlrechtes für Gemeindemitglieder ohne deutsche Staatsbürgerschaft.[31] Bei den Kommunalwahlen in den Städten und Landgemeinden waren grundsätzlich nur deutsche Staatsbürger wahlberechtigt und wählbar. Die weitgehend akkulturierten liberalen Gemeindevorstände befürchteten, durch die Einwanderer sowohl in politischen Fragen innerhalb der Gemeinde als auch hinsichtlich der Gestaltung der Gottesdienste überstimmt zu werden. Auf dem 15. Deutsch-Israelitischen Gemeindetag 1921 lehnte der Chemnitzer Vorstand Louis Ladewig (1865–1921) im Namen der sächsischen Gemeinden deshalb das allgemeine, gleiche Wahlrecht zu den Gemeindevertretungen ohne Rücksicht auf die Staatszugehörigkeit ab. Die Anmerkungen im Protokoll – „Beifall und stürmischer Protest" – zeigt allerdings, dass die Dinge nicht so einfach lagen. Simon Schocken (1874–1929), Vorsitzender der Zwickauer Gemeinde, widersprach mit dem Argument, „die Entziehung des Wahlrechts der Ostjuden hat viel böses Blut gemacht".[32] 1923 wurde das Chemnitzer Gemeindewahlrecht geändert. Wahlberechtigt waren nun alle männlichen steuerzahlenden Mitglieder sowie Ausländer nach mindestens zweijähriger Mitgliedschaft. Wählbar war man nach fünf Jahren Gemeindezugehörigkeit. Die Wahl erfolgte aber nach zwei getrennten Listen, wobei der Inländerliste 17 Gemeindeverordnete, der gemeinsamen Liste vier Gemeindeverordnete zustanden. Ein erneuter Antrag der Jüdischen Volkspartei auf Wahlrechtsänderung im Oktober 1930 wurde abgelehnt, so dass Salman Schocken und die Jüdische Volkspartei schließlich den Sächsischen Landesverband der israelitischen Gemeinden und das Sächsische Volksbildungsministerium zum Eingreifen aufforderten. Zugleich erwogen sie den Austritt aus der Chemnitzer Gemeinde, den die Zionistische Vereinigung für Deutschland wegen des Interesses an einer weiteren Mitarbeit in der Einheitsgemeinde untersagte. 1932 waren in Chemnitz 858 Gemeindemitglieder wahlberechtigt, davon 381 ohne Staatsbürgerschaft des Deutschen Reichs. Aufgrund des Listensystems stellten die liberalen, inhaltlich in der Nähe des Centralvereins stehenden Kandidaten 17 der 21 Gemeindeverordneten und besetzten alle Vorstandssitze und sonstigen herausgehobenen Funktionen.[33]

31 Trude Maurer, Ostjuden in Deutschland. 1918–1933, Hamburg 1986, S. 621–631.

32 Allgemeine Zeitung des Judentums vom 4.2.1921, S. 27.

33 Maurer: Ostjuden in Deutschland, S. 621–631; M[ax] Schornstein, Das Wahlrecht der jüdischen Gemeinden Sachsens, Dresden o. J. [1927].

Auch in anderen sächsischen Gemeinden reagierte man auf die neue Zusammensetzung der Mitglieder. Zu einer tatsächlichen Gleichberechtigung kam es bis zum Ende der Weimarer Republik aber nirgends. Die Plauener Gemeinde führte beispielsweise 1914 das allgemeine aktive Männerwahlrecht für die ausländischen Staatsangehörigen ein – allerdings unter der Bedingung eines fünfjährigen Wohnsitzes am Ort. 1919 folgte auch das passive Wahlrecht für die nicht reichsangehörigen männlichen Gemeindemitglieder für ein Viertel der Sitze im Gemeinderat. In Leipzig wählten 1925 die 68 Prozent der Wahlberechtigten ohne deutsche Staatsbürgerschaft nur acht von 33 Gemeindeverordneten, während ihnen in Dresden zwar seit 1913 das aktive Wahlrecht ohne Einschränkung zustand, sie aber nicht wählbar waren.

Bis zur Novemberrevolution 1918 war es den jüdischen Gemeinden im Deutschen Reich nicht gelungen, eine reichsweite Dachorganisation für die Interessenvertretung der Juden zu bilden. Zumindest bestanden zwei Institutionen, in denen auch die sächsischen jüdischen Gemeinden vertreten waren: der 1869 in Leipzig gegründete Deutsch-Israelitische Gemeindebund, dem etwa 1000 Gemeinden angehörten und der sich besonders dem sozialen, wissenschaftlichen und ethischen Leben sowie der zweckmäßigen Verwaltung der Gemeinden widmete, und der 1904 in Berlin gegründete Verband der Deutschen Juden, der sich auf die Durchsetzung der verbrieften staatsbürgerlichen Rechte konzentrierte. Bis 1932 zogen sich die Beratungen über die Schaffung eines Reichsverbands der deutschen Juden hin, der 1933 – dann schon als Reaktion auf die staatliche Ausgrenzungspolitik – formell gegründet wurde.

Der Centralverein deutscher Staatsbürger jüdischen Glaubens (CV), gegründet 1893 in Berlin, war bemüht, sich als eine allgemeine Interessenvertretung der deutschen Juden zu etablieren. Er war mit Ortsgruppen an allen acht Gemeindesitzen vertreten, zum Teil sogar mit besonderen Frauen- und Jugendgruppen. Seit 1924 unterhielt der CV ein ständiges Büro in Leipzig, das unter der Leitung von Helene Weill (1897–1972) stand.

Im Dezember 1918 kam innerhalb der zionistischen Organisationen ebenfalls der Gedanke auf, nach dem Vorbild des American Jewish Congress eine gemeinsame Vertretung der Juden im Deutschen Reich zu schaffen und die im Artikel 137 der Weimarer Verfassung gewährleistete Freiheit des Zusammenschlusses zu nutzen. Vor allem innerhalb des CV konnten sich die Befürworter jedoch nicht durchsetzen, weil wichtige Vertreter des liberalen Judentums befürchteten, gegenüber orthodoxen und zionistischen Vertretern an Einfluss zu verlieren. Bestrebungen, den Deutsch-Israelitischen Gemeindebund weiterzuentwickeln, scheiterten an ähnlichen Befürchtungen orthodoxer Kreise.

Da sich eine reichsweite Organisationsform der jüdischen Gemeinden nicht durchsetzte, entstanden einzelne Landesverbände: In Sachsen war es nach dem Gesetz von 1904 zunächst zur Bildung einer Arbeitsgemeinschaft gekommen, die ihre Interessen gegenüber dem Staat abstimmte sowie kleinere Gemeinden personell und finanziell unterstützte. 1906 wurde sie erstmalig als Gemeindeverband erwähnt. Zu Beginn der

1920er Jahre wurde die Satzung des Landesverbands überarbeitet. Auf dieser Grundlage wurde am 13. September 1926 der Sächsische Israelitische Gemeindeverband mit Sitz in Dresden durch die Regierung als Körperschaft des öffentlichen Rechts anerkannt – ebenso wie in Bayern –, während dem preußischen Landesverband die staatliche Anerkennung versagt blieb. Die acht israelitischen Religionsgemeinden Sachsens waren von nun an Unterverbände, behielten aber den Status als Körperschaften öffentlichen Rechts. Die Satzung verpflichtete dabei ausdrücklich zur Wahrung der Selbständigkeit der Gemeinden.

In seinen Strukturen orientierte sich der Verband am bayrischen Vorbild: Vertretung der Angelegenheiten der sächsischen israelitischen Religionsgemeinschaft nach außen, Schaffung und Erhaltung gemeinsamer sozialer Einrichtungen und rechtliche Absicherung der Gemeindebeamten. Bekanntmachungen wurden über die Sächsische Staatszeitung, das offizielle Verordnungsblatt der sächsischen Ministerien und Mittelbehörden, publik gemacht. Der Sächsische Israelitische Gemeindeverband wurde durch den Verbandsausschuss und einen aus seiner Mitte gewählten dreiköpfigen Vorstand geleitet. Dieses Amt übten sehr lange die Gemeindevorsteher Paul Salinger (1887–1933) und Emil Zimmermann (1864–1953) (beide Dresden) sowie Carl Goldschmidt (1864-nach 1940) (Leipzig) aus. Eine direkte parlamentsähnliche Vertretung, wie die „Tagung" in Bayern, gab es nicht. Zu Ausschussmitgliedern wählten die Gemeindevertretungen Leipzigs vier (später sechs), die Dresdens drei, die Chemnitz' zwei und die der übrigen Gemeinden jeweils eine Person aus ihrer Mitte. Die Vereinigung der Rabbiner im Freistaat Sachsen vertrat ein Gemeinderabbiner; später entsendete auch die Sächsische Israelitische Lehrervereinigung einen Delegierten. Für die laufenden Geschäfte sorgte der Verbandssekretär, der gleichzeitig Büroleiter der Dresdner Gemeinde war und auch die Herausgabe des monatlichen Mitteilungsblattes koordinierte. Jede Gemeinde hatte nach ihrer wirtschaftlichen Leistungsfähigkeit zum Haushalt des Verbandes beizutragen. Aus den Einnahmen wurde hauptsächlich die soziale Fürsorge finanziert, so 1927 mit 3000 Reichsmark die Landeswohlfahrtsstelle in Dresden, die der sächsische Staat als Spitzenorganisation der Wohlfahrtspflege anerkannte.

In der Mitte der Gesellschaft?

Es ist davon auszugehen, dass die sächsischen israelitischen Gemeinden ihr Verhältnis zum Staat in der Weimarer Republik insgesamt als Verbesserung und Chance wahrnahmen. Davon zeugt beispielsweise, dass staatliche Stellen in den innergemeindlichen Auseinandersetzungen um das Wahlrecht als Schlichter angerufen wurden. Dennoch fehlte es nicht an Konfliktfeldern, die gleichermaßen aus den divergierenden Vorstellungen über die Rolle des Judentums in der Gesellschaft, den sozioökonomischen Entwicklungen und der Außenwahrnehmung der Gemeinden resultierten. Bereits in der

Gründungsphase der Republik dienten antisemitische Schlagworte als Grundlage der Argumentation ihrer Gegner, so im Zusammenhang mit der „Dolchstoßlegende" oder in der Unterstellung, die Weimarer Republik sei eine „Judenrepublik". Dadurch entstand eine neue Form antisemitischer Öffentlichkeit, die rassistisch, ausländerfeindlich und antirepublikanisch war. Mit der Wirklichkeit jüdischen Lebens in Sachsen hatten diese Vorurteile allerdings wenig zu tun. Die Gemeinden selbst agierten politisch eher konservativ. Nur für wenige Personen ist ein Engagement in den Revolutionsmonaten von 1918/19 nachweisbar – und diese galten den bürgerlichen Mehrheiten in den Gemeinden als fremde Agitatoren und Ausländer. Selbstzeugnisse lassen sich für die Unterstützung fast aller Parteien finden. Das Spektrum reichte hier von der KPD bis zur DNVP. Die sozialen und ökonomischen Konfliktlinien der Weimarer Republik spiegelten sich in den politischen Anschauungen der Jüdinnen und Juden wider und machten auch vor den Gemeinden nicht halt.

Es war den Verantwortlichen klar, dass die jüdischen Gemeinden der Unterstützung des Staates bei der Abwehr antisemitischer Politik bedurften und das krisenhafte Zustände nach allen bisherigen Erfahrungen zur Aktivierung antisemitischer Diskurse und Stereotype führten. Besonders die Israelitische Religionsgemeinde in Plauen, das eine Hochburg des völkischen Nationalismus und später des Nationalsozialismus war, sah sich mit Angriffen konfrontiert. Bereits kurz nach Kriegsende kam es hier zu Versuchen, Juden mit russischer Staatsbürgerschaft auszuweisen. Jüdische Geschäfte wurden während der Inflationszeit boykottiert, antisemitische Versammlungen an zentralen Orten der Stadt abgehalten und Gemeindemitglieder auf offener Straße angegriffen, ebenso die Einrichtungen der Gemeinde. Der Oberbürgermeister, der Polizeidirektor und die Wirtschaftsverbände Plauens reagierten 1926 mit mehreren Beratungen und einer Entschließung der „Arbeitgeber- und Fachverbände Plauen", die die antisemitischen Ausschreitungen missbilligte. Gleichzeitig wurde darin aber auch das Verhalten der Jüdischen Gemeinde kritisiert, die durch ihre öffentlichen Stellungnahmen ein schlechtes Licht auf die Stadt werfe und so das Ansehen der Plauener Industrie beschädige.[34] Plauen war nur ein Beispiel für gewalttätige Angriffe: 1927 wurde beispielsweise am Rande einer Demonstration von Nationalsozialisten in Chemnitz ein Mitglied der Jüdischen Gemeinde zusammengeschlagen. Die Dresdner Synagoge wurde mehrfach bestohlen und ein Brandanschlag auf die Leipziger Gemeindesynagoge konnte nur knapp verhindert werden. Neben dem schon erwähnten Centralverein deutscher Staatsbürger jüdischen Glaubens engagierten sich auch der 1920 gegründete Reichsbund jüdischer Frontsoldaten mit seinen Ortsgruppen und zionistische Organisationen bei der Abwehr des Antisemitismus, etwa durch Vorträge und Publizistik, die sich mit den Vorurteilen auseinandersetzten. Auf den Straßen entfernten ihre Mitglieder unter anderem antisemitische Klebezettel.

34 Hannes Schmidt, Zur Geschichte der Israelitischen Religionsgemeinde Plauen i.V., Plauen 1988, S. 29.

Zum Konflikt mit dem sächsischen Staat kam es wegen der Schulbefreiung am Schabbat. Im August 1922 hatte das sächsische Kultusministerium die bisher bestehende Möglichkeit der Freistellung jüdischer Schüler vom Unterricht aus religiösen Gründen untersagt. Den Hintergrund bildeten Bestrebungen um eine konsequente Trennung von Staat und Religion. Schon 1921 war der Zwang zur Teilnahme an religiösen Handlungen in der Schule abgeschafft worden. In einer Grundsatzerklärung zum Verhältnis von Schule und Staat, die kurze Zeit vor der umstrittenen Verordnung erschienen war, hatte das Ministerium festgelegt: „Jede Herabsetzung und Verächtlichmachung von Angehörigen einzelner Bekenntnisse und Rassen (etwa nach Art des Antisemitismus) muß unterbleiben."[35] Noch im gleichen Jahr wurde deshalb die Pflicht zur Angabe der Religionszugehörigkeit in den Personalakten der Lehrer – mithin also eine weitere Hürde für den Zugang von Juden zum Lehramt – beseitigt.

Führende Vertreter der sächsischen jüdischen Gemeinden betrachteten die Abschaffung der Möglichkeit der Freistellung am Schabbat und an jüdischen Feiertagen als Affront und bewerteten sie als antisemitisch. Dass der Leipziger Bezirksschulrat auch die Israelitische Real- und Mädchenschule in Leipzig – die einzige jüdische Schule in Sachsen – anwies, am Sonnabend zu unterrichten, schürte den Konflikt. Schließlich wurde im März 1923 auf Druck der Reichsregierung der status quo ante wiederhergestellt, eine reichsweite Regelung der Schulbefreiung für jüdische Schüler erfolgte aber erst im Oktober 1929. Tatsächlich Gebrauch machten von dieser Ausnahmeregel in der Praxis jedoch nur besonders streng religiöse Familien.[36]

Ein weiteres Problem blieb die fehlende Finanzierung des jüdischen Religionsunterrichts durch den Staat. Außerdem erkannten die staatlichen Behörden den von schulfremden Lehrkräften erteilten Religionsunterrichts als ordentliches Lehrfach mit Benotung nicht an.

Es sind besonders einige Namen bedeutender jüdischer Familien, die in das kollektive Gedächtnis in Sachsen eingegangen sind – aus der Zeit der Weimarer Republik vor allem jene, die sich als Mäzene oder durch Stiftungen sowie auf kulturellem Gebiet um die Entwicklung ihrer Heimatorte Verdienste erworben hatten. Dazu gehörten etwa die Familien Kroch und Eitingon in Leipzig, Arnhold und Bondi in Dresden sowie Goeritz und Leder in Chemnitz.

Die vielen weniger bekannten gemeinnützigen Stiftungen, die satzungsmäßig zumeist nicht an eine Konfession gebunden waren, litten unter wirtschaftlichen Schwierigkeiten infolge der Hyperinflation von 1923 und der Wirtschaftskrise der späten

35 Verordnungsblatt des Ministeriums des Kultus und Öffentlichen Unterrichts für den Freistaat Sachsen 1922, S. 106.

36 Ephraim Carlebach, Der schulfreie Sabbath, in: Gemeindeblatt der Israelitischen Religionsgemeinde zu Leipzig 5 (20.9.1929) 38, S. 1 f., hier S. 2.

Abb. 5: Krochsiedlung Leipzig, 1929 bis 1930 von den Architekten Paul Mebes und Paul Emmerich errichtet. Der jüdische Bankier Hans Kroch finanzierte den größten Teil der Baukosten.

1920er Jahre. Nach ihrer Enteignung durch die Nationalsozialisten wurden sie meist vergessen.

Mitte Juni 1930, wenige Tage vor der sächsischen Landtagswahl, wendete sich der Leipziger Rabbiner Felix Goldmann an seine Zeitgenossen: „Die Juden Sachsens sind gering an Zahl und ohne jeden politischen Einfluß. Nirgends stimmt die Klage der Hitlerianer über ‚jüdische' Macht heiterer als in Sachsen, wo es zurzeit in der Leitung aller politischen Parteien auch nicht einen einzigen Juden gibt. Viel hängt von der Landtagswahl für die jüdische Lage ab. [...] Die Juden Sachsens sind sich dessen wohl bewußt [...] und wenn sie auch im wesentlichen nur Aufklärungsarbeit leisten können, indem sie der Oeffentlichkeit die Verlogenheit der gegen die Juden gerichteten Anklagen darlegen und das wahre Gesicht des Nationalbolschewismus enthüllen, so werden sie ihre Pflicht erfüllen! Und da sie nicht für lokale Interessen und nicht für die des Judentums eintreten, sondern für die des Rechtes und der Ordnung, für die der deutschen Kultur und der deutschen Ehre, hoffen sie, daß nicht nur die Sympathie, sondern auch die tätige Hilfe aller Einsichtigen und Rechtlichen ihnen Stütze gewährt."[37] In den Folgemonaten überstürzten sich die politischen Ereignisse auch in Sachsen.

37 Felix Goldmann, Sachsen als Versuchsfeld. Landtagswahlen am 22. Juni!, in: C.V.-Zeitung Nr. 24 vom 13.6.1930, S. 311.

Grenzgänge: Geist und Geographie

Geteiltes Leben

Das sächsisch-böhmische Grenzgebiet in der Weimarer Republik

Jana Piňosová

Grenzen gehören zum Leben. Sie sind kein Ausnahmezustand, wie es Andrea Komlosy treffend formulierte, sondern eine Grundkonstante des Lebens.[1] In allen Bereichen des Lebens werden Grenzen gezogen und Grenzen überschritten. Politisch-administrative, soziale, konfessionelle, ökonomische, kulturelle und eine Reihe weiterer Grenzen repräsentieren gesellschaftliche Ordnungen. Grenzen sind Gegenstand von Interessen, an ihnen entzünden sich Konflikte, sie werden immer wieder neu verhandelt. Als 1918 der verheerende Weltkrieg zu Ende ging, wurde Europa aufs neue Schauplatz zahlreicher Konflikte. Grenzen, und zwar politische Grenzen, waren eine wesentliche Ursache dieser Konflikte. Die Errichtung neuer Staaten in Ostmittel- und Südosteuropa verlief nirgends reibungslos, wurde vielerorts von Grenzstreitigkeiten, Separatismus einzelner Regionen, militärischen Auseinandersetzungen, strikten Grenzregimen, Niederschlagung von Demonstrationen und darin begründeten Todesfällen begleitet.

Stellten die Landesgrenzen – Grenzen zwischen einzelnen Staaten – vor dem Ersten Weltkrieg alles andere als Barrieren dar, wurden sie allmählich zu regelrechten Sperren ausgebaut. Doch in kaum einer politischen Karte, die die Neuordnung Europas nach 1918 zeigt, ist das Leid der Bevölkerung der alten und neuen Grenzgebiete eingezeichnet. Die Karten verraten nichts über die Herausforderungen, vor der die Menschen standen. Hoffnung und Bangen herrschte 1918 auch in den sächsisch-böhmischen Grenzgebieten. Seit der Verhängung des kriegsbedingten restriktiven Grenzregimes waren vier Jahre vergangen. Die Hoffnung auf Rückkehr der Mobilitätsfreiheit der Vorkriegsjahre wuchs mit dem absehbaren Ende des Krieges. Die Hoffnung war begründet: Die Landesgrenze wurde hier im Unterschied zu anderen Orten in Europa nicht neu gezogen. Außerdem ging es darum, die Wirtschaftskraft zu stärken oder zumindest zu stabili-

1 Vgl. Andrea Komlosy, Grenzen. Räumliche und soziale Trennlinien im Zeitenlauf, Wien 2018, S. 9.

sieren. Denn die Industrie basierte in diesen Grenzgebieten zum großen Teil auf dem Austausch von Rohstoffen, Produkten und Arbeitskräften. Hinzu kam die Tatsache, dass viele Familien auf sächsischem wie auf böhmischem Boden lebten. Landwirte, deren Wohnort auf der einen Seite lag, die ihre Felder aber auf der anderen Seite der Landesgrenze bestellten, waren keine Ausnahme. Auch der Tourismus – ein inzwischen starker wirtschaftlicher Faktor der Region – basierte letztlich auf der Mobilitätsfreiheit: Sommerfrischler, Wintersportler, Kurgäste, Kletterer und Wanderer hatten sich vor dem Krieg in zunehmender Zahl die Landschaften der sächsisch-böhmischen Grenzgebiete erschlossen.[2]

Doch es sollte anders kommen. Unter dem Eindruck der neuen politischen Ordnung und in Reaktion auf die politischen und wirtschaftlichen Ereignisse in der Nachkriegszeit wurde ab 1918 auch das Grenzregime an der sächsisch-böhmischen Grenze neu verhandelt. Dieser Aushandlungsprozess steht im Mittelpunkt dieses Beitrages. Caitlin Murdock folgend wird dabei vor allem die Rolle der lokalen, grenzüberschreitend mobilen Bevölkerung in den Blick genommen. Herausgearbeitet wird zudem der Prozess der Aushandlung selbst.

Der Blick auf die Grenzgebiete

Das sächsisch-böhmische Grenzgebiet wurde in der Vergangenheit selten als ein Raum betrachtet, der von Verflechtungen und Gemeinsamkeiten geprägt war. Die bis weit in die 1990er Jahre vorherrschende Sicht auf Grenzgebiete war von der Perspektive der nationalen Zentren bestimmt. Voraussetzung für die Aufweichung dieser Sicht schuf die politische Wende von 1989/90. Die in Frage gestellten System- und Staatsgrenzen provozierten ein umfassendes Nachdenken über Grenzen und Grenzräume.[3] Dies befruchtete nicht nur die Ansätze der transnationalen Geschichte, sondern trug wesentlich zur Dynamisierung der *Borderland studies* bei. In der kulturwissenschaftlichen Forschung werden Grenzen und Grenzgebiete zunehmend als Verhandlungszonen analysiert – als Zonen, in denen Zugehörigkeiten artikuliert und manifestiert werden.

Die historische Ostmitteleuropaforschung thematisierte Grenzen und Grenzgebiete unter verschiedenen Aspekten.[4] Was den konkreten Fall der sächsisch-böhmischen

---

2 Vgl. vor allem Sönke Friedreich, Die Entstehung des Heimatgedankens aus der Mobilität. Das historische Beispiel des sächsischen Erzgebirges, in: Manfred Seifert (Hrsg.), Zwischen Emotion und Kalkül. „Heimat" als Argument im Prozess der Moderne, Leipzig 2010, S. 87–101.

3 Petr Lozoviuk, Grenze und Grenzgesellschaft im Visier der ethnografischen Forschung, in: Ders. (Hrsg.), Grenzgebiet als Forschungsfeld. Aspekte der ethnografischen und kulturhistorischen Erforschung des Grenzlandes, Leipzig 2009, S. 15–28, hier S. 25.

4 Hans Lemberg (Hrsg.), Grenzen in Ostmitteleuropa im 19. und 20. Jahrhundert. Aktuelle Forschungsprobleme, Marburg 2000; Michael G. Müller/Rolf Petri (Hrsg.), Die Nationalisierung von Grenzen. Zur Konstruktion nationaler Identität in sprachlich gemischten Grenzregionen, Marburg 2002; Etienne François/Jörg Seifarth/

Grenze bzw. der dortigen Grenzgebiete anbetrifft, so wurde erst in jüngster Zeit die Perspektive einer verflochtenen Geschichte dieser Region etabliert. Wichtige Vorarbeiten leisteten Historiker, die das Zusammenleben der Menschen in den böhmischen Grenzgebieten und die Veränderung der Bedeutung der Grenze im 19. und 20. Jahrhundert analysierten. So untersuchte Peter Haslinger die böhmischen Grenzgebiete als Ressource des territorialen Diskurses der Tschechen von 1880 bis 1938.[5] Pieter M. Judson betrachtete die Bedeutung der Grenzgebiete dagegen unter dem Aspekt der Sprache. Die „Sprachgrenze" – die seit dem Aufkommen des Nationalismus visualisierte Linie zwischen dem tschechisch- und dem deutschsprachigen Teil – stand für fast ein Jahrhundert für die kulturelle und sprachliche Trennung Böhmens.[6] In gewissem Sinne konstituierte sie die Grenzregion zwischen Sachsen und Böhmen mit. Denn die Landes- und zugleich Staatsgrenze fiel hier nicht mit der Grenze zwischen dem Deutschen und dem Tschechischen zusammen. Insofern wurden nicht alleine die Grenzgebiete, sondern auch die „Sprachgrenze" zum Austragungsort von nationalen Gegensätzen. In Anknüpfung an Judson untersuchte Tara Zahra die Nationalisierungsstrategien, die auf Kinder ausgerichtet waren, die an der „Sprachgrenze" und in den böhmischen Grenzgebieten lebten.[7] Robert Luft wendete sich den Gesetzmäßigkeiten zu, die den böhmischen Grenzen die ihnen nachgesagte Stabilität verliehen.[8] Und Martina Krocová zeigte anhand von Reisebeschreibungen anschaulich, wie sich die Wahrnehmung der sächsisch-böhmischen Grenze in Abhängigkeit von dem zunehmenden, vor allem symbolischen Zugriff der Staaten auf die Grenze veränderte.[9]

Geradezu einen Quantensprung stellte die Studie von Caitlin E. Murdock aus dem Jahr 2010 dar.[10] Murdock gelang es, die Geschichte der sächsisch-böhmischen Grenze

---

Bernd Struck (Hrsg.), Die Grenze als Raum, Erfahrung und Konstruktion. Deutschland, Frankreich und Polen vom 17. bis zum 20. Jahrhundert, Frankfurt am Main 2007; Manuel Schramm, Transnationale Wirtschaftsbeziehungen und symbolische Regionalisierungen. Die Musikinstrumentenindustrie im sächsisch-böhmischen Grenzraum 1870–1933, in: Bohemia 47 (2006/07), S. 69–83.

5 Peter Haslinger, Nation und Territorium im tschechischen politischen Diskurs 1880–1938, München 2010; weiter auch hier: ders., Rand als Zentrum? Die deutschbesiedelten Grenzregionen der böhmischen Länder als Wertezentrum im tschechischen nationalen Diskurs (1880–1938), in: Monika Gibas/Rüdiger Haufe (Hrsg.), „Mythen der Mitte", Regionen als nationale Wertezentren. Konstruktionsprozesse und Sinnstiftungsprozesse im 19. und 20. Jahrhundert, Weimar 2005, S. 287–300.

6 Pieter M. Judson, Guardians of the Nation. Activists on the Language Frontiers of Imperial Austria, Cambridge London 2006.

7 Tara Zahra, Kidnapped Souls: National Indifference and the Battle for Children in the Bohemian Lands, 1900–1948, Ithaca London 2008.

8 Robert Luft, „Alte Grenzen" und Kulturgeographie. Zur historischen Konstanz der Grenzen Böhmens und der böhmischen Länder, in: Hans Lemberg (Hrsg.), Grenzen in Ostmitteleuropa im 19. und 20. Jahrhundert. Aktuelle Forschungsprobleme, Marburg 2000, S. 95–136.

9 Martina Krocová, Kontinuität und Wandel. Die Wahrnehmung der sächsisch-böhmischen Grenze, 1780–1850, in: Christophe Duhamelle/Andreas Kossert/Bernhard Struck (Hrsg.): Grenzregionen. Ein europäischer Vergleich vom 18. bis zum 20. Jahrhundert, S. 181–192.

10 Caitlin E. Murdock, Changing Places. Society, Culture, and Territory in the Saxon-Bohemian Borderlands, 1870–1946 (Social History, Popular Culture, and Politics in Germany Series), Michigan 2010.

neu zu erzählen. Sie löste die Vorstellung von zwei voneinander getrennten Räumen beiderseits der Grenze endgültig auf: Die zunehmende Vernetzung des wirtschaftlichen, kulturellen und politischen Lebens beiderseits der Grenze in der Phase der Industrialisierung führte zur Herausbildung einer Region, die bis 1914 von einem sehr hohen Maß an Kontakt in allen Sphären des Alltags geprägt war. Dem Verflechtungsansatz folgend nahm Petr Lozoviuk 2012 die sozialen und wirtschaftlichen Beziehungen der Grenzorte Sebnitz und Niedereinsiedel (Dolní Poustevna) vor dem Hintergrund ihrer historischen Entwicklung in den Fokus,[11] während Katrin Lehnert in ihrer 2017 veröffentlichten Dissertation die alltäglichen Verflechtungen an der Grenze zwischen Böhmen und der Lausitz im 19. Jahrhundert untersuchte.[12]

Die Landschaften der sächsisch-böhmischen Grenze

Die Grenze zwischen Sachsen und Böhmen verbindet die Mittelgebirge, die von West bis Nord das böhmische Binnenland umschließen. Auf mehr als 400 Kilometer Länge verläuft sie durch das Elstergebirge, über die Bergkämme des Erzgebirges, durch das Elbtal und Elbsandsteingebirge mit der Sächsisch-Böhmischen Schweiz; sie quert das Lausitzer Bergland bis zum Zittauer und Lausitzer Gebirge. Die bergigen und bewaldeten Gebiete vor allem des Erzgebirges waren traditionell dünn besiedelt. Eine nennenswerte Besiedlung dieser Gebiete fand erst im Zuge der Bergbautätigkeit im 15. und 16. Jahrhundert statt. Die Landesgrenze zwischen Sachsen und Böhmen, die im Bereich des Erzgebirges seit dem 13. Jahrhundert beurkundet war, spielte im Alltag der Menschen zunächst keine Rolle. Die entscheidenden Grenzen, um die es durchaus Streitigkeiten gab, waren die Grenzen zwischen den Herrschaften. Eine der ältesten dokumentierten Grenzbegehungen hat vermutlich im frühen 16. Jahrhundert im Erzgebirge zwischen Herrschaftsbesitzern und nicht zwischen den Landesherren stattgefunden.[13] Ihr Auftrag war es, die umstrittene Nutzung von Wasser, Holz und Bodenschätzen und anderen Ressourcen zu dokumentieren.[14] Es ging dabei also um die Regelung der wirtschaftlichen

11 Petr Lozoviuk, Grenzland als Lebenswelt, Grenzkonstruktionen, Grenzwahrnehmungen und Grenzdiskurse in sächsisch-tschechischer Perspektive, Leipzig 2012 (Schriften zur Sächsischen Geschichte und Volkskunde, 41).

12 Katrin Lehnert, Un-Ordnung der Grenze. Mobiler Alltag zwischen Sachsen und Böhmen und die Produktion von Migration im 19. Jahrhundert, Leipzig 2017 (Schriften zur sächsischen Geschichte und Volkskunde, 56); siehe auch dies., Räume und ihre Grenzen. Eine transregionale Perspektive auf den mobilen Alltag des 19. Jahrhunderts, in: Katrin Lehnert/Lutz Vogel (Hrsg.), Transregionale Perspektiven. Kleinräumige Mobilität und Grenzwahrnehmung im 19. Jahrhundert, S. 117–132; Dies./Lutz Vogel, Kleinräumige Mobilität und Grenzwahrnehmung im 19. Jahrhundert, in: Katrin Lehnert/Lutz Vogel (Hrsg.), Transregionale Perspektiven. Kleinräumige Mobilität und Grenzwahrnehmung im 19. Jahrhundert (Bausteine aus dem Institut für Sächsische Geschichte und Volkskunde, Kleine Schriften zur sächsischen Geschichte und Volkskunde, 20), S. 9–22.

13 Robert Luft, „Alte Grenzen", S. 101.

14 Martina Krocová, Kontinuität, S. 185.

Abb. 1: Die „Grüne Grenze“ zu passieren gehört bis heute zu den Erfahrungen der in den Grenzgebieten lebenden Menschen. Wie aufregend der Grenzübertritt an diesen Stellen war, hing von dem jeweiligen Grenzregime ab. Heute ist die „Grüne Grenze“ – wie hier im Kirnitzschtal (Křinické údolí) – eine beliebte touristische Attraktion.

und alltäglichen Interaktionen in diesen Landschaften und nicht um die Durchsetzung der Hoheitsrechte der Landesherren. Solche Interaktionen belegen, dass es sich bei diesen wie auch anderen Gebirgen keinesfalls um „natürliche Grenzen“ handelte, wie die im 19. Jahrhundert entwickelte und bis weit ins 20. Jahrhundert kolportierte Vorstellung Glauben machen wollte,[15] sondern dass sie als spezifische Transfer-Landschaften vielmehr einen eigenen Wirtschafts-, Sozial- und Kulturraum darstellten.[16]

Vergleichsweise ungewöhnlich ist die Kontinuität der Landesgrenze zwischen Sachsen und Böhmen. Denn seitdem 1635 das Gebiet der Nieder- und Oberlausitz durch den Prager Vertrag von Böhmen an Sachsen überging, hatte es keine maßgeblichen Grenzverschiebungen mehr gegeben. Lediglich im Zuge der Territorialisierung des 19. Jahrhunderts – als die Bedeutung der Herrschaft über das Land die Herrschaft über die

15 Jürgen Osterhammel, Die Verwandlung der Welt. Eine Geschichte des 19. Jahrhunderts, Sonderausgabe, München 2011, S. 178.

16 Luft, „Alte Grenzen“, S. 101. Vgl. Bianca Hoenig, Geteilte Berge. Eine Konfliktgeschichte der Naturnutzung in der Tatra, Göttingen 2018 (Umwelt und Gesellschaft, 20).

Menschen ablöste – wurden restliche böhmische Enklaven in der Oberlausitz vollständig nach Sachsen integriert und geringfügige Gebietsaustausche vorgenommen.[17]

Während die Grenze in der Landschaft und auch symbolisch auf Landkarten klar markiert und als solche verortet und beschrieben werden kann, ist die Bedeutung von Grenzgebieten, Grenzregionen, des Grenzraums oder der Grenzzonen fließend und von der jeweiligen Perspektive abhängig. Die Grenzgebiete, die hier besprochen werden, prägte zwischen 1918 und 1933 die Gleichzeitigkeit einer eigenständigen Entwicklung und des zunehmenden Anspruchs des Staates, die Grenzverhältnisse an der zentralen Politik auszurichten. Als seit den 1870er Jahren die Industrialisierung die Wirtschaft beiderseits der Grenze erfasste, begann eine Entwicklung, in der der Alltag der Menschen in dieser Region von einem hohen Maß an grenzüberschreitender Mobilität und Kommunikation geprägt war. In Sachsen mit seinen starken Industrieballungen in Dresden, Chemnitz und Plauen sowie in den Industriedörfern der Oberlausitz und des Erzgebirges wurden Arbeitskräfte aus dem benachbarten Böhmen angeworben; in der Phase der Hochindustrialisierung kam es zudem zu Arbeiteranwerbungen aus den preußischen Ostprovinzen, Galizien und sogar aus Russland. Nordböhmen erlebte in der zweiten Hälfte des 19. Jahrhunderts einen starken Zuzug von Menschen aus dem Landesinneren. Es handelte sich im Großteil um tschechischsprachige Bevölkerung, die in den deutschgeprägten Industriestandorten wie Eger (Cheb), Aussig (Ústí nad Labem), Rumburg (Rumburk), Warnsdorf (Varnsdorf) oder Reichenberg (Liberec) Arbeit suchten. Mit dem Übergang von der manuellen zur mechanisierten und industrialisierten Produktion expandierten zahlreiche Wirtschaftszweige. Die grenzüberschreitenden Textilproduktionen entlang der Grenze zwischen Böhmen, Schlesien und der Oberlausitz gehörten überhaupt zu den ersten im zentralen Europa.[18] Die Bevölkerungszahl der Industriedörfer des sächsischen Südens – etwa in Seifhennersdorf, Großschönau oder Wilthen – wuchs deutlich schneller als im ländlich geprägten Norden.[19]

Mit dem Ziel, die wirtschaftliche Entwicklung zu fördern, wurde die Mobilität von Menschen und Waren erleichtert. Die Habsburger Monarchie schaffte deswegen 1856 ihr Passsystem ab. Das Deutsche Reich, das 1871 gegründet wurde, zog nach. Gefördert wurde auch der Bau von Eisenbahnverbindungen: Bereits in den 1880er Jahren querten mehrere Bahnstrecken das Gebirge zwischen Sachsen und Böhmen. Arbeitskräfte, Konsumenten, Gläubige und Touristen konnten die Grenzen ohne Reisedokumente passieren; Menschen aus Böhmen konnten sich problemlos in Sachsen und umgekehrt ansiedeln. Es

17 Krocová, Kontinuität, S. 185.

18 Vgl. Michael Schäfer, Eine andere Industrialisierung. Die Transformation der sächsischen Textilexportgewerbe 1790–1890, Stuttgart 2016; Katrin Lehnert, Räume und ihre Grenzen. Eine transregionale Perspektive auf den mobilen Alltag des 19. Jahrhunderts, in: Katrin Lehnert/Lutz Vogel (Hrsg.), Transregionale Perspektiven. Kleinräumige Mobilität und Grenzwahrnehmung im 19. Jahrhundert, S. 117–132.

19 Swen Steinberg, Die Oberlausitz. Von 1815 bis in die Gegenwart, in: Winfried Müller/Lars-Arne Dannenberg/Edmund Pech/Swen Steinberg (Hrsg.), Oberlausitz, Dresden/Leipzig 2011, S. 97–140, hier S. 102.

war folglich nicht nur leicht, den Wohnort dies- und jenseits der Grenze zu wechseln, sondern in zunehmendem Maße attraktiv. Laut der sächsischen Volkszählung von 1880 lebten in Sachsen 30 000 österreichische Bürger. Bis 1910, also nur innerhalb von 30 Jahren stieg ihre Zahl auf 160 000. Die Mehrheit von ihnen gab an, dass sie 20 km und weniger von der Grenze entfernt lebten.[20] Doch deutlich häufiger blieben die Menschen an ihrem Ort wohnen und passierten die Staatsgrenze regelmäßig: auf dem Weg zu ihren Feldern oder zur Arbeit in der Fabrik, bei Verwandtschafts-, Freundschafts- oder Wirtshausbesuchen, für einen Wochenendausflug, für den Besuch von Messen und Märkten, auch von Jahrmärkten oder Vereinsveranstaltungen. Darüber hinaus zeigen zahlreiche Gesuche um zollrechtliche Ausnahmeregelungen, dass Geschäftsleute auf beiden Seiten der Grenze auf die Kunden des Nachbarstaates angewiesen waren.[21] Die Grenzgebiete wurden so zu miteinander verbundenen Territorien, in denen eine geteilte Kultur, familiale Beziehungen sowie die ökonomischen Interessen über den politischen Interessen standen.[22]

Der Ausbruch des Krieges im Sommer 1914 war ein tiefgehender Einschnitt für das Funktionieren der wirtschaftlich und sozial verflochtenen Region. Sowohl das Deutsche Reich als auch Österreich schränkten die Möglichkeiten des Ein- und Ausreisens bedeutend ein. Die Grenze wurde zur Barriere. Die Kontrolle darüber, wer sich auf dem jeweiligen Territorium aufhielt, wer wehrpflichtig war und wer Anspruch auf soziale Versorgung hatte, wurde zu einem zentralen Anliegen der kriegführenden Staaten. Das deutsche Kriegsministerium ordnete die Kontrolle jeglicher Bewegung über die Grenze an. Beobachtet wurden telefonische Verbindungen, die Post, der Straßen- sowie der Bahnverkehr. Selbst Taubenzüchtern war es untersagt, ihre Vögel über die Grenze fliegen zu lassen.[23]

Die wirtschaftliche Bedeutung der Grenzgebiete, die zum großen Teil von der grenzüberschreitenden Mobilität abhing, war 1915 der Grund für die Lockerung der Restriktionen: Mit der Einrichtung des kleinen Grenzverkehrs gewann zumindest die hier ansässige Bevölkerung einen kleinen Teil ihrer Bewegungsfreiheit wieder. Die Anwohner der Grenzgebiete konnten – sofern sie ein Dokument bei sich trugen, das sie als solche auswies – die Grenze passieren und sich bis zu vier Kilometer ins Landesinnere bewegen.[24] Aufgrund der Passpflicht waren die Menschen nun aber auch gezwungen, sich für eine Staatszugehörigkeit zu entscheiden – obwohl sie ihr Leben im Grenzbereich beider Staaten lebten. Die Macht, die der Staat mittels der restriktiven Grenzsicherung entfaltete, war zwar nicht absolut, wie das Ringen um Lockerungen im kleinen Grenzverkehr zeigte. Langfristig blieb sie nun aber im Alltag der Anwohner präsent.[25]

---

20 Murdock, Places, S. 40.

21 Lehnert, Räume, S. 120.

22 Murdock, Places, S. 7.

23 Ebd., S. 91.

24 Helmut Rahn, Die Einwirkungen der tschechoslowakischen Grenze auf das deutsche Grenzgebiet am Beispiel der Gemeinden Schirgiswalde, Sohland und Wehrsdorf, Borna 1940, S. 52 f.

25 Murdock, Places, S. 89.

Das Ringen um Normalität in bewegten Zeiten der Nachkriegsordnung

Die Kriegslage war eine Ausnahmesituation. Die Erwartung, dass mit der Aufhebung des Kriegszustands die Rückkehr zum gewohnten Alltag an der sächsisch-böhmischen Grenze gelingt, war deutlich spürbar. Die Niederlage der Mittelmächte im Herbst 1918 bedeutete jedoch noch keinen Frieden. In weiten Teilen Europas herrschte Elend, die Versorgung mit Lebensmitteln war mitunter katastrophal, es fehlte an Heizmitteln. Gleichzeitig wurde Europa neu geordnet. Der Untergang der Imperien, die Entstehung neuer Staaten auf dem Territorium der Habsburger Monarchie und das nationalstaatliche Prinzip war auch die Folie, vor der sich die teilweise dramatischen Ereignisse im sächsisch-böhmischen Grenzgebiet 1918/19 abspielten.

Die Menschen in den Grenzgebieten erlebten die Neuordnung Europas unmittelbar. Als am 28. Oktober 1918 in Prag die Tschechoslowakische Republik (ČSR) ausgerufen wurde, herrschte sowohl auf der sächsischen als auch auf der böhmischen Seite Unsicherheit. In Prag wurde gejubelt. In Sachsen und Nordböhmen weckte der neue Staat Ängste. Sachsen selbst befand sich im Herbst 1918 in einer schwierigen Lage. Politische Spannungen sowie eine dramatische soziale und wirtschaftliche Not drohten, die Gesellschaft zu zerreiben.[26] Das Ende der Monarchie und die Revolution brachten große Herausforderungen mit sich. Mit der Gründung der Tschechoslowakei drohten wichtige Absatzgebiete der sächsischen Industrie im Osten wegzufallen, die Tschechoslowakei wurde zudem als ein starker wirtschaftlicher Konkurrent wahrgenommen.[27] Unter der Not der Industrie litt die Bevölkerung. Hinzu kam die Furcht vor dem Verlust der Oberlausitz und von Teilen des Erzgebirges. Gerüchte über den Anschluss der Oberlausitz an die Tschechoslowakei und eine bevorstehende Invasion der tschechoslowakischen Armee machten seit dem frühen Herbst 1918 die Runde und verunsicherten Menschen in den Grenzgebieten, und vor allem die Militärs. In ihren Reihen wurden Stimmen laut, die eine Stationierung von Truppen in Gebieten beiderseits der Grenze forderten, um die tschechoslowakische Okkupation zu verhindern.[28] Bei einer Besprechung hoher Vertreter Deutschlands und Österreichs Mitte Oktober 1918 warnte jedoch Alfred von Nostitz-Wallwitz, Konsul der sächsischen Regierung in Wien, vor den Folgen: „Mit dem ‚Einmarschieren' sind die Herren Militärs etwas leicht bei der Hand", man bedenke doch, dass solche Maßnahmen die Friedensverhandlungen sowie die Entwicklung der Beziehungen zu der ČSR stören würden.[29]

26 Claus-Christian W. Szejnmann, Vom Traum zum Alptraum. Sachsen in der Weimarer Republik, Leipzig 2000, S. 21.

27 Szejnmann, Traum, S. 27.

28 Murdock, Places, S. 107.

29 Zitiert nach Alfred Opitz, Böhmen und die deutschböhmische Frage in der ersten Phase der Herausbildung des tschechischen Nationalstaates im Jahr 1918, in: Bohemia 17 (1976), S. 193–208, hier S. 200.

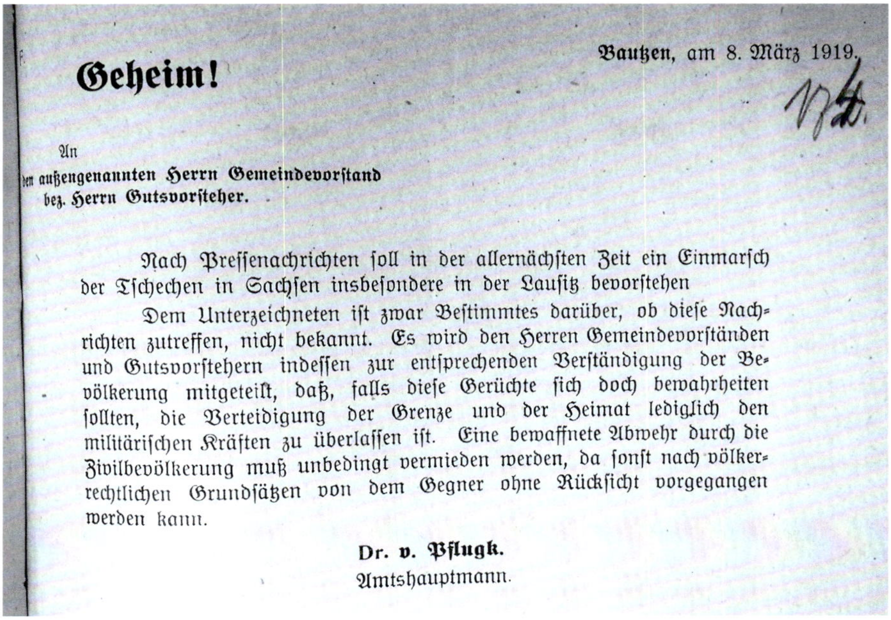

Geheim!

Bautzen, am 8. März 1919.

An
den außengenannten Herrn Gemeindevorstand
bez. Herrn Gutsvorsteher.

Nach Pressenachrichten soll in der allernächsten Zeit ein Einmarsch der Tschechen in Sachsen insbesondere in der Lausitz bevorstehen

Dem Unterzeichneten ist zwar Bestimmtes darüber, ob diese Nachrichten zutreffen, nicht bekannt. Es wird den Herren Gemeindevorständen und Gutsvorstehern indessen zur entsprechenden Verständigung der Bevölkerung mitgeteilt, daß, falls diese Gerüchte sich doch bewahrheiten sollten, die Verteidigung der Grenze und der Heimat lediglich den militärischen Kräften zu überlassen ist. Eine bewaffnete Abwehr durch die Zivilbevölkerung muß unbedingt vermieden werden, da sonst nach völkerrechtlichen Grundsätzen von dem Gegner ohne Rücksicht vorgegangen werden kann.

Dr. v. Pflugk.
Amtshauptmann.

Abb. 2: Die geheime Mitteilung der Bautzener Amtshauptmannschaft verdeutlicht die Furcht vor dem Einmarsch der Tschechoslowakischen Armee nach Sachsen.

Zum „Einmarsch" ins böhmische Gebiet kam es zwar nicht, doch ab November 1918 wurde die Grenze zur Tschechoslowakei von Grenzpolizei bewacht. Im Januar 1919 rief zudem die Reichsregierung „Grenzschutz"-Einheiten ins Leben, die zunächst an der östlichen Grenze in Preußen, später auch an der sächsischen Grenze zum Einsatz kamen. Ihre erklärte Aufgabe war es, die nationalen und politischen Interessen an der Grenze zu schützen: Die Grenzpatrouillen sollten Schmuggel bekämpfen und die Invasion der Siegermächte verhindern. Bezeichnend für die herrschende Verunsicherung war das Argument, mit dem in Sachsen Freiwillige für die Grenzkontrollen geworben wurden: Die deutsche Grenze, so hieß es, brauche Männer, die sie vor der slawischen Gefahr beschützten.[30]

Die im Januar 1919 in Paris begonnene Friedenskonferenz beschäftigte sich tatsächlich mit Fragen, die auch im Falle der sächsisch-böhmischen Grenze Verschiebungen zur Folge gehabt hätten. Eine dieser Fragen betraf Autonomiebestrebungen der Lausitzer Sorben. Die tschechoslowakische Delegation mit Eduard Beneš an der Spitze hatte diese Frage zwar vor die Friedenskonferenz gebracht, doch eine Angliederung der Oberlausitz an die Tschechoslowakei wurde von der tschechoslowakischen Delegation nicht verfolgt. Denn für sie war das Gelingen des Gesamtkonzeptes der Tschechoslowakei und ihrer

30 Murdock, Places, S. 108.

zukünftigen Entwicklung prioritär. Gute Beziehungen zum Nachbarland Deutschland gehörten dazu, ein Anschluss der Oberlausitz stand dem entgegen.[31] Letztlich waren nur geringe Grenzkorrekturen Gegenstand der Verhandlungen. Da es jedoch auch nicht zur diskutierten Abtretung des Rumburger Zipfels (auch Niederland, tsch. Šluknovský výběžek) an Sachsen kam, wurde der Grenzverlauf zwischen Sachsen und Böhmen nicht geändert. Als die Tschechoslowakei durch den Friedensvertrag von Saint Germain am 10. September 1919 internationale Anerkennung erfuhr, wurde die Kontinuität der sächsisch-böhmischen Grenze aufs neue bestätigt.[32]

In der Tschechoslowakei selbst war die Lage in den – mehrheitlich deutsch besiedelten – Grenzgebieten seit Herbst 1918 besonders schwierig. Die überwiegende Mehrheit der deutschböhmischen Abgeordneten im Wiener Reichsrat lehnte die Einverleibung der betreffenden Gebiete in den neuen Staat ab. Unter Berufung auf das Selbstbestimmungsrecht der Völker proklamierten sie innerhalb weniger Tage nach der Ausrufung der Tschechoslowakei die Provinzen Deutschböhmen und Sudetenland sowie die Kreise Deutschsüdmähren und Böhmerwald. Die Ausrufung und der beabsichtigte Anschluss der mehrheitlich deutsch besiedelten Gebiete der böhmischen Länder an Deutsch-Österreich entbehrten aber jedweder internationalen Anerkennung. Die Regierung der Tschechoslowakei, die vor allem auf die Billigung Frankreichs rechnen konnte, reagierte unmittelbar. Mit dem Ziel, die separatistische Bewegung zurückzudrängen, ließ sie seit November 1918 die böhmischen Grenzgebiete mit eigenen Truppen besetzen. Im Januar 1919 galten die Grenzgebiete als vollständig besetzt. Die Bewegungen der tschechoslowakischen Truppen und die Zahl der stationierten Soldaten wurden von sächsischer Seite mit großem Interesse verfolgt. Das Generalkommando des XIX. Armeekorps, das mit dem Aufstellen von Freiwilligen Grenzschutzverbänden beauftragt war, begann im Frühjahr 1919 mit der „Feindbeobachtung“ und Auswertung der Lage an der Grenze.[33] Die Präsenz des Militärs war für die Anwohner und Anwohnerinnen beiderseits der Grenze nicht selten mit Erfahrung von Gewalt verbunden. Beide Seiten verletzten die Grenze durch Truppenbewegungen und unerlaubte Überflüge der Luftwaffe. Zwischen den Truppen kam es immer wieder zu kleineren Gefechten.[34]

31 René Küpper, Die Frage der Lausitzer Sorben auf der Pariser Friedenskonferenz 1919 im Spiegel tschechoslowakischer diplomatischer Quellen, in: Lětopis. Časopis za rěč, stawizny a kulturu Łužiskich Serbow 66 (2019) 1 [im Druck].

32 Luft, „Alte Grenzen“, S. 101 f.

33 Sächsisches Staatsarchiv – Hauptstaatsarchiv Dresden, Bestand 11351 Generalkommando des XIX Armeekorps, Nr. 189, Bl. 1 f.

34 Eduard Kubů, Die brüchigen Beziehungen, Die Weimarer Republik und die Tschechoslowakei, in: Jörg K. Hoensch/Hans Lemberg (Hrsg.), Begegnung und Konflikt. Schlaglichter auf das Verhältnis von Tschechen, Slowaken und Deutschen 1815–1989, Essen 2001, S. 71–84, hier S. 76.

Auf sächsischer Seite häuften sich Beschwerden gegen das Verhalten der Grenztruppen.[35] So hatte sich am 13. Juni 1919 die Gemeinde Raun bei Brambach zu einer Protestversammlung gegen die Stationierung der Grenztruppen versammelt. Der Anlass war tragisch. Einige Tage zuvor war ein Bewohner des Ortes, der 18 Jahre alte Sohn eines Gastwirtes, bei einer Grenzkontrolle erschossen worden. Wie es ein an das Ministerium für Militärwesen gerichteter Bericht schildert, forderte die Protestversammlung den zeitnahen Abzug des Grenzschutzkommandos. Der Berichtende empfahl, dieser Forderung nachzukommen, denn „die Aufregung und Empörung der sonst friedlichen hiesigen Einwohner steigert sich von Tag zu Tag, sodass eine längere Belassung derselben [des Grenzschutzkommandos, JP] unabsehbare Folgen nach sich ziehen kann, für die wir jede Verantwortung ablehnen“[36]. Im Auftrag des Ministeriums wurde den Raunern Bedauern über den tödlichen Vorfall ausgesprochen. Das Grenzschutzkommando, das für den Tod des jungen Mannes verantwortlich war, wurde abgelöst. Doch an seiner Stelle kam Ersatz nach Raun.[37]

In den böhmischen Grenzgebieten waren die tschechoslowakischen Truppen genauso in Konflikte mit der lokalen Bevölkerung involviert. Trotz der kategorischen Ablehnung des neuen Staates durch die deutschböhmischen Politiker kam es im Verlauf der Besetzung zu keinem ernsthaften Widerstand der Bevölkerung. Resignation dürfte die häufigste Reaktion auf die Besatzung gewesen sein. Angesichts der Angst vor Plünderungen wurde die Präsenz des Militärs an einigen Orten sogar mit Erleichterung aufgenommen. Gelegentlich kam es zum Aufbäumen und gewaltbereiten Protesten gegen die Besatzung, die teilweise zu Todesopfern führten.[38] Die tschechoslowakischen Truppen waren angewiesen, umsichtig vorzugehen. Gemessen an der nationalistisch aufgeladenen Atmosphäre gelang es ihnen weitestgehend, diese Vorgabe umzusetzen. Dennoch kam es zu kleineren Vorfällen, wie etwa Zerstörung von Denkmälern, die zur Verunsicherung der lokalen Bevölkerung führten. Die ablehnende Haltung der deutschböhmischen Politiker gegenüber dem neuen Staat zu beschwichtigen, vermochte die militärische Besetzung der böhmischen Grenzgebiete keinesfalls. Anlässlich der Eröffnung der Nationalversammlung in Wien am 4. März 1919 riefen alle deutschböhmischen Parteien zu Protest auf. Die Gewährung des Selbstbestimmungsrechts der Völker (und somit die Anerkennung der proklamierten Autonomiegebiete), Abzug der Truppen und Verbesserung der Versorgung mit Kohle und Lebensmitteln waren die zentralen Forderungen der Kundgebungen. Ihr weitgehend friedlicher Verlauf eskalierte dennoch an einigen Orten in gewalttätigen Konflikten. Im Verlauf der Ausschreitungen schossen

35 Sächsisches Staatsarchiv – Hauptstaatsarchiv Dresden, Bestand 11351 Generalkommando des XIX Armeekorps, Nr. 189, Bl. 93.

36 Ebd., Bl. 264.

37 Ebd., Bl. 264.

38 Manfred Alexander, Kleine Geschichte der böhmischen Länder, Stuttgart 2008, S. 397.

Militär und Polizei bei mehreren Demonstrationen in die Menge: 59 Tote, darunter zwei Soldaten und 107 Verletzte waren zu beklagen. Die Gegner der Tschechoslowakei fühlten sich bestätigt.[39]

Die Grenzregionen im Fokus der staatlichen Politik

Gegenseitiges Misstrauen zwischen Sachsen und der Tschechoslowakei blieb zwar die Regel. Doch die Einsicht in den wirtschaftlichen Vorteil guter Beziehungen half, die Lage zu stabilisieren. Der Historiker Zdeněk Šolle attestierte den reichsdeutschen und sächsischen Politikern generell deutlich mehr politische Voraussicht, als sie sich bei den deutschböhmischen Politikern zeigte. Die sächsische Regierung entsandte beispielsweise im November 1918 Walter Koch, ihren ehemaligen Innenminister, nach Prag, um die eigenen ökonomischen und politischen Interessen zu vertreten. Im September 1921 wurde Koch befördert und zum Gesandten Erster Klasse der Regierung des Deutschen Reichs bei der Regierung der Tschechoslowakei in Prag ernannt. Koch, der einen guten persönlichen Kontakt zu Tomáš Garrigue Masaryk, dem tschechoslowakischen Präsidenten, hatte, lehnte die separatistische deutschböhmische Politik ab und warnte immer wieder vor der antitschechischen Rhetorik.[40]

Mit Blick auf die Grenze vereinbarten die Regierungen Sachsens und der Tschechoslowakei den Austausch von Informationen und die Koordinierung der antikommunistischen Sicherheitsmaßnahmen.[41] Ferner wurde die Bedeutung der grenzüberschreitenden Mobilität in den Grenzgebieten anerkannt, indem im August 1919 eine Erleichterung im Grenzverkehr vereinbart wurde.[42] Die Erleichterungen waren nicht nur der besonderen Entwicklung der Grenzgebiete vor 1914 und den grenzüberschreitenden Beziehungen der Menschen geschuldet. Es zählte auch, dass die Grenzgebiete als Zentren der Industrie für die Nationalwirtschaften des Deutschen Reichs und der Tschechoslowakei enorm wichtig waren. An einer zügigen Belebung der Wirtschaft in dieser Region waren sowohl Sachsen als auch die Tschechoslowakei interessiert. Die nun beschlossenen Erleichterungen knüpften an die Einrichtung des kleinen Grenzverkehrs von 1915 an. Sie erleichterten die saisonalen sowie alltäglichen Pendelwanderungen von Warenhändlern, Gesinde, Bau- und Fabrikarbeitern und Menschen, die ihre

39 Vgl. Jörg K. Hoensch, Geschichte der Tschechoslowakischen Republik 1918–1978, Stuttgart 2. Auflage 1978, S. 30; Tobias Weger, Die Konstruktion einer Gruppe. Der 4. März 1919 als zentraler sudetendeutscher Erinnerungsort der Zwischenkriegsjahre, in: Brücken. Germanistisches Jahrbuch Tschechien-Slowakei, Neue Folge 14 (2006) S. 63–75, hier S. 65; Alexander, Geschichte, S. 398.

40 Murdock, Places, S. 110.

41 Ebd., S. 110 f.

42 Verordnung betr. den Verkehr über die tschechoslowakische Grenze nach Aufhören des militärischen Schutzes, in: Sächsische Staatszeitung vom 30.8.1919 und vom 1.9.1919, Nr. 2965 IIA.

Grundstücke jenseits der Grenze bewirtschafteten, aber auch Vergnügungsfahrten und touristische Reisen enorm.

Im Dezember 1919 schloss die Tschechoslowakei vorläufige Handelsverträge, unter anderem auch mit Sachsen. Die Beziehungen der beiden Staaten profitierten zudem von dem am 29. Juni 1920 verabschiedeten Wirtschaftsabkommen der deutschen und der tschechoslowakischen Regierung. Das Abkommen bestätigte die zuerst regional und mit der Dresdner Regierung getroffenen Regelungen des kleinen Grenzverkehrs.[43] In der Folge konnten die Grundbesitzer ihre Grundstücke jenseits der Grenzen wieder frei bewirtschaften, sie erhielten zudem Sonderrechte beim Überschreiten der Grenze mit Ernte, Düngemitteln und Ackergeräten. Im September 1920 wurden die Bescheinigungen für den kleinen Grenzverkehr vereinheitlicht. Ausgegeben wurden sie als Dauerausweise – entweder mit Lichtbild auf sechs Monate oder ohne ein Lichtbild als Tagesausweise für gelegentliche Grenzübertritte mit einer Gültigkeit von 48 Stunden; Kinder unter 15 Jahren benötigten für den Grenzübertritt keinen Ausweis.[44]

Die Anwohner vor allem auf der böhmischen Seite spürten zudem die Auswirkungen der tschechoslowakischen Sozialpolitik stark. Denn die Führung der jungen ČSR versuchte, auch „ihre" Deutschen – also die deutschsprachige Bevölkerung – zu erreichen und für das Projekt der Tschechoslowakei zu gewinnen. Sie wusste, dass der ablehnenden Haltung der deutschböhmischen Politiker gegenüber dem neuen Staat letztlich nicht nur die feste Basis vor Ort, sondern auch die Unterstützung des Deutschen Reichs fehlte.[45] Und sie hatte Einiges zu bieten: Die Tschechoslowakei wurde als ein demokratischer Staat gegründet, sie wurde von den Alliierten und hier vor allem von Frankreich unterstützt, sie ging wirtschaftlich vergleichsweise konsolidiert aus dem Krieg hervor und wurde von einer bürgerlich-moderaten Regierung regiert. Mit der Lösung sozialer Fragen und einer Politik des Ausgleichs setzte die Regierung alles daran, alle Beteiligten zu überzeugen, dass der neue Staat Frieden und Prosperität bieten würde.[46]

Zu den sozialen Maßnahmen, die unmittelbar auf das Leben in den Grenzgebieten einwirkten, gehörten die Bodenreform und die Förderung der Ansiedlung in den Grenzgebieten. Im Rahmen der von 1920 bis 1933 durchgeführten Bodenreform wurde der 250 ha überschreitende Grundbesitz eingezogen und unter einzelnen Bedürftigen, Genossenschaften und Vereinen aufgeteilt. Ein Ziel der Bodenreform war die weitgehende Verstaatlichung der Grenzwälder. Die Reform wurde jedoch sowohl von tschechi-

---

43 Wirtschaftsabkommen zwischen der Deutschen Regierung und der Tschechoslowakischen Regierung vom 29.6.1920, in: Verhandlungen des Reichstags 364 (1920) 24, Berlin 1924, Nr. 944.

44 Rahn, Einwirkungen, S. 53.

45 Murdock, Places, S. 109. Friedrich von Gebsattel, deutscher Konsul in Prag, war der erste ausländische Repräsentant, der dem neuen Staat gratulierte. In einem Bericht an Max von Baden vom 25. Oktober 1918 plädierte er dafür, die Situation der böhmischen Deutschen zu akzeptieren, um gute Voraussetzungen für die Verhandlungen mit der tschechoslowakischen Regierung zu schaffen.

46 Murdock, Places, S. 103.

schen als auch von deutschböhmischen Nationalisten rhetorisch missbraucht. Die einen propagierten sie dabei als eine „Wiedergutmachung" der dreihundert Jahre dauernden Folgen der Schlacht auf dem Weißen Berg, die anderen sahen in ihr ein Instrument der Tschechisierung.

Dieses Argument war schwer von der Hand zu weisen. Denn zum einem lag der Großgrundbesitz in Böhmen vor allem in der Hand des „deutschen" Adels. Zum anderen fehlte der Reform die Legitimierung durch die deutschböhmischen Politiker – sie befanden sich noch bis in die Mitte der 1920er Jahre im passiven Widerstand gegen die Tschechoslowakei. Auch die Förderung der Ansiedlung in den Grenzgebieten wurde als ein Affront gegenüber den böhmischen Deutschen gedeutet. Denn die Grenzgebiete in Böhmen waren mehrheitlich deutsch besiedelt, das innere Böhmen mehrheitlich tschechisch. Insofern waren es vor allem Tschechen, die diese Chance nutzten und sich insbesondere als Beamte des Staates in den Grenzgebieten niederließen.[47]

Auch Walter Koch kritisierte trotz seiner moderaten Haltung gegenüber der tschechoslowakischen Politik den Prozess der „Tschechisierung" des Landes. Am 11. Dezember 1923 berichtete er beispielsweise nach Berlin: „*Eine* Maschine hat auch in der politisch stillen Sommerzeit ihre Arbeit nicht einen Augenblick eingestellt: Das ist der riesige Tschechisierungsapparat, der mit unerhörter Energie und Folgerichtigkeit an tausend Stellen in diesem Lande tätig ist. In unablässiger Kleinarbeit, mit täglichen Schikanen aller Art treibt er seine Stollen überall in das deutsche Sprachgebiet. Seine besten Pioniere sind die Eisenbahn-, Gendarmerie- und Postbeamten, zu denen in absehbarer Zeit noch die Schiffahrtsbeamten auf der Elbe und, nach Enteignung der Grenzwälder, auch die Forstbeamten kommen werden."[48]

Die Grenzgebiete und die Wirtschaftskrisen von 1921/22 sowie 1929

Als es zwischen 1921 und 1922 zu einem Konjunktureinbruch kam, reagierte die Tschechoslowakei mit der Aufwertung ihrer Währung. Bisher hatten die Sachsen von den ungleichen Preis- und Lohnniveaus an der Grenze profitiert. Mit der Deflation der Krone bei gleichzeitiger Inflation im Deutschen Reich verkehrte sich die Situation. Was dem Export schadete, freute die Tschechoslowaken in der Grenzregion: Das Bier in Sachsen kostete nur ein Fünftel, Brot ein Zehntel des Preises in Böhmen. Zu diesem Zeitpunkt war es den Grenzbewohnern überlassen, in Sachsen mit der Krone anstatt

47 Ebd., S. 106.

48 Die politische Lage in der Tschechoslowakei (Bericht der Deutschen Gesandtschaft an das Auswärtige Amt vom 11. Dezember 1923), in: Manfred Alexander (Hrsg.), Deutsche Gesandtschaftsberichte aus Prag. Innenpolitik und Minderheitenprobleme in der Ersten Tschechoslowakischen Republik. Teil II. Vom Kabinett Beneš bis zur ersten übernationalen Regierung unter Švehla 1921–1926, München 2004, S. 63–68, hier S. 67 [Hervorhebung im Original].

mit der Mark zu bezahlen.[49] Der Gesandte Koch sprach in dem Zusammenhang gar von einem „Ausverkauf Deutschlands". Ende 1923 schrieb er nach Berlin: „Jeder, der über einige Freizügigkeit verfügt, ist in den letzten Wochen über die Grenze in die Sommerfrische gefahren oder hat wenigstens den günstigen Stand der Krone zur Mark durch Einkauf aller Art in einer deutschen Stadt für sich auszunutzen gesucht."[50] Die Preisunterschiede sah er in zahlreichen Bereichen, selbst Produkte ein und derselben Firma wiesen extrem hohe Preisunterschiede auf, sobald das Unternehmen sowohl auf der einen als auch auf der anderen Seite der Grenze ihre Filialen habe. Als Beispiel führte er die Firma Förster an: „Die Firma Förster baut Klaviere sowohl in Sachsen (Löbau) wie auch in der Tschechoslowakei (Georgswalde). Einen in Georgswalde gebauten Flügel behauptet sie nicht unter 28 000 Kč geben zu können, das ist ein Vielfaches dessen, was ein Flügel einer ersten Firma in Deutschland kostet. Das gleiche Verhältnis ist in allen anderen Waren, vor allem in Textilien."[51]

Der Warenverkehr schien nach seiner Ausführung zu diesem Zeitpunkt sehr hoch zu sein. Er wundere sich, „wie die Tschechen die massenhaft gekauften Sachen trotz aller Grenzaufsicht in die Heimat bringen. In den allermeisten Fällen muß es doch glücken; sonst würde das Geschäft nicht so blühen. [...] Wie weit die an der Grenze umgehende Nachrede, daß einzelne tschechische Grenzorgane der Einfachheit halber den Pascherdienst selbst übernehmen, begründet ist, vermag ich nicht zu entscheiden. Sommergäste aus dem Riesengebirge berichten, daß die über dieses hereinströmenden gepaschten Güter an gewissen Umschlagplätzen nach dem Inneren Böhmens regelmäßig weiter verkauft und vertauscht werden."[52] Es waren allerdings nicht nur Menschen aus Böhmen, die es über die Grenze zum Einkaufen zog. Der Not wegen passierten auch Personen aus Sachsen die Grenze, um in Böhmen zu betteln. Doch der Schmuggel wurde in der Tat epidemisch. Deutsche offizielle Stellen berichteten zudem, dass sich Schießereien und Raufereien häuften.[53]

Die tschechoslowakische Seite reagierte mit restriktiven Maßnahmen und weigerte sich mitunter, die Tagesausweise für Grenzläufer anzuerkennen. In Reaktion darauf und zum Schutz der Wirtschaft verschärfte nun auch die sächsische Seite die Grenzsicherung. Berichte und Beschwerden an offizielle Stellen belegen, welche Schwierigkeiten die Verstärkung der Grenzsicherung den Menschen vor Ort bereitete. Nicht selten machten Amtsträger und Kaufleute auf die wechselseitige Abhängigkeit der sächsischen und

49 Murdock, Places, S. 121. Die Erfahrungen der Wirtschaftskrise wie der enorme Preisverfall und die sächsisch-böhmischen Anfeindungen lassen sich in literarischen Werken der Zeit finden. Sie verarbeitete etwa der sozialdemokratische Journalist Edgar Hahnewald in dem 1936 in Prag veröffentlichten Roman „Karl Herschowitz kehrt heim. Eine Geschichte aus unserer Zeit". Vgl. Swen Steinberg, „Karl Herschowitz kehrt heim." Der Schriftsteller-Journalist Edgar Hahnewald zwischen sächsischer Identität und der Heimat im Exil, Berlin 2016.

50 Die politische Lage in der Tschechoslowakei, S. 64.

51 Ebd.

52 Ebd.

53 Murdock, Places, S. 132.

Abb. 3: Eine Postkarte mit Motiv der sächsisch-böhmischen Grenze

böhmischen Wirtschaft in der Grenzregion aufmerksam. So mahnte etwa Emil Lange, ein Drucker aus Bärenstein, vor negativen Auswirkungen der politischen Maßnahmen und verwies dabei auf die traditionelle Arbeitsmigration in seiner Region: Er persönlich sei auf kompetente Arbeitskräfte aus Böhmen angewiesen, um seinen Betrieb am Laufen zu halten.[54] Ähnlich klangen die Bedenken der Musikinstrumentenbauer. Der Austausch von Rohstoffen und Waren, die grenzüberschreitende Walz der wandernden Handwerker, die Bewegung der Arbeitskräfte zwischen Klingenthal, Markneukirchen, Graslitz (Kraslice) und Schönbach (Luby) hatte Tradition. Die sächsischen und böhmischen Instrumentenbauer fürchteten die Einschränkung ihrer Beziehungen.[55] Dokumentiert sind auch ganz einfache und private Anliegen, die neue Lage in der Grenzregion berührte den Alltag der in ihr lebenden Menschen teils fundamental. So hatte Ida Schindler aus Georgendorf (Český Jiřetín) in Böhmen 1922 in einem Brief an die sächsischen Behörden ihre Situation wie folgt beschrieben: Ihr Arbeitsweg habe sich um ein Vielfaches verlängert, da sie die Grenze nur noch auf bestimmten Hauptstraßen passieren dürfe. Sie bat daher um Erlaubnis, nahe an ihrem Wohnort über die Grenze gehen zu dürfen, um das Abendessen für ihre Familie zu gewohnter Zeit kochen zu können.[56]

54 Ebd., S. 135.
55 Schramm, Transnationale, S. 83.
56 Murdock, Places, S. 117.

Erst nach der Stabilisierung der deutschen Währung konnte die Verschärfung der Grenzbestimmungen wieder zurückgenommen werden: Am 25. Januar 1924 trat eine neue zwischenstaatliche Regelung über den kleinen Grenzverkehr in Kraft. Mit ihr wurden alle bisherigen Einschränkungen aufgehoben. Im Juni 1926 verhandelten die Amtshauptmannschaft Bautzen und die Bezirkshauptmannschaft Rumburg (Rumburk) die Frage der Tagesausweise. Die Bedingungen für die grenzüberschreitenden Beziehungen waren zu dieser Zeit günstig. Als im April 1928 sogar der Sichtvermerk in Pässen aufgehoben wurde, verloren Grenzausweise gänzlich ihre Bedeutung.[57] Langsam schienen sich die Verhältnisse in der Grenzregion wieder zu normalisieren bzw. zum Vorkriegszustand zurückzukehren. Dies allerdings war ein Trugschluss.

Den entscheidenden Einschnitt im Alltag in den Grenzgebieten brachte die Weltwirtschaftskrise. Ihr Ausbruch am 25. Oktober 1929 traf in Europa das Deutsche Reich und Industrieregionen wie Sachsen besonders hart. Die sächsische Wirtschaft wurde zusätzlich durch die Konkurrenz aus der Tschechoslowakei belastet. Nach und nach wurden ganze Wirtschaftsbereiche lahmgelegt: die Posamenten-, die Musikinstrumente-, die Holzindustrie sowie der Einzelhandel und das Handwerk. Wegen der inzwischen wieder geringeren Preise in Böhmen deckte vor allem die grenznahe Bevölkerung ihren Bedarf an Konsumgütern und Lebensmitteln durch Einkäufe in der Tschechoslowakei.[58]

Mit der Krise wurde die Bewegung von Gütern und Menschen allerdings erneut radikal eingeschränkt. Die noch bestehenden wirtschaftlichen Beziehungen wurden immer mehr zurückgefahren und im weiteren Verlauf der Krise meistenteils endgültig eingestellt. Auch wurde die Nutzung der Tagesausweise für die Grenzläufer ausgesetzt und der kleine Grenzverkehr zwischen Sachsen und Böhmen kam zum Erliegen.[59]

Die Grenzgebiete im Fokus der nationalen Bewegungen

Mit der Weltwirtschaftskrise radikalisierten sich zudem die politischen Lager, die die Grenzgebiete zu einem Austragungsort des „nationalen Kampfes" machten. Allerdings waren die „Grenze" und die „Grenzgebiete" schon seit dem ausgehenden 19. Jahrhundert ein beliebtes Sujet der nationalen Bewegungen. Nach 1918 wurde die Problematik Grenze und Grenzgebiete in der Öffentlichkeit zunehmend als eine nationale Frage diskutiert. Bezeichnend ist, mit welchem Eifer sich die Wissenschaft der Frage annahm. Unter der Federführung von Rudolf Kötzschke, Landeshistoriker an der Universität

57 Rahn, Einfluß, S. 54.
58 Steffen Birkefeld/Thomas Daelen, Sachsens Wirtschaft in der Krise, in: Dresdner Hefte 39 (1994) 3: Dresden in der Weltwirtschaftskrise, S. 8–16, hier S. 10.
59 Rahn, Einfluß, S. 54.

Leipzig, entstand beispielsweise eine Reihe von Arbeiten, die sich dem Thema der sächsisch-böhmischen Grenze widmeten.[60] Auf der böhmischen Seite machte sich Gustav Jungbauer, der Ordinarius für deutsche Volkskunde an der Deutschen Universität in Prag, daran, den Forschungsbereich der „Grenzlandvolkskunde" ins Leben zu rufen.[61] Auch seine tschechischen Kollegen, allen voran Lubor Niederle, befassten sich nach 1918 zunehmend mit der „Grenzlandproblematik".[62] Ob in Sachsen oder in Böhmen, die wissenschaftliche Beschäftigung mit der Grenze war häufig politisch motiviert, in einigen Fällen mit völkischem Gedankengut durchsetzt.[63]

Ähnlich verhielt es sich mit der Bewegung der Grenzbüchereien, die Ende des 19. Jahrhunderts entstand und die nach 1918 zahlreiche neue Anhänger gewann. Das Zielpublikum der Grenzbüchereien waren Menschen, die als Deutsche identifiziert wurden und in den unmittelbaren Grenzgebieten – inner- und außerhalb des Deutschen Reiches – lebten. Der Verein „Grenzbüchereidienst", Träger der Grenzbüchereien mit Sitz in Berlin, hatte 1921 in seiner Satzung erklärt, sein Zweck sei es, „deutsche Art und deutsches Wesen zu erhalten und zu vertiefen [...], dem ringenden Deutschtum in den Grenzmarken ein Helfer [zu] sein".[64] Der Fokus der Grenzbüchereien lag in erster Linie auf den Abstimmungsgebieten, wo gezielt Volksbildungspolitik betrieben wurde. Grundsätzlich jedoch bestand der Anspruch, alle Grenzgebiete zu versorgen. An der sächsisch-böhmischen Grenze wurde das Grenzbüchereiwesen dabei vor allem in der Oberlausitz etabliert.[65] Bei der ersten Grenzbüchereitagung im Oktober 1926 berichtete der Studienrat Marx aus Bautzen über die besondere Situation der Büchereiarbeit in der sächsischen Oberlausitz. Denn seiner Einschätzung nach läge die Herausforderung nicht in den Verhältnissen jenseits der Grenze, sondern im Land selbst: Nicht der tschechische Nachbar sei es, „der uns zu intensiver deutscher Kulturarbeit verpflichtet, sondern die wendische Minderheit"[66]. Die Aufgabe der Grenzbüchereien müsse folglich sein, die Verbindung der slawischen Minderheit im Land, den Sorben, zu den Tschechen zu verhindern. Denn das „Wendentum [...] besitzt in sich selbst nicht die Lebenskraft und die Stärke, sich aus Eigenem zu behaupten, lehnt sich deshalb in mancher Hinsicht

60 Z. B. Walter Schlesinger, Entstehung und Bedeutung der sächsisch-böhmischen Grenze, in: Neues Archiv für Sächsische Geschichte 59 (1938), S. 6–38; Rahn, Einwirkungen.

61 Lozoviuk, Grenzgesellschaft, S. 17.

62 Ebd., S. 22.

63 So z. B. bei dem nordböhmischen Volkskundler Emil Lehmann, seit 1919 Herausgeber der Zeitschrift Heimatbildung, der in der Grenzlandvolkskunde ein Instrument der „Deutscherhaltung" sah. Vgl. Lozoviuk, Grenze, S. 19.

64 Zitiert nach: Mechthild Golczewski, Die Grenzbüchereien im „Volkstumskampf" gegen Polen 1900–1939, in: Manfred Alexander/Frank Kämpfer/Andreas Kappeler (Hrsg.), Kleine Völker in der Geschichte Osteuropas. Festschrift für Günther Stökl zum 75. Geburtstag, Stuttgart 1991, S. 105–118, hier S. 112.

65 Golczewski, Die Grenzbüchereien, S. 112.

66 Wilhelm Scheffen (Hrsg.), Erste Grenzbüchereitagung, Tambach-Dietharz/6. bis 9. Oktober 1926 (Mitteilungen des Vereins zur Verbreitung guter volkstümlicher Schriften, 7), S. 36–38, hier S. 36 f.

an das Tschechentum an und sucht sich durch diesen Anschluß an den mächtigeren Nachbarn zu stärken und zu erhalten"[67].

Tschechische Nationalisten trugen nach 1918 ebenfalls zur Zuspitzung der Differenzen bei. Der wichtigste tschechisch-nationale Schutzverein, der Nordböhmische Nationalverein (Národní jednota severočeská), erfuhr einen enormen Mitgliederzuwachs. Im Jahr 1928 zählte er mehr als 100 000 Mitglieder, die in 925 Zweigstellen organisiert waren.[68] Die „Grenzlandarbeit", die seit der Gründung 1885 betrieben wurde, bestand in der kulturellen und politischen Unterstützung der tschechischen Minderheit in den Grenzgebieten – als „exponierte Repräsentanten und Garanten für die Existenz der Nation".[69] Diese Beispiele zeigen, dass die Grenze zwischen Sachsen und Böhmen trotz der traditionell ethnisch gemischten Bevölkerung nach 1918 zunehmend als die Grenze zwischen den „Germanen" und den „Slawen" identifiziert wurde.[70] Die Grenzgebiete wurden nun definitiv zum Austragungsort der nationalen Konkurrenz und ihrer rassistischen Argumentationen.

In Sachsen setzte sich endgültig eine aggressive antislawische Grenzlandrhetorik durch. Organisationen der deutschböhmischen und der tschechischen Nationalisten sowie der Kommunisten machten die Grenzregion zu einem wesentlichen Austragungsort ihrer Politik. Immer häufiger riefen sie gerade hier zu Demonstrationen auf. Die Wahrnehmung der Grenzgebiete als Orte, an denen das Schicksal des Staates und der Nation entschieden wurde, erreichte nun weite Teile der Bevölkerung.[71]

Ausblick

Nach der Machtübernahme der Nationalsozialisten im Januar 1933 durchstreiften Männer der SA und der SS illegal die tschechoslowakischen Grenzgebiete, demonstrierten ihre Haltung und belästigten die lokale Bevölkerung. Das Ende der Weimarer Republik war zugleich das Ende eines lebendigen, pluralistischen, auf wirtschaftlichen und familiären Netzwerken basierenden grenzüberschreitenden Lebens zwischen Sachsen und Böhmen; zwischen 1933 und 1935 wurde auch die Arbeitsmigration von Böhmen nach Sachsen gedrosselt. Hinzu kam, dass alle Fälle von Einbürgerungen seit 1918 überprüft wurden: Jeder, der nun als jüdisch angesehen wurde – ob es sich um Tschechen, Kommunisten oder Sozialdemokraten handelte – verlor die Bürgerrechte. Zur Überraschung der deutschböhmischen Nationalisten kam es aber nicht dazu, dass die „Sudetendeutschen"

67 Scheffen, Erste, S. 37.
68 Haslinger, Nation, S. 359.
69 Ebd., S. 361.
70 Murdock, Places, S. 108.
71 Ebd., S. 158.

als Arbeitskräfte gezielt nach Sachsen geworben wurden. Zu ihrem Missmut standen sie vielmehr im Verdacht, Anhänger des demokratischen tschechoslowakischen Staates zu sein, der ja noch immer und bis 1939 bestand. Selbst nach dem so genannten Anschluss der nordböhmischen Gebiete im Zuge des Münchner Abkommens im Oktober 1938 blieb die Unterscheidung zwischen „reichsdeutschen" Sachsen und „Sudetendeutschen" erhalten. Das Schicksal der Region freilich war besiegelt. Mit der nationalsozialistischen Okkupation 1938, der Vertreibung und Aussiedlung der „Sudetendeutschen" nach 1945 und dem Aufkommen der kommunistischen Staaten verfiel der grenzübergreifende Charakter der Region endgültig. Das über die Grenze hinweg „geteilte Leben" wich dem an der Grenze geteilten Leben.

„Wir zogen viele Straßen ..."

Lebenswege, Irrwege und Sackgassen sächsischer Jugendbewegter nach 1918

Justus H. Ulbricht

Wer sich ein Bild der politischen Kultur und der Kulturgeschichte Sachsens zwischen den Weltkriegen machen möchte, sollte an einem Phänomen nicht vorbeigehen, das nicht wegen seiner quantitativen Größe, sondern seines gewissermaßen seismographischen Charakters für gesellschaftliche Wandlungsprozesse im „Zeitalter der Extreme" interessant ist. Gemeint ist die bürgerliche Jugendbewegung zwischen 1918 und 1933, auf deren ehemalige Mitglieder man allenthalben stößt, wenn man sich auf die lokal- und regionalgeschichtliche Spurensuche in Sachsen begibt.[1]

Man versteht die sächsische Jugendbewegung jedoch nur, wenn man auf die Entstehung der Jugendbewegung insgesamt zurückschaut. Das soll eingangs in aller Kürze geschehen. Auch im weiteren Fortgang meiner Überlegungen skizziere ich eher eine Problem- und Phänomengeschichte als eine faktenstarrende Darstellung jugendbewegten Lebens im Sachsen der Weimarer Republik.

1 Ein erster, breit angelegter Versuch der Annäherung an diese facettenreiche soziale Bewegung ist Katja Margarethe Mieth/Justus H. Ulbricht/Elvira Werner (Hrsg.), „Vom fröhlichen Wandern". Sächsische Jugendbewegung im Zeitalter der Extreme 1900–1945, Dresden 2015.

„Mit uns zieht die neue Zeit …" oder: Wie es mal begann

Wer auf das letzte Jahrhundert zurückschaut, um sich des Zusammenhangs von Jugendkult,[2] Kulturkritik[3] und Jugendbewegung[4] zu vergewissern, tut dies im Wissen darum, dass im 20. Jahrhundert Hekatomben von jungen Männern auf den Schlachtfeldern Europas verblutet sind – gerade 2018 wurden wir uns dessen erneut bewusst. Dies skeptische historische Bewusstsein dürfte uns gegen die Renaissance eines Jugendkultes immunisieren, der im „Tod fürs Vaterland" (die Partei, die Klasse, die Rasse …) das notwendige, gar „heilige Opfer" junger Männer sah,[5] aus dem eine neue Gesellschaft erblühen sollte – eine „Sinngebung des Sinnlosen" (Theodor Lessing),[6] die zu ihrer jeweiligen Zeit durchaus kollektiven Sinn stiftete und sich politisch nutzen ließ.[7] Wir selbst leben in einer Gesellschaft, die Jugendlichkeit als Wert derart verabsolutiert hat, dass, etwa im kollektiven Bildgedächtnis der Werbung, ältere Menschen zu jungdynamischen Erwachsenen stilisiert werden, die immer aktiv und attraktiv bleiben – eines jedoch nicht dürfen: in Ehren und Ruhe alt werden. Auch diese Form des Jugendkultes ist ein Erbteil der „klassischen Moderne",[8] genauer der Zwanziger Jahre, die erstmals den Typ des ewig Jungen („For ever young") erfanden, dem erwachsen zu werden kein Ziel war und der sich – gerade in Kreisen der Jugendbewegung – des Spotts der wirklich Jungen sicher sein konnte.

Hinter den kulturellen und politischen Projektionen[9] auf die jüngere Generation verschwindet oftmals nicht allein deren wirkliches Leben, sondern auch das Bewusstsein davon, dass es „Jugend" als Eigenwert und Lebensphase, vor allem aber als uneingeschränkt positiven Begriff erst seit etwa 140 Jahren gibt.[10] Ebenso alt ist eine entsprechende politisch-gesellschaftliche Praxis, diese Jugend zu schützen, zu erziehen,

2 Vgl. Birgit Dahlke, Jünglinge der Moderne. Jugendkult und Männlichkeit in der Literatur um 1900. Köln/Weimar/Wien 2006.

3 Vgl. die Pionierstudien in Walter Rüegg (Hrsg.), Kulturkritik und Jugendkult, Frankfurt/M. 1974.

4 Eine neue Monographie zur Jugendbewegung fehlt. Siehe zur Orientierung Jakob Müller, Die Jugendbewegung als deutsche Hauptrichtung neukonservativer Reform, Zürich 1966; Walter Z. Laqueur, Die deutsche Jugendbewegung. Eine historische Studie, Köln 1978.

5 Justus H. Ulbricht, Vom Weiterleben der Toten und dem Sinn des Opfers. Literarischer Jünglings- und Kriegerkult des 19. und 20. Jahrhunderts, in: Richard Faber/Almut-Barbara Renger (Hrsg.), Religion und Literatur. Konvergenzen und Divergenzen, Würzburg 2017, S. 307–340.

6 Vgl. die während des Ersten Weltkriegs konzipierte Geschichtsphilosophie von Theodor Lessing, Geschichte als Sinngebung des Sinnlosen (zuerst 1919), München 1983.

7 Vgl. die Fallstudien von Sabine Behrenbeck, Der Kult um die toten Helden. Nationalsozialistische Mythen, Riten und Symbole, Vierow b. Greifswald 1996; Silke Satjukow/Rainer Gries (Hrsg.), Sozialistische Helden. Eine Kulturgeschichte von Propagandafiguren in Osteuropa und der DDR, Berlin 2002.

8 Vgl. Detlev J. K. Peukert, Die Weimarer Republik. Krisenjahre der Klassischen Moderne, Frankfurt/M. 1987.

9 Barbara Stambolis, Mythos Jugend. Leitbild und Krisensymptom. Ein Aspekt der politischen Kultur im 20. Jahrhundert (Edition Archiv der deutschen Jugendbewegung 11), Schwalbach 2003.

10 Vgl. Lutz Roth, Die Erfindung des Jugendlichen, Weinheim 1983.

zu kontrollieren und zu nutzen für die Belange der Gesamtgesellschaft.[11] In Distanz, Ablehnung, Widerspruch oder Anpassung an die Zumutungen der Älteren haben die jeweils jungen Generationen versucht, ein autonomes Jugendleben zu entwickeln und individuelle Selbstbilder[12] der eigenen Altersstufe zu entwerfen.[13]

Als sich zu Beginn des 20. Jahrhunderts am Steglitzer Gymnasium bei Berlin Schülergruppen zusammenfanden und mit einzelnen Lehrern begannen, längere Ausflugs- und Wanderfahrten zu unternehmen,[14] entstand ein einmaliges, in dieser Form nur in Deutschland existierendes Phänomen: die bürgerliche deutsche Jugendbewegung. Obwohl klein an Zahl – Ende der 1920er Jahre standen ca. 60 000 bündischen Jugendlichen[15] weit über eine Million Mitglieder der Turner, der Parteijugendverbände und einzelner paramilitärischer Jugendorganisationen gegenüber – haben die Angehörigen der bürgerlichen Jugendbewegung nicht allein das Selbstbild, sondern auch die Kultur der deutschen Gesellschaft im 20. Jahrhundert maßgeblich geprägt, gingen sie doch bevorzugt in pädagogische, seelsorgerische, wissenschaftliche und journalistische Berufsfelder. Damit wurden sie gesellschaftliche Multiplikatoren und erlangten eine soziale und politische Bedeutung, die sich allein aus ihrer Zahl nicht erklären ließe.[16] Nach 1945 fanden sich die Älteren und die Überlebenden erneut zusammen[17] und dominierten über mehrere Jahrzehnte auch die wissenschaftliche Sicht auf das Phänomen Jugendbewegung.[18] Sentimentale Rückerinnerungen an die eigene Jugendzeit, Trauer um die verstorbenen oder in zwei Weltkriegen gefallenen Freunde, Formen romantischer Kulturkritik und der Wille zur Selbststilisierung formten bei den ehemaligen Angehörigen

11 Vgl. Jürgen Oelkers, Von der Welt des Émile zur Erziehungsdiktatur, in: Der Neue Mensch. Obsessionen des 20. Jahrhunderts. Hrsg. v. Nicola Lepp/Martin Roth/Klaus Vogel, Ostfildern-Ruit 1999, S. 37–47.

12 Anschaulich ist der Katalog Schock und Schöpfung. Jugendästhetik im 20. Jahrhundert, Neuwied 1986.

13 Zahlreiche anregende Studien zur gesellschaftlichen Dynamik des „Generationenkonflikts" in Dieter Dowe (Hrsg.), Jugendprotest und Generationenkonflikt in Europa im 20. Jahrhunderts, Bonn 1986.

14 Gerhard Ille/Günter Köhler (Hrsg.), Der Wandervogel. Es begann in Steglitz. Beiträge zur Geschichte der deutschen Jugendbewegung, Berlin 1987.

15 Die Mitgliederzahlen der Jugendbewegung beruhen auf Schätzungen, denn eine exakte quantitative Sozialforschung dazu hat es nie gegeben. Wichtig zu wissen, dass es immer zu Mehrfachmitgliedschaften und wechselnden Zugehörigkeiten kam; außerdem zu wechselnden Namen für ein und dieselben Gruppe und Bünde, zu zahlreichen Zusammenschlüssen und Spaltungen. Kurzum, ein vollkommen exaktes Bild dieser sozialen Bewegung ist schwer zu gewinnen.

16 Umgekehrt hat erst die Forschung erkannt, wie stark einzelne berühmte Persönlichkeiten von der Jugendbewegung geprägt waren. Vgl. Barbara Stambolis (Hrsg.), Jugendbewegte geprägt. Essays zu autobiographischen Texten von Werner Heisenberg, Robert Jungk und vielen anderen, Göttingen 2013.

17 Vgl. den Themenschwerpunkt „Die Wiederbelebung jugendbündischer Kulturen in der westdeutschen Nachkriegsgesellschaft", in: Historische Jugendforschung. Jahrbuch des Archivs der deutschen Jugendbewegung, Neue Folge 1 (2004).

18 Für Sachsen sind hier besonders Rudolf Kneip und Hermann Kügler zu nennen, zwei Angehörige der Sächsischen Jungenschaft, die nach 1945 publizistisch sehr aktiv waren und *ihr* Bild *Ihrer* Jugend oftmals als *das* Bild sächsischer Jugendbewegung verbreiteten. Vgl. Friederike Hövelmanns, Die Sächsische Jungenschaft – Abenteurer, Aufrührer, Angepasste? Die Jugendbewegung in Sachsen zwischen den beiden Weltkriegen am Beispiel einer Jungengruppe, in: Mieth/Ulbricht/Werner, „Vom fröhlichen Wandern" (Anm. 1), S. 133–151.

des Wandervogels und der Bündischen Jugend[19] ein Bild ihrer Bewegung als Ausbruch aus alten Zwängen, als Kampf gegen Schule und Elternhaus, als Rebellion und Revolte, ja als Ausstieg aus der modernen Industriegesellschaft.

Inzwischen ist die Forschung in ihrem Urteil präziser, nüchterner und erkennt die Aporien und Innovationen der Jugendbewegung klarer als diese selbst. Danach war der Auszug aus „grauer Städte Mauern" Teil der bildungsbürgerlichen Reformbewegungen um 1900[20] und nicht denkbar ohne die Unterstützung Erwachsener, nicht zuletzt zahlreicher Lehrer, Pfarrer und Eltern. Diese selbst waren oftmals den bildungsbürgerlichen Reformbewegungen gegenüber aufgeschlossen, suchten nach Alternativen zu den eher konservativen, auch angepassten, wilhelminischen Lebensentwürfen oder litten, kulturkritisch und kulturpessimistisch gestimmt, an den Abwegen und Abgründen der modernen Industriegesellschaft. Man weiß außerdem, dass damals die „junge Generation"[21] trotz mancher Romantizismen in Sprache, Kleidung und Habitus sehr modern, zukunftsgewiss und tatkräftig war[22] – also nicht nur kulturpessimistisch und regressiv auf die Probleme ihrer Gesellschaft antwortete. Dass moderne Jugendliche ihr Moratorium zwischen Kindheit und Berufsleben, die Freiräume zwischen Schule und Elternhaus kreativ und selbständig nutzten, dass Angehörige beider Geschlechter ihre Rebellion oftmals in fortschrittlichen Elternhäusern lernten[23] (was Konflikte zwischen den Generationen nicht ausschloss) und dann gemeinsam aufbrachen in die „neue Zeit"[24] – all dies klingt uns heute so selbstverständlich, dass wir verkennen, wie ungewohnt, unüblich, manchmal störend und gar verstörend dieses neue Jugendleben für die Gesellschaft, speziell die ältere Generation, aber auch die Jugendlichen selbst einst im Wilhelminismus und auch noch in der Weimarer Republik gewesen ist.

---

19 Gemeinhin unterteilt man die Geschichte der Jugendbewegung in die „Wandervogel-Zeit" (1896–1919) und die „Bündische Zeit" (1920–1933); vgl. die – trotz aller ideologischen Retuschen – wichtigen Quellenbände von Werner Kindt (Hrsg.), Die Wandervogelzeit. Quellenschriften zur deutschen Jugendbewegung 1896–1919 (Dokumentation der Jugendbewegung II), Köln Düsseldorf 1968; ders. (Hrsg.): Die deutsche Jugendbewegung 1920 bis 1933. Die bündische Zeit (Dokumentation der Jugendbewegung III), Köln Düsseldorf 1974. – In beiden Bänden finden sich ausführliche Chroniken aller wichtigen Wandervogel-Bünde bzw. bündischer Gruppen.

20 Vgl. Winfried Mogge, Jugendbewegung, in: Handbuch der deutschen Reformbewegungen 1880–1933. Hrsg. v. Diethart Kerbs/Jürgen Reulecke, Wuppertal 1998, S. 181–196.

21 Die Anführungsstriche tun not, denn der Begriff der „jungen Generation" ist alles andere als selbsterklärend. Zur Debatte um das Konzept „Generation" siehe Ulrike Jureit, Generationenforschung, Göttingen 2006.

22 Dies betont zu Recht Frank Trommler, Modernität und die Kultur der Unproduktiven. Jugend und Jugendbewegung im Prozess der Modernisierung. In: Jahrbuch des Archivs der deutschen Jugendbewegung 18 (1993–1998), S. 159–180.

23 Dass die „Rebellion" der Jugendbewegung „gelernt" war, ist die Kernthese von Ulrich Aufmuth, Die deutsche Wandervogelbewegung unter soziologischem Aspekt, Göttingen 1979.

24 Immer noch lesenswert ist „Mit uns zieht die neue Zeit". Der Mythos Jugend. Hrsg. v. Thomas Koebner/Rolf-Peter Janz/Frank Trommler, Frankfurt/M. 1985.

Im „Sachsengau“ – Jugend zwischen Erzgebirge, Elbe und Saale

Die Sachsen halten sich bekanntlich für besonders regsam, aufgeweckt und „geistigen und kulturellen Strömungen besonders zugänglich“.[25]

> „Kein Wunder, daß auch eine solche seelisch-geistige Bewegung wie der Wandervogel in Sachsen zu früher und besonderer Ausprägung kommen mußte, so daß die Geschichte des sächsischen Wandervogels geradezu eine Geschichte des deutschen Wandervogels ist.“ [26]

So urteilte in landestypischer Bescheidenheit der aus Mittweida stammende Wandervogel und spätere Lehrer Rudolf Kneip. Daran ist so viel richtig, dass sehr bald nach Gründung des „Wandervogel, Ausschuß für Schülerfahrten“ im Steglitzer Ratskeller (4. November 1901)[27] der 1904 als „Steglitzer Wandervogel e. V.“ wiederbegründet worden ist, erste Impulse dieser neuen Jugendgruppierungen nach Sachsen ausstrahlten. Im Frühjahr 1906 wurden auf Anregung des „e. V.“ die „Dresdner Schülerreisen“ begründet. Der „Gau Obersachsen“ existierte im Alt-Wandervogel (AWV) bereits seit November 1904. In Leipzig sollte schon 1905 eine Ortsgruppe des WV gegründet werden. Aufgrund des geringen Interesses aber – nur sechs Schüler hatten sich gemeldet – schlief diese Initiative wieder ein. Im Januar 1906 jedoch startete der Germanistik-Student Hjalmar Kutzleb (1905/06 AWV-Kreisleiter für Sachsen und Schlesien)[28] eine neue Initiative mit elf Getreuen, bereits ein Jahr später war die Ortsgruppe auf 72 Köpfe angewachsen (1910: 216 eingetragene Mitglieder);[29] sehr bald existierten eigene „Mädel“-Gruppen, deren Aktivitäten denen der „Jungens“ kaum nachstanden – wenn auch die wachsamen

---

25 Vgl. Rudolf Kneip, Wandervogel – Bündische Jugend 1905 bis 1943, Frankfurt/M. 1967, S. 4. Das Zitat stammt aus Kneips erstmalig 1928 erschienener Schrift „Vom Wandervogel zum Jungenbund. 1. Teil der Geschichte der Sächsischen Jungenschaft, Mittweida 1928“, das am angegebenen Ort im Reprint vorliegt.

26 Dankwart Gerlach, Entwicklung und Bücher, in: Führerzeitung für die deutschen Wandervogel-Führer 4 (1916), H. 12, S. 4.

27 Vgl. Ulrich Herrmann (Hrsg.), „Mit uns zieht die neue Zeit ...“ Der Wandervogel in der deutschen Jugendbewegung, Weinheim/München 2006; dort S. 30–70 der für unseren Zusammenhang einschlägige Aufsatz des Herausgebers: „Wandervogel und Jugendbewegung im geistes- und kulturgeschichtlichen Kontext vor dem Ersten Weltkrieg“.

28 Von ihm, geboren 1885 in Gotha, stammt eines der beliebtesten Lieder der Bewegung: „Wir woll'n zu Land ausfahren“. Kutzlebs Kurzbiographie von Werner Kindt (Hrsg.), Die Wandervogelzeit. Quellenschriften zur deutschen Jugendbewegung 1896–1919 (Dokumentation der Jugendbewegung II), Köln Düsseldorf 1968 [im folgenden Kindt I] unterschlägt, dass der spätere Lehrer und Lehrerausbilder Kutzleb ein radikal Völkischer und später ein glühender Anhänger des Nationalsozialismus gewesen ist. Er starb 1959 in Celle. Kritisches zu Kutzleb bei Christian Niemeyer, Die dunklen Seiten der Jugendbewegung. Vom Wandervogel zur Hitlerjugend, Tübingen 2013, S. 139–142; Arno Klönne, Aufbruch der Jugend – aber wohin?, in: http://www.globkult.de/geschichte/entwicklungen/895-aufbruch-der-jugend-aber-wohin.

29 Vgl. den Insider-Bericht von Johannes Illgen, Altes und Neues von der Ortsgruppe Leipzig, in: Wandervogel. Gaublatt für Sachsen, Ostermond [April] 1912, S. 84–85.

Augen von Pfarrern, Lehrern und Eltern beim weiblichen Teil des jungen Wandervogels noch genauer hinschauten und mit Verboten schneller bei der Hand waren. Eine weitere Wurzel sächsischer Gruppen der Jugendbewegung liegt ebenfalls in Sachsen. In Chemnitz existierte seit dem 29. Juni 1906 eine Ortsgruppe der „Germania. Abstinentenbund an deutschen Schulen". Diese Organisation, die auf den Zusammenschluss der im Herbst 1901 in Nürnberg begründeten Schüler-Abstinentengruppe „Franconia" mit Schülern des Landerziehungsheimes Haubinda in Thüringen zurückgeht, hatte sich ab 1902 in ganz Deutschland verbreitet. Unterstützt wurde das abstinente Engagement junger Menschen durch erwachsene Angehörige der gut organisierten Abstinenten-Bewegung, die Teil der bildungsbürgerlichen Reformbewegungen gewesen ist. Vereinsrechtliche Beschränkungen führten zwar immer wieder zum Verbot von Germania-Gruppen, doch war diese Initiative letztlich nicht aufzuhalten.

Da die weitere Entfaltung der Jugendbewegung in Sachsen vor 1918 an anderer Stelle erzählt worden ist,[30] springen wir hier direkt in die Zeit der Weimarer Republik.

Vom Leben nach dem Krieg …

Dass und wie der „Weltkrieg als Erzieher"[31] langfristig auf die Gruppen, Bünde und Personen auch der sächsischen Jugendbewegung gewirkt hat, ist künftig noch genauer zu erforschen. So kann es an dieser Stelle nur darum gehen, zu skizzieren, welchen Herausforderungen sich die gesamte Jugendbewegung unmittelbar nach 1918, also nach der Kriegsniederlage, der Revolution, dem „Schmachfrieden" von Versailles und der Republikgründung, zu stellen hatte und wie sie ihren Platz in der neuen deutschen Nachkriegsgesellschaft zu finden versuchte. Nicht um eine faktologische Gruppen-, Bünde- und Zirkelgeschichte geht es also im Folgenden, sondern um eine Problemskizze, die die Jugendbewegung und deren sächsische Gruppen als Teil der weimarrepublikanischen Gesellschaftsgeschichte deutlich werden lässt. Das nimmt der jugendbewegten Szene einen Teil ihrer Exotik, die sich als Eindruck bei der Erforschung ihrer kulturellen Praxis heutzutage durchaus einzustellen vermag.

In den Gruppen und Bünden war bereits während des Krieges ein Generationen- bzw. Altersklassen-Konflikt spürbar geworden.[32] Atmosphärisch und organisatorisch

30 Vgl. dazu Justus H. Ulbricht, „Adler" oder „gezähmtes Wandergeflügel". Facetten deutsch-sächsischer Jugendbewegungsgeschichte(n); ders., Der „Sachsengau" entsteht. Beide in: „Vom fröhlichen Wandern" (Anm. 1), S. 11–31; 71–89.

31 Arndt Weinrich, Der Weltkrieg als Erzieher. Jugend zwischen Weimarer Republik und Nationalsozialismus, Essen 2013.

32 Daneben nahmen die Distanzen zwischen der älteren und der jüngeren Generation stetig zu. Dass beider Sehnsucht nach Wandlung und Erneuerung der deutschen Gesellschaft nicht mehr vereinbar waren, zeigt das Scheitern der „Lauensteiner Kulturtagungen" 1917. Vgl. Gangolf Hübinger, Eugen Diederichs' Bemühungen um die Grundlegung einer neuen Geisteskultur (Anhang: Protokoll der Lauensteiner Kulturtagung von Pfingsten

bedeutsam wurde, dass die Erfahrungswelten an Front und Heimatfront immer stärker auseinandertraten. Während die Feldwandervögel höchst verstörende Kriegs-, Gefechts- und Körpererfahrungen (Verwundung, Verstümmelung, psychische Desorientierung, mangelnde Hygiene in den Gräben und Unterständen …) machten, über Jahre in reinen Männergemeinschaften lebten und dem zivilen Dasein zunehmend entfremdet wurden, versuchten sich die Daheimgebliebenen in der „Klassengesellschaft im Krieg“[33] einzurichten, den Alltag der Kriegs- und Mangelwirtschaft zu bewältigen, die zunehmenden sozialen Spannungen innerhalb der deutschen Gesellschaft zu begreifen (und auszuhalten) und schließlich auch mit dem Tod tausender Freunde, Gefährten und Verwandten fertig zu werden. Jugendliche sahen sich zum einen mit wachsenden Zumutungen des staatlichen und militärischen Zugriffs auf die junge Generation konfrontiert, der ältere Kinder und Jugendliche zu allerlei Hilfsdiensten sowie – im Falle der männlichen Jugend – zur paramilitärischen Wehrerziehung heranzuziehen trachtete.[34]

Auch die Fraktionierung der politischen Kultur des Spätwilhelminismus, das heißt die Radikalisierung sowohl deutschnationaler und völkischer als auch linksradikaler Politikoptionen; die Erosion der bürgerlichen Mitte – zugleich aber die in Bürgertum und Arbeiterschaft wachsenden Bestrebungen, demokratische Reformen in Staat und Gesellschaft auf den Weg zu bringen – bildeten sich im Gruppen-Milieu der Jugendbewegung ab. Im Jahre 1915 etwa entstand unter Führung des Frontsoldaten Otger Gräff der radikal-völkische, neuheidnische „Greifenbund“, aus dem sich bald darauf der gemäßigtere „Jungdeutsche Bund“ entwickelte. Im August 1919 konstituierten sich diese „Jungdeutschen“ unter Frank Glatzel auf Burg Lauenstein in Thüringen neu; die Radikal-Völkischen hatten sich zu Kriegsende dem deutschreligiösen „Jungdeutschen Orden“ angeschlossen.[35] Ihr charismatischer Führer Gräff war schon im Mai 1918 in einem Liller Lazarett seinen Verwundungen erlegen. Die Existenz der „Jungdeutschen“, des „Wandervogel/Völkischer Bund“, der „Adler und Falken“, der „Geusen“ oder anderer völkisch orientierter Bünde zwangen alle Mitglieder der Jugendbewegung zur Positionierung für oder wider die völkische Idee.[36] Dies wird ein Thema der gesamten Weimarer Jahre bleiben und zu massiven Verwerfungen, gar Feindschaften im jugendbewegten Gruppenspektrum führen. Auf der Linken wandten sich Angehörige der Freideutschen

---

1917), in: Wolfgang J. Mommsen (Hrsg.), Kultur und Krieg: Die Rolle der Intellektuellen, Künstler und Schriftsteller im Ersten Weltkrieg, München 1996, S. 259–274.

33 Jürgen Kocka, Klassengesellschaft im Krieg. Deutsche Sozialgeschichte 1914–1918, Frankfurt/M. 1988 [erstmals Göttingen 1973].

34 Die geistige Militarisierung männlicher Jugend hat eine längere Vorgeschichte; dazu Christoph Schubert-Weller: „Kein schönrer Tod …“ Die Militarisierung der männlichen Jugend und ihr Einsatz im Ersten Weltkrieg 1890–1918, Weinheim München 1998.

35 Dazu Justus H. Ulbricht, Deutschchristliche und deutschgläubige Gruppierungen, in: Handbuch der deutschen Reformbewegungen 1880–1933. Hrsg. v. Diethart Kerbs/Jürgen Reulecke, Wuppertal 1998, S. 499–511.

36 Bereits im Mai 1916 begannen die Debatten um den „Greifenbund“ und die „Landsgemeinde“ im Sachsengau; vgl. „Erstes Kriegsrundschreiben des Sachsengaues“, Mai 1916, In: AdJB A11, Nr. 4.

Jugend sowie der ehemaligen Kreise um die Zeitschriften „Anfang"[37] und „Aufbruch"[38] den politischen Organisationen der Arbeiterbewegung zu, wobei deren theoretisch fundierter, sich ab 1916 radikalisierender Sozialismus bei nicht wenigen jugendbewegten Sympathisanten zum „Herzenssozialismus" mutierte, der sich auch in Teilen der ästhetischen Avantgarde jener Jahre wiederfand.[39] Friedrich Bauermeister rief 1915 zum „Klassenkampf der Jugend" auf, den er vom Klassenkampf des proletarischen Sozialismus allerdings fein säuberlich schied.[40] Die Sympathien mit dem Sozialismus bei gleichzeitiger Distanz zur Realpolitik und zu einem gesellschaftstheoretisch fundierten Konzept von Reform und Revolution wurde von den meisten Jugendbewegten über die Kriegszeit hinweg gerettet bzw. kultiviert. Zum Untergang des Kaiserreichs, der Novemberrevolution und den neuen Chancen demokratischer Partizipation in der jungen Weimarer Republik hielt die Mehrheit der ‚linken' oder liberalen Jugendbewegung kritische Distanz; von den Deutschnationalen und Völkischen ganz zu schweigen.

Im März-Heft 1919 der „Wandervogelführerzeitung" warnten Angehörige des Wandervogels, des in Sachsen entstandenen Älteren-Bundes „Landsgemeinde"[41] und des „Greifenbundes" die freideutschen Jugendlichen davor, sich in politischen Parteien zu engagieren oder gar selbst zur Partei zu werden:

> „Die Freideutsche Jugend als Ganzes hat nur *eine* politische Aufgabe, die im höchsten Sinne völkisch und sozialistisch zugleich ist: Sie soll unserem Volke sein ein Pfeil und eine Sehnsucht nach dem höheren Menschen."[42]

Kurzzeitig fanden sich ‚Links' und ‚Rechts' zumindest imaginativ zusammen im Traum von der deutschen „Volksgemeinschaft",[43] die man als „wahren" oder gar „deutschen

---

37 Dazu Klaus Laermann, Der Skandal um den Anfang. Ein Versuch jugendlicher Gegenöffentlichkeit im Kaiserreich, in: Thomas Koebne/Rolf-Peter Janz/Frank Trommler (Hrsg.), „Mit uns zieht die neue Zeit". Der Mythos Jugend, Frankfurt/M. 1985, S. 360–381; Ulrich Preuß, Verlorene Söhne des Bürgertums. Linke Strömungen in der deutschen Jugendbewegung 1913–1919 (Edition Archiv der deutschen Jugendbewegung, Band 8), Köln 1991, S. 102–108.

38 Der politisch radikaler als der „Anfang" argumentierende „Aufbruch" erschien erstmals Juli 1915. Vgl. dazu Preuß, Verlorene Söhne des Bürgertums [Anm. 37], S. 108–111.

39 Persönlichkeiten wie Alfred Kurella, Karl-August Wittvogel, Karl Korsch oder Karl Bittel, die sich – letzterer schon vor 1914 – konsequent dem Sozialismus und Kommunismus zuwandten, sind eher Ausnahmen.

40 Friedrich Bauermeister, Vom Klassenkampf der Jugend, in: Der Aufbruch 1 (1915), H.1, S. 2–14.;

41 Auf dem Freiberger Gautag des Wandervogel e. V. im Oktober 1913 gründeten sächsische „Dorfschullehrer" die „Landsgemeinde im Sachsenland". Pfingsten 1914 treffen sich deren Führer auf Schloss Mainberg mit anderen Älteren aus ganz Deutschland. Am 12. Juni 1914 gründet sich als Zusammenschluss der sächsischen „Landsgemeinde" und des „Märkischen Bundes" aus älteren (auch völkischen) Wandervögeln der „Bund der Landsgemeinden" in Kunersdorf/Sächsische Schweiz. Nach dem Krieg entsteht 1920 in Kronach/Franken der „Kronacher Bund" als wichtige Formation für die älter gewordenen Wandervögel und Freideutschen.

42 Otto Adam u. a., Partei oder Bewegung?, in: Führerzeitung für die deutschen Wandervögel. Unabhängige Zeitschrift der Wandervogelbewegung 7 (1919), H. 3, S. 38 f.; wieder abgedruckt in Kindt I [Anm. 9], S. 852–854.

43 Vgl. Gunther Mai, „Verteidigungskrieg" und „Volksgemeinschaft". Staatliche Selbstbehauptung, nationale Solidarität und soziale Befreiung in Deutschland in der Zeit des Ersten Weltkrieges (1900–1925); Volker Ull-

Sozialismus" beschwor,[44] und die „kurzzeitig zu einer Art Gründungskonsens der Weimarer Republik"[45] wurde.

> „Wir alle sind im tiefsten Wesen eins. Wir wollen das nicht vergessen, auch wenn in Zukunft – in der Wirklichkeit – den einen sein Weg nach rechts und den anderen nach links führt. Hie Schwärmerei – hie Wirklichkeitsidealismus – hie Sozialismus – hie Volkstum!! Im letzten Grunde ist's Eines, was wir suchen: die Wahrheit, was uns treibt: Idealismus, was wir erstreben: die ideale Menschengemeinschaft – wir sagen: die Volksgemeinschaft."[46]

Die Sehnsucht nach „Volksgemeinschaft", die man seinerzeit in allen politischen Lagern teilte,[47] versprach Verschiedenerlei: die Stillstellung sozialer und politischer Gegensätze in der deutschen Gesellschaft, also das Entkommen aus gesellschaftlicher „Zerrissenheit" und dem „Parteienhader", die (Wieder-)Einbettung der Gebildeten und Intellektuellen ins (freilich schon immer romantisierte) „Volk",[48] die Gewinnung eindeutiger nationaler Identität und die nationale Geschlossenheit nach außen. In der Werteskala zahlreicher bürgerlicher Jugendbewegter rangierte die Zugehörigkeit zur „Volksgemeinschaft" weit über der Staatsangehörigkeit zum „Deutschen Reich" der Weimarer Republik. „Das Höchste, das den jungen Menschen vorschwebt, ist die Volksgemeinschaft."[49]

---

rich, Kriegsalltag. Zur inneren Revolutionierung der wilhelminischen Gesellschaft. Beide in: Wolfgang Michalka (Hrsg.), Der Erste Weltkrieg. Wirkung, Wahrnehmung, Analyse, München Zürich 1994, S. 583–602, 603–621. Jeffrey Verhey, Der Geist von 1914 und die Erfindung der Volksgemeinschaft, Hamburg 2000; Steffen Bruendel, Volksgemeinschaft oder Volksstaat? Die „Ideen von 1914" und die Neuordnung Deutschlands im Ersten Weltkrieg, Berlin 2003.

44 Der Versuch, Sozialismus und Nation zusammenzudenken und damit die politischen Extreme zu versöhnen, ist Signatur des zeitgenössischen politischen Diskurses zwischen Friedrich Naumanns „nationalsozialen" Ideen und der Ideologie des linken Flügels der NSDAP unter den Gebrüdern Strasser; vgl. umfassend dazu Christoph H. Werth, Sozialismus und Nation. Die deutsche Ideologiediskussion zwischen 1918 und 1945, Weimar 2001 (2. Aufl.).

45 So Mai, Verteidigungskrieg [Anm. 43], S. 593.

46 Frank Glatzel, Der Jungdeutsche Bund, in: Freideutsche Jugend 4 (1918), H. 11/12, S. 423–424; Zitat S. 423. Hier zitiert nach Antje Harms, Jugendbewegte Gemeinschaftsideen in geschlechtergeschichtlicher Perspektive, in: Historische Jugendforschung. Jahrbuch des Archivs der deutschen Jugendbewegung [Themenschwerpunkt: Jugendbewegte Geschlechterverhältnisse]. Neue Folge 7 (2010), S. 95–110; Zitat Glatzel S. 96.

47 Zahlreiche Hinweise bei Justus H. Ulbricht, „Volk-Bildung" – „Völkische Bildung" – „Volksbildung". Politisch-ideologische Gemengelagen im pädagogischen Diskurs der Weimarer Republik, in: Peter Petersen und die Jenaplan-Pädagogik. Historische und aktuelle Perspektiven. Hrsg. v. Peter Fauser, Jürgen John u. Rüdiger Stutz, Stuttgart 2012, S. 227–247.

48 Vgl. Jens Wietschorke, Bürgerliche „Volksfreundschaft" zwischen Jugendbewegung und Erwachsenenbildung, in: Historische Jugendforschung. Jahrbuch des Archivs der deutschen Jugendbewegung [Themenschwerpunkt: Jugendbewegung und Erwachsenenbildung]. Neue Folge 8 (2011), S. 30–45.

49 Adam Ritzhaupt, Die „neue Schar" in Thüringen, Jena 1921, S. 13. Dies Diktum zielte auf die seinerzeit höchst umstrittene Gefolgschaft des „Messias von Thüringen", Friedrich Muck-Lamberty. Dazu Ulrich Linse, Barfüßige Propheten. Erlöser der Zwanziger Jahre, Berlin 1983, S. 97–128.

Wer über die Genese künftiger Volksgemeinschaft nachdachte, musste sein Verhältnis zu Frauen und Mädchen sowie zu „den Juden" klären. Die bereits vor 1914 lauthals und textreich geführten Diskussionen zur „Mädel"[50]- und „Judenfrage"[51] feierten unter den politisch ungleich problematischeren Bedingungen der Nachkriegszeit, nach der Radikalisierung nationalistischer, völkischer und männerbündischer Positionen während des Krieges („Frontkameradschaft") fröhliche Urständ. Man schätzt, dass vor 1914 etwa ein Drittel der bürgerlichen Jugendbewegten weiblichen Geschlechts gewesen ist,[52] wobei schon damals gemischte Gruppen und eigene Mädchen-Bünde existierten. Der Anteil von Mädchen und Frauen ging nach 1918 zurück, was unter anderem auf die verstärkte Durchdringung der Bündischen Jugend mit soldatischen Leitbildern und männerbündischen Ideen zu tun haben dürfte.[53] Der Antisemitismus war hingegen kein durchgängiges Kennzeichen bündischer Gruppen (zumal eine eigenständige jüdische Jugendbewegung existierte); doch er fand sich im deutschnationalen und dezidiert völkischen Gruppenspektrum wieder – zumal er sich ebenso wie der Nationalismus und das völkische Denken selbst in der Kriegszeit weiter radikalisiert hatte.

Auch die gerade für die sächsische Entwicklung wichtige Jungenschafts-Konzeption spielte dabei eine wichtige Rolle. Der Appell an Kameradschaft, Männlichkeit, Mut, Tapferkeit, Durchhaltevermögen und nationale Pflichterfüllung wurde nach 1918 im Gedenken an die Gefallenen und im „Kult um die toten Helden"[54] jeweils memoriert, erneuert und an jüngere Jahrgänge weitergegeben. Das Totengedenken an die im Ersten Weltkrieg umgekommenen Angehörigen der Wandervögel und Freideutschen war diejenige kulturelle Praxis, die bündische Gruppen der Linken wie der Rechten, ehemalige Wandervögel und Freideutsche ebenso wie Angehörige militanter Neugründungen, über alle persönlichen Differenzen und organisatorischen Spaltungen hin-

50 Vgl. den Themenschwerpunkt „Jugendbewegte Geschlechterverhältnisse" in: Historische Jugendforschung. Jahrbuch des Archivs der deutschen Jugendbewegung. Neue Folge 7 (2010), S. 9–209.

51 Zu dem aus der Kultur des Wilhelminismus von der Jugendbewegung übernommenen Erbteil zählte leider auch der Antisemitismus; vgl. Andreas Winnecken, Ein Fall von Antisemitismus. Zur Geschichte und Pathogenese der deutschen Jugendbewegung vor dem Ersten Weltkrieg (Edition Archiv der deutschen Jugendbewegung, Band 7), Köln 1991. – Dieser „Fall" ereignete sich übrigens in Zittau.

52 Guter Überblick bei Meike Sophie Baader, „Wie kam das Weib nun schließlich doch an die Lagerfeuer der Jugendbewegung?" Gesellungs-, Vergemeinschaftungs- und Beziehungsformen als Geschlechterkonstruktionen um 1900, in: Historische Jugendforschung. Jahrbuch des Archivs der deutschen Jugendbewegung. Neue Folge 7 (2010), S. 75–94.

53 Neben den Arbeiten von Birgit Dahlke, Jünglinge der Moderne. Jugendkultur und Männlichkeit in der Literatur um 1900, Köln Weimar Wien 2006 und Claudia Bruns, Politik des Eros. Der Männerbund in Wissenschaft, Politik und Jugendkultur (1880–1934), Köln Weimar Wien 2008 siehe hierzu die prägnanten Studien von Ulrike Brunotte, Zwischen Eros und Krieg. Männerbund und Ritual in der Moderne. Berlin 2004, insbes. S. 70–136; Claudia Bruns, Eros, Macht und Männlichkeit. Männerbündische Konstruktionen in der deutschen Jugendbewegung zwischen Emanzipation und Reaktion, in: Historische Jugendforschung. Jahrbuch des Archivs der deutschen Jugendbewegung. Neue Folge 7 (2010), S. 25–54.

54 Mit Blick auf die NS-Bewegung und die von dieser beerbten geistigen Traditionen siehe Sabine Behrenbeck, Der Kult um die toten Helden. Nationalsozialistische Mythen, Riten und Symbole, Vierow bei Greifswald 1996.

weg einte. Der Mythos vom „Opfer der Jugend" bei Langemarck[55] und die literarische Kultfigur des „Wanderers zwischen beiden Welten"[56] von Walter Flex waren über so manchen Lagerzaun hinweg mehrheitsfähig und bauten zudem geistige Brücken zum Helden- und Gefallenenkult der Wehrverbände und der Parteien des deutschnationalen und völkischen Lagers. Bereits ein kursorischer Blick in die Blätter der Bewegung zeigt, wie wichtig dies Totengedenken war.[57] Die Überlebenden und Nachgeborenen fühlten sich als Erben der Gefallenen und wähnten sich beauftragt, deren Kampf um und für Deutschland und „das Reich" siegreich wieder aufzunehmen und zu Ende zu führen.

Ein weiteres Erbe der Front- und Kriegserfahrung und zum Teil mit dem eben erwähnten Helden- und Märtyrerkult verquickt waren bestimmte Elite-Konzeptionen der überlebenden Jugendbewegten, die ältere Ideen aus Friedenszeiten in radikalisierter Form beerbten. Im Zuge wachsender Statusunsicherheit des primär geisteswissenschaftlich orientierten gebildeten Bildungsbürgertums, das seine Wertewelten und Ideale im Prozess der gesellschaftlichen Modernisierung Deutschlands zunehmend bedroht sah,[58] hatten sich ab Anfang der 1880er Jahre – als Kompensationsstrategie – geistesaristokratische und bildungselitäre Selbstdeutungsmuster entwickelt. Die Idee, zur eigentlichen Elite der deutschen Gesellschaft zu zählen, da man die ideelle Habe der Gesamtnation geistig verwalte (und zu deren Vermittlung an „das Volk" berufen sei), hatten zahlreiche Jugendbewegte von ihren Eltern und der Erwachsenengeneration übernommen. Ihr Selbstbild, als Avantgarde zur Rettung der gefährdeten deutschen Kultur berufen zu sein, stieß sich vor 1914 allerdings am zugleich vorhandenen Lebensgefühl, als Jugendgeneration überflüssig oder zumindest randständig zu sein, da die Kommandohöhen in Politik, Kultur und Gesellschaft von „den Alten" besetzt waren. Die Kriegsheimkehrer knüpften an solche Wunschvorstellungen an und meinten nun, allein sie wären – nach der Erfahrung der „Volksgemeinschaft" in der Gemeinschaft des Schützengrabens und als ehemalige soldatische Führer – auch in Friedenszeiten zur Führung berufen.

Der Weg zur „Volksgemeinschaft" aber wurde nun etwa nicht durch ein explizites parteipolitisches Engagement geebnet, sondern durch die Arbeit in den Feldern Kultur

55 Vgl. das Kapitel „Die Politik des Mythos. Das Langemarck-Gedenken 1919–1945" bei Weinrich, Weltkrieg als Erzieher [Anm. 31], S. 245–312; s. dort auch S. 65–124 „Helden- und Opfergedenken in der Jugendkultur der späten 1920er und frühen 1930er Jahre".

56 Justus H. Ulbricht, Der Mythos vom Heldentod. Entstehung und Wirkung von Walter Flex' „Der Wanderer zwischen beiden Welten", in: Jahrbuch des Archivs der deutschen Jugendbewegung 16 (1986/87), S. 111–156; Ausführlicher zu Flex vgl. Raimund Neuß, Anmerkungen zu Walter Flex. Die „Ideen von 1914" in der deutschen Literatur. Ein Fallbeispiel, Schernfeld 1992; Lars Koch, Der Erste Weltkrieg als Medium der Gegenmoderne. Zu den Werken von Walter Flex und Ernst Jünger, Würzburg 2006.

57 Die Erinnerung an die Toten des Sachsengaues wurde bereits während des Weltkriegs gepflegt; vgl. etwa die kleine Schrift „Andacht in der Kirche zu Weißbach zum Wandervogelgautag 1915, Leipzig o. J. [1915].

58 Dazu umfassend Georg Bollenbeck, Bildung und Kultur. Glanz und Elend eines deutschen Deutungsmusters, Frankfurt/M./Leipzig 1994 (2. Aufl.).

und Erziehung.[59] Der Freideutsche Helmut Tormin etwa meinte 1917 – dass die „Beseelung des seelenlosen Betriebs von heute“ die eigentliche „politische Aufgabe der Freideutschen Jugend“[60] sei. Durch das „Opfer“ und den Einsatz im Krieg wären „die Jungen“ zu künftigen Erziehern des Volkes berufen, denen eine „aristokratische Führungsaufgabe“[61] zugewachsen sei. (Volks-)Erzieherisch wirken wollten Wandervögel, Freideutsche und Bündische erst einmal dadurch, dass sie ihre eigenen Gemeinschaften als Ur- und Keimzellen künftiger Volksgemeinschaft entwarfen und meinten, die schiere Existenz der eigenen Gruppen hätte beispielgebende Auswirkungen auf die anderen „Volksgenossen“ und trügen dadurch zur Bildung von Gemeinschaft in Gesellschaft bei. So heißt es in einer Ankündigung von Alfred Kurellas Schrift „Deutsche Volksgemeinschaft“[62] in der „Freideutschen Jugend“:

> „Das politische Ziel liegt nach innen, das erzieherische nach außen, nicht umgekehrt. Ausgestaltung der Freideutschen Jugend zum Volk im kleinen und Erziehung des Volkes durch das Beispiel eines Gemeinschaftslebens, Neuformung aller Lebensbeziehungen aus dem Geiste der Gemeinschaft und Eroberung der Welt durch das Bild dieser neuen Gesellschaft, das erscheint hier [in Kurellas Schrift – JHU], in groben Umrissen, als das Ziel der Freideutschen Jugend.“[63]

Man geht wohl nicht fehl in der Annahme, dass diese Idee auch die älteren Jugendbewegten in der sächsischen „Landsgemeinde“ und dem „Kronacher Bund“[64] während der Weimarer Republik zutiefst motiviert hat. Letztlich kam es zur engen Verflechtung zwischen der weimarrepublikanischen Schullandschaft – in Sonderheit deren reformpäda-

---

59 Vgl. Paul Ciupke, Diskurse über Volk, Gemeinschaft und Demokratie in der Erwachsenenbildung der Weimarer Zeit; Justus H. Ulbricht, Pädagogik der „Volkwerdung“. Kontexte, Genese und Intention völkischer Erwachsenenbildung. Beide in: Paul Ciupke/Klaus Heuer/Franz-Josef Jelich/Justus H. Ulbricht (Hrsg.), „Die Erziehung zum deutschen Menschen“. Völkische und nationalkonservative Erwachsenenbildung in der Weimarer Republik (Geschichte und Erwachsenenbildung, Band 23), Essen 2007, S. 11–30; 31–52.

60 Helmut Tormin, Freideutsche Jugend und Politik (Freideutsche Schriften, Heft 2), Hamburg 1918, S. 36 f.

61 Eduard Heimann, Über die Freischaridee und die Bedingungen ihrer Verwirklichung (Ein Versuch), in: Freideutsche Jugend (1917), H. 2, S. 29–33, Zitat S. 31; zitiert nach Fiedler, Jugend im Krieg [Anm. 29], S. 144.

62 Alfred Kurella, Deutsche Volksgemeinschaft. Offener Brief an den Führerrat der Freideutschen Jugend, Hamburg 1918. – Dazu Justus H. Ulbricht, Jugend mit George – Alfred Kurellas Ideen von 1918. Versuch einer Kontextualisierung, in: George-Jahrbuch 9 (2012/2013), S. 219–241.

63 Freideutsche Jugend (1918), H. 9, Annonce bei S. 352; zit n. Preuß, Verlorene Söhne [Anm. 11], S. 165.

64 Aufschlussreich für die Verbreitung der Kronacher in Sachsen ist die „Mitgliederliste des Sachsengaues im Kronacher Bund der älteren Wandervögel“. In: AdJB A2–14/19 (2). Während der „Bundes-Obmann“ Otto Schönfelder in Hamburg wohnte, saß die „Bundes-Kanzlei“ bei Hans Pötschk in Grimma, die Gauleitung lag bei Walter Seibt aus Großschönau, die Geschäftsführung bei Otto Mörbitz in Glashütte. Als Schriftleiter des Rundbriefs „Der Kronacher Bund“ fungierte Wolfgang Wieckberg in Berlin. Der Gau war in fünf „Kreise“ unterteilt: „Leipzig-Land“ (Richard Harig, Leipzig), „Elbe“ (Gustav Schnorr, Dresden), „Lausitz“ (Fritz Teichert, Bautzen), „Mittelsachsen“ (Fritz Hatzsch, Schneeberg-Neustädtel), „Vogtland“ (Walter Blechschmidt, Plauen i. V.). Die „Jungkronacher“ besaßen allein in Dresden drei eigene Gruppen, je eine weitere in Leipzig, Plauen, Riesa-Priestewitz-Großenhain, Pulsnitz, Lichtenberg/Erzgeb., Weißenborn/Erzgeb.

gogischen Konzepten und Projekten[65] – und vor allem der Erwachsenenbildungsbewegung, nicht zuletzt zwischen Thüringen[66] und Sachsen.[67]

„Aufbruch der Jugend" in die „Grauzone" – ein fragend-differenzierter Blick zurück

Das „Verhältnis zwischen bündischer Jugend und Nationalsozialismus" stand in Forschung, Öffentlichkeit und bei den Erben der Jugendbewegung, den heutigen Bündischen und Pfadfindern, in Westdeutschland bereits seit den 1970er Jahren auf der Tagesordnung[68] – und diese Frage wurde 2013, zum 100jährigen Jubiläum des Festes auf dem Hohen Meißner, erneut aufgeworfen.[69]

Doch es griffe viel zu kurz und daneben, die Geschichte der sächsischen Jugendbewegung auf deren angebliche Vorreiterrolle für das „Dritte Reich" zu reduzieren. Dem würden nicht nur jüdische Jugendbewegte deutlich wiedersprechen,[70] sondern auch die Angehörigen der Leipziger Meuten,[71] der Swing-Jugend oder die demokratischen Mitglieder im legendären Leuchtenburg-Kreis.[72] Eine „Demokratie im kleinen"

65 Vgl. Ulrich Herrmann, Jugend, Jugendbewegung, Jugendkultur und die deutsche Reformpädagogik, in: Historische Jugendforschung. Jahrbuch des Archivs der deutschen Jugendbewegung. Neue Folge 4 (2007), S. 168–202. Zahlreiche weitere Hinweise finden sich im Themenschwerpunkt „Erziehung und Bildung" bei Kerbs/Reulecke, Handbuch der deutschen Reformbewegungen [Anm. 8], S. 315–424; vgl. auch in: Historische Jugendforschung. Jahrbuch des Archivs der deutschen Jugendbewegung. Neue Folge 8 (2011), Schwalbach/Ts. 2012 den Themenschwerpunkt „Jugendbewegung und Erwachsenenbildung", dort S. 9–297.

66 Paul Ciupke/Franz-Josef Jelich (Hrsg.), Experimentiersozietas Dreißigacker. Historische Konturen und gegenwärtige Rezeption eines Erwachsenenbildungsprojektes der Weimarer Zeit (Geschichte und Erwachsenenbildung, Band 8), Essen 1997; Bettina Irina Reimers, Die neue Richtung der Erwachsenenbildung in Thüringen 1919–1933 (Geschichte der Erwachsenenbildung, Band 16), Essen 2003.

67 Vgl. die Beiträge zu Institutionen und Personen der Leipziger Erwachsenenbildung in: Paul Ciupke/Franz-Josef Jelich (Hrsg.), Soziale Bewegung, Gemeinschaftsbildung und pädagogische Institutionalisierung. Erwachsenenbildungsprojekte in der Weimarer Republik (Geschichte und Erwachsenenbildung, Band 6), Essen 1996, S. 81–117.

68 Vgl. auch Jürgen Reulecke, Hat die Jugendbewegung den Nationalsozialismus vorbereitet? Zum Umgang mit einer falschen Frage, in: Wolfgang R. Krabbe (Hrsg.), Politische Jugend in der Weimarer Republik, Bochum 1993, S. 222–243.

69 Grauzone. Das Verhältnis zwischen bündischer Jugend und Nationalsozialismus. Hrsg. v. Claudia Selheim, Alexander Schmidt, Nürnberg 2013.

70 Vgl. Knut Bergbauer, „Inseln autonomen jüdischen Lebens …". Jüdische Jugendbewegung in Sachsen, in: „Vom fröhlichen Wandern" (Anm. 1), S. 115–131.

71 Alexander Lange, Meuten, Broadway-Cliquen, Junge Garde. Leipziger Jugendgruppen im Dritten Reich, Köln Weimar Wien 2010; s. auch den Aufsatz Langes zum Thema in „Vom fröhlichen Wandern" (Anm. 1), S. 153–159.

72 Neuere Darstellung dazu von Justus H. Ulbricht, „Sozialismus im weitesten Sinne heißt: Verpflichtet sein!" Der Leuchtenburg-Kreis in Sachsen als Diskussions- und Experimentierfeld demokratischen Engagements, in: Frank-Michael Kuhlemann/Michael Schäfer (Hrsg.), Kreise, Bünde, Intellektuellen-Netzwerke. Formen bürgerlicher Vergesellschaftung und politischer Kommunikation 1890–1960, Bielefeld 2017, S. 155–167.

war auch das Volkshochschulheim Sachsenburg unter Franz Angermann.[73] Die demokratische Bildungsarbeit mit Lehrlingen und Jungarbeitern in Leipzig wurde auch von Jugendbewegten maßgeblich geprägt.[74] Und der Günther-Wolff-Verlag in Plauen gehörte mit seinen Publikationen zum eher liberalen Spektrum jugendbewegten Lebens, was ihm die Todfeindschaft der Nationalsozialisten in deren vogtländischer Hochburg einbrachte.[75]

Kurzum, die Jugendbewegung teilte die Fragmentierung des politisch-weltanschaulichen Feldes der Erwachsenenkultur und partizipierte auf diese Weise auch am sächsischen Schicksal einer „überforderten Republik".[76] Diese aber sollte man nicht immer nur von deren Ende her beurteilen, sondern den Mut des Anfangs, die Visionen des Neubeginns und den „Geist der Utopie" nach Krieg und Kaiserreich nicht vergessen. Die ersten Sätze im berühmten Buch Ernst Blochs, dessen Titel eben schon erwähnt wurde, könnte, in expressionistischer Emphase, auch von zahlreichen Jugendbewegten – „links" wie rechts" – kurz nach 1918/19 gesprochen worden sein:

> „Ich bin. Wir sind. Das ist genug. Nun haben wir zu beginnen. In unsere Hände ist das Leben gegeben. Für sich selber ist es längst schon leer geworden. Es taumelt sinnlos hin und her, aber wir stehen fest, und so wollen wir ihm seine Faust und seine Ziele werden."[77]

---

73 Paul Ciupke, Eine Demokratie im Kleinen. Das Volkshochschulheim Sachsenburg und sein Leiter Franz Angermann, in: „Vom fröhlichen Wandern" (Anm. 1), S. 227–237.

74 Wichtige Hinweise dazu in Paul Ciupke/Franz-Josef Jelich (Hrsg.), Soziale Bewegung, Gemeinschaftsbildung und pädagogische Institutionalisierung. Erwachsenenbildungsprojekte in der Weimarer Republik, Essen 1996, insbes. S. 81–117.

75 Mehrere Hinweise zu Günther Wolff in „Vom fröhlichen Wandern" (Anm. 1); vgl. auch Justus H. Ulbricht: „so pendeln wir zwischen Feld, Wald, Wiese, Wasser und – Buch". Aspekte jugendbewegter Verlagsgeschichten, in: Grauzone (Anm. 69), S. 83–95, bes. S. 89–91.

76 Ursula Büttner, Weimar. Die überforderte Republik, Stuttgart Bonn 2008.

77 Ernst Bloch, Absicht (1918, 1923), in: ders.: Geist der Utopie, Frankfurt/M. 1977 [Nachdruck der zweiten Fassung von 1923], S. 11.

Der Aufstieg des Nationalsozialismus

Die völkische Bewegung und der Aufstieg der NSDAP in Sachsen

Clemens Vollnhals

Die überdurchschnittlichen Wahlerfolge, die die Nationalsozialistische Deutsche Arbeiterpartei (NSDAP) während der Weimarer Republik gerade in Sachsen erzielen konnte, sind nur vor dem Hintergrund der stark gespaltenen politischen Kultur im Königreich Sachsen und den Mobilisierungserfolgen der völkisch-antisemitischen Bewegung im ausgehenden 19. Jahrhundert zu verstehen. Die Kontinuität verkörperte in Sachsen wie kein anderer Theodor Fritsch, der Herausgeber des berüchtigten „Handbuchs der Judenfrage", das erstmals 1887 in Leipzig unter dem Titel „Antisemiten-Katechismus" erschienen war und bis 1944 49 Auflagen erleben sollte. Hitler bekannte im November 1930, als die 30. neu bearbeitete Auflage herauskam: „Das ‚Handbuch der Judenfrage' habe ich bereits in früher Jugend in Wien eingehend studiert. Ich bin überzeugt, dass gerade dieses in besonderer Weise mitgewirkt hat, den Boden vorzubereiten für die nationalsozialistische antisemitische Bewegung."[1] Als der „Altmeister der völkischen Bewegung" am 8. September 1933 im Alter von 80 Jahren verstarb, glich seine Beisetzung einem Staatsbegräbnis, an dem die gesamte sächsische Gauleitung der NSDAP teilnahm; ebenso würdigten Hitler und Goebbels in Beileidstelegrammen nochmals seine Verdienste.[2] Zwei Jahre später wurde in der Reichshauptstadt ein Denkmal für Theodor Fritsch eingeweiht und der Platz zu seinen Ehren umbenannt.[3]

1 Hitler an Fritsch vom 28.11.1930, in: Hitler, Reden – Schriften – Anordnungen. Februar 1925 bis Januar 1933. Hrsg. vom Institut für Zeitgeschichte, Bd. IV/1, München 1994, S. 133 f. Zu Fritsch vgl. Massimo Ferrari Zumbini, Die Wurzeln des Bösen. Gründerjahre des Antisemitismus: Von der Bismarckzeit zu Hitler, Frankfurt am Main 2003, S. 321–422.

2 Vgl. Der Freiheitskampf vom 10.9., 11.9., 12.9. und 13.9.1933.

3 Vgl. Der Freiheitskampf vom 3.9.1935.

Das Königreich Sachsen: Hochburg der Arbeiterbewegung und Hochburg der Reaktion

Charakteristisch für die politische Kultur Sachsens war die extreme Polarisierung der politischen Lager. Sachsen war eine Hochburg der Arbeiterbewegung und „lange Zeit die Hochburg der politischen Reaktion im Kaiserreich".[4] Auf der einen Seite standen die „Ordnungsparteien", das Kartell aus Konservativen und Nationalliberalen, auf der anderen Seite die SPD, die es als die „Partei des Umsturzes" mit allen Mitteln von der politischen Teilhabe an der Landespolitik auszuschalten galt. Wie im Reich wurde auch im Königreich Sachsen die Regierung vom Monarchen eingesetzt und war nicht vom Vertrauen des Parlaments abhängig, gleichwohl besaß die Frage der politischen Repräsentation eine große Brisanz. Schon bei den Reichstagswahlen 1874 war die Sozialdemokratie mit fast 36 Prozent der Stimmen zur eindeutig stärksten Partei geworden. 1903 eroberte die Sozialdemokratische Partei Deutschland (SPD) mit fast 60 Prozent der Stimmen 22 der 23 Reichstagsmandate des Königreichs, während sie im sächsischen Landtag nach der Einführung des reaktionären Dreiklassenwahlrechts von 1896 gar nicht oder nur mit einem Mandat vertreten war. Dies änderte sich erst ab 1909 mit dem Pluralwahlrecht, das aber immer noch weit hinter dem allgemeinen gleichen Wahlrecht, wie es seit 1871 im Reich galt, zurückblieb.

Die Entstehung der antisemitisch-völkischen Bewegung im 19. Jahrhundert

Als Alternative zum konservativen und proletarischen Lager formierte sich im Kaiserreich nach dem Gründerkrach von 1873, dem eine lang anhaltende wirtschaftliche Depression folgte, eine neue politische Kraft: die antisemitischen „Reformer". Sie attackierten einerseits das konservative Honoratiorenestablishment und machten zugleich Judentum und Liberalismus für die Wirtschaftskrise und noch allgemeiner für die Verwerfungen im traditionellen Sozialgefüge im Zuge der Industrialisierung und alle Erscheinungen einer ungeliebten Modernisierung verantwortlich. Die antisemitische Agitation fand vor allem im alten und neuen Mittelstand Resonanz, der in Sachsen stark ausgeprägt war.

In Sachsen zählte man zur Zeit der Reichsgründung 1871 gerade 3346 Juden, was 0,19 Prozent der Bevölkerung entsprach. Ihre Zahl stieg aufgrund der Zuwanderung deutscher und osteuropäischer Juden 1890 auf 9368 (0,27 %) und 1905 auf 14 669

4 Gerhard A. Ritter, Vorwort, in: Sächsische Parlamentarier 1869–1918. Die Abgeordneten der II. Kammer des Königreichs Sachsen im Spiegel historischer Photographien. Ein biographisches Handbuch. Bearb. von Elvira Döscher und Wolfgang Schröder, Düsseldorf 2001, S. X.

Deutsche Wacht

Dresdner Tageszeitung

für nationale Politik, wirthschaftliche Reform und deutsche Kunst.

Nr. 131. Dresden, Sonntag, den 10. Juni 1900. 14. Jahrgang.

Wo blieb das Blut?

Deutsche Reform

Deutsche Wacht

Organ für nationale Politik (gegr. 1879).

Kampfblatt für die Interessen des deutschen Mittelstandes.

Nr. 24. Dresden, Sonntag, den 26. März 1911. 32. Jahrgang.

Die Entscheidung von Gießen.

Wer war der erste Antisemit?

Abb. 1: Kopfblätter der „Deutschen Wacht" von 1900 und 1911, die als Organ der antisemitischen sächsischen Reformpartei fungierte

(0,33 %).[5] Die meisten Juden lebten in Leipzig, gefolgt von Dresden und Chemnitz. In absoluten Zahlen handelte es sich also um eine äußerst kleine Minderheit. Allerdings stellten die vor allem aus Galizien, Russland, dem ebenfalls vom russischen Zaren regierten „Kongresspolen" und der Bukowina zugewanderten orthodoxen Juden eine in der Öffentlichkeit deutlich wahrnehmbare Gruppe von Fremden dar. Sie sprachen Jiddisch, Polnisch oder Russisch, kleideten sich anders und besaßen andere Lebens-

5 Solvejg Höppner, Politische Reaktionen auf die Einwanderung ausländischer Juden nach Sachsen zwischen 1871 und 1925 auf kommunaler Ebene, in: Antisemitismus in Sachsen im 19. und 20. Jahrhundert. Hrsg. von der Ephraim-Carlebach-Stiftung und der Sächsischen Landeszentrale für politische Bildung, Dresden 2004, S. 123–141, hier S. 136. Vgl. allgemein Simone Lässig, Jüdische Wege ins Bürgertum. Kulturelles Kapital und sozialer Aufstieg im 19. Jahrhundert, Göttingen 2004; Michael Schäbitz, Juden in Sachsen – jüdische Sachsen? Emanzipation, Akkulturation und Integration 1700–1914, Hannover 2006.

gewohnheiten. Und nicht zuletzt stellten die Juden, die sich vorwiegend in Handel und Gewerbe betätigten, auch eine zunehmende wirtschaftliche Konkurrenz dar.

1879, als der im preußischen Bildungsbürgertum renommierte Historiker Heinrich von Treitschke mit seinem Diktum „Die Juden sind unser Unglück" den Berliner Antisemitismusstreit auslöste,[6] gründete der Kunstblumenfabrikant Alexander Pinkert in Dresden den ersten Reformverein, aus dem wenig später die Deutsche Reformpartei hervorgehen sollte. Als Organ fungierte die Wochenzeitung (ab 1882 Tageszeitung) „Deutsche Reform", 1887 kam die „Deutsche Wacht" hinzu. Sie erschien zunächst als „Wochenschrift für nationales Deutschtum und soziale Reform", seit 1893 dann als Dresdner Tageszeitung. Chefredakteur dieses antisemitischen Hetzblattes war der unermüdliche Agitator Oswald Zimmermann, der bis zu seinem Tod 1910 die Reformpartei auch als Abgeordneter im Reichstag vertrat (1890–1898, 1904–1910).

Wie stark der Antisemitismus bereits zu dieser Zeit im politischen Milieu der Residenzstadt verankert war, zeigte sich 1881 bei der Ergänzungswahl der Dresdner Stadtverordneten, als die Antisemiten erstmals im Verbund mit dem Hausbesitzerverein und dem Konservativen Verein antraten und 16 von 24 Kandidaten der gemeinsamen Liste in das Stadtparlament gewählt wurden. Zwei Jahre später erreichte dieses Bündnis erstmals die Mehrheit in der Stadtverordnetenversammlung und verhinderte mittels einer rüden Polemik die Wiederwahl von Emil Lehmann, dem Vorsitzenden der jüdischen Gemeinde.[7]

So war es kein Zufall, dass der „Erste Internationale Antijüdische Kongress" 1882 in Dresden tagte. Das verabschiedete Manifest an die „Regierungen und Völker der durch das Judentum gefährdeten christlichen Staaten" fasste die Vorwürfe zusammen: Der Liberalismus sei ein Instrument des Judentums, das die Weltherrschaft anstrebe; mittels der Presse würden die Juden die öffentliche Meinung beherrschen; die Juden seien eine fremde Rasse, die die Kultur, den Wohlstand und die Zukunft der christlichen Völker bedrohe. Das zweite Treffen fand ein Jahr später in Chemnitz statt, wo der rührige Ernst Schmeitzner Verlag seinen Sitz hatte, dessen Inhaber auch das „Internationale antijüdische Komitee" leitete.[8] Schmeitzner, der eine Zeit lang auch die Schriften Nietzsches verlegte,[9] gehörte zum Flügel der Rasseantisemiten, denen der christlich-religiöse Antisemitismus des Berliner Hofpredigers Adolf Stoecker und seiner Christlich-Sozialen Partei nicht weit genug ging.

---

6 Vgl. Zumbini, Wurzeln, S. 182–194; Der „Berliner Antisemitismusstreit" 1879–1881. Eine Kontroverse um die Zugehörigkeit der deutschen Juden zur Nation. Kommentierte Quellenedition. Im Auftrag des Zentrums für Antisemitismusforschung bearbeitet von Karsten Krieger, 2 Teile, München 2004.

7 Vgl. Matthias Piefel, Antisemitismus und völkische Bewegung im Königreich Sachsen 1879–1914, Göttingen 2004, S. 38, 47 f. Vgl. auch Gerald Kolditz, Zur Entwicklung des Antisemitismus in Dresden während des Kaiserreiches, in: Dresdner Hefte 45/1996, S. 37–45.

8 Vgl. Piefel, Antisemitismus, S. 42–46; Zumbini, Wurzeln, S. 258–264.

9 Vgl. Malcolm B. Brown, Friedrich Nietzsche und sein Verleger Ernst Schmeitzner. Eine Darstellung ihrer Beziehung, Frankfurt am Main 1987.

Eine Schlüsselfigur der antisemitischen Bewegung war Theodor Fritsch, der Inhaber eines mühlentechnischen Büros in Leipzig. Er war ein rastloser Agitator und Organisator, der wie kein anderer die Kontinuität der völkischen Bewegung vom Kaiserreich zum Nationalsozialismus verkörperte. Fritsch verlegte in seinem Verlag von 1885 bis 1894 die Wochenzeitung „Antisemitische Correspondenz" und verfasste 1887 den „Antisemiten-Katechismus", der bereits 1893 die 25. Auflage erlebte und ab 1907 in ständig ergänzter Form unter dem Titel „Handbuch der Judenfrage" erschien.[10] 1902 gründete Fritsch die Zeitschrift „Der Hammer. Blätter für deutschen Sinn", das am weitesten verbreitete Organ der Völkischen im Kaiserreich. Aus den Lesergemeinden entstanden 1912 der Reichshammerbund und der im Verborgenen agierende Germanenorden mit Verbindungen zur Thule-Gesellschaft.[11] Während der Weimarer Republik publizierte der Fritsch-Verlag u. a. die antisemitischen Pamphlete von Henry Ford und die berüchtigten „Protokolle der Weisen von Zion".[12]

Abb. 2: Titelbild des berüchtigten antisemitischen Buches „Handbuch der Judenfrage" von Theodor Fritsch, erschienen in der 27. Auflage der Hanseatischen Druck- und Verlagsanstalt in Hamburg 1910

Ein bedeutender Verlag im sächsischen „Antisemitenbiotop" war auch die Druckerei Ferdinand Glöß in Dresden. Sie gab in hoher Auflage den „Politischen Bilderbogen" mit primitiven antisemitischen Karikaturen heraus und verlegte auch viele Schriften Hermann Ahlwardts, Max Brewers sowie das radikal antisemitische Hauptwerk von Julius Langbehn „Der Rembrandtdeutsche".[13]

10 Vgl. Ernst Bergmann, Handbuch der Judenfrage (Theodor, Fritsch, 1887), in: Wolfgang Benz (Hrsg.), Handbuch des Antisemitismus. Judenfeindschaft in Geschichte und Gegenwart, Bd. 6: Publikationen, Berlin 2013, S. 257–262. Zu diversen Gerichtsverfahren wegen Beschimpfung der jüdischen Religion vgl. Christoph Jahr, Antisemitismus vor Gericht. Debatten über die juristische Ahndung judenfeindlicher Agitation in Deutschland (1879–1960), Frankfurt am Main 2011, S. 130–134.

11 Vgl. Michael Bönisch, Die „Hammer-Bewegung", in: Uwe Puschner/Walter Schmitz/Justus H. Ulbricht (Hrsg.), Handbuch zur „Völkischen Bewegung" 1871–1918, München 1996, S. 341–365.

12 Vgl. Eva Horn/Michael Hagemeister (Hrsg.), Die Fiktion von der jüdischen Weltverschwörung. Zu Text und Kontext der „Protokolle der Weisen von Zion", Göttingen 2012.

13 Vgl. Thomas Gräfe, Antisemitismus in Gesellschaft und Karikatur des Kaiserreiches. Glöß' Politische Bilderbogen 1892–1901, Norderstedt 2005. Zur Beleidigungsklage von Reichskanzler Caprivi vgl. Jahr, Antisemitismus vor Gericht, S. 147–150.

Wahlerfolge und Niedergang der antisemitischen Parteien

Die radikalen Antisemiten organisierten sich in Sachsen in der Deutsch-Sozialen Partei (1889) um Theodor Fritsch in Leipzig und in der Deutschen Reformpartei (1893, zuvor Antisemitische Volkspartei) um Oswald Zimmermann in Dresden. Gemeinsam waren ihrer Programmatik die mittelständischen, antiliberalen und antisemitischen Zielsetzungen. In den Städten stellte die Agitation gegen „jüdische" Kaufhäuser und sozialdemokratische Konsumvereine ein wichtiges Feld dar. So rief man beispielsweise in Dresden und Leipzig zu Weihnachten zu einem Boykott jüdischer Geschäfte auf.[14] Auf dem Land machte man die „Wucher- und Schacherjuden" für die prekäre Lage der Bauern verantwortlich, die insbesondere Anfang der 1890er Jahre nach der Abkehr von der Schutzzollpolitik Bismarcks an einem massiven Verfall der Agrarpreise litten. Die Aufhebung der rechtlichen Gleichstellung der einheimischen Juden und ein Einwanderungsstopp für ausländische Juden verstanden sich für die Antisemiten von selbst, längerfristig schwebte ihnen als Lösung der „Judenfrage" Auswanderung und Vertreibung vor.

Die rastlose Propaganda der Antisemiten blieb nicht ohne Wirkung, wie einem Bericht der Kreishauptmannschaft Bautzen im Vorfeld der Reichstagswahl 1893 zu entnehmen ist: „Es lässt sich […] nicht verkennen, dass der Antisemitismus in den breiteren Schichten des Volkes, soweit dasselbe der Sozialdemokratie nicht zuneigt, großen Anklang gefunden hat."[15] Tatsächlich wurde im Wahlkreis Bautzen-Kamenz Heinrich Gräfe bereits im ersten Wahlgang mit 10 507 Stimmen gewählt. In fünf weiteren Wahlkreisen setzten sich die Kandidaten der Reformpartei in der Stichwahl durch, weil sie auf die Unterstützung der konservativen Wählerschaft gegen den sozialdemokratischen Bewerber zählen konnten.[16] Insgesamt stimmten 1893 15,7 Prozent der sächsischen Wählerschaft für die Antisemiten, die nunmehr genauso viele Abgeordnete im Reichstag stellten wie die Konservativen, die gegenüber der Wahl von 1890 die Hälfte ihrer Mandate eingebüßt hatten. Neben Hessen-Nassau und Hessen bildete Sachsen damit eine Hochburg der Antisemiten, die reichsweit nur 4,4 Prozent der Stimmen erhalten hatten.[17]

Die parteipolitische Konkurrenz zwischen antisemitischen „Reformern" und Konservativen war hart, inhaltlich sind die Grenzen jedoch viel weniger eindeutig zu ziehen. So erklärte Heinrich Freiherr von Friesen-Rötha, der Führer der sächsischen Konservati-

14 Vgl. Hansjörg Pötsch, Antisemitismus in der Region. Antisemitische Erscheinungsformen in Sachsen, Hessen, Hessen-Nassau und Braunschweig, Wiesbaden 2000, S. 145 ff. Vgl. auch Katrin Griebel, Antijudaismus und Antisemitismus in der sächsischen Oberlausitz zwischen 1871 und 1918, in: Antisemitismus in Sachsen im 19. und 20. Jahrhundert, S. 94–104; Waltraud Schmidt, Der Ramscherkrieg – ein antisemitisch aufgeladener Abschnitt aus der vogtländischen Geschichte, in: ebd., S. 105–109.

15 Bericht der Kreishauptmannschaft Bautzen an das Ministerium des Innern vom 3.6.1893. Zitiert nach Piefel, Antisemitismus, S. 110.

16 Hierbei handelte es sich um die Reichstagswahlkreise Dresden-Neustadt, Dresden-Altstadt, Dippoldiswalde-Tharandt, Meißen-Großenhain und Pirna-Sebnitz.

17 Vgl. Zumbini, Wurzeln, S. 315.

ven, im Juni 1892 auf einem Parteikongress unverhohlen: Die konservative Partei sei seit ihrer Gründung antisemitisch ausgerichtet. „Sie ist deshalb noch heute die älteste, tatkräftigste, mächtigste, einflussreichste antisemitische Partei. Namentlich ist den sächsischen Konservativen mit zu danken, dass das Judentum im Verhältnis zu anderen Staaten sich in weit geringerem Maße in Sachsen hat einbürgern können. Unser Richterstand hat sich davon freigehalten, in unserem Lehrerstand bilden Juden nur Ausnahmen, in unserer landständischen Vertretung haben dieselben ebenso wenig in dem Beamtenstand Eingang gefunden."[18] Entsprechend drängten denn auch die sächsischen Konservativen, das Parteiprogramm im antisemitischen Sinne zu verschärfen. Mit der Verabschiedung des sogenannten Tivoli-Programms machte sich die Deutsch-Konservative Partei im Dezember 1892 diese Forderung auf Reichsebene zu eigen und postulierte bereits im ersten Punkt: „Wir bekämpfen den vielfach sich vordrängenden und zersetzenden jüdischen Einfluss auf unser Volksleben."[19] In diesem Kontext ist auch die Einführung des Schächtverbots 1892 in Sachsen zu sehen, das nur hier bis 1910 bestand.[20]

Angesichts der Verschmelzung von konservativen und antisemitischen Positionen und den ständigen Auseinandersetzungen im eigenen Lager konnten die Antisemiten bei späteren Reichstagswahlen allerdings nicht mehr an den Erfolg von 1893 anknüpfen, obwohl sie in diesen Jahren in Sachsen auf eine dichte Organisationsstruktur mit rund 100 Vereinen zurückgreifen konnten.[21] 1898 erzielten sie noch 13,4 Prozent der Stimmen und zwei Direktmandate (Bautzen-Kamenz und Pirna-Sebnitz). 1903 siegte die Sozialdemokratie in 22 der 23 sächsischen Wahlkreise und festigte damit den Ruf Sachsens als „Rotem Königreich". Das andere Mandat eroberte der Antisemit Gräfe, der den Wahlkreis Bautzen-Kamenz bis 1918 mit Unterstützung des nationalen Lagers im Reichstag vertreten sollte; insgesamt erzielten die Antisemiten 1903 in Sachsen 9,8 Prozent der Stimmen. 1907 erreichten sie noch 6,9 Prozent, eroberten aber mit Unterstützung der „Ordnungsparteien" drei Direktmandate (Bautzen-Kamenz, Dresden-Altstadt, Meißen-Großenhain), 1912 erhielten sie jedoch nur 4,0 Prozent.[22]

Bei den Landtagswahlen zur II. Kammer hatten die Deutsch-Soziale Partei und die Deutsche Reformpartei, welche sich 1894 zur Deutsch-Sozialen Reformpartei (ab 1903 wieder Deutsche Reformpartei) zusammenschlossen, erheblich schlechtere Wahlchancen.

---

18 Zitiert nach James Retallack, Herrenmenschen und Demagogentum. Konservative und Antisemiten in Sachsen und Baden, in: Ders. (Hrsg.), Sachsen in Deutschland. Politik, Kultur und Gesellschaft 1830–1918, Dresden 2000, S 115–141, hier S. 128. Vgl. auch Steffen Held, Antisemitismus, Politik und Justiz: Juristen in Sachsen um 1900, in: Antisemitismus in Sachsen im 19. und 20 Jahrhundert, S. 110–122.

19 Vgl. Paul W. Massing, Vorgeschichte des politischen Antisemitismus, Frankfurt am Main 1959, S. 67–71; James Retallack, Antisemitism, Conservative Propaganda, and Regional Politics in Late Nineteenth Century Germany, in: German Studies Review 11 (1988), S. 377–403.

20 Vgl. Schäbitz, Juden, S. 284–288.

21 Piefel, Antisemitismus, S. 119.

22 Tabelle in: Sächsische Parlamentarier 1869–1918, S. 218. Zur Reichstagswahl 1907 vgl. auch Piefel, Antisemitismus, S. 158 f.

Denn hier galt nicht das allgemeine und gleiche Reichstagswahlrecht, sondern das Zensuswahlrecht (Wohnbesitz, Mindeststeuersatz). Bei der Ergänzungswahl zum sächsischen Landtag 1893 eroberten die Antisemiten das Mandat im Wahlkreis Chemnitz-Süd und in Zschopau. Zwei Jahre später erhielten sie 11,3 Prozent der Stimmen, errangen aber aufgrund des Mehrheitswahlrechts keinen zusätzlichen Sitz im Landtag. Nach der Verabschiedung des reaktionären Dreiklassenwahlrechts (nach Steuerleistung) 1896, das in erster Linie den Siegeszug der Sozialdemokratie aufhalten sollte, schwanden auch die Erfolgschancen der Antisemiten; sie zogen erst bei den Wahlen 1903 erneut mit einem Mandat (Dresden-Land) in den Landtag ein. Mit der Einführung des Pluralwahlrechts (Einkommen, Vermögen, Bildung, Alter) erreichten sie 1909 4,4 Prozent der Stimmen und zwei Direktmandate (Amtshauptmannschaft Meißen, Chemnitz-Süd).[23] Am besten schnitt die Reformpartei, die 1905 rund 3500 Mitglieder zählte,[24] dabei in großstädtischen Wahlkreisen (6,2 %) und hier insbesondere bei der gebildeten, vermögenden Wählergruppe ab, die vier Stimmen pro Stimmzettel vergeben durfte (9,9 %), während ihr Anteil bei der Wählergruppe mit einer Stimme nur bei 1,5 Prozent lag. Ähnlich schlecht schnitten die Antisemiten in ländlichen Wahlkreisen ab (1,7 %).[25]

Mit der Übernahme antisemitischer Positionen durch die Konservativen und der gleichzeitigen scharfen Frontstellung gegen die Sozialdemokratie hatte der parteipolitisch organisierte Antisemitismus bereits vor der Jahrhundertwende stark an Bedeutung verloren. Denn er konnte sich weder als glaubwürdige Alternative zum konservativen noch zum sozialdemokratischen Lager etablieren. Anders lagen die Verhältnisse in Dresden. Hier dominierte über Jahrzehnte eine Koalition von Konservativen und Reformern das Stadtparlament, „wobei das reformerisch-antisemitische Lager deutlich überwog".[26] Noch 1905 stellten die Antisemiten, die im einflussreichen Hausbesitzerverein fest verankert waren, 36 Stadtverordnete, die Konservativen 20 und die Nationalliberalen drei, während die Sozialdemokraten gar nicht vertreten waren. Jedoch holten auch hier 1909 die Liberalen und Sozialdemokraten stark auf, sodass der Block aus Konservativen, Reformern und Hausbesitzern nurmehr 37 von 84 Stadtverordneten stellte.[27]

Blickt man nur auf die Wahlergebnisse, so war der parteipolitisch organisierte Antisemitismus nach einigen spektakulären Erfolgen bereits vor der Jahrhundertwende

---

23 Tabelle in: ebd., S. 212. Zum sächsischen Wahlrecht vgl. ebd., S. 21–86; Gerhard A. Ritter, Wahlen und Wahlpolitik im Königreich Sachsen 1867–1914, in: Simone Lässig/Karl Heinrich Pohl (Hrsg.), Sachsen im Kaiserreich. Politik, Wirtschaft und Gesellschaft im Umbruch, Dresden 1997, S. 29–86; Simone Lässig, Wahlrechtskampf und Wahlrechtsreform in Sachsen (1895–1909), Weimar 1996.

24 Piefel, Antisemitismus, S. 154.

25 Sächsische Parlamentarier 1869–1918, S. 198.

26 Karl Heinrich Pohl, Nationalliberalismus und Kommunalpolitik in Dresden und München vor 1914, in: James Retallack (Hrsg.), Sachsen in Deutschland. Politik, Kultur und Gesellschaft 1830–1918, Dresden 2000, S. 171–188, hier S. 178.

27 Ebd., S. 180.

weitgehend gescheitert. Aus den kümmerlichen Resten der Deutsch-Sozialen und der Reformpartei entstand 1914 die Deutschvölkische Partei, die Ortsgruppen in Dresden, Riesa, Chemnitz, Plauen und Leipzig besaß[28] und 1918 in der Deutschnationalen Volkspartei (DNVP) aufgehen sollte.

Antisemitismus als kultureller Code

Seit den 1890er Jahren waren jedoch neue Verbände im außerparlamentarischen Raum entstanden, die als wirtschaftliche Lobbygruppen mit eindeutig antisemitischer Ausrichtung agierten. Zu nennen sind hier der Bund der Landwirte (1893), der keine Juden als Mitglieder aufnahm und 1897 nach Angaben der „Deutschen Wacht" in Sachsen bereits 25 000 Mitglieder gezählt haben soll, und der von antisemitischen Agitatoren 1893 gegründete Deutschnationale Handlungsgehilfen-Verband, der um 1900 in 56 Ortsgruppen rund 6300 Mitglieder vereinte.[29] Zum einflussreichsten Verband entwickelte sich die 1905 maßgeblich von Theodor Fritsch mit begründete Mittelstandsvereinigung für das Königreich Sachsen, die als Zusammenschluss von etwa 250 Vereinen die Interessen von Handwerkern, Händlern und Hausbesitzern vertrat und das urbane Gegenstück zum Bund der Landwirte darstellte. Als Vorsitzender dieser Vereinigung, die 1908 142 000 Mitglieder zählte,[30] amtierte in enger Zusammenarbeit mit den Konservativen bis 1914 Fritsch, was ein bezeichnendes Licht auf die gesellschaftliche Akzeptanz dieses radikalen Antisemiten wirft. Tatsächlich waren konservative und antisemitische Positionen oft nicht mehr zu trennen, wenn gleichermaßen gegen die „rote" und die „goldene" Internationale agitiert wurde, die sich gemeinsam gegen den Mittelstand verschworen hätten.

Insbesondere der 1891 gegründete Alldeutsche Verband vertrat einen radikalen Nationalismus mit imperialistischen Zielsetzungen, der sich zunehmend mit völkisch-antisemitischen Positionen verband. In Sachsen kam aufgrund der Grenzlage auch eine intensive antitschechische Propaganda hinzu, was sich etwa in dem Aufruf manifestierte, Pilsner Bier zu boykottieren. Starke Ortsgruppen bestanden u. a. in Leipzig, Chemnitz, Zwickau, Plauen, Freiberg und in Dresden, wo um 1905 jeder zweite Stadtrat

---

28 Vgl. Piefel, Antisemitismus, S. 167.

29 Piefel, Antisemitismus, S. 123. Vgl. auch Hans-Jürgen Puhle, Agrarische Interessenpolitik und preußischer Konservatismus im wilhelminischen Reich (1893–1914). Eine Beitrag zur Analyse des Nationalismus in Deutschland am Beispiel des Bundes der Landwirte und der Deutsch-Konservativen Partei, Hannover 1967; Iris Hamel, Völkischer Verband und nationale Gewerkschaft. Der Deutschnationale Handlungsgehilfen-Verband 1893–1933, Frankfurt am Main 1967.

30 Piefel, Antisemitismus, S. 155. Zur Mittelstandsvereinigung und dem Wirken Fritschs vgl. auch Zumbini, Wurzeln, S. 389–403.

dem Alldeutschen Verband angehörte.[31] Der Verbreitung alldeutschen Gedankengutes fühlte sich auch der Verein zur Erhaltung des Deutschtums im Ausland verpflichtet, der 1898 in Sachsen 55 Ortsgruppen mit 8100 Mitgliedern besaß.[32]

Der völkisch-antisemitische Populismus hatte um die Jahrhundertwende das politische Klima nachhaltig verändert und judenfeindliche Ressentiments in weiten Kreisen der bürgerlichen Gesellschaft hoffähig gemacht. Der Antisemitismus war im Kaiserreich, wie Thomas Nipperdey urteilt, „zur Speerspitze eines neuen integralen und antipluralistischen Nationalismus und eines nichtsozialistischen bürgerlichen Antikapitalismus" geworden.[33] Allerdings besaß die letztere Komponente eine mehr rhetorische Bedeutung, die sich speziell auf die Unterscheidung zwischen dem „schaffenden" Kapital und dem „raffenden" (jüdischen) Finanzkapital bezog. Er besaß eine besondere Funktion als symbolischer Code innerhalb einer stark polarisierten politischen Kultur: Wer sich nicht zum Antisemitismus bekannte, wurde mit dem Lager der Demokratisierung, mit Parlamentarismus, oft auch mit der kulturellen und wirtschaftlichen Moderne identifiziert.[34] Der Antisemitismus war zugleich der Dreh- und Angelpunkt einer weitgefächerten, ideologisch diffusen völkischen Bewegung, die eine grundsätzliche Erneuerung von Staat und Gesellschaft auf völkisch-rassistischer Grundlage anstrebte – von der Lebensreform über Rassenhygiene bis zur arteigenen Religion.[35]

Eine weitere ideologische Aufladung, die weit über die völkische Bewegung hinausging, brachten die „Ideen von 1914", die den Ersten Weltkrieg ideologisch zu einem Kampf zwischen wahrer deutscher Kultur und flacher westlicher Zivilisation überhöhten und der deutschen Nation in scharfer Abgrenzung zu den Ideen von 1789 eine besondere Mission zuschrieben, die nur in einem annexionistischen Siegfrieden münden könne.[36] Umso härter trafen die unverstandene Kriegsniederlage und der Zusammenbruch des Kaiserreichs in der Novemberrevolution 1918 die aufgeputschten Emotionen und illusionären Erwartungen. In diesem Klima blühten die Dolchstoßlegende, die gehässige Rede von den „Novemberverbrechern", die dem unbesiegten Heer in den

31 Vgl. Gerald Kolditz, Der Alldeutsche Verband in Dresden. Antitschechische Aktivitäten zwischen 1895 und 1914, in: Rainer Aurig/Steffen Herzog/Simone Lässig (Hrsg.), Landesgeschichte in Sachsen. Tradition und Innovation, Dresden 1997, S. 235–248, hier S. 237; Rainer Hering, Konstruierte Nation. Der Alldeutsche Verband 1890–1939, Hamburg 2003.

32 Piefel, Antisemitismus, S. 123.

33 Thomas Nipperdey, Deutsche Geschichte 1866–1918, Erster Band: Arbeitswelt und Bürgergeist, München 1990, S. 404.

34 Vgl. Shulamit Volkov, Antisemitismus als kultureller Code, in: Dies., Jüdisches Leben und Antisemitismus im 19. und 20. Jahrhundert. Zehn Essays, München 1990, S. 13–36.

35 Vgl. Puschner/Schmitz/Ulbricht (Hrsg.), Handbuch zur „Völkischen Bewegung"; Uwe Puschner, Die völkische Bewegung im wilhelminischen Kaiserreich. Sprache – Rasse – Religion, Darmstadt 2001; Stefan Breuer, Die Völkischen in Deutschland. Kaiserreich und Weimarer Republik, Darmstadt 2008.

36 Vgl. Jeffrey Verhey, „Der Geist von 1914" und die Erfindung der Volksgemeinschaft, Hamburg 2000; Kurt Flasch, Die geistige Mobilmachung. Die deutschen Intellektuellen und der Erste Weltkrieg. Ein Versuch, Berlin 2004.

Rücken gefallen seien, und Verschwörungstheorien, die dem internationalen Judentum und dem von ihm gesteuerten Marxismus-Bolschewismus die Schuld am nationalen Unglück zuwiesen.[37] Tatsächlich wurde die Weimarer Republik in erster Linie von jenen politischen Kräften getragen, die im preußisch-protestantisch geprägten Kaiserreich als Reichsfeinde geächtet waren: Sozialdemokratie und katholische Zentrumspartei.

Die ersten Ortsgruppen der NSDAP im Freistaat Sachsen

Es waren die nationalistisch-völkischen Gesinnungsgemeinschaften vor Ort, aus denen die NS-Aktivisten der ersten Stunde hervorgingen. So entstand in Zwickau 1921 die erste NSDAP-Ortsgruppe außerhalb Bayerns. Sie wurde von Fritz Tittmann, einem Schlosser, geleitet, der sich zuvor als Geschäftsführer und Schriftleiter im antisemitischen Deutschvölkischen Schutz- und Trutzbund (DSTB) in Zwickau betätigt hatte.[38] Auch der Plauener Textilindustrielle und spätere Gauleiter Martin Mutschmann entstammte diesem Bund, der im Frühjahr 1919 aus dem Alldeutschen Verband hervorgegangen war und vielerorts als Keimzelle der NS-Bewegung wirkte.[39] Der DSTB zählte 1921 reichsweit etwa 150 000 Mitglieder[40] und verband eine massive völkische Propaganda mit gegenrevolutionären Bestrebungen. 1922 erfolgte die Gründung der NSDAP-Ortsgruppen Chemnitz, Markneukirchen, Plauen, Freiberg, Leipzig und Colditz.[41] Im März 1923 zählte die NSDAP elf Ortsgruppen und 16 kleinere Stützpunkte; den Schwerpunkt bildeten dabei das Vogtland und das Erzgebirge.[42] Zu dieser Zeit stellte die NSDAP in Sachsen wie auch im benachbarten Thüringen nur eine von vielen rechtsradikalen Splittergruppen dar. Wesentlich bedeutsamer waren damals die antirepublikanischen Soldaten- und Wehrverbände sowie die Nachfolgeorganisationen der aufgelösten Freikorps.

Theodor Fritsch, der „Altmeister der völkischen Bewegung", betätigte sich jetzt im Führerkreis der Deutschvölkischen Freiheitspartei (DVFP), die sich Ende 1922 von der

---

37 Vgl. Boris Barth, Dolchstoßlegenden und politische Desintegration. Das Trauma der deutschen Niederlage im Ersten Weltkrieg 1914–1933, Düsseldorf 2003, insbes. S. 359–379.

38 Vgl. Andreas Peschel, Fritz Tittmann. Der „vergessene" Gauleiter. Eine biografische Skizze, in: Sächsische Heimatblätter 56 (2010), S. 122–126.

39 Vgl. Uwe Lohalm, Völkischer Radikalismus. Die Geschichte des Deutschvölkischen Schutz- und Trutzbundes 1919–1923, Hamburg 1970, S. 316.

40 Vgl. Lohalm, Völkischer Radikalismus, S. 89 f.

41 Claus-Christian W. Szejnmann, Nazism in Central Germany. The Brownshirts in „Red" Saxony, New York 1999, S. 259 f. Die folgenden Ausführungen stützen sich auf meinen ausführlicheren Beitrag: Der gespaltene Freistaat: Der Aufstieg der NSDAP in Sachsen, in: Clemens Vollnhals (Hrsg), Sachsen in der NS-Zeit, Leipzig 2002, S. 9–40.

42 Neben den bereits genannten Ortsgruppen bestanden 1923 weitere in Dresden, Meißen, Aue und Werdau. Stützpunkte existierten in Mittweida, Radebeul, Adorf, Eibenstock, Klingenthal, Falkenstein, Schneeberg, Schwarzenberg, Schandau, Gottleuba, Hohenstein-Emstthal, Niederschlema, Neumark, Wilkau, Lößnitz und Zwönitz.

Deutschnationalen Volkspartei abgespalten hatte und bei den beiden Reichstagswahlen 1924 eine Listenverbindung mit den Nationalsozialisten einging.[43] Symptomatisch für die Kontinuität der völkischen Bewegung ist auch das rastlose Agieren von Bruno Tanzmann, der in der Gartenstadt Hellerau bei Dresden 1919 den Hakenkreuz-Verlag gründete, in dem auch der völkische Lebensreformer Heinrich Pudor publizierte, und 1924 den Bund der Artamanen als völkische Siedlungsbewegung ins Leben rief.[44]

Bezeichnend für den radikalen Antisemitismus, der in der Frühzeit das zentrale Propagandathema bildete, ist ein Polizeibericht über den Auftritt Hermann Essers, eines engen Mitarbeiters Hitlers in der Münchener Zentrale, Ende 1921 auf einer NSDAP-Versammlung in Zwickau: „Die Maßnahmen der deutschen Judenregierung zur Beseitigung dieses Elends seien viel zu schlapp und begünstigten nur das weitere verbrecherische Ausbreiten des Schieber- und Judentums. Bevor nicht Galgen auf der Straße errichtet würden, an denen die Schieber, Wucherer und Volksaussauger aufgehängt werden, sei eine Besserung nicht zu erwarten."[45]

Über die soziale Zusammensetzung der frühen NSDAP ist nur wenig bekannt. Für die Ortsgruppe Leipzig, die im Februar 1923 rund 210 Mitglieder zählte, ergab eine Untersuchung, dass knapp über die Hälfte der Mittelschicht entstammte, während die Arbeiterschaft mit einem Drittel deutlich unterrepräsentiert war. Dieser Befund entspricht dem Ergebnis einer anderen Stichprobe, die auf der Auswertung der Parteineueintritte in ganz Sachsen im Herbst 1923 beruht. Das auffälligste Merkmal ist jedoch das Alter der Parteimitglieder: Über 80 Prozent von ihnen waren jünger als 31 Jahre, rund die Hälfte gar unter 21 Jahre alt.[46] In beiden Stichproben sind Frauen fast gar nicht vertreten, während ihr Anteil außerhalb Sachsens bis zu zehn Prozent betrug. Die frühe NSDAP lässt sich somit wohl am besten als ein jugendlicher Männerbund mit einem beachtlichen Arbeiteranteil charakterisieren.

Die Besetzung des Ruhrgebiets und die Hyperinflation stürzten die Weimarer Republik 1923 in eine schwere Zerreißprobe. Die radikale Rechte rüstete allenthalben zum „Marsch auf Berlin", wobei die Initialzündung von der „Ordnungszelle Bayern" ausgehen sollte. Im September verlegte Tittmann, der die SA-Gruppen Oberfranken, Thüringen und Sachsen kommandierte, das Hauptquartier in die Nähe von Hof, wo sich die sächsi-

43 Zur DVFP vgl. Breuer, Die Völkischen in Deutschland, S. 194–208.

44 Vgl. Matthias Piefel, Bruno Tanzmann. Ein völkischer Agitator zwischen wilhelminischem Kaiserreich und nationalsozialistischem Führerstaat, in: Walter Schmitz/Clemens Vollnhals (Hrsg.), Völkische Bewegung, Konservative Revolution, Nationalsozialismus. Aspekte einer politisierten Kultur, Dresden 2005, S. 255–280. Zu den völkischen Aktivitäten in Hellerau vgl. Thomas Nitschke, Geschichte der Gartenstadt Hellerau, Dresden 2009, S. 76–122.

45 Zitiert nach Claus-Christian W. Szejnmann, Vom Traum zum Alptraum. Sachsen in der Weimarer Republik, Dresden 2000, S. 103. Zur politischen Entwicklung vgl. auch Benjamin Lapp, Revolution from the Right. Politics, Class, and the Rise of Nazism in Saxony, 1919–1933, Boston 1997.

46 Angaben nach Detlev Mühlberger, A Social Profile of the Saxon NSDAP Membership before 1933, in: Szejnmann, Nazism, S. 211–219, hier S. 211 f.

schen Einheiten sammeln sollten. Sie kamen jedoch beim Hitler-Ludendorff-Putsch, der am 9. November in München schnell zusammenbrach, nicht mehr zum Einsatz.[47]

Die Neugründung der NSDAP 1925

Nach dem Verbot der NSDAP und der Inhaftierung Hitlers zerfiel die NS-Bewegung in verschiedene Gruppierungen, deren Führer sich gegenseitig heftig anfeindeten.[48] Bei den Reichstagswahlen im Mai 1924 gingen die Nationalsozialisten in Sachsen (wie in anderen Teilen Deutschlands) ein Wahlbündnis mit der Deutschvölkischen Freiheitspartei ein. Für die „Vereinigte Liste" stimmten auf Reichsebene 6,5 Prozent der Wähler; höher lag der Anteil in den sächsischen Wahlkreisen Leipzig und Chemnitz-Zwickau mit 7,9 bzw. 7,7 Prozent, während es im Wahlkreis Dresden-Bautzen nur 4,5 Prozent waren. Unter den 32 gewählten völkischen Abgeordneten befanden sich lediglich neun Nationalsozialisten, darunter Fritz Tittmann aus Zwickau. Bei der Reichstagswahl im Dezember 1924 erreichte die Nationalsozialistische Freiheitsbewegung, wie sich das Wahlbündnis diesmal nannte, nur noch drei Prozent bzw. 14 von insgesamt 493 Sitzen. Über dem Reichsdurchschnitt lag das Ergebnis im Wahlkreis Chemnitz mit vier Prozent (Leipzig: 1,8 %, Dresden: 1,5 %).[49] Mit der Beruhigung der politischen Situation und der wirtschaftlichen Stabilisierung schien von der Hitler-Bewegung keine Gefahr mehr auszugehen, zumal das völkische Lager heillos zerstritten war. Bemerkenswerte Einzelergebnisse waren allerdings in einigen Hochburgen zu verzeichnen. So stimmten in der Stadt Plauen im Mai 1924 19 Prozent der Wähler für die Völkischen (Dez. 1924: 13,2 %), in der Amtshauptmannschaft Oelsnitz 17,6 (11,6 %) und in der Amtshauptmannschaft Plauen 16,8 (10,2 %) Prozent.[50]

Das Gebiet um Plauen war die Wirkungsstätte Martin Mutschmanns (1879–1947), eines mittelständischen Textilunternehmers, dessen Spitzenfabrik 1930 in Konkurs gehen sollte. Mutschmann, der im Ersten Weltkrieg mit dem Eisernen Kreuz II. Klasse ausgezeichnet worden war, zählte unter den NS-Führern zur älteren Generation, die von ihrem beruflichen und sozialen Herkommen keine gesellschaftlichen Außenseiter darstellten. 1922 gründete er die NSDAP-Ortsgruppe in Plauen und stieg 1924 zum Landesleiter des Völkisch-sozialen Blocks in Sachsen auf. Als treuer Paladin Hitlers wirkte Mutschmann nach der Neugründung der NSDAP zunächst als Führer des Landesverbandes, dann des späteren Gaues. Er war „ein ordentlicher, brutaler Führer", wie Goebbels

47 Vgl. Szejnmann, Nazism, S. 29.
48 Vgl. David Jablonsky, The Nazi Party in Dissolution. Hitler and the Verbotzeit 1923–1925, London 1989.
49 Jürgen W. Falter/Thomas Lindenberger/Siegfried Schumann, Wahlen und Abstimmungen in der Weimarer Republik. Materialien zum Wahlverhalten 1919–1933, München 1986, S. 69 f.
50 Szejnmann, Nazism, S. 41, Anm. 126.

1925 in seinem Tagebuch anerkennend festhielt,[51] der seine Stellung als machtbewusster Gauleiter trotz zahlreicher Querelen und Skandale bis 1945 zu behaupten vermochte. Wie viele „alte Kämpfer“ war Mutschmann ein fanatischer Antisemit. So drohte er beispielsweise Mitte 1931 unverhohlen: „Der Tag der Abrechnung wird kommen und die Synagogen werden in Rauch aufgehen.“[52]

Nach der Wiedergründung der NSDAP am 27. Februar 1925 trat Hitler auch mehrfach in Sachsen als Redner auf. Er predigte das „Evangelium“ der NS-Bewegung, dessen Schlagworte zwar vieles im Vagen beließen, aber doch eine klare Botschaft verkündeten: Schuld am nationalen Unglück sind die Juden und Marxisten! Hitler appellierte an das beleidigte Nationalgefühl und versprach den Wiederaufstieg Deutschlands. Voraussetzung hierfür sei die Überwindung der inneren Zerrissenheit, die von außen in das deutsche Volk hereingetragen werde. Deshalb müssten alle art- und rassefremden Einflüsse beseitigt werden: Judentum, Marxismus, Demokratie. Die begriffliche Verschmelzung von Sozialismus und Nationalismus meinte primär die Absage an den Klassendünkel der wilhelminischen Bürgergesellschaft und hatte ihr Vorbild in der vielbeschworenen „Gemeinschaft im Schützengraben“. Erst die in der Volksgemeinschaft politisch und weltanschaulich geeinte Nation sei dann in der Lage, den außenpolitischen Kampf gegen das „Sklavenjoch“ des Versailler Vertrages aufzunehmen.[53] Hitler verkündete das Programm eines „soldatischen“ Nationalismus, dessen antibürgerlicher Affekt auch in den Wehrverbänden weitverbreitet war und somit den fließenden Übergang ermöglichte.

Gegen Jahresende 1925 zählte die NSDAP nach Angaben Mutschmanns 35 Ortsgruppen mit rund 3000 Mitgliedern, wobei allein die Ortsgruppe Plauen 800 Mitglieder stellte.[54] Im Februar 1926 fasste der monatliche Lagebericht des sächsischen Innenministeriums die polizeilichen Erkenntnisse in der Feststellung zusammen, „dass der immer wiederkehrende Inhalt aller nationalsozialistischen Reden Regierungs- und Judenhetze ist“.[55] Zugleich registrierte der Bericht zum wiederholten Male gewaltsame Übergriffe auf jüdische Bürger und Saalschlachten mit dem politischen Gegner. Beides kennzeichnete die Agitation der NSDAP, die in ihrem Selbstverständnis und Habitus

---

51 Eintrag vom 23.11.1925, in: Die Tagebücher von Joseph Goebbels. Sämtliche Fragmente. Hrsg. von Elke Fröhlich. Teil I: Aufzeichnungen 1924–1941, München 1987, Bd. 1, S. 143. Vgl. auch Stephan Dehn, Mutschmanns Machtkampf gegen Anton Goß. Vom Konflikt um die Führung des NS-Gaues Ostsachsens zur „Lolita“-Posse in Dresden, in: Neues Archiv für sächsische Geschichte 86 (2015), S. 225–239.

52 Markante Worte aus den Reden des Gauleiters und Reichsstatthalters PG. Martin Mutschmann. Aus den Zeiten des Kampfes um die Macht bis zur Vollendung des Großdeutschen Reiches. Festschrift zum 60. Geburtstag, Dresden 1939, o. S. Zur Biografie vgl. Andreas Wagner, Mutschmann gegen von Killinger. Konfliktlinien zwischen Gauleiter und SA-Führer während des Aufstiegs der NSDAP und der „Machtergreifung“ im Freistaat Sachsen, Beucha 2001; Mike Schmeitzner, Der Fall Mutschmann. Sachsens Gauleiter vor Stalins Tribunal, Beucha 2011.

53 Vgl. etwa Rede Hitlers in Zwickau am 15.7.1925, in: Hitler, Bd. 1, S. 118–139. Hitler trat zudem am 11./12.5. und 6.10.1925 in Plauen auf (ebd., S. 87–100, 170).

54 Vgl. Sächsisches Hauptstaatsarchiv Dresden (fortan: SächsHStA Dresden), MdI 11126/6, Monatsbericht des MdI für Oktober vom 21.11.1925, S. 15; Monatsbericht des MdI für November vom 24.12.1925, S. 18.

55 SächsHStA Dresden, MdI 11126/6, Monatsbericht des MdI für Januar vom 23.2.1926, S. 17.

eine jederzeit gewaltbereite Partei des Bürgerkrieges blieb. In Kreisen der Plauener SS warb man nach der Neugründung unverhohlen damit, dass „nur die NSDAP mit einem Adolf Hitler an der Spitze dafür sorgen werde, dass das Judengesindel in Deutschland ausgerottet werde".[56] Das Bekenntnis Hitlers zur Legalität war lediglich ein taktisches Zugeständnis, das man als Lehre aus dem 1923 so kläglich gescheiterten Putschversuch gezogen hatte.

Die Stärke der NS-Bewegung gegenüber konkurrierenden Organisationen aus dem völkisch-nationalistischen Lager beruhte nicht auf einem unverwechselbaren ideologischen Profil, das immer diffus blieb, sondern auf ihrem kämpferischen Aktivismus. Die Verbindung von charismatischer Führerherrschaft und gläubiger Disziplin verlieh der NSDAP eine spezifische Dynamik, ließ sie zum Kristallisationszentrum eines neuen, sozial ungebundenen Nationalismus werden, der sich entschieden vom alten Nationalismus wilhelminischer Prägung und dem honoratiorenhaften Politikstil völkischer Vereine und bürgerlicher Rechtsparteien abgrenzte. Mit ihrer Propaganda sprach die NS-Bewegung vor allem eingefleischte Antisemiten und jugendliche Aktivisten aus anderen Verbänden an. So traten beispielsweise im Sommer 1926 in Plauen und Chemnitz die Ortsgruppen des Frontbanns nahezu geschlossen zur NSDAP bzw. SA über.[57] Im Vergleich zu den großen Wehrverbänden, die auf ihren jährlichen Heerschauen mehrere Zehntausend Mitglieder zu mobilisieren vermochten, war die SA zu dieser Zeit noch eine kleine Truppe. 1926 zählten die drei SA-Stürme im Wahlkreis Leipzig etwa 150 Mann, drei Jahre später waren es nach Angaben des SA-Führers Heinrich Bennecke rund 600. Etwa ebenso viele Mitglieder zählte die Dresdner SA-Standarte, die ebenfalls zu 90 Prozent aus ungedienten Jugendlichen bestand.[58]

Von der Splitterpartei zum Zünglein an der Waage: Die Landtagswahlen 1926 und 1929

Parallel zur organisatorischen Konsolidierung der NSDAP war eine zunehmende Radikalisierung der Wehrverbände zu verzeichnen. In Sachsen manifestierte sich der „neue Nationalismus" in einem gemeinsamen Aufruf von Stahlhelm, Jungdeutschem Orden, Wehrwolf, Bund Wiking und Reichsflagge. Sie forderten vor der Landtagswahl im Oktober 1926 die Rechtsparteien ultimativ zur Bildung eines „nationalen Blocks" auf und verlangten, „dass die nationalen Parteien geschlossen den Kampf gegen die internatio-

56 SächsHStA Dresden, MdI 11126/6, Rede des SS-Führers Karl Kressel in Plauen am 28.8.1926. Zitiert nach Monatsbericht des MdI für August vom 23.9.1926, S. 18.

57 Vgl. SächsHStA Dresden, MdI 11126/6, Monatsbericht des MdI für Juli von 20.8.1926, S. 19.

58 Vgl. Andreas Peschel (Hrsg.), Die SA in Sachsen vor der „Machtübernahme". Nachgelassenes von Heinrich Bennecke (1902–1972), Beucha 2012, S. 38.

nal eingestellte Sozialdemokratie und ihrer Helfershelfer führen".[59] Der massive Vorstoß sollte in erster Linie die Deutsche Volkspartei (DVP) unter Druck setzen, die zusammen mit der Deutschen Demokratischen Partei (DDP) und der Alten Sozialdemokratischen Partei Sachsens (ASP) die Regierungskoalition unter Ministerpräsident Max Heldt stellte.

Bei der Landtagswahl am 31. Oktober 1926 erlitten die bürgerlichen Parteien eine schwere Niederlage: DDP und DVP verloren zehn ihrer bisherigen 27 Sitze, aber auch die oppositionellen Deutschnationalen, die der Weimarer Republik feindselig gegenüberstanden, büßten von 19 Mandaten fünf ein. Am schlimmsten traf es die ASP, die sich im Juni 1926 nach heftigen innerparteilichen Auseinandersetzungen über die Frage der Regierungsbeteiligung von der SPD abgespalten hatte. Sie erhielt nur noch vier von ehemals 23 Sitzen. Deutlich geringer waren die Verluste der SPD, die von 40 Mandaten neun verlor; während die Kommunisten vier Sitze dazugewannen und nunmehr 14 Abgeordnete in den Landtag entsandten. Der eigentliche Wahlgewinner waren die neuen Interessenparteien des radikalisierten Mittelstandes: Die Wirtschaftspartei (10,1 % bzw. zehn Sitze) und die Reichspartei für Volksrecht und Aufwertung (4,2 % bzw. vier Sitze). Die Nationalsozialisten erhielten 1,6 Prozent der Stimmen und waren mit Tittmann und Hellmuth von Mücke, einem bekannten Marineoffizier des Ersten Weltkrieges,[60] erstmals im Landtag vertreten.

Für die Demokratie war das Wahlergebnis ein schlichtes Desaster, das nichts Gutes verhieß: Zwar erhielt die SPD trotz merklicher Verluste 32,1 Prozent der Stimmen, doch banden die staatstragenden bürgerlichen Parteien – DDP und DVP – zusammen nur noch 17,1 Prozent der Wähler.[61] Mit dem sprunghaften Wahlerfolg der rein wirtschaftlich orientierten Interessenparteien setzte in Sachsen bereits im Herbst 1926 der Zerfall der bürgerlich-demokratischen Mitte ein; zudem war fast ein Drittel der Wahlberechtigten erst gar nicht zur Stimmabgabe erschienen.

Das zweite Kabinett Heldt, das nach langwierigen Verhandlungen zustande kam, stützte sich auf alle bürgerlichen Parteien sowie auf die ASP, die unter dem Einfluss von Ernst Niekisch und August Winnig immer stärker ins nationalistische Fahrwasser abdriften sollte.[62] Im Landtag stimmte die NSDAP bei aller verbalen Kritik zumeist mit dem Bürgerblock und betrieb keine ernsthafte Obstruktionspolitik. Tittmann und von Mücke verfolgten ein Tolerierungskonzept von rechts außen, dessen gemeinsamer

59 SächsHStA Dresden, MdI 11126/6, zitiert nach Monatsbericht des MdI für September vom 22.10.1926, S. 15.

60 Vgl. Stephan Dehn, Hellmuth von Mücke (1881–1957) und Manfred von Killinger (1886–1944) – zwei adlige Spitzenpolitiker der sächsischen NSDAP, in: Sächsische Heimatblätter 61 (2015) 1, S. 6–14.

61 Falter, Wahlen, S. 108.

62 Vgl. Lapp, Revolution, S. 111–130; Christopher Hausmann, Die „Alte Sozialdemokratische Partei" 1926–1932. Ein gescheitertes Experiment zwischen den parteipolitischen Fronten, in: Helga Grebing/Hans Mommsen/Karsten Rudolph (Hrsg.), Demokratie und Emanzipation zwischen Saale und Elbe. Beiträge zur Geschichte der sozialdemokratischen Arbeiterbewegung bis 1933, Essen 1993, S. 273–294.

Nenner der Ausschluss der SPD von der Regierungsverantwortung bildete und insofern den Vorstellungen der Wehrverbände entgegenkam. Für die Nationalsozialisten bedeutete das magere Wahlergebnis einen relativen Erfolg, zumal sie wenig später auch bei der Landtagswahl in Thüringen im Januar 1927 mit zwei Abgeordneten ins Parlament einzogen. Die eigentliche Bedeutung lag weniger im erzielten Stimmenanteil, sondern wie Hitler im „Völkischen Beobachter" triumphierend verkündete: „Genau wie in Sachsen ist auch in Thüringen die deutschvölkische Freiheitspartei von der Bildfläche verschwunden."[63]

Und in der Tat war der Kampf um die Hegemonie im völkischen Lager entschieden. Dass die NS-Bewegung endgültig die Vorherrschaft gewonnen hatte, zeigte sich bei der Reichstagswahl im Mai 1928. Sie errang zwar nur 2,6 Prozent der Stimmen, zog aber mit zwölf Abgeordneten in den Reichstag ein, während die Deutschvölkische Freiheitsbewegung und der ebenfalls angetretene Völkisch-nationale Block leer ausgingen. Ein überdurchschnittliches Ergebnis erzielte die NSDAP im Wahlkreis Chemnitz-Zwickau mit 4,3 Prozent, während sie in Dresden-Bautzen und Leipzig unter dem Reichsdurchschnitt blieb.[64] Zum Jahresende 1928 zählte die NSDAP in Sachsen rund 4600 Mitglieder, die in ca. 130 Ortsgruppen bzw. Stützpunkten organisiert waren.[65]

Bei der Landtagswahl im Mai 1929, die aufgrund einer Gerichtsentscheidung[66] angesetzt werden musste, entfaltete die NSDAP eine massive Propagandakampagne, die alle Anstrengungen der bürgerlichen Parteien weit in den Schatten stellte. Die Nationalsozialisten beackerten vor allem die Dörfer und Kleinstädte im Erzgebirge und im Vogtland. In einer Zeit, als der Rundfunk noch keine große Rolle spielte, vom Fernsehen ganz zu schweigen, war der Wahlkampf vor Ort das wichtigste Medium, sorgten die Propagandafahrten der SA in entlegene Dörfer noch lange für Gesprächsstoff. Hitler trat auf großen Kundgebungen in Annaberg (17.4.), Glauchau (25.4.), Leipzig (3.5.) und Zittau (9.5.) vor jeweils 2000 bis 4000 Zuhörern auf. Im Mittelpunkt seiner Reden stand weniger die Innenpolitik, sondern die unverhüllte Propagierung imperialistischer Raumpolitik: Die wirtschaftliche Existenz des deutschen Volkes könne nur durch die Eroberung neuen Bodens gesichert werden. „Deutschland braucht Macht, dreimal Macht, aber kein Genf und keinen Völkerbund."[67] Zwar errang die NSDAP 1929 noch nicht mehr als fünf Prozent der Stimmen, doch konnte sie ihre Wählerzahl gegenüber der Reichstagswahl 1928 nahezu verdoppeln. Fast die Hälfte der 133 958 abgegebenen

63 Adolf Hitler, Die Wiedergesundung der national-sozialistischen Bewegung, in: Völkischer Beobachter vom 2.2.1927.

64 Falter, Wahlen, S. 71.

65 Szejnmann, Nazism, S. 271 f.

66 Hintergrund war eine Klage der SPD vor dem Staatsgerichtshof, die aufgrund eines Formfehlers der Wählerlisten zur Annulierung der Landtagswahl von 1926 führte.

67 Rede Hitlers in Annaberg am 17.4.1929, in: Hitler, Bd. III/2, S. 210. Vgl. auch S. 233 ff., 238 f., 260 ff.

Abb. 3: Treffen der NSDAP-Führer 1929 in Bad Elster. Erste Reihe v. l.: Heinrich Himmler, Wilhelm Frick, Adolf Hitler, Franz Xaver Ritter von Epp, Hermann Göring; zweite Reihe v. l.: Martin Mutschmann, Josef Goebbels, Julius Schaub; hinten: Karl Fritsch

Stimmen stammte aus dem Wahlkreis Chemnitz-Zwickau.[68] Das Prinzip der konzentrierten Propaganda hatte sich bewährt und sollte in späteren Wahlkämpfen auf ganz Sachsen ausgedehnt werden.

Aufgrund des Patts zwischen der bisherigen Regierungskoalition (46 Sitze) und der Linken (45 Sitze) kam den Nationalsozialisten, die mit fünf Abgeordneten in den Landtag einzogen, eine Schlüsselstellung zu. Denkbar war im Grunde nur eine Große Koalition mit der SPD bzw. einer Mehrheit der SPD-Fraktion, wie sie 1924 bis 1926 bestanden hatte, oder die Fortsetzung des „antimarxistischen" Bürgerblocks mit Beteiligung oder zumindest Tolerierung der NSDAP. Die erste Variante, die angesichts der einsetzenden Wirtschaftskrise aus staatspolitischen Gründen höchst wünschenswert gewesen wäre, scheiterte an der Intransigenz der DVP, die dem Verband Sächsischer Industrieller nahestand, wie dem linken SPD-Flügel, der weiterhin von einer „proletarischen Mehrheit" träumte.

68 Falter, Wahlen, S. 108.

Aber auch die Verhandlungen mit der NSDAP erwiesen sich als nicht einfach, da sie darauf beharrte, dass das Innenministerium nicht mehr von der liberalen DDP besetzt werden dürfe. Nach zwei gescheiterten Wahlgängen wurde schließlich Wilhelm Bünger (DVP) mit den Stimmen der NSDAP zum Ministerpräsidenten gewählt. Den Vorsitz der fünfköpfigen NSDAP-Fraktion[69] übernahm Kapitänleutnant a. D. Manfred von Killinger, der als bekannter Freikorpsführer der Brigade Ehrhardt zweifelhaften Ruhm genoss. Er hatte 1921 als führendes Mitglied der Geheimorganisation Consul den Befehl zur Ermordung des Zentrum-Politikers Matthias Erzberger gegeben, war jedoch von einem nachsichtigen Gericht freigesprochen worden.[70] Nach weiteren Inhaftierungen und einer Verurteilung wegen Geheimbündelei, die er aufgrund einer allgemeinen Amnestie nicht verbüßen musste, betätigte sich von Killinger, dessen Eltern ein Freigut bei Nossen besaßen, in leitender Position in den Wehrverbänden Wehrwolf und Bund Wiking, einer Nachfolgeorganisation der Brigade Ehrhardt. Die Ernennung des amtsbekannten Terroristen zum Fraktionsvorsitzenden war eine blanke Provokation, die unter normalen Umständen zum Abbruch jeglicher parlamentarischen Zusammenarbeit hätte führen müssen. Die Regierung Bünger hingegen kam den Nationalsozialisten weit entgegen, um die fragile Koalition zu erhalten. Sie bot, wie der frühere Innenminister Willibalt Apelt (DDP) in seinen Memoiren treffend urteilte, ein „schlagendes Bild für die klägliche Haltung der bürgerlichen Parteien".[71]

Nach dem Erfolg bei der thüringischen Landtagswahl im Dezember 1929 und der Wahl Fricks zum Innen- und Volksbildungsminister, womit die NSDAP erstmalig an einer Landesregierung beteiligt war, waren die Tage der Regierung Bünger gezählt. Mitte Februar 1930 brachten die Nationalsozialisten einen Misstrauensantrag ein, weil der Ministerpräsident im Reichsrat der Ratifizierung des Young-Planes, der die Reparationsschulden neu regelte, zugestimmt hatte. Für den Sturz Büngers votierten auch die Koalitionspartner DNVP und Sächsisches Landvolk (SLV), die zuvor gemeinsam mit der NSDAP und den Wehrverbänden zum gescheiterten Volksentscheid gegen den Young-Plan aufgerufen hatten, sowie aus anderen Motiven die Opposition.

Die monatelangen Verhandlungen zur Regierungsneubildung folgten dem bekannten Muster gegenseitiger Blockade. Somit vermochte die NSDAP in Sachsen das Zünglein an der Waage zu bleiben, das dem Bürgerblock die Bedingungen diktierte. Am 6. Mai 1930 wählten die bürgerlichen Parteien mit Tolerierung der NSDAP, die sich der Stimme enthielt, schließlich den Präsidenten des Sächsischen Rechnungshofes Walther Schieck (DVP) zum Ministerpräsidenten. Schieck ernannte ein „Kabinett der Experten", das als

69 Der Fraktion gehörten nach dem Austritt von Mückes ferner an: Dr. Karl Fritsch (Stellv.), Walter Dönicke, Erich Kunz und Cuno Meyer.

70 Vgl. Martin Sabrow, Die verdrängte Verschwörung. Der Rathenaumord und die deutsche Gegenrevolution, Frankfurt am Main 1998, S. 51. Zur Biographie Killingers vgl. auch Wagner, Mutschmann, S. 25–37.

71 Willibalt Apelt, Jurist im Wandel der Staatsformen. Lebenserinnerungen, Tübingen 1965, S. 190.

Beamtenkabinett im Grunde die schleichende Abkehr vom Prinzip parlamentarischer Verantwortlichkeit vorwegnahm. Doch bereits eine Woche später änderte die NSDAP ihre Haltung und stimmte gemeinsam mit SPD und KPD für die Auflösung des Landtages.

Der Aufstieg zur Massenpartei

Der Wahlkampf, der der NSDAP den Durchbruch bringen sollte, fand vor dem Hintergrund einer dramatischen Verschlechterung der Wirtschaftslage infolge der Weltwirtschaftskrise statt, von der Sachsen aufgrund seiner spezifischen Industriestruktur besonders stark betroffen war. Im März 1930 verzeichnete die Statistik rund 394 000 Arbeitslose. Ein Jahr später waren bei den Arbeitsämtern 594 000 Personen gemeldet, im März 1932 gar 725 000.[72]

Während des Wahlkampfs trat Hitler in Bautzen (6.6.), Freiberg (11.6.), Leipzig (13.6.), Chemnitz (19.6.) und in Dresden (21.6.) auf. Wie immer ging es nicht um Fragen der konkreten Landespolitik, vielmehr predigte der „Führer" das Evangelium der NS-Bewegung. Im Mittelpunkt aller Reden stand die „Lösung der Raumfrage", da die Not des Volkes weder durch Auswanderung noch durch Exportsteigerung beseitigt werden könne. Die Quintessenz fasst ein Bericht des „Freiberger Anzeigers" zusammen: „Adolf Hitler stellte als obersten Grundsatz seiner Partei die Schaffung und Sicherung eines ausreichenden Lebensraums auf." Die Nationalsozialisten „würden nur eine Doktrin anerkennen: Die Existenz unseres Volkes zu halten. Außenpolitik heiße Sicherung des Raums für die Lebensvoraussetzungen eines Volkes, Innenpolitik Stabilisierung der Kräfte des Volkes zur Erreichung der außenpolitischen Ziele. Der Lebensraum in seiner Begrenzung führe zum Kampf; niemand könne behaupten, die Bodenverteilung der Welt sei gerecht. Ein gesundes Volk gehe stets den Weg der Raumerweiterung."[73] Hitler ließ seine Zuhörer nicht darüber im Unklaren, was sie im „Dritten Reich" erwarten sollte: Sein außenpolitisches Programm bedeutete Krieg.

Bei der Landtagswahl am 22. Juni 1930 erhielten DDP (3,2 %), DVP (8,7 %) und DNVP (4,8 %) zusammen lediglich 16,7 Prozent der Stimmen, während die Wirtschaftspartei und die bürgerlichen Splitterparteien (VRP, SLV, VNR, CSVD) leicht zulegten (20,6 %). Von der Zersplitterung des bürgerlichen Lagers und der Fragmentierung der Interessengruppen profitierte allein die NSDAP, deren Zugewinn in etwa den Verlusten der bürgerlichen Parteien entsprach. Sie stieg von fünf auf 14,4 Prozent und rückte mit

---

72 Helmut Adler, Die Wirtschaftskrise im Spiegel der sächsischen Konkursstatistik, in: Zeitschrift des Sächsischen Statistischen Landesamtes 78/79 (1932/33), S. 305–310, hier S. 305. Vgl. auch Szejnmann, Traum, S. 102 f., 116 ff.

73 Hitler, Bd. III/3, S. 223.

14 Sitzen[74] nach der SPD zur zweitstärksten Partei im Landtag auf. Der tiefgreifenden Erosion des bürgerlichen Parteiensystems, die in Sachsen seit 1926 unübersehbar war, stand eine bemerkenswerte Konstanz der politischen Linken gegenüber, die ihr gemeinsames Stimmenpotential – rund 45 Prozent – seit 1920 mit nur geringen Schwankungen halten konnte.[75]

Es war der Kontrast zwischen der Stabilität des linken Wählerblocks und der offenkundigen Zersplitterung des eigenen Lagers, der in bürgerlichen Wählerschichten tiefe Verunsicherung auslöste. Es war nicht allein die Wirtschaftskrise, sondern nicht minder die politische und organisatorische Schwäche der bürgerlichen Parteien, die den Aufstieg der NSDAP beförderten. Angesichts der extremen Polarisierung und des in Sachsen besonders stark ausgeprägten Lagerdenkens stellte allein die NSDAP, die ihren Wahlkampf mit der Angstparole „Nie wieder Sowjet-Sachsen" bestritt, als neue nationale Sammlungsbewegung für weite Wählerschichten eine politisch attraktive Alternative dar. Nur zwei Jahre später, bei der Reichstagswahl vom Juli 1932, sollte die NSDAP in Sachsen 41,2 Prozent der Wählerstimmen erhalten, während die bürgerlichen Parteien auf klägliche 8,9 Prozent dezimiert wurden und die wirtschaftlichen Splitterparteien in der Bedeutungslosigkeit verschwanden.

Beflügelt von ihrem Erfolg, forderten die Nationalsozialisten nun nach thüringischem Vorbild als Gegenleistung für eine weitere Unterstützung des geschwächten Bürgerblocks das Innenministerium, das Gregor Strasser übernehmen sollte. „Und zwar deshalb", wie der NSDAP-Abgeordnete Cuno Meyer unverblümt erklärte, „um den Verwaltungsapparat von Parteibuchbeamten zu säubern und um die Polizei in die Hände zu bekommen, damit Schluss werde mit dem roten Terror. Marxistische Propaganda auf den Straßen sei dann nicht mehr erlaubt." Und er fügte hinzu: „Wenn die Nationalsozialisten auf legalem Weg die Mehrheit im Reichstag hätten, würden sie denselben durch Mehrheitsbeschluss als überflüssig für immer auflösen."[76] Trotz des warnenden Beispiels, das das Agieren Fricks in Thüringen bot,[77] ließen sich die bürgerlichen Parteien auf Koalitionsverhandlungen mit der NSDAP ein, die als das kleinere Übel zu einer immer noch denkbaren Großen Koalition mit der SPD galt.

74 Personelle Zusammensetzung mit Berufsbezeichnung (in der Reihenfolge der Wahlliste): Volkswirt Dr. Karl Fritsch (Plauen), Tischler Walter Dönicke (Leipzig), Landwirt Cuno Meyer (Weinböhla), Käpitänleutnant a. D. Manfred von Killinger (Dresden), Handlungsgehilfe Erich Kunz (Zwickau), Händler Arno Schreiber (Waldkirchen-Zschopautal), Bankbeamter Werner Studentkowski (Leipzig), Obersteuersekretär Kurt Lasch (Chemnitz), Schriftleiter Heinrich Bennecke (Dresden), Ingenieur Friedrich Schlegel (Chemnitz), Schlosser Otto Naumann (Colditz), Schulleiter Erich Fischer (Plauen), Landwirt Paul Krahl (Kamenz) und Oberpostsekretär Erich Schneider (Leipzig). Die Fraktion wurde nach der Ablösung Killingers von Fritsch geführt; als stellvertretender Fraktionsvorsitzender amtierte Lasch, als Geschäftsführer Dönicke.

75 Falter, Wahlen, S. 108.

76 Zitiert nach Dresdner Nachrichten vom 1.10.1930. Vgl. auch Der Freiheitskampf vom 1.10.1930.

77 Vgl. Günter Neliba, Wilhelm Frick und Thüringen als Experimentierfeld für die nationalsozialistische Machtergreifung, in: Detlev Heiden/Gunther Mai (Hrsg.), Nationalsozialismus in Thüringen, Weimar 1995, S. 75–96.

Bei den Verhandlungen beharrte die NSDAP auf dem Innenministerium, wozu sich die bürgerlichen Parteien schließlich bereit erklärten. Als Ministerpräsident favorisierte das Bündnis aus Wirtschaftspartei, DVP, DNVP, Sächsischem Landvolk (SLV), Christlich-Sozialem Volksdienst (CSVD), Volksrecht-Partei (VRP) und NSDAP den früheren Wirtschaftsminister Friedrich Krug von Nidda und von Falkenstein (DNVP). Seine Wahl scheiterte jedoch am standhaften Widerstand der DDP-Fraktion und der erstmals zur Wahl angetretenen Volksnationalen Reichsvereinigung (VNR), die aus dem Jungdeutschen Orden hervorgegangen war und über zwei Mandate verfügte.[78] Diesen beiden kleinen Parteien, die sich nach der bemerkenswerten Wandlung des Jungdeutschen Ordens vom Wehrverband zum Träger des Weimarer Staatsgedankens zur Deutschen Staatspartei zusammenschlossen, war es zu verdanken, dass die Kontrolle über die Polizei nicht schon 1930 einem Nationalsozialisten ausgeliefert wurde.

Aufgrund der Pattsituation im Landtag blieb das Beamtenkabinett Schieck als Geschäftsführende Regierung bis zum erzwungenen Rücktritt am 10. März 1933 im Amt. Das war angesichts des unerklärten Unwillens der bürgerlichen Parteien zu einer Großen Koalition mit der SPD (nur DDP und VNR hatten sich hierzu bereit erklärt) die einzige Möglichkeit, die noch verblieb, um die Nationalsozialisten von der Macht fernzuhalten. Die Regierung Schieck lebte von der staatstragenden Tolerierungspolitik der SPD und besaß ihren parlamentarischen Rückhalt in den bürgerlichen Parteien, die vor allem die Furcht vor Neuwahlen mit weiteren Stimmenverlusten zusammenhielt. Die primär negativ definierte Interessenidentität sicherte der konservativen Geschäftsführenden Regierung Schieck eine bemerkenswerte Stabilität und ließ alle Vorstöße der nationalen Opposition aus NSDAP, DNVP und Landvolk – der sächsischen Ausgabe der „Harzburger Front“ – ins Leere laufen. Ebenso scheiterte im April 1932 der gemeinsam mit der KPD initiierte Volksentscheid zur Auflösung des Landtags.[79]

Anders als in Thüringen (und später auch in einigen anderen Kleinstaaten) mussten sich die Nationalsozialisten in Sachsen – trotz überdurchschnittlicher Erfolge bei den Reichstagswahlen 1930 und 1932 – mit der Oppositionsbank begnügen, sodass ihnen der direkte Zugriff auf die Landespolitik bis zuletzt verwehrt blieb. Dies war auch der entscheidende Grund für die SPD, das Beamtenkabinett Schieck zu stützen, was ihr angesichts der fortgesetzten Politik des Sozialabbaus und des nur zögerlichen Vorgehens gegen die Feinde der Republik ein gehöriges Maß an Selbstverleugnung und innerparteilicher Disziplin abverlangte.

---

78 Vgl. Szejnmann, Traum, S. 113 ff.; Benjamin Lapp, Der Aufstieg des Nationalsozialismus in Sachsen, in: Rainer Pommerin (Hrsg.), Dresden unterm Hakenkreuz, Köln 1998, S. 1–24, hier S. 12 f.

79 Vgl. Dresdner Neueste Nachrichten und Leipziger Volkszeitung vom 18.4.1932. Dort auch Angabe von Einzelergebnissen. An dem Volksentscheid beteiligten sich nur 38 Prozent der Stimmberechtigten, von denen 96,1 Prozent für die Auflösung stimmten. Allerdings wurde das notwendige Quorum von 50 Prozent Wahlbeteiligung verfehlt.

Die Nazifizierung der Gesellschaft

Zum Zeitpunkt der Landtagswahl im Juni 1930, die den endgültigen Durchbruch zur Massenpartei signalisierte, zählte die NSDAP in Sachsen 11 800 Mitglieder – fast dreimal soviel wie noch im Januar 1929. Das gute Abschneiden bei der Reichstagswahl im September 1930 beflügelte den weiteren Ausbau der Parteiorganisation, speziell in Ostsachsen, und führte zu einem regelrechten Eintrittsschub, der die Mitgliederzahlen bis März 1931 auf 27 000 anwachsen ließ.[80] Damit einher ging der Aufwuchs der SA, die nach internen Angaben Ende 1931 nahezu 21 000 Mitglieder zählte.[81] Ebenso wurde seit 1930 mit der Gründung der NS-Tageszeitung „Der Freiheitskampf" der Propagandaapparat auf Gauebene gezielt gestärkt.[82]

Nr. 56 / Jahrgang 1931

Der Freiheitskampf

Anklage gegen Hörsing! Seite 2

Herausgeber: Martin Mutschmann

Einzelpreis 20 Pf.

Amtliche Tageszeitung der N.S.D.A.P. Gau Sachsen

Sonnabend, 7. März

Nieder mit der Judenpresse!

Der März ist der Werbung für den „Freiheitskampf" gewidmet!

Abb. 4: Antisemitismus als Programm: Eine Schlagzeile des sächsischen NSDAP-Organs „Der Freiheitskampf" von 1931

Einen wesentlichen Anteil zur Durchdringung spezifischer Interessengruppen und Milieus besaßen die Vorfeldorganisationen, die die NSDAP ab 1929/30 systematisch ausbaute. Neben der Hitlerjugend, die ihre Ursprünge in Plauen besaß, erfolgte bereits 1926 in Leipzig die Gründung einer ersten NS-Studentenorganisation durch Wilhelm Tempel, deren Führung Mitte 1928 auf Baldur von Schirach überging. Und aus der Großdeutschen Schülerbewegung, die zuerst im Vogtland entstanden war,[83] entwickelte sich der Nationalsozialistische Deutsche Schülerbund (1929). Hinzu kamen berufsständische

80 Wagner, Mutschmann, S. 63 f. Weitere Angaben nach der Partei-Statistik der NSDAP bei Szejnmann, Nazism, S. 271 f.

81 SächsHStA Dresden, MdI 19088, Oberste SA-Führung an SA-Führung Sachsen vom 11.1.1932.

82 Vgl. Stephan Dehn, Die Propaganda der sächsischen NSDAP im „Expansions-Jahr" 1931. Eine Massenpartei mit Massenreichweite?, in: Günther Heydemann/Jan Erik Schulte/Francesca Weil (Hrsg.), Sachsen und der Nationalsozialismus, Göttingen 2014, S. 77–90; Markus Fischer, Neue Perspektiven auf die sächsische NS-Presse. Das NSDAP-Organ „Der Freiheitskampf" als historische Quelle, in: Neues Archiv für sächsische Geschichte 84 (2013), S. 275–294.

83 Vgl. Bundesarchiv Berlin (fortan: BArch Berlin), R 134/31, Monatsbericht des Reichskommissars für öffentliche Ordnung vom 28.3.1927, S. 99.

Organisationen wie der Bund Nationalsozialistischer Deutscher Juristen, der Nationalsozialistische Lehrerbund und der Nationalsozialistische Deutsche Ärztebund.

Von größerer Bedeutung war der Kampfbund für deutsche Kultur, der sich unter der Führung Alfred Rosenbergs ganz dem Kampf gegen den „Kulturbolschewismus" verschrieben hatte. Das Ringen um die wahre deutsche Kulturseele vereinte seit Langem ein breites Spektrum konservativ bis völkischer Autoren und Kulturfunktionäre, die allenthalben die „moderne Dekadenz", den „jüdisch zersetzenden Geist" am Werke sahen.[84] Die nicht selten handgreiflichen Attacken richteten sich schon Mitte der 1920er Jahre gegen Aufführungen von Carl Zuckmayers Stück „Der fröhliche Weinberg" in Leipzig oder Ernst Tollers „Hinkemann" in Dresden. 1930 beschloss der sächsische Landtag sogar, Erich Maria Remarques pazifistischen Erfolgsroman „Im Westen nichts Neues" aus allen Schulbüchereien und dem Lehrplan zu verbannen.[85] Solche Kampagnen prägten das geistige Klima und waren Teil des erbittert geführten Kampfes um die kulturelle Hegemonie. Die Verachtung der liberalen Demokratie und der westlichen Zivilisation besaß im deutschen Bildungsbürgertum eine lange Tradition und vereinte ein breites Spektrum nationalkonservativer Intellektueller im geistigen Kampf gegen die Weimarer Republik.

Offen zum Nationalsozialismus bekannten sich nur wenige Universitätslehrer. An der Technischen Hochschule Dresden beispielsweise agitierte der Hygieniker Philalethes Kuhn, Gründungsmitglied der Deutschen Gesellschaft für Rassenhygiene (1905) und zeitweiliger Kurator des Deutschen Hygiene-Museums in Dresden, frühzeitig für die NSDAP und warb als glühender Verfechter der Rassenhygiene für eugenische Maßnahmen zur „Erneuerung des Volkskörpers". Zu den einflussreichsten NS-Intellektuellen zählte zweifellos Alfred Baeumler, ein ausgewiesener Nietzsche-Experte, der seit 1926 an der TH Dresden Pädagogik und Philosophie lehrte. Seit 1926 existierte auch eine Ortsgruppe des NS-Studentenbundes, die zunächst nur einen kleinen Anhang besaß. Doch bereits bei den Studentenschaftswahlen im November 1931 erreichten die Nationalsozialisten neun von 20 Mandaten, während auf die Sozialdemokratische Studentengruppe nur noch zwei Sitze entfielen.[86] Ein Jahr später errang der NS-Studentenbund an der TH Dresden gar die absolute Mehrheit, an anderen Hochschulen verhielt es sich ähnlich. Die Eroberung der Universitäten war ein alarmierendes Zeichen für die schleichende Nazifizierung der bürgerlichen Gesellschaft, die zu keinem Trennungsstrich gegenüber dem anstürmenden Rechtsradikalismus mehr in der Lage war. Am 29. Juni

84 Vgl. Jürgen Gimmel, Die politische Organisation kulturellen Ressentiments. Der „Kampfbund für deutsche Kultur" und das bildungsbürgerliche Unbehagen an der Moderne, Münster 2001.

85 Vgl. Szejnmann, Traum, S. 99 f., 105;

86 Vgl. Matthias Lienert, Der Einfluß des Nationalsozialismus auf die Technische Hochschule Dresden während der Weimarer Republik, in: Neues Archiv für Sächsische Geschichte 66 (1995), S. 273–291.

1932 riefen gar elf (von 78) Professoren der TH Dresden im „Völkischen Beobachter" zur Wahl der NSDAP auf.[87]

Mit dem Ausbau des Parteiapparates ging die Eroberung des flachen Landes einher. Parallel dazu wurde ab 1930 der agrarpolitische Apparat unter der Reichsleitung Walther Darrés gezielt ausgebaut. Welche Erfolge die NSDAP binnen kürzester Zeit erzielen konnte, zeigte sich 1931 bei den Wahlen zur sächsischen Landwirtschaftskammer. Hier eroberte die NS-Liste 22 von 40 Sitzen, die zur Besetzung anstanden, und überflügelte aus dem Stand in allen Landesteilen den Sächsischen Landbund.[88] Weniger erfolgreich war die NSDAP bei dem Versuch, auch die Handelskammern zu erobern. Dies gelang Ende 1932 nur bei der Industrie- und Handelskammer Chemnitz, während in den übrigen der Verein Sächsischer Industrieller eine entschlossene Gegenwehr organisierte und seine angestammte Dominanz zu behaupten vermochte.[89] Auch die staatliche Verwaltung erwies sich keineswegs als immun, so gehörten etwa zehn Prozent der sächsischen Beamten bereits vor der Machtübernahme Hitlers der NSDAP an.[90]

Das Entscheidungsjahr 1932

Das Jahr 1932 war ein Jahr permanenter Wahlkämpfe, dem die Nationalsozialisten erwartungsvoll entgegensahen. Der zwischenzeitlich konsolidierte zentrale Parteiapparat arbeitete effizient, und die Propagandamaschinerie besaß mit Goebbels einen begabten Wahlkampfstrategen. Zählte man 1931 in Sachsen 500 Ortsgruppen, so waren es ein Jahr später rund 780. Damit hatte die NSDAP in etwa die Organisationsdichte der KPD erreicht, die 1931 rund 600 örtliche Gliederungen besaß, während sich die SPD auf rund 1000 Ortsvereine stützen konnte.[91] Die Weltwirtschaftskrise, verschärft durch die radikalen Sparmaßnahmen der Reichsregierung Brüning, schürte allenthalben die politische Radikalisierung und nährte in der NS-Bewegung die Überzeugung, dass die Machteroberung auf parlamentarischem Wege in greifbare Nähe gerückt sei.

Ende Februar entschloss sich Hitler nach längerem Zögern, gegen Reichspräsident Paul von Hindenburg den Kampf um das höchste Staatsamt aufzunehmen. Das Ergebnis – magere 30,1 Prozent – versetzte der Partei einen schweren Schock. Goebbels notierte in sein Tagebuch: „Unsere Parteigenossenschaft ist auf das tiefste deprimiert

87 Ebd., S. 290 f. Dort auch namentliche Nennung der Unterzeichner.

88 Josef Reinhold, Die NSDAP und die Wahl zur Landwirtschaftskammer 1931 im Freistaat Sachsen, in: Geschichte und Gegenwart 3/1990, S. 188–196, hier S. 194. Vgl. auch Der Freiheitskampf vom 19.5.1931.

89 Vgl. Jens Adolph, Die Wirtschaftspolitik des Verbandes Sächsischer Industrieller 1928–1934, in: Werner Bramke/Ulrich Heß (Hrsg.), Wirtschaft und Gesellschaft in Sachsen im 20. Jahrhundert, Leipzig 1998, S. 157–184, hier S. 174 f.

90 Vgl. Andreas Wagner, „Machtergreifung" in Sachsen. NSDAP und staatliche Verwaltung 1930–1935, Köln 2004, S. 102.

91 Szejnmann, Nazism, S. 272.

Ausgabe Dresden
Einzelpreis 15 Pf. in Dresden 10 Pf.
Verlagsort Dresden
Der Freiheitskampf
Bilder vom Hitler-Tag
Herausgeber: Martin Mutschmann
Amtliche Tageszeitung der N.S.D.A.P. Gau Sachsen
Nr. 78 · Montag, 4. April 1932

Adolf Hitler im Fluge über Deutschland

Ueberwältigender Auftakt: Ganz Sachsen im Zeichen Hitlers

Ueber eine Viertelmillion hören den Führer in Dresden, Leipzig, Chemnitz und Plauen – Ungeheure Begeisterung – Sieg der Wahrheit – Adolf Hitler zerbricht die Bürgerkriegs- und Inflationslügen der Hindenburgfront – Bericht vom Bord des D 1720 am 3. April 1932

Der Flug von München nach Dresden

Der Kronprinz für Adolf Hitler

80 000 in Dresden

Abb. 5: Adolf Hitler in Sachsen 1932: Schlagzeile des sächsischen NSDAP-Organs „Der Freiheitskampf" zur Reichspräsidentenwahl, bei der Hitler als Spitzenkandidat der NSDAP antrat

und mutlos."[92] Das schlechte Abschneiden in den Wahlkreisen Leipzig (27,1 %) und Dresden-Bautzen (28,5 %) konterte der „Freiheitskampf" mit der trotzigen Parole „Wir sind die stärkste Partei in Sachsen" und hob als „leuchtendes Fanal deutschen Freiheitswillens" den Wahlkreis Chemnitz-Zwickau hervor, der mit 40,9 Prozent Wählerstimmen reichsweit das zweitbeste Ergebnis einfuhr und zu jenen drei (von 35) Wahlkreisen gehörte, in denen Hitler über Hindenburg triumphiert hatte.[93]

Die entscheidende zweite Runde eröffnete die NSDAP mit einer völlig neuartigen Form des Wahlkampfes: dem ersten Deutschland-Flug Hitlers. Er begann am 3. April 1932 mit Großkundgebungen in Dresden, Leipzig, Chemnitz und Plauen, auf denen Hitler jeweils eine kurze Ansprache hielt. Legt man die Angaben der bürgerlichen Lokalpresse zugrunde, so erreichte Hitler allein an diesem Tag etwa 160 000 Zuhörer, die NS-Presse sprach gar von 280 000.[94] Die unerhörte Massenmobilisierung sollte die Partei aus der Depression reißen und den Nimbus Hitlers als eines entschlossenen tatkräftigen Führers stärken. Der Ausgang ist bekannt: Für Hindenburg stimmten am 10. April 53 Prozent der Wähler, für Hitler 36,8 und für Thälmann 10,2. Trotz des Stimmenzuwachses hatten sich die Hoffnungen nicht erfüllt. Weit über dem Reichsdurchschnitt lag allein das Ergebnis von Chemnitz-Zwickau mit 47,2 Prozent; es war abermals das zweitbeste nach Schleswig-Holstein. Im Wahlkreis Dresden-Bautzen erreichten die Nationalsozialisten 36,7 und in Leipzig 34,2 Prozent.[95]

Mit dem Sturz Brünings Ende Mai begann der nächste große Wahlkampf, denn Hitler hatte die Tolerierung des Kabinetts Franz von Papens mit zwei Forderungen verbunden: Aufhebung des von Brüning verfügten (und in Sachsen nur halbherzig umgesetzten)

92 Goebbels Tagebücher. Teil I, Bd. 2, S. 140.
93 Der Freiheitskampf vom 14.3.1932; Falter, Wahlen, S. 78.
94 Vgl. Hitler, Bd. V/1, S. 16–18.
95 Falter, Wahlen, S. 79.

SA-Verbots[96] und Neuwahl des Reichstags. Im Zuge eines erneuten Deutschland-Flugs trat Hitler am 23. Juli nacheinander in Zittau, Bautzen, Dresden und Leipzig auf.[97] Der Erfolg der NS-Propaganda beruhte jedoch nicht allein auf spektakulären Großveranstaltungen mit 30 000 bis 60 000 Besuchern, wobei die Eintrittspreise zwischen 20 Pfennig (für Arbeitslose und Rentner) und 10 Reichsmark für einen Logenplatz variierten und eine erhebliche Finanzierungsquelle darstellten. Nicht minder wichtig war die ständige Präsenz vor Ort: die unablässige Mobilisierung der Partei und SA für Aufmärsche und Veranstaltungen aller Art. Ein wesentlicher Bestandteil der NS-Propaganda war zugleich der massive Kult der Gewalt, die demonstrative Eroberung der Straße und der proletarischen Stadtviertel. Die Aufzählung der blutigen Zusammenstöße füllte die Polizeiberichte und wurde im monatlichen Lagebericht des sächsischen Innenministeriums mit Jahresbeginn 1931 unter einem eigenen Gliederungspunkt abgehandelt.

Bei der Reichstagswahl am 31. Juli 1932 stimmten in Sachsen 41,2 Prozent bzw. rund 1,3 Millionen Wähler für die NSDAP, während sie im Reichsdurchschnitt bei 37,3 Prozent lag. Die besten Ergebnisse kamen erneut aus der traditionellen Hochburg, dem Wahlkreis Chemnitz-Zwickau, mit 47 Prozent; im Stimmbezirk Dresden-Bautzen waren es 39,3 und in Leipzig „nur" 36,1 Prozent. Für die bürgerlichen Parteien erwies sich diese Wahl als wahres Desaster. Am besten schnitt in Sachsen noch die stramm antidemokratische DNVP Alfred Hugenbergs mit 4,6 Prozent ab, alle übrigen lagen unter zwei Prozent. Selbst die ehemals starke, mittelständisch orientierte Wirtschaftspartei fiel in die Bedeutungslosigkeit. Alles in allem erreichten die bürgerlichen Parteien in Sachsen nur 8,9 Prozent, während sie im Reichsdurchschnitt noch 23,8 Prozent der Wähler auf sich vereinen konnten.[98] In starkem Kontrast zum Zusammenbruch der bürgerlichen Parteien stand die Behauptung des sozialistischen Wählermilieus. Für die SPD stimmten 28,4, für die KPD 17,4 Prozent. Die KPD erreichte ihr bestes Ergebnis mit 19,6 Prozent ebenfalls im Wahlkreis Chemnitz-Zwickau, wo die Radikalisierung am stärksten ausgeprägt war. Insgesamt stimmten in diesem hochindustrialisierten Bezirk, der einen hohen Anteil an Heimarbeit aufwies, zwei Drittel der Wähler für eine der beiden extremen Parteien. In Sachsen standen sich jetzt unverändert zwei große Blöcke gegenüber – jedoch mit einem entscheidenden Unterschied: Die NSDAP hatte die Fragmentierung und Zersplitterung des bürgerlichen Parteiensystems überwunden, sie allein repräsentierte jetzt den „anti-marxistischen Block".

Wie Wahlanalysen zeigen, entwickelte sich die NSDAP ab 1930 zu einer „Volkspartei des Protests", die ihre Wählerschaft aus allen sozialen Schichten rekrutierte. Zwar blieb der Mittelstand weiterhin überrepräsentiert, doch ein Viertel der NSDAP-Wähler waren Arbeiter. Die Gewinne der NSDAP zwischen 1930 und 1933 standen in einer engen

96 Vgl. Peschel (Hrsg.), Die SA in Sachsen, S. 59–64.
97 Vgl. Hitler, Bd. V/1, S. 258–264.
98 Falter, Wahlen, S. 73, 41.

Korrelation zu den Verlusten der bürgerlichen Parteien und zur Mobilisierung traditioneller Nichtwähler. Die Wählerschaft der SPD und der KPD zeigte sich hingegen vergleichsweise weniger anfällig. Einen genaueren Einblick in die Wanderungsbewegung gibt eine detaillierte Analyse der Reichspräsidentenwahl 1932. Für Hitler stimmten danach im zweiten Wahlgang in Sachsen 48 Prozent der DNVP-Wähler, 32 Prozent der Wirtschaftspartei sowie 46 Prozent der Nichtwähler von 1930. Der prozentual höchste Zulauf kam mit 73 Prozent aus der früheren Wählerschaft der übrigen Splitterparteien. Von der SPD-Wählerschaft von 1930 stimmten 19 Prozent für Hitler als Reichspräsidenten, von den Kommunisten lediglich 13 Prozent.[99] Wenngleich die nachträgliche Analyse der Wählerbewegung gewisse Unschärfen enthält, so lassen sich die Trends doch eindeutig ablesen: Anders als noch 1930 gelang es der NSDAP 1932, Wähler von allen Parteien und aus allen sozialen Schichten, wenn auch in unterschiedlichem Ausmaß, zu gewinnen.

Untersucht man das Wahlverhalten der Arbeiterschaft in Sachsen, so lässt sich ebenfalls ein Trend klar erkennen. Bei der Reichstagswahl 1930 stimmten etwa zehn Prozent der Arbeiter für die NSDAP, zwei Jahre später lag der Anteil bereits bei einem Drittel. Bei der Märzwahl 1933 erreichte die NSDAP 40 Prozent, für die SPD stimmten noch 23 Prozent und für die KPD 22 Prozent der Arbeiter.[100] Die vielbeschworene Arbeiterklasse war kein homogener Block, sondern sozial ausdifferenziert und in unterschiedliche politische Milieus fragmentiert. Allem Anschein nach gelangen der NSDAP überall dort größere Einbrüche in das Wählerreservoir der SPD und KPD, wo vor Ort kein dichtes sozialistisches Vereinsmilieu bestand.[101] Dies galt für das Erzgebirge und das Vogtland, während in Leipzig, in Freital und anderen Wählerhochburgen mit einem starken Organisationsgeflecht der Arbeiterbewegung die Milieus lebensweltlich so vernetzt waren, dass sie weitgehend immun blieben. Das Ausmaß der Arbeitslosigkeit hatte hingegen auf den Erfolg der NSDAP keinen signifikanten Einfluss. In Gebieten mit besonders hoher Arbeitslosigkeit schnitt sie sogar schwächer ab, da Arbeitslose bevorzugt KPD wählten. Als Resümee lässt sich festhalten: Die NSDAP war nach 1930 die Volkspartei des Protests, deren Wählerschaft sich nicht auf den Mittelstand oder das Kleinbürgertum beschränkte, sondern auch einen hohen Arbeiteranteil aufwies.

Bei der Reichstagswahl im Juli 1932 konnte die NSDAP mit 230 (von 608) Sitzen ihre bisherige Mandatszahl mehr als verdoppeln und zur mit Abstand stärksten Partei aufrücken. Doch gegenüber der Preußenwahl vom April hatte sie nur ein Prozent, gegenüber der Reichspräsidentenwahl nur rund 300 000 Stimmen hinzugewonnen.

---

99 Angaben nach Dirk Hänisch, A Social Profile of the Saxon NSDAP Voters, in: Szejnmann, Nazism, S. 219–239, hier S. 224. Abdruck der Tabelle auch bei Vollnhals, Der gespaltene Freistaat, S. 37.

100 Ebd., S. 229. Zur Analyse der Wählerschaft auf Reichsebene vgl. Jürgen W. Falter, Hitlers Wähler, München 1991.

101 Vgl. Franz Walter, Sachsen – ein Stammland der Sozialdemokratie?, in: Politische Vierteljahresschrift 32 (1991), S. 207–231.

Die NSDAP war an die Grenzen ihrer Ausdehnungsmöglichkeit gestoßen. Eine kaum zu überwindende Barriere stellten vor allem das festgefügte katholische Wählermilieu und das Lager der organisierten Arbeiterschaft dar. Um die hochgeputschten Erwartungen der eigenen Anhängerschaft nicht zu enttäuschen, machte Hitler nach der Wahl seinen Anspruch auf die ganze Macht unmissverständlich deutlich. Doch Hindenburg lehnte es am 13. August brüsk ab, Hitler die Kanzlerschaft zu übertragen, der seinerseits das Angebot, als Vizekanzler in das höchst unpopuläre „Kabinett der Barone" unter von Papen einzutreten, verwarf. Im Schachspiel um die Macht hatte Hitler zu hoch gepokert und eine persönlich demütigende Niederlage erlitten. Die kompromisslose Haltung des „Führers" stieß in der Partei zunehmend auf Kritik, zu deren Wortführer der zweitmächtigste Mann im Parteiapparat, der Reichsorganisationsleiter Gregor Strasser, wurde. Mangels politischer Alternativen blieb der NSDAP aber nichts übrig, als unerbittliche Oppositionspolitik zu betreiben. Als der neugewählte Reichstag am 12. September 1932 zusammentrat, stimmten auch die Nationalsozialisten für den Sturz Papens.

In dem nun folgenden Wahlkampf mobilisierte die NSDAP nochmals all ihre Kräfte. Umso schwerer wog die Enttäuschung, als die NSDAP bei der Wahl am 6. November von 37,3 auf 33,1 Prozent zurückfiel. Ein weit überdurchschnittliches Ergebnis erzielten die Nationalsozialisten wiederum im Wahlkreis Chemnitz-Zwickau (43,4 %), doch gegenüber der Juli-Wahl hatte die NSDAP auch in Sachsen mit einem Verlust von fast fünf Prozent ihren Zenit überschritten.[102] Der Trend setzte sich eine Woche später bei den Gemeindewahlen fort, als die NSDAP nochmals rund neun Prozent gegenüber der letzten Reichstagswahl verlor. In zahlreichen Gemeinden konnte sie jedoch erhebliche Zugewinne gegenüber der letzten Kommunalwahl verbuchen, in 121 Kommunen errang sie gar die absolute Mehrheit.[103]

Für eine Bewegung, die ganz auf permanente Agitation und Mobilisierung ausgerichtet war, musste der erstmals ausbleibende Erfolg schwer am „Führer-Mythos" zehren. Schon vor der Wahl berichtete die Presse von zunehmenden innerparteilichen Spannungen, häuften sich Meldungen über Austritte aus der SA und NSDAP in Dresden, Leipzig und Plauen.[104] Insbesondere der selbstherrliche Führungsstil Mutschmanns, das undurchsichtige Finanzgebaren und das „Bonzentum" der Gauleitung riefen zunehmend Kritik hervor. So trat infolge der erbitterten innerparteilichen Querelen der Hauptschriftleiter des „Freiheitskampfes", Arno Franke, aus der NSDAP aus und veröffentlichte kurz vor der Reichstagswahl im Juli 1932 eine polemische Abrechnung

102 Falter, Wahlen, S. 74, 41.

103 Vgl. Der Freiheitskampf vom 14.11.1932; Wagner, „Machtergreifung", S. 115.

104 Vgl. Dresdner Volkszeitung vom 27.9.1932 und 24.10.1932; Leipziger Volkszeitung vom 5.10.1932; Arbeiterstimme vom 1.10.1932; Volkszeitung für Meißen vom 11.10.1932; Sächsisches Volksblatt für Zwickau vom 18.10.1932; Leipziger Volkszeitung vom 8.12.1932.

Abb. 6: Adolf Hitler und Martin Mutschmann auf einer NSDAP-Veranstaltung

mit den „schier unglaublichen Missständen", die das Parteileben prägten.[105] Ebenfalls aus Protest gegen Mutschmann verließ im September der Landtagsabgeordnete Emil Fischer die Fraktion, einige Wochen später erklärte Stadtrat Franz Beer aus Plauen seinen Parteiaustritt, was in der gegnerischen Presse aufmerksam registriert wurde.[106]

Nicht minder alarmierend waren die hohen Wahlkampfschulden, die die Partei an den Rand des finanziellen Ruins führten. Als schließlich auch noch die Verhandlungen mit Reichspräsident Hindenburg am 21. November erneut an Hitlers Politik des Alles-oder-nichts scheiterten, schien die NSDAP gegen Jahresende 1932 weiter denn je von der Macht entfernt. Betrübt notierte Goebbels am 24. November in sein Tagebuch: „Die Revolution steht wieder vor verschlossenen Türen."[107] Der deprimierten Gefolgschaft versuchte Hitler am 11. Dezember 1932 auf Funktionärsversammlungen in Dresden, Chemnitz und Leipzig Zuversicht einzuflößen.[108] Doch dürften die Durchhalteparolen nach einem Jahr permanenten Wahlkampfes und enttäuschter Siegeszuversicht nicht

105 Arno Franke, Das Doppelgesicht der NSDAP. Die Arbeiterpartei der Adelsgenossenschaft. Eine notwendige Auseinandersetzung mit dem Nationalsozialismus der Kapitalisten, Prinzen, Grafen und Barone, Dresden 1932, S. 16. Vgl. auch Dresdner Volkszeitung vom 23.7.1932 und Berliner Tageblatt vom 27.7.1932.

106 Vgl. Zittauer Morgenzeitung vom 6.9.1932; Sächsisches Volksblatt für Zwickau vom 6.9.1932; Volkszeitung für das Vogtland vom 7.10.1932; Der Freiheitskampf vom 6.9.1932 und 9.12.1932.

107 Goebbels Tagebücher. Teil 1, Bd. 2, S. 282.

108 Vgl. Hitler, Bd. V/2, S. 258–261. Vgl. auch Der Freiheitskampf vom 12.12.1932.

mehr allzu viel Glauben gefunden haben, denn die Partei steckte nach dem Rücktritt Gregor Strassers als Reichsorganisationsleiter der NSDAP in einer schweren Krise. Viele zeitgenössische Beobachter rechneten deshalb mit einem baldigen Niedergang und Zerfall der NS-Bewegung, zumal sich die Konjunktur langsam erholte.

Der Untergang des Freistaates Sachsen 1933

Anders als im Reich, wo sich die Präsidialkabinette in rascher Folge ablösten, wies das Beamtenkabinett Schieck, das seit 1930 in Sachsen als Geschäftsführende Regierung die Staatsgeschäfte führte, eine bemerkenswerte Stabilität auf. Sie lebte von der staatstragenden Tolerierungspolitik der SPD und besaß ihren parlamentarischen Rückhalt bei den bürgerlichen Parteien, die vor allem die Furcht vor Neuwahlen zusammenhielt. Wenngleich das Interesse am Fortbestand der Regierung Schieck primär negativ definiert war, so verhinderte in diesem Punkt doch der punktuelle Konsens zwischen den bürgerlichen Parteien und der Sozialdemokratie eine Regierungsbeteiligung der NSDAP, die deshalb in Sachsen bis 1933 – anders als im benachbarten Thüringen – keinen direkten Zugriff auf die Landespolitik erlangte. Im Falle vorzeitiger Landtagsneuwahlen hätte allerdings die NSDAP triumphiert, daran kann kein Zweifel bestehen. Sie war am Ende der Weimarer Republik die stärkste Partei; sie war die Partei, die die antidemokratischen Ressentiments, die nationalen Sehnsüchte und die soziale Proteststimmung breitester Schichten bündelte. Gleichwohl wird man festhalten müssen: Erst das Bündnis der alten Herrschaftseliten mit der NS-Bewegung, personifiziert in der Kamarilla um den greisen Reichspräsidenten Hindenburg, besiegelte mit der Ernennung Hitlers zum Reichskanzler am 30. Januar 1933 den Untergang der Weimarer Republik.

Die Hoffnung der Regierung Schieck, mit einem zurückhaltenden Kurs und betonter Neutralität im Amt verbleiben zu können, sollte sich nicht erfüllen. Bereits am 21. Februar 1933 verbot Reichsinnenminister Wilhelm Frick (NSDAP) alle Versammlungen der KPD im Freistaat und machte damit unmissverständlich deutlich, dass die neue Reichsregierung vor Eingriffen in Landesbefugnisse nicht zurückscheute. Am 1. März verbot die Landesregierung sämtliche Versammlungen und Druckerzeugnisse der KPD und leitete am nächsten Tag, dem Beispiel Preußens folgend, die Aufstellung einer Hilfspolizei ein, die von der SA und SS dominiert wurde. Mit diesem Machtmittel vollzogen die Nationalsozialisten unmittelbar nach der Reichstagswahl vom 5. März 1933, bei der sie in Sachsen 44,9 Prozent der Stimmen erhalten hatten, die Machteroberung vor Ort. Rathäuser wurden besetzt, missliebige Bürgermeister zum Rücktritt gedrängt und Tausende politische Gegner verhaftet. Diesem Parteiterror und den Übergriffen auf die staatliche Verwaltung stand die Regierung Schieck hilflos gegenüber, was Frick als Vorwand benutzte, um am 8. März den sächsischen SA-Führer Killinger als Polizeikommissar für den Freistaat Sachsen einzusetzen. Als zwei Tage später die Regierung Schieck

Abb. 7: Die neue Landesregierung der NSDAP Mai 1933. Mitte: Ministerpräsident Manfred von Killinger (in Uniform) und Reichsstatthalter Martin Mutschmann (in Zivil)

zurücktrat, übernahm Killinger mit Ermächtigung Hitlers als Reichskommissar die Leitung der Landesregierung, die ihrerseits in den nachgeordneten Kreis- und Amtshauptmannschaften Kommissare als Aufsichts- und Kontrollorgane einsetzte.[109]

Im Zuge der Gleichschaltung der Länder mit dem Reich wurde Gauleiter Mutschmann am 5. Mai 1933 zum Reichsstatthalter ernannt, so dass die seit 1930 bestehenden Konflikte zwischen Mutschmann und Killinger zwangsläufig zu neuen Kompetenzkonflikten führen mussten. Als Ministerpräsident bemühte sich Killinger durchaus erfolgreich, die staatliche Autorität gegenüber der Partei zu stärken. Er wurde jedoch im Kontext des sogenannten „Röhm-Putsches“ 1934 verhaftet und von seinem Amt beurlaubt. Als Sieger in diesem Machtkampf ging Gauleiter Mutschmann hervor, der seit Februar 1935 in einer Person das Amt des Reichsstatthalters und des Ministerpräsidenten vereinte und somit über eine im reichsweiten Vergleich beispiellose Machtfülle verfügte.

109 Vgl. Wagner, „Machtergreifung“, S. 126–203. Mit Stichtag vom 13.4.1933 befanden sich 8796 Personen in „Schutzhaft“. Vgl. Hans Brenner/Wolfgang Heidrich/Klaus-Dietmar Müller/Dietmar Wendler (Hrsg.), NS-Terror und Verfolgung in Sachsen. Von den Frühen Konzentrationslagern bis zu den Todesmärschen, Dresden 2018, S. 255.

Faszination Nationalsozialismus

Wie in Sachsen junge Menschen zur Hitler-Bewegung fanden

André Postert

Junge Menschen in der Hitler-Bewegung

„Es ist viel geschrieben worden über den Nationalsozialismus", befand Hitlerjunge Franz Schall in einem Brief, den er 1933 aus Dresden an seine Weggefährten daheim in Altenburg schickte: „Viel Gutes, noch mehr Schlechtes, wir aber wollen ihn erleben!"[1] Erleben, fühlen oder innerlich spüren – Begriffe, die immer wieder in solchen und ähnlichen Kontexten auftauchen. Aus Sicht jener jungen Nationalsozialisten, die in der Endphase der Weimarer Republik zur Hitler-Bewegung gefunden hatten, war ihr Engagement nichts, das mit Argumenten rational begründbar war. „Hat man eine heiße, vorwärtsstürmende Seele in der Brust", schrieb Schall in sein Tagebuch, „dann heißt es eben Kämpfer werden für diese Idee, die man in sich trägt als das Herrlichste, was Gott dem Menschen schenkte."[2] Was, wenn nicht allein die ökonomische und politische Krise, trieb junge Menschen wie Franz Schall an? Was faszinierte an der Hitler-Bewegung?

Die Hitlerjugend (HJ), obwohl in Weimar im Juli 1926 offiziell gegründet, besaß einen Teil ihrer Wurzeln in Sachsen. Plauen, die Heimatstadt Kurt Grubers, ihrem Gründer und ersten Lenker, war bis Mai 1931 der Sitz der Reichsleitung der HJ. Von hier aus sollte die nationalsozialistische Jugendorganisation aufgebaut und zur Nachwuchstruppe für die Partei und insbesondere die SA wachsen: „Wir schaffen einen dichten, breiten Befestigungsgürtel von zahlreichen Ortsgruppen und Stützpunkten rings um unsere Hochburg Plauen", schrieb Kurt Gruber über seine Trutzburg noch im März

1 André Postert, Hitlerjunge Schall. Die Tagebücher eines jungen Nationalsozialisten, München 2016, S. 316.
2 Ebd., S. 239.

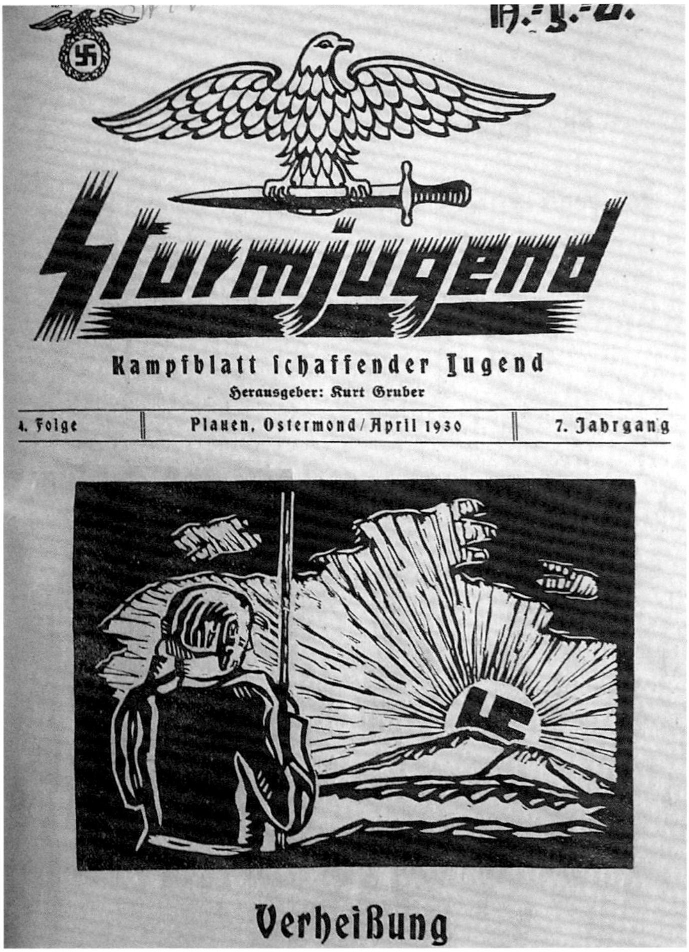

Abb. 1: „Hitler-Jugend“: Kampfschrift der frühen nationalsozialistischen Jugendbewegung, herausgegeben von Kurt Gruber in Plauen ab 1921

1931.[3] Damit ist zugleich viel über die Ausgangssituation der HJ deutschlandweit angedeutet. Abhängig von der Partei, war sie an lokale Gegebenheiten gebunden, im Besonderen an die SA vor Ort, welcher sie bis 1933 auch formell unterstellt blieb.[4] Die frühe HJ war demnach nicht straff organisiert oder gar zentral von Plauen aus gelenkt,

3 Bald wehen die Hitlerfahnen. Bericht von der Kampffront der Plauener Hitlerjugend, in: Der Freiheitskampf. Amtliche Tageszeitung der NSDAP im Gau Sachsen, 1931, Nr. 52 (3.3.1931).

4 Richtlinien für das Verhältnis zwischen NSDAP und Hitler-Jugend e. V. vom 5.12.1926, abgedruckt u. a. bei Christoph Schubert-Weller, Hitlerjugend. Vom „Jungsturm Adolf Hitler“ zur Staatsjugend des Dritten Reiches, Weinheim/München 1993, S. 19.

Abb. 2: Lichtbild des Hitlerjungen Franz Albrecht Schall, Dresden 1936

mehr ein recht chaotisches Gebilde, deren Entwicklung höchst unübersichtlich verlief. Grubers Reichsleitung besaß primär für Mitteldeutschland Bedeutung. In der Fläche hatte die HJ erst mit der Weltwirtschaftskrise 1929 massiven Aufwind bekommen. Nun aber begann sie, Jugendliche in immer größerem Maße zu mobilisieren, eben auch in Sachsen. Auf dem Land und in den Kleinstädten gründeten sich die meisten HJ-Einheiten folglich an der Wende zu den 1930er Jahren; das Jungvolk, eine neue Organisation für die Jüngeren, meist im Alter von zehn bis 14, scheint zunächst nur recht überschaubare Erfolge erzielt zu haben, trat aber vermehrt ab 1931 hinzu.[5] Etwa 50 000 Hitlerjungen gehörten nach seriösen wissenschaftlichen Schätzungen zum Jahresende 1932 zur NS-Bewegung; jene Zahlen, welche die HJ selbst nach außen trug, lagen natürlich stets viel höher.[6] In Sachsen dürften es zu Anfang der 1930er Jahre wenige Tausend gewesen sein.

Franz Albrecht Schall stammte aus gut situierten, stabilen bürgerlichen Verhältnissen und war dennoch einer von ihnen. Im Dezember 1930 trat er, fast 17 Jahre alt, in seiner Heimatstadt Altenburg der HJ bei, die ihn auf Märschen, Propagandafahrten und Werbearbeit fortan durch Thüringen und Sachsen führte. Anfang April 1932 zog Hitlerjunge Schall, nun längst ein glühender Anhänger der Hitler-Bewegung, für eine Lehre nach Dresden, wo er in die NSDAP eintrat. Fast bis Kriegsende war Franz Schall vom Nationalsozialismus fest überzeugt; in der HJ blieb er im Rang eines Gefolgschaftsführers bis zuletzt involviert. Seine Tagebücher, die er von 1928–1935 akribisch führte, sind in Anbetracht ihrer Entstehungszeit und Qualität recht einzigartig. Solche und ähn-

5 Siehe beispielsweise Jungvolkgründung bei Bautzen, in: Jungvolk. Deutsche Jungenblätter, 1932, Nr. 1 (Januar). Weitere Artikel zur Gründung von HJ-Einheiten oder deren Jubiläen in: Freiheitskampf, 1930, Nr. 7 (8.8.1930); 1931, Nr. 97 (27.4.1931); 1931, Nr. 262 (10.11.1931). Vgl. speziell zu Gründung und Aufbau des Deutschen Jungvolks in der „Kampfzeit" Schubert-Weller, Hitlerjugend, S. 57–60.

6 Michael Buddrus, Totale Erziehung für den totalen Krieg. Hitlerjugend und nationalsozialistische Erziehungspolitik, Teil 1, München 2003, S. 288. Anfang 1931 sollte, laut Selbstdarstellung, die HJ über 80 000 Mitglieder verfügt haben; siehe Die Hitlerjugend Plauen, in: Freiheitskampf, 1931, Nr. 8, 10.1.1931.

liche Selbstzeugnisse gewähren erstaunliche Einblicke in jene bisweilen irritierende Faszination, welche die Hitler-Bewegung früh auf junge Menschen ausüben konnte.[7]

Aufbegehren gegen Autoritäten

Verschiedentlich ist die HJ als radikalster Ausdruck eines breiteren Generationenkonflikts in der Zwischenkriegszeit gedeutet worden. Das soll nicht zwingend heißen, dass dieser Konflikt eine faktische Grundlage besaß, aber doch das Denken vieler Zeitgenossen bestimmte und auch von Agitatoren bewusst geschürt wurde. Eine solche Interpretation kann tatsächlich hilfreich sein, um den Aufstieg der frühen HJ und die politische Mentalität ihrer Mitglieder zu verstehen. Wie die NS-Bewegung im Großen gegen die Nachkriegsordnung agitierte, so wiegelte die HJ im Kleinen gegen die Autoritäten im Alltag auf: Lehrer, Arbeitgeber, sogar gegen die Eltern. Die Älteren, glaubte Hitlerjunge Schall Ende 1933, würden den Sieg der Hitler-Bewegung nicht völlig erfassen oder in sich aufnehmen können. Das zeige sich darin, dass sie das Altgewohnte in den neuen Staat angeblich ständig hinüberzuretten versuchten. „Wir Jungen dagegen sind unbelastet", war Franz Schall überzeugt, „ganz unserer Bewegung innerlich wie äußerlich verschrieben und müssen nun mit [...] Fanatismus den harten Kampf der Verwirklichung aufnehmen."[8] Der Gegensatz zwischen Jung und Alt prägte nicht nur die Propagandaliteratur und Reden in der HJ. Man trifft ihn auch in den Tagebüchern und Briefen, selbst noch in weiten Teilen der späteren Erinnerungsliteratur vieler Ehemaliger fast durchgängig an. Jung sollte demnach sein, wer sich auf die Seite der Hitler-Bewegung schlug; alt war, wer zu den politischen Gegnern gehörte oder das System der Republik von Weimar repräsentierte. Für Jugendliche wurden natürlich am ehesten die Schulen zu jenen Orten, wo man auf die Letzteren traf: „Den Schülern, die sich offen zu Adolf Hitler bekannten, machte sie große Schwierigkeiten", schrieb ein weiterer Hitlerjunge später über seine älteren Lehrer. Dessen Eltern, obwohl frühe Nationalsozialisten und Parteimitglieder, hatten ihm 1930 den Eintritt in die NS-Jugend noch verwehrt, weil sie Nachteile für den Sohn befürchteten. „Aber zum Beitritt war die schriftliche Einwilligung der Eltern nötig, und die bekam ich vorläufig noch nicht. So verging nun das Jahr 1930, ohne dass ich einer [in] dieser braunen Kampfgemeinschaft geworden war. Zwar war das nur äußerlich; denn im Stillen zählte ich mich auch als Hitlerjunge, machte auch dann einen Heimabend der Jungen mit. Ganz verstohlen hatte ich mir ein kleines silbernes Hakenkreuz als Anstecknadel gekauft, das ich [...] stolz in der Penne an den Rockaufschlag steckte. Die Schulkameraden sahen es teils freudig, teils aber auch verbissen. Auch die Lehrer entdeckten es und ließen bald durchblicken, dass den Schülern

7 Vgl. Postert, Hitlerjunge Schall, S. 7–27.
8 Ebd., S. 284.

das Tragen jeglicher Abzeichen in der Schule verboten sei. Sie wussten nun, zu welcher Richtung ich gehörte."[9]

Die HJ versprach ein großes Aufbegehren, weit mehr als die vielen bündischen Gruppen, deren Romantik, Stil und Naturerleben hauptsächlich gegen den modernen Rationalismus und die sozialen Verwerfungen der kapitalistischen Industriegesellschaft gerichtet waren. Wer demgegenüber in die Reihen der Hitlerjugend fand, stand gegen den Staat mitsamt Vertretern auf, gegen alle Protagonisten der Vergangenheit. Man schien, wie die HJ ihren Anhängern suggerierte, zu einer jungen Revolutionsbewegung zu stoßen, die etwas ganz Neues begründen und das Alte hinwegfegen wollte. „Wie es Jünglinge unter den Greisen gibt, gibt es Greise in der Jugend", schrieb Reichsjugendführer Baldur von Schirach 1934: „Ich habe sie kennengelernt in den Hochschulen, in der Jugendbewegung, überall. Die innerlich alten Menschen sind die Pest für ein gesundes Volk. Sie sind der zähe und erbitterte Widerstand gegen jede neue Idee. [...] Nur die gesammelte Kraft einer entflammten Jugend vermag sie zu vernichten."[10] Dieser politisierte Jugendkult war natürlich kein Unikum der HJ; fast die gesamte deutsche Jugendbewegung, was viel mit den Ideen des Wandervogels, aber auch mit Erlebnissen junger Soldaten im Weltkrieg zu tun hatte, war von jenem Antagonismus zwischen alten und jungen Kräften getragen. Nahezu alle schrieben sich in den 1920er Jahren auf die Fahnen, in irgendeiner Weise neu und jung zu sein. Aber die HJ verband das Alte, mehr als andere in der bürgerlichen Jugendbewegung, mit politischen Feindbildern. Das hatte umso mehr Wirkung auf junge Menschen, weil die Institutionen und demokratischen Parteien zum Ende des Jahrzehnts tatsächlich von einer gewissen generationellen Überalterung geprägt waren.[11]

Die HJ nutzte das Bedürfnis vieler Jugendlicher nach Identitätsfindung und Aufbegehren gegen Autoritäten geschickt für sich aus. In der Zeit der Wirtschaftskrise wurde aus jugendlicher Rebellion Extremismus. Hitlerjungen suchten die Auseinandersetzung besonders mit Lehrern, die sie als Vertreter des verhassten Systems identifizierten. Das Ideal der NS-Jugend war „der Junge der Straße", ein „Kamerad in harter Gemeinschaft", angriffslustig und durch eben seine Angriffslust der zukünftige „Träger des nationalsozialistischen Staates".[12] Der Zorn eines Hitlerjungen auf seine Lehrer brach sich in dessen Tagebuch Bahn: „Ich begann nun die Schule zu hassen, die immer ein drückender Hemmschuh meiner Jugendwünsche war."[13] Und HJ-Führer Schall, der 1932 die

9 Archiv des NS-Dokumentationszentrums der Stadt Köln, Tagebücher von Werner Purrmann, S. 16; dieses und einige weitere Tagebücher sowie zahlreiche Briefe und Materialien aus dem Archiv online verfügbar im Digitalisierungsprojekt „Editionen zur Geschichte" (http://www.jugend1918-1945.de).

10 Baldur von Schirach, Die Hitler-Jugend. Idee und Gestalt, Berlin 1934, S. 18.

11 Michael H. Kater, Generationskonflikt als Entwicklungsfaktor in der NS-Bewegung vor 1933, in: Geschichte und Gesellschaft, 11. Jg., 1985, Nr. 2, S. 217–243.

12 Jungen oder „artige Knäblein"? Ein Wort an viele Eltern, in: Der Sturmtrupp, 2. Jg., Nr. 10 (Mai 1934).

13 Purrmann, Tagebuch, S. 30.

Technischen Lehranstalten in Dresden besuchte, hatte ebenfalls ein scharfes Auge auf seine Dozenten geworfen. „Er riecht verdächtig nach Edelkommunist", notierte er über einen älteren Lehrer, der 1933 schließlich aus politischen Gründen in den Ruhestand versetzt wurde.[14] Schall, der in der Kleinstadt Altenburg zwar durch Lehrer und einige deutsch-christliche Pfarrer, die für die NSDAP agitierten, zur Hitler-Bewegung gefunden hatte, stammte selbst aus einer Lehrerfamilie. Nun sollte sogar der eigene Vater, der das HJ-Engagement der drei Söhne bald zu unterbinden versuchte, zu jenen konservativen Vertretern der alten Ordnung zählen. Der Generationenkonflikt, den die HJ ausrief und schürte, konnte also bisweilen sogar Familien spalten. Vor die Frage gestellt, ob er den Lehrerberuf ergreifen sollte, schrieb Hitlerjunge Schall: „Nein, ich weiß, was Lehrer sind und kenne ihre Weltfremdheit dem Leben des Volkes gegenüber; deshalb wollte ich es ja nicht werden, darum wollte ich ja im Volke schaffen und in ihm groß werden".[15]

Erhebliche Spannungen zwischen Lehrern und NS-Jugendorganisation blieben im Übrigen nach 1933 vielerorts an der Tagesordnung. Ein Abkommen, das Reichsjugendführer Schirach Ende August 1933 mit Bildungsminister Rust schloss, befriedete die Situation nur bedingt. Hitlerjungen meldeten Schulvertreter wegen angeblich gegenrevolutionärer Gesinnung an ihre Vorgesetzten. Sehr verbreitet war der beispielhafte Fall an einer Realschule in Pirna, wo die Gestapo Ende 1933 die intensive Beobachtung eines Lehrers empfahl, nachdem Hitlerjungen dessen Äußerungen im Klassenzimmer gemeldet hatten.[16] Heranwachsende versäumten zudem den Unterricht, denn die HJ- und Jungvolk-Führer setzten ihre Veranstaltungen gezielt zu den Unterrichtszeiten an, dabei die Staatsmacht nun auf ihrer Seite wähnend. Die NS-Jugendorganisation schuf Möglichkeiten zur Selbstermächtigung und Teilhabe; sie lockte junge Menschen, indem sie ihnen beim Aufbau eines angeblich jungen Staates eine vermeintlich wichtige Rolle zuwies. „Überall saßen in den verantwortlichen Stellen alte Männer", lautet es in einem HJ-Schulungsvortrag über die untergegangene Republik: „Männer, die geistig einer versunkenen Welt angehörten und verknöchert, in hilfloser Unbeweglichkeit den Aufgaben der neuen Zeit gegenüberstanden. Es war ein Staat der Schwäche, ein Staat der Verantwortungslosigkeit. [...] Es war ein Staat ohne Jugend und damit ein Staat ohne Zukunft."[17]

---

14 Postert, Hitlerjunge Schall, S. 214.

15 Ebd., S. 258.

16 Stadt- und Kreisarchiv Pirna, Polizeiamt: Personalakten, B-III-XXX-IX-2658, Bericht des Geheimen Staatspolizeiamts Sachsen über Studienrat Kluge vom 11.3.1934.

17 Rede gedruckt in: Nationalsozialistische Beamten- und Angestellten-Schulung in der Provinz Westfalen (Hrsg.), 6. Schulungsabend: Aufgaben und Zielsetzung der Hitlerjugend und des BDM von Landesreferent Bubenzer, Münster 1934, S. 156 f. Zur Wandlung dieses politisierten Jugendkults bis Ende des Jahrzehnts siehe die deutlich anders gelagerten Ausführungen zum Verhältnis zwischen Hitlerjugend und Staat bei Günther Kaufmann, HJ. Das kommende Deutschland, 2. Aufl., Berlin 1940, S. 9–35.

Revolutionsabenteuer und Heroismus

Kurt Gruber, Gründer und Reichsleiter der Hitlerjugend, traf am 23. Juni 1928 in Chemnitz ein. Noch am selben Abend hielt er feierlich die Sonnenwendfeier des Gaus Sachsen ab. Einige Hundert Hitlerjungen waren hierzu versammelt. Mit „weit dahinschwallender, voll innerer Glut getragener Stimme", lautet es in einer NS-Zeitung anschließend typisch, spricht Gruber zu den jungen Männern – über die „freie Natur" und „germanisches Erbe", den Glauben an Deutschland sowie über „völkische Solidarität", was angeblich wahrer Sozialismus sei. Und wie üblich spricht er dabei vom Gleichschritt aus „schwielige[r] Faust und denkende[r] Stirn", oder auch dem „Platz an der Sonne", zu dem sich das Volk zurückkämpfen werde.[18] Es ist die Mixtur aus mythischer Romantik und brachialer Straßenagitation, wie sie für die NS-Bewegung typisch war. Auch der Rest dieses Propagandaberichts aus der Frühphase der sächsischen Hitlerjugend überrascht nicht, ähnliches ist noch hundertfach zu lesen, auch aus den 1930er Jahren.[19] Gruppen der Hitlerjugend seien, heißt es da, mit Lastkraftwagen angereist – aus allen Ortsgruppen und Bezirken des Gebiets, Zwickau, Dresden oder Leipzig. Im Gasthaus habe man sich zunächst versammelt; dort hört man Reden, bis alle Abteilungen eintreffen. Von hier aus geht es in die Massenquartiere, wo man später nächtigen wird, danach folgt der imposante Höhepunkt am Sonnwendfeuer, immer wieder gibt es dabei Musik mit Fahnen und Gesang. Natürlich isst man auch gemeinsam. Aber es klingt doch alles nach Routine – umso mehr, wenn man heute die hundertste Version ein und desselben Propagandaberichts zu lesen bekommt. Tatsächlich funktionierten diese Werbefahrten und Massenveranstaltungen der Hitlerjugend bereits in der „Kampfzeit" immer nach sehr ähnlichem Muster. Wer einmal daran teilnahm, hatte im Prinzip alles gesehen. Aus den mitunter ermüdenden Zeitungsberichten erschließt sich kaum, woher die Faszination für junge Menschen rührte; und seien sie noch so pathetisch aufgeladen.

Tagebücher sind deshalb ergiebige Quellen. Es schwingt darin jenes subjektive Abenteuererlebnis zwischen den Zeilen mit, das in Propagandaschriften nur schwer zu greifen scheint: „Bald ist man außerhalb der Stadt, der Himmel ist noch tiefschwarz, nur die Sterne funkeln", schrieb Hitlerjunge Schall. Die Fahrt zur Gau- und SA-Führertagung in Weimar im April 1931, bei der er Hitler erstmals sah, beschrieb er später ähnlich einer Reise- und Abenteuergeschichte. Dieser Propagandafahrt folgten viele weitere, in die Dörfer und Kleinstädte von Thüringen und Sachsen, auch nach Chemnitz, Leipzig und Dresden. Doch diese Fahrt nach Weimar blieb das prägende Erlebnis, das er in seinen Tagebüchern seitenlang ausbreitete. Hinten auf dem Laster rückt man eng zusam-

---

18 Der nationalsozialistische Freiheitskampf. Bekanntmachungen des Gaues Sachsen. Bericht der Hitlerjugend, in: Nationaler Sozialist für Sachsen, 3. Jg., 1928, Nr. 27 vom 8.7.1928.

19 Zahlreiche Zeugnisse und Reiseberichte überliefert in: Hitler-Jugend. Nationalsozialistische Jugend-Bewegung Großdeutschlands, herausgegeben von Kurt Gruber, Plauen, vermehrt ab 3. Jg., 1925.

men, Lieder werden gesungen, Ortschaften durchfahren, Menschen mit Trompetengeschmetter am Frühmorgen aus den Betten geholt. „Da kommt die Sonne hervor, erst noch von Wolkenschleiern eingehüllt, dann aber strahlend und klar. Die Gegend wird freundlich, der Blick schweift über Berge und Wald, Felder und Wiesen und über viele kleine Ortschaften. […] Da sieht man Lastwagen über Lastwagen heranziehen, alle mit dem Ziele Weimar. Jetzt leuchten die roten Hakenkreuzfahnen in der Sonne. […] Andere Lastwagen mit SA überholen uns, stets mit einem frohen Heil begrüßt, Personenwagen mit SA und SS aus Preußen fahren vorbei und immer neue SA-Lastwagen mit flatternden Hakenkreuzfahnen rollen an."[20] Im Gasthaus, wo sie absteigen, sind sie gleich Teil einer religiösen Glaubensgemeinschaft. Die SA-Männer bewundert man. An ihrer Seite marschieren die Jungen durch die Straßen, fühlen sich groß und bedeutsam, treffen am Ende – der Höhepunkt, auf den alles zuläuft – auf Hitler, an dem sie vorbeimarschieren: „Ab und zu kann ich Hitler durch das Gewoge von Fahnen und Menschenköpfen erblicken. Alles sucht Hitler zu erspähen. Manche stützen sich auf die Schultern ihrer Kameraden, andere halten Spiegel hoch, um ihn zu sehen", hält Schall fest. Am Ende notiert er, noch immer beeindruckt: „Dieser Tag war ein Erlebnis!"[21]

Eine weitere Reise führte Schall im Juli 1931 nach Chemnitz. Im Wahlkreis Chemnitz-Zwickau hatte die NSDAP bei der Reichstagswahl ein dreiviertel Jahr zuvor – mit einem Ergebnis von rund 24 Prozent – die KPD hinter sich gelassen. Das spiegelt sich in Schalls Reiseeindrücken. Wieder ist die Beschreibung ähnlich: Abreise am Frühmorgen, Lastwagenkolonnen, Treffen mit Gleichgesinnten, Ehrfurcht vor SA-Männern, dann der Marsch durch die Innenstadt zu jenem Platz, wo später Hitler auftreten wird. Am Straßenrand und auf Tribünen säumen Schaulustige das braune Spektakel. Mittendrin ist Schall mit den Kameraden und beeindruckt von den Massen. Am Ende ist er erneut von einem Höhepunkt der Inszenierung tief ergriffen, denn Hitler weiht diesmal die HJ-Fahnen: „Wir haben jetzt einen Schatz, den wir hüten müssen!"[22] Kleinere Werbefahrten, die er ebenfalls im Detail festhielt, gehörten im ländlichen Raum, auch in Sachsen, zu den prägenden Erlebnissen der Hitlerjungen. Es war vielleicht ein Ausbruch aus der engen Welt der Kleinstädte; die Flucht, für einen Tag oder ein paar Stunden, aus Schule und Elternhaus.

Nach 1933 war die Hitlerjugend mit ihrem gewaltigen Lager- und Fahrtenwesen bemüht, diese Faszination in die veränderte Situation der Diktatur zu transformieren. Sogenannte Großfahrten ermöglichten 1934 angeblich rund 23 000 sächsischen Kindern und Jugendlichen das „Erlebnis der großen Gemeinschaft"; bis 1936 konnten die

20 Postert, Hitlerjunge Schall, S. 53.
21 Ebd., S. 56 f.
22 Ebd., S. 66.

Teilnehmerzahlen fast vervierfacht werden.[23] Mehr als bei der bündischen Jugendbewegung basierte das spätere Fahrten- und Lagerwesen der Hitlerjugend allerdings dezidiert auf einem Gefahrengefühl und Risikoerlebnis, die mittels Geländespiel, Sport, Raufereien, realen oder gespielten Überfällen inszeniert wurden. Die Jugend sollte nachempfinden, wie die Hitlerjungen der „Kampfzeit" sich bewährt hatten. Mit dem Wandervogel, der Pfadfinderschaft oder den Ausflügen der bündischen Gruppen ist die HJ in dieser Hinsicht nicht zu vergleichen. Die HJ-Werbefahrten zu Anfang der 1930er-Jahre hatten eine propagandistische Funktion; insofern glich die HJ mehr ihren paramilitärischen Gegenentwürfen wie der Roten Jungfront oder dem Jungbanner.[24] Insbesondere die Jugend auf dem Land sollte angeleitet werden, neue HJ-Ortsgruppen aufzubauen. Für Thüringen und Sachsen besaß Plauen große Bedeutung, obwohl die HJ-Zentrale als sogenannte Reichsjugendführung (RJF) 1931 nach München verlegt wurde. Zumal bei den Reichstagswahlen musste die HJ zahlreiche Aufgaben schultern: Flugzettel wurden verteilt und Plakate geklebt, weshalb sie manchen als „Klebekolonne" der SA galt, die mit Gesang durch die Orte marschiert.[25] Jugendarbeit im erzieherisch-sozialen Sinne war das nicht und sollte es nicht sein. Die Parole, die Jugend führe und erziehe sich selbst, war ernster gemeint, als man rückblickend annehmen mag, und spiegelte tatsächlich vielfach die Realität; nach 1933 wurde aus der Parole freilich allmählich eine leere Phrase.

Das rote „Feindesland", Arbeiterhochburgen und Viertel mit KPD-Anhängerschaft, wurden auf diesen Fahrten stets gezielt angesteuert. „Wir wollen ja", schrieb Schall nach einem Marsch durch Frohburg in Westsachsen im August 1931, „die anständige Jugend aus den marxistischen Nestern aufmerksam und stutzig machen, um gerade sie für unsere Ideen zu gewinnen"[26]. Das war eine Provokation der Gegner, zugleich aber ein heroisches Abenteuer für die eigenen Reihen. „Heute marschiert eine andere Armee auf den Straßen", hatte Kurt Gruber den sächsischen Hitlerjungen im Mai 1930 zugerufen: „Die braunen Bataillone der nationalsozialistischen Freiheitsbewegung. Schaffende deutsche Arbeiterjugend, die unter den blutroten Hakenkreuzfahnen [...] sich auf ihre völkische und rassische Kraft besonnen hat und bereit ist, die Herrschaft des Untermen-

23 Vgl. Gebiet Sachsen der Hitlerjugend (Hrsg.), HJ erlebt Deutschland. Die Großfahrten der sächsischen Hitlerjugend, Leipzig Berlin 1935; zu Teilnehmerzahlen, Reisezielen und weiteren, für den Innendienst bestimmte Statistiken siehe Organisationsabteilung im Gebiet Sachsen (Hrsg.), Statistik der Hitlerjugend in Sachsen, Dresden 1936, S. 43 (Deutsche Nationalbibliothek Leipzig).

24 Carsten Voigt, Kampfbünde der Arbeiterbewegung. Das Reichsbanner Schwarz-Rot-Gold und der Rote Frontkämpferbund in Sachsen 1924–1933, Köln Weimar Wien 2009, S. 153–185.

25 Vgl. Arno Klönne, Jugend im Dritten Reich. Die Hitlerjugend und ihre Gegner, Köln 1999, S. 19; Hans-Christian Brandenburg, Die Geschichte der HJ. Wege und Irrwege, Köln 1968, S. 30–45; Schubert-Weller, Hitlerjugend, S. 63–68. Die Bedeutung Plauens zur Gründung neuer HJ-Ortsgruppen belegen diverse Artikel – beispielsweise: Bericht von der Kampffront der Plauener Hitlerjugend, in: Freiheitskampf, 1931, Nr. 52, 3.3.1931.

26 Postert, Hitlerjunge Schall, S. 70.

schentums auf der Straße zu brechen."[27] Das Ziel, aus der Arbeiterbewegung zu rekrutieren, konnte die NS-Jugend, trotz ihres Bemühens um sogenannte Jungarbeiter, aber nur begrenzt einlösen. Insbesondere linke Jugendorganisationen – wozu maßgeblich der Kommunistische Jugendverband Deutschlands (KJVD) sowie die Sozialistische Arbeiterjugend (SAJ) zählten – hielten bis 1933 ihr Mitgliederniveau. Keinesfalls liefen, wie die HJ behauptete, Jugendliche aus dem Arbeitermilieu in Scharen über, wenngleich in einzelnen Fällen – wie in Chemnitz, wo die SAJ 1932 angeblich viele Jugendliche verlor – seitens der Hitlerjugend Erfolge vermeldet wurden.[28] Ein Großteil der jungen Männer kam in dieser Zeit aus dem Bürgertum, wo Abstiegsängste besonders verbreitet waren. In Thüringen und Sachsen fungierte ab 1929 zudem der NS-Schülerbund als Keimzelle zur Gründung neuer HJ-Einheiten, weshalb Schüler aus bürgerlichen Familien oft beteiligt waren. Die HJ-Ortsgruppe in Pirna zum Beispiel, gegründet im Juli 1930, hatte ihre Anfänge an höheren Schulen genommen.[29] Auch Akademikersohn Schall stieß Ende des Jahres vom Schülerbund seines Gymnasiums zur HJ, die in der Kleinstadt Altenburg offenkundig ebenfalls gerade gegründet worden war.[30] In den Industriezentren – im Ruhrgebiet, in Hamburg oder Berlin – blieb die Entwicklung der NS-Jugendorganisation oft in den Anfängen stecken; nach 1933 waren viele Großstädte weiterhin ein schwieriges Pflaster. In Leipzig, wo seit Mitte der 1920er Jahre wenige Hundert junge Männer zur HJ zählten, konnte sie sich gegen die Arbeiter- und bündische Jugend erheblich schwerer durchsetzen.[31] Und selbst in den Tagebüchern Schalls kommt die Fragilität der HJ-Strukturen sogar für Dresden immer mal wieder zur Sprache. Die Hitlerjugend war in diesen Jahren primär ein mittel- und süddeutsches Phänomen und verhältnismäßig in Kleinstädten erfolgreicher. Für die sächsische HJ wird wohl recht ähnliches zutreffend sein wie für die SA, von der Heinrich Bennecke viel später schätzte, dass „die Zahl der ehemaligen Marxisten [...] höchstens 10 %" betragen hatte.[32] Artur Axmann, der 1932 die HJ in Berlin aufzubauen begann, meinte später, in der typischen Art eines unbeirrten Nationalsozialisten, aber doch nicht völlig zu Unrecht: „Wenn ein junger Idealist aus dem Kommunistischen Jugendverband oder der Sozialistischen Arbeiterjugend zu uns

27 Kurt Gruber, Jungarbeiter, höret die Signale!, in: Sturmjugend. Kampfblatt schaffender Jugend, 7. Jg., Nr. 50 (Mai 1930).

28 Der Aufruhr in der SAJ schreitet fort, in: Freiheitskampf, 1932, Nr. 8 (8.1.1932). Vgl. zu den Schwierigkeiten der HJ im Arbeitermilieu exemplarisch Brandenburg, Geschichte der HJ, S. 93.

29 Zwei Jahre Hitler-Jugend Pirna, in: ebd., 1931, Nr. 262 (10.11.1932).

30 Postert, Hitlerjunge Schall, S. 40–42; zur Zusammenarbeit von NS-Schülerbund und HJ siehe Vormarsch der Hitlerjugend, in: Freiheitskampf, 1931, Nr. 81, 8.4.1931.

31 Hierzu detailliert Alexander Lange, Meuten – Broadway-Cliquen – Junge Garde. Leipziger Jugendgruppen im Dritten Reich, Köln Weimar Wien 2010, S. 32–56.

32 Andreas Peschel (Hrsg.), Die SA in Sachsen vor der „Machtübernahme". Nachgelassenes von Heinrich Bennecke (1902–1972), Beucha 2012, S. 39.

übertrat, so wog das […] viel schwerer als der Übertritt eines Jungen aus den bürgerlichen Jugendverbänden. Die Kommunisten waren gewohnt, konsequent zu kämpfen."[33]

Die Hitlerjungen in den größeren Städten erlebten ihr eigenes Revolutionsabenteuer. Eine Flut ideologisch motivierter Erinnerungsberichte, die ab 1933 auf den Buchmarkt schwemmte, verherrlichte den Einsatz junger Männer in den Zentren der Arbeiterbewegung: „Es ist der Hitlerjunge", schrieb HJ-Funktionär Willi Ruder über jene Zeit, „der sich nachts durch die Straßen stehlen muss, weil ein vertiertes Untermenschentum ihm auflauert. Der gleiche, der diesen oft ekelhaften Kampf gegen Gemeinheit, Terror, Verleumdung, Lüge und blinden Hass zu führen hat, behält in seinem Herzen von seinem Führer und seiner Idee ein so leuchtendes, herrliches Bild, dass er andere mitreißt, überzeugt, zu Kämpfern macht."[34] Je greller man die Gefahren im Rückblick zeichnete, desto mehr schien sich die HJ als „Kampfjugend" bewährt zu haben. Eben das sollte sie von der älteren Jugendbewegung oder gar dem Wandervogel unterscheiden. Selbst Baldur von Schirach, der seit 1931 als neuer Reichsjugendführer den romantischen Stil der Jugendbewegung glatt kopierte, verzichtete auf das Bürgerkriegspathos im Rückblick nicht: „Die HJ gewann in dieser Zeit ihr bestes Menschenmaterial. Was in dieser Verbotszeit zu uns stieß, Mädel oder Junge, setzte alles aufs Spiel. Tausende und aber Tausende sind damals von der Schule geflogen oder sind arbeitslos geworden – sie hingen nur umso verbissener an unserer Fahne. Es war eine große Zeit, und so merkwürdig es klingen mag: Wir sind nie glücklicher gewesen als damals, als wir in beständiger Gefahr lebten. Wir fuhren mit der Pistole in der Manteltasche durch das Ruhrgebiet, während die Steine hinter uns herflogen. Wir zuckten bei jedem Läuten zusammen, weil wir dauernd Hausdurchsuchungen und Verhaftungen befürchten mussten."[35] Bei Straßenschlachten und Überfällen auf die politischen Gegner waren Hitlerjungen sehr oft beteiligt. In Sachsen gehörten besonders Leipzig, Chemnitz und Dresden zu den Zentren der Eskalation. „Kein Tag ohne Verletzte", hieß es, nachdem im Juni 1931 Kommunisten einen 16-Jährigen attackiert und schwer verletzt hatten.[36] Die Gewalt wurde bei Propagandamärschen in die Arbeiterviertel in Kauf genommen: „Der rote Mob von Striesen wollte Aufruhr machen", notierte Franz Schall, der inzwischen in Dresden wohnte, im Sommer 1932, „aber die Polizei und wir waren auf dem Posten. […] Den roten Terror […] bricht nur die staatliche Macht in unserer Hand. Deshalb: Angetreten zum Kampf! Morgen geht's durchs rote Löbtau."[37] Seine Tagebuchaufzeichnungen vermitteln jene gewissermaßen spätpubertäre Abenteuerlust, die darin gründet, sich furchtlos in die Höhle

33 Artur Axmann, Das kann doch nicht das Ende sein, Koblenz 1995, S. 40. Vgl. auch Brandenburg, Hitlerjugend, S. 116–119.

34 Willi Ruder, Hitler-Jugend, in: Will Vesper (Hrsg.), Deutsche Jugend. 30 Jahre Geschichte einer Bewegung, Berlin 1934, S. 188–201, hier S. 192.

35 Schirach, Idee und Gestalt, S. 26.

36 Leipzig. Kein Tag ohne Verletzte, in: Der Freiheitskampf, 1931, Nr. 139 (18.6.1931).

37 Postert, Hitlerjunge Schall, S. 178.

Abb. 3: Hitlerjugend im Kampf, Zeichnung von Sepp Bestler 1934

des Löwen vorzuwagen. Bis zum April 1933 büßten 21 Hitlerjungen mit ihrem Leben. Der Märtyrerkult um Herbert Norkus, getötet im Januar 1932 in Berlin-Moabit, ist in der Erinnerung an das Dritte Reich fest verankert; in der Diktatur hatte man insbesondere ihn zum „Symbol der Opferbereitschaft aller Jugend, die Hitlers Namen trägt" erhoben.[38]

Die Hitlerjugend griff allerdings schon während der Weimarer Republik auf zahlreiche andere Heldenfiguren aus den eigenen Reihen zurück. Im mitteldeutschen Raum wurde besonders Werner Gebhardt verehrt, ein Arbeiterjunge aus Zeitz, der Ende Juni 1932 nach Messerverletzungen starb, zugefügt angeblich hinterrücks von einem Reichsbannermann.[39] Sachsen besaß zwei weitere Hitlerjungen als „Blutzeugen" und Märtyrerfiguren. Nach Hans Queitzsch, der als Schüler zur HJ gekommen war und im Juni 1927 starb, wurde in Chemnitz eine Straße benannt. Rudolf Schröter aus Leipzig, bei einem SA-Demonstrationszug im Februar 1931 tödlich verwundet, diente als Namenspatron der im April 1934 eröffneten Dresdner NAPOLA.[40] Ihnen wurde auf den Heimabenden der HJ gedacht, man benannte HJ-Einheiten nach ihnen, sah sie als Vorbilder für junge Menschen an. Die vage Ahnung, für Hitler im Straßenkampf das Leben geben zu müssen, scheint auf das Abenteuererlebnis dieser Jugendlichen sogar noch förderlich gewirkt zu haben. Das Beispiel der Toten war ihnen nicht zuerst Abschreckung und Mahnung, sondern fataler Ansporn: „Ergreifend schildert er dann den Kampf der Berliner HJ", notierte Schall im März 1932 über eine Rede Schirachs: „Erschüttert hören wir vom Heldentod des jungen Herbert Norkus und dem viehischen Untermenschentum dieser Großstadt."[41] Und kurz danach betrauerte er mit seinen Kameraden schon den Tod Werner Gebhardts.[42] „Wir haben als Nationalsozia-

38 Vorwort von Baldur von Schirach, in: Rudolf Kamlow, Herbert Norkus? – Hier! Von Opfer und Sieg der Hitler-Jugend, Stuttgart Berlin Leipzig 1933, S. 5.

39 Gerhard Heyne, Werner Gebhardt. Ein Vermächtnis an die Zukunft. im Auftrage der Gebietsführung Mittelland der Hitler-Jugend, Halle (ohne Jahr, vermutlich 1934).

40 Heinz Görz/Franz-Otto Wrede, Unsterbliche Gefolgschaft, Berlin 1936, S. 7 f.

41 Postert, Hitlerjunge Schall, S. 123.

42 Ebd., S. 197.

listen und als Kämpfer unserer Idee treu zu bleiben, unser Weg heißt Opfer, Arbeit und Hingabe bis zum Letzten, mögen wir selbst dabei zugrunde gehen", hatte er das Erlebnis Hitlerjugend schließlich tief verinnerlicht.[43]

Ein Partizipationsversprechen

Junge Männer wie Franz Schall, die in der Wirtschaftskrise als Hitlerjugend durch die Städte und Dörfer zogen, hatten eine bürgerkriegsähnliche, apokalyptische Welt vor Augen. Insofern unterschied sich die Bewegungsphase mental von jener Zeit nach 1933, als aus der Hitlerjugend ein staatliches Erziehungsinstrument heranwuchs, welches mit nahezu unzähligen Verordnungen und Vorschriften die Jugend indoktrinierte. Die Republik sollte ihnen „Verfall auf allen Gebieten" bedeuten, wie es in einer NS-Jugendzeitschrift heißt, denn „Jazz und Niggertanz triumphierten und der Jude war tonangebend in allen Angelegenheiten. Das deutsche Volk schien seinem sicheren Untergang mit Riesenschritten entgegenzueilen."[44] Das völkische Verschwörungsszenario, das den Juden die Schuld für Elend und Krise zuschob, spielte natürlich auch in der HJ von Beginn an eine wichtige Rolle. Franz Schall verinnerlichte den Antisemitismus und die Rassenideologie zunächst bei Vorträgen, die er vor dem Eintritt in die örtliche NS-Jugend besuchte, bei Heimabenden seiner HJ-Einheit, auf Massenveranstaltungen, nicht zuletzt beim Lesen nationalsozialistischer Schriften und Zeitungen. Der Judenhass, ähnlich zu anderen privaten Dokumenten, taucht in seinen Aufzeichnungen aber nur beiläufig, dafür umso erschreckender auf. Mit dem Umzug aus Altenburg nach Dresden findet sein Antisemitismus Ziele: der Villenstadtteil „Weißer Hirsch" ist „Judenland", das Tietz-Warenhaus in der Innenstadt weckt beim Vorbeigehen sofort Abscheu. Parlamentarismus, Pazifismus und Gleichheit, glaubte Hitlerjunge Schall, entsprangen „den Hirnen teuflischer Juden und Judengenossen".[45] Doch die im Alltag präsenten Feinde der Hitlerjungen waren eigentlich andere. Franz Schall, der sie nicht nur bei Märschen in die Arbeiterviertel sah, sondern täglich im Betrieb, schrieb fortwährend über sie: Sozialdemokraten, Kommunisten, Reichsbanner. Zeilen, die bald mit Gewaltfantasien getränkt waren: „Keine Gnade den Verkündern und Antreibern des Klassenkampfes, bis der Marxismus ausgerottet ist".[46]

Das Untergangsszenario verband sich, und darin lag ein wichtiges Element der Attraktion für junge Menschen, mit Messianismus und dem Versprechen auf Partizipation in der Zukunft. Nicht nur Propagandaphrasen waren es, wenn SA-Führer Ernst

43 Ebd., S. 270.
44 Blut und Ehre, in: Der Thüringer Sturmtrupp, 1. Jg., Sondernummer (15./16.8.1933).
45 Postert, Hitlerjunge Schall, S. 126.
46 Ebd., S. 238.

Abb. 4: Typische Hitlerjugend-Einheit aus Mitteldeutschland, um 1931

Röhm auf einer Tagung 1932 der HJ-Führerschaft die Parole mit auf den Weg gab: „Eine alte Welt ist in Trümmer gesunken, und das Neue entsteht. Wir erleben die größte Umgestaltung des Jahrhunderts, die Jugend, auf sich selbst gestellt, wirkt mit an der Gestaltung der neuen Zeit."[47] Diese Hitlerjungen wähnten sich nicht nur im Kampf gegen ein System, das sie als alt und morsch brandmarkten. Sie glaubten an eine völkische Staatsutopie, die ein Versprechen auf Teilhabe und sozialen Aufstieg beinhaltete. Jugendliche traf die Wirtschaftskrise besonders hart. Von den rund sechs Millionen Arbeitslosen war 1932 schätzungsweise immerhin jeder Sechste unter 25 Jahren. Kaum jemand konnte in dieser Zeit erwarten, eine Lehre oder einen Arbeitsplatz zu finden.[48] Hitler, hieß es, würde einer vernachlässigten Generation zu ihrem Recht verhelfen: „Wir Hitlerjungens", schrieb Schall im Oktober 1932 ins Tagebuch, „haben den Glauben, und wenn auch Vergangenheit und Gegenwart wie ein schwarzes Gemälde sind, so bleibt uns der Glaube an Adolf Hitler und an sein Reich, das er uns bauen helfen wird; ein Reich der Freiheit, des Glaubens und der sozialen Gerechtigkeit."[49] Nur wenige Monate später heißt es dort – und heute klingt es nach düsterer Prophezeiung –: „Deutschlands verratene Jugend lässt Euch nicht mehr schlafen. Wir sind wach und werden einst auf den Trümmern, die Ihr uns gelassen habt, ein Reich bauen, das mit Euren Begriffen von Staat nichts zu tun hat!"[50]

---

47 Eine alte Welt ist in Trümmer gesunken, in: Hitler-Jugend. Beilage für die sächsische Jugend in „Der Freiheitskampf", 1932, Nr. 6 (8.1.1932).

48 Zur Aufschlüsselung verschiedener Zahlen siehe Buddrus, Totale Erziehung, Teil 1, S. 510–512.

49 Postert, Hitlerjunge Schall, S. 90.

50 Ebd., S. 98.

Wen lockte die Hitlerjugend mit diesem Teilhabeversprechen? Rund drei Prozent der 14- bis 18-Jährigen gehörten Ende 1932 der HJ an. In einer Zeit, als mehr als die Hälfte der Jugendlichen vereinspolitisch organisiert war, beanspruchte sie damit nicht mehr als den Status einer Kleinstgruppierung.[51] Aber die Zahlen allein helfen bei dieser Frage nicht weiter. Denn zeitgleich mit dem Aufstieg der Hitler-Bewegung übte sie ideologischen Druck auf ihre Konkurrenz aus. Zwar traten aus den Pfadfindern, wie im Falle von Schall, oder aus nationalkonservativen Organisationen wie dem Jungstahlhelm, zumal aus völkischen Bünden – wie „Geusen" oder „Fahrenden Gesellen" – mehr und mehr Jugendliche über. Auch in Sachsen gingen 1933 Mitglieder zum Beispiel aus der bündischen Jungenschaft den Weg zur HJ.[52] Doch der wachsende Einfluss der HJ zeigte sich auf andere Weise: Vermehrt nämlich fassten die Wortführer der Jugendbewegung, über die Ziele der Hitlerjugend sich täuschend, ein Bündnis ins Auge. Gerade jene Gruppen, die dem Parlamentarismus selbst mit Skepsis oder offener Ablehnung begegneten, standen unter Rechtfertigungsdruck. Mehr oder weniger hatten sie alle die Losung ausgegeben, dass es die Zersplitterung der Jugend ebenso wie die des Volkes in unzählige Organisationen und Parteien aufzuheben gelte. „Volksgemeinschaft" war auch für sie das erklärte Ziel; oft genug war damit politische Homogenität gemeint. Die Hitler-Bewegung, und damit eben auch die HJ, versprach Anfang der 1930er Jahre genau dies einzulösen. Selbst in der Christlichen Pfadfinderschaft, die sich in den kommenden Jahren staatlicher Angriffe zuhauf zu erwehren hatte, musste man Ende 1932 verkünden: „Eine Willenseinheit junger Menschen ist im Werden, die den alten liberalen Parteistaat von Weimar durch ein Aufgebot nationalistischer und sozialer Kräfte überwinden will. [...] Die liberale Zeit der Nationalstaaten wird für uns Deutsche abgelöst durch das Ahnen des Reiches."[53]

Die Anziehungskraft der NS-Jugend war vorwiegend ideeller Natur. Prominente Wortführer aus der Jugendbewegung nutzten nach 1945 die Metaphorik, sie seien von der Hitler-Bewegung überwältigt oder hinweggeschwemmt worden. Die Eigenständigkeit sei „nicht mehr durchzuhalten" gewesen, konstatierte schlicht Werner Kindt.[54] Man könnte gleichsam von einer Aushöhlung sprechen, die im Legitimationsverlust ihren

51 Buddrus, Totale Erziehung, Teil 1, S. 288.

52 Friederike Hövelmans, Die Sächsische Jungenschaft – Abenteurer, Aufrührer, Angepasste? Die Jugendbewegung in Sachsen zwischen den beiden Weltkriegen am Beispiel einer Jugendgruppe, in: Katja M. Mieth/Justus H. Ulbricht/Elvira Werner (Hrsg.), „Vom fröhlichen Wandern". Sächsische Jugendbewegung im Zeitalter der Extreme 1900–1945, Dresden 2016, S. 133–151, hier S. 146 f.; zahlreiche Beispiele auch in der nach wie vor eindrucksvollen Dokumentensammlung von Werner Kindt, Die deutsche Jugendbewegung 1920 bis 1933. Die bündische Zeit. Quellenschriften, Köln 1974.

53 Walter Homburg von der Christlichen Pfadfinderschaft auf dem Jungmannschaftslager in Bad Homburg, zitiert nach Joseph Fischer, Entwicklungen und Wandlungen in den Jugendverbänden 1932, in: Das Junge Deutschland, 27. Jg., 1933, Nr. 2 (Februar), S. 41–52, hier S. 46. Vgl. außerdem Günter Brakelmann, Kreuz und Hakenkreuz. Christliche Pfadfinderschaft und Nationalsozialismus in den Jahren 1933/1934, Kamen 2013.

54 Kindt, Vorwort, in: ders., Jugendbewegung, S. 5.

Ausgangspunkt hatte. Das mag Biografien wie jene von Ludwig Liebs erklären, dem Gauleiter der Deutschen Freischar in Sachsen, der nach 1933 – ohne Erfolg – eine Synthese von bündischem Lebensentwurf und NS-Jugend probierte.[55] Sicherlich schwenkte nicht die Jugendbewegung in toto auf den Nationalsozialismus ein. Nach 1933 gab es, insbesondere von christlicher Seite, teils erhebliche Gegenwehr aus dem bündischen Lager. Auch in Sachsen hatte die HJ bis weit ins Jahr 1934 noch stark mit jenen zu kämpfen, die sich einem Übertritt verweigerten, auch mit Flugblättern, Rundbriefen oder gar Sabotage gegen die Anmaßung der Jung-Nazis protestierten. Gerade die evangelische Jugend zeigte mehr Resistenz, als gemeinhin und lange angenommen wurde.[56] Aber die Anziehungskraft des Nationalsozialismus ergriff eben doch einen durchaus relevanten und großen Teil der Jugendbewegung. Der kurzlebige „Großdeutsche Bund" – der eigentlich die Existenz und Autonomie der bündischen Jugend absichern sollte – wurde im Sommer 1933 durch die RJF zerschlagen, ohne dass es breiteren Widerstand gegeben hatte. Innerlich waren viele auf den Nationalsozialismus eingeschwenkt, hatten sich mit einem Übertritt zur Hitlerjugend abgefunden oder angefreundet. Und mancher, wie ein junger Pfarrer aus Bräunsdorf, der eine evangelische Jugendgruppe leitete, hegte Ende 1933 noch die Hoffnung, man werde Eigenständigkeit und „Gleichschaltung" miteinander aussöhnen können: „Wir sind nicht aufgelöst", schrieb er in einem Rundbrief, „sondern in die Hitlerjugend eingegliedert. Das ist etwas ganz anderes."[57] Solche trügerischen Hoffnungen wurden sehr bald widerlegt. „Der Generalsturm auf die Jugend im anderen Lager bricht bald los", war sich Franz Schall in Dresden bereits im Februar 1932 sicher: „das alte Gerümpel von Jugendbewegung hat keine Existenzberechtigung mehr."[58]

Die Enttäuschungen der „alten Garde"

Der Januar 1933 beendete die „Kampfzeit" und eröffnete eine neue Phase auch für die Hitlerjugend. Die RJF wurde mit der weltanschaulichen Erziehung der gesamten deutschen Jugend betraut: „Zur [...] Durchdringung der Jugend mit nationalsozialistischem Geist [...] bedarf es einer weitreichenden, alle Lebensgebiete berührenden geistigen

55 Dirk Hermann, Am „Born des Jugendmutes und der Jugendlust" in der Provinz. Bürgerliche Jugendbewegung in Zittau und Umgebung 1910–1933, in: Mieth/Ulbricht/Werner (Hrsg.), Vom Wandern, S. 261–268, hier 267.

56 Zu Widerstand und Gegenwehr bündischer und evangelisch-konfessioneller Jugendorganisationen in Sachsen in den Jahren 1933/34 ebenso wie zur Gleichschaltung derselben siehe umfangreiche Sammlungen von Materialien im Hauptstaatsarchiv Dresden, Best. 10736: Ministerium des Innern, Nr. 22522 sowie im Landeskirchenarchiv Dresden, Best. 5, Nr. 274.2.

57 Hauptstaatsarchiv Dresden, Best. 10736: Ministerium des Innern, Nr. 22522, Schriftverkehr der Hitlerjugend von 1933/34 mit Brief von Pfarrer Haase, letzterer undatiert.

58 Postert, Hitlerjunge Schall, S. 117.

Schulung".[59] Schritt für Schritt wurden konkurrierende Jugendorganisationen zerschlagen oder mehr oder minder freiwillig eingegliedert; zunächst mit Ausnahme der katholischen Jugend, die seit Juli 1933 unter dem Schutz des Reichskonkordats stand. In diesem Prozess veränderte die Hitlerjugend ihr Gesicht gravierend. Wo die RJF zuvor Kampf und Aktivismus propagiert hatte, sprach sie jetzt von Erziehung, Formung und Schulung. Eine Organisation, deren Faszination wenigstens teils aus einer Revolte gegen Autoritäten sich speiste, wurde selbst zum autoritären Apparat eines totalitären Staates. Die NS-Nachwuchsorganisation sollte, wie es nun hieß, „durchorganisiert" und ihr „eine straffe Form" gegeben werden.[60] Ein halbstaatlicher Mammutapparat mit Organisationsebenen, diversen Arbeitsbereichen, Abteilungen und einem massiven, oft undurchschaubaren Vorschriftenwerk entstand, der zum Selbstverständnis „älterer" Hitlerjungen aber zunehmend in Widerspruch geriet. Revolutionäre Dynamik gaukelte diese neue Hitlerjugend zwar vor, doch sie schien immer mehr im Sumpf der Reglementierungen zu erlahmen. „Wir alten HJ-Führer lehnten die nach 1933 vorgenommene Umstellung der HJ auf die Staatsjugend, die sich praktisch zu einem freiwilligen Beitrittszwang auswirkte, innerlich bis zum letzten ab. Wir waren überzeugt, dass damit ursprünglicher Sinn und Geist der wirklichen, freiwilligen und begeisterten HJ kaputt gemacht würde", befand der HJ-Führer Gotthard Ammerlahn rückblickend.[61] Und in den Tagebüchern Franz Schalls ist dasselbe zeitgenössisch niedergelegt: „Organisation über Organisation", notierte er im August 1933: „Und wo bleibt die Gestaltung?"[62]

Nicht nur der entstehende Riesenapparat wirkte auf diese Hitlerjungen irritierend. Anderes weckte ebenfalls Argwohn. Hunderttausende, die aus konkurrierenden Organisationen – wie Stahlhelm, Bünden, Turnern und Sportvereinen – zur Hitlerjugend strömten oder jetzt eingegliedert wurden, waren – jedenfalls aus der Sicht „alter Kämpfer" – bloß Trittbrettfahrer und Nutznießer. Einige, die jahrelang als Gegner gegolten hatten, erhielten neue Posten innerhalb der Hitlerjugend. Denn die RJF benötigte zum Aufbau ihrer Organisation erfahrenes Personal, nicht zuerst radikalisierte Straßenkämpfer und Revolutionäre. Eine statistische Erhebung vom Oktober 1934 ergab, dass rund 14 Prozent unter den HJ-Führern und 16 Prozent beim Deutschen Jungvolk eine bündische Vergangenheit besaßen.[63] Im Windschatten von HJ und Jungvolk konnten einige „Bündische" sogar das alte Fahrtenleben aus der Republik ungestört fortführen,

59 Fritz Helke, Totale Jugend, in: Ruf der Jungen. Führerblatt der westdeutschen Hitler-Jugend, 1. Jg., Nr. 1 (1.4.1934), S. 2–8, hier 5.

60 Achim Blanckarts, Durchorganisation, in: Der Sturmtrupp. Kampfblatt der deutschen Jugend, 1. Jg, Nr. 1 (15./16.8.1933).

61 Archiv des IfZ München, 244/52, Niederschrift der Unterredung des Herrn Gotthard Ammerlahn mit Dr. Freiherr von Siegler im Auftrage des Instituts für Zeitgeschichte München, S. 3.

62 Postert, Hitlerjunge Schall, S. 277.

63 Brandenburg, Geschichte der HJ, S. 151.

ohne dass dies in der Phase der Reorganisation groß auffiel.[64] Neue Bann- und Gebietsführerschulen sollten zukünftig das Führungspersonal auf Linie bringen. „Die HJ macht einen sehr schlechten Eindruck“, bilanzierte jedoch Hitlerjunge Franz Schall in Dresden im August 1933. Die Vorbehalte tauschten er und seine Gleichgesinnten mit erstaunlicher Offenheit aus: „Doch wir hoffen und glauben, dass der alte Kampfgeist […] wieder hochkommt trotz aller Gleichschalterei!“[65] Franz Schall war in dieser Hinsicht sicherlich nicht untypisch für viele untere HJ-Führer, deren Vorbehalte die RJF jedenfalls ernst nahm.

Flügelkämpfe und Rivalitäten, die in der Phase der „Machtergreifung“ zum Alltag gehörten, zehrten ebenfalls an der Geduld jener alten Garde, die ihren Idealismus betrogen wähnte. Die ideologischen Heilserwartungen ließen sich mit der Realität der Diktatur nur bedingt in Einklang bringen. In Dresden brachen zeitweise offene Flügelkämpfe aus. „Er behauptet, die neuen Führer seien Postenjäger“, notierte Schall nach der Unterredung mit einem Kameraden, der auf Seiten des jäh abgesetzten Unterbannführers von Dresden, Herbert Körzinger, stand. „Wer hat nun recht?“, verlor Franz Schall im Februar 1933 die Übersicht: „Hoffentlich klärt sich alles schnell. Wir wollen doch kämpfen für Hitler […]. Was soll dann noch Streit und Zersplitterung?“[66] In den meisten Fällen ist der Hintergrund solcher und ähnlicher Konflikte heute nicht mehr im Detail aufzuklären, weil es an Akten und ergänzenden Quellen fehlt. Die Besoldung, die mit neuen hauptamtlichen Führungspositionen einherging, dürfte eine wesentliche Rolle gespielt haben; wohl brachen ebenso private Rivalitäten sich Bahn. Selbst die höhere Führungsebene in Sachsen war heftig umkämpft. Franz Schnaedter, Gründer und Redaktionsleiter der HJ-Regionalzeitschrift „Junger Wille“, hatte seit März 1933 als Gebietsführer fungiert. Im April 1934 wurde er überraschend verhaftet. Man warf ihm Homosexualität und sexuelle Übergriffe auf seinen Adjutanten vor. Schnaedter stritt aber alle Vorwürfe ab. Er behauptete vor Gericht, sein Nachfolger habe eine politische Verschwörung gegen ihn organsiert. Es half nichts. Am Ende wurde er zu drei Jahren Haft verurteilt. Der Prozess, von der Presse nahezu totgeschwiegen, zählte zu den größten Skandalen der Hitlerjugend in den frühen Jahren der Diktatur.[67] Für Aufruhr, zumindest in der Region, sorgte auch die Ermordung des HJ-Führers Karl Lämmermann in Plauen am 1. Juli 1934 beim sogenannten Röhm-Putsch. Lämmermann, ein einstiges Freischar-Mitglied, fiel der Denunziation seiner Konkurrenten zum Opfer, die ihn offenbar als vermeintlichen

64 Ein interessantes Beispiel ist der Jungbann 150 aus Ulm, der nach 1933 von einem ehemaligen „Bündischen“ geführt wurde. Er wurde schließlich abgesetzt, der Jungbann 150 zerschlagen und aufgeteilt. Siehe hierzu die Dokumente und Zeitzeugenberichte im Stadtarchiv Ulm, Nachlass Lauser, Nr. 34b. Zu den Bündischen in HJ und DJV siehe Matthias von Hellfeld, Bündische Jugend und Hitlerjugend. Zur Geschichte von Anpassung und Widerstand 1930–1939, Köln 1987.

65 Postert, Hitlerjunge Schall, S. 275.

66 Ebd., S. 241.

67 Staatsarchiv Chemnitz, 30071 (Zuchthaus Zwickau), Nr. 19804, darin Prozessakte mit Urteilsbegründung vom 14.11.1935 sowie Materialien der Staatsanwaltschaft und Verteidigung.

Schutzherrn von bündischen Gruppen sowie als Homosexuellen bei der Gestapo erfolgreich angeschwärzt hatten.[68]

Kaum einer, der früh zur Bewegung gefunden hatte, stellte den neuen Staat deshalb in Frage. Auch bei Schall keimte kein Widerstand auf. Seinen messianischen Glauben an Hitler konnte bis weit in den Weltkrieg hinein nichts erschüttern. Enttäuschungen blieben dennoch nicht aus. Artur Axmann gestand in seinen apologetischen Memoiren, dass einige Entscheidungen bei altgedienten HJ-Männern keinen Zuspruch fanden; ja, es sei nicht leicht gewesen, ihnen den „rechten Platz beim Aufbau zuzuweisen", und erst mit der Besserung auf dem Arbeitsmarkt habe man diese Kritiker beschwichtigen können.[69] Die RJF reagierte oft auch mit Symbolik. Das „Goldene HJ-Abzeichen" konnte ab 1934 beantragen, wer früh zur Bewegung gehört hatte.[70] Franz Schall trug es mit Stolz. Und zu Feierlichkeiten, die anlässlich von Neuaufnahmen zur HJ stattfanden, lud man die alte Garde stets ein, um – wie die Gauleitung Sachsen formulierte – ihrer „zu gedenken und dadurch […] dem Nachwuchs aus der HJ ein Vorbild zu geben"[71]. Dennoch sei der Schwung von früher nicht mehr da, befand Franz Schall Mitte 1934: „… und ich selbst ringe schwer um jene unbekümmerte Frische, die uns einst tagtäglich neue Ideen und daraus neue schöpferische Taten entstehen ließ"[72]. So ist zu verstehen, dass Baldur von Schirach – klar an das eigene Personal gerichtet – warnte: man solle in der RJF nicht irgendeine Reichsbehörde sehen, „nichts anderes als den Umtransport von blauen Aktendeckeln von einem Reichsbüro in ein anderes", vielmehr sei sie der Beweis dafür, dass in Hitlers Staat „die Jugend […] dessen Anerkennung errungen" habe.[73] Auch der Konflikt der Generationen sollte nun überwunden und beigelegt sein, die Jugend sich ihr Recht auf Teilhabe erkämpft haben. Schirach versprach, „die aus der nationalsozialistischen Kampfzeit geprägten […] Begriffe […] auch in Zukunft" beizubehalten, keinen „riesigen Beamtenapparat aufzubauen" sowie die „Verbindung zwischen der Jugend draußen und der Führung der Gesamtorganisation" nicht abreißen zu lassen.[74] Appelle, die sich an Hitlerjungen wie Franz Schall richteten. Sie sahen sich noch immer als Speerspitze einer jungen Revolutionsbewegung. Doch die Hitlerjugend war bereits im Wandel.

68 Friederike Hövelmans, Zwischen Weimarer Republik und Zweitem Weltkrieg. Die bürgerliche Jugend in Sachsen am Beispiel der Sächsischen Jungenschaft, in: Günther Heydemann/Jan Erik Schulte/Francesca Weil (Hrsg.), Sachsen und der Nationalsozialismus, Göttingen 2014, S. 319–335, hier S. 344; Lange, Meuten, S. 62; Kathrin Kollmeier, Ordnung und Ausgrenzung: die Disziplinarpolitik der Hitler-Jugend, Göttingen 2007, S. 170.

69 Axmann, Das kann doch nicht das Ende sein, S. 89 f.

70 Brandenburg, Geschichte der HJ, S. 164.

71 Kreisarchiv Sächsische Schweiz-Osterzgebirge, Kreisarchiv: Gemeinde Lichtenhain, Nr. 109, hier zitiert aus dem Rundschreiben der NSDAP, Gauleitung Sachsen Nr. III/28 (3.11.1936).

72 Postert, Hitlerjunge Schall, S. 313.

73 Baldur von Schirach, Der politische Weg der HJ, in: ders., Revolution der Erziehung. Reden aus den Jahren des Aufbaus, 3. Aufl., München 1942, S. 37–44, hier S. 38.

74 Ebd., S. 41.

Freiwilligkeit und Faszination allein trugen diese Riesenorganisation nicht mehr. Über 1,6 Millionen männliche Kinder und Jugendliche verfügte die Hitlerjugend Ende 1933 – ein gewaltiges Wachstum innerhalb kürzester Zeit.[75] Zur Mitte des Jahrzehnts stagnierte sie auf hohem Niveau. Von Totalität, welche die RJF anstrebte, konnte da noch keine Rede sein. Das gilt auch für Sachsen. Hier hatte die HJ, nach Berechnungen der Gebietsführung, etwa 30 bis 40 Prozent aller Jugendlichen ab 14 Jahren erfasst. Das Jungvolk erreichte 60 bis 70 Prozent der 10- bis 14-Jährigen. Bei den Mädchen sah die Situation weit schlechter aus. Damit lag Sachsen aber noch unter dem Reichsdurchschnitt.[76] Eine interne Statistik des Gebiets zeigt, dass die NS-Jugendorganisation 1935 vergleichsweise wenige Neumitglieder hinzugewann. Von Ort zu Ort sah die Lage unterschiedlich aus: Chemnitz und Leipzig hatten die höchsten Mitgliederstärken vorzuweisen, gefolgt von Dresden und Zwickau. Teils waren jedoch Verluste zu verkraften. Das Umland von Dresden legte mit einem Mitgliederschwund von fast 30 Prozent im Vergleich zum Vorjahr einen erstaunlichen Negativrekord hin.[77] Um Kinder und Jugendliche, Mädchen und Jungen, zur Hitlerjugend zu holen, betrieb die NS-Nachwuchsorganisation in Zukunft einen gewaltigen Werbeaufwand. Nicht zuletzt nahm der Anpassungsdruck erheblich zu – in den Schulen und Betrieben, auch auf die Eltern. „Die Einheit der Jugend ist die Voraussetzung für ein einiges Deutschland", hatte man 1934 großflächig in Sachsen plakatiert.[78] Mit dem Hitlerjugendgesetz vom 1. Dezember 1936, das entgegen den Tatsachen festschrieb, die gesamte Jugend sei in der Hitlerjugend erfasst, kam dieser Prozess zu einem Abschluss. Es folgte 1939 die sogenannte Jugenddienstpflicht, auf deren Basis Heranwachsende zum Eintritt verpflichtet und zum Dienst notfalls auch polizeilich herangezogen wurden. Die Hitlerjugend hatte sich endgültig zur Zwangsgemeinschaft entwickelt. Und damit war sie durchaus nicht mehr das, was Franz Schall und viele andere, in Verkennung der Logik einer totalitären Diktatur, einst in ihr gesehen hatten. Aber Franz Schall war zu sehr in seiner ideologischen Welt aufgegangen, um umzudenken zu wollen. Hinzu traten die allmähliche Besserung der ökonomischen Lage, Vollbeschäftigung auf dem Arbeitsmarkt sowie innen- und außenpolitische Erfolge, welche Blendkraft besaßen und möglicher Kritik mehr und mehr entgegenwirkten. Dem Vater, den die Gestapo 1938 aufgrund oppositioneller Kontakte verhaftet hatte, schrieb Franz Schall zynisch in die Gefängniszelle: „Auch ich betrachte die Gegenwart wie jeder Nationalsozialist nicht durch eine schöngefärbte Brille, sondern seine Fehler und Schwächen genauso wie jeder, der offene Augen u[nd] Ohren hat. Das verpflichtet mich jedoch dazu, umso mehr mich für den neuen Staat einzusetzen, damit

75 Nach Buddrus, Totale Erziehung, Teil 1, S. 288.

76 Bundesarchiv Berlin, BDC 32.40Reichsjugendführung (Hrsg.), Statistik der Jugend, Ausgabe A, Nr. 2, S. 5.

77 Gebiet Sachsen (Hrsg.), Statistik in Sachsen, S. 22–39, hier insbesondere S. 33 (DNB Leipzig).

78 Details zur Jungvolk- und HJ-Werbung beispielsweise in: Gebiet Sachsen (Hrsg.), Die Gefolgschaft, 1934, Folge 3: Jungvolk- und HJ-Werbung (DNB Leipzig).

es an meinem Arbeits- und Tätigkeitsfeld keine solchen Mängel gibt. Wer immer nur Schlechtes sieht, dem glaubt man schließlich nicht, dass er für das Gute kämpft, auch wenn das tatsächlich der Fall ist."[79] Viele der „alten" Kämpfer, wie Hitlerjunge Franz Schall einer war, trugen und rechtfertigten die Diktatur und ihr Unrecht bar aller Vernunft bis zum Ende.

79 Postert, Hitlerjunge Schall, S. 328.

Karten

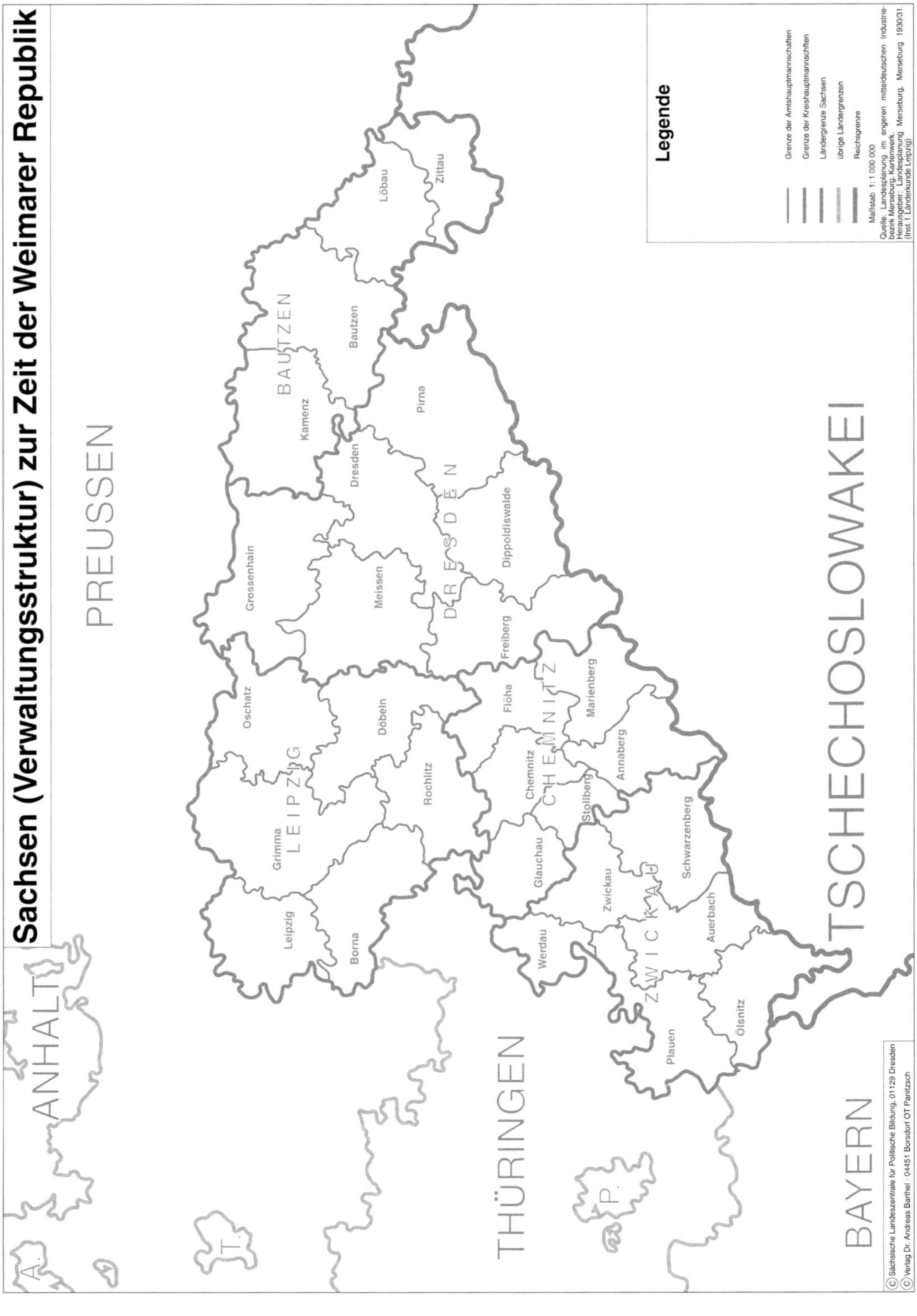
Sachsen (Verwaltungsstruktur) zur Zeit der Weimarer Republik
PREUSSEN
TSCHECHOSLOWAKEI
ANHALT
THÜRINGEN
BAYERN
A.
T.
P.
BAUTZEN
DRESDEN
LEIPZIG
CHEMNITZ
ZWICKAU
Löbau
Zittau
Bautzen
Kamenz
Pirna
Dresden
Dippoldiswalde
Grossenhain
Meissen
Freiberg
Oschatz
Döbeln
Flöha
Marienberg
Annaberg
Rochlitz
Chemnitz
Stollberg
Grimma
Glauchau
Schwarzenberg
Zwickau
Leipzig
Borna
Werdau
Auerbach
Ölsnitz
Plauen
Legende
Grenze der Amtshauptmannschaften
Grenze der Kreishauptmannschften
Ländergrenze Sachsen
übrige Ländergrenzen
Reichsgrenze
Maßstab 1: 1 000 000
Quelle: Landesplanung im engeren mitteldeutschen Industriebezirk Merseburg. Kartenwerk.
Herausgeber: Landesplanung Merseburg. Merseburg 1930/31.
(Inst. f. Länderkunde Leipzig)
© Sächsische Landeszentrale für Politische Bildung, 01129 Dresden
© Verlag Dr. Andreas Barthel · 04451 Borsdorf OT Panitzsch

Sachsen (Verwaltungsstruktur) zur Zeit der Weimarer Republik

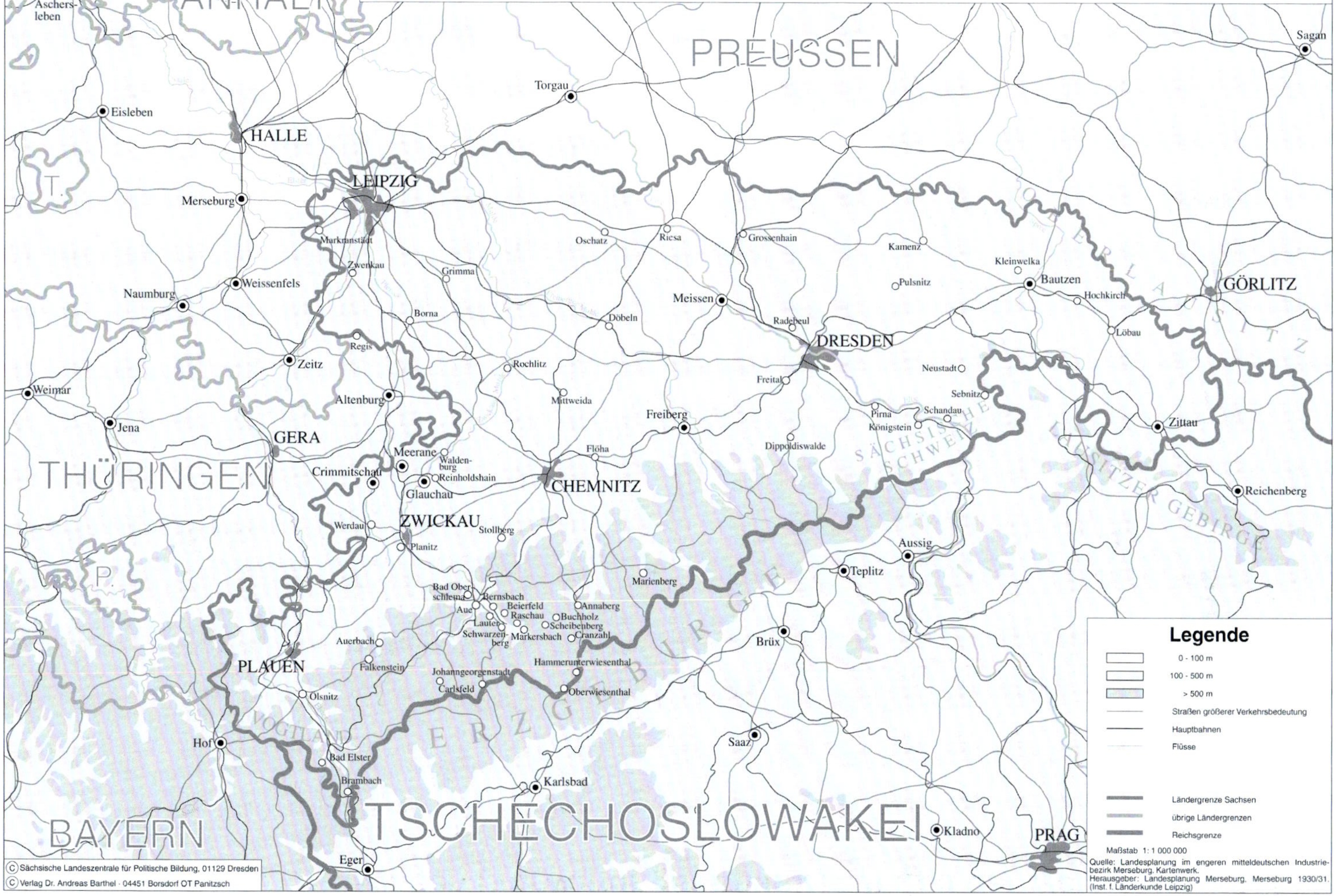

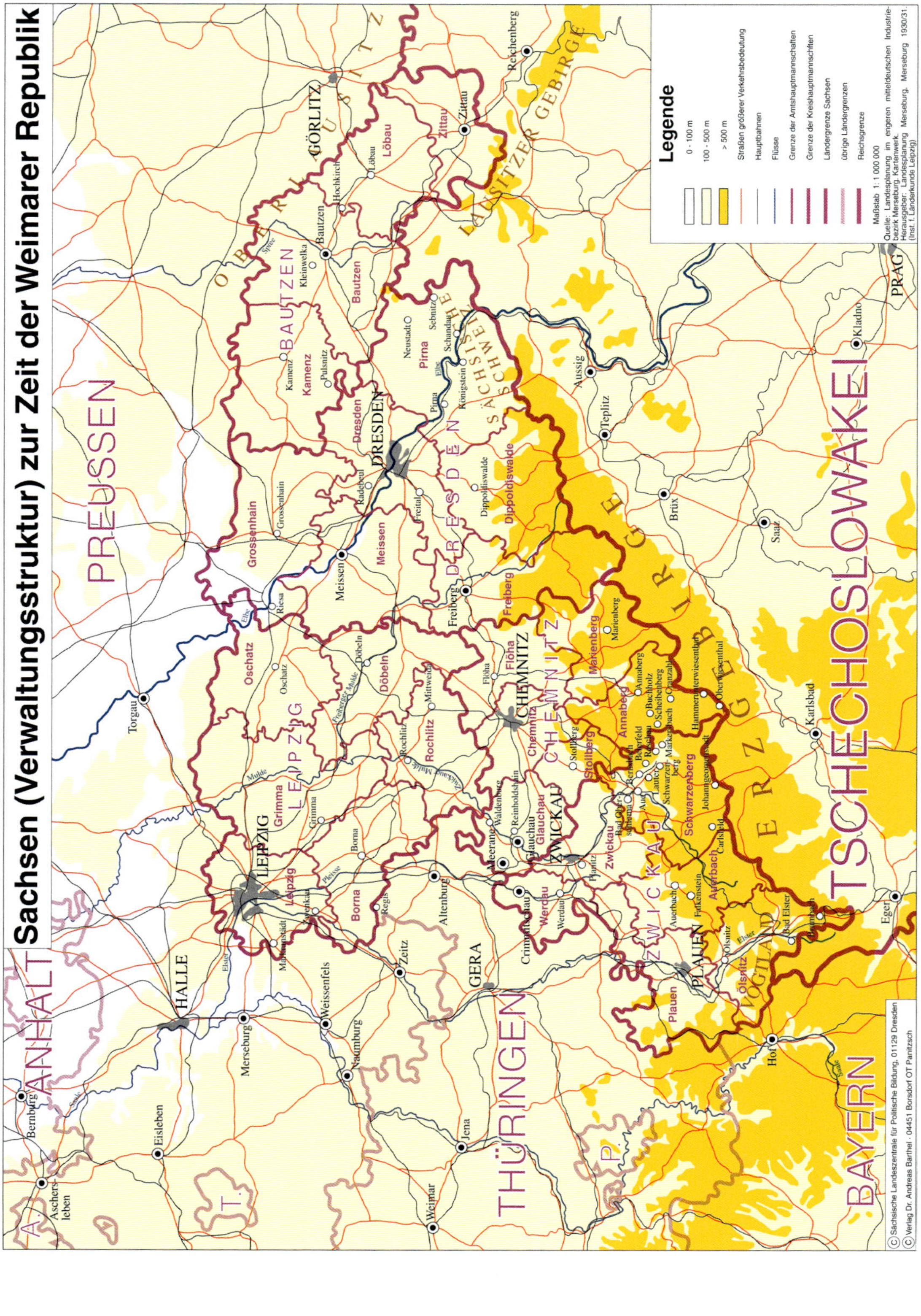
Sachsen (Verwaltungsstruktur) zur Zeit der Weimarer Republik
Legende
0 - 100 m
100 - 500 m
> 500 m
Straßen größerer Verkehrsbedeutung
Hauptbahnen
Flüsse
Grenze der Amtshauptmannschaften
Grenze der Kreishauptmannschaften
Ländergrenze Sachsen
übrige Ländergrenzen
Reichsgrenze
Maßstab 1:1 000 000
Quelle: Landesplanung im engeren mitteldeutschen Industriebezirk Merseburg, Kartenwerk. Herausgeber: Landesplanung Merseburg, Merseburg 1930/31. (Inst. f. Länderkunde Leipzig)
PREUSSEN
ANHALT
THÜRINGEN
BAYERN
TSCHECHOSLOWAKEI
OBERLAUSITZ
LAUSITZER GEBIRGE
SÄCHSISCHE SCHWEIZ
ERZGEBIRGE
VOGTLAND
BAUTZEN
DRESDEN
LEIPZIG
CHEMNITZ
ZWICKAU
LEIPZIG
DRESDEN
CHEMNITZ
ZWICKAU
PLAUEN
HALLE
GERA
GÖRLITZ
PRAG
Grossenhain
Kamenz
Bautzen
Löbau
Zittau
Pirna
Dresden
Meissen
Dippoldiswalde
Freiberg
Oschatz
Döbeln
Grimma
Leipzig
Borna
Rochlitz
Flöha
Marienberg
Annaberg
Chemnitz
Glauchau
Stollberg
Schwarzenberg
Zwickau
Werdau
Auerbach
Plauen
Ölsnitz
Torgau
Riesa
Grossenhain
Radebeul
Freital
Pulsnitz
Kleinwelka
Hochkirch
Löbau
Neustadt
Sebnitz
Schandau
Königstein
Pirna
Dippoldiswalde
Meissen
Döbeln
Oschatz
Mittweida
Flöha
Marienberg
Rochlitz
Grimma
Borna
Regis
Zwenkau
Markranstädt
Altenburg
Meerane
Waldenburg
Reinholdshain
Glauchau
Crimmitschau
Werdau
Planitz
Stollberg
Bad Oberschlema
Aue
Lauter
Schwarzenberg
Johanngeorgenstadt
Carlsfeld
Annaberg
Buchholz
Scheibenberg
Crottendorf
Markersbach
Hammerunterwiesenthal
Oberwiesenthal
Falkenstein
Auerbach
Ölsnitz
Bad Elster
Brambach
Eger
Hof
Karlsbad
Saaz
Brix
Teplitz
Aussig
Kladno
Reichenberg
Zittau
Bernburg
Aschersleben
Eisleben
Merseburg
Weissenfels
Naumburg
Zeitz
Jena
Weimar
Elbe
Mulde
Spree
Pleisse
Elster
Saale
Freiberger Mulde
Zwickauer Mulde
Sachsen
Zwönitz
A.
T.
P.
© Sächsische Landeszentrale für Politische Bildung, 01129 Dresden
© Verlag Dr. Andreas Barthel · 04451 Borsdorf OT Panitzsch

Anhang

Ergebnisse der Landtagswahlen in Sachsen 1919–1930[1]

Absolute Stimmanteile

	2.2.1919	14.11.1920	5.11.1922	31.10.1926	13.5.1929	22.6.1930
Wahlbeteiligung	74,4	70,4	81,8	71,1	77,4	73,6
Abgegebene gültige Stimmen	2.145.695	2.070.690	2.537.583	2.358.263	2.702.183	2.610.603
KPD		117.280	266.864	342.382	345.530	355.381
USPD	350.069	286.835				
USPD (links)		60.108				
(M)SPD	891.804	586.844	1.060.247	758.005	922.932	871.114
ASPD				97.885	39.568	19.206
DDP	490.666	159.709	214.189	111.467	115.289	83.745
Zentrum	21.823	22.731	22.611	24.089	25.460	
DVP	84.615	385.524	474.708	292.085	363.382	227.329
DNVP	306.718	433.936	482.469	341.153	218.309	124.261
NSDAP				37.725	133.958	376.769
WP		17.723	5.137	237.626	304.884	276.674
VRP				98.479	70.131	44.228
SLV					140.611	120.391
VNR						39.358
CSVD						57.428

1 Die Angaben sind entnommen aus: Jürgen Falter/Thomas Lindenberger/Siegfried Schumann, Wahlen und Abstimmungen in der Weimarer Republik. Materialien zum Wahlverhalten, München 1986, S. 108; Statistisches Jahrbuch für den Freistaat Sachsen 1918/20–1931/34.

Stimmanteile in Prozent und Mandaten[2]

	2.2.1919	14.11.1920	5.11.1922	31.10.1926	12.5.1929	22.6.1930
KPD		5,7 (6)	10,5 (10)	14,5 (14)	12,8 (12)	13,6 (13)
USPD	16,3 (15)	13,9 (13)				
USPD (links)		2,9 (3)				
(M)SPD	41,6 (42)	28,3 (27)	41,8 (40)	32,1 (31)	34,2 (33)	33,4 (32)
ASPD				4,2 (4)	1,5 (2)	0,7 (0)
DDP	22,9 (22)	7,7 (8)	8,4 (8)	4,7 (5)	4,3 (4)	3,2 (3)
Zentrum	1,0 (0)	1,1 (1)	0,9 (0)	1,0 (0)	0,9 (0)	
DVP	3,9 (4)	18,6 (18)	18,7 (19)	12,4 (12)	13,4 (13)	8,7 (8)
DNVP	14,3 (13)	21,0 (20)	19,0 (19)	14,5 (14)	8,0 (8)	4,8 (5)
NSDAP				1,6 (2)	5,0 (5)	14,4 (14)
WP		0,8 (0)	0,2 (0)	10,1 (10)	11,3 (11)	10,6 (10)
VRP				4,2 (4)	2,6 (3)	1,7 (2)
SLV					5,2 (5)	4,6 (5)
VNR						1,5 (2)
CSVD						2,2 (2)

2 Angaben in Prozent und Mandaten sind berechnet nach den abgegebenen gültigen Stimmen.

Abkürzungsverzeichnis

KPD[3] – Kommunistische Partei Deutschlands
USPD[4] – Unabhängige Sozialdemokratische Partei Deutschlands
(M)SPD – (Mehrheits-)Sozialdemokratische Partei Deutschlands
DDP – Deutsche Demokratische Partei
Zentrum – (katholische) Zentrumspartei
DVP – Deutsche Volkspartei
DNVP – Deutschnationale Volkspartei
NSDAP – Nationalsozialistische Deutsche Arbeiterpartei
WP – Wirtschaftspartei des deutschen Mittelstandes
ASP[5] – Alte Sozialdemokratische Partei (auch ASPS oder ASPD)
VRP – Volksrechtspartei (Reichspartei für Volksrecht und Aufwertung)
SLV – Sächsisches Landvolk
VNR – Volksnationale Reichsvereinigung
CSVD – Christlich-Sozialer Volksdienst Deutschlands

3 Die KPD beteiligte sich 1919 nicht an den Wahlen.

4 Nach inneren Zerwürfnissen hatte sich die USPD im Oktober 1920 in einen linken kommunistisch orientierten und einen rechten, gemäßigten Flügel gespalten und war getrennt zur Wahl angetreten. Ende 1920 vereinigte sich die linke USPD mit der KPD, während sich die rechte USPD 1922 mit der (M)SPD vereinigte. Die jeweils neuen Parteien trugen zeitweise den Namen „Vereinigte Kommunistische Partei Deutschlands" (VKPD) und „Vereinigte Sozialdemokratische Partei Deutschlands" (VSPD).

5 Die ASP hatte sich 1926 als Alte Sozialdemokratische Partei Sachsens (ASPS) und rechte Abspaltung von der nach links gerückten sächsischen SPD konstituiert und später in Alte Sozialdemokratische Partei Deutschlands (ASPD) umbenannt. Als Kern der neuen Partei fungierte die Mehrheit der SPD-Landtagsfraktion, die Anfang 1924 eine Koalition mit DDP und DVP eingegangen war.

Ergebnisse der Wahlen zur Nationalversammlung und zum Reichstag 1919–1933[1]

Wahlkreise: 1 – Dresden-Bautzen
2 – Leipzig
3 – Chemnitz-Zwickau

		KPD	USPD	(M)SPD	DDP (DStP)	Z	DVP	DNVP	WP	NSDAP (Völkische)
19.1.1919	Reich ∅		7,6	37,9	18,5	19,7	4,4	10,3		
	Sachsen ∅		14,1	46	22,1	0,8	4,0	12,8		
	1		5,1	50,9	18,4	1,8	10,6	13,2		
	2		38,6	20,7	28,6	0,5	-	11,6		
	3		6,3	58,7	21,4	0,4	-	13,2		
6.6.1920	Reich ∅	2,1	17,9	21,7	8,3	13,6	13,9	15,1		
	Sachsen ∅	4,3	25,3	24,2	9,1	0,8	18,6	17		
	1	1,2	21,4	27,4	10,9	1,7	19,6	17,1		
	2	2,0	42,1	9,1	8,4	0,4	20,8	16,9		
	3	9,2	17,2	31,8	7,8	0,3	16,1	17		
										VSB
4.5.1924	Reich ∅	12,6		20,5	5,7	13,4	9,2	19,5		6,5
	Sachsen ∅	14,4		30,8	7,7	0,7	13,6	19,7		6,5
	1	8,4		34,6	9,5	1,2	13,0	23,2		4,5
	2	15,7		30,2	7,2	0,5	16,5	18,0		7,9
	3	19,8		27,2	6,3	0,4	11,9	17,3		7,7

1 Die angegebenen Prozentangaben beziehen sich auf die abgegebenen gültigen Stimmen. Die Angaben sind entnommen aus: Jürgen Falter/Thomas Lindenberger/Siegfried Schumann, Wahlen und Abstimmungen in der Weimarer Republik. Materialien zum Wahlverhalten, München 1986, S. 67–75; Statistisches Jahrbuch für den Freistaat Sachsen 1918/20–1931/34. Die prozentualen Durchschnittswerte für Sachsen ergeben sich aus dem Durchschnitt der gültigen abgegebenen Stimmen.

		KPD	USPD	(M)SPD	DDP (DStP)	Z	DVP	DNVP	WP	NSDAP (Völkische)
										NSFB
7.12.1924	Reich ∅	9,0		26,0	6,3	13,6	10,1	20,5		3,0
	Sachsen ∅	11,1		35,2	7,2	1,0	15,4	20,5		2,5
	1	6,5		37,3	8,1	1,5	14,7	23,5		1,5
	2	12,5		35,7	7,8	0,7	18,6	18,4		1,8
	3	14,8		32,5	5,9	0,6	13,7	19,0		4,2
20.5.1928	Reich ∅	10,6		29,8	4,9	12,1	8,7	14,2	4,5	2,6
	Sachsen ∅	14,0		36,6	5,4	0,9	11,5	9,3	8,5	2,7
	1	10,3		39,1	6,1	1,4	10,9	11,5	7,9	1,8
	2	16,1		37,0	6,0	0,6	13,0	6,6	7,0	1,9
	3	16,2		33,5	4,2	0,5	11,1	9,1	10,3	4,3
14.9.1930	Reich ∅	13,1		24,5	3,8	11,8	4,5	7,0	3,8	18,3
	Sachsen ∅	15,9		32,4	4,3	0,9	6,4	4,5	4,3	18,3
	1	12,4		34,7	7,3	1,4	6,4	5,0	7,3	16,1
	2	17,2		34,9	3,2	0,6	9,4	3,7	3,2	14,0
	3	18,5		28,3	2,0	0,5	4,1	4,5	2,0	23,8
31.7.1932	Reich ∅	14,3		21,6	1,0	12,5	1,2	5,9	1,0	37,3
	Sachsen ∅	17,4		28,5	1,3	1,3	1,9	4,6	1,3	41,3
	1	14,3		31,3	1,7	2,1	2,9	5,5	1,7	39,3
	2	18,7		33,1	1,7	1,1	2,2	4,5	1,7	36,1
	3	19,6		22,4	0,7	0,7	0,8	3,8	0,7	47,0
6.11.1932	Reich ∅	16,9		20,4	1,0	11,9	1,9	8,5	1,0	33,1
	Sachsen ∅	19,6		27,6	1,1	1,2	2,9	6,8	1,1	36,6
	1	17,0		29,5	1,5	1,9	4,1	8,1	1,5	34,0
	2	20,7		32,2	1,3	1,1	3,3	7,2	1,3	31,0
	3	21,4		22,3	0,6	0,6	1,4	5,1	0,6	43,4

		KPD	USPD	(M)SPD	DDP (DStP)	Z	DVP	DNVP	WP	NSDAP (Völkische)
5.3.1933	Reich ∅	12,3		18,3	0,9	11,2	1,1	8,0	0,9	43,9
	Sachsen ∅	16,5		26,3	1,2	1,2	1,8	6,5	1,2	45,0
	1	13,4		28,4	1,2	1,9	2,5	7,7	1,2	43,6
	2	17,4		30,1	2,1	1,0	2,0	6,5	2,1	40,0
	3	19,0		21,3	0,6	0,6	0,9	5,4	0,6	50,0

Abkürzungsverzeichnis

DDP – Deutsche Demokratische Partei
DNVP – Deutschnationale Volkspartei
DStP[2] – Deutsche Staatspartei
DVP[3] – Deutsche Volkspartei
KPD[4] – Kommunistische Partei Deutschlands
NSDAP – Nationalsozialistische Deutsche Arbeiterpartei
NSFB – Nationalsozialistische Freiheitsbewegung
(M)SPD – (Mehrheits-)Sozialdemokratische Partei Deutschlands
USPD – Unabhängige Sozialdemokratische Partei Deutschlands
VSB – Völkisch-Sozialer Block
WP – Wirtschaftspartei des deutschen Mittelstandes
Z – (katholische) Zentrumspartei

2 Die Deutsche Staatspartei entstand kurz vor der Reichstagswahl von 1930 aus dem Zusammenschluss von Deutscher Demokratischer Partei und der Volksnationalen Reichsvereinigung, einer Organisation aus dem politischen Umkreis des Jungdeutschen Ordens.

3 Die DVP trat 1919 in Sachsen nur im Wahlkreis Dresden-Bautzen an.

4 Die KPD beteiligte sich aufgrund grundsätzlicher politischer Überlegungen 1919 nicht an den Wahlen.

Ergebnisse der Wahlen zum Amt des Reichspräsidenten[1]

Der mit starken Kompetenzen ausgestattete Reichspräsident wurde gemäß der Verfassung vom August 1919 direkt vom Volk und auf sieben Jahre gewählt. Da nach der Wahl der Nationalversammlung die Verfassung erst noch erarbeitet werden musste, wurde der erste Reichspräsident im Februar 1919 vom deutschen Parlament gewählt – es handelte sich dabei um Friedrich Ebert (SPD). 1922 kam es dann gegen Eberts Willen, der für eine Direktwahl eintrat, aber auf Betreiben der rechtsliberalen DVP zur bloßen Verlängerung der Amtsperiode Eberts durch den Reichstag bis Juni 1925. Mit diesem Winkelzug hatte die DVP eine wahrscheinliche Direktwahl Eberts auf sieben Jahre erfolgreich unterbunden.[2]

Infolge Eberts frühem Tod (Februar 1925) wurde 1925 erstmals eine Direktwahl durchgeführt: Im 1. Wahlgang kandidierten der KPD-Vorsitzende Ernst Thälmann, der frühere preußische Ministerpräsident Otto Braun (SPD), der Duisburger Oberbürgermeister Karl Jarres (DVP), der auch von DNVP und Wirtschaftspartei unterstützt wurde, der frühere Reichskanzler Wilhelm Marx (Zentrum), der bayerische Ministerpräsident Heinrich Held (Bayer. Volkspartei), der badische Staatspräsident Willy Hellpach (DDP) und der völkisch gesinnte General Erich Ludendorff. Da keiner der Kandidaten die absolute Mehrheit erzielen konnte, kam es zu einem 2. Wahlgang. Nach dem Rückzug von Braun, Jarres, Held, Hellpach und Ludendorff trat Marx, den auch SPD und DDP unterstützten, gegen Thälmann, vor allem aber gegen den neu aufgestellten früheren Feldmarschall Paul von Hindenburg an, der von der gesamten Rechten, aber auch von der BVB unterstützt wurde. Da der neu gewählte Reichspräsident von Hindenburg in seiner Amtszeit weitgehend verfassungskonform agierte und Anfang 1932 die Hitler-Partei NSDAP bereits stärkste Partei geworden war, sammelte sich das demokratische Lager geschlossen hinter Hindenburg, auch die SPD. Bemerkenswert erschien, dass sich die traditionelle Rechte, DNVP und Stahlhelm, nicht für Hindenburg, sondern für den

1 Die Wahlangaben erfolgen nur in Prozent der abgegebenen gültigen Stimmen. Die Angaben sind entnommen aus: Jürgen Falter/Thomas Lindenberger/Siegfried Schumann, Wahlen und Abstimmungen in der Weimarer Republik. Materialien zum Wahlverhalten, München 1986, S. 76–79; Statistisches Jahrbuch für den Freistaat Sachsen 1918/20–1931/34.

2 Vgl. Walter Mühlhausen, Friedrich Ebert, Bonn 2018, S. 83.

Stahlhelm-Führer Theodor Duesterberg entschied, während KPD und NSDAP mit ihren jeweiligen Vorsitzenden antraten. Der Kandidat der Inflationsgeschädigten, Gustav Winter, war hingegen reiner Zählkandidat. Im 2. Wahlgang siegte von Hindenburg über Hitler und Thälmann. Mit Blick auf Sachsen ist festzuhalten, dass hier 1925 das rechte Lager (Hindenburg) und 1932 der NSDAP-Kandidat (Hitler) über den Durchschnittswerten auf Reichsebene lagen. Als besonders „Hitler-anfällig" erwies sich dabei der Wahlkreis Chemnitz-Zwickau, der als NSDAP-Hochburg galt. Aber auch der Anteil der KPD (Thälmann) lag in Sachsen – und hier ebenfalls im Wahlkreis Chemnitz-Zwickau – höher als im Reichsdurchschnitt.

1. Wahlgang am 29. März 1925

	Thälmann	Braun	Hellpach	Marx	Held	Jarres	Ludendorff
Reich ∅	7,0	29,0	5,8	14,5	3,7	38,8	1,1
Sachsen ∅	8,5	39,0	7,0	1,3	0,3	42,7	0,9
Dresden- Bautzen	4,0	40,1	9,7	1,9	0,2	43,4	0,6
Leipzig	10,1	41,2	6,6	1,0	0,3	40,0	0,6
Chemnitz-Zwickau	12,3	36,0	4,5	1,0	0,3	44,3	1,7

2. Wahlgang am 26. April 1925

	Thälmann	Hindenburg	Marx
Reich ∅	6,4	48,3	45,3
Sachsen ∅	11,0	51,3	37,0
Dresden- Bautzen	6,6	51,5	41,9
Leipzig	11,9	48,0	40,0
Chemnitz-Zwickau	15,2	53,6	31,1

1. Wahlgang am 13. März 1932

	Thälmann	Hindenburg	Duesterberg	Hitler	Winter
Reich ∅	13,2	49,6	6,8	30,1	0,3
Sachsen ∅	16,2	45,5	5,1	32,6	0,4
Dresden- Bautzen	12,4	52,1	6,4	28,5	0,6
Leipzig	16,5	51,8	4,2	27,1	0,4
Chemnitz-Zwickau	19,8	34,4	4,6	40,9	0,3

2. Wahlgang am 10. April 1932

	Thälmann	Hindenburg	Hitler
Reich ∅	10,2	53,0	36,8
Sachsen ∅	12,7	47,4	39,9
Dresden- Bautzen	9,3	54,0	36,7
Leipzig	14,1	51,7	34,2
Chemnitz-Zwickau	15,1	37,7	47,2

Literaturverzeichnis

Thomas **Adam**, Arbeitermilieu und Arbeiterbewegung in Leipzig 1871–1933, Köln/Weimar/Wien 1999.

Hannah **Ahlheim**, „Deutsche, kauft nicht bei Juden!". Antisemitismus und politischer Boykott in Deutschland 1924 bis 1935, Göttingen 2011.

Manfred **Alexander**/Frank **Kämpfer**/Andreas **Kappeler** (Hrsg.), Kleine Völker in der Geschichte Osteuropas. Festschrift für Günther Stökl zum 75. Geburtstag, Stuttgart 1991.

Manfred **Alexander** (Hrsg.), Deutsche Gesandtschaftsberichte aus Prag. Innenpolitik und Minderheitenprobleme in der Ersten Tschechoslowakischen Republik. Teil II. Vom Kabinett Beneš bis zur ersten übernationalen Regierung unter Švehla 1921–1926, München 2004.

Manfred **Alexander**, Kleine Geschichte der böhmischen Länder, Stuttgart 2008.

Margaret Lavinia **Anderson**, Lehrjahre der Demokratie. Wahlen und politische Kultur im Deutschen Kaiserreich, Stuttgart 2009.

Ulrich **Aufmuth**, Die deutsche Wandervogelbewegung unter soziologischem Aspekt, Göttingen 1979.

Rainer **Aurig**/Steffen **Herzog**/Simone **Lässig** (Hrsg.), Landesgeschichte in Sachsen. Tradition und Innovation, Dresden 1997.

Artur **Axmann**, Das kann doch nicht das Ende sein, Koblenz 1995.

Sabine **Bamberger-Stemmann**, Der Europäische Nationalitätenkongress 1925 bis 1938. Nationale Minderheiten zwischen Lobbyistentum und Großmachtinteressen, Marburg 2000 (= Materialien und Studien zur Ostmitteleuropa-Forschung, Bd. 7).

Boris **Barth**, Dolchstoßlegenden und politische Desintegration. Das Trauma der deutschen Niederlage im Ersten Weltkrieg 1914–1933, Düsseldorf 2003.

Bernhard H. **Bayerlein**/Leonid G. **Babicenko**/Fridrich I. **Firsow**/Aleksandr Ju. **Vatlin** (Hrsg.), Deutscher Oktober 1923. Ein Revolutionsplan und sein Scheitern, Berlin 2003.

August **Bebel**, Aus meinem Leben, Berlin/Ost 1961.

Sabine **Behrenbeck**, Der Kult um die toten Helden. Nationalsozialistische Mythen, Riten und Symbole, Vierow bei Greifswald 1996.

Walter Curt **Behrendt**, Der Kampf um den Stil im Kunstgewerbe und in der Architektur, Stuttgart/Berlin 1920.

Wolfgang **Benz** (Hrsg.), Handbuch des Antisemitismus. Judenfeindschaft in Geschichte und Gegenwart, Bd. 6: Publikationen, Berlin 2013.

Volker R. **Berghahn**, Der Stahlhelm. Bund der Frontsoldaten 1918–1935, Düsseldorf 1966.

Eduard **Bernstein**, Die deutsche Revolution von 1918/19. Geschichte der Entstehung und ersten Arbeitsperiode der deutschen Republik, hrsg. und eingeleitet von Heinrich August Winkler und annotiert von Teresa Löwe, Bonn 1998 [Erstausgabe 1921].

Gerhard **Besier**/Eckhard **Lessing** (Hrsg.), Die Geschichte der Evangelischen Kirche der altpreußischen Union, Bd. 3: Trennung von Staat und Kirche. Kirchlich-politische Krisen. Erneuerung kirchlicher Gemeinschaft (1918–1992), Leipzig 1999.

Biographisches Lexikon zur Weimarer Republik, hrsg. von Wolfgang Benz und Hermann Graml, München 1988.

Adolf M. **Birke**/Magnus **Brechtken** (Hrsg.), Kommunale Selbstverwaltung – Local Self-Government. Geschichte und Gegenwart im deutsch-britischen Vergleich, München u. a. 1996.

Karl-Heinz **Blaschke** (Hrsg.), 700 Jahre politische Mitbestimmung in Sachsen. Begleitheft zur Ausstellung aus Anlaß der Eröffnung der Neubauten des Sächsischen Landtags im Bürgerfoyer des Elbflügels, Dresden 1994.

David **Blackbourn**, Populists and Patricians. Essays in Modern German History, London 1987.

David **Blackbourn**/Geoff **Eley**, The Peculiarities of German History. Bourgeois Politics in Nineteenth-Century Germany, Oxford 1984.

Wilhelm **Bleek**, Geschichte der Politikwissenschaft in Deutschland, München 2001.

Georg **Bollenbeck**, Bildung und Kultur. Glanz und Elend eines deutschen Deutungsmusters, 2. Aufl., Frankfurt am Main/Leipzig 1994.

Alexander **Bolz**/Christina **Fischer**/Hartmut M. **Griese** (Hrsg.), Jugendweihen in Deutschland. Idee, Geschichte und Aktualität eines Übergangsrituals, Leipzig 1998.

Daniel **Bormuth**, Die Deutschen Evangelischen Kirchentage in der Weimarer Republik, Stuttgart 2007.

Ulrich **Borsdorf** (Hrsg.), Geschichte der deutschen Gewerkschaften. Von den Anfängen bis 1945, Köln 1987.

Karl **Bosl** (Hrsg.), Versailles – St. Germain – Trianon: Umbruch in Europa vor fünfzig Jahren, München/Wien 1971.

Detlef **Bothe**, Neue Deutsche Heilkunde 1933–1945, Husum 1991.

Karl Dietrich **Bracher**, Die Auflösung der Weimarer Republik. Eine Studie zum Problem des Machtverfalls in der Demokratie, Stuttgart 1955.

Günter **Brakelmann**, Kreuz und Hakenkreuz. Christliche Pfadfinderschaft und Nationalsozialismus in den Jahren 1933/1934, Kamen 2013.

Werner **Bramke**/Ulrich **Heß** (Hrsg.), Sachsen und Mitteldeutschland, Köln/Weimar/Wien 1995.

Werner **Bramke**/Ulrich **Heß** (Hrsg.), Wirtschaft und Gesellschaft in Sachsen im 20. Jahrhundert, Leipzig 1998.

Werner **Bramke**/Silvio **Reisinger**, Leipzig in der Revolution von 1918/19, Leipzig 2009.

Hans-Christian **Brandenburg**, Die Geschichte der HJ. Wege und Irrwege, Köln 1968.

Bernd **Braun**/Joachim **Eichler** (Hrsg.), Arbeiterführer, Parlamentarier, Parteiveteran. Die Tagebücher des Sozialdemokraten Hermann Molkenbuhr 1905 bis 1927, München 2000.

Andreas **Braune**/Mario **Hesselbarth**/Stefan **Müller** (Hrsg.), Die USPD zwischen Sozialdemokratie und Kommunismus 1917–1922. Neue Wege zu Frieden, Demokratie und Sozialismus, Stuttgart 2018.

Hans **Brenner**/Wolfgang **Heidrich**/Klaus-Dietmar **Müller**/Dietmar **Wendler** (Hrsg.), NS-Terror und Verfolgung in Sachsen. Von den Frühen Konzentrationslagern bis zu den Todesmärschen, Dresden 2018.

Stefan **Breuer**, Die Völkischen in Deutschland. Kaiserreich und Weimarer Republik, Darmstadt 2008.

Ulrich **Brieler**/Rainer **Eckert** (Hrsg.), Unruhiges Leipzig. Beiträge zur einer Geschichte des Ungehorsams in Leipzig, Leipzig 2016.

Malcolm B. **Brown**, Friedrich Nietzsche und sein Verleger Ernst Schmeitzner. Eine Darstellung ihrer Beziehung, Frankfurt am Main 1987.

Steffen **Bruendel**, Volksgemeinschaft oder Volksstaat? Die „Ideen von 1914“ und die Neuordnung Deutschlands im Ersten Weltkrieg, Berlin 2003.

Ulrike **Brunotte**, Zwischen Eros und Krieg. Männerbund und Ritual in der Moderne. Berlin 2004.

Claudia **Bruns**, Politik des Eros. Der Männerbund in Wissenschaft, Politik und Jugendkultur (1880–1934), Köln/Weimar/Wien 2008.

Kai **Buchholz** u. a. (Hrsg.), Lebensreform. Entwürfe zur Neugestaltung von Leben und Kunst um 1900, Bd. I, Darmstadt 2001.

Hubertus **Buchstein**, Politikwissenschaft und Demokratie. Wissenschaftskonzeption und Demokratietheorie sozialdemokratischer Nachkriegspolitologen in Berlin, Baden-Baden 1992.

Michael **Buddrus**, Totale Erziehung für den totalen Krieg. Hitlerjugend und nationalsozialistische Erziehungspolitik, Teil 1, München 2003.

Enno **Bünz** (Hrsg.), 100 Jahre Landesgeschichte (1996–2006), Leipzig 2012.

Enno **Bünz** u. a., Vogtland (Kulturlandschaften Sachsens, 5), Leipzig 2013.

Ursula **Büttner**, Weimar. Die überforderte Republik, Stuttgart/Bonn 2008.

Paul **Ciupke**/Franz-Josef **Jelich** (Hrsg.), Soziale Bewegung, Gemeinschaftsbildung und pädagogische Institutionalisierung. Erwachsenenbildungsprojekte in der Weimarer Republik (Geschichte und Erwachsenenbildung, Band 6), Essen 1996.

Paul **Ciupke**/Franz-Josef **Jelich** (Hrsg.), Experimentiersozietas Dreißigacker. Historische Konturen und gegenwärtige Rezeption eines Erwachsenenbildungsprojektes der Weimarer Zeit (Geschichte und Erwachsenenbildung, Band 8), Essen 1997.

Paul **Ciupke**/Klaus **Heuer**/Franz-Josef **Jelich**/Justus H. **Ulbricht** (Hrsg.), „Die Erziehung zum deutschen Menschen". Völkische und nationalkonservative Erwachsenenbildung in der Weimarer Republik (Geschichte und Erwachsenenbildung, Band 23), Essen 2007.

Anne-Sophie **Clémençon** (Hrsg.), Les gratte-ciel de Villeurbanne, Besançon-Paris 2004.

Ulrich **Conrads**, Programme und Manifeste zur Architektur des 20. Jahrhunderts (Bauwelt-Fundamente 1), 2. Aufl., Braunschweig/Wiesbaden 1981.

Benjamin **Conrad**, Umkämpfte Grenzen, umkämpfte Bevölkerung. Die Entstehung der Staatsgrenzen der Zweiten Polnischen Republik 1918–1923, Stuttgart 2014.

Karl **Czok**, Geschichte Sachsens, Weimar 1989.

Birgit **Dahlke**, Jünglinge der Moderne. Jugendkult und Männlichkeit in der Literatur um 1900, Köln/Weimar/Wien 2006.

Ute **Daniel**, Arbeiterfrauen in der Kriegsgesellschaft. Beruf, Familie und Politik im Ersten Weltkrieg, Göttingen 1989.

Ute **Daniel**/Thomas **Welskopp**/Wolfram **Pyta** (Hrsg.), Politische Kultur und Medienwirklichkeiten in den 1920er Jahren, München 2010.

Christian **Danz**/Werner **Schüßler**/Erdmann **Sturm** (Hrsg.), Tillich und der religiöse Sozialismus. Internationales Jahrbuch der Tillich-Forschung, Band 4, Berlin 2009.

Andreas **Denk**/Josef **Matzerath**, Die drei Dresdner Parlamente. Die Sächsischen Landtage und ihre Bauten: Indikatoren für die Entwicklung von der ständischen zur pluralisierten Gesellschaft, Wolfratshausen 2000.

Joachim **Detjen**, Politische Erziehung als Wissenschaftsaufgabe. Das Verhältnis der Gründergeneration der deutschen Politikwissenschaft zur politischen Bildung, Baden-Baden 2016.

Heinz **Deutschland**/Ernst Egon **Lange** (Hrsg.), Wegbereiter. 32 Porträtskizzen, Berlin 1987.

Beatrix **Dietel**, Die Universität Leipzig in der Weimarer Republik. Eine Untersuchung zur sächsischen Hochschulpolitik (= Geschichte und Politik in Sachsen, Bd. 31), Leipzig 2015.

Martin **Dinges** (Hrsg.), Medizinkritische Bewegungen im Deutschen Reich, Stuttgart 1996.

Anselm **Doering-Manteuffel**/Jörn **Leonhard** (Hrsg.), Liberalismus im 20. Jahrhundert, Stuttgart 2015.

Horst **Dörrer**, An der Schwelle einer neuen Epoche. Die Kämpfe der Novemberrevolution 1918 und zur Schaffung der Kommunistischen Partei Deutschlands in Dresden und in Ostsachsen, Dresden 1978.

Elvira **Döscher**/Wolfgang **Schröder**, Sächsische Parlamentarier 1869–1918. Die Abgeordneten der II. Kammer des Königreichs Sachsen im Spiegel historischer Photographien: ein biographisches Handbuch, Düsseldorf 2001.

Matthias **Donath**/André **Thieme** (Hrsg.), Sächsische Mythen. Menschen, Orte, Ereignisse, Leipzig 2011.

Dieter **Dowe** (Hrsg.), Jugendprotest und Generationenkonflikt in Europa im 20. Jahrhunderts, Bonn 1986.

Horst **Dreier**/Christian **Waldhoff** (Hrsg.), Das Wagnis der Demokratie. Eine Anatomie der Weimarer Reichsverfassung, München 2018.

Michael **Dreyer**/Andreas **Braune** (Hrsg.), Weimar als Herausforderung. Die Weimarer Republik und die Demokratie im 21. Jahrhundert, Stuttgart 2016.

Magdalena **Droste**, Bauhaus 1919–1933, Köln 1991.

Christophe **Duhamelle**/Andreas **Kossert**/Bernhard **Struck** (Hrsg.), Grenzregionen. Ein europäischer Vergleich vom 18. bis zum 20. Jahrhundert, Frankfurt am Main 2007.

Reinhardt **Eigenwill** (Hrsg.), Zäsuren sächsischer Geschichte, Beucha 2010.

Rainer **Eisfeld**, Ausgebürgert und doch angebräunt. Deutsche Politikwissenschaft 1920–1945, Baden-Baden 1991.

Ephraim-Carlebach-Stiftung/Sächsische Landeszentrale für politische Bildung (Hrsg.), Antisemitismus in Sachsen im 19. und 20. Jahrhundert, Höppner, Solvejg (Red.), Dresden 2004.

Willy **Erhardt**, Das Glück auf der Nadelspitze. Vom Schicksalsweg der Vogtländischen Stickereiindustrie, Plauen 1995.

Richard **Faber**/Almut-Barbara **Renger** (Hrsg.), Religion und Literatur. Konvergenzen und Divergenzen, Würzburg 2017.

Walter **Fabian**, Klassenkampf um Sachsen. Ein Stück Geschichte, Löbau 1930.

Jürgen **Falter**/Thomas **Lindenberger**/Siegfried **Schumann**, Wahlen und Abstimmungen in der Weimarer Republik. Materialien zum Wahlverhalten 1919–1933, München 1986.

Jürgen W. **Falter**, Hitlers Wähler, München 1991.

Peter **Fauser**/Jürgen **John**/Rüdiger **Stutz** (Hrsg.), Peter Petersen und die Jenaplan-Pädagogik. Historische und aktuelle Perspektiven, Stuttgart 2012.

Walter **Fellmann**, Sachsens letzter König Friedrich August III., Berlin/Leipzig 1992.

Orlando **Figes**, Hundert Jahre Revolution. Russland und das 20. Jahrhundert, München 2015.

Jürgen **Fijalkowski** (Hrsg.), Politologie und Soziologie. Otto Stammer zum 65. Geburtstag, Köln und Opladen 1965.

Alfons **Fischer**, Grundriss der sozialen Hygiene, Karlsruhe 1925.

Norbert **Fischer**, Vom Gottesacker zum Krematorium. Eine Sozialgeschichte der Friedhöfe in Deutschland, Köln/Weimar/Wien 1996.

Kurt **Flasch**, Die geistige Mobilmachung. Die deutschen Intellektuellen und der Erste Weltkrieg. Ein Versuch, Berlin 2004.

Moritz **Föllmer**/Rüdiger **Graf** (Hrsg.), Die „Krise" der Weimarer Republik. Zur Kritik eines Deutungsmusters, Frankfurt am Main 2005.

Johannes **Frackowiak**, Soziale Demokratie als Ideal. Die Verfassungsdiskussionen in Sachsen nach 1918 und 1945, Köln/Weimar/Wien 2005

Ernst **Fraenkel**, Deutschland und die westlichen Demokratien, 9. erweiterte Auflage, Baden-Baden 2011.

Etienne **François**/Jörg **Seifarth**/Bernd **Struck** (Hrsg.), Die Grenze als Raum, Erfahrung und Konstruktion, Deutschland, Frankreich und Polen vom 17. bis zum 20. Jahrhundert, Frankfurt am Main 2007.

Hugo **Freund**, Markante Bilder der Internationalen Hygiene-Ausstellung Dresden 1930/31, Dresden 1931.

Ute **Frevert**, Vertrauensfragen. Eine Obsession der Moderne, München 2013.

Sönke **Friedreich**, Der Weg zur Großstadt. Stadtentwicklung, bürgerliche Öffentlichkeit und symbolische Repräsentation in Plauen (1880–1933), Leipzig 2017.

Cathrin **Friedrich**, Erich Brandenburg – Historiker zwischen Wissenschaft und Politik, Leipzig 1998.

Ernst **Friedrich**, Krieg dem Kriege! [Teil 1], Berlin 1924; Teil 2: Berlin 1926.

Jutta **Frotscher**, Volksschullehrerausbildung in Dresden 1923–1931 (= Beiträge zur Historischen Bildungsforschung, Bd. 22), Köln/Weimar/Wien 1997.

Christine **Fuhrmann**/Leonhard **Helten** (Hrsg.), Eine Stadtkrone für Halle Saale. Walter Gropius im Wettbewerb, Berlin/Halle a. d. Saale 2011.

Manfred **Gailus**/Wolfgang **Krogel** (Hrsg.), Von der babylonischen Gefangenschaft der Kirche im Nationalen. Regionalstudien zu Protestantismus, Nationalsozialismus und Nachkriegsgeschichte 1930 bis 2000, Berlin 2006.

Alexander **Gallus** (Hrsg.), Deutsche Zäsuren. Systemwechsel seit 1806, Köln/Weimar/Wien 2006.

Manfred **Gangl** (Hrsg.), Das Politische. Zur Entstehung der Politikwissenschaft während der Weimarer Republik, Frankfurt am Main 2008.

Tony **Garnier**, Die ideale Industriestadt. Eine städtebauliche Studie (= Une cité industrielle. Dt. Reprint d. frz. Originalausg. 1917), Tübingen 1989.

Ulrike v. **Gersdorf**, Frauen im Kriegsdienst 1914–1945, Stuttgart 1969.

Geschichte der Stadt Dresden. Band 3. Von der Reichsgründung bis zur Gegenwart, hrsg. von Holger Starke unter Mitwirkung von Uwe John, Stuttgart 2006.

Monika **Gibas**/Rüdiger **Haufe** (Hrsg.), „Mythen der Mitte", Regionen als nationale Wertezentren. Konstruktionsprozesse und Sinnstiftungsprozesse im 19. und 20. Jahrhundert, Weimar 2005.

Jürgen **Gimmel**, Die politische Organisation kulturellen Ressentiments. Der „Kampfbund für deutsche Kultur" und das bildungsbürgerliche Unbehagen an der Moderne, Münster 2001.

Olaf **Gisbertz**, Bruno Taut und Johannes Göderitz in Magdeburg. Architektur und Städtebau in der Weimarer Republik, Berlin 2000.

Erich **Glier**, Die sächsische Spitzen- und Stickereiindustrie seit 1914. Niedergang und Existenzkampf einer deutschen Mode- und Exportindustrie, Plauen 1932.

Maria **Görlitz**, Parlamentarismus in Sachsen. Königtum und Volksvertretung im 19. und frühen 20. Jahrhundert, Münster 2011.

Svenja **Goltermann**, Opfer. Die Wahrnehmung von Krieg und Gewalt in der Moderne, Frankfurt/M. 2018.

Thomas **Gräfe**, Antisemitismus in Gesellschaft und Karikatur des Kaiserreiches. Glöß' Politische Bilderbogen 1892–1901, Norderstedt 2005.

Dieter **Grande**/Daniel **Fickenscher** (Hrsg.), Eine Kirche, zwei Völker. Deutsche, sorbische und lateinische Quellentexte und Beiträge zur Geschichte des Bistums Dresden-Meißen von der Wiedererrichtung 1921 bis 1929, Bautzen/Leipzig 2003.

Helga **Grebing**/Hans **Mommsen**/Karsten **Rudolph** (Hrsg.), Demokratie und Emanzipation zwischen Saale und Elbe. Beiträge zur Geschichte der sozialdemokratischen Arbeiterbewegung bis 1933, Essen 1993

Armin **Greim**/Hans **Meergans**, Sechzig Jahre Leipziger Volkzeitung (1894–1954), Leipzig 1954.

Barbara **Greven-Aschoff**, Die bürgerliche Frauenbewegung in Deutschland 1894–1933, Göttingen 1981.

Dieter **Groh**/Peter **Brandt**, „Vaterlandslose Gesellen". Sozialdemokratie und Nation 1860–1990, München 1992.

Reiner **Groß**, Geschichte Sachsens, 4. Aufl., Leipzig 2012.

Gerhard P. **Groß** u. a. (Hrsg.), Der Schlieffenplan. Analysen und Dokumente, Paderborn 2006.

Alfred **Grotjahn**, Die hygienische Forderung, Königstein im Taunus/Leipzig 1916.

Michel **Grunewald**/Hans Manfred **Bock** (Hrsg.), Le Milieu intelectuel de Gauche en Allemagne, sa Presse et ses Réseaux (1890–1960), Bern 2002.

Hans U. **Gumbrecht**, 1926. Ein Jahr am Rand der Zeit, Frankfurt am Main 2001.

Jens **Hacke**, Existenzkrise der Demokratie. Zur politischen Theorie des Liberalismus in der Zwischenkriegszeit, Berlin 2018.

Joachim C. **Häberlen**, Vertrauen und Politik im Alltag. Die Arbeiterbewegung in Leipzig und Lyon im Moment der Krise 1929–1933/38, Göttingen 2013.

Beate **Häupel**, Die Gründung des Landes Thüringen. Staatsbildung und Reformpolitik 1918–1923, Weimar 1995.

Michael **Hagner**, Der Geist bei der Arbeit. Historische Untersuchungen zur Hirnforschung, Göttingen 2013.

Simone **Hain** u. a., Die Salons der Sozialisten, Kulturhäuser in der DDR, Berlin 1996.

Iris **Hamel**, Völkischer Verband und nationale Gewerkschaft. Der Deutschnationale Handlungsgehilfen-Verband 1893–1933, Frankfurt am Main 1967.

Wolfgang **Hardtwig** (Hrsg.), Ordnungen in der Krise. Zur politischen Kulturgeschichte Deutschlands 1900–1933, München 2007.

Peter **Haslinger**, Nation und Territorium im tschechischen politischen Diskurs 1880–1938, München 2010.

Wolf-Dieter **Hauschild** (Hrsg.), Profile des Luthertums. Biographien zum 20. Jahrhundert, Gütersloh 1998.

Caris-Petra **Heidel** (Hrsg.), Die Frau im Judentum. Jüdische Frauen in der Medizin, Frankfurt am Main 2014.

Detlev **Heiden**/Gunther **Mai** (Hrsg.), Nationalsozialismus in Thüringen, Weimar 1995.

Fred J. **Heidemann**, Sachsens Vertretungen. Von den Kurfürstlich-Sächsischen Gesandtschaften zur Vertretung des Freistaates Sachsen beim Bund, Dresden 2008.

Frank **Heidenreich**, Arbeiterkulturbewegung und Sozialdemokratie in Sachsen vor 1933 (= Demokratische Bewegungen in Mitteldeutschland, Bd. 3), Weimar/Köln/Wien 1995.

Kirsten **Heinsohn**, Konservative Parteien in Deutschland 1912 bis 1933. Demokratisierung und Partizipation in geschlechterhistorischer Perspektive, Düsseldorf 2010.

Hermann **Heller**, Gesammelte Schriften. Hrsg. von Christoph Müller, in Verb. mit Martin Draht, Otto Stammer, Gerhart Niemeyer u. a., 3 Bände, 2. Aufl., Tübingen 1992.

Matthias von **Hellfeld**, Bündische Jugend und Hitlerjugend. Zur Geschichte von Anpassung und Widerstand 1930–1939, Köln 1987.

Michael **Henkel**, Hermann Hellers Theorie der Politik und des Staates. Tübingen 2011.

Rainer **Hering**, Konstruierte Nation. Der Alldeutsche Verband 1890–1939, Hamburg 2003.

Konstantin **Hermann**/André **Thieme**, Sächsische Geschichte im Überblick, Leipzig 2013.

Konstantin **Hermann** (Hrsg.), Führerschule, Thingplatz, „Judenhaus". Orte und Gebäude der nationalsozialistischen Diktatur in Sachsen, Dresden 2014.

Konstantin **Hermann**/Gerhard **Lindemann** (Hrsg.), Zwischen Christuskreuz und Hakenkreuz. Biografien von Theologen der Evangelisch-lutherischen Landeskirche Sachsens im Nationalsozialismus, Göttingen 2017.

Konstantin **Hermann**/Matthias **Rogg** (Hrsg.), Sachsen im Ersten Weltkrieg. Politik und Gesellschaft eines deutschen Mittelstaates 1914 bis 1918, Stuttgart 2018.

Bernhard **Herrmann**, Arbeiterschaft, Naturheilkunde und der Verband Volksgesundheit (1880–1918), Frankfurt a. M. u. a. 1990.

Ulrich **Herrmann** (Hrsg.), „Mit uns zieht die neue Zeit ..." Der Wandervogel in der deutschen Jugendbewegung, Weinheim/München 2006.

Ulrich **Heß**/Michael **Schäfer** (Hrsg.), Unternehmer in Sachsen. Aufstieg – Krise – Untergang – Neubeginn, Leipzig 1998.

Jan-Otmar **Hesse**/Christian **Kleinschmidt**/Karl **Lauschke** (Hrsg.), Kulturalismus, neue Institutionenökonomik oder Theorienvielfalt, Essen 2002.

Wolfgang **Hesse** (Hrsg.), Das Auge des Arbeiters. Arbeiterfotografie und Kunst um 1930, Leipzig 2014.

Wolfgang **Hesse**/Holger **Starke** (Hrsg.), Arbeiter – Kultur – Geschichte. Arbeiterfotografie im Museum, Leipzig 2017.

Günther **Heydemann**/Jan Erik **Schulte**/Francesca **Weil** (Hrsg.), Sachsen und der Nationalsozialismus, Göttingen 2014.

Bianca **Hoenig**, Geteilte Berge. Eine Konfliktgeschichte der Naturnutzung in der Tatra, Göttingen 2018 (Umwelt und Gesellschaft, 20).

Jörg K. **Hoensch**, Geschichte der Tschechoslowakischen Republik 1918–1978, Stuttgart, 2. Aufl. 1978.

Jörg K. **Hoensch**/Hans **Lemberg** (Hrsg.), Begegnung und Konflikt. Schlaglichter auf das Verhältnis von Tschechen, Slowaken und Deutschen 1815–1989, Essen 2001.

Solvejg **Höppner**/Manfred **Jahn**, Jüdische Vereine und Organisationen in Chemnitz, Dresden und Leipzig 1918 bis 1933. Ein Überblick, Dresden 1997.

Joachim **Hösler**/Wolfgang **Kessler** (Hrag.), Finis mundi. Endzeiten und Weltenden im östlichen Europa. Festschrift für Hans Lemberg, Stuttgart 1998 (= Quellen und Studien zur Geschichte des östlichen Europa, 50).

Sigrid **Hofer**, Reformarchitektur 1900–1918. Deutsche Baukünstler auf der Suche nach dem nationalen Stil, Stuttgart/London 2005.

Werner **Hopf**, Die Strukturwandlungen in der vogtländischen Spitzen- und Stickereiindustrie seit der Jahrhundertwende, Leipzig 1938.

Eva **Horn**/Michael **Hagemeister** (Hrsg.), Die Fiktion von der jüdischen Weltverschwörung. Zu Text und Kontext der „Protokolle der Weisen von Zion", Göttingen 2012.

Johann Edmund **Hottenroth** (Hrsg.), Sachsen in großer Zeit. Gemeinverständliche sächsische Kriegsgeschichte und vaterländisches Gedenkwerk des Weltkrieges in Wort und Bild, Bd. 1, Leipzig 1920.

Ernst Rudolf **Huber** (Hrsg.), Dokumente zur deutschen Verfassungsgeschichte, Band 3: Dokumente der Novemberrevolution und der Weimarer Republik 1918–1933, Berlin/Köln/Mainz 1966.

Ernst Rudolf **Huber**/Wolfgang **Huber** (Hrsg.), Staat und Kirche im 19. und 20. Jahrhundert. Dokumente zur Geschichte des deutschen Staatskirchenrechts, Bd. IV: Staat und Kirche in der Zeit der Weimarer Republik, Berlin (West) 1988, S. 8.

Ulrich **Hübner** u. a., Symbol und Wahrhaftigkeit. Reformbaukunst in Dresden, Dresden 2005.

Heinz **Hürten**, Deutsche Katholiken 1918–1945, Paderborn/München/Wien/Zürich 1992.

Joseph **Hummel**/Michael **Kißener** (Hrsg.), Die Katholiken und das Dritte Reich. Kontroversen und Debatten, 2. Aufl., Paderborn/München/Wien/Zürich 2010.

Gerhard **Ille**/Günter **Köhler** (Hrsg.), Der Wandervogel. Es begann in Steglitz. Beiträge zur Geschichte der deutschen Jugendbewegung, Berlin 1987.

Kyra T. **Inachin**, Parlamentarierinnen. Landespolitikerinnen in Mecklenburg und Pommern 1918 bis heute, Kückenhagen 2005.

Institut für Zeitgeschichte (Hrsg.), Hitler, Reden – Schriften – Anordnungen. Februar 1925 bis Januar 1933., Bd. IV/1, München 1994.

David **Jablonsky**, The Nazi Party in Dissolution. Hitler and the Verbotzeit 1923–1925, London 1989.

Sigrid **Jacobeit**/Lieselotte **Thoms-Heinrich**, Kreuzweg Ravensbrück. Lebensbilder antifaschistischer Widerstandskämpferinnen, 2. Aufl., Leipzig 1989.

Ernst **Jäckh** (Hrsg.), Politik als Wissenschaft. Zehn Jahre Deutsche Hochschule für Politik, Berlin 1930.

Christoph **Jahr**, Antisemitismus vor Gericht. Debatten über die juristische Ahndung judenfeindlicher Agitation in Deutschland (1879–1960), Frankfurt am Main 2011.

Anke **John**, Der Weimarer Bundesstaat. Perspektiven einer föderalen Ordnung (1918–1933), Köln 2012.

Mark **Jones**, Am Anfang war Gewalt. Die deutsche Revolution 1918/19 und der Beginn der Weimarer Republik, Berlin 2017.

Pieter M. **Judson**, Guardians of the Nation. Activists on the Language Frontiers of Imperial Austria, Cambridge/London 2006.

Kurt **Junghans**, Bruno Taut 1880–1938. Architektur und sozialer Gedanke, Leipzig 1998.

Ulrike **Jureit**, Generationenforschung, Göttingen 2006.

Dirk **Kaesler** (Hrsg.), Max Weber. Schriften 1894–1922, Stuttgart 2002.

Jochen-Christoph **Kaiser**, Arbeiterbewegung und organisierte Religionskritik. Proletarische Freidenkerverbände in Kaiserreich und Weimarer Republik, Stuttgart 1981.

Jochen-Christoph **Kaiser**, Freie Wohlfahrtspflege im Kaiserreich und in der Weimarer Republik. Ein Überblick, in: ders., Evangelische Kirche und sozialer Staat. Diakonie im 19. und 20. Jahrhundert, Stuttgart 2008.

Rainer **Karlsch**/Michael **Schäfer**, Wirtschaftsgeschichte Sachsens im Industriezeitalter, Dresden/Leipzig 2006.

Karin **Keller**, Landesgeschichte Sachsen, Stuttgart 2001.

Helga **Keppeler-Schrimpf**, „Bildung ist nur möglich auf der Grundlage des Volkstums." Eine Untersuchung zu Richard Seyferts volkstümlicher Bildungstheorie als volksschuleigene Bildungskonzeption (= Pädagogik und Zeitgeschehen, Bd. 5), Münster 2005.

Diethart **Kerbs**/Jürgen **Reulecke** (Hrsg.), Handbuch der deutschen Reformbewegungen 1880–1933, Wuppertal 1998.

Sabine **Kienitz**, Beschädigte Helden. Kriegsinvalidität und Körperbilder 1914–1923, Paderborn 2008.

Werner **Kindt** (Hrsg.), Die Wandervogelzeit. Quellenschriften zur deutschen Jugendbewegung 1896–1919 (Dokumentation der Jugendbewegung II), Köln/Düsseldorf 1968

Werner **Kindt** (Hrsg.), Die deutsche Jugendbewegung 1920 bis 1933. Die bündische Zeit (Dokumentation der Jugendbewegung III), Köln/Düsseldorf 1974.

Bernhard **Kirchgässner**/Jörg **Schadt** (Hrsg.), Kommunale Selbstverwaltung. Idee und Wirklichkeit, Sigmaringen 1983.

Otto **Kirchheimer**, Gesammelte Schriften, Band 1, herausgegeben von Hubertus Buchstein, Baden-Baden 2017.

Arno **Klönne**, Jugend im Dritten Reich. Die Hitlerjugend und ihre Gegner, Köln 1999.

Rudolf **Kneip**, Wandervogel – Bündische Jugend 1905 bis 1943, Frankfurt/M. 1967.

Jörg **Knoll**/Marion Annett **Lehnert**/Volker **Otto** (Hrsg.), Gestalt und Ziel. Beiträge zur Geschichte der Leipziger Erwachsenenbildung, Leipzig 2007.

Lars **Koch**, Der Erste Weltkrieg als Medium der Gegenmoderne. Zu den Werken von Walter Flex und Ernst Jünger, Würzburg 2006.

Jürgen **Kocka**, Klassengesellschaft im Krieg. Deutsche Sozialgeschichte 1914–1918, 2. Aufl., Göttingen 1978.

Thomas **Koebner**/Rolf-Peter **Janz**/Frank **Trommler** (Hrsg.), „Mit uns zieht die neue Zeit". Der Mythos Jugend, Frankfurt/Main 1985.

Ingo **Köhler**, Die „Arisierung" der Privatbanken im Dritten Reich, München 2008.

Günter **Könke**, Organisierter Kapitalismus, Sozialdemokratie und Staat. Eine Studie zur Ideologie der sozialdemokratischen Arbeiterbewegung in der Weimarer Republik (1924–1932), Stuttgart 1987.

Eberhard **Kolb**, Die Arbeiterräte in der deutschen Innenpolitik 1918–1919, Frankfurt am Main 1978.

Eberhard **Kolb**, Gustav Stresemann, München 2003.

Kathrin **Kollmeier**, Ordnung und Ausgrenzung: die Disziplinarpolitik der Hitler-Jugend, Göttingen 2007.

Andrea **Komlosy**, Grenzen. Räumliche und soziale Trennlinien im Zeitenlauf, Wien 2018.

Walter **Koschmal**/Marek **Nekula**/Joachim **Rogall** (Hrsg.), Deutsche und Tschechen. Geschichte – Kultur – Politik, München 2001.

Reinhart **Koselleck**, Begriffsgeschichten. Studien zur Semantik und Pragmatik der politischen und sozialen Sprache, Frankfurt/M. 2006.

Henner **Kotte**, Ministermord unter der Augustusbrücke. Der Tod von Gustav Neuring in Dresden, Dresden 2017.

Barbara **Kowalzik**, Lehrerbuch. Die Lehrer und Lehrerinnen des Leipziger jüdischen Schulwerks 1912–1942, vorgestellt in Biogrammen, Leipzig 2006.

Wolfgang **Krabbe**, Die deutsche Stadt im 19. und 20. Jahrhundert, Göttingen 1989.

Wolfgang R. **Krabbe** (Hrsg.), Politische Jugend in der Weimarer Republik, Bochum 1993.

Klaus **Kreimeier**, Die UFA-Story. Geschichte eines Filmkonzerns, Frankfurt/M. 2002.

Iris **Kretschmann**/André **Thieme**, „Macht euern Dreck alleene". Der letzte sächsische König, seine Schlösser und die Revolution 1918, Dresden 2018.

Karsten **Krieger** (Bearb.), Der „Berliner Antisemitismusstreit" 1879–1881. Eine Kontroverse um die Zugehörigkeit der deutschen Juden zur Nation. Kommentierte Quellenedition. Im Auftrag des Zentrums für Antisemitismusforschung, 2 Teile, München 2004.

Frank-Lothar **Kroll**, Die Herrscher Sachsens. Markgrafen, Kurfürsten, Könige 1089–1918, München 2004.

Frank-Lothar **Kroll** (Hrsg.), Arbeiter – Wirtschaftsbürger – Staat. Abhandlungen zur Industriellen Welt, Berlin/Boston 2017.

Gerd **Krumeich**, Die unbewältigte Niederlage. Das Trauma des Ersten Weltkriegs und die Weimarer Republik, Freiburg/Breisgau 2018.

Wolfgang **Kruse**, Krieg und nationale Integration. Eine Neuinterpretation des sozialdemokratischen Burgfriedensschlusses 1914/15, Essen 1994.

Uwe **Kühl** (Hrsg.), Der Munizipalsozialismus in Europa/Le socialisme municipal en Europe (Pariser Historische Studien, 57), München 2001.

Frank-Michael **Kuhlemann**/Michael **Schäfer** (Hrsg.), Kreise, Bünde, Intellektuellen-Netzwerke. Formen bürgerlicher Vergesellschaftung und politischer Kommunikation 1890–1960, Bielefeld 2017.
Birte **Kundrus**, „Kriegerfrauen". Familienpolitik und Geschlechterverhältnisse im Ersten und Zweiten Weltkrieg, Hamburg 1995.
Michael **Kunze**, Sigmund Neumann. Demokratielehrer im Zeitalter des internationalen Bürgerkriegs, Berlin 2015.

Simone **Lässig**, Wahlrechtskampf und Wahlreform in Sachsen (1895–1909), Köln/Weimar/Wien 1996.
Simone **Lässig**/Karl Heinrich **Pohl** (Hrsg.), Sachsen im Kaiserreich. Politik, Wirtschaft und Gesellschaft im Umbruch, Dresden 1997.
Simone **Lässig**, Jüdische Wege ins Bürgertum. Kulturelles Kapital und sozialer Aufstieg im 19. Jahrhundert, Göttingen 2004.
Alexander **Lange**, Meuten, Broadway-Cliquen, Junge Garde. Leipziger Jugendgruppen im Dritten Reich, Köln/Weimar/Wien 2010.
Ingrid **Langer**, Zwölf vergessene Frauen, Die weiblichen Abgeordneten im Parlament des Volksstaates Hessen. Ihre politische Arbeit – ihr Alltag – ihr Leben, Frankfurt am Main 1989.
Norman **Laporte**, The German Communist Party in Saxony, 1924–1933. Factionalism, fratricide, and political failure, Bern 2003.
Benjamin **Lapp**, Revolution from the right. Politics, class, and the rise of Nazism in Saxony, 1919–1933, Atlantic Highlands/Boston 1997.
Walter Z. **Laqueur**, Die deutsche Jugendbewegung. Eine historische Studie, Köln 1978.
Heide-Marie **Lauterer**, Parlamentarierinnen in Deutschland. 1918/19–1949, Königstein im Taunus 2002.
Detlef **Lehnert**/Peter **Brandt** (Hrsg.), Gemeinschaftsdenken in Europa. Das Gesellschaftskonzept „Volksheim" im Vergleich 1900–1938, Köln 2013.
Katrin **Lehnert**/Lutz **Vogel** (Hrsg.), Transregionale Perspektiven. Kleinräumige Mobilität und Grenzwahrnehmung im 19. Jahrhundert (Bausteine aus dem Institut für Sächsische Geschichte und Volkskunde 20), Dresden 2011.
Katrin **Lehnert**, Un-Ordnung der Grenze. Mobiler Alltag zwischen Sachsen und Böhmen und die Produktion von Migration im 19. Jahrhundert, Leipzig 2017 (Schriften zur sächsischen Geschichte und Volkskunde, 56)
Timo **Leimbach**, Landtag von Thüringen 1919/20–1933, Düsseldorf 2016.
Hans **Lemberg** (Hrsg.), Grenzen in Ostmitteleuropa im 19. und 20. Jahrhundert. Aktuelle Forschungsprobleme, Marburg 2000.
Nicola **Lepp**/Martin **Roth**/Klaus **Vogel** (Hrsg.), Der Neue Mensch. Obsessionen des 20. Jahrhunderts, Ostfildern-Ruit 1999.
M. Rainer **Lepsius**, Demokratie in Deutschland. Soziologisch-historische Konstellationanalysen. Ausgewählte Aufsätze, Göttingen 1993.
Kristin **Lesch**, Sachsen im Ersten Weltkrieg, Dresden 2016, hrsg. von Frank-Lothar Kroll und Dirk Reitz.
Richard S. **Levy** (Hrsg.), Antisemitism. A Historical Encyclopedia of Prejudice and Persecution, Bd. 2, Santa Barbara 2005.
Angelika **Linke**/Jakob **Tanner** (Hrsg.), Attraktion und Abwehr. Die Amerikanisierung der Alltagskultur in Europa, Köln 2006.
Ulrich **Linse**, Barfüßige Propheten. Erlöser der Zwanziger Jahre, Berlin 1983.
Richard **Lipinski**, Der Kampf um die politische Macht in Sachsen, Leipzig 1926.
Marcus **Llanque** (Hrsg.), Souveräne Demokratie und soziale Homogenität. Das politische Denken Hermann Hellers, Baden-Baden 2010.
Richard **Löwenthal** (Hrsg.), Die Demokratie im Wandel der Gesellschaft, Berlin 1963.
Richard **Löwenthal**, Sozialismus und aktive Demokratie. Essays zu ihren Voraussetzungen in Deutschland, Frankfurt am Main 1974.

Uwe **Lohalm**, Völkischer Radikalismus. Die Geschichte des Deutschvölkischen Schutz- und Trutzbundes 1919–1923, Hamburg 1970.

Ernst **Lorenz**, Fünf Jahre Dresdner USP, Dresden 1921.

Petr **Lozoviuk** (Hrsg.), Grenzgebiet als Forschungsfeld. Aspekte der ethnografischen und kulturhistorischen Erforschung des Grenzlandes, Leipzig 2009 (Schriften zur sächsischen Geschichte und Volkskunde, 29).

Petr **Lozoviuk**, Grenzland als Lebenswelt, Grenzkonstruktionen, Grenzwahrnehmungen und Grenzdiskurse in sächsisch-tschechischer Perspektive, Leipzig 2012 (Schriften zur sächsischen Geschichte und Volkskunde, 41).

Lothar **Machtan**, Die Abdankung. Wie Deutschlands gekrönte Häupter aus der Geschichte fielen, Berlin 2008

Lothar **Machtan**, Kaisersturz. Vom Scheitern im Herzen der Macht, Darmstadt 2018.

Klaus-Michael **Mallmann**, Kommunisten in der Weimarer Republik. Sozialgeschichte einer revolutionären Bewegung, Darmstadt 1996.

Thomas **Mann**/Günter **Püttner** (Hrsg.), Handbuch der kommunalen Wissenschaft und Praxis, Bd. 1: Grundlagen und Kommunalverfassung, 3. Aufl. Berlin/Heidelberg 2007.

Karl **Mannheim**, Man and Society in an Age of Reconstruction (ursprüngl. dt. 1935), New York 1967.

Philip **Manow**, Im Schatten des Königs. Die politische Anatomie demokratischer Repräsentation, Frankfurt am Main 2008.

Paul W. **Massing**, Vorgeschichte des politischen Antisemitismus, Frankfurt am Main 1959.

Josef **Matzerath**, Aspekte sächsischer Landtagsgeschichte. Präsidenten und Abgeordnete von 1833 bis 1952, Dresden 2001.

Josef **Matzerath**, Aspekte sächsischer Landtagsgeschichte. Varianten der Moderne 1868 bis 1952, Dresden 2003.

Josef **Matzerath**, Aspekte sächsischer Landtagsgeschichte. Die Mitglieder und Wahlbezirke der sächsischen Landtage (1833–1952). Teil I: 1833–1918, Dresden 2011.

Josef **Matzerath**/Uwe Ulrich **Jäschke**, Aspekte sächsischer Landtagsgeschichte. Die Mitglieder der Wahlbezirke der sächsischen Landtage (1833–1952) Teil II: 1919–1952. Dresden 2011.

Trude **Maurer**, Ostjuden in Deutschland. 1918–1933, Hamburg 1986.

Irina **Mchitarjan**, Das „russische Schulwesen“ im europäischen Exil. Zum bildungspolitischen Umgang mit den pädagogischen Initiativen der russischen Emigranten in Deutschland, der Tschechoslowakei und Polen (1918–1939), Bad Heilbrunn 2006.

Thomas **Mergel**, Parlamentarische Kultur in der Weimarer Republik. Politische Kommunikation, symbolische Politik und Öffentlichkeit im Reichstag, Düsseldorf 2002.

Peter **Mertens**, Zivil-militärische Zusammenarbeit während des Ersten Weltkriegs. Die „Nebenregierungen“ der Militärbefehlshaber im Königreich Sachsen, Leipzig 2004.

Timo **Meškank**, Kultur besteht – Reich vergeht: Tschechen und Sorben (Wenden) 1914–1945, Berlin 2000.

Gabriele **Metzler**/Dirk **Schumann** (Hrsg.), Geschlechter(un)ordnung und Politik in der Weimarer Republik, Bonn 2016.

Hierzu Bernard **Meuret**, Le socialisme municipal, Villeurbanne 1880–1982. Histoire d'une différenciation, Lyon 1982.

Klaus **Meyer**, Arbeiterbildung in der Volkshochschule, Stuttgart 1969.

Rudolf **Michaelsen**, Der Europäische Nationalitäten-Kongreß 1925–1928. Aufbau, Krise und Konsolidierung, Frankfurt (M.)/Bern/New York, 1984.

Wolfgang **Michalka** (Hrsg.), Der Erste Weltkrieg. Wirkung, Wahrnehmung, Analyse, München/Zürich 1994.

Katja Margarethe **Mieth**/Justus H. **Ulbricht**/Elvira **Werner** (Hrsg.), „Vom fröhlichen Wandern“. Sächsische Jugendbewegung im Zeitalter der Extreme 1900–1945, Dresden 2015.

Antonio **Missiroli**, Die Deutsche Hochschule für Politik, Sankt Augustin 1988.

Hans-Martin **Moderow**, Volksschule zwischen Staat und Kirche. Das Beispiel Sachsen im 18. und 19. Jahrhundert (= Geschichte und Politik in Sachsen, Bd. 25), Köln/Weimar/Wien 2007.
Horst **Möller**, Die Weimarer Republik. Demokratie in der Krise, München 2018.
Wolfgang J. **Mommsen** (Hrsg.), Kultur und Krieg: Die Rolle der Intellektuellen, Künstler und Schriftsteller im Ersten Weltkrieg, München 1996.
Wolfgang J. **Mommsen**/Hans-Gerhard **Husung** (Hrsg.), Auf dem Wege zur Massengewerkschaft. Die Entwicklung der Gewerkschaften in Deutschland und Großbritannien 1880–1914, Stuttgart 1984.
Gabriele **Moser**, „Im Interesse der Volksgesundheit ..." Sozialhygiene und öffentliches Gesundheitswesen in der Weimarer Republik und der frühen SBZ/DDR, Frankfurt a. M. 2002.
Max **Mosse**/Gustav **Tugendreich** (Hrsg.), Krankheit und soziale Lage, hrsg. v. Jürgen Cromm, Göttingen 1994 (Erstaufl. 1913).
Christoph **Müller**/Ilse **Staff** (Hrsg.), Staatslehre in der Weimarer Republik. Hermann Heller zu Ehren, Frankfurt am Main 1985.
Christoph **Müller**/Ilse **Staff** (Hrsg.), Der soziale Rechtsstaat. Gedächtnisschrift für Hermann Heller 1891–1933, Baden-Baden 1984.
Jakob **Müller**, Die Jugendbewegung als deutsche Hauptrichtung neukonservativer Reform, Zürich 1966.
Michael G. **Müller**/Rolf **Petri** (Hrsg.), Die Nationalisierung von Grenzen. Zur Konstruktion nationaler Identität in sprachlich gemischten Grenzregionen, Marburg 2002.
Wilfried **Müller**/Lars-Arne **Dannenberg**/Edmund **Pech**/Swen **Steinberg** (Hrsg.), Oberlausitz, Dresden/Leipzig 2011 (Kulturlandschaften Sachsens, Band 4).
Tim B. **Müller**, Nach dem Ersten Weltkrieg. Lebensversuche moderner Demokratien, Hamburg 2014.
Herfried **Münkler**, Der große Krieg. Die Welt 1914–1918, Berlin 2013.
Caitlin E. **Murdock**, Changing Places. Society, Culture, and Territory in the Saxon-Bohemian Borderlands, 1870–1946 (Social History, Popular Culture, and Politics in Germany Series), Michigan 2010.

Daniel S. **Nadav**, Julius Moses und die Politik der Sozialhygiene in Deutschland, Gerlingen 1985.
Gerd **Naumann**, Plauen i. V. 1933–1945, Plauen 1996.
Winfried **Nerdinger** (Hrsg.), Bruno Taut 1880–1938. Architekt zwischen Tradition und Avantgarde, Stuttgart 2001.
Winfried **Nerdinger** (Hrsg.), L'architecture engagée. Manifeste zur Veränderung der Gesellschaft, München 2012.
Sigmund **Neumann**, Die Parteien der Weimarer Republik, 5. Auflage, Stuttgart 1986.
Raimund **Neuß**, Anmerkungen zu Walter Flex. Die „Ideen von 1914" in der deutschen Literatur. Ein Fallbeispiel, Schernfeld 1992.
Erich **Nickel**, Politik und Politikwissenschaft in der Weimarer Republik, Berlin 2004.
Christian **Niemeyer**, Die dunklen Seiten der Jugendbewegung. Vom Wandervogel zur Hitlerjugend, Tübingen 2013.
Thomas **Nipperdey**, Wehlers „Kaiserreich". Eine kritische Auseinandersetzung, in: ders., Gesellschaft, Kultur, Theorie. Gesammelte Aufsätze zur neueren Geschichte, Göttingen 1976.
Thomas **Nipperdey**, Deutsche Geschichte 1866–1918, Erster Band: Arbeitswelt und Bürgergeist, München 1990.
Jürgen **Nitsche**/Ruth **Röcher** (Hrsg.), Juden in Chemnitz. Die Geschichte der Gemeinde und ihrer Mitglieder, Dresden 2002.
Thomas **Nitschke**, Geschichte der Gartenstadt Hellerau, Dresden 2009.
Kurt **Nowak**, Evangelische Kirche und Weimarer Republik, Weimar 1981.

Dirk W. **Oetting**, Motivation und Gefechtswert. Vom Verhalten des Soldaten im Kriege, Frankfurt/M., Bonn 1990.
Maik **Ohnezeit**, Zwischen „schärfster Opposition" und dem „Willen zur Macht". Die Deutsch-Nationale Volkspartei (DNVP) in der Weimarer Republik 1918–1928, Düsseldorf 2011.
Jürgen **Osterhammel**, Die Verwandlung der Welt. Eine Geschichte des 19. Jahrhunderts, Sonderausgabe, München 2011.

Janosch **Pastewka**, Koalitionen statt Klassenkampf. Der sächsische Landtag in der Weimarer Republik 1918–1933, Ostfildern 2018.

Edmund **Pech**/Dietrich **Scholze** (Hrsg.), Zwischen Zwang und Beistand. Deutsche Politik gegenüber den Sorben vom Wiener Kongress bis zur Gegenwart, Bautzen/Dresden 2003 (Schriften des Sorbischen Institut, Bd. 37).

Andreas **Peschel** (Hrsg.), Die SA in Sachsen vor der „Machtübernahme". Nachgelassenes von Heinrich Bennecke (1902–1972), Beucha 2012.

Detlev J. **Peukert**, Die Weimarer Republik. Krisenjahre der Klassischen Moderne, Frankfurt am Main 1987.

Matthias **Piefel**, Antisemitismus und völkische Bewegung im Königreich Sachsen 1879–1914, Göttingen 2004.

Thomas **Pöpper** (Hrsg.), Kunst und Architektur in Mitteldeutschland. Thomas Topfstedt zum 65. Geburtstag, Leipzig 2012.

Hansjörg **Pötsch**, Antisemitismus in der Region. Antisemitische Erscheinungsformen in Sachsen, Hessen, Hessen-Nassau und Braunschweig, Wiesbaden 2000.

Karl Heinrich **Pohl**, Gustav Stresemann. Biografie eines Grenzgängers, Göttingen 2015.

Reiner **Pommerin** (Hrsg.), Dresden unterm Hakenkreuz, Köln u. a. 1998.

Burkhard **Poste**, Schulreform in Sachsen 1918–1923. Eine vergessene Tradition deutscher Schulgeschichte (= Studien zur Bildungsreform, Bd. 20), Frankfurt am Main/Berlin/Bern/New York/Paris/Wien 1993.

André **Postert**, Hitlerjunge Schall. Die Tagebücher eines jungen Nationalsozialisten, München 2016.

Heinrich **Potthoff**, Gewerkschaften und Politik zwischen Revolution und Inflation, Düsseldorf 1979.

Elisabeth **Prégardier**/Anne **Mohr**, Politik als Aufgabe. Engagement christlicher Frauen in der Weimarer Republik. Annweiler/Essen 1990.

Ludwig **Preller**, Sozialpolitik in der Weimarer Republik, Stuttgart 1978.

Ulrich **Preuß**, Verlorene Söhne des Bürgertums. Linke Strömungen in der deutschen Jugendbewegung 1913–1919 (Edition Archiv der deutschen Jugendbewegung, Band 8), Köln 1991.

Hans-Jürgen **Puhle**, Agrarische Interessenpolitik und preußischer Konservatismus im wilhelminischen Reich (1893–1914). Eine Beitrag zur Analyse des Nationalismus in Deutschland am Beispiel des Bundes der Landwirte und der Deutsch-Konservativen Partei, Hannover 1967.

Uwe **Puschner**/Walter **Schmitz**/Justus H. **Ulbricht** (Hrsg.), Handbuch zur „Völkischen Bewegung" 1871–1918, München 1996.

Uwe **Puschner**, Die völkische Bewegung im wilhelminischen Kaiserreich. Sprache – Rasse – Religion, Darmstadt 2001.

Till van **Rahden**, Juden und andere Breslauer. Die Beziehungen zwischen Juden, Protestanten und Katholiken in einer deutschen Großstadt von 1860 bis 1925, Göttingen 2000.

Frank-Bertolt **Raith**, Der Heroische Stil. Studien zur Architektur am Ende der Weimarer Republik, Berlin 1997.

Joachim **Raschke**, Soziale Bewegungen. Ein historisch-systematischer Grundriss, 2. Aufl., Frankfurt a. M./New York 1988.

August **Rathmann**, Ein Arbeiterleben. Erinnerungen an Weimar und danach, Wuppertal 1983.

Die **Regierung** der Volksbeauftragten 1918/19. Erster Teil, eingeleitet von Erich Matthias, bearbeitet von Susanne Miller unter Mitwirkung von Heinrich Potthoff, Düsseldorf 1969.

Cornelia **Regin**, Selbsthilfe und Gesundheitspolitik. Die Naturheilbewegung im Kaiserreich, Stuttgart 1996.

Karl-Siegbert **Rehberg**/Hans **Vorländer** (Hrsg.), Symbolische Ordnungen. Beiträge zu einer soziologischen Theorie der Institutionen, Baden-Baden 2014.

Bettina Irina **Reimers**, Die neue Richtung der Erwachsenenbildung in Thüringen 1919–1933 (Geschichte der Erwachsenenbildung, Band 16), Essen 2003.

Friedrich W. **Remes**, Die Sorbenfrage 1918/1919. Untersuchung einer gescheiterten Autonomiebewegung, Bautzen 1993.

James **Retallack** (Hrsg.), Sachsen in Deutschland. Politik, Kultur und Gesellschaft 1830–1918, Bielefeld 2000.

James **Retallack**, Red Saxony. Election Battles and the Spectre of Democracy in Germany. 1860–1918, Oxford 2017.

Jörn **Retterath**, „Was ist das Volk?". Volks- und Gemeinschaftskonzepte der politischen Mitte in Deutschland 1917–1924, Berlin/Boston 2016.

Hedwig **Richter**/Kerstin **Wolff** (Hrsg.), Frauenwahlrecht. Demokratisierung der Demokratie in Deutschland und Europa, Hamburg 2018.

Ludwig **Richter**, Die Deutsche Volkspartei 1918–1933, Düsseldorf 2002.

Gerhard **Ritter**, Der Schlieffenplan. Kritik eines Mythos, München 1956.

Gerhard **Robbers**, Hermann Heller: Staat und Kultur, Baden-Baden 1983.

Johannes **Rohbeck**/Hans-Ulrich **Wöhler** (Hrsg.), Auf dem Weg zur Universität. Kulturwissenschaften in Dresden 1871–1945, Dresden 2001.

Karl **Rohe**, Wahlen und Wählertraditionen in Deutschland. Kulturelle Grundlagen deutscher Parteien und Parteiensysteme im 19. und 20. Jahrhundert, Frankfurt a. M. 1992.

Stein **Rokkan**, Citizens, Elections, Parties. Approaches to the Comparative Study of the Processes of Development, Oslo 1970.

Stein **Rokkan**, State Formation, Nation-Building, and Mass Politics in Europe, hrsg. von Peter Flora/Stein Kuhnle/Derek W. Urwin, Oxford 1999.

Lutz **Roth**, Die Erfindung des Jugendlichen, Weinheim 1983.

Michael **Rudloff**/Thomas **Adam** unter Mitarbeit von Jürgen Schlimper, Leipzig – Wiege der deutschen Sozialdemokratie, Berlin 1996.

Karsten **Rudolph**, Die sächsische Sozialdemokratie vom Kaiserreich zur Republik 1871–1933, Weimar/Köln/Wien 1995.

Walter **Rüegg** (Hrsg.), Kulturkritik und Jugendkult, Frankfurt/Main 1974.

Martin **Sabrow**, Die verdrängte Verschwörung. Der Rathenaumord und die deutsche Gegenrevolution, Frankfurt am Main 1998.

Günther **Sandner**, Otto Neurath. Eine politische Biographie, Wien 2014.

Silke **Satjukow**/Rainer **Gries** (Hrsg.), Sozialistische Helden. Eine Kulturgeschichte von Propagandafiguren in Osteuropa und der DDR, Berlin 2002.

Michael **Schäbitz**, Juden in Sachsen – jüdische Sachsen? Emanzipation, Akkulturation und Integration 1700–1914, Hannover 2006.

Michael **Schäfer**, Eine andere Industrialisierung. Die Transformation der sächsischen Textilexportgewerbe 1790–1890, Stuttgart 2016.

Karlheinz **Schaller**, „Einmal kommt die Zeit". Geschichte der Chemnitzer Arbeiterschaft vom Ende des 18. Jahrhunderts bis zum Ersten Weltkrieg, Bielefeld 2001.

Karlheinz **Schaller**, „Radikalisierung aus Verzweiflung". Geschichte der Chemnitzer Arbeiterschaft vom Ersten Weltkrieg bis zur Inflation (1914–1923), Bielefeld 2003.

Manfred **Scharrer** (Hrsg.), Kampflose Kapitulation. Arbeiterbewegung 1933, Hamburg 1984.

Wolfgang **Schluchter**, Entscheidung für den sozialen Rechtsstaat. Hermann Heller und die staatstheoretische Diskussion in der Weimarer Republik, Köln/Berlin 1968.

Mike **Schmeitzner**, Alfred Fellisch 1884–1973. Eine politische Biographie, Köln/Weimar/Wien 2000.

Mike **Schmeitzner**/Michael **Rudloff**, Geschichte der Sozialdemokratie im Sächsischen Landtag. Darstellung und Dokumentation 1877–1997, Dresden 1997.

Mike **Schmeitzner**/Andreas **Wagner** (Hrsg.), Von Macht und Ohnmacht. Sächsische Ministerpräsidenten im Zeitalter der Extreme 1919–1952, Beucha/Dresden 2006.

Mike **Schmeitzner**, Der Fall Mutschmann. Sachsens Gauleiter vor Stalins Tribunal, Beucha 2011.

Carsten **Schmidt**, Zwischen Burgfrieden und Klassenkampf. Sozialpolitik und Kriegsgesellschaft in Dresden 1914–1918, Baden-Baden 2007.

Hannes **Schmidt**, Zur Geschichte der Israelitischen Religionsgemeinde Plauen i.V., Plauen 1988.

Walter **Schmitz**/Clemens **Vollnhals** (Hrsg.), Völkische Bewegung, Konservative Revolution, Nationalsozialismus. Aspekte einer politisierten Kultur, Dresden 2005.

Nikola **Schmutzler**, Evangelisch-sozial als Lebensaufgabe. Das Leben und Wirken von Pfarrer Johannes Herz (1877–1960) (Arbeiten zur Kirchen- und Theologiegeschichte, 38), Leipzig 2013.

Werner **Schneider**, Die Deutsche Demokratische Partei in der Weimarer Republik. 1924–1930, München 1978.

Uli **Schöler**, „Despotischer Sozialismus" oder „Staatssklaverei"?, Münster 1990.

Uli **Schöler**/Thilo **Scholle** (Hrsg.), Weltkrieg – Spaltung – Revolution. Sozialdemokratie 1916–1922, Bonn 2018.

Franz **Schön**/Dietrich **Scholze** (Hrsg.), Sorbisches Kulturlexikon, Bautzen 2014.

Klaus **Schönhoven**, Die deutschen Gewerkschaften, Frankfurt/Main 1987.

Klaus **Scholder**, Die Kirchen und das Dritte Reich, Bd. 1: Vorgeschichte und Zeit der Illusionen 1918–1934, Frankfurt am Main/Berlin/Wien 1977.

Christoph **Schubert-Weller**, Hitlerjugend. Vom „Jungsturm Adolf Hitler" zur Staatsjugend des Dritten Reiches, Weinheim/München 1993.

Christoph **Schubert-Weller**, „Kein schönrer Tod …" Die Militarisierung der männlichen Jugend und ihr Einsatz im Ersten Weltkrieg 1890–1918, Weinheim/München 1998.

Lothar Engelbert **Schücking**, Die Reaktion in der inneren Verwaltung Preussens, Berlin-Schöneberg 1908.

Jörn **Schütrumpf** (Hrsg.), Diktatur statt Sozialismus. Die Russische Revolution und die deutsche Linke 1917/18, Berlin 2017.

Martin **Schumacher**, Parlamentspraxis in der Weimarer Republik. Die Tagungsberichte der Vereinigung der deutschen Parlamentsdirektoren 1925–1933, Düsseldorf 1974.

Horst **Schuster**, Plauen als Standort der Textilindustrie, Plauen 1937.

Andreas P. **Seidel**, Erich Kotte (1886–1961). Kirchen- und staatskirchenrechtliche Entwicklungen von der Weimarer Republik bis zum Ende der fünfziger Jahre in der DDR, Tübingen 2016.

Manfred **Seifert** (Hrsg.), Zwischen Emotion und Kalkül. „Heimat" als Argument im Prozess der Moderne, Leipzig 2010.

Georg **Seiring** (Hrsg.), 10 Jahre Dresdner Ausstellungsarbeit, Dresden 1931.

Claudia **Selheim**/Alexander **Schmidt** (Hrsg.), Grauzone. Das Verhältnis zwischen bündischer Jugend und Nationalsozialismus, Nürnberg 2013.

Kurt **Sontheimer**, Antidemokratisches Denken in der Weimarer Republik. Die politischen Ideen des deutschen Nationalismus zwischen 1918 und 1933, München 1962.

Barbara **Stambolis**, Mythos Jugend. Leitbild und Krisensymptom. Ein Aspekt der politischen Kultur im 20. Jahrhundert (Edition Archiv der deutschen Jugendbewegung 11), Schwalbach 2003.

Barbara **Stambolis** (Hrsg.), Jugendbewegte geprägt. Essays zu autobiographischen Texten von Werner Heisenberg, Robert Jungk und vielen anderen, Göttingen 2013.

Otto **Stammer**, Der Staat bei Karl Marx und Friedrich Engels gesehen als philosophisch-soziologischer, juristischer und politischer Staatsbegriff, Leipzig 1924.

Otto **Stammer**, Politische Soziologie und Demokratieforschung, Berlin 1965.

Holger **Starke** (Hrsg.), Geschichte der Stadt Dresden, Bd. 3: Von der Reichsgründung bis zur Gegenwart, Stuttgart 2006.

Swen **Steinberg**, „Karl Herschowitz kehrt heim". Der Schriftsteller-Journalist Edgar Hahnewald zwischen sächsischer Identität und der Heimat im Exil, Berlin 2016.

Elke **Stolze**, Die weiblichen „Herren Abgeordneten". Politikerinnen der Region Sachsen-Anhalt 1918–1945, Halle an der Saale 2007.

Gerald **Stone**, Slav Outposts in Central European History. The Wends, Sorbs and Kashubs, London/New York 2016.

Gerd **Strohm**/Franz **Walter**, Weimarer Linkssozialismus und Austromarxismus. Historische Vorbilder für einen Dritten Weg zum Sozialismus?, Berlin 1984.

Sonja Angelika **Strube** (Hrsg.), Das Fremde akzeptieren. Gruppenbezogener Menschenfeindlichkeit entgegenwirken. Theologische Ansätze, Freiburg/Basel/Wien 2017.

Winfried **Süß**/Malte **Thießen** (Hrsg.), Städte im Nationalsozialismus. Urbane Räume und soziale Ordnungen (Beiträge zur Geschichte des Nationalsozialismus, Bd. 33), Göttingen 2017.
Marco **Swiniartzki**, Der Deutsche Metallarbeiter-Verband 1891–1933. Eine Gewerkschaft im Spannungsfeld zwischen Arbeitern, Betrieb und Politik, Köln/Weimar/Wien 2017.
Claus-Christian W. **Szejnmann**, Nazism in Central Germany. The Brownshirts in „Red" Saxony, New York 1999.
Claus-Christian W. **Szejnmann**, Vom Traum zum Alptraum. Sachsen in der Weimarer Republik, Dresden 2000.

Bruno **Taut**, Die Stadtkrone. Mit Beiträgen von Paul Scheerbart, Erich Baron, Adolf Behne, Jena 1919, Reprint Berlin 2002.
Thüringer Landtag (Hrsg.), „Jetzt endlich können die Frauen Abgeordnete werden!" Thüringer Parlamentarierinnen und ihre Politik, Weimar 2003.
Alexander **Turner**, Messines 1917. The Zenith of Siege Warfare, Oxford 2010.

Else **Ulich-Beil**, Ich ging meinen Weg, Berlin 1961.
Volker **Ullrich**, Die Revolution von 1918/19, München 2009.

Jeffrey **Verhey**, Der Geist von 1914 und die Erfindung der Volksgemeinschaft, Hamburg 2000.
Heinz Oskar **Vetter** (Hrsg.), Vom Sozialistengesetz zur Mitbestimmung. Zum 100. Geburtstag von Hans Böckler, Köln 1975.
Jesko **Vogel**, Der sozialdemokratische Parteibezirk Leipzig in der Weimarer Republik: Sachsens demokratische Tradition, Teil 1, Hamburg 2006.
Stefan **Vogt**, Nationaler Sozialismus und Soziale Demokratie. Die sozialdemokratische Junge Rechte 1918–1945, Bonn 2006.
Carsten **Voigt**, Kampfbünde der Arbeiterbewegung. Das Reichsbanner Schwarz-Rot-Gold und der Rote Frontkämpferbund in Sachsen 1924–1933, Köln/Weimar/Wien 2009.
Shulamit **Volkov**, Jüdisches Leben und Antisemitismus im 19. und 20. Jahrhundert. Zehn Essays, München 1990.
Clemens **Vollnhals** (Hrsg.), Sachsen in der NS-Zeit, Leipzig 2002.
Hans **Vorländer** (Hrsg.), Transzendenz und die Konstruktion von Ordnungen, Berlin 2013.
„**Vorwärts** und nicht vergessen." Aus der Geschichte der Arbeiterbewegung im Bezirk Erzgebirge/Vogtland, 1912–1922, hrsg. v. d. Kommission zur Erforschung der Geschichte der örtlichen Arbeiterbewegung, Bezirksleitung der SED Karl-Marx-Stadt, Karl-Marx-Stadt 1957.

Andreas **Wagner**, Mutschmann gegen von Killinger. Konfliktlinien zwischen Gauleiter und SA-Führer während des Aufstiegs der NSDAP und der „Machtergreifung" im Freistaat Sachsen, Beucha 2001.
Britta **Waldschmidt-Nelson**, Christian Science im Lande Luthers. Eine amerikanische Religionsgemeinschaft in Deutschland 1894–2009, Stuttgart 2009.
Kerry **Wallach**, Passing Illusions. Jewish Visibility in Weimar Germany, Ann Anbor 2017.
Franz **Walter**, Sozialistische Akademiker- und Intellektuellenorganisationen in der Weimarer Republik, Bonn 1990.
Franz **Walter**/Tobias **Dürr**/Klaus **Schmidtke**, Die SPD in Sachsen und Thüringen zwischen Hochburg und Diaspora. Untersuchungen auf lokaler Ebene vom Kaiserreich bis zur Gegenwart, Bonn 1993.
Franz **Walter**, „Republik, das ist nicht viel". Partei und Jugend in der Krise des Weimarer Sozialismus, Bielefeld 2011.
Franz **Walter**/Felix **Butzlaff** (Hrsg.), Mythen, Ikonen, Märtyrer. Sozialdemokratische Geschichten, Berlin 2013.
Hermann **Weber**/Andreas **Herbst** (Hrsg.), Deutsche Kommunisten. Biographisches Handbuch 1918 bis 1945, Berlin 2008.
Hermann **Weber**/Yakov **Drabkin**/Bernhard H. **Bayerlein** (Hrsg.), Deutschland, Russland, Komintern, 2 Bände, Berlin 2015.

Bernd **Wedemeyer-Kolwe**, „Der neue Mensch". Körperkultur im Kaiserreich und in der Weimarer Republik, Würzburg 2004.

Hans-Ulrich **Wehler**, Das Deutsche Kaiserreich 1871–1918, 7. Aufl., Göttingen 1994 (ursprüngl. 1973).

Frank **Wehrmeister**, Fortbildungsschule in Sachsen I. Allgemeine und gewerbliche Fortbildungsschule in Sachsen im Spannungsfeld schulpolitischer und gewerblicher Interessen 1815–1933 (= Europäische Hochschulschriften, Reihe 11, Bd. 656), Frankfurt am Main 1995.

Kirsten **Wehrmeister**, Fortbildungsschule in Sachsen II. Geschlechtsspezifische Erziehung und berufliche Qualifikation in der sächsischen Mädchenfortbildungsschule 1835–1925 (= Europäische Hochschulschriften, Reihe 11, Bd. 710), Frankfurt am Main 1997.

Sebastian **Weinert**, Der Körper im Blick. Gesundheitsausstellungen vom späten Kaiserreich bis zum Nationalsozialismus, Berlin/Boston 2017.

Arndt **Weinrich**, Der Weltkrieg als Erzieher. Jugend zwischen Weimarer Republik und Nationalsozialismus, Essen 2013.

Lothar **Wentzel**, Inflation und Arbeitslosigkeit. Gewerkschaftliche Kämpfe und ihre Grenzen am Beispiel des Deutschen Metallarbeiter-Verbandes 1919–1924, Hannover 1981.

Otto **Wenzel**, 1923. Die gescheiterte Deutsche Oktoberrevolution, Münster 2004.

Christoph H. **Werth**, Sozialismus und Nation. Die deutsche Ideologiediskussion zwischen 1918 und 1945, 2. Aufl., Weimar 2001.

Bettina **Westfeld**, Innere Mission und Diakonie in Sachsen 1867–2017, Leipzig 2017.

Christl **Wickert**, Unsere Erwählten. Sozialdemokratische Frauen im deutschen Reichstag und Preußischen Landtag 1919–1933, 2 Bde., Göttingen 1986.

Thomas **Widra**, Die Geschichte des sächsischen Liberalismus und der Freien Demokratischen Partei. 150 Jahre liberale Parteien in Sachsen, Dresden 2016.

Georg **Wilhelm**, Die Diktaturen und die evangelische Kirche. Totaler Machtanspruch und kirchliche Antwort am Beispiel Leipzigs 1933–1938, Göttingen 2004.

Heinrich August **Winkler**, Der Schein der Normalität. Arbeiter und Arbeiterbewegung in der Weimarer Republik 1924 bis 1930, Berlin/Bonn 1988.

Heinrich August **Winkler**, Der Weg in die Katastrophe. Arbeiter und Arbeiterbewegung in der Weimarer Republik 1930 bis 1933, Bonn 1990.

Heinrich August **Winkler**, Weimar 1918–1933. Die Geschichte der ersten deutschen Demokratie, München 1993.

Andreas **Winnecken**, Ein Fall von Antisemitismus. Zur Geschichte und Pathogenese der deutschen Jugendbewegung vor dem Ersten Weltkrieg (Edition Archiv der deutschen Jugendbewegung, Band 7), Köln 1991.

Joachim **Wintzer**, Deutschland und der Völkerbund 1918–1926, Paderborn u. a. 2006.

Beate **Witzler**, Großstadt und Hygiene. Kommunale Gesundheitspolitik in der Epoche der Urbanisierung, Stuttgart 1995.

Tara **Zahra**, Kidnapped Souls: National Indifference and the Battle for Children in the Bohemian Lands, 1900–1948, Ithaca, London 2008.

Benjamin **Ziemann**, Die Zukunft der Republik? Das Reichsbanner Schwarz-Rot-Gold 1924–1933, Bonn 2011.

Benjamin **Ziemann**, Veteranen der Republik. Kriegserinnerung und demokratische Politik 1918–1933, Bonn 2014.

Otto **Ziller**, Die Geschäftsordnung des sächsischen Landtags, Leipzig 1930.

Massimo Ferrari **Zumbini**, Die Wurzeln des Bösen. Gründerjahre des Antisemitismus: Von der Bismarckzeit zu Hitler, Frankfurt am Main 2003.

Hartmut **Zwahr**/Manfred **Hettling**/Uwe **Schirmer**/Susanne **Schötz**/Christoph **Volkmar** (Hrsg.), Figuren und Strukturen. Historische Essays für Hartmut Zwahr zum 65. Geburtstag, München 2002.

Bildnachweis

S. 29, Abb. 1, Quelle: Ein Gedenkblatt für die arbeitende Klasse im Kampfe für das Allgemeine gleiche geheime und direkte Wahlrecht in Sachsen 1896–1908, Leipzig 1908

S. 33, Abb. 2, Quelle: „Die rote Saxonia", by Thomas Theodor Heine, Simplicissimus, Jg. 14, Nr. 34, 22. November 1909, S. 567. Simplicissimus Online: Herzogin Anna Amalia Bibliothek Weimar

S. 39, Abb. 3, Quelle: „Durch dunkelste Deutschland – Crimmitschau," by Thomas Theodor Heine, Simplicissimus, Jg. 8, Nr. 43 (19. Januar 1904), S. 337. Simplicissimus Online: Herzogin Anna Amalia Bibliothek Weimar

S. 45, Abb. 1, Quelle: Zeitungsauszug: Sonderausgabe der Westlausitzer Zeitung vom 01.08.1914, S. 1, Stadtarchiv Königsbrück

S. 48, Abb. 2, Quelle: Foto: Schloßbergmuseum Chemnitz, Fotosammlung zum Ersten Weltkrieg

S. 51, Abb. 3, Quelle: Foto: UHLE, Paul: Chemnitz in großer und schwerer Zeit 1914–1919. Chemnitz 1919, S. 230

S. 55, Abb. 4, Quelle: Foto: HOTTENROTH, Johann Edmund (Hrsg.): Sachsen in großer Zeit. Gemeinverständliche sächsische Kriegsgeschichte und vaterländisches Gedenkwerk des Weltkrieges in Wort und Bild. Bd. 3, Leipzig 1920, S. 400

S. 57, Abb. 5, Quelle: Foto: HOTTENROTH, Sachsen in großer Zeit. Bd. 2, S. 17

S. 64, Abb. 1, Quelle: Stadtmuseum Dresden (nf. SMD), SMD_Ph_1993_02126

S. 68, Abb. 2, Quelle: SMD, SMD_SD_1980_00369

S. 71, Abb. 3, Quelle: wikipedia, gemeinfrei

S. 74, Abb. 4, Quelle: SMD, SMD_SD_2018_00156

S. 77, Abb. 5, Quelle: Archiv der sozialen Demokratie (nf. AdsD) der Friedrich-Ebert-Stiftung, 6 / FOTA045232

S. 85, Abb. 6, Quelle: AdSD, 6 / FOTA003668

S. 92, Abb. 7, Quelle: SMD, SMD_Ph_2003.00434

S. 102, Abb. 8, Quelle: SMD, SMD_SD_1983_00832

S. 107, Abb. 9, Quelle: Bundesarchiv Berlin, Bild 102-00189

S. 113, Abb. 1; Quelle: Verhandlungen des Sächsischen Landtages, 2. Wahlperiode. 6. Band, Nr. 150–178, Dresden 1926, S. 5613, Sächsische Landesbibliothek – Staats- und Universitätsbibliothek Dresden (nf. SLUB)

S. 117, Abb. 2, Quelle: Sächsisches Hauptstaatsarchiv Dresden (nf. Sächs. HStAD), Bestand 10692 Ständeversammlung des Königreichs Sachsen, Nr. 16170, S. 5

S. 125, Abb. 3, Quelle: Scherl / Süddeutsche Zeitung Photo

S. 134, Abb. 1, Quelle: Sächs. HStAD, 10692 Ständeversammlung des Königreichs Sachsen, Nr. 16170, Bl. 42–43, ebd., 10693 Landtag 1919–1933, Nr. 3854, S. 2, 15–16, 22, 28

S. 149, Abb. 1, Quelle: AdSD, 6 / FOTA023312

S. 180, Abb. 1, Quelle: Sächs. HStAD, 11660, Benutzerkopie der Akte 358

S. 181, Abb. 2, Quelle: Sächs. HStAD, 11659, Nr. 40

S. 193, Abb. 3, Quelle: Metallarbeiter-Jugend 4 (1923) 32, S. 3

S. 196, Abb. 4, Quelle: Lothar Wentzel (Hrsg.), Die Bildungsarbeit des Deutschen Metallarbeiter-Verbandes. Eine Dokumentation, Köln 1995, S. 265

S. 196, Abb. 5, Quelle: ebd., S. 264

S. 204, Abb. 1, Quelle: Postkarte, Stadtarchiv Plauen

S. 208, Abb. 2, Quelle: Fotograf: Erich Meinhold, Deutsche Fotothek (nf. DF), df_hauptkatalog_0200992

S. 211, Abb. 3, Quelle: Foto, Stadtarchiv Plauen

S. 222, Abb. 1, Quelle: DF, df_hauptkatalog_0359033

S. 223, Abb. 2, Quelle: DF, df_pos-1986-a_0000016

S. 233, Abb. 3, Quelle: Privatbesitz Autorin Nadine Kulbe

S. 235, Abb. 4, Quelle: Volksgesundheit 41 (1931), S. 70

S. 242, Abb. 1, Quelle: Sächsischer Militär-Vereins-Kalender 57 (1920), S. 1, SLUB

S. 243, Abb. 2, Quelle: Sächsischer Militär-Vereins-Kalender 57 (1920), S. 89, SLUB

S. 254, Abb. 3, Quelle: Johann Edmund Hottenroth: Sachsen in großer Zeit, Bd. 3, S. 292, SLUB

S. 259, Abb. 4, Quelle: Johann Edmund Hottenroth: Sachsen in großer Zeit, Bd. 3, S. 18, SLUB

S. 264, Abb. 1, Quelle: Bruno Taut, Die Stadtkrone, Jena 1919, Abb. 42

S. 269, Abb. 2, Quelle: Stadtplan von Freital, Ausgabe 1929, Archiv Städtische Sammlungen Freital

S. 271, Abb. 3, Quelle: Modell in den Städtischen Sammlungen Freital, Schloss Burgk. Foto: H.-G. Lippert

S. 273, Abb. 4, Quelle: Tony Garnier, Une cité industrielle, 1917, Tafel 2, Ausschnitt

S. 276, Abb. 5, Quelle: Akademie der Künste Berlin, Scharoun-Archiv

S. 277, Abb. 6, Quelle: TU Dresden, Bildarchiv Institut für Baugeschichte, Architekturtheorie und Denkmalpflege

S. 279, Abb. 7, Quelle: Zeitschrift „L'Illustration", 30. April 1932

S. 293, Abb. 1, Quelle: DF, df_pos-2009-a_0001471

S. 313, Abb. 2, Quelle: Das Erbe Martin Luthers und die gegenwärtige theologische Forschung. D. Ludwig Ihmels zum siebzigsten Geburtstage 29.6.1928 dargebracht von Freunden und Schülern, Dresden 1928, Vorsatz, SLUB

S. 322, Abb. 3, Quelle: Dresdner Anzeiger, Beilage, vom 10.12.1933

S. 328, Abb. 1, Quelle: Sächs. HStAD, Bestand 10701 Staatskanzlei, Nr. 155, Bl. 96 d

S. 333, Abb. 2, Quelle: Hermann Raschhofer (Hrsg.), Die tschechoslowakischen Denkschriften für die Friedenskonferenz von Paris 1919 / 1920, Berlin 1937, Beilage

S. 337, Abb. 3, Quelle: Sächs. HStAD, Bestand 10701 Staatskanzlei, Nr. 155, Bl. 46

S. 340, Abb. 4, Quelle: UNOG, R1613-41-13-1136, unpg.

S. 343, Abb. 5, Quelle: Sächs. HStAD, Bestand 10693 Volkskammer / Landtag des Freistaates Sachsen, Nr. 2278, unpg.

S. 352, Abb. 1, Quelle: Daniel Ristau

S. 360, Abb. 2, Quelle: Hillersche Villa Zittau

S. 361, Abb. 3, Quelle: Stadt Plauen

S. 363, Abb. 4, Quelle: Gemeindeblatt der Israelitischen Religionsgemeinde Dresden 1926 / 3, S. 4

S. 371, Abb. 5, Quelle: Fotograf: Karl Heinz Mai, 1960, Quelle: Karl Detlef Mai, Fotothek Mai Leipzig

S. 428, Abb. 3, Quelle: Sächs. HStAD, Bestand 11848, Nr. 218

S. 440, Abb. 6, Quelle: Sächs. HStAD, Bestand 11848, Nr. 370, undatiert

S. 442, Abb. 7, Quelle: Sächs. HStAD, Bestand 11848, Nr. 370

Autorenverzeichnis

Friedreich, Sönke, Dr., Volkskundler, wissenschaftlicher Mitarbeiter am Institut für Sächsische Geschichte und Volkskunde Dresden

Gläser, Kristin, M. A., Historikerin und Steuerfachangestellte, Leipzig

Heitmann, Clemens, Dr., Historiker, wissenschaftlicher Mitarbeiter am Sorbischen Institut Bautzen

Hermann, Konstantin, Dr., Historiker, Sächsische Landesbibliothek - Staats- und Universitätsbibliothek Dresden

Kulbe, Nadine, M. A., Germanistin, wissenschaftliche Mitarbeiterin am Institut für Sächsische Geschichte und Volkskunde Dresden

Kunze, Michael, Dr., Politikwissenschaftler und Journalist, Dresden

Lindemann, Gerhard, Prof. Dr., Theologe und Kirchenhistoriker, apl. Professor am Institut für Evangelische Theologie, Technische Universität Dresden

Lippert, Hans-Georg, Prof. Dr., Architekt und Bauhistoriker, Professor für Baugeschichte an der TU Dresden

Pastewka, Janosch, Dr., Historiker, TU Dresden

Piňosová, Jana, Dr., Historikerin, wissenschaftliche Mitarbeiterin am Sorbischen Institut Bautzen

Postert, André, Dr., Historiker, wissenschaftlicher Mitarbeiter am Hannah-Arendt-Institut für Totalitarismusforschung e. V. an der TU Dresden

Reichel, Andreas, Dr., Historiker, Dresden

Retallack, James, Prof. Dr., Professor für Europäische Geschichte am Department of History der University of Toronto

Ristau, Daniel, M. A., Historiker, Projektmitarbeiter bei HATiKVA Bildungs- und Begegnungsstätte für jüdische Geschichte und Kultur Sachsen e.V.

Schale, Frank, Dr., Politikwissenschaftler, wissenschaftlicher Mitarbeiter an der Professur für politische Theorie und Ideengeschichte, Technische Universität Chemnitz

Schmeitzner, Mike, Prof. Dr., Historiker, wissenschaftlicher Mitarbeiter am Hannah-Arendt-Institut für Totalitarismusforschung e. V. an der TU Dresden, apl. Professor für Neuere und Neueste Geschichte an der TU Dresden

Steinberg, Swen, Dr., Historiker, Assistant Professor und Postdoctoral Researcher am Department of History der Queen's University in Kingston/Ontario, Affiliated Scholar des German Historical Institute in Washington/DC und dessen Pacific Regional Office „GHI West" an der University of California Berkeley

Swiniartzki, Marco, Dr., Historiker, wissenschaftlicher Mitarbeiter am Historischen Institut der Friedrich-Schiller-Universität Jena

Ulbricht, Gunda, Dr., Historikerin, Bildungsreferentin bei HATiKVA Bildungs- und Begegnungsstätte für jüdische Geschichte und Kultur Sachsen e. V.

Ulbricht, Justus H., Dr., Historiker, Geschäftsführer des Dresdner Geschichtsvereins e. V.

Vogel, Lutz, Dr., Historiker, wissenschaftlicher Mitarbeiter am Hessischen Landesamt für geschichtliche Landeskunde Marburg

Vollnhals, Clemens, Dr., Historiker, stellvertretender Direktor des Hannah-Arendt-Instituts für Totalitarismusforschung e. V. an der TU Dresden und Lehrbeauftragter für Zeitgeschichte an der TU Dresden